EBERHARD MEYER

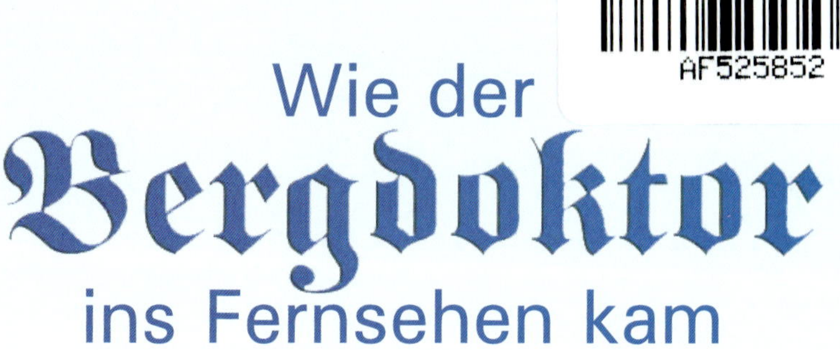

Wie der Bergdoktor ins Fernsehen kam

Auf den Spuren der Serie aus den Neunzigern

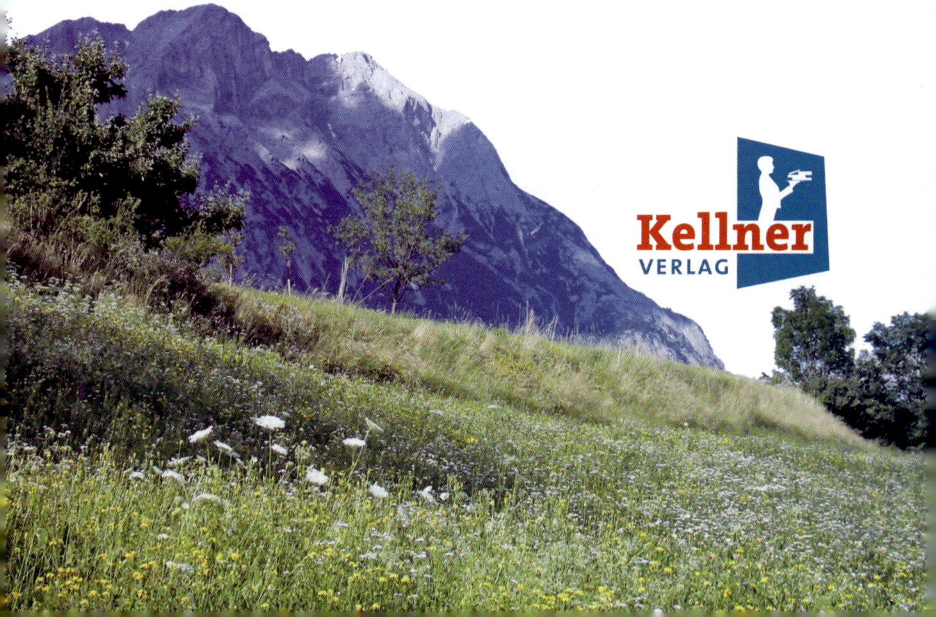

Kellner
VERLAG

Dieses Buch ist bei der Deutschen Nationalbibliothek registriert.
Die bibliografischen Daten können online angesehen werden:

http://dnb.d-nb.de

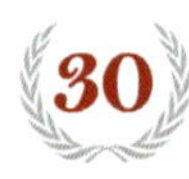

IMPRESSUM

Inhaber: Manuel Dotzauer e.K.

St.-Pauli-Deich 3 • 28199 Bremen
Tel. 0421-77866 • Fax 0421-704058
sachbuch@kellnerverlag.de • www.kellnerverlag.de

Lektorat: Madita Krügler
Layout: Manuel Dotzauer
Satz: Kai Klenner
Umschlag: Jens Vogelsang, Aachen
Gesamtherstellung: DruckKellner, Bremen

Die Verwendung der Marke »Bergdoktor« erfolgt mit freundlicher Genehmigung von Bastei-Lübbe, Köln.

ISBN 978-3-95651-252-0

Vorwort des Verlags

»Der Bergdoktor« ist heute mehr im Gespräch denn je, weil ihn viele als Serie des ZDF kennen. Dass es aber bereits 16 Jahre vor dem ZDF-Start einen Alpenarzt im Fernsehen gab, ist vielen nicht bekannt. Die Geschichte der Romanreihe des Bastei-Verlags reicht indes noch viel weiter zurück.

Ein Buch über eine längst vergangene Serie? Nun, so sehr vergangen ist sie nicht, denn die Folgen werden oftmals wiederholt, sind auf DVD zu beziehen und sorgen so dafür, dass immer noch zahlreiche »Filmtouristen« Jahr für Jahr auf das Sonnenplateau in Tirol reisen, wo noch vieles aus der Serie zu entdecken ist.

Das Manuskript von Eberhard Meyer enthält zahlreiche Beschreibungen, analytische Ansätze und Hintergründe. Es wagt einen Blick in die Vergangenheit, geht in die Anfänge zurück und erzählt vieles aus der Arbeit der Fernsehschaffenden. Durch den Verlag wurde die Textvorlage an vielen Stellen aktualisiert und überarbeitet und legt nun mehr Wert auf Drehorte und Landschaften. Der ursprüngliche dokumentative Charakter ist aber erhalten geblieben.

In dieser Mischung ist ein ungewöhnliches Buch entstanden, das so umfassend wie kein anderes Zeugnis einer Serie ablegt, die als erstes Eigenformat von Sat.1 und als erstes Format, das von einem Privatsender ans Staatsfernsehen überging, einige Superlativen genießt.

Der Kellner Verlag wünscht viel Vergnügen!

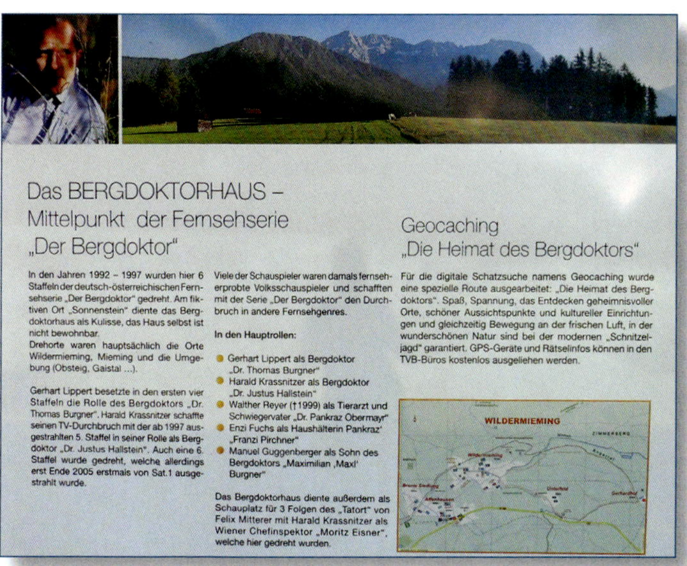

Infotafel an der Bergdoktorhaus-Kulisse in Wildermieming.

Inhaltsverzeichnis

Bildverzeichnis

Beta Film GmbH
Seiten 46, 47, 48, 58, 66, 68, 72, 87, 95, 97, 98, 102, 113, 119, 124, 127, 135, 145, 149, 152

picture-alliance/dpa
Ursula Düren: Seiten 31, 173, 177, 199, 201, 203, 207, 229, 241, 248, 290
kpa: Seiten 13 (oben), 33 (links)
Jörg Schmitt: Seiten 15, 20 (Mitte), 160, 161, 163, 164, 166, 167, 168, 170, 179, 185, 193 (unten), 195, 205, 232, 236
Gerhard Schnatmeyer: Seite 33 (Mitte)
Wolfgang Langenstrassen: Seite 33 (rechts)
Istvan Bajzat: Seite 117
Markus Beck: Seite 319

picture-alliance/Istvan Bajzat
Istvan Bajzat: Seite 13 (unten)

picture-alliance/United Archives
United Archives/kpa: Seite 71

picture-alliance/obs
Sat. 1/Neugebaur: Seite 218

picture-alliance/dpa/dpaweb
Jörg Carstensen: Seite 238

picture-alliance/imageBROKER
Günter Lenz: Seite 304

pixelio.de
Seiten 63 (berggeist007), 139 (Blickreflex.de)

pixabay.de
Seite 155

ndF:
Seite 305

Arnold Fritzsch
Seite 322

Madita Krügler
Seite 184

Manuel Dotzauer
Titelbild (groß), Seiten 1, 3, 7, 8, 9, 10, 11 (beide), 12, 18, 19 (drei), 20 (oben und unten), 21 (beide), 22, 23 (beide), 24, 25, 26, 27 (oben, Mitte und unten rechts), 28 (beide), 29, 37, 40, 54 (oben), 61, 64, 74, 82, 89, 90, 99 (beide), 101, 107, 114, 128 (beide), 137 (unten), 140, 141, 142, 143, 146, 147, 150 (oben), 154 (unten), 159 (beide), 162, 172, 174, 181, 182 (beide), 188, 190, 192, 196, 202, 206, 243, 272, 273, 307, 328 (alle), 330

Eberhard Meyer (Sammlung)
Seiten 25 (unten), 42, 43, 44, 49, 51, 54 (unten), 57, 60, 67 (beide), 70, 77, 80, 86, 91, 92, 96, 100, 109, 115, 116, 118, 120, 123, 126, 131, 133, 136, 137 (oben), 148, 150 (unten), 154 (oben), 157, 169, 180, 184, 193 (oben), 194, 198, 204

Dank gebührt allen Bildgebern und Unterstützern dieses Projekts, der Gemeinde Wildermieming, dem Gasthof »Jäger«, dem Café Maurer, dem Flugplatz Reutte-Höfen, dem Rafting-Camp Outdoorplanet sowie der ndF: für das Gegenlesen des Manuskripts.

Kapitel 1

Einleitung

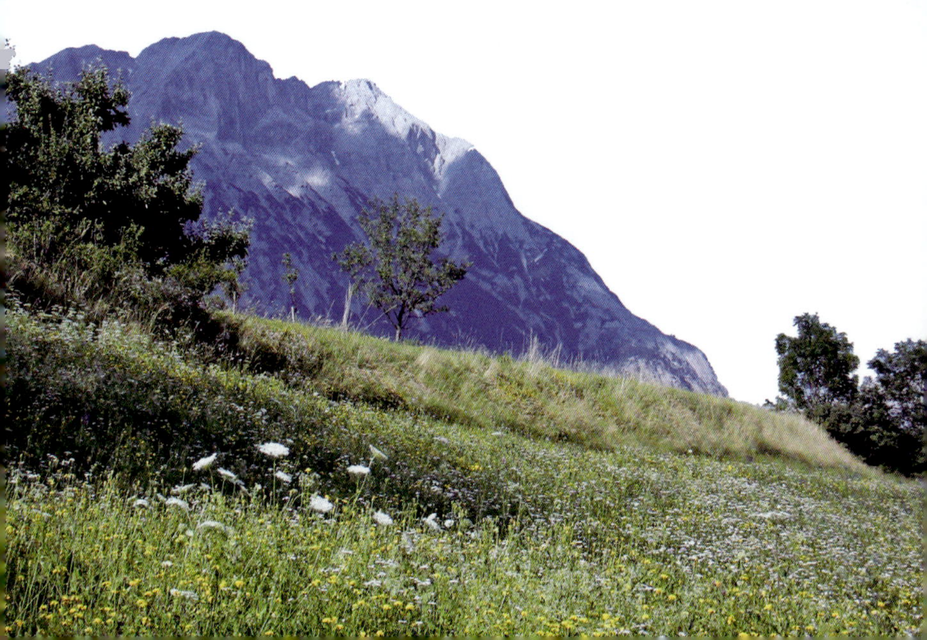

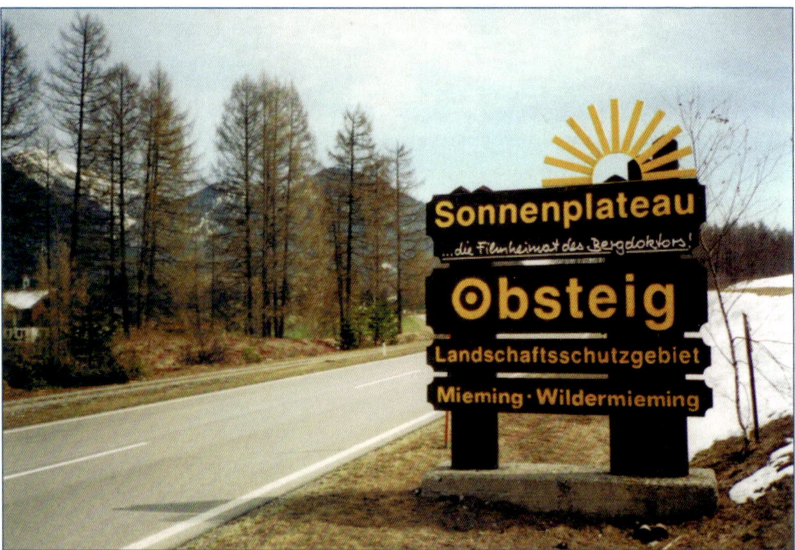

Zur Zeit der Dreharbeiten warb bereits das Eingangsschild mit einem Hinweis auf den »Bergdoktor«. März 1997.

Ein Besuch in Wildermieming

Für Ortsfremde gibt es verkehrsbedingt zwei Möglichkeiten, auf das Sonnenplateau und von dort in die Gemeinde Wildermieming zu gelangen: von Westen, wobei man zum Beispiel relativ gut über den Fernpass die Landstraße Nassereith–Telfs erreichen kann, oder von Osten über die Inntalautobahn und dann die Landstraße ab Telfs. Wir wollen die primäre Möglichkeit wählen und passieren dabei das Wandergebiet des Simmering.

Das Plateau ist im Sommer durch die Erstreckung von West nach Ost gut durchlüftet, während im Winter die nahestehende Sonne im Süden und die schützende Mieminger Bergwand im Norden ein mildes Klima begünstigen. Von dichten Wäldern, einem herrlichen Bergpanorama und einer auf einem entfernten Gipfel stehenden Kirche begleitet, passiert man rechterhand die Einfahrt zur Burg Klamm – gut versteckt zwischen engem Baumbestand – sowie die Abzweigung nach Mötz im Inntal, die sich zunächst durch zwei Erhebungen – links stehen Neubauhäuser, rechts die Kirche Maria Locherboden – windungsreich nach Süden schlängelt. Auf dem Weg zum Schloss begegnen dem Wanderer Relikte vergangener Epochen. Ein Patron aus dem 14. Jahrhundert, bogenkehrende Wege durch hohen Baumbewuchs, Abhänge, ein Flusslauf mit der berühmten Klamm und zwei Zugbrücken sind die Eindrücke, die der Wanderer bis zum hochragenden Schloss mit dem urigen Ambiente und den rotweißen Fensterläden entdecken kann.

Linkerhand der Landstraße zeigen sich bereits erste Häusersiedlungen des Zielorts auf einer der hochgelegenen Ebenen. Die drei Gemeinden des Sonnenplateaus liegen nur kurze Distanzen auseinander und bieten eine große Bandbreite an Freizeiteinrichtungen.

Wenig später ist der Ortseingang erreicht. Von einem Buswendeplatz aus, der in der Siedlung Affenhausen bei der Tankstelle liegt, zweigt links ein Weg in die »Wildermieming-Siedlung« ab, geradeaus geht es hoch auf das Plateau. Die gut ausgebaute Straße führt durch saftige Wiesen, die bereits von Weitem einen Blick auf den Ort gewähren.

Und schließlich ist das Dorf erreicht: Eine ländliche Idylle, schmale Gassen, aber auch viele Ferienhäuser, Gasthöfe und der Hauch von Ursprünglichkeit und Moderne begrüßen uns. Im Winter wimmelt es hier auf den Skiloipen von Menschen, doch auch im Sommer lebt der Fremdenverkehr. Trotz allem sind die friedliche Stille und das Ambiente längst vergangener Zeiten überall aufzufinden: betagte Tiroler Bauernhäuser, die alten, engen und häufig stark ansteigenden Straßen – und dann im Ortsmittelpunkt die historische Kirche mit der Mauer gegenüber dem Gemeindeamt und den Stufen hinauf zum Friedhof. Wir gehen etwas weiter die Durchgangsstraße entlang und können alsbald links oben zwischen den Häusern das berühmte Bergdoktorhaus entdecken. Aus der Ferne ist ein kleiner Pfad erkennbar, der steil hinaufführt, des Weiteren der wellige Zufahrtsweg, am Verlauf des Lattenzaunes auszumachen, und das etwas vom typischen architektonischen Stil dieser Region abweichende Gebäude. In den Wäldern hinter dem Haus ist ein Wanderweg zu erahnen, dahinter erhebt sich eine hohe Bergwand.

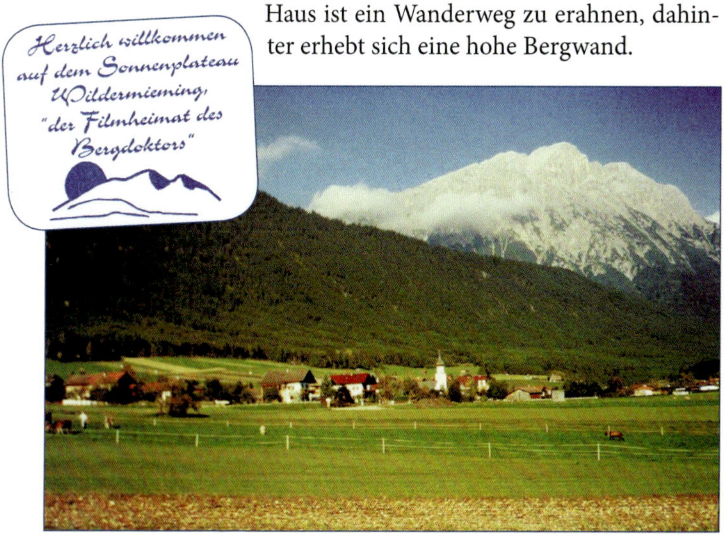

Das hübsche Dorf Wildermieming liegt auf einer Anhöhe im Schutz der Mieminger Kette. 12. Oktober 1999.

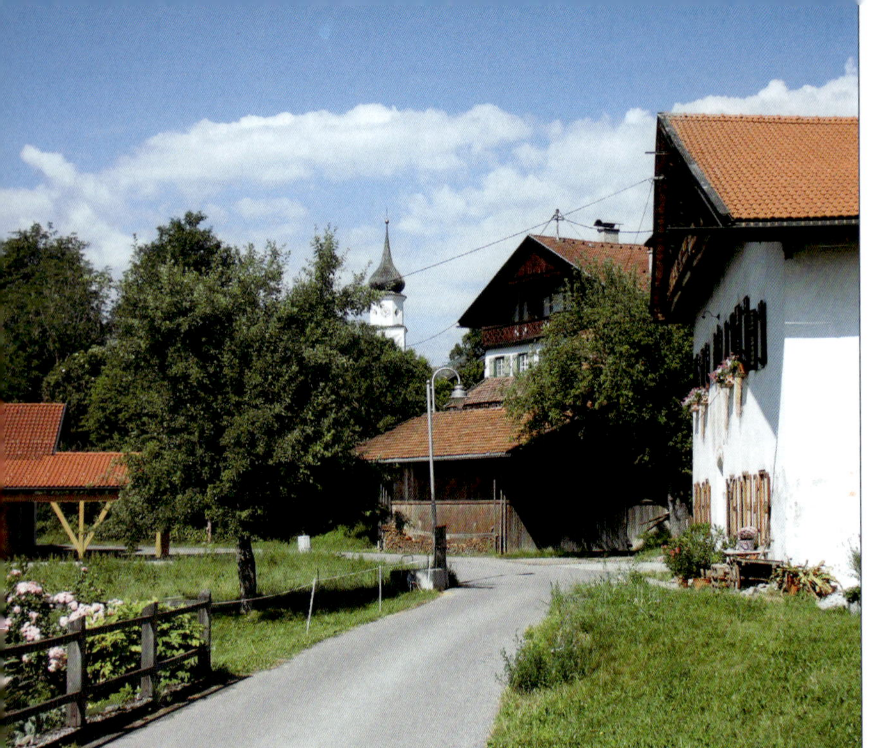

Idyllisch geht es in Wildermieming auch heute noch zu. Hier am 2. Juli 2019.

Der Straße folgend gelangen wir in die Neubausiedlung am südlichen Ortsrand. Im Gasthof »Jäger« scheint sodann eine kleine Rast angemessen. Gleich beim Eintritt in die Räumlichkeiten fällt der Blick auf eine Vitrine neben der Rezeption. Sie enthält unzählige Autogrammkarten großer Prominenz: unterschrieben von Gerhart Lippert, Anita Zagaria, Manuel Guggenberger, Klaus Wildbolz, außerdem etwas ältere Karten von Enzi Fuchs, Günter Mack, Hansi Kraus und vielen mehr. Auch in der Gaststube reißen die Eindrücke nicht ab, von denen die Region seit Jahren geprägt ist. Wir bestaunen eine Sammlung extensiver Fotografien der filmischen Aktivitäten am Ort, Prominenz auf der Bergwanderung und beim Erklimmen steiler Felsen, eine Pferdekutsche mit dem berühmten Veterinär Walther Reyer, der schon bei »Sissi« mitspielte, das Grafenpaar und den Doktorsohn auf der Wiese des Arzthauses.

Natürlich ist man nun neugierig genug, auch die eigentliche Pilgerstätte des Fremdenverkehrs in Augenschein zu nehmen: das ehemalige Set der Filmgesellschaft mit der Kulisse des Doktorhauses.

Von Weitem fast malerisch präsentiert sich das vermeintlich massive Gebäude auf dem hohen Sockel über dem Ort, die Front zur Mittags- und Abendsonne ausgerichtet. Traut man sich allerdings noch etwas näher heran, ist die Überraschung groß. Milchige Fensterscheiben, ungewaschene Gardinen, weder Klingel noch

Hausnummer noch sonstige bekannte Requisiten sind vorhanden, nur eine kleinflächige Holzterrasse, ein alter Schuppen, eine dunkle Rückseite mit Kaninchenställen und eine rundherum mit Ritzen durchsetzte Holzwand sind vorhanden. Lediglich an der Front weist das Haus massives Gemäuer und einen gepflegten Rasen auf. Eine mit Lippenstift beschmierte Fensterscheibe deklariert: »Max'l, I love you«, auch noch falsch geschrieben. Und schließlich fällt der Blick durch eine der vielen Ritzen in das Innenleben: eine alte Werkbank, ein paar hölzerne Stützpfeiler, eine längsseitige Flurattrappe mit einer Fensterkulisse, Lampen und Bildern an den Wänden, einer Treppe und einer Sitzreihe; der Fußboden fehlt – eine sehr dürftige Einrichtung. Eben nur eine Kulisse, erbaut im Frühjahr 1992 mit großem Brimborium für die Presse.

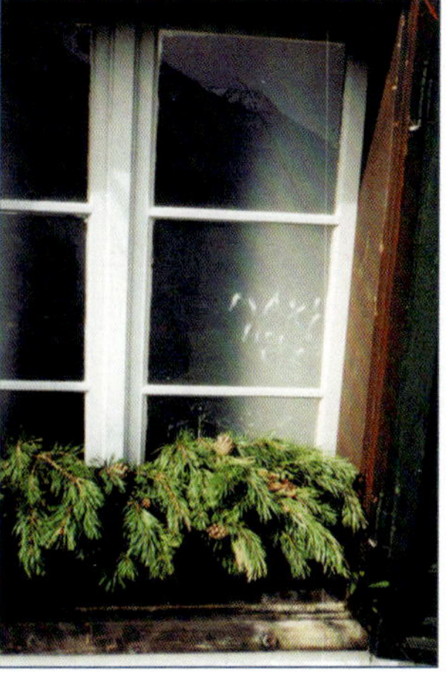

Fan-Überbleibsel 1997.

Folgt man anschließend etwas oberhalb der Kirche der schmalen Gasse zum »Bergdoktor-Radwanderweg«, gelangt man zu der bekannten Poststelle mit dem integrierten Kramerladen. Doch bietet das Gebäude tatsächlich den eigentlich erforderlichen Platz? Ein alter Bretterschuppen neben einem Viehstall, in dessen Keller Schafe unaufhaltsam blöken – kann das die Heimat des »Bergdoktors« sein?

Für den Fremdenverkehr wird die Bergdoktorhaus-Kulisse in Wildermieming erhalten.

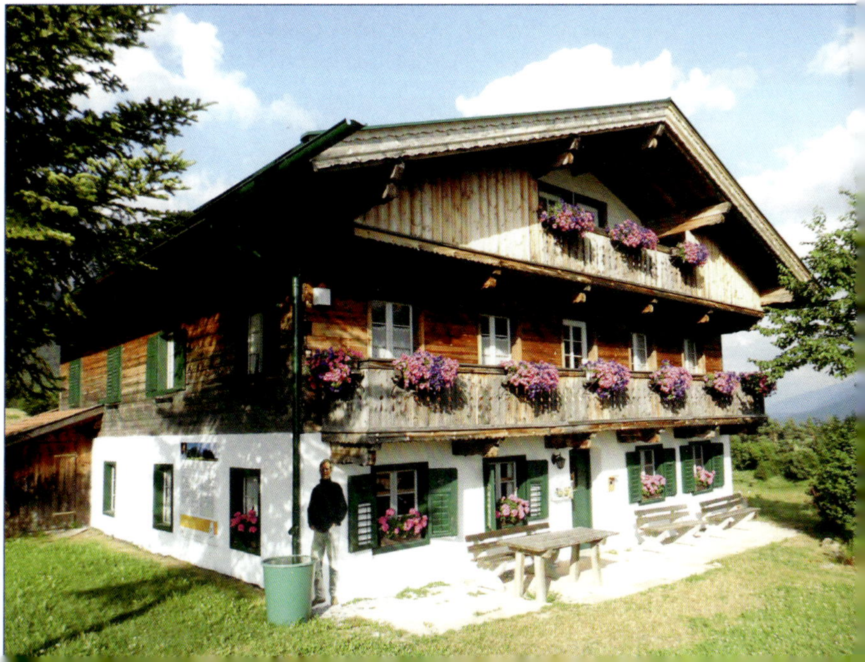

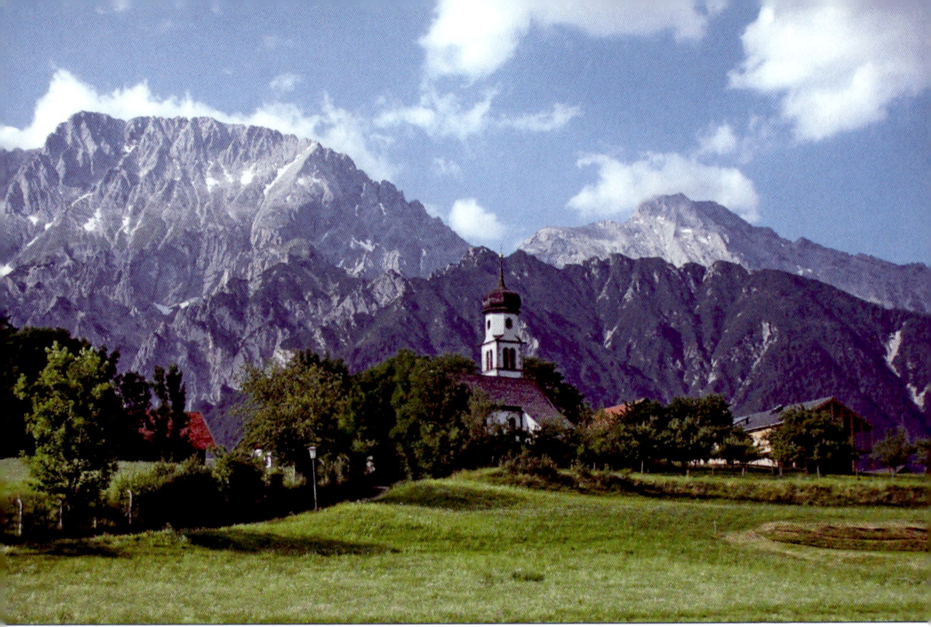

Die Kirche St. Georg in Obermieming.

Eine Tiroler Erfolgsgeschichte

Das österreichische Bundesland Tirol ist Anlaufpunkt für Naturfreunde, Landschaftsliebhaber, Wanderer, Sommerfrischler und Extremsportler. Die Alpengipfel ziehen im Winter Skialpinisten, im Sommer Drachenflieger, Kletterer und Wildwasserruderer an. Den Schauplatz der im Folgenden dokumentierten Fernsehserie bilden die drei Nachbargemeinden Obsteig, Mieming und Wildermieming, ca. 30 Kilometer westlich von Innsbruck gelegen. Die Reize der gebirgsnatürlichen Umgebung, zu der besonders das etwa 850 bis 900 Meter hoch gelegene Mieminger Plateau zählt, sind ebenso unverwechselbar wie die zum Bergwandern einladende Alplhütte in 1.500 Metern Höhe.

Von April 1992 bis März 1999 bestand eine touristische Attraktion auf dem sogenannten Sonnenplateau: Im Auftrag der Fernsehanstalten Sat.1 (Deutschland, privat), ORF (Österreich, staatlich) und Reteitalia (Italien, staatlich) produzierte die Neue Deutsche Filmgesellschaft mbH (ndF:) eine Familienserie, die viele charakteristische Aspekte der Region widerspiegelt. Unter dem Namen »Der Bergdoktor« gelangte die Sendung, die das Leben in dem fiktiven Ort »Sonnenstein« erzählt und in deren Hauptrolle 1992 der damals 54-jährige Gerhart Lippert schlüpfte, zu großer Bekanntheit. Die Erfolgsgeschichte der populäre Serie, deren Grundidee auf einer von Uwe Helmut Grave unter dem Pseudonym Andreas Kufsteiner geschriebenen Groschenromanreihe aus dem Bastei-Verlag beruht und als erstes Eigenformat des Senders Sat.1

quasi als Gegenentwurf zum ZDF-»Landarzt« produziert wurde, belegen verschiedene Ereignisse der vergangenen Jahre. Für die Gemeinde Mieming beispielsweise waren die TV-Produktionen schon immer eine gute Werbung. In diversen TUI-Reisekatalogen war unter »Obermieming« und »Mieminger Plateau« zu lesen: »Filmheimat der Sat.1-Familienserie ›Der Bergdoktor‹«. Genau genommen beschränkte sich diese Heimat vorwiegend auf den Ort Wildermieming (872 m. ü. NN) alias »Sonnenstein«. 1995 wurden von dort Werbeprospekte proklamiert, die ohne Genehmigung mit einem Titelfoto des Hauptdarstellers bedruckt waren. Als Konsequenz musste sich der Anwalt von Gerhart Lippert um die Angelegenheit bemühen. Innerhalb von vier Jahren etablierte sich sogar ein eigener »Bergdoktor-Radwanderweg«, der nicht zuletzt aufgrund der unaufhörlichen Busströme (zeitweise 30 Busse pro Tag!) angelegt wurde. Wildermieming wuchs zu einem regelrechten Mekka der durchschnittlich acht bis neun Millionen Zuschauer, Ende der 1990er-Jahre immerhin noch vier bis fünf Millionen (zum Vergleich: die ARD-Tagesschau bringt es auf ein 16 Millionen zählendes Publikum).

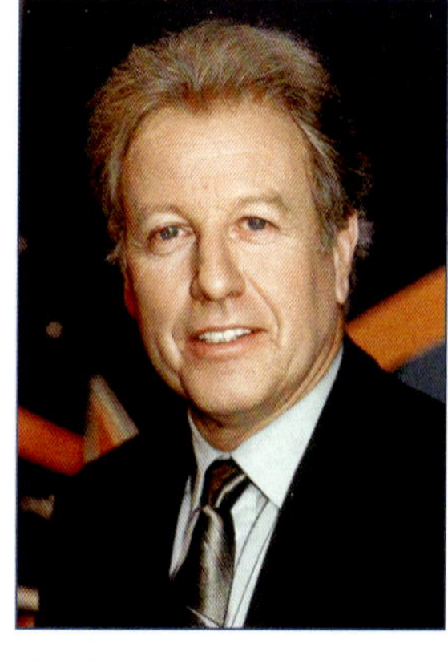

Gerhart Lippert, der erste TV-»Bergdoktor«.

Die Serie, die im Folgenden dokumentiert sein soll, genoss vor allem in der ersten Staffel viele bekannte deutsche Schauspieler in Haupt- und Nebenrollen, die dem Format ein qualitativ hohes Niveau zuschrieben (Veronica Ferres, Hansi Kraus, Martin Semmelrogge, Robert Atzorn und andere). Außerdem bestand Reteitalia auf die Verpflichtung der bekannten italienischen Schauspielerin Anita Zagaria für die Rolle der Sabina an der Seite des »Bergdoktors«. Das populäre »Grafenpaar« Klaus Wildbolz und Michaela May bildete in den ersten beiden Staffeln noch eine feste Hauptbesetzung mit Nennung im Vorspann, tauchte ab 1994 jedoch nur noch als Teil der dörflichen Nebenfiguren auf, die in unregelmäßigen Abständen (zumeist einmal jährlich) als Hauptplot thematisiert wurden. Dazu zählten ab 1996 auch örtliche Statisten, Tiroler Originale. Einen Prominenz-Höhepunkt erreichten die Produzenten im März 1995 mit Karlheinz Böhm.

Karlheinz Böhm am 25. März 1995 in Wildermieming.

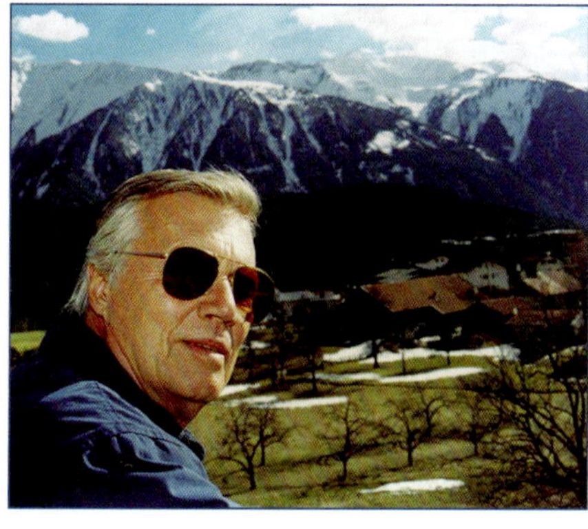

Ausgeführt wurden die Folgen Jahr für Jahr jeweils nach ähnlichem Grundmuster. Die Autoren wechselten sich häufig ab (mit Ausnahme des ersten Drehbuchautors Robert Thayenthal und später Gabriele Kister), und die Regieführung blieb mit bekannten ndF:-Namen wie Klaus Gendries, Thomas Jacob und Ulrich König ebenfalls nicht konstant, bis 1996 der polnische Regisseur Celino Bleiweiß das Konzept umkrempelte und für zwei Staffeln in der Produktion verblieb. Anschließend übernahm der bisherige Regieassistent Andreas Drost das Ruder.

Ein Drehjahr erreichte in der Regel ein Pensum von sieben bis acht »Sommer«-Monaten einschließlich Urlaubspausen bis zum Oktober und belief sich zumeist auf 13 Folgen. Während die Staffeln 1994 bis 1998 jeweils mit einer »Schneefolge« begonnen wurden, stieg man 1992 und 1993 jeweils im März/April zu Ostern ein, indes zum Beispiel 1995 Ostern separat in Folge 48 thematisiert wurde. Zudem gab es zum Jahreswechsel 1992/93 ein Winter-Weihnachtsspezial, das außer der Reihe als Nummer 23 ausgestrahlt wurde. Jede Folge bildet eine in sich geschlossene Handlung, die in eine episodenübergreifende Rahmenhandlung eingebettet ist. Diese befasst sich zumeist mit einem auf die Familie bezogenen Thema, etwa die Etablierung in Sonnenstein, Heirat, Geburt der Tochter etc. Ab 1996 stehen übergreifende Handlungs- und Entwicklungsstränge stärker im Vordergrund.

Die Produktion bediente sich der typischen filmischen Hilfsmittel. So mimten Puppen im Juli 1992 (Nr. 6) einen spektakulären Autounfall, und im März 1996 wurden die Skiszenen der Folge 60 im Stand »auf die Platte gebannt«. Große Aufregung erregte im Sommer 1996 der Serienhund Kuno alias »Poldi«, der in einer unbeobachteten Minute zehn Hühner eines benachbarten Bauernhofs erlegte. Dieser Zwischenfall des Berner Sennenhundes kostete die Gesellschaft 700 D-Mark Schadenersatz.

Die überraschende Popularität der Serie rief 1994 erste Missstände hervor. Zu viel Wirbel um seine Person sowie nachlassende schauspielerische Herausforderungen für die statische Heldenfigur ließen Gerhart Lippert den Entschluss fassen, die Serie zu verlassen. Er sagte: »*[...] Ich bin so etwas wie ein Markenartikel geworden.*« Im September 1995 (Nr. 59) wurde schließlich ein Nachfolger gefunden: Der zu dem Zeitpunkt 35-jährige und 1,85 Meter große gebürtige Salzburger Harald Krassnitzer, der nach 15 Jahren Theatererfahrung das Fernsehen als Neuland beschritt, sollte die Stellung des »Bergdoktors« übernehmen. Krassnitzer konnte sich in seinem ersten Drehjahr 1996 durchaus behaupten, da er weniger als »*Kopie*« (Zitat), sondern vielmehr als verjüngter, sportlicher

Arzt die ersehnte frische Brise in die Serie brachte. Zu seiner Übernahme sagte er: »*Als beim Abschiedsfest von Gerhart Lippert überall die Tränen flossen, war klar, dass ich nicht nur einen Kollegen, sondern einen liebgewordenen Freund ersetzen musste. Da war mir schon etwas mulmig zumute. Doch schon nach kurzer Zeit hatten mich die anderen Kollegen akzeptiert.*« Mit der eingeleiteten »Neuen Generation« sollte er die werberelevante Zielgruppe (16–49 Jahre) stärken, wozu er sich sogar einen Wohnsitz in der Nähe des Drehorts zulegte. Auch Harald Krassnitzer beanstandete allerdings die Kehrseiten des Ruhms, die schon seinem Vorgänger zu schaffen gemacht hatten: »*Es war wohl eine meiner schlimmsten Erfahrungen, als ich feststellen musste, wie viele meiner Freunde mir plötzlich den Rücken kehrten.*«

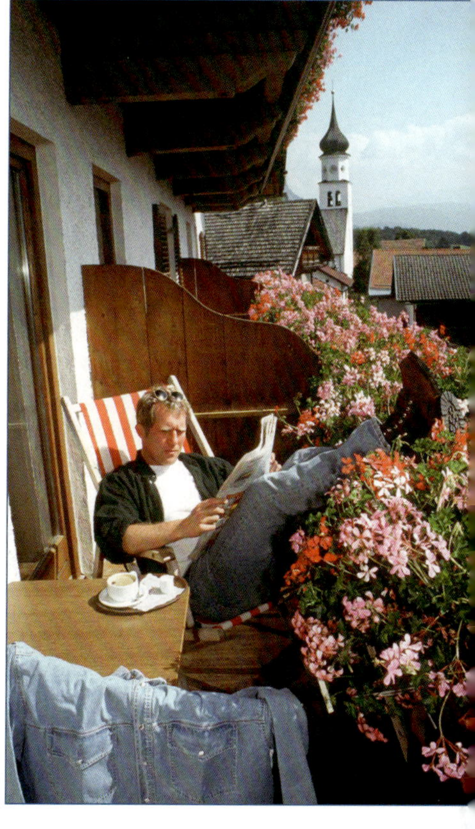

Der zweite »Bergdoktor« Harald Krassnitzer genießt im September 1996 seine Drehpause im Gasthof »Stern« in Wildermieming.

Zu Lipperts Ausstieg kam 1995 erschwerend hinzu, dass auch seine Filmfrau Anita Zagaria (Sabina) und Carin C. Tietze (Sprechstundenhilfe Traudl) an den Ausstieg dachten. Während Zagaria noch sporadisch bis zum Verjüngungskonzept 1996 am Set blieb, vollzog die 31-jährige Tietze im März 1995 (Nr. 47) ihren Abschied: »*Es war eine sehr schöne Zeit. Nicht zuletzt deshalb, weil das Team wie eine Familie für mich war. So ist mir der Ausstieg aus der Serie schon schwergefallen [...].*« Für Tietze wurde im Übergangsfilm nahtlos eine Nachfolgerin integriert. Maxl Graf alias Gendarm Gilch jedoch musste ersatzlos bleiben: Er zog sich 1995 aus dem Filmmetier zurück und verstarb 1996. Ebenso verschieden Margot Mahler (Kramerin Anna Pölz) 1997 und Walther Reyer (Großvater Pankraz) 1999. Winnie Markus (Sabinas Tante Rica Althäuser) verließ 1993 ohne filmische Ankündigung die Serie.

Angesichts des Konzepts der »Neuen Generation« stieg die Sendeanstalt Reteitalia aus der redaktionellen Begleitung aus, die den »Bergdoktor« bis dahin unter dem Titel »Un dottore tra le nuvole« (zu Deutsch: »Ein Doktor über den Wolken«) im italienischen

Fernsehen ausgestrahlt hatte. Auch weitere Schauspieler entfernten sich von der Serie, unter anderem Klaus Wildbolz, Ingeborg Schöner und Gerhard Riedmann. Die letzteren beiden mussten in Folge 63 den »Gasthof Angerer«, den sie im Film betreiben, zugunsten jüngerer Schauspieler (Siemen Rühaak) verlassen. Doch alle Bemühungen halfen nicht: Im März 1998 drang ein neues Marketingkonzept des Sat.1-Unterhaltungschefs Fred Kogel an die Öffentlichkeit, das beinhaltete, drei Serien, darunter den »Bergdoktor«, aufgrund des hohen Altersdurchschnitts der Zuschauer auslaufen zu lassen. Noch im Januar desselben Jahres hatte die Sat.1-Pressesprecherin Ulrike Seiler den Zuspruch der Serie mit sieben Millionen Zuschauern gelobt, die Anerkennung Krassnitzers beim Publikum hervorgehoben und 13 neue Folgen für 1998 angekündigt (vgl. Zitat im Kapitel *Informationen*). Doch im Sommer wurden die Dreharbeiten inmitten der Produktion abgebrochen und nur noch sechs Folgen der siebten Staffel sowie 1999 eine zweistündige Abschiedsfolge fertiggestellt, die anschließend nur im ORF, nicht mehr bei Sat.1 ausgestrahlt wurden. Diese Episoden waren erst 2005 im Samstagmorgenprogramm von Sat.1 zu sehen. Damit hatte die Serie ihren endgültigen Abschluss erreicht. Dank des Verkaufs an das ZDF im Jahr 2000 konnte das Format 2008 immerhin zu neuem Leben erweckt werden. Die Neuauflage basiert zwar ebenfalls auf der erfolgreichen Heftromanserie von Uwe Helmut Grave, weicht jedoch stark von der hier beschriebenen Serie ab. Mittlerweile weilen auch Klaus Wildbolz, Georg Marischka, Gerhard Riedmann, Rolf Castell und die Autorin Gabriele Kister nicht mehr unter den Lebenden.

Im Folgenden werden die Episoden der beliebten Serie, deren Kontexte, Rollen und Umfelder beschrieben und interpretiert. Die Handlungsstränge werden hierbei entgegen der Reihenfolge im Film gebündelt dargestellt, ebenso sind die Filmlängenangaben relativ zu verstehen, da sie sich auf die Ausführungen der jeweiligen TV-Anstalten beziehen (mit zwei Werbeunterbrechungen 60 Minuten, ansonsten ca. 47 bzw. ab 1996 45 Minuten Länge). Die vom Autor eingeführten Staffeltitel geben individuelle Wesenseigenschaften jeder Staffel an und dienen zur Orientierung innerhalb des Textes.

Zur schmucken Landpraxis in der Berg- und Bauernidylle sagte Harald Krassnitzer: »*Hier in den Bergen kann ich nach dem Dreh noch Mountainbike fahren, Joggen, an den Wochenenden zum Bergsteigen gehen und viel lesen.*« Sei es ihm vergönnt, auch wenn er als heutiger Tatort-Kommissar weitaus seltener im Bergland unterwegs sein dürfte als noch vor 25 Jahren.

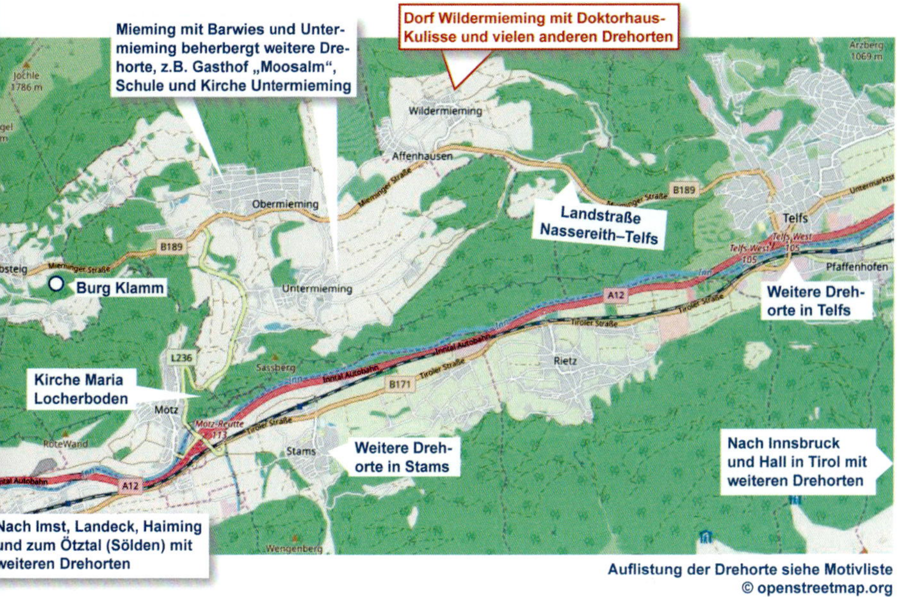

Auflistung der Drehorte siehe Motivliste
© openstreetmap.org

Geografische Informationen

Die drei Gemeinden des Sonnenplateaus – Obsteig, Mieming (unterteilt in Barwies, Ober- und Untermieming) und Wildermieming – sind die Hauptschauplätze des Drehgeschehens zur Serie »Der Bergdoktor«. Das Sonnenplateau erstreckt sich auf einer Höhe von 800 bis 950 Metern (Wildermieming: 872–877 m, Untermieming: 869 m, Mieminger Plateau: max. 1.126 m) im westlich der Tiroler Landeshauptstadt gelegenen Bezirk Innsbruck-Land, etwa fünf Kilometer von Telfs-Pfaffenhofen entfernt. Bis auf einzelne Abzweigungen vom Inntal aus führt nur eine Landstraße von Nassereith nach Telfs durch diese landschaftlich besonders reizvolle Region. Der Name Sonnenplateau kommt nicht von ungefähr, da die im Norden stehende, mit dem Hochplattig und der Hohen Munde weit über 2.000 Meter hoch ragende Mieminger Kette die schlechten Wettereinflüsse fernhält, während das Tal nach Süden hin weit ausladend ist. Sonnenumwobene Winter, frühe Frühlingsmonate, lange Sommer und goldene Herbstmonate vor allem aufgrund der vielen Lärchenwälder kennzeichnen die idyllische Lage der Mieminger Gemeinden. Insgesamt existieren hier 60 Kilometer Skiloipen und ohne den Simmering etwa 40 Kilometer Wanderwege. Neben einer Drachenflugschule sind in der Umgebung ein Badesee sowie ein Freibad, Reitställe, Diskotheken und Wallfahrtskirchen vorhanden, darüber hinaus verfügt Wildermieming über sechs Gasthöfe, die neben den Touristen den 622 Einheimischen zur Verfügung stehen.

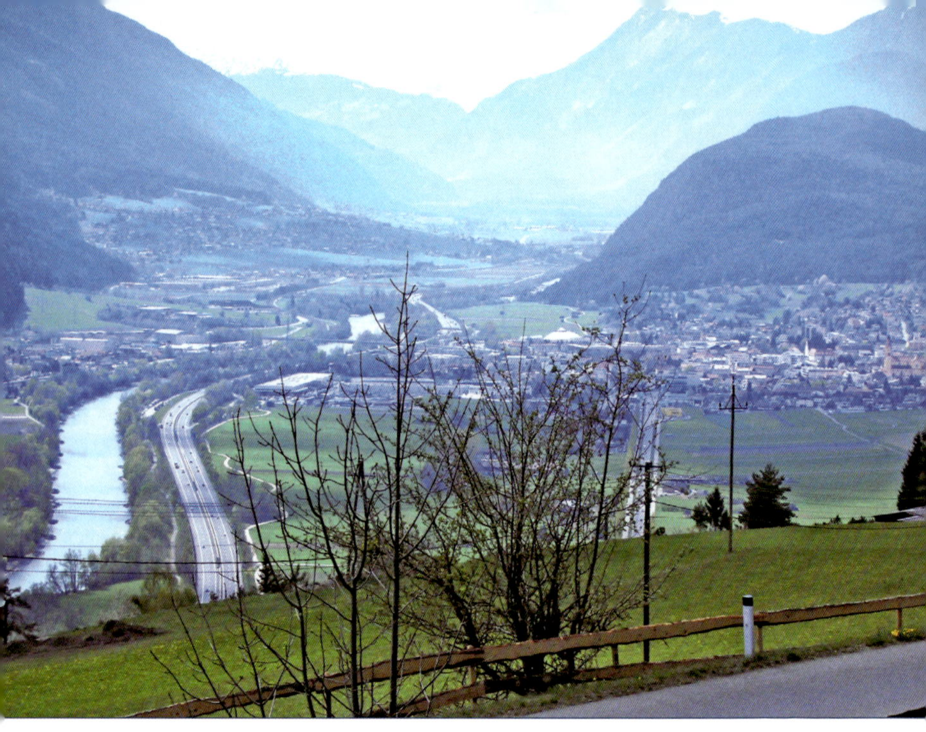

Im engen Inntal teilen sich der Fluss, die Autobahn, die Eisenbahn und die Städte den Platz. Rechts liegt Telfs. April 2014.

Neben Ausflügen nach Hall (vor allem zum dortigen Klinikum), Telfs und Innsbruck, in die umliegenden Dörfer sowie nach Haiming (Nr. 51), Sölden (Nr. 60), Stams (Nr. 78, 86) und Reutte (Nr. 94) entstanden die Filmszenen vor allem in Wildermieming, an bestimmten kulissierten Plätzen im Ort (u. a. Doktorhaus, Poststelle, Gasthof Stern, Kirche, Tierarzthaus, Bauernhof Zirngiebl). Wildermieming ist die kleinste der drei Gemeinden auf dem Sonnenplateau und zugleich eines der schönsten und beschaulichsten Dörfer der Region. Der alte Ortskern, der im Bereich der Gemeinde Wildermieming (mit Wildermieming-Siedlung und Affenhausen) das eigentliche Zentrum der Filmdrehs bildete, hat seinen historischen Charakter, einfließend aus der Gründerzeit der Tiroler Siedlungsepochen, nicht verloren und zeugt von einer Ära, in der Wildermieming alles andere als reich und berühmt war. Das Dorf präsentiert sich mit der markanten Kirche aus dem Jahr 1366 noch immer ausgesprochen klein und behaglich, obwohl die ruhige Abgeschiedenheit und Wetterfreundlichkeit längst zum Geheimtipp für den Fremdenverkehr geworden ist. Nicht zuletzt der am Tourismus-Informationsbüro befestigte Sat.l-Aufkleber macht deutlich, dass Wildermieming ein altes Dorf mit neuer Fassade ist. Die Landwirte sind wohlhabender geworden, haben sich modernisiert und vergrößert und verkörpern nun bereits seit vielen Jahren das Tiroler Landleben, welches in der Serie in angemessener

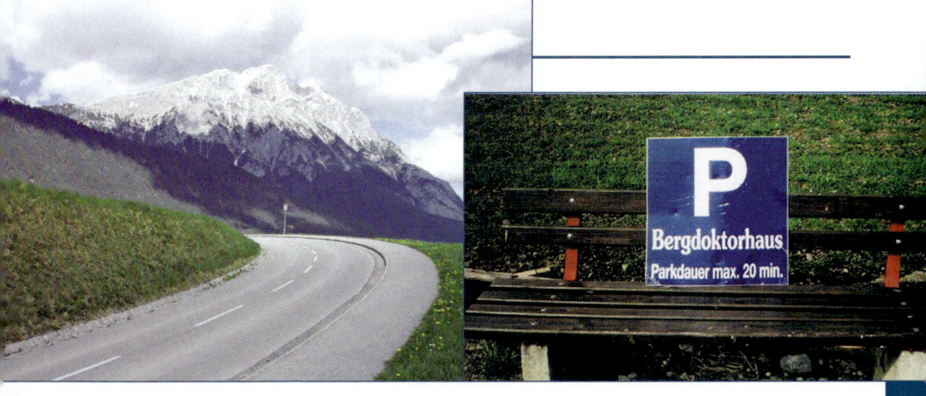

Realität dargestellt sein will und zu Recht einen hohen Stellenwert genießt. Sehr viel Fremdenverkehrsfreundliches ist auf die Fernsehserie ausgerichtet, die im April 1992 ihren Anlauf nahm und in den Jahren danach sogar Gäste aus Zürich und Italien anlockte. So sind unter anderem Parkplätze und Laufwege für die Besucher der Doktorhauskulisse und anderen Filmplätzen in Wildermieming deutlich ausgewiesen, ebenso lädt der »Bergdoktor-Radwanderweg« zu Aktivitäten ein. Interessant ist außerdem, dass trotz der verwaltungsmäßigen Orientierung nach Innsbruck die im Film verwendeten Automobile die Kennzeichen IM für Imst statt IL für Innsbruck-Land tragen. Grundsätzlich besteht aber seitens der Produktionsgesellschaft (mit den Produzenten Siegfried B. Glökler und Jan S. Kaiser), seitens der Managementagenturen sowie der Teambeschaffenheit (Autoren, Schauspieler) eine deutliche Orientierung nach München. Dass die Serie auch in Österreich und Italien ausgestrahlt wurde, ist dabei zweitrangig.

Die Einfahrt zum Dorf Wildermieming (links) ist mehrfache Kulisse im Film. Für Touristen gibt es extra einen Parkplatz (rechts).

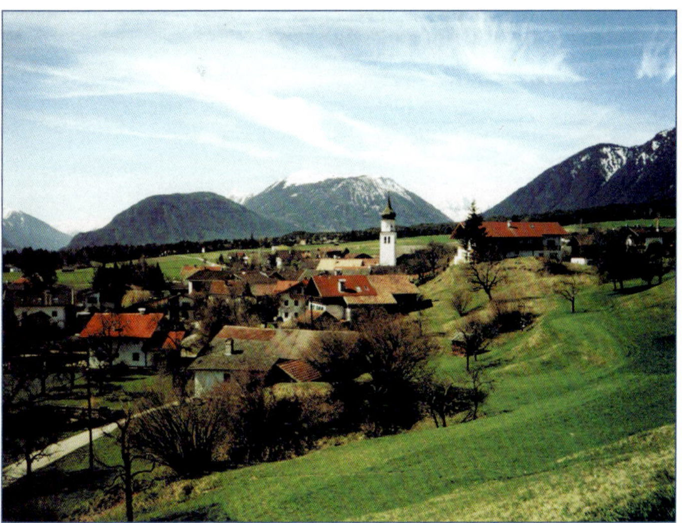

Die Dorfansicht vom Filmplatz aus am 2. April 2001.

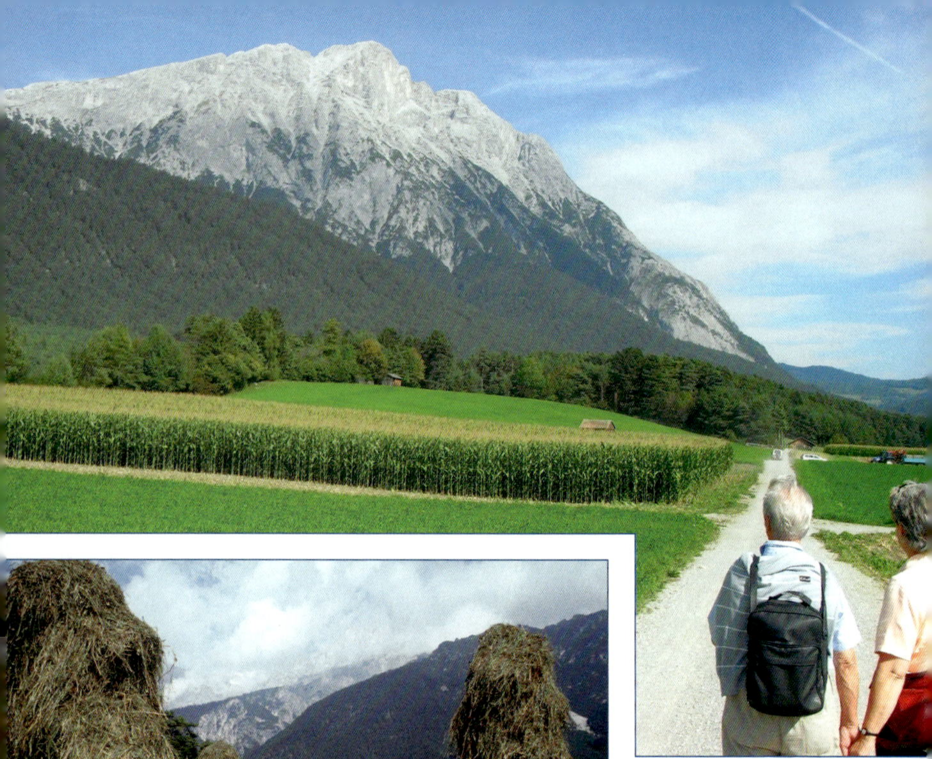

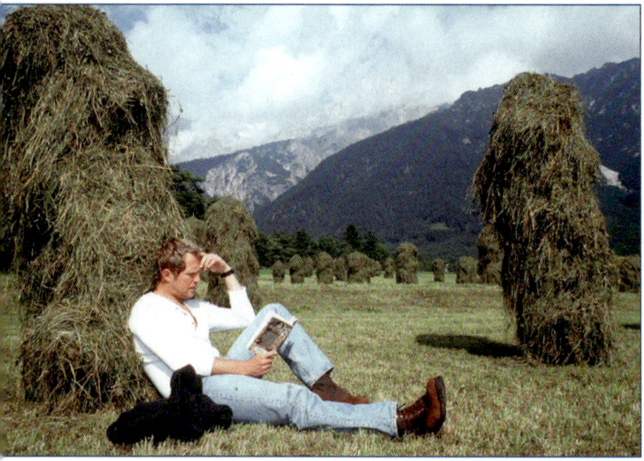

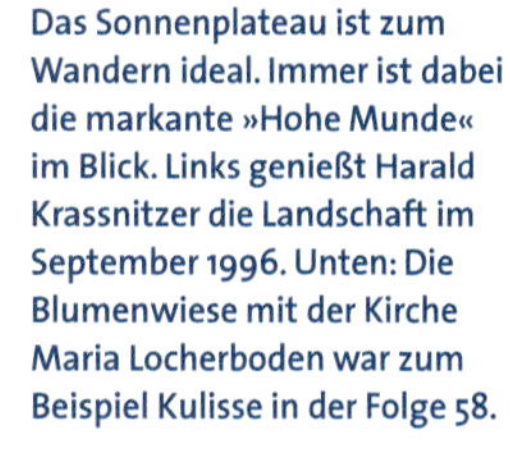

Das Sonnenplateau ist zum Wandern ideal. Immer ist dabei die markante »Hohe Munde« im Blick. Links genießt Harald Krassnitzer die Landschaft im September 1996. Unten: Die Blumenwiese mit der Kirche Maria Locherboden war zum Beispiel Kulisse in der Folge 58.

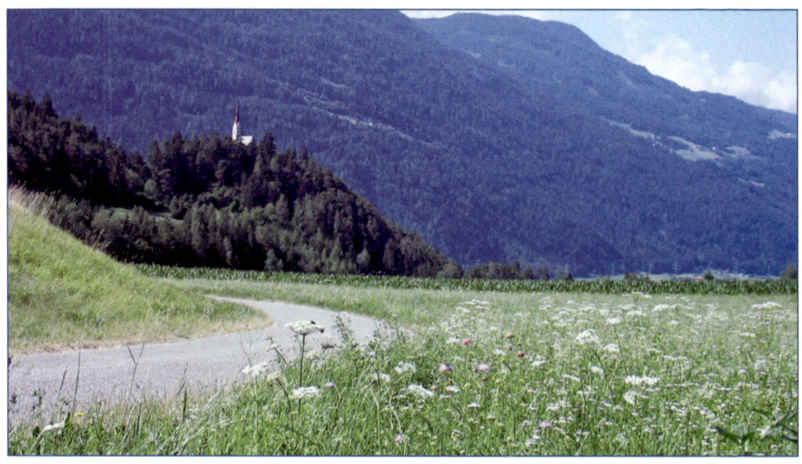

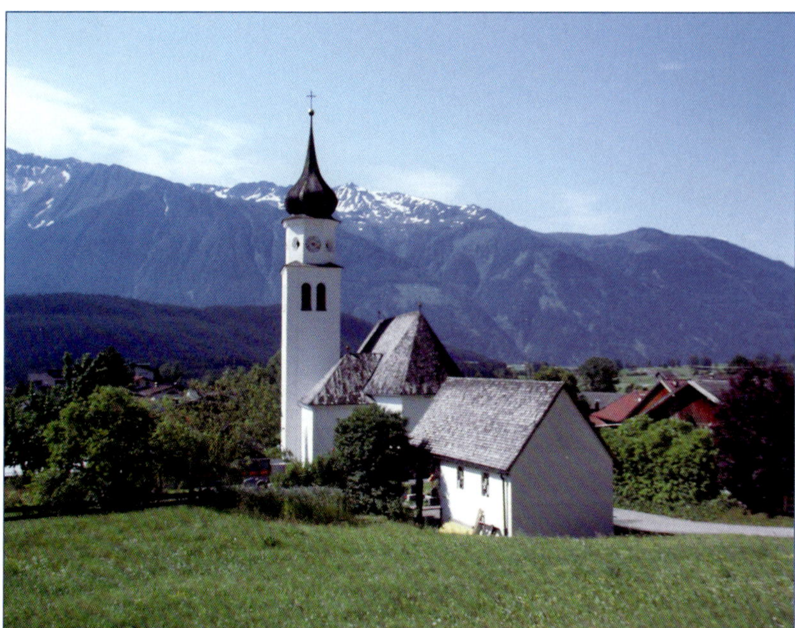

Ein hübscher Blick auf die Kirche in Wildermieming am 2. Juli 2019. Der Anbau im Vordergrund wurde später hinzugefügt und ist bei den Aufnahmen in der Serie noch nicht zu sehen.

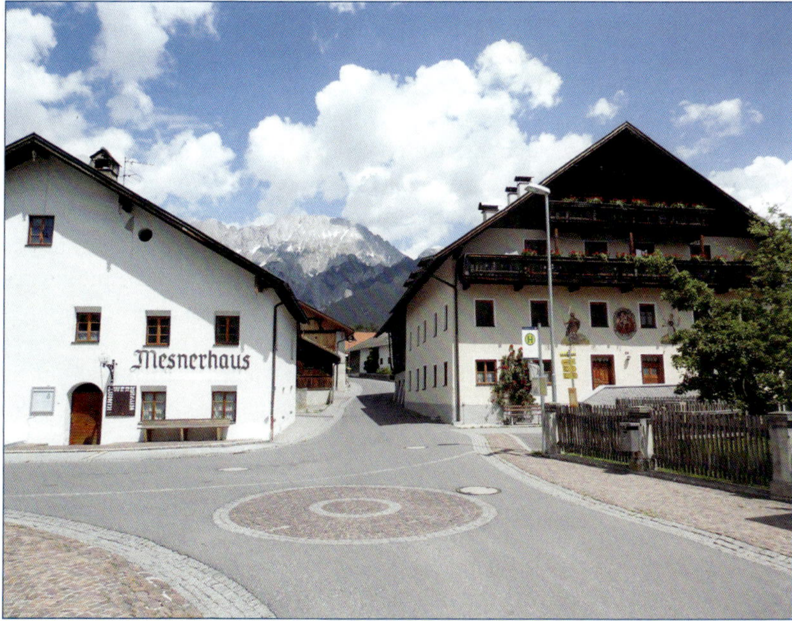

Mehrfach war auch der Dorfplatz von Untermieming Schauplatz für Dreharbeiten, so zum Beispiel in den Folgen 59, 68, 81, 86 und 95. Das Dorf gehört zu den vier Gemeinden auf dem Sonnenplateau.

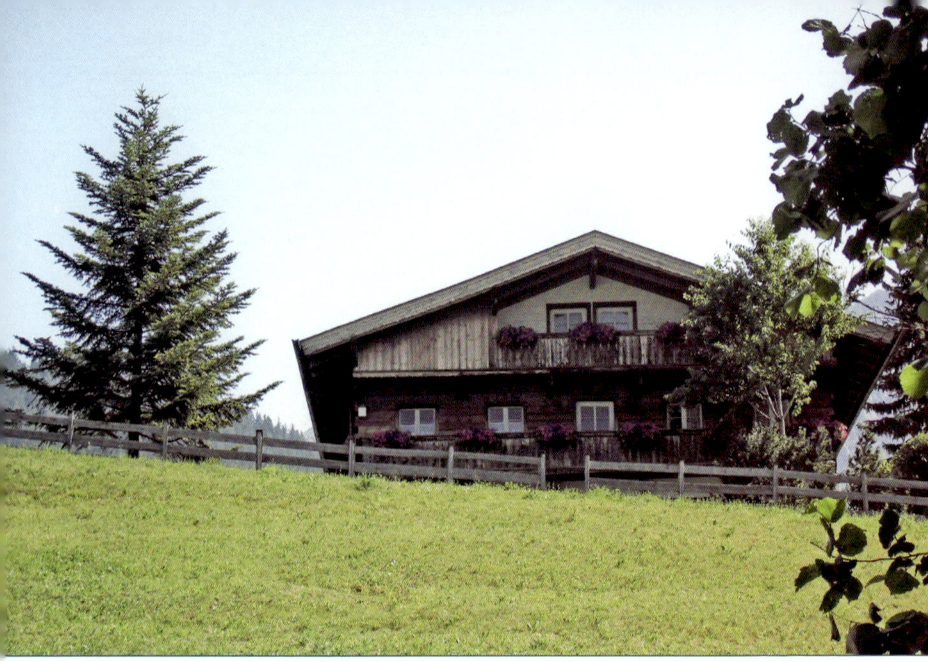

Die Filmkulisse in Wildermieming steht noch heute auf einem Bergvorsprung.

Hintergründliches

Zentraler Ort der Dreharbeiten war ein östlich über dem Dorf Wildermieming gelegener Bergsockel, dem Standort des Doktorhauses. Bei dem schmucken und stilechten Praxisgebäude handelt es sich um eine 12 x 10 Meter große Kulisse, die nach zahlreichen Umbauten und Verbrämungen, welche im gesamten Umfeld auch später noch während der drehfreien Zeiten stattfanden, zum adäquaten Szenenbild wurde. Unter Verwendung von Steinwerk, Außenputzplatten und Stilelementen abgerissener historischer Bauernhäuser wie Fensterläden und Balkongeländern entstand ein im Sommer mit viel Blumenschmuck versehenes, auffälliges Wohngebäude, welches mit einer integrierten Holzscheune auf der Rückseite und der Wohnfront im Vorderbereich eher dem Stil des alten, landwirtschaftlich ausgeprägten Dorfkerns als dem neuer Ferienhäuser des Ortes entspricht. Im März 1992 wurde es unter großem journalistischem Aufgebot auf einer Wiese erstellt, 1993 kam linksseitig ein kleiner Geräteschuppen hinzu, der das hintere Fenster des Erdgeschosses verdeckte. Die für die erste (»Alte«) »Bergdoktor-Generation« gebräuchliche Holzverkleidung der beiden obersten Etagen signalisierte stets den urigen, anheimelnden Aspekt eines Tiroler Holzhauses, weshalb für die modernere »Neue Generation« weiß gestrichene Holzplatten draufgesetzt wurden. Das damit angedeutete Massivmauerwerk fand mit dem Ende der Serie aber ebenfalls keine Verwendung mehr, als die Touristen weiterhin den Drehplatz aufsuchten und die Gemeinde den Unterhalt des Geländes übernahm. Sogleich wurden weitere Anpflanzungen getätigt, die Holzverkleidung wiederhergestellt und die Rasenflächen gepflegt. Lediglich der erst nach 1992 angebrachte Zaun, eine kleine Holzterrasse an der Südfront und weitere Details waren schnell kaputt und erfuhren lange Zeit keine Reparatur. Die Requisiten, etwa Straßenlaternen am Zufahrtsweg oder ein Brunnen, wurden von der Filmgesellschaft nach jedem Dreh wieder entfernt, und der provisorisch eingerichtete Parkplatz am Beginn des geschotterten Zufahrtsweges fiel Vandalen zum Opfer. Dennoch bleibt der Standort im Dorf nach wie vor als Anlaufpunkt für den Fremdenverkehr erhalten.

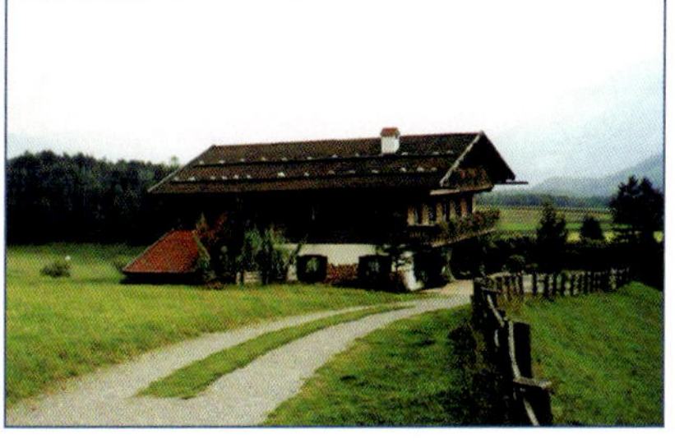

Die Zufahrt zum Filmplatz war oft in der Serie zu sehen.

Für die Innenaufnahmen war eine gedankliche Raumaufteilung vorhanden, die sich allerdings in einem anderen Gebäude in Untermieming befand. Insofern ist das Kulissenhaus bis auf den am Eingang mündenden Flur und die dort vorhandene Einrichtung hohl und weder mit Wänden noch mit Bodenbelag ausgestattet. Treppenaufsatz und Fenster am Flurende sind angedeutet und gewannen erst über die Räumlichkeiten im Zweithaus, teilweise mit Bildwänden vor den Fenstern, an Bedeutung. Das Kulissenhaus in Untermieming wurde für die Drehzeit gepachtet, so dass die Räume das ganze Jahr über aufgebaut bleiben konnten.

So zeigte sich das Bergdoktorhaus im März 1997 zum Drehbeginn der sechsten Staffel. Zur »Neuen Generation« gehören ein gepflasterter Vorplatz und ein weiß abgesetztes Obergeschoss.

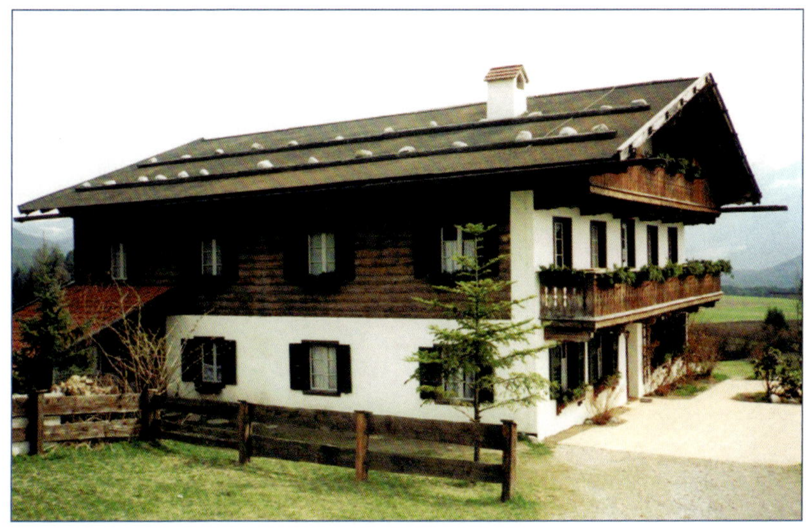

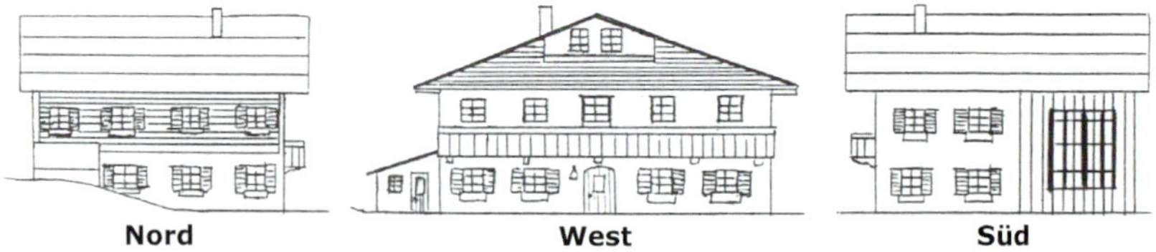

Nord

West

Süd

Skizzierte Ansichten der Doktorhaus-Kulisse

(unmaßstäblich)

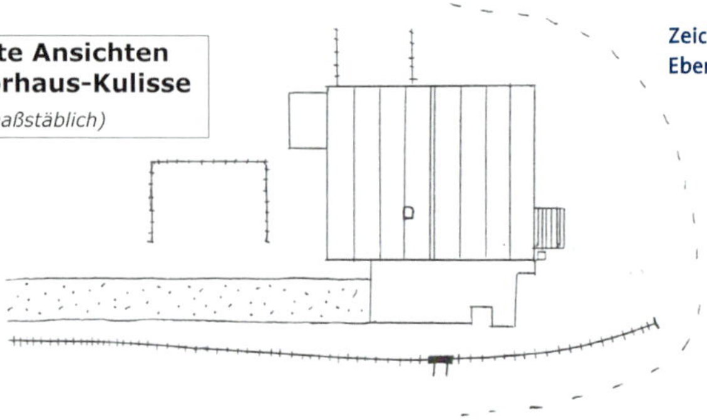

Zeichnungen:
Eberhard Meyer

Relative Kulisseneinteilung des Gebäudes

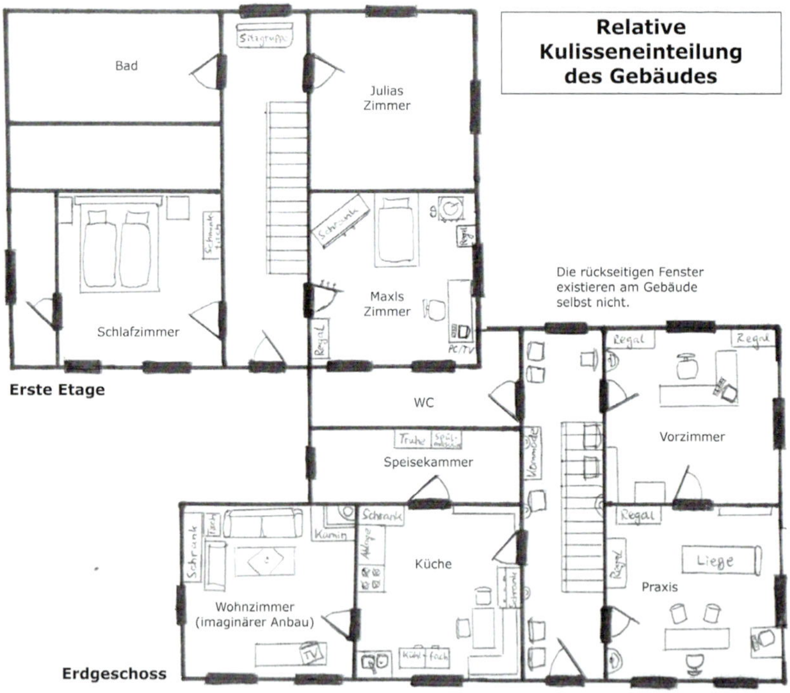

Bad

Julias Zimmer

Schlafzimmer

Maxls Zimmer

Die rückseitigen Fenster existieren am Gebäude selbst nicht.

Erste Etage

WC

Vorzimmer

Speisekammer

Küche

Praxis

Wohnzimmer (imaginärer Anbau)

Erdgeschoss

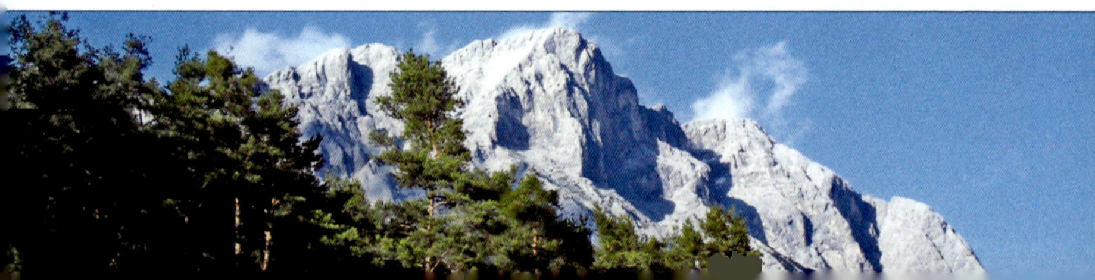

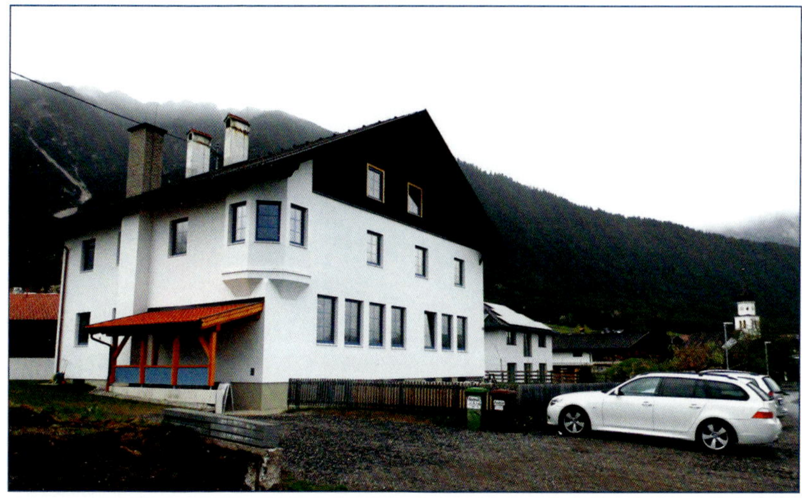

Die Volksschule Wildermieming beinhaltete die Büros der Produktionsfirma.

Als provisorisches Büro und Aufenthaltsort für das Team (Maske, Kostüme etc.) wurde vor Ort die Volksschule genutzt, in der auch zahlreiche Requisiten aufbewahrt wurden. Zur Verfügung standen die Räume im Obergeschoss sowie im Keller. Viele der aufbewahrten Gegenstände wurden durchgängig in allen Staffeln gebraucht und bilden eine Art roten Faden, so zum Beispiel das bekannte Sofa der Obermayrs.

Während die Poststelle – einst tatsächlich eine »Kolonialwarenhandlung« – leerstand, für die Dreharbeiten angemietet und außerhalb derer abgeriegelt wurde, war die Burg Klamm alias Schloss Sonnenstein schon immer privat bewohnt und lediglich ansprechende Außenkulisse inmitten eines historisch bedeutsamen Gebiets. Ebenso ein privates Wohnhaus war das Wildermieminger Haus Nummer 16, im Film die Tierarztpraxis von Dr. Obermayr, das in den Neunzigern aber bereits leerstand und deshalb für die Innenaufnahmen nicht geeignet schien. Am Briefkasten prangte der Name Kirchner, der nur zu deutlich an den Namen der Haushälterin des Veterinärs – Pirchner – erinnert. So blieb auch dieses Haus nurmehr eine Außenkulisse, während die Innenaufnahmen in einem ähnlichen Gebäude in Affenhausen entstanden. Andernorts, bei real bewohnten Kulissen, waren Aufnahmen im Innern leichter umzusetzen, wie bei der Burg Klamm die Eingangshalle und beim Zirngiebl-Bauernhof Küche und Stall. Grundsätzlich galt es stets, die Privatsphäre der Gebäudeeigentümer zu schützen und den Tourismus in Grenzen zu halten. Leider wurde das Wildermieminger Haus Nummer 16 mittlerweile abgerissen.

Aufruf zum Casting in Tageszeitungen.

Für unsere aktuelle

SAT.1-Serie

suchen wir neue Gesichter im Alter von 14–45 Jahren für kleine Sprechrollen.

• Sind Sie nicht auf den Mund gefallen?

• Haben Sie Improvisationstalent?

Dann melden Sie sich bitte!

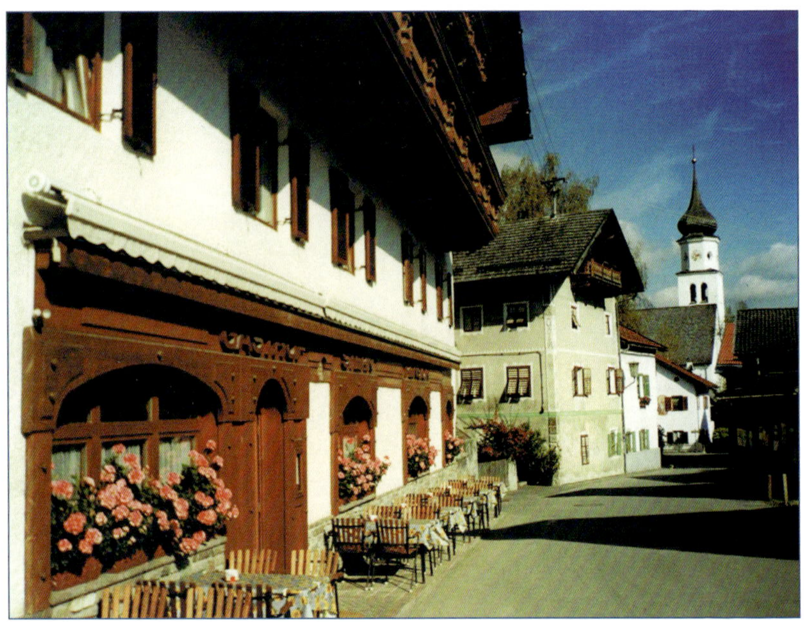

Die Dorfstraße mit dem Gasthof »Stern« alias »Gasthof Angerer« am 12. Oktober 1999.

Wenn das Team zum Dreh nach Wildermieming anreiste, transportierten die Gerätebusse nicht nur viel benötigtes Material, sondern auch etwa 40 Personen. Beinahe jede Woche in der Saison war das Team vor Ort, aber stets unter sich, sodass die Dorfgemeinschaft nicht zu sehr gestört wurde, im Gegenteil oftmals mitgespielt hat. Unterbringungsort war nicht etwa der in der Serie als Innen- und Außenkulisse verwendete Gasthof »Stern« alias Gasthof »Angerer«, der nach eigenem betrieblichen Umbau 1997 gegen den Gasthof »Moosalm« wechselte, sondern die Gasthöfe »Jäger« und »Traube« am Ortsrand. Vor allem die auswärtigen Schauspieler ließen sich dort während der Drehzeiten einschreiben und gingen auch außerdienstlichen Festen und Feierlichkeiten nach. Eine exponierte Foto-Nische belegt zahlreiche Augenblicke aus der »Bergdoktor«-Zeit (z.B. Gerhart Lippert mit Michaela May und persönlichen Kommentaren), an die sich die Akteure gern erinnern. Zusätzlich verewigt eine Autogrammkartensammlung die weitreichenden Filmaktionen. Unterschrieben haben unter anderem: Gerhart Lippert, Harald Krassnitzer, Walther Reyer, Enzi Fuchs, Anita Zagaria, Manuel Guggenberger, Klaus Wildbolz, Herbert Fux, Margot Mahler, Maxl Graf, Hermann Giefer, Gerhard Riedmann, Carol Seyboth, Carin C. Tietze, Thomas Fritsch, Günter Mack, Rolf Castell, Hansi Kraus. Einige Hauptdarsteller kamen aus der näheren Umgebung und benötigten daher meist keine Unter-

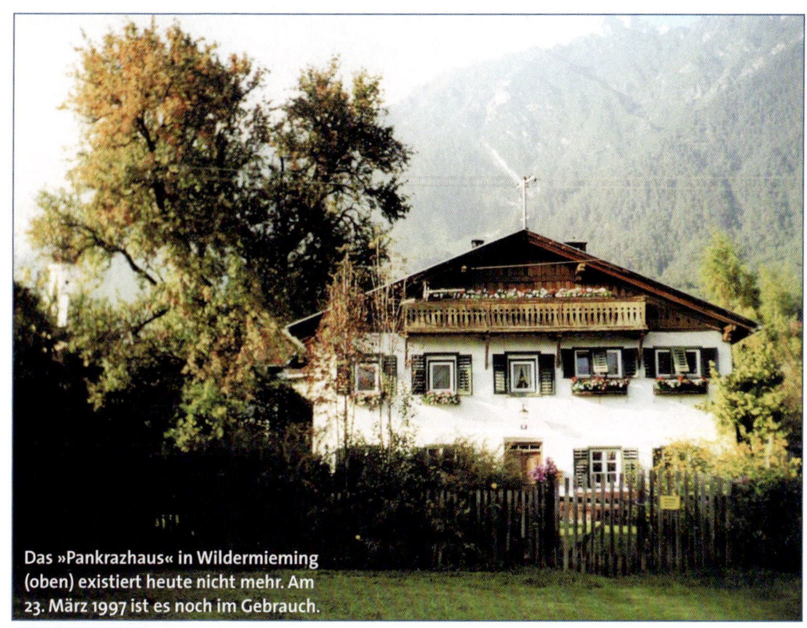

Das »Pankrazhaus« in Wildermieming (oben) existiert heute nicht mehr. Am 23. März 1997 ist es noch im Gebrauch.

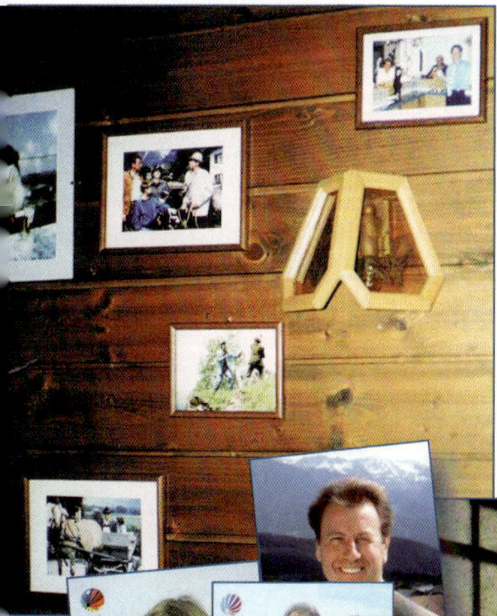

kunft, wie Gerhart Lippert, der in Kufstein wohnt, Harald Krassnitzer, der Mieming als festen Wohnsitz wählte, Hermann Giefer aus Mittenwald sowie Walther Reyer und Manuel Guggenberger. Übrigens traf sich das Team auch im Café Maurer in Mieming und fand sich dort im Jahr 2000 zu einer kleinen Wiedersehensfeier nach dem Ende der Serie zusammen.

Unten die Poststelle aus dem Film 1997. Links Fotoecke im Gasthof »Jäger«.

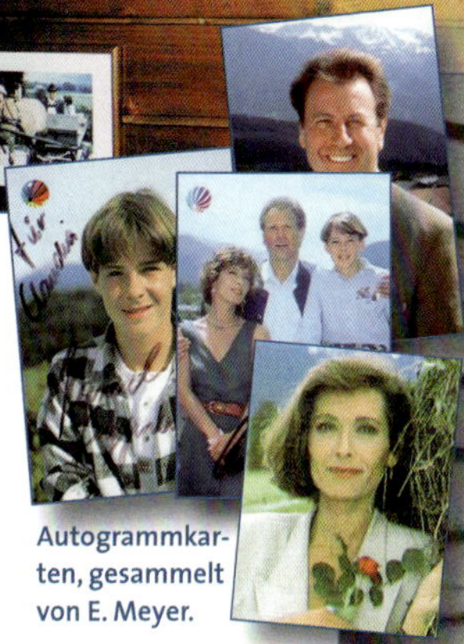

Autogrammkarten, gesammelt von E. Meyer.

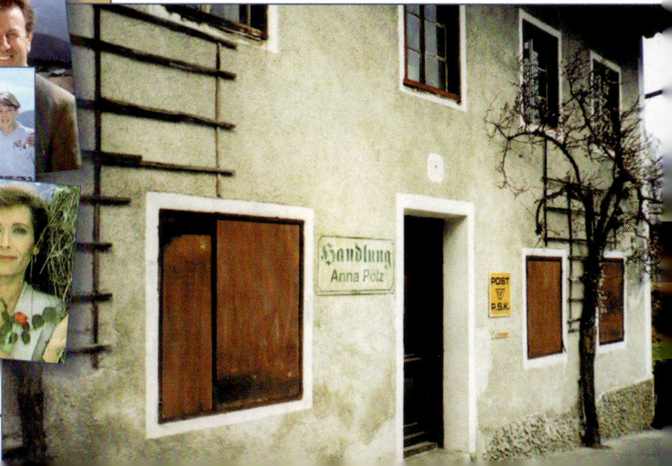

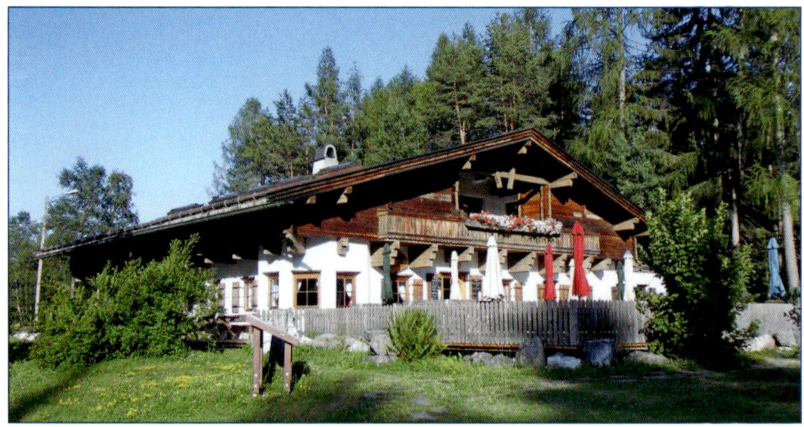

Der Gasthof »Moosalm« am Ortsrand von Barwies war von 1995 bis 1997 in der Serie zu sehen.

Natürlich steckt hinter der Filmfassade noch viel mehr. Die von der Regie gewählten Ortsszenen wurden je nach Bedarf individuell zusammengesetzt (wenngleich manche suggerierten Ortskontexte durchaus realistisch sind), die Schauspieler waren nach Beendigung der saisonalen Dreharbeiten häufig in anderen Produktionen tätig, und die zumeist aus München und Berlin stammenden Autoren wurden in den Redaktionssitzungen über festgelegte Rahmenentwicklungen für die jeweilige Staffel instruiert. Die Tonaufnahmen erfolgten in der Regel über Großmikrofone, die über die Szene gehalten wurden, und nicht über individuelle Mikrofone am Körper. Näheres zu diesen Themen folgt später im Kapitel *Informationen*.

Bereits während des laufenden Produktionsjahrs begannen die Nachbearbeitungen. Die beim »Bergdoktor« noch mit richtigem Filmmaterial (also analog statt digital) angefertigten Aufnahmen wurden im Kopierwerk entwickelt, zusammengeschnitten und mit zusätzlichen Tonspuren belegt. Dazu gehörten neben der Musik (siehe Kapitel *Musikalische Interpretation*) auch die Synchronisa-

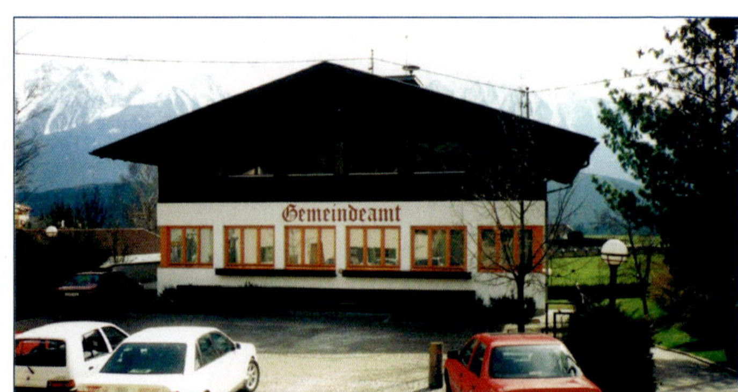

Das Gemeindeamt in Wildermieming ist ebenfalls mehrfache Kulisse.

tion von Anita Zagaria (in insgesamt fünf Jahren wurden drei Synchronstimmen verwendet), die Nachbearbeitung schwer verständlicher Dialoge durch Übersprechen sowie in seltenen Fällen das Einfügen von Geräuschen.

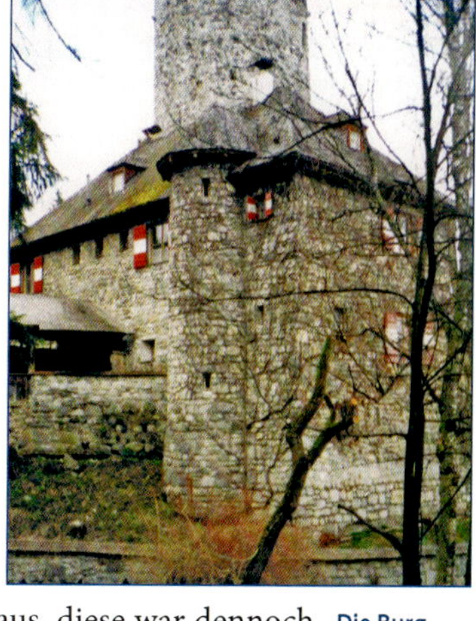

Die Burg Klamm ist sehr markant, aber Privatbesitz.

Ein bis zwei Wochen nahm die Drehzeit einer Folge in Anspruch. Auch die erzählte Zeit im Film umfasst in etwa diese Zeitspanne. Gerhart Lippert musste trotzdem nahezu täglich mit dem öffentlichen Pendlerzug von Kufstein nach Telfs fahren, um vom dortigen Bahnhof zu den Drehorten gebracht zu werden. Die wohnortliche Nähe der meisten Schauspieler wirkte sich zwar positiv auf deren Freizeit aus, diese war dennoch auf wenige Wochen im Jahr beschränkt. So war der Serienausstieg für Gerhart Lippert 1996 unausweichlich und weckte im Lawinentod der Umbruchfolge Nummer 60 gleich Erinnerungen an ein Lawinenunglück, das er persönlich erlebt hatte. Gedreht wurden die Szenen in Sölden im Ötztal. Dass vor Ort in »richtigen« Räumen gedreht wurde, hat den qualitativ hochwertigen Nebeneffekt, dass im Film zum Beispiel des Öfteren Zimmerdecken zu sehen sind, die den gemütlichen Stil der Tiroler Holzbalken repräsentieren – ein Zeichen für viel investiertes Geld! Als »reale« Kulissen dienten auch der »Gasthof Angerer« alias Gasthof »Stern« sowie die Kirche. Die größte Auslagerung der Innenaufnahmen fand bei der Doktorhauskulisse statt, um wenigstens hier filmgerechter arbeiten zu können und Geld für den Ausbau zu sparen. Daneben dominierten im Film selbstverständlich diverse Natur- und Freilandaufnahmen, was für damalige deutsche Serien nicht gang und gäbe war. Mit durchschnittlich 50 Szenen (Bildern) pro Folge kann man durchaus von einer verdichteten Handlung sprechen.

Die »Alte Generation« zeichnete sich durch einen Vorspann aus, der harmonisch wirkte und die wesentlichen Schauspielernamen aufführte. Das Schlussbild zeigte in der Regel die Aufnahme fröhlicher Gesichter, die unter der ablaufenden Schrift stehen blieben und eine Art Happyend verkündeten. Die »Neue Generation« verzichtete am Beginn jeder Folge auf die Nennung der Namen und ließ am Ende zur Schrift einen schwarzen Hintergrund anstelle der Gesichter erscheinen.

Weitere Informationen zu Produktionsabläufen und Hintergründen sind im Kapitel *Informationen* zusammengefasst.

Wesentliche Darstellungen

Zusammensetzung »Alte Generation« (1992–1996):

	Einsatzzeit	dargestellt von:
Thomas Burgner, Dr. *(Chirurg)*		Gerhart Lippert
Sabina Spreti, Dr. *(Anästhesistin/Gattin von Thomas)*		Anita Zagaria
Maximilian Burgner *(Sohn von Christl und Thomas Burgner)*		Manuel Guggenberger
Julia Katharina Maximiliane Burgner *(Tochter von Thomas und Sabina)*	ab 1994	unbestimmt
Pankraz Obermayr, Dr. *(Tierarzt/Schwiegervater von Thomas/Opa von Maximilian)*		Walther Reyer
Franziska Sofia Pirchner *(Haushälterin und Lebensgefährtin von Pankraz/Postlerin)*		Enzi Fuchs
Traudl Meinrad *(Sprechstundenhilfe)*	bis 1995	Carin C. Tietze
Christl Wild *(Sprechstundenhilfe und Laborantin)*	ab 1995	Michaela Heigenhauser
Herr Moritz Konrad *(Hypochonder)*		Herbert Fux

Zusammensetzung »Neue Generation« (1996–1998):

Justus Hallstein, Dr. *(Arzt)*		Harald Krassnitzer
Lisa Brunner *(Studienrätin für Biologie, Physik und Sport/Freundin von Justus)*		Janina Hartwig
Pankraz Obermayr		Walther Reyer
Franziska Pirchner *(Bürgermeisterin ab 1997)*		Enzi Fuchs
Maximilian Burgner *(ab 1997 nur noch Nebenrolle)*		Manuel Guggenberger
Julia Burgner		Anna Patterer (1996) Joelle Ludwig (ab 1997)
Christl Wild		Michaela Heigenhauser
Moritz Konrad	bis 1997	Herbert Fux
Paul Reuther *(Gastwirt/Freund von Justus)*	bis 1997	Siemen Rühaak
Meggy Seewald *(medizinische Assistentin)*	nur 1998	Pia Baresch
Tom Jensen *(Clubleiter/Freund von Justus)*	nur 1998	Andreas Nickl

Dauerhafte Nebenrollen:

Luis Kofler *(Tischler/Bergwachtsleiter/Bürgermeister 1995–1997)*	1992–1998	Hermann Giefer
Anna Pölz *(Kramerin/z. T. auch Postlerin)*	1992–1997	Margot Mahler
Toni Gilch *(Gendarm)*	1992–1995	Maxl Graf
Pfarrer Hauberer	1992–1998	Rolf Castell
Markus von Brauneck *(Graf/Braumeister)*	1992–1996	Klaus Wildbolz
Alexandra von Brauneck *(Gräfin)*	1992–1997	Michaela May
Veronika von Brauneck *(Adoptivtochter)*	1992–1997	Jenny Kreindl (bis 1995) Carol Seyboth (ab 1996)
Johannes von Brauneck *(Sohn von Markus und Alexandra)*	1993–1997	Christopher Mayer
Rufus Staudinger *(Verwalter Braunecks)*	1992–1997	Werner Asam
Resi *(Haushälterin)*	1992–1995	Nini von Quast
Alois Angerer *(Gastwirt/Hotelier/Bürgermeister bis 1995)*	1992–1996	Gerhard Riedmann

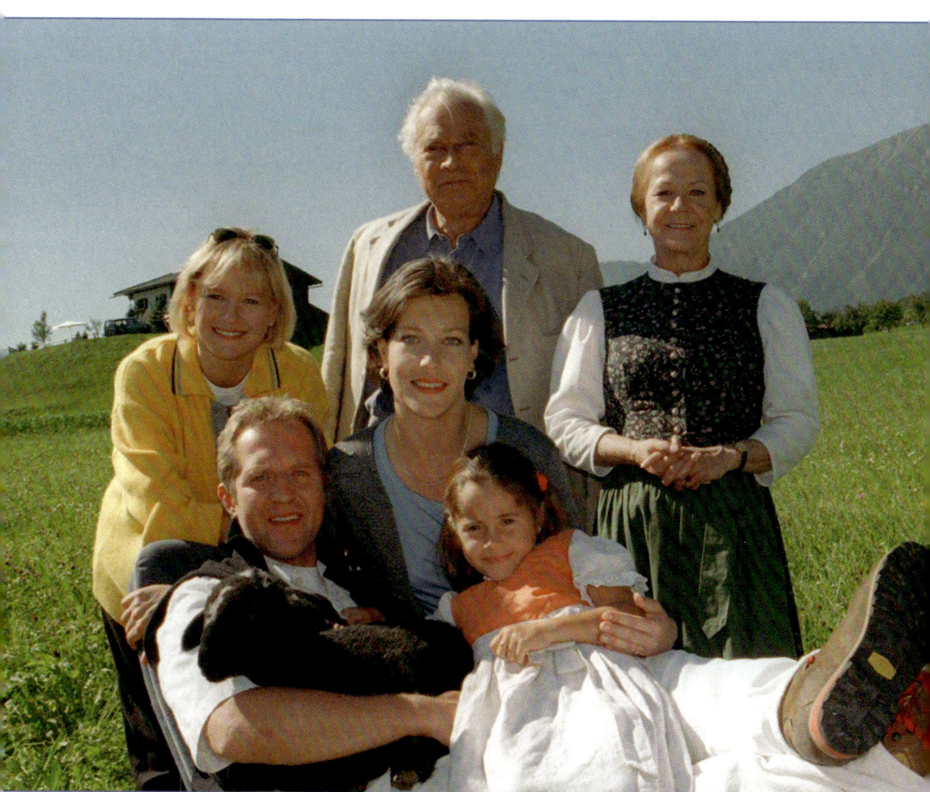

Pressefoto von den Dreharbeiten zur sechsten Staffel vom 25. September 1997 mit Harald Krassnitzer vorn und Joelle Ludwig als die kleine Julia, dahinter Michaela Heigenhauser mit Janina Hartwig und ganz hinten Walther Reyer mit Enzi Fuchs. Im Hintergrund das Set am Doktorhaus.

Elfriede Angerer *(Gastwirtin)*	1992–1996	Ingeborg Schöner
Xaver Zirngiebl *(Großbauer)*	1992–1997	Georg Marischka
Waltraut Zirngiebl *(Bäuerin)*	1992–1997	Diana Körner
Bernie Zirngiebl *(Neffe)*	1996–1997	Günter Schoßböck
Sebastian Buchegger *(Bauer)*	1994–1996	Gerd Fitz
Betty Buchegger *(Tochter)*	1994–1996	Karin Thaler
Wolf-Dieter »Wolfi« Holm *(Schwiegersohn)*	1994–1996	Silvan-Pierre Leirich
Rica Althäuser *(Pankraz' Klavierlehrerin/Sabinas Tante)*	1992–1993	Winnie Markus
Susanne Reuther *(Ex-Frau von Paul Reuther)*	1996–1997	Verena Wengler
Florian Reuther *(Sohn von Paul und Susanne Reuther)*	1996–1997	Fabian Blumhagen
Jan Jensen *(Bruder von Tom Jensen)*	nur 1998	Stephan Ullrich
Josef *(Waldhüter)*	nur 1998	Herbert Trattnigg
Anton Zimmerer *(Bauer)*	1992–1997	Gernot Duda
Hans Berger *(Bauer)*	1996–1998	Michael Rastl
Hans Melzig *(Schäfer)*	1996–1997	Richard Beek
Laura Sterneck *(Biologielehrerin)*	1992–1995	Karina Thayenthal
Hilde *(Gemeindeangestellte)*	1995–1998	Hilde Auer
Leopold *(Hund von Pankraz)*	1992–1996	Kuno

Continuity – Familien in Sonnenstein

Viele Nebenfiguren flankieren die Geschichten der Familie Burgner. Sie wurden in unregelmäßigen Abständen mindestens einmal pro Saison mit einem Hauptplot thematisiert und spielen eine mehr oder weniger gewichtige Rolle. Die Überwachung der visuellen und handlungsbezogenen Kontinuität wird als Continuity bezeichnet. Von den nicht im Vorspann aufgeführten Nebenfiguren, die in verschiedenen Folgen immer wieder auftauchen, seien Sabinas Tante Rica Althäuser (Nr. 1, 6, 9, 10, 15, 30), die Lehrerin Laura Sterneck (Nr. 4, 53), der Zimmerer (Nr. 1, 5, 14, 16, 24, 60), der Gendarm Toni Gilch (Nr. 14, 15, 21, 24, 30, 31, 47, 41, 50, 52, 53), der Bergmann Luis Kofler (Nr. 5, 17, 36, 49, 60, 79, 85), der Schäfer Melzig (Nr. 60, 79, 86), die Kramerin Anna Pölz (v. a. Nr. 39, 41, 56, 78), der gräfliche Verwalter Rufus Staudinger (Nr. 5, 10, 16, 19, 44, 50, 53, 59), die in der ersten Staffel zweimal aufgeführte Hulda Mooslechner (Nr. 3, 10) sowie der Jugendamtsbedienstete Wegner (Nr. 61, 68, 95) besonders erwähnt. Daneben sind es vier Familien, deren Fortgang in verschiedenen Folgen begleitet wird. Bis auf die nur in den Staffeln 1994 bis 1996 eingebrachte Familie Buchegger haben fast alle diese Familienfiguren in zwischenzeitlichen Episoden kurze Gastauftritte (z. B. Alois Angerer in Nr. 6, 15, 25, 61, 62; Xaver Zirngiebl in Nr. 1, 12, 16, 40, 61 etc.; Alexandra von Brauneck in Nr. 1, 14, 19, 43, 56, 57, 61 etc.). Solche Gastauftritte außer Acht lassend, werden diesen Figuren in regelmäßigen Abständen komplette Folgen gewidmet. Diese Folgen seien hier dokumentiert:

Familie von Brauneck:

- Nr. 5/6: Alexandra verliert bei einem Autounfall (Nr. 5) ihr ungeborenes Kind (Nr. 6).
- Nr. 8: Ein vermeintlich uneheliches Kind von Markus taucht auf.
- Nr. 13: Vroni wird vom Grafenpaar adoptiert.
- Nr. 19: Alexandra ist wieder schwanger. Rufus gibt sich als Graf aus.
- Nr. 23: Vronis Bruder kommt zum Weihnachtsfest.
- Nr. 26: Alexandra bringt den kleinen Johannes zur Welt.
- Nr. 27/28: Das Kind wird entführt. Der Bruder von Markus will die Familie betrügen.
- Nr. 44: Alexandras Bruder wird aus dem Gefängnis entlassen.
- Nr. 50: Rufus bestiehlt die Brauerei.
- Nr. 65: Umbruch: Vroni kommt zurück. Johannes ist krank. Markus lässt sich scheiden.
- Nr. 71: Vroni macht Leistungsschwimmen.
- Nr. 76: Vroni nimmt Aufputschmittel.
- Nr. 85: Vroni stürzt in eine Gletscherspalte.

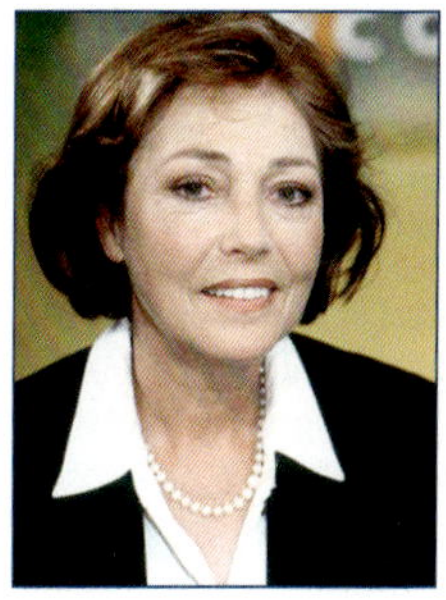

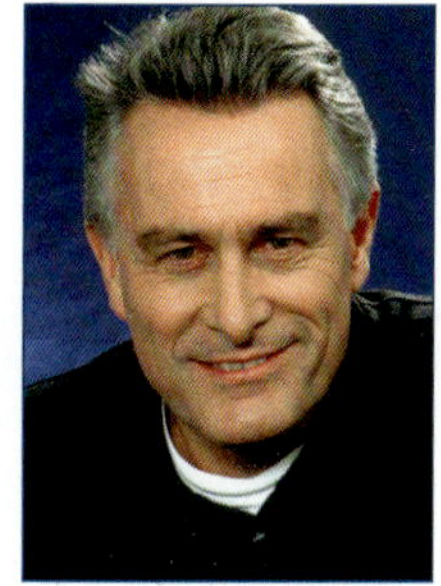

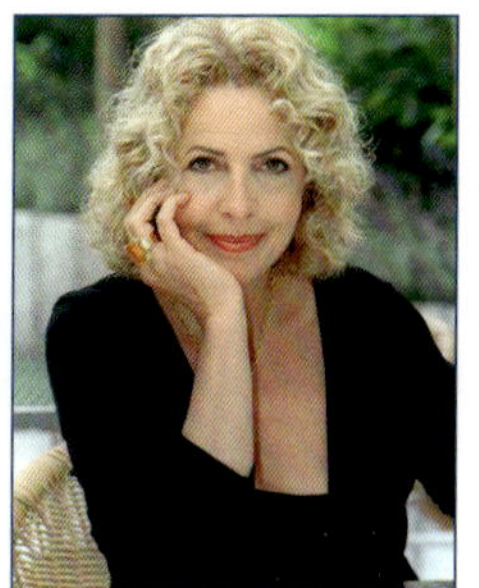

V.l.: Ingeborg Schöner alias Elfriede Angerer, Klaus Wildbolz und Michaela May als das Grafenpaar von Brauneck.

Familie Angerer:

- Nr. 2: Alois wettert gegen Thomas. Tochter Lena liebt den Postboten Andreas, was den Eltern nicht gefällt.
- Nr. 12: Alois bedrängt Zimmermädchen sexuell.
- Nr. 14: Alois kauft gewildertes Fleisch vom Zimmerer.
- Nr. 16: Bürgermeisterwahl. Intrigen und Machenschaften des Bürgermeisters.
- Nr. 17: Alois hat einen unehelichen Sohn: Michi Kofler.
- Nr. 29: Alois verfolgt einen Wilderer, stellt Leni nach und erleidet einen Herzanfall.
- Nr. 30: Elfis Nichte Selma ist zu Besuch und leidet an Ohrenschmerzen.
- Nr. 43: Elfi verliebt sich.
- Nr. 54: Alois wird als Bürgermeister abgewählt.
- Nr. 63: Elfi verliebt sich beim Klassentreffen und verlässt Sonnenstein.
- Nr. 75: Es wird erzählt, Alois sei verstorben.

Familie Zirngiebl:

- Nr. 15: Xaver fordert von Rica Althäuser eine Bürgschaft ein: ihr Klavier.
- Nr. 22: Tochter Regina stirbt an Aids und hinterlässt die Tochter Antonia.
- Nr. 36: Antonias Vater Andreas Höfer taucht auf. Waltraut ist krank.
- Nr. 55: Andreas Höfer ist arbeitslos. Seine Frau Marion wird angeschossen.
- Nr. 72: Xavers unehelicher und krimineller Sohn Bernie Zirngiebl taucht auf.
- Nr. 74: Bernie betreibt miese Geschäfte. Waltraut geht ins Sanatorium.
- Nr. 77: Streit zwischen Bernie, Xaver und Luis um einen Reiterhof.
- Nr. 82: Bernie ist verschuldet.
- Nr. 85: Waltraut verliebt sich in den Bauern Hans Berger.

Familie Buchegger:

- Nr. 35: Wolfi modernisiert die Bauerei.
- Nr. 56: Betty ist schwanger.
- Nr. 69: Wolfi züchtet Pferde und geht fremd.

Familie Hans Berger:

- Nr. 70: Tochter Margarete ist schwanger.
- Nr. 76: Hans gibt eine Heiratsannonce auf.
- Nr. 81: Hans nimmt eine Praktikantin auf.
- Nr. 85: Hans Berger und Waltraut Zirngiebl kommen zusammen.
- Nr. 92: Hans hat einen Tollwutfall auf dem Hof.

Auch für die Hauptfiguren gibt es eine Art Continuity oder Fortentwicklung, die gleichzeitig wie eine Inhaltsübersicht der jeweiligen Folgen gelesen werden kann:

Continuity: Thomas Burgner

1. hartgesottener Stadtarzt, entscheidet sich zum Landleben, Streit mit Pankraz, trifft spätere Liebe
2. Integration in Dorfgemeinschaft, Renovierung der Praxis, Gewinnung einer Sprechstundenhilfe
3. Trennung von Freundin Rosi, Praxiseröffnung
4. Hilfestellung Biolehrerin
5. Hilfestellung Sonja Stelzer
6. Avancen für Sabina, Hilfestellung Markus
7. Hilfestellung Bauernfamilie
8. gewinnt Sabina für sich, Hilfestellung Grafen
9. Hauptplot, Liebesplot: Endgültiger Durchbruch in Italien
10. Hilfestellung Hulda Mooslechner
11. Einzug Sabinas, erster Streit, Hilfestellung Benno Eisner
12. Herstellung der endgültigen Familienharmonie
13. Hilfestellung Vroni
14. Gefahrenplot: Bergabsturz und Versöhnung mit Pankraz
15. Hilfestellung Familie Wallner
16. Hilfestellung Trude, Bergwanderung
17. Hilfestellung Koflers
18. Hilfestellung Patensohn Edi, Mähen der Wiese
19. Hilfestellung Alexandra
20. Hilfestellung Bauernfamilie, Blaubeerenernte
21. Hilfestellung Familie Breinfalk, Verfolgungsjagd
22. Hilfestellung Regina Zirngiebl, Heiratsanfrage
23. Hilfestellung Bauernfamilie, **Weihnachtsplot**
24. Reise nach Salzburg
25. Hilfestellung Veit, Ausritt, Heiratsanfrage
26. Hauptplot: Heirat mit Sabina, Erkältung (Infektion)
27. Hilfestellung Grafenfamilie
28. Hilfestellung Grafenfamilie
29. Hilfestellung Alois Angerer
30. Hilfestellung Selma
31. Hilfestellung Traudl
32. Hilfestellung und Ärger mit Sabinas Onkel
33. Sorge um Sabina, Schwangerschaft Sabinas
34. Hilfestellung Florian Gasser, Gefahrenplot: Schneenacht
35. Hilfestellung Buchegger
36. Praxisurlaub wegen Geburt der Tochter
37. Kindintegration, Taufe
38. Hauptplot: Schweigepflicht
39. Liebesplot: Gefahr des Fremdgehens
40. Hilfestellung Mayrhofer
41. Hilfestellung Maria
42. Hilfestellung Pfarrer
43. Streit mit Sabina um Arbeit, Ausritt mit Mercedes
44. Hilfestellung Grafenfamilie
45. Hilfestellung Gmeiner-Bauer, Ärger mit Maxl
46. Streit mit Sabina um Arbeit, neue Verwandtschaft David
47. Abschied Traudl und Sabina
48. Hilfestellung Mareile, Aussprache mit Sabina, Strohwitwer
49. Hilfestellung Jack Harrison, Haushaltsprobleme
50. Hilfestellung Grafenfamilie, Strohwitwerdasein
51. Hilfestellung Silvia, Familienleben mit Sabina
52. Gefahrenplot: Thomas als Busretter, Hilfestellung für Busfahrer, Strohwitwerdasein
53. Hilfestellung Laura Sterneck, Ende Strohwitwerdasein
54. Hilfestellung Sina
55. Hilfestellung David Schultheiss und Marion Höfer
56. Hilfestellung Carl Barringer, Cowboy-Rettung
57. Hilfestellung Walter Huber, Streit mit Sabina
58. Hilfestellung Maxl und Marie Gerster
59. Hilfestellung Rufus und Berthold, Erkrankung Julias
60. Hilfestellung Bichler, Gefahrenplot: Tod im Skiurlaub

Continuity: Sabina Spreti

1. trotzige Anästhesistin im Krankenhaus Hall
2. *Auszeit*
3. *Auszeit*
4. erscheint wegen Thomas auf Pankraz' Geburtstag
5. Autopanne, Ursache für Unfall des Grafen
6. **Hauptplot:** widerspenstiger Kontakt zu Thomas, Hilfestellung Grafenfamilie
7. Anwesenheit
8. verliebt sich endgültig
9. **Hauptplot, Liebesplot:** muss sich in Italien zwischen Jugendliebe und Thomas entscheiden
10. Rückkehr aus Italien
11. Einzug im Doktorhaus
12. Streit mit Maxl
13. Tod im OP: Hilfestellung Vroni
14. Hilfestellung beim Bergabsturz von Thomas
15. Anwesenheit
16. Anwesenheit
17. Anwesenheit
18. Anwesenheit
19. Planung einer Italienreise
20. Anwesenheit
21. Anwesenheit
22. Anwesenheit
23. **Weihnachtsplot:** Festplanung, Plätzchenbacken
24. Reise nach Salzburg
25. stellt Bedingungen für eine Heirat
26. **Hauptplot:** Entscheidet sich zur Heirat
27. *Auszeit (Italien)*
28. *Auszeit (Italien)*
29. Anwesenheit
30. Anwesenheit
31. Anwesenheit
32. Ärger mit Onkel Ettore aus Italien
33. **Gefahrenplot:** Unfall, Schwangerschaft
34. Anwesenheit
35. Schwangerschaftspflege
36. Vorbereitung der Geburt, Geburt von Tochter Julia
37. Muttergefühle, Taufe
38. Anwesenheit
39. Reise nach Salzburg, Eifersucht bei Thomas
40. Anwesenheit als Mutter
41. Anwesenheit als Mutter
42. Anwesenheit als Mutter, Arbeitsbestrebungen
43. Bestrebungen zur Wiederaufnahme der Arbeit, Streit
44. Anwesenheit als Mutter
45. Anwesenheit als Mutter
46. Wiederaufnahme der Arbeit bei Dr. Franke
47. Reise zur kranken Mutter nach Italien
48. Rückkehr und erneute Abreise nach Italien
49. *Auszeit (Italien)*
50. *Auszeit (Italien)*
51. Familienpflege: Rafting mit Maxl
52. *Auszeit (Italien)*
53. Rückkehr aus Italien
54. Anwesenheit
55. Anwesenheit, Familienspiele
56. Anwesenheit, Familienspiele
57. **Liebesplot:** Gefahr des Fremdgehens
58. Anwesenheit
59. Anwesenheit, Sorge um Tochter
60. **Gefahrenplot:** Tod im Skiurlaub

Continuity: Maximilian Burgner

1. degeneriertes Stadtkind, blüht auf dem Land auf, Wunsch nach Familienharmonie, trifft alte Freundin Elisabeth
2. Integrationsprobleme im Dorf
3. schulische Integration, kocht
4. schulischer Leistungsabstieg, neue Lehrerin
5. Haushaltsprobleme, wird vernachlässigt
6. Vermittlung zwischen Pankraz und Franzi
7. *Auszeit*
8. Beinahunfall mit Sabina
9. erste Konfrontation mit Sabina
10. **Hauptplot:** Schatzsuche
11. zweite Konfrontation mit Sabina
12. **Gefahrenplot:** Schlangenbiss und Aussöhnung mit Sabina
13. Hilfestellung für Vroni
14. Drachenflug, Bergwanderung
15. **Liebesplot:** Vronis Geburtstagsfeier
16. Anwesenheit, Bergwanderung
17. Hilfestellung für Michi Kofler
18. Anwesenheit
19. Anwesenheit
20. Waldspaziergang mit Thomas, kocht

21. Anwesenheit, lernt Vokabeln
22. Abfahrt Schullandheim *(Auszeit)*
23. **Weihnachtsplot:** Familienharmonie, Hilfestellung für Vroni
24. **Hauptplot, Gefahrenplot:** Hilfestellung für Freund Marco, Initiationshinweis
25. Anwesenheit
26. Gespräch über neue Mutter, Ministrantenkurs für Vroni, lernt Vokabeln
27. *Auszeit (mit Vroni im Ferienlager)*
28. *Auszeit (mit Vroni im Ferienlager)*
29. Anwesenheit
30. Drachenflug
31. Anwesenheit, kocht
32. Anwesenheit, Begegnung mit Alfons Schuhbeck
33. **Hauptplot:** Schuldgefühle wegen Sabina
34. hilft im Haushalt
35. **Gefahrenplot:** Aushilfe auf Bauernhof
36. Vorbereitung auf den Nachwuchs
37. Detektivgespür, Vernachlässigung wegen Nachwuchs, schlechte Mathenote, Namenspate für Julia
38. Gewinnt eine Reise für Franzi
39. Anwesenheit
40. Hilfestellung für Freund Georg
41. Impfung, Detektivgespür mit Vroni
42. **Liebesplot:** Werbung um Kathi, Fahrradunfall
43. Anwesenheit, kocht
44. *Auszeit (Ferienlager)*
45. schlechte Note in Englisch, fälscht Unterschrift, schulischer Bezug auf Nr. 37
46. gute Note in Englisch, Sorge um Sabina
47. Hilfestellung in der Praxis, Mathearbeit, Abschied Traudl
48. Hilfestellung für Mareile, übernimmt den Haushalt
49. Probleme im Haushalt, Telefonfreundin, lernt Englisch, Beginn Italienreise
50. *Auszeit (Italien: Sommergrippe)*
51. **Gefahrenplot:** Hilfestellung für Silvia, Raftingunfall
52. *Auszeit (Italien)*
53. Rückkehr aus Italien
54. *Auszeit*
55. Engagement im Schützenverein
56. Schwärmerei für Amerika
57. Haushaltsprobleme, Bergtour
58. **Hauptplot, Liebesplot:** verliebt in Marie
59. Babysitten, verbotener Ausflug mit Julia

»NEUE GENERATION«

60. Snowboarding-Urlaub, Abschied vom Vater
61. **Hauptplot:** Trauer, Trunkenheit, Auszug aus Doktorhaus, Ausriss nach Berlin
62. **Gefahrenplot:** Überfall und Ärger in Berlin, Heimkehr
63. schlechte Note in Deutsch, schulischer Abstieg, Gespräch mit Justus über Zukunft des Hauses
64. **Liebesplot:** Hilfestellung für Aurelia
65. Hilfestellung für Vroni
66. *Auszeit (Ferienlager)*
67. *Auszeit (Ferienlager)*
68. Anwesenheit
69. Abschied, Entscheidung zum Internat

70.–73. *Auszeit (Internat)*

73. *Auszeit,* Anruf aus Internat, schulische Besserung

74.–77. *Auszeit (Internat)*

78. **Liebesplot:** Freundin Lara, erstes Mal, Sommerferien
79. **Gefahrenplot:** Liebeskummer, Ärger mit Pankraz und Verletzung beim Sprung vom Fels
80. *Auszeit, Erwähnung des Ferienendes*

81.–85. *Auszeit (Internat)*

86. Hilfestellung für Lisa im Internat

87.–93. *Auszeit (Internat)*

94. **Gefahrenplot:** Segelflugschein und Ohnmacht des Piloten
95. Anwesenheit zur Hochzeit

Familienschema:

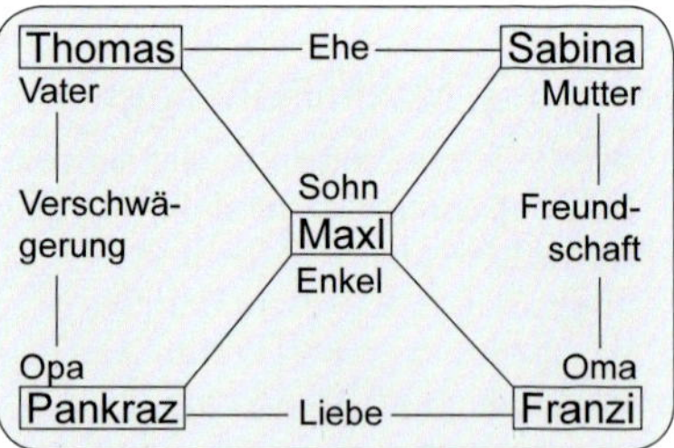

Minimalistisches Familiendiagramm aus der transparenten Identifikationsperspektive des Zuschauers. Die Beziehungen müssen klar und deutlich erkannt werden können, selbst wenn die Verhältnisse in Wirklichkeit andere sind.

Bergdoktor-Jahresvergleich

	1992 (14 Folgen)	1993 (19 Folgen)	1994 (13 Folgen)	1995 (13 Folgen)	1996 (14 Folgen)	1997 (15 Folgen)	1998 (7 Folgen)
Produzenten	Siegfried B. Glökler Thilo Kleine	Siegfried B. Glökler Thilo Kleine	Siegfried B. Glökler Jan S. Kaiser	Siegfried B. Glökler Jan S. Kaiser	Siegfried B. Glökler Dr. Matthias Esche	Siegfried B. Glökler Dr. Matthias Esche	Siegfried B. Glökler
Herstellungs-/ Produktions-leitung	Jan S. Kaiser Thomas Bretschneider	Jan S. Kaiser Thomas Bretschneider	Jan S. Kaiser Thomas Bretschneider	Jan S. Kaiser Th. Bretschneider	Jan S. Kaiser Th. Bretschneider	Jan S. Kaiser Th. Bretschneider	Jan S. Kaiser Th. Bretschneider
Autoren	Robert Thayenthal Uta Berlet Christiane Sadlo Barbara Engelke	Robert Thayenthal Uta Berlet Christiane Sadlo Gabriele Kister	Robert Thayenthal Uta Berlet Christiane Sadlo Gabriele Kister	Robert Thayenthal Uta Berlet Christiane Sadlo Gabriele Kister Gabriele Werth	Gabriele Kister Gabriele Werth	Gabriele Kister Christoph Gottwald Wolfgang Wysocki Michael Rossié Ralph Werner	Wolfgang Wysocki Ralph Werner Claus Königsmark
Regisseure	Klaus Gendries	Thomas Jacob Peter Vogel	Thomas Jacob Wolf Dietrich	Wolf Dietrich Ulrich König	Celino Bleiweiss	Celino Bleiweiss	Hans Liechti Andreas Drost
Musiker	Michael Gajare	Arnold Fritzsch Michael Gajare Bernd Wefelmeyer	Arnold Fritzsch	Arnold Fritzsch	Andrzej Korzyński	Andrzej Korzyński	Lorenzo Westphal Wolfgang Timpe
Popularitäts-akteure (gastierend)	Martin Semmelrogge Jutta Speidel Günther Mack Veronica Ferres Anja Kling Robert Atzorn Christine Neubauer	Hansi Kraus Fabian Harloff Melanie Rühmann Siegfried W. Kernen Stefan Reck Maria Furtwängler Alfons Schuhbeck Christine Ostermayer	Angelika Milster Franz Buchrieser Lara Joy Körner Peter von Strombeck Thomas Fritsch	Karlheinz Böhm Thomas Fritsch Dietmar Schönherr Fritz von Friedl Eva Hörbiger	Wolfram Berger	–	Daniela Ziegler

Motivliste (Auswahl)

Bahnhof Stams	*Nr. 78*
Bahnhof Telfs-Pfaffenhofen	*Nr. 3, 6, 43, 46*
Bergdoktorhaus mit Ordination in Wildermieming »21« (dort Außenaufnahmen inkl. Garten, Schuppen [Nr. 30], Scheune [Nr. 72], Terrasse und Aufnahmen im Flur; Innenaufnahmen in Untermieming)	*in jeder Folge vorhanden*
Bundesbus (Schülerbus)	*Nr. 1, 3, 10, 20, 22, 24, 26, 49, 60, 65, 78, 85*
Burg Klamm (alias Schloss Brauneck), Gemeinde Obsteig, Familie Hünnebeck	*u. a. Nr. 1, 5, 6, 8, 13, 19, 23, 26, 27, 28, 44, 50, 57, 65, 71, 76*
Burgruine Schrofenstein in Stanz bei Landeck	*Nr. 12, 89*
Café Maurer, Obermieming 176	*Nr. 50 (Hintergrund), 65+67+69 (nur Terrasse)*
Dorfplatz Untermieming, Mesnerhaus/Telefonzelle	*Nr. 59, 68, 77, 81, 86, 95*
Dorfplatz Wildermieming, Dorfstraße	*u. a. Nr. 2, 3, 4, 8, 10, 56, 59, 83 etc.*
Feuerwehr Telfs, Dr.-Klaus-Ebner-Weg 1	*Nr. 49*
Feuerwehr Mieming, Feuerwehrweg 1	*Nr. 88*
Flugplatz Reutte-Höfen	*Nr. 94*
Franziskaner-Gymnasium, Kathreinstraße 6 in Hall	*Nr. 37*
Gaistal, Wanderwege und Seebensee	*Nr. 31, 39, 67, 77, 78, 79, 86*
Gasthof Moosalm, Ortskern Barwies, Barwies 350	*u. a. Nr. 50, 55, 66, 75, 77, 80, 81, 88*
Gasthof Stern (alias Gasthof Angerer), Dorfstraße 49 (früher Wildermieming 56), (Innenaufnahmen, Straßenseite und Terrasse hinter dem Haus)	*u. a. Nr. 15, 16, 29, 32, 34, 37, 38, 40, 43, 45, 46, 47, 48, 49, 54, 58, 59, 61, 62, 63, 64, 65, 67, 69*
Gemeindeamt Wildermieming, Dorfstraße 2	*u. a. Nr. 62, 63, 64, 68, 70, 77, 78, 81, 86, 87*
Hall in Tirol (vor allem Oberer Stadtplatz)	*u. a. Nr. 9, 11, 14, 20, 26, 28, 35, 37, 57, 60*
Haus Obermayr mit Tierarztpraxis, Wechselwiese 3 in Wildermieming (früher Wildermieming 16), (Haus wurde abgerissen)	*in fast jeder Episode vorhanden*
Heimatmuseum Telfs, Untermarktstraße 20	*Nr. 49*
Hotel Interalpen, Doktor-Hans-Liebherr-Alpenstraße 1 in Telfs-Buchen/Seefeld	*Nr. 67 (auf einem Foto), 73*
Hotel Post, Obermieming 153	*Nr. 2, 3, 4, 12, 14, 43, 93*
Imster Schlucht, Inn	*Nr. 51, 87*
Innsbruck	*u. a. Nr. 27, 44, 61, 63, 75, 78, 81, 85*
Internatsgymnasium Stift Stams, Stiftshof 2	*Nr. 86*
Kirche Heiligste Dreifaltigkeit, Barwies 250, Mieming	*Nr. 61*

Kirche Maria Locherboden bei Mötz	*u. a. Nr. 46, 55, 57, 58, 83*
Kirche St. Georg, Obermieming	*Nr. 25, 28, 34, 48, 56, 62, 69, 81, 85*
Kirche Untermieming	*Nr. 48, 56, 81, 83, 85, 86*
Kirche Wildermieming, Dorfstraße (Außen- und Innenaufnahmen sowie Friedhof)	*u. a. Nr. 1, 10, 15, 16, 17, 22, 23, 26, 30, 34, 37, 41, 42, 45, 48, 54, 58, 60, 61, 69, 84, 95*
Klettergarten Arzbergklamm	*Nr. 80, 82, 85*
Krankenhaus Hall in Tirol, Milser Straße 10	*u. a. Nr. 1, 15, 33, 36, 37, 41, 46, 59, 63, 67 etc.*
Krankenhaus Innsbruck, Innerkoflerstraße 1	*Nr. 59, 63, 78*
Michelerhof in Fiecht (3x als Buchegger-Bauernhof, ab Nr. 72 als Zirngiebl-Bauernhof)	*Nr. 35, 56, 69, 72, 77, 85*
Mötzer Landesstraße	*Nr. 46 (Einfahrt See), 58 (Parkplatz)*
Mühlgasse in Wildermieming mit Bachlauf	*Nr. 63, 64, 69, 87*
Müllerhof in Wildermieming	*Nr. 45, 87*
Kaunertal, Haus Kaunertal 98 im Bezirk Landeck	*Nr. 13*
Neue Alplhütte	*Nr. 53, 77*
Nordkettenbahn bei Innsbruck	*Nr. 70*
Poststelle und Kramerladen Anna Pölz (in der Holzgasse Wildermieming)	*in fast jeder Episode vorhanden*
Rafting-Camp in Haiming, »Outdoorplanet« (Magerbach 4a) und »Faszinatour« (Alte Bundesstraße 14)	*Nr. 51, 91*
Raiffeisenbank (Geschäftszeile), Obermieming 175a	*Nr. 50*
Rettungsdienst Reutte (Krankenwagen)	*Nr. 94*
Rettungsdienst Telfs (Krankenwagen)	*u. a. Nr. 15, 36, 46, 63, 83*
Schützengilde Mieming, Sportplatzweg 16, Untermieming	*Nr. 55*
Silberbergwerk Schwaz, Alte Landstraße 3a, 6130 Schwaz	*Nr. 10*
Skigebiet Sölden, Bergbahnen (Station Silberbrünnl), Rotkogeljoch	*Nr. 60, 78*
Tankstelle Avanti (heute Diskont), Mieminger Straße, Affenhausen	*Nr. 2, 39, 95*
Tankstelle OMV, Mieminger Straße, Barwies (abgerissen)	*Nr. 61*
Telfs, Kirchstr., Mieminger Straße, Obermarktstr.	*u. a. Nr. 56, 58, 60, 76, 83*
Volksschule Untermieming, Untermieming 16	*Nr. 81, 83*
Volksschule Wildermieming, Leite 72	*u. a. Nr. 4, 8, 24, 60, 80*
Wiese bei Fiecht	*Nr. 54, 58, 81*
Wiese bei Mötz	*Nr. 58*
Zein, Angerweg (bei Untermieming)	*Nr. 57*
Zirngiebl-Bauernhof in Wildermieming	*u. a. Nr. 15, 22, 36, 40, 48, 55*

Hinweis: In Wildermieming wurden 2013 Straßennamen eingeführt, sodass sich die alten Adressen aus den 1990er-Jahren mittlerweile geändert haben.

Drehsaison 1992

»Der Beginn«

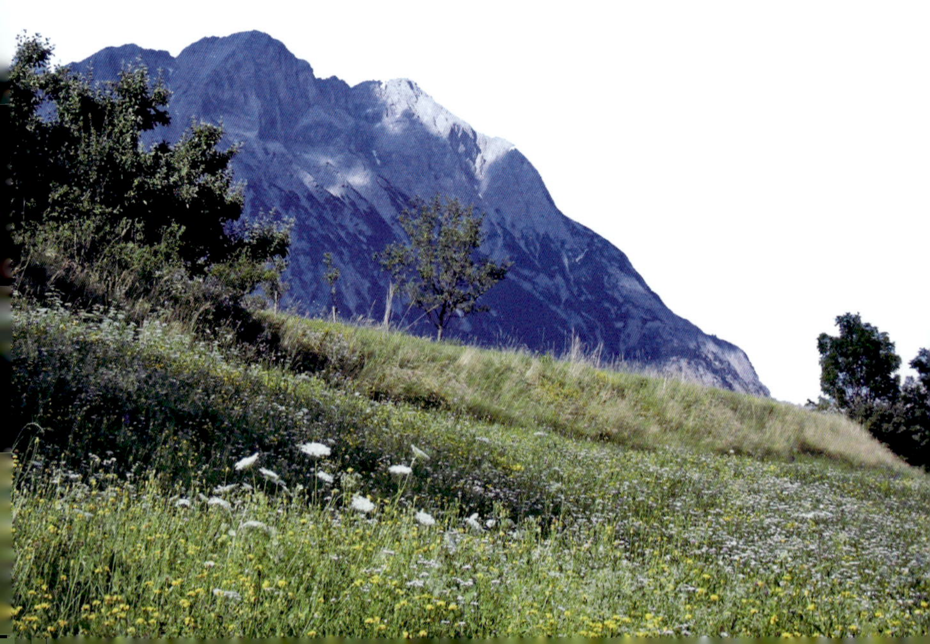

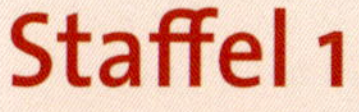

Aufführung: 26. Okt. 1992 bis 25. Jan. 1993 (14 Folgen)
Aufnahme: April 1992 bis Oktober 1992
Ausführung: Klaus Gendries (Regie bei allen Folgen)

1) Auferstehung

90 Min. | Gäste u. a.: Klaus Wildbolz, Michaela May, Rolf Castell, Jutta Speidel (als Rosi), Winnie Markus, Georg Marischka, Gernot Duda | Buch: Robert Thayenthal

Für den angesehenen und international qualifizierten Chirurg Dr. Thomas Burgner war es nicht leicht, seine vor etwa zehn Jahren geheiratete Frau Christl Obermayr 1990 zu Grabe zu tragen, zumal sie in München mit seinem Auto verunglückt war. Kennengelernt hatte er die Tochter eines ländlichen Veterinärs in ihrer Heimat, dem Tiroler Bergdorf Sonnenstein, während sein langjähriger Freund Graf Markus von Brauneck auf seinem dortigen Schloss eine Geburtstagsfeier gegeben hatte. Damals warf noch die junge Alexandra ein Auge auf den stattlichen Münchener Klinikarzt, heiratete jedoch später den Grafen Brauneck, nachdem Dr. Burgner Christl zur Frau genommen hatte. Das glückliche Paar verbrachte noch eine Zeit ihrer Ehe im heimischen Gebirge, bekam ihren Sohn Maximilian und sollte nach dem Willen des Schwiegervaters Dr. Pankraz Obermayr das alte und nach dem Tod des »Bergdoktors« Dr. Hotz verlassene Praxisgebäude übernehmen, insbesondere deshalb, weil es der Tierarzt für seine Tochter gekauft hatte. Doch aus seinen Plänen wurde nichts: Thomas Burgner zog es zurück in die Weltstadt München (»In München geboren, in der Welt zu Hause«, wie es ein Werbespruch am Bahnhof verheißt), und auch Christl wollte wieder als Ärztin tätig sein und ihre eigene Praxis etablieren. Verständlich ist daher, dass es zwischen Dr. Burgner und dem Landarzt Obermayr nach dem Tod Christls zu einem Zerwürfnis kommt, weil Pankraz konsequent den stoischen Glauben verfolgt, Thomas hätte seine Tochter zum Umzug indoktriniert.

Zwei Jahre nach dem tragischen Tod, etwa zwei Wochen vor Ostern 1992, ist aus Thomas und Maximilian Burgner eine Art bilaterale Lebensgemeinschaft geworden, die in einer modern ausgerichteten und funktional eingerichteten Stadtwohnung stattfindet und sich dadurch auszeichnet, dass der Arzt oftmals noch in der Nacht zur Notaufnahme in die Klinik muss und sein Maxl morgens allein aufsteht, das Frühstück selbstständig zubereitet und zur Schule geht. Da wird schon einmal väterlicherseits nachgesehen, dass der Bub die ganze Nacht vor laufendem Fernseher schläft und Cola statt Milch zum Morgenmahl trinkt. Das alles soll nun aber damit verbessert werden, dass Vater und Sohn zusammen mit Dr. Burgners Lebensgefährtin Rosi einen Urlaub nach Griechenland unternehmen, schwimmen sowie tauchen gehen und der Haushälterin Frau Anna einen chaotischen Hausstand zurücklassen. Noch am Flugplatz überdenkt der Arzt die schlechten schulischen Leistungen des sommersprossenbespickten Maxls und überlegt, eine Nachhilfe zu engagieren, doch Rosi hält sogleich dagegen, dass lediglich die Zeit fehle, sich um seinen Sohn zu kümmern.

Gleichzeitig spielt sich in Sonnenstein in Tirol ein Drama völlig anderer Art ab, als die gute und treusorgende Franziska-Sophie Pirchner, die Haushälterin des seit Langem alleinstehenden Tierarztes, den Entschluss fasst, nach München zu reisen, um dem Schwiegersohn von dem bevorstehenden Tod Dr. Obermayrs zu berichten. Der Veterinär, der nach dem Tod des alten Dorfarztes für Tier und Mensch im Ort zuständig ist, diagnostizierte an sich selbst einen Darmkrebs, der in kürzester Zeit zu seinem Tod führen würde. Er verschenkte bereits sein gesamtes Vermögen der Kirche, ließ Pfarrer Hauberer die Grabrede vorbereiten und zahlte ein wenig Geld auf das *»Sparbüchle«* seiner langjährigen Umsorgerin Franzi. Diese jedoch verlässt alsbald mit dem Bundesbus die heimische Berglandschaft, um Familie Burgner zur Versöhnung zu holen. Nachdem Franzi dreimal vergeblich versucht, die Burgners zu erreichen, trifft sie sie am Flugplatz und kann Vater und Sohn rechtzeitig davon überzeugen, mit dem BMW des Doktors nach Österreich zu reisen, während Rosi zunächst die Reise nach Griechenland antritt.

Getrübt von einer streiterfüllten Begegnung mit dem alten Tierdoktor, gedämpft von einem speziell für Maxl organisierten Schnitzelessen von Franzi, aber auch erschrocken angesichts des sterbenden Hausherrn, erlebt man die Naturverbundenheit des Dorfes aufs Neue und erinnert sich alter Geschichten. Sofort besucht Thomas seinen alten Freund Markus von Brauneck auf dem Schloss, und Maxl zieht allein los, um auf Bäume zu klettern und von dort seine alte Spielfreundin Elisabeth wiederzusehen. Zwar tragen ihn die Äste nicht mehr

Am Anfang sah das Kulissenhaus noch recht desolat aus.

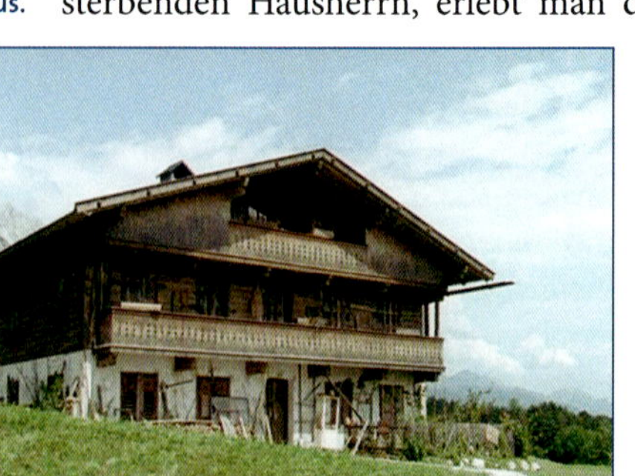

so wie früher, und er stürzt jämmerlich, doch kann ihn das nicht davon abhalten, mit dem Mädchen über Wiesen und Pusteblumenfelder zu streunen, entlang wilder Bergbäche in der Klamm am Schloss Brauneck zu kraxeln und alte Schätze auszugraben. Sie entdecken sogenannte Gesundheitssteine, die Maxl seinerzeit Elisabeth schenkte und die er nun – unter Tränen – seinem geliebten Opa weiterreicht, und Maxl weiß, dass er hierher ziehen und hier zur Schule gehen möchte.

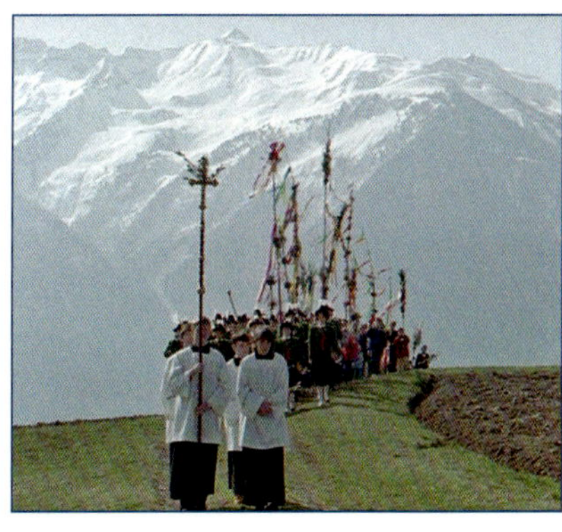

Die »Auferstehung« zur Osterprozession ist eines von diversen klerikalen Motiven des Drehbuchautors. Auch in den Episoden 42 und 53 nimmt er sich kirchlicher Themen an.

Dr. Burgner – anfangs noch unentschlossen, zumal er ein karrieristisch gutes Angebot aus Göttingen erhalten hat – ist auch bald von der Idee überzeugt. Bei einer Wanderung mit Graf Brauneck und dem Tierarzthund Leopold erfährt er von Pankraz' Besitz, dem Doktorhaus, und der aktuellen Entwicklung, dass eine italienische Ärztin des Klinikums Hall, Sabina Spreti, Interesse am Kauf gezeigt hat. Dieser Frau begegnet er schon alsbald in persona, nachdem Pankraz schlimme Schmerzen erlitt und während der traditionellen Osterprozession im Dorf nach Hall gebracht werden musste. Dort gerät Thomas mit ihr sogleich durch Autoritätsprobleme aneinander, wobei auch kein Blumenstrauß und keine Esseneinladung mehr hilft. Pankraz jedenfalls hat lediglich einen vertrakten Blinddarm und kann nach der OP kaum glauben, seinen ob seiner ärztlichen Fähigkeiten leicht eingebildeten Schwiegersohn weiterhin ertragen zu müssen, und ist dementsprechend erzürnt, als er bei einem Festmahl im Schloss davon erfährt, dass der Graf, der im Übrigen stolzer Brauereibesitzer ist, das Doktorhaus dem Notar Zirngiebl abgekauft hat und es nun Thomas überschreiben will. Ein weiterer Grund für die profunde Feindschaft der beiden, aber auch ein Grund zur Freude für Maxl, Franzi und Dr. Burgner.

Das Haus allerdings, in dem nach Meinung der Einwohner keine Fremden, also auch keine italienische Ärztin mit Namen Spreti, einziehen dürften, ist völlig verkommen. Als Thomas und Maxl dort durch ein Fenster kletterten und Spukgeschichten erzählten, lag etwas Wehmut in den zerfallenen Räumlichkeiten. Hier wird noch viel geschehen müssen ...

Kritik: Schöne Landschaften, interessante Figuren, harmonische Musik – opulent und professionell wurde der Auftakt zur siebenjährigen Serie inszeniert. Das 90-minütige Resultat kann sich sehen lassen, erscheint aber auch ein wenig künstlich in die Länge gezogen. Das von Robert Thayenthal gewählte Thema – eine Blinddarmentzündung – ist eindeutig zu harmlos, um damit die umfangreiche Sendezeit zu füllen. Ein wenig mehr Dramatik hätte gutgetan. Das harmonische Arzt-Genre in der Bergwelt ist damit aber hinreichend eingeläutet.

2) Der Tod und das Mädchen

45 Min. | Gäste u. a.: Margot Mahler, Gerhard Riedmann, Ingeborg Schöner, Nadine Neumann, Robinson Reichel | Buch: Uta Berlet

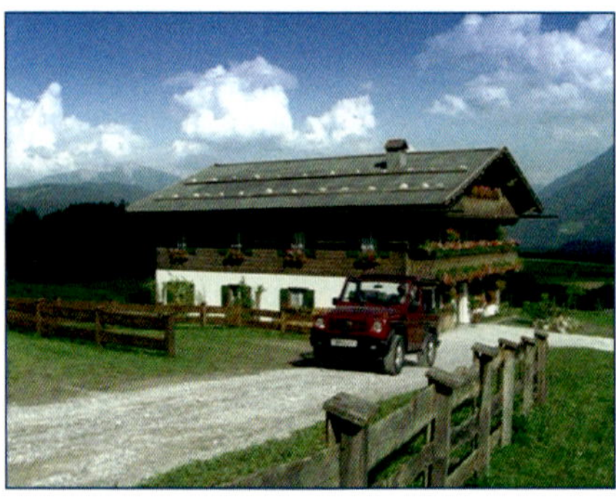

Fertige Kulisse ab Folge 2. Nur der Zaun vor dem Haus und der Schuppenanbau fehlen noch.

Das vor Kurzem noch stark lädierte Doktorhaus hat inzwischen eine ansprechende und schmucke Gestalt angenommen: Seit Tagen sind die Handwerker im Gebäude beschäftigt und haben nach der Entrümpelung der alten Praxis sowie unter der tätlichen Mithilfe des begabten Dr. Burgners eine Renovierung vorgenommen, die durchaus gelungen erscheint. Maxl, der mit seinem Skateboard einen Farbeimer umwirft, ist von den häuslichen Arbeiten weniger ergriffen; er hilft Franzi in der Poststelle. Dort nämlich werden nicht nur Heilkräuter verkauft, sondern auch Tratschgeschichten erzählt, die aus dem gegenüberliegenden Kramerladen von Anna Pölz stammen. Zufällig erfährt Maxl hier von einem Gerücht, welches der damals unsterblich in Christl verliebte Bürgermeister Alois Angerer in die Welt setzte und im Wesentlichen besagt, dass Dr. Burgner seine Frau habe sterben lassen. Sofort rennt Maxl weinend davon und erinnert sich verzweifelt der vergangenen Ereignisse, bei denen Dr. Burgner – seinen Sohn im Arm haltend und ebenso zu Tränen gerührt – erklärt, er habe seiner Frau das Sterben nur erleichtern können. Als er dann eines Abends im Gasthof Angerer ein Bier zu sich nimmt, steigt in ihm die Wut empor, sodass er den reserviert dasitzenden Einheimischen vorwirft, solche gehässigen Geschichten zu verbreiten. Er möchte nicht noch einmal erleben, dass seinem Sohn die schlimmste Zeit seines Lebens aufs Neue vorgeführt und zudem mit Lügen verstärkt würde. Ebenso möge auch die tratschende Elfriede Angerer zukünftig keine bösen Gedanken mehr über den Doktor verbreiten und damit den Maxl etwa noch trauriger stimmen.

Dr. Burgner allerdings findet alsbald Gelegenheit, die Gunst der Angerers und ferner die der Einwohner für sich zu gewinnen, als die Tochter des Bürgermeisters – Lena Angerer – offenbart, den künstlerisch begabten Postboten Andreas heiraten zu wollen und keine Gefühle für den vom Vater vorgesehenen reichen Zirngiebl-Sohn Xaver übrig zu haben. Das Mädchen hat allerdings mehr Angst davor, ihrem Erzeuger die Wahrheit kundzutun und ihre Schwangerschaft zu offenbaren, als sich das Leben zu nehmen. Die Holzfäller finden sie mit aufgeschnittenen Pulsadern in jener Hütte, in der sie manche Stunden mit ihrem Freund verbrachte und dabei einmal beinahe von Franzi und Maxl entdeckt wurde. Sie wird zu Dr. Burgner gebracht, der ihren Zustand stabilisieren kann. In seiner Dankbarkeit ist Angerer sogar bei der Fertigstellung der Räumlichkeiten anwesend, als das Ordinationsschild am Haus mit der Nummer 21 montiert wird; und Tochter Lena ist erfreut, Andreas heiraten zu dürfen und mit ihm nach Wien ziehen zu können.

Anlass für Lena Angerers Suizidversuch war übrigens das Klavierstück »Der Tod und das Mädchen«, welches sie bei der Klavierlehrerin Rica Althäuser erlernt hatte. Diese Dame unterrichtete früher ebenfalls Pankraz, sodass der alte Tierarzt noch heute angerührt den Tönen der reizvollen Virtuosin lauscht und damit regelmäßig Eifersuchtsgefühle bei Franzi hervorruft. Mit Rica verbindet Pankraz eine »Kulturfreundschaft«, indes sich Franzi trotz ihres eigentlichen Anstellungsverhältnisses schon längst als seine heimliche Lebenspartnerin wähnt.

Für die Praxiseröffnung in der nächsten Woche findet Dr. Burgner in Traudl eine patente Person, die sich rührend um den Arbeitsvertrag bemüht hat. Sie half ihm bei der Computerausstattung der Praxis, bei der Versorgung von Lena und sogar beim Volltanken seines neuen Geländewagens an der Tankstelle in Affenhausen, und das alles, obwohl sie ihre Ausbildung an der Schwesternschule in Hall erst wenige Tage zuvor beendet hatte. Auch Transportdienste mit ihrem Citroën kamen dem Doktor sehr gelegen, vor allem, als der Hypochonder Moritz Konrad seine Praxis heimsuchte und Traudl ihm unbemerkt Zeichen gab, dass es sich bei Herrn Konrads »Krankheiten« eigentlich um Spinnereien handele.

Kritik: Gerhard Riedmann und Margot Mahler spielen richtig gut, auch wenn die rauchende Figur Anna Pölz noch ein anderes Image als später vertritt. Und auch der Doktor wirkt kompetent und seriös. Toll! – Nur die Musik ist stellenweise zu laut und zu dominant.

3) Kolibri im Schafstall

45 Min. | Gäste u. a.: Jutta Speidel, Maria Singer, Rufus Beck

Traudl Meinrat, Dr. Burgners nette Sprechstundenhilfe sowie zudem gebürtige Sonnensteinerin, kennt die Bewohner des Dorfes recht gut und kann dem Arzt daher bei manchen Patienten behilflich sein. Doch obwohl bei Pankraz' Auferstehung noch reichlich von der fachlichen Qualifikation des Doktors geschwärmt und Werbung betrieben wurde, sitzt kein Patient im Wartezimmer, der von Traudl über die Sprechanlage aufgerufen werden könnte. Da kann es kein

Anmerkung: Maria Singer ist Jahrgang 1914 und starb 2003. In Folge 10 ist sie erneut dabei.

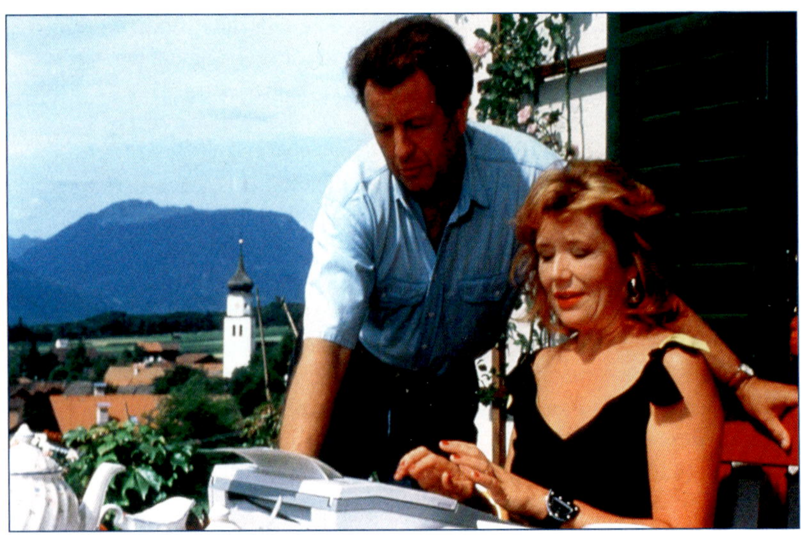

Auf der Terrasse des Doktorhauses schreibt Rosi (Jutta Speidel) etwas auf ihrer elektrischen Schreibmaschine.

Zufall mehr sein, dass nur wenig später fünf Patienten die Praxis betreten, die alle entweder Meinrat oder Mooslechner heißen und eng mit Traudl verwandt sind! Unter ihnen befindet sich auch die betagte Hulda Mooslechner, die allein in den Bergen lebt und es vorzieht, sich von ihrem intriganten Enkel Guido umgarnen zu lassen, anstatt zu ihrem Sohn Robert Mooslechner ins Tal zu ziehen.

Währenddessen kommt Rosi, die großstädtische Modejournalistin, die mit Dr. Burgner in München-Großhadern lebte, nach Tirol und ist der »Kolibri im Schafstall«. Obgleich Pankraz ihre Weltoffenheit sehr zu schätzen weiß, überdenkt er angesichts ihrer karrierefokussierten Ader sehr genau, ob Rosi wirklich eine geeignete Mutter für Maxl wäre. Die beiden Junggesellen jedenfalls heißen sie an ihrem Tisch herzlich willkommen und sind ihr sogar dankbar, den Machenschaften des jungen Guido Mooslechners auf die Spur gekommen zu sein. Er plante nämlich, seine Großmutter systematisch zu vergiften, um sich das Erbe für seine Schulden anzueignen. Es hatte so aussehen sollen, als seien die Medikamente des Doktors schuld an dem Tod der Alten gewesen, und das hätte seinem Ruf gewiss nicht gedient. Trotz oder gerade wegen dieser Erlebnisse hält Rosi nicht viel vom Landleben und reist mit dem Zug in Telfs-Pfaffenhofen wieder ab.

Maxl, inzwischen auf Lederhosen umgestiegen, hat auch in Sonnenstein die Aufgabe des Kochens übernommen. Nebenbei verlebte er zudem seinen ersten Schultag und konnte dabei, wie er erzählt, mehr Unterrichtsfragen beantworten als seine Tiroler Mitschüler.

Kritik: Dies ist eine eher durchschnittliche und unbedeutende Folge, an der nur wenig hervorzuheben ist. Den Doktor als rechtzeitig einschreitenden Bergretter nimmt man Gerhart Lippert nicht ab.

4) Der Wolf

45 Min. | Gäste u. a.: Winnie Markus, Karina Thayenthal, Martin Semmelrogge, Ingeborg Schöner, Hermann Giefer

Die Biologielehrerin Laura Sterneck, die erst vor Kurzem aus Wien nach Sonnenstein kam, stößt bei den Einheimischen auf ambivalente Resonanz: Einerseits wird die charmante Person vor allem von der männlichen Bevölkerung – allen voran Pankraz Obermayr – sehr herzlich aufgenommen, andererseits gibt sie Maxl eine Fünf in Biologie, und das, obwohl sein Vater Mediziner sei. Mit der Vermutung, sie wolle ihm nur *»eins reinwürgen«*, liegt er dabei aber falsch. Dennoch lässt es sich sein Großvater, der ihn mit der Kutsche von der Schule abholt, nicht nehmen, seinem Schwiegersohn von der Frechheit der als Lehrerin maskierten *»blöden Ziege«* zu berichten, wie sie mit dem Maxl umspringe. Während dieses Gesprächs sitzt Frau Sterneck als Patientin in der Praxis. Pankraz nutzt die Gelegenheit später dazu, seiner alsbaldigen Verehrten einen Blumenstrauß als Entschuldigung zu überreichen und sie zu seinem Geburtstag einzuladen.

Anmerkung: Robert Thayenthal schrieb das Drehbuch für seine Frau Karina. Die Figur der Laura Sterneck wird in Nummer 53 ein weiteres Mal auftreten.

Laura Sterneck sitzt nicht ohne Grund im Behandlungsraum, vielmehr war es ihr aus Wien nachgereister Ex-Freund Bruno, der sie verprügelte. Als Alkoholiker und recht brutal Auftretender fällt er bei der Wirtin Elfi Angerer wie auch beim Rettungsbergmann Luis Kofler sogleich als »Porschefahrer« negativ auf und erhält von den Dorfbewohnern den Spitznamen »Der Wolf«. Nach einem weiteren Wutanfall des leidenschaftlichen Ex-Freundes begleitet Dr. Burgner die Lehrerin von Pankraz' Geburtstagsfeier mit dem

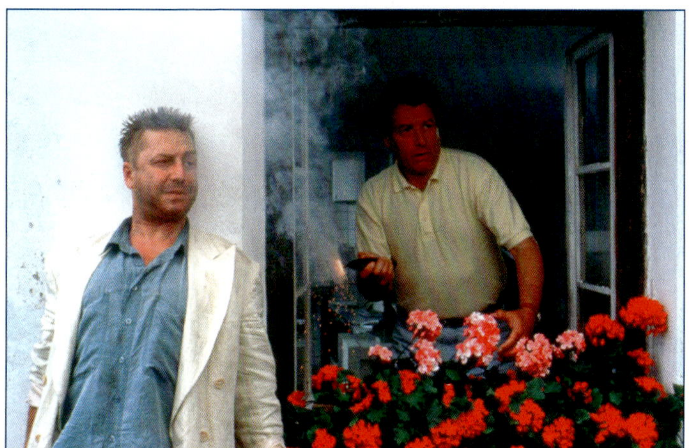

Martin Semmelrogge alias Bruno verübt gar einen Brandanschlag auf die Praxis. Diese Szenenanordnung ist im Endprodukt gar nicht enthalten.

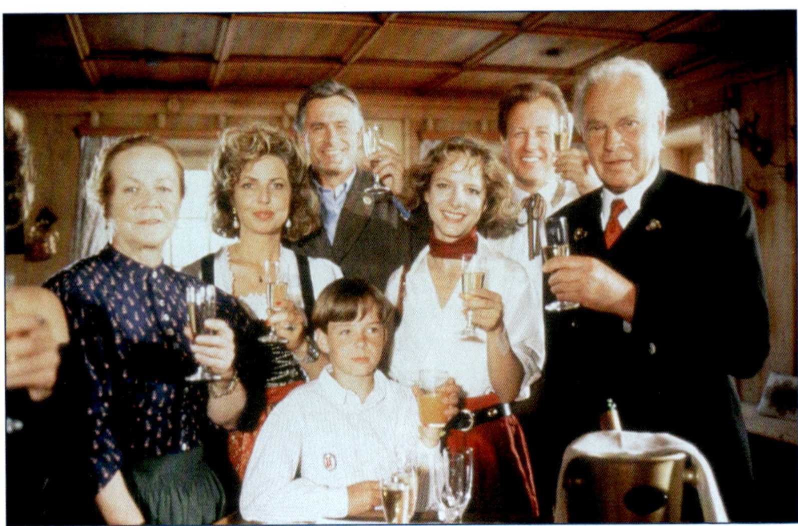

Alle feiern Pankraz' (rechts) Geburtstag: Franzi, die Braunecks, Maxl, Laura Sterneck und Thomas.

Auto nach Hause, wird allerdings auf einer engen Passstraße von Bruno verfolgt, überholt und gestoppt, da dieser gegen eine Bergwand fährt. Thomas, der aussteigt, um seinem Verfolger zu helfen, wird von diesem plötzlich beiseite gestoßen und kann nicht verhindern, dass Bruno mit seinem Mercedes und Frau Sterneck davonbraust. Erst später gelingt es der Lehrerin durch einen Trick, selbst das Steuer zu ergreifen und das Auto zurückzubringen. Sie holt Dr. Burgner von der Passstraße ab und wird daraufhin im Gästezimmer des Doktorhauses untergebracht. Die Nacht, die sie dort verbringt, führt sogleich zu vielerlei Gerüchten um Thomas und seiner »neuen Flamme«.

Bruno, der nicht ahnt, dass Laura schwanger ist, folgt ihr bis zur Praxis und versucht nun, mit einem Benzin-Brandsatz seinen Rachegefühlen Ausdruck zu verleihen. Im letzten Moment gelingt es Dr. Burgner, der sich gerade in der Praxis aufhält, das explosive Gefäß vom Fensterbrett in den Garten zu werfen und dabei zu beobachten, wie sich Bruno entfernt.

Im nächsten Schritt folgt ihm Laura bis hinauf zu einer Almhütte an der Baumgrenze, um ihn zu bitten, aus ihrem Leben zu treten. Diese Forderung erfüllt er anstandslos, nachdem er von ihrer Schwangerschaft erfährt, stürzt sich einen Kiesabhang hinunter und bleibt in den Armen der um Hilfe schreienden Laura liegen. Luis, der jenen Ärger befürchtet hat, trifft gleich darauf mit dem Doktor am Plateau ein und kann den verletzten Bruno im Rettungswagen abtransportieren lassen.

Kritik: Dramatisch – mit Explosionen, Abstürzen, Prügeleien. Wirklich gut und spannend gemacht. Für die Besetzung des »Wolfs« war Martin Semmelrogge jedenfalls genau richtig.

5) Die Hexe

45 Min. | Gäste u. a.: Tushka Bergen, Werner Asam, Hermann Giefer, Michaela May, Klaus Wildbolz | Buch: Barbara Engelke

Der Tageskalender in Franzis Poststelle verrät es: Wir haben Mittwoch, den 20. Mai 1992, in Sonnenstein die Zeit der ersten Sommerhemden und ausgiebiger Unternehmungslust. Für Horst Stelzer, einem neu hinzugezogenen Bauernsohn, ergibt sich daraus allerdings eine ungewollte Gefahrensituation, die sich damit begründet, dass ihm das Paragliding im Tal zu alltäglich wird und er mit einer Bergtour zur Hexenwand eine neue Herausforderung sucht. Viel zu schnell rutscht der übermütige Kletterer dabei ab und bleibt mehrere Nächte lang mit Rippenbrüchen und Prellungen an der Hochwand liegen, bis ein Bekannter der Stelzerfamilie, Torsten, nach einer eigenmächtigen Suchaktion die Unglücksstelle ausfindig macht und die Bergwacht benachrichtigt. Luis Kofler und sein Team, die zuvor aufgrund der schlechten Witterungsverhältnisse die Suche abgebrochen haben, bringen den Verletzten qua Rettungswagen zu Dr. Burgner ins Tal, wo sich bereits eine kleine Dorfversammlung eingefunden hat:

Die abergläubischen und aus Angst vor den Bergen noch mittelalterlich eingestellten Einwohner verdächtigen die Stelzer-Tochter Sonja der Hexerei. Nachdem ihr Vater einen alten Hof aufkaufte und mit dem Nachbarn Anton Zimmerer in Streit geriet, brachen einige kleine und große Unglücke herein, die Verwünschungen gleichkamen. Vor allem die Gattin des Zimmerers heizte diese Gerüchte kräftig an, als ihr Mann einen »Hexenschuss« erlitt. Selbst Rufus, der Brauereiverwalter der Braunecks, der mit den Kälbern des Grafen illegale Geschäfte tätigt, beteiligte sich an der bösen Nachrede. Lediglich Pfarrer Hauberer, Franzi, Pankraz und Thomas konnten mit ihrem fortschrittlichen Einfluss Schlimmeres verhindern.

Doch nicht nur die Einheimischen haben ihre Probleme, und nicht nur Dr. Burgner erweist sich als flotter Autofahrer. Auch Graf von Brauneck – soeben erfahren, dass er Vater eines Sohnes wird – stellt seine Fahrkünste unter Beweis, nachdem er ob seiner Freude etwas Alkohol zu sich genommen hat und nun seine Frau von der gynäkologischen Untersuchung

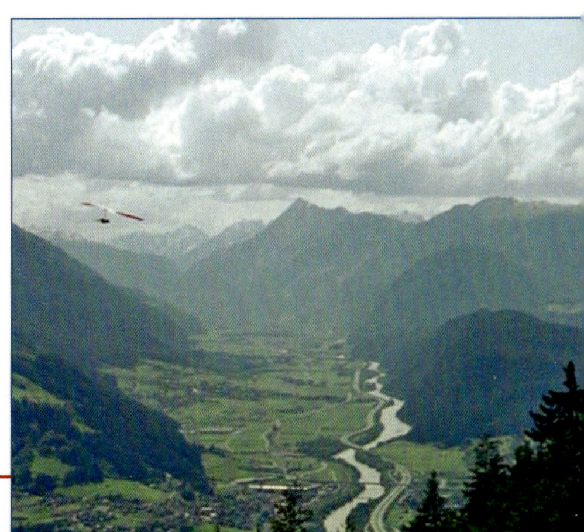
Drachenflieger über dem Inntal 1992.

abholt. Auf dem Rückweg begegnet er der Haller Ärztin Sabina Spreti, die mit ihrem roten Käfer liegen geblieben ist. Bei dem Versuch, auf der engen Passstraße zu wenden, verlieren jedoch die Hinterräder ihren Halt, rutschen den Abhang hinunter und ziehen das Auto in die Tiefe. Sabina, die sofort einen Rettungswagen alarmiert, scheint die Sache im Griff zu haben; beide Wageninsassen kommen mit dem Leben davon – doch das Kind?

Wie verhext scheint auch der morgendliche Alltag von Traudl zu sein, die sich lieber bemüht, nur 23 Minuten zwischen Aufstehen bis zum Dienstantritt beim akribisch kontrollierenden Arbeitgeber zu brauchen, als früher aufzustehen. Sie möchte nicht wegen Unpünktlichkeit entlassen werden, weil es sich bei ihr um die beste Sprechstundenhilfe aller Zeiten handele, muss dafür aber später, als sie es nicht pünktlich bis um acht Uhr schafft und von Maxl sogar noch geflissentlich aufgehalten wird, auf Knien darum flehen, ihren Arbeitsplatz behalten zu dürfen. Doch auch Maxl hat es schwer, pünktlich zur Schule zu kommen. Er nimmt Anrufe in der Praxis entgegen, versucht vergeblich, die vom Vater gebratenen Rühreier vor dem Anbrennen zu retten, und muss schließlich vom nachlaufenden Vater das Pausenbrot eingepackt bekommen. Statt der Rühreier gibt es an diesem Morgen wieder einmal Müsli, welches Dr. Burgner seinem Sohn besonders schmackhaft machen will, indem er mit der Stimme von Henry Valentino *»Ich bin der Müsli-Mann«* singt. Maxl, der schon zuvor bei den Rühreiern den *»dämlichen Service«* bemängelt hat, findet diese Einlage nun besonders peinlich, kommt trotzdem nicht umhin, den Abwasch zu übernehmen. Ablenkung findet er am Nachmittag beim Schachspiel mit dem Opa, den er problemlos in die Bredouille bringt. Als sein Vater ihn abholt, erweitert dieser das Spiel sogar zu einer Partie mit Schachmatt, doch schaut der alte Pankraz seinem Schwiegersohn noch immer nicht in die Augen.

Kritik: Eine sehr unterhaltsame Folge voller Witz und Ironie, versteckter Andeutungen und geistreicher Parodie. Barbara Engelke ist offenbar eine sehr spritzige Drehbuchautorin.

6) Sabina

45 Min. | Gäste u. a.: Winnie Markus, Michaela May, Klaus Wildbolz

Infolge des schweren Autounfalls verliert die Gräfin ihr Kind und wird vermutlich auch keines mehr austragen können. Für Markus von Brauneck bricht eine Welt zusammen. Er fürchtet sich vor den Vorwürfen seiner Frau, die ihm solche auch zu Recht machen könnte, da er mit 1,2 Promille im Blut Auto fuhr, und sieht zudem seinen Fehler als unverblümten Mord an seinem ungeborenen

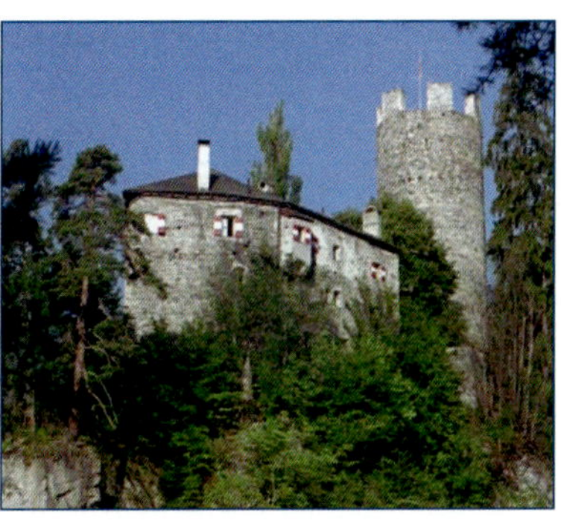

Sohn. Erneut Alkohol zu sich nehmend und mit einem Jagdgewehr ausgestattet, zieht sich der Graf in eine alte Berghütte zurück, um sein Leben zu beenden, während Alexandra vor Kummer einen Nervenzusammenbruch erleidet. Es ist den Bemühungen Dr. Burgners als Freund von Markus und Sabina Spretis als behandelnder Ärztin der Gräfin im Krankenhaus Hall zu verdanken, dass der Graf sich nicht seiner Verzweiflung hingibt und seine Gattin die Sorgen um ihren Mann in den Hintergrund stellt. Zusammen begibt sich das Ärztepaar in die Berge, um eine Katastrophe zu verhindern, kann zunächst aber nur Alexandra zu ihrem Heim zurückführen und beruhigen. Auf einen Schuss hin fährt Thomas abermals seinen Geländewagen durch die Schluchten und folgt seinem Freund das letzte Stück zu Fuß, ehe er ihn schließlich zum Umkehren bewegen kann.

Die Burg Klamm ist auch in Nummer 6 Kulisse.

Dass Dr. Burgner in jenen Tagen immer häufiger mit Sabina in Kontakt tritt, sie zum Essen einlädt, sie ungefragt duzt und ihr ebenso ungefragt einen Kuss gibt, führt er darauf zurück, dass er sich unterwartet in sie verliebt habe, und vermutet Ähnliches auch von ihr. Er überhört Sabinas Proteste gegen eine Arzt-zu-Arzt-Beziehung und einer Praxis auf dem Lande, da sie nicht umsonst gegen den Willen ihrer Eltern Anästhesistin geworden sei.

Obwohl sich Thomas und Maxl anfangs noch gegen Frauen im Haushalt ausgesprochen haben und Maxl auch kein Schwesterchen wolle, lernen sie alsbald die Vorteile der weiblichen Gesellschaft zu schätzen, als Franzi vorübergehend bei ihnen einzieht. Sie hat sich aus Eifersucht mit ihrem Arbeitgeber gestritten, da dieser lieber bei Rica Althäuser zum Essen einkehrt, als bei ihr zu bleiben, obgleich ihn deren Kost gar nicht überzeugte. Maxl bittet daraufhin den Opa, sich bei Franzi zu entschuldigen, ehe diese für immer im Doktorhaus wohnen bleibe. Der kleine Disput findet ein baldiges Ende, welches sogar dadurch verstärkt wird, dass Franzi die Krankenbetreuerin von ihrer Rivalin Rica Althäuser spielt, als diese ein unverträgliches Medikament von ihrer Nichte Sabina einnimmt und daraufhin auf der Praxisliege landet. Sabina hat Frau Althäuser zuvor von einer Reise am Bahnhof Telfs-Pfaffenhofen abgeholt, und nachdem die Unverträglichkeit zutage getreten ist, beschuldigen die beiden Ärzte Thomas und Sabina einander, bei der Medikamentenvergabe geschlampt zu haben.

Kritik: Die temperamentvolle, unnahbare und ständig Seitenhiebe verteilende Sabina geht teilweise auf die Nerven. Das ernste Grafenthema hätte wesentlich tiefgründiger behandelt werden können.

7) Der Fiedel-Joscha

45 Min. | Gäste u. a.: Veronica Ferres, Udo Thomer, Günther Mack, Maxl Graf, Winnie Markus, Georg Marischka

Nach 41 Jahren kehrt der schwer asthmakranke »Fiedel-Joscha« in seine Heimat Sonnenstein zurück, um bei seinem Bruder, dem nach einem Unfall gehbehinderten Bauern Alfred Steiger, eine sesshafte Bleibe zu finden. Für die Klavierlehrerin Rica Althäuser ist der freundliche Herr ein begnadeter Musiker, für ihre Nichte Sabina ein Patient und für den Steiger-Bauern ein feiger und intriganter Landstreicher, der im Alter seinen ins Unglück gestürzten Bruder um Hilfe anbettelt. Der Landwirt steckt seinerseits in großen finanziellen Schwierigkeiten. Kühe mussten bereits vom Zirngiebl versteigert und beim Hinterhofer-Bauern untergebracht werden. Steigers junge Frau Annemarie, ohne die er nicht leben wolle, hat seit Längerem eine heimliche Affäre mit dem Knecht Aldo und plant sogar, ihren Alfred zu verlassen. Aldo spielt daraufhin mit dem Gedanken, den ohnehin verschuldeten Hof in Brand zu stecken und den Bauern den Flammen zu überlassen, während Annemarie die Versicherungen samt Lebensversicherung mit Unfalldoppeltod (vgl. Nr. 35) pünktlich bezahlt.

Das Vorhaben wird Realität, und alsbald läuten die Kirchenglocken den ganzen Ort zusammen. Dr. Burgner ist neben Joscha der erste Helfer am Brandort und kann den Steiger-Bauern retten, indes der Gendarm Toni Gilch Joscha vorläufig festnimmt. Aufgeklärt wird dieses Missverständnis dadurch, dass der Geiger den gesamten Abend mit Pfarrer Hauberer verbrachte und daher als Täter nicht in Frage kommt. Aldo wird verhaftet, Annemarie entschuldigt sich bei ihrem Alfred, und der »Fiedel-Joscha« darf bei seinem Bruder bleiben, da er keineswegs arm sei und mit seinem Geld den Hof wiederaufbauen könne.

Kritik: Ein sehr altes Motiv: der Streit um Hof und Erbe. Da bringt auch Veronika Ferres nicht viel Neues hinein. Aber der Brand ist sehr aufwendig inszeniert und überzeugt.

8) Antonia im Schloß

45 Min. | Gäste u. a.: Anja Kruse, Stefanie Dirscherl, Michaela May, Klaus Wildbolz, Margot Mahler

Die alleinstehende Juliane (Jule) Steinert kann nach zweimonatiger Krankheit ihrer kleinen Tochter Antonia schwerlich den Lebensunterhalt für sich und das Mädchen bestreiten. Als sie schließlich bei der Kramerin Anna Pölz aus Verzweiflung ein Stofftier stiehlt, muss sie zugeben, dass das Kind die Tochter des Grafen von Brauneck ist, um zu verhindern, dass Anna Pölz die Polizei benachrichtigt. Der Graf weiß nichts von Antonia, hatte wohl aber vor fünf Jahren – vor der Ehe mit Alexandra – ein Verhältnis mit Jule. Die Gräfin ist entzückt, kann sie selbst doch keine Kinder mehr bekommen, und nimmt die Kleine mit aufs Schloss. Unbemerkt bekommt Antonia allerdings mit, dass Alexandra plant, sie bei sich aufzunehmen und von der Mutter loszureißen, woraufhin sie den Burgplatz verlässt und die steilen Felswände hinunter zur Klamm (daher der reale Name: Burg Klamm) klettert. Um sie dort von einem Felssockel wieder in Sicherheit zu bringen, wird Dr. Burgner zu Hilfe gerufen. Es gelingt ihm, das Vertrauen des Mädchens zu gewinnen und sie ihrer Mutter zurückzubringen. Markus Brauneck erklärt sich bereit, als Pate für Antonia zu stehen und sie aufzunehmen, wann immer die Mutter eine Auszeit brauche.

Unterdessen hat Dr. Burgner zwei private Erfolge zu verzeichnen: Zum einen ist er froh darüber, dass Pankraz einen ärztlichen Rat von ihm in Anspruch nimmt, da er nämlich an Q-Fieber leidet. Zum anderen gelingt es Thomas, Sabina davon zu überzeugen, sich auf eine Liebesbeziehung einzulassen. Zwar fährt sie noch einmal mit dem Wagen davon und hinterlässt einen Brief mit den Worten: *»Lieber Thomas, frecher Maxl, ich will euren Haushalt nicht durcheinanderbringen und warte bei Tante Rica.«* Doch ihre Zuneigung kann sie nicht länger verleugnen, als sie zahlreiche Fotos ihrer selbst auf dem Praxisschreibtisch entdeckt, die Traudl dem verliebten Arzt als Bildcollagen geschenkt hat.

Als Vorwand für Sabinas Besuch bei Thomas, worauf später eine Zusammenkunft bei Sonnenuntergang und eine erste Liebesnacht folgen, dient ein Ereignis vor der Volksschule. Als Maxl dort unachtsam der jungen Elisabeth (einer anderen als in Nr. 1) hinterherläuft, übersieht er hinter dem Schulbus den Autoverkehr und bleibt erschrocken vor dem Wagen der bremsenden Sabina stehen. Die Dottoressa nimmt ihn sofort mit zu Thomas, um – so ihre Ausrede – potenziellen Schocknachwirkungen vorzubeugen. Zuhause angekommen, wird der Junge aber sogleich wieder fortgeschickt, um die traute Zweisamkeit beim Bestaunen eines Reizstromgeräts nicht zu gefährden. Auch am Abend, als Maxl, statt »Mensch ärgere Dich nicht« zu spielen, die Nacht mit Filmen wie »Heiße Schenkel Teil II« verbringen will und damit seinen Vater provoziert, der mit Sabina allein sein will, wird er vorsorglich Franzi mitgegeben, weil beim Opa kein Fernseher existiere – wohl besser so.

Anmerkung: Das gerahmte Bild von Sabina auf Thomas' Schreibtisch ist ein Pressebild, das auch die nächsten Jahre in der Praxis zu sehen ist.

Kritik: Das leidige Grafenthema stört leider etwas bei der unterhaltsamen Liebesgeschichte um Thomas und Sabina.

9) Intermezzo Veronese

45 Min. | Gast u. a.: Saverio Vallone

Nach der letzten Nacht, die er beim Opa verbrachte, findet Maxl heraus, dass *»die Spreti«* – wie Sabina allgemein von Maxl und Franzi genannt wird – im Doktorhaus übernachtet haben muss, obwohl das Gästezimmer nicht benutzt wurde. Welche Schlussfolgerung aus diesen Fakten zu ziehen ist, muss sich Maxl aber selbst überlegen, da Dr. Burgner trotz eindringlicher Fragestellungen seines Sohnes nichts Näheres erläutert: Ein Mann von Welt schweige diskret. Maxl findet es weitgehend gut, dass sein Vater verliebt ist und vor lauter Glücksgefühlen sogar die Patienten verwechselt. Er hat sogar Verständnis dafür, dass der Doktor eines Nachts in sein Zimmer kommt und ihm mitteilt, er wolle nach Italien fahren, um seine Liebe zu Sabina zu retten. Thomas sei auch gewillt, sich bei Maxl zu revanchieren, wenn dieser älter sei.

Ein Vergleich der Stadtansichten von Hall 1992 (unten) und 2019 zeigt nur wenige Unterschiede. Ähnliche Ansichten finden sich in den Folgen 9, 11 und 14.

Die Ursache für diese plötzliche Reise nach Verona – die Heimat von Romeo und Julia – ist in dem Auftauchen von Sabinas italienischem Jugendfreund Lino zu finden, der nach einem aufregenden Gigololeben seine »wahre Liebe« zurückholen will (Maxl: *»Die Mafia hat die Spreti entführt!«*). Rica Althäuser sieht in Thomas den wahren Mann für die Zukunft ihrer Nichte, der im Gegensatz zu Lino solide, wenig aufregend, aber dafür seriös sei – eher kein Kompliment für den Arzt. Er fährt daraufhin mit dem Auto nach Verona, lernt dort Sabinas Mutter und deren Plan, ihre Tochter nach Italien zurückzuholen, kennen und macht auf einer romantisch-mediterranen Flussbrücke Bekanntschaft mit einem leidenschaftlichen, mafiosischen Herrn und dessen Butler, die ihn davon überzeugen wollen, sich nicht in Sabinas Leben einzumischen. Die Buhlereien zwischen dem

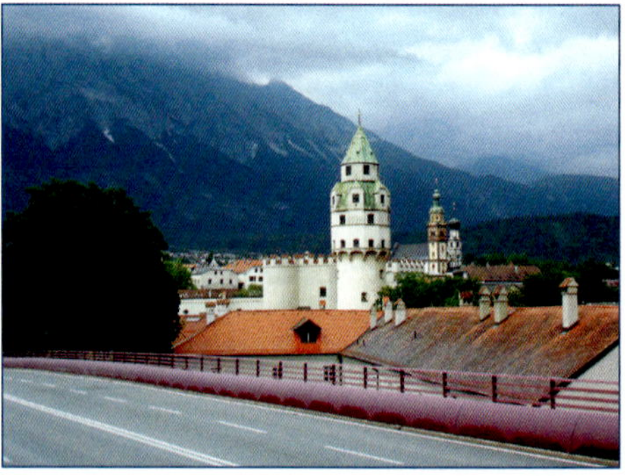

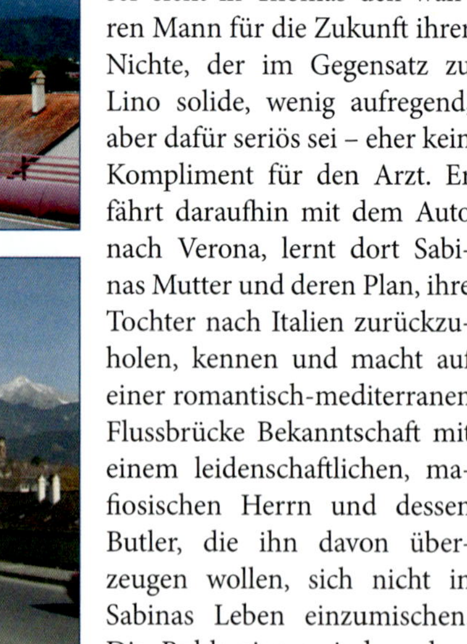

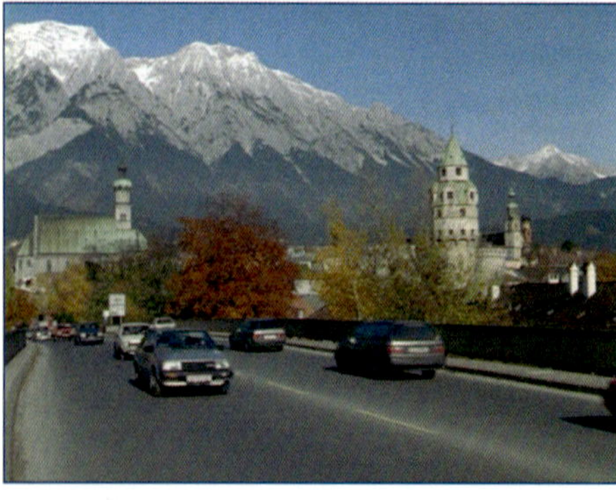

suspekten Lino und dem Alpen-Arzt finden letztlich damit ein Ende, dass Lino ein Telegramm fingiert, in dem Thomas aussagt, er wolle abreisen, um Sabinas Glück nicht im Wege zu stehen. Tatsächlich aber begibt er sich zu Linos opulentem Wohnsitz. Sabina erkennt die Situation recht schnell und verpasst ihrer Jugendliebe eine Ohrfeige, da diese sich ungefragt in ihr Leben drängte – sozusagen als Entscheidungshilfe. Sie bleibt daraufhin noch einige Tage bei ihrer Mutter, versichert aber, nach Tirol zu ihrem Thomas zurückkehren zu wollen.

Anmerkung: Der Italiener Saverio Vallone wurde wie Anita Zagaria synchronisiert. Die Folge wurde in Italien von Reteitalia produktionstechnisch begleitet.

Die Einwohner Sonnensteins erkrankten während der Abwesenheit des Arztes schneller als zuvor. Besonders Herr Konrad suchte drei verschiedene Mediziner auf und erhielt eine Vielzahl verschiedener Pillen und Tabletten, geradezu Gift für den Körper. Traudl fand den Hypochonder in seiner Holzhütte, brachte ihn ins Krankenhaus und versorgte ihn mit ausgesuchter Kost.

Kritik: Toll, dass Herr Konrad auch mal ernst spielen kann. Auch sonst ist dies eine gelungene Folge mit alten Nebenbuhler-Motiven und ebensolchen Intrigen. Dafür aber recht harmlos. Die italienische »Mafia« zeigt sich noch menschlich.

10) Unter Tag

45 Min. | Gäste u. a.: Werner Asam, Maria Singer, Nini von Quast, Klaus Wildbolz, Michaela May

Die alte Hulda Mooslechner bittet Maxl, sie in ihrem kleinen Haus in den Bergen zu besuchen, um ihr einen Gefallen zu tun. Seit ihr Mann Vinzenz vor vierzig Jahren verstarb, wohnt sie dort oben allein mit ihren Schafen (vgl. Nr. 3) und ist vor allem beim Verfassen von Briefen auf fremde Hilfe angewiesen. Maxl folgt der Einladung gern und wird bei seiner Ankunft auf dem Plateau mit großen Kuchenstücken begrüßt. Als Gegenleistung soll er dafür einen Brief an den Grafen aufsetzen. Dem Inhalt des Briefes nach wähnt sich die Greisin dem Tod nahe. Maxl macht sich auf den Weg ins Tal, um dem Grafen das Schreiben persönlich zu überreichen, hält jedoch bei der Almhütte der Braunecks an, weil er Markus dort vermutet. Doch nicht der Graf hält im Innern ein Schäferstündchen mit der Magd Resi, sondern der Brauereiverwalter Rufus Staudinger. Er bemerkt Maxl, hindert ihn am Weitergehen und nimmt den Brief vorsichtshalber an sich, wohl vermutend, dass die Hulda noch einige Geheimnisse zu bewahren pflegt. Der Inhalt der Zeilen erinnert ihn sogleich an den verschollenen Schatz der Braunecks, den der damalige Verwalter Vinzenz Mooslechner in den letzten Kriegstagen vor Plünderungen gerettet und versteckt haben soll. Rufus versucht am Tag darauf drohend, der betagten Dame den geheimnisumwobenen Ort der Kostbarkeiten zu entlocken, verursacht bei ihr jedoch starke Aufregung und erreicht dadurch nicht die gewünschte Information, sondern einen Herzanfall.

Den Abend vor diesem Ereignis verbrachte Dr. Burgner mit Rica Althäuser in der Oper, während Maxl zu Hause vergebens auf den Vater wartete. Maxl suchte darauf seinen Opa auf und erzählte ihm, dass er sich sorge, den Brief Rufus gegeben zu haben. Der Opa schlug vor, am nächsten Morgen um fünf Uhr in die Berge aufzubrechen, um Mineralien zu sammeln. Wenig später schlief der Burgnersohn ein und hörte auch nicht mehr, dass sein Vater nach ihm suchte und bei Obermayrs in der Tür stand. Pankraz wollte seinen »*Glücksenkel*« – wie Hulda sich ausdrückte – in dieser Nacht nicht mehr hergeben.

Beim Sonnenaufgang wandern sie mit dem Hund Poldi hinauf zu den Gipfeln, klopfen zahlreiche Steine aus den Felswänden und philosophieren über die Entstehung der Alpen, als das Gebirge noch ein einziger Meeresgrund war. Die geruhsame Wanderung wird jedoch auf dem Rückweg davon überschattet, dass Dr. Burgner mit Rufus und dem Jeep den Berg heraufkommt, um der im Sterben liegenden Hulda zu helfen. Dr. Obermayr, der vor fünfzig Jahren offenbar selbst in die »Mooslechnerin« verliebt war, kommt sofort mit hinauf zur Hütte, während Maxl – erneut allein gelassen und zudem traurig darüber, Huldas Bitte mit dem Brief nicht erfüllt zu haben – mit Poldi ins Tal zurückgehen muss. Weinend liegt er später auf seinem Bett und klagt Traudl sein Leid.

Dr. Burgner hält es für sinnvoll, Hulda in seinem Gästezimmer unterzubringen, bis sie ihren schlechten Herzzustand überwunden hat. Rufus lässt es sich nicht nehmen, der Greisin zu folgen, um sie selbst am Krankenbett noch einmal eindringlich nach den Informationen zu befragen. Er wird dabei allerdings von Maxl überrascht, der daraufhin Traudl hinzu holt, und muss das Haus verlassen. Hulda nutzt die Gelegenheit, Maxl vor ihrem Tod das Geheimnis anzuvertrauen und das stillgelegte Bergwerk mit dem »Stollen 21« als potenzielles Versteck des Schatzes zu nennen. Maxl und Traudl müssen Rufus zuvorkommen und treffen sich heimlich und mit Taschenlampen ausgerüstet in der Schlucht. Sie finden den Stolleneingang, der sich leicht aufbrechen lässt. Ängstlich tasten sie sich durch die muffigen Tiefen des dunklen Erdganges voran, stolpern über allerlei Munition aus dem Zweiten Weltkrieg, nehmen sich bei den Händen und stellen alsbald fest, dass sie von Rufus verfolgt werden. Als sie durch Zufall die seit fünfzig Jahren verschollenen Schatzkisten entdecken, nehmen sie lediglich ein Musterstück an sich und flüchten eilends aus den Höhlen, wohlwissend, dass Rufus ihnen auf den Fersen ist. Plötzlich fängt eine Dynamitstange Feuer, detoniert und begräbt den nachfolgenden Rufus unter Geröll. Nur knapp entgehen Traudl und Maxl den herabstürzenden Felsbrocken.

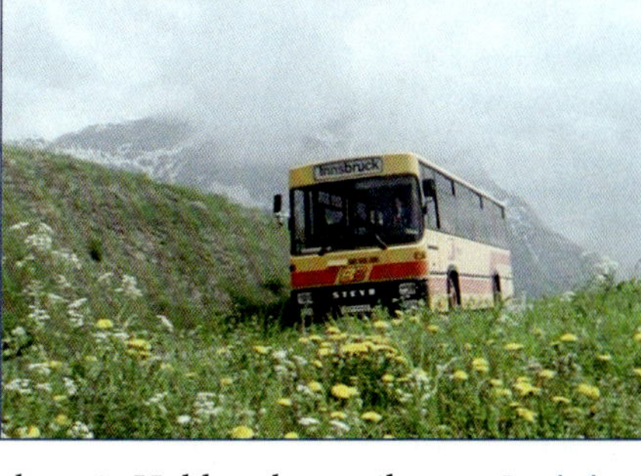

Bundesbus vor Wildermieming.

Gerade zur rechten Zeit treffen Pankraz und Dr. Burgner am Unfallort ein, um den Schwerverletzten zu bergen. Aus Sorge um Maxl haben sie Hulda gebeten, ihnen das Versteck zu verraten. Hulda Mooslechner stirbt wenig später mit erleichtertem Gewissen im Bett des Doktors und erweckt vor allem bei Pankraz, Franzi, Maxl und ihrem Sohn Robert tiefe Trauer.

Zu guter Letzt geschieht noch etwas Erfreuliches: Sabina kommt mit dem Linienbus Zirl–Telfs–Nassereith–Imst–Reutte aus Italien zurück und begrüßt den gerade vorbeifahrenden Thomas mit heftigen Küssen! Rica Althäuser hatte den Doktor schon mit den Worten *»Andere Mütter haben auch schöne Töchter«* trösten wollen, doch wusste sie dabei noch nicht, dass ihre Nichte und der Arzt längst zueinander gefunden hatten.

Kritik: Dramatik ist auf jeden Fall gegeben, Spannung und Kurzweil auch. Und nebenbei wird mit der alten Hulda ein Stück österreichische Tradition und Geschichte vermittelt. Eine gute Folge, die auch ernsthaft mit dem Tod der alten Hulda endet und damit nicht bloß eine alberne Abenteuergeschichte darstellt.

11) Der Sinn des Lebens

45 Min. | Gäste u. a.: Robert Atzorn, Lara Joy Körner, Klaus Wildbolz, Michaela May | Buch: Christiane Sadlo

Dr. Burgner und Sabina haben intern bereits entschieden, dass sie mit ins Doktorhaus ziehen soll, um dort gemeinsam einen ärztlichen Doppelhaushalt zu betreiben. Lediglich Maxl wurde in diese Pläne noch nicht eingeweiht und ist daher überrascht und beleidigt zugleich, als der Möbelwagen vor der Tür steht. Wortlos begibt er sich auf den Weg zur Schule und ignoriert die bereits zur Tradition gewordenen hinterhergerufenen Worte seines Vaters, er solle sein Pausenbrot mitnehmen.

Eben jenes benötigt er an diesem Tag aber ohnehin nicht, da die Schule wegen epidemischen Scharlachausbruchs geschlossen ist. Maxl, der schon als Kind an Scharlach erkrankt war, muss Franzi als Ersatz für die ebenfalls infizierte Traudl anlernen und ihr den Computer näherbringen. Franzi – auf technischem Gebiet etwas altmodisch veranlagt – löscht dabei versehentlich sämtliche

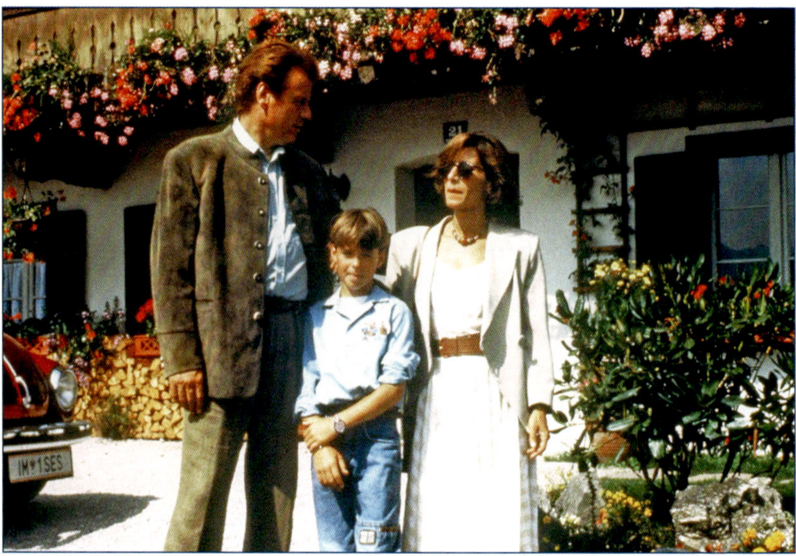

Trautes Familienglück mit Thomas, Maxl und Sabina.

Krankheitsdateien, und Maxl erledigt, statt der kontinuierlichen Computerbegleithilfe, lieber seine Hausaufgaben und liest das Buch »Mein Mann ist nicht zum Schlafen da«. Nebenbei bereitet er das Frühstück für die neue Hausbewohnerin zu, bringt es ihr ans Bett und versichert dem Papa noch einmal nachdrücklich, dass er sie nicht »Mama« nennen werde.

Während Sabina die überflüssigen Möbel später wieder abtransportieren lässt, macht sich Thomas ernste Gedanken um seinen alten Münchener Freund Benno Eisner. Er traf den Schriftsteller zufällig auf der Passstraße bei einem Beinahunfall, als Bennos Wagen stark schlingerte. Aufgrund eines Gehirntumors ist Benno zeitweilig sehbehindert, wagt sich aber dennoch in den Straßenverkehr, da er ohnehin mit dem Leben abgeschlossen hat. Um sein letztes Buch und damit auch sein Leben zu beenden, trat er den Weg nach Sonnenstein an und mietete die alte Jagdhütte des Grafen. Thomas, der bei der ersten Begegnung mit Benno sogleich den Entschluss fasste, seinem Freund zu helfen, besucht ihn daraufhin mehrmals in der Hütte und recherchiert schließlich auch in seiner Krankheitsgeschichte. Offensichtlich ist, dass der Tumor ohne Weiteres beseitigt werden kann und vermutlich auch keine Folgeschäden hinterlässt, doch sieht Eisner keinen Grund mehr, die Operation auf sich zu nehmen. Während er also weiterhin Schmerztabletten schluckt, sucht Thomas nach einer Möglichkeit, ihn den Sinn des Lebens wiederentdecken zu lassen – und findet diesen in Salzburg in Gestalt von Eisners noch unbekannter Tochter Anna. Das Mädchen, das bei

Anmerkung: Lara Joy Körner, die Tochter von Diana Körner, tritt in Folge 38 wieder auf.

einem kürzlichen Verkehrsunfall ihre Gehfähigkeit verlor, entscheidet sich, mit nach Sonnenstein zu kommen, ihrem 16 Jahre lang verschollenen Vater unter die Augen zu treten und dadurch möglicherweise zu helfen. Dr. Burgner hat Erfolg: Benno Eisner erkennt seine Lebensverantwortung gegenüber sich selbst und seiner Tochter und lässt sich operieren.

Kritik: Robert Atzorn spielt toll. Doch auch er kann die tiefgehende Frage in 45 Minuten nur unzureichend beantworten. Hier wäre viel mehr Betrachtungsarbeit nötig. Dass der Ausgang der Operation offenbleibt, ist ein gutes Stilmittel – denn das Ergebnis spielt für die Geschichte keine Rolle. Die Story ist mit dem Wiederfinden der Tochter auserzählt.

12) Das Zimmermädchen

45 Min. | Gäste u. a.: Ludwig Wühr, Christine Neubauer, Gerhard Riedmann, Ingeborg Schöner, Margot Mahler, Rolf Castell

Im Junggesellenhaushalt Burgner hält mit der Wohngemeinschaft mit Sabina ein neuer Lebensalltag Einzug, auch wenn dieser unmerklich noch recht konventionell beginnt: Am Morgen stürmt Vater Thomas – im Schlafanzug – in Maxls vollgestelltes Zimmer und macht seinem Sohn eher unsanft deutlich, dass er aufstehen müsse. Maxl reagiert auf diesen Weckruf seinerseits mit deutlichem Unwillen. Während er vermeintlich ins Bad geht, jedoch zunächst noch im Schlafzimmer bleibt, kommt Sabina durch die Tür mit der Aufschrift »Bitte anklopfen«, steigt ebenfalls über die zahlreichen herumliegenden Spielzeuge und legt ihm liebevoll ein Geschenk in Form eines Comicheftes auf das Kopfkissen – sie bemerkt nicht, dass sich der »Max«, wie Sabina ihn nennt, heimlich hinter der Tür versteckt hat. Maxl erweist sich zwar sichtlich erfreut über den Comic, kann Sabina aber dennoch nicht als Teil der Familie akzeptieren. So erkennt er auch ihre Kritik nicht an, als er am Nachmittag in der Küche einen Aufsatz über die Entwicklung der Dampfmaschine verfasst und gesagt bekommt, dass man »Lokomotive« nur mit »k« schreibe. Gegenüber Franzi betont er seinen Entschluss, sich von Sabina nichts sagen zu lassen, da sie seinen Vater ohnehin schon um den Finger gewickelt habe. Stattdessen lädt er sich am Abend bei den Obermayrs zum Essen ein, um die bereits seit zwei Wochen vorherrschenden Spaghettigerichte im Hause Burgner zu umgehen, rechnet aber nicht damit, dass Thomas und Sabina von Franzi dazugeladen werden. Sein einziger Trost ist ein vom Opa geschenktes Albino-Kaninchen, und als er sich damit in seinem Zimmer zurückzieht, kommt Sabina mit einem Staubsauger herein und unterbreitet ihm das Angebot, seine Aufräumarbeiten zu übernehmen – Kaninchen aber dulde sie nicht. Damit büßt sie eine erste Möglichkeit, sich Maxl zu nähern,

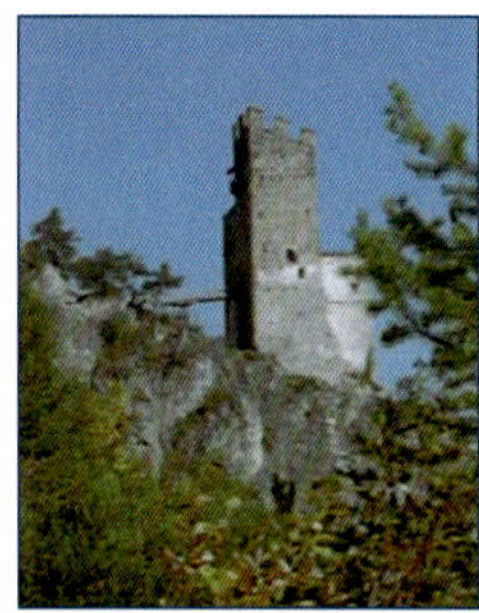

Die Burgruine Schrofenstein ist in Wirklichkeit viel zu weit entfernt, als dass Maxl zu Fuß hätte hingehen können. Und »Hochjoch« ist ein Fantasiename.

ein und berichtet schließlich Thomas, welch ungezogenes Kind er habe. Max sei frech, unordentlich und widerborstig. Da sie ihn trotzdem ins Herz geschlossen hat, unternimmt sie einen weiteren Versöhnungversuch, indem sie ihn zu Bett bringen will. Abermals verpasst sie ihre Chance, und Maxl gibt ihr deutlich zu verstehen, dass sie über ihn – und sein Kaninchen – nicht zu bestimmen habe.

In der darauffolgenden Nacht klettert er mit einem Essensrucksack und dem Kaninchen an der Hauswand hinab und verschwindet im Morgengrauen zum Hochjoch, einem seiner Lieblingsplätze an der historischen Burgruine Schrofenstein. Versteckt im Hochwald bedauert er die Veränderungen bei seinen Eltern und seinen Freundinnen, denkt aber nicht an die Gefahren der freien Natur: Lautlos schlängelt sich eine Kreuzotter heran und tötet das in einer Wolldecke eingewickelte Kaninchen, sodass Maxl, der unbedacht die Decke beiseite schiebt, prompt ins Bein gebissen wird. Erschrocken treibt er die Schlange in die Flucht und kann seine Tränen nicht mehr zurückhalten. Wie ein Samariter trägt er den Leichnam des Tieres humpelnd den schmalen Pfad zurück ins Tal.

Sabina macht sich zwischenzeitlich große Sorgen und gibt sich selbst die Schuld an der Situation. Sogleich rumpelt sie mit Pankraz in dessen Ponykutsche den Berg hinauf, in der Hoffnung, den Jungen am Hochjoch zu finden. Glücklicherweise entdeckt sie ihn bald und erkennt die Lage: Die Schlange gab die größte Portion ihres Giftes bereits an das Kaninchen ab und fügte Maximilian nur geringen Schaden zu. Während der folgenden Behandlung lässt ihn das Gegenserum krampfhafte Zuckungen erleiden und bewirkt einen unruhigen Schlaf. Schweißgebadet wacht er schließlich auf und akzeptiert Sabina nunmehr als eine gute Freundin. Als Symbol der Versöhnung erscheint nun auch ihr Name als Zusatz am Praxisschild.

Währenddessen hat der Hochalmbauer Jackl Schneider arge Probleme, da sein Hof stark verschuldet ist. Bürgermeister Alois Angerer nutzt die Gelegenheit, um das Gehöft günstig zu erwerben, da er sich dort mit dem Bau einer Straßenanbindung, die direkt an Jackls Hof vorbeiführen soll, eine Jausenstation verspricht. Er erzählt jedoch nichts von der voraussichtlichen Preissteigerung, sondern brüstet sich stattdessen, den an Jodmangel erkrankten Bauern und dessen Enkelin Lisl dort wohnen zu lassen. Als Gegenleistung erwartet er allerdings eine Liebesnacht mit Lisl, eines seiner Zimmermädchen im Hotel »Post« und ferner die Nichte von Anna Pölz. Darüber natürlich überhaupt nicht erfreut und zudem beschämt, schweigt sie

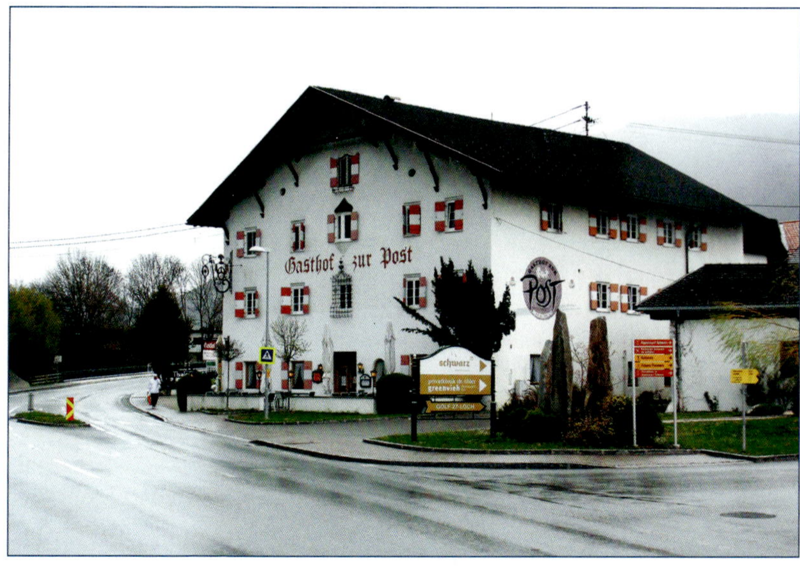

Der Gasthof »Zur Post« im Jahr 2014.

vorerst über die Absichten des Politikers, um die Übernahme des Darlehens ihres Großvaters nicht zu gefährden. Als Angerer mit Lisl in seinem Volvo unterwegs ist und seine Gegenleistung erwartet, kommt es zum Streit, Lisl flüchtet und provoziert damit allemal die Ausschlagung der Hilfe. Unterstützung kommt schließlich von Dr. Burgner, der in Angerers Gaststube laut und vernehmlich verkündet, welche großzügige Leistung Angerer zu vollbringen plant. Der Bürgermeister kann den Ausgleich der Schulden nun nicht mehr ablehnen. Er hilft dem Jackl ohne Gegenleistung und muss stattdessen den Ärger mit seiner Frau ertragen.

Kritik: Mit dem alten Jackel empfindet wohl jeder Mitleid. Etwas überzogen vielleicht das Engagement des Bergdoktors in dieser Sache, ohne dessen Eingreifen – und zwar durch eine Vertrauensverletzung gegenüber Xaver Zirngiebl – keine einvernehmliche Konfliktlösung möglich gewesen wäre. Aber das gehört eben zum guten Bergarzt-Genre.

13) Erlkönig

45 Min. | Gäste u. a.: Maximilian Krückel, Jenny Kreindl, Michaela May, Klaus Wildholz

Die kleine Veronika verliert durch einen Autounfall ihre Mutter und damit ihre einzige Sorgeberechtigte. Zunächst erscheint die Rechtslage so, als müsste sie in einem Waisenheim untergebracht werden, was Dr. Burgner jedoch nicht akzeptieren will. Er nimmt Vroni zu sich, da sie mit Maxl in dieselbe Klasse geht. Maxl – stark erinnert an die Zeit, als seine Mutter starb – spielt mit dem Mädchen Verstecken, liest ihr abends Geschichten vor und lehrt sie seine Reitkenntnisse, die er zuvor auf dem Gestüt der Grafenfamilie erworben hat. Mit einem Bett in Maxls Zimmer scheint Vroni – so das Jugendamt – vorerst eine gute Bleibe gefunden zu haben, doch könne dabei keinesfalls von einer Dauerlösung die Rede sein.

Unerwartet erhebt ihr älterer Bruder Vinzenz Anspruch auf das Sorgerecht und will die Schwester umgehend zu sich nehmen. Da er jedoch in Sonnenstein keine Arbeit hat und als recht junger Vormund etwas inkompetent anmutet, gibt das Jugendamt seiner Forderung nicht nach. Daraufhin ergreift Vinzenz eigene Maßnahmen, nimmt Vroni heimlich an sich und flüchtet mit ihr in die Berge. Sogar dem Suchtrupp um Dr. Burgner entkommt er und harrt eine Nacht in einem kaltfeuchten Unterschlupf aus. Als Konsequenz leidet das Mädchen am folgenden Tag an einer schweren Bronchitis und steht der Lungenentzündung nahe. Wie das Kind in Goethes »Erlkönig« fantasiert sie fiebrige Bilder. Vinzenz flüchtet mit ihr zu Traudl, wo er jedoch von Thomas entdeckt wird. Der Arzt äußert nachdrücklich seine Ansichten über das Tragen von Verantwortung und bewegt ihn damit zum Einlenken. Vinzenz selbst bleibt auf dem Hof seiner Mutter im Kaunertal zurück, indes Veronika von Markus und Alexandra Brauneck adoptiert wird, die Vroni als Ersatz für ihr verstorbenes Kind (siehe Nr. 6) aufnehmen.

Kritik: Ob der Bruder von Vroni unbedingt zum Hauptthema stilisiert werden musste, ist fraglich. Sollte es nicht vielmehr um die Trauer des Kindes gehen?

14) Pankraz' großer Tag

45 Min. | Gäste u. a.: Winnie Markus, Gernot Duda, Gerhard Riedmann, Maxl Graf, Hermann Giefer

Anmerkung: In der Presse wurde diese Folge irrtümlich mit falschen Handlungsbeschreibungen ausgewiesen: Streit zwischen Sabina und Pankraz auf Maxls elftem Geburtstag! Anders als im Film dargestellt könnte Pankraz nie mit der Pferdekutsche bis nach Hall fahren.

Als Pankraz seinem Enkel beim Drachensteigen auf der Wiese beim Doktorhaus helfen soll, merkt er, dass sein Herz nicht mehr das jüngste ist. Das drückt ihm schwer aufs Gemüt, er schüttet sein Herz seiner alten Klavierlehrerin Rica Althäuser aus, besucht mit der Kutsche einen alten Kollegen in Hall und muss widerstrebend zustimmen, dass ein jüngerer Tierarzt eine Kuh und Thomas das Pferd des Grafen versorgt. Es scheint so, als müsse er sich selbst in den Ruhestand versetzen, was er keinesfalls akzeptieren will.

Dr. Burgner, Sabina, Maxl und Poldi brechen zu einer Wanderung in die Berge auf, um Maxls Herbstferien auszunutzen. Sie ahnen nicht, dass ein Wilderer – nämlich der Zimmerer, der für den Angerer Gämse erlegen soll – im Wald unterwegs ist und auf alles schießt, was einem Tier gleicht. Durch das Geäst trifft er so auch Pankraz' Hund Poldi. Bei dem Versuch, zu Poldi vorzudrin-

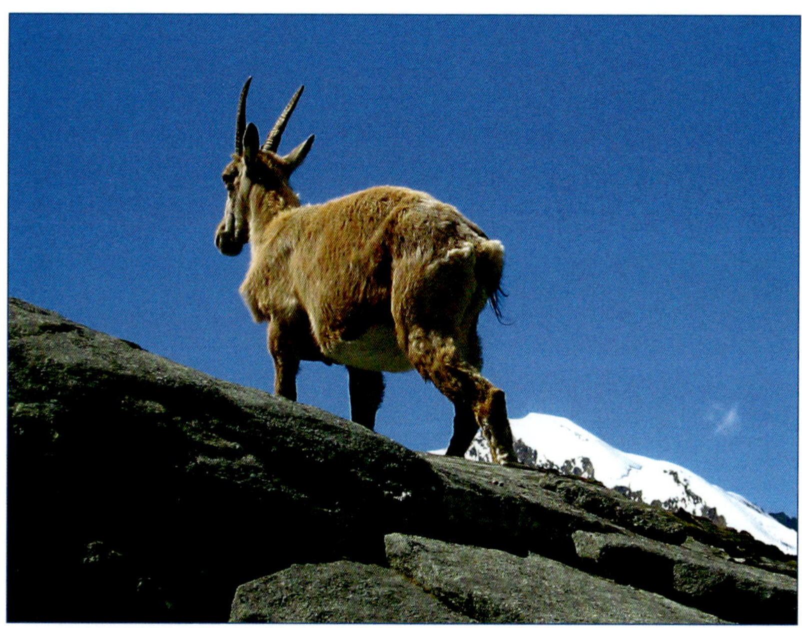

gen, stürzt Thomas einen etwa fünf Meter tiefen Abhang hinab und bleibt bewusstlos liegen. Während Maxl am oberen Ende der Steilwand auf ein Lebenszeichen wartet, fährt Sabina ins Tal zurück, um die Bergrettung zu verständigen. Sofort eilt Pankraz zu Hilfe und begleitet Sabina zur Unglücksstelle, wo Thomas noch immer regungslos am Boden verharrt. Mit einem Bergsteigerseil begibt sich Pankraz in die Spalte, versorgt den Verletzten und stellt fest, dass sich Thomas vermutlich einen ausgerenkten Hals sowie eine Beinfraktur zugezogen hat. Er verarztet ihn fachmännisch, und nachdem Luis mit den Bergrettern eingetroffen ist, kümmert er sich als Nächstes um seinen Hund.

Auf Gamsböcke haben es Wilderer abgesehen.

Franzi ist es zu verdanken, dass Luis die Unglücksstelle finden konnte; sie sperrte den Zimmerer in seinen Stall und nötigte ihn so zum Herausrücken der nötigen Information. Auch Pankraz sieht sich als Held und brüstet sich als Retter des Doktors. Stolz setzt er sich in den Arztsessel der Praxis, freut sich der Anerkennung der Dorfgemeinschaft und veranstaltet eine kleine Feier mit einer Blaskapelle und Freibier vor dem Haus. Die Errettung seines eigenen Lebens durch Thomas in der ersten Folge scheint damit am Ende dieser Staffel vergolten zu sein – die Feindschaft zwischen den beiden ist vorerst beigelegt.

Kritik: Unterhaltsam und amüsant, dafür wenig dramatisch: Die Rettungsaktion von Pankraz wäre angesichts der professionellen Bergretter gar nicht mehr nötig gewesen und entzieht damit der Story die Grundlage. Auch das Wilderer-Thema wurde schon hinreichend in Heimatfilmen der 1950er-Jahre behandelt.

Drehsaison 1993

»Die Heirat«

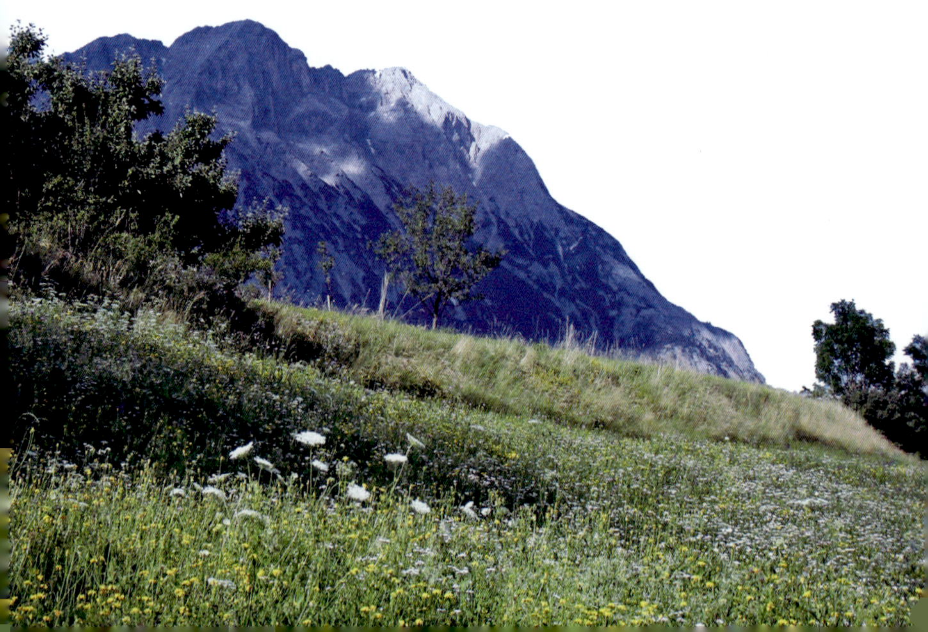

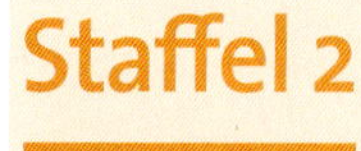

Staffel 2

Aufführung: **25. Okt. 1993 bis 7. März 1994 (19 Folgen)**
Aufnahme: **April 1993 bis November 1993**
Ausführung: **Thomas Jacob / Peter Vogel (Nr. 24, 27, 28, 31)**

Anmerkungen zur 2. Staffel

Die Staffel 1993, die die meisten Folgen beinhaltet, leidet sehr an einer falschen Ausstrahlungsreihenfolge: Die Winterepisode Nummer 23 wurde jahreszeitlich bedingt zwischengeschoben, obwohl sie inhaltlich zwischen den Nummern 14 und 15 angesiedelt ist. Dadurch wurde die ursprüngliche Nummer 23 zur Nummer 31: Sowohl hinsichtlich der Jahreszeit als auch des Plots mit Pankraz' Gipsarm, der sich in Nummer 24 fortsetzt, gehört die Folge 31 an die Stelle der Nummer 23. So passt dann auch das Produktionsduo Peter Vogel (Regie) und Bernd Wefelmeyer (Musik) dazu, das die Episoden 24, 27, 28 und 31 hergestellt hat.

Die Folgen 27 und 28 wurden ebenfalls nachträglich eingeschoben. Sie passen jahreszeitlich (»September«) nur bedingt und unterbrechen den Heiratsplot aus Nummer 26, von dem in Nummer 29 wieder die Rede ist.

15) Zuckerbrot

90 Min. | Gäste u. a.: Diana Körner, Winnie Markus, Georg Marischka, Kathrin Strauss | Buch: Robert Thayenthal

Ostersonntag, 11. April 1993. Traditionsgemäß gehen die Burgners zur Feiertagspredigt in die Kirche, während Sabina ihrer Arbeit in Hall nachgeht. Ebenfalls traditionsgemäß kommen Thomas und Maxl zu spät zur Messe und werden von Pfarrer Hauberer als *»verirrte Seelen«* indirekt gewürdigt. Maxl hat offensichtlich ein reges Interesse an der kleinen Veronika von Brauneck (siehe Nr. 13) entwickelt; er lächelt sie in der Kirche breitfreudig an, verpasst deshalb das Ende vom unisono intonierten Halleluja und fügt eine gut hörbare »Solo«-Strophe hinzu. Und damit nicht genug: Als Geburtstagsgeschenk modellierte er dem Mädchen hübsche Schachfiguren, weil er davon ausging, eine Einladung zu ihrem Fest zu erhalten. Diese Erwartung erweist sich nach dem Ende der Osterpredigt jedoch als Trugschluss, als Vroni von jener Einladung gar nichts wissen will. Im Gegenteil: Gegenüber Alexandra erwähnt sie, Maxl für kindisch zu halten und lieber mit ihren fünf Klassenkameradinnen eine Tanzparty veranstalten zu wollen.

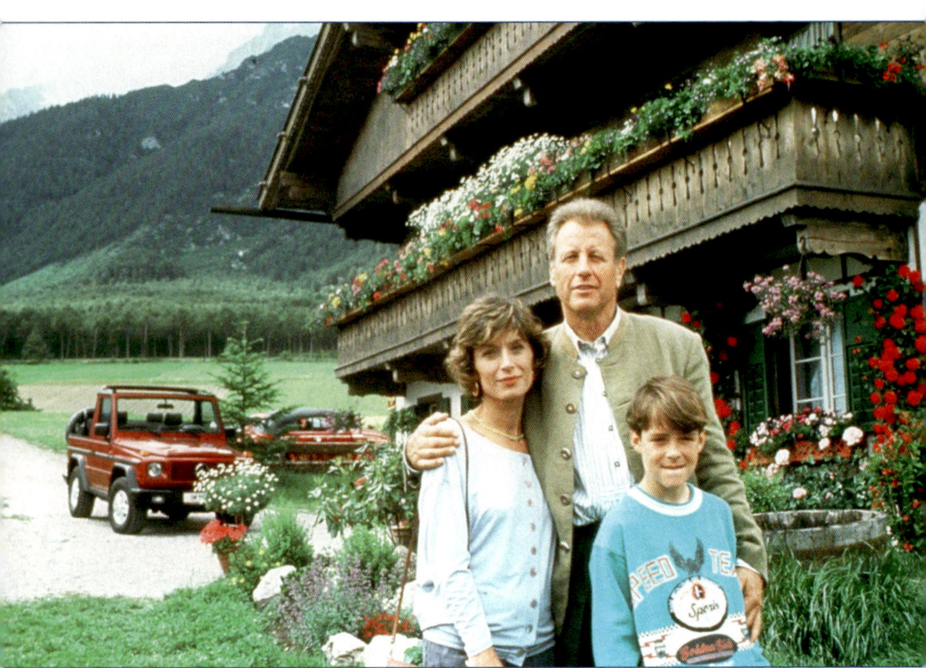

Auch 1993 ist das Familienglück perfekt. Reicher Blumenschmuck prägt das Doktorhaus.

Tatsächlich muss sich Maxl eingestehen, dass er vom Tanzen keine Ahnung hat. Den Tag über begegnet er Vroni mit der Verhaltensweise einer *»beleidigten Leberwurst«*. Erst Franzi kann ihn wieder aufmuntern, indem sie ihn voller Elan das Tanzen lehrt. Damit hofft er, Vronis kindlichen Eindruck von ihm zu entkräften, und beweist seine »Männlichkeit«, indem er das Rasierwasser seines Vaters aufträgt und jede der fünf Mädels eindrucksvoll zum Tanzen auffordert – ein gelungener Auftritt auf Vronis Geburtstagsfeier. Die Konsequenz ist ein Andrang junger Damen, die alle zu Maxl wollen.

Doch Maxl hat über Ostern noch andere Aufgaben zu erfüllen: Mit seinem Fahrrad und einer halsbrecherischen Bremsaktion (vgl. Nr. 34) kommt er zu Franzi in die Post, um einen Brief mit Zwei-Finger-System auf der Schreibmaschine zu tippen. Franzi bezweckt damit die Preissenkung für ein Pianoforte, welches Xaver Zirngiebl der Klavierlehrerin Rica Althäuser entwendete, um damit deren Bürgschaftsschulden auszugleichen. Mit viel zu niedrigen Angebotspreisen erwirkt Franzi die Rückgabe des Flügels an Frau Althäuser, da sich selbst Zirngiebls Frau Waltraut über das sperrige Instrument beschwert hat. Pankraz, der eigentlich als Held vor Rica erscheinen wollte und ein ähnliches Klavier dem Grafen abschwatzte, kommt damit zu spät.

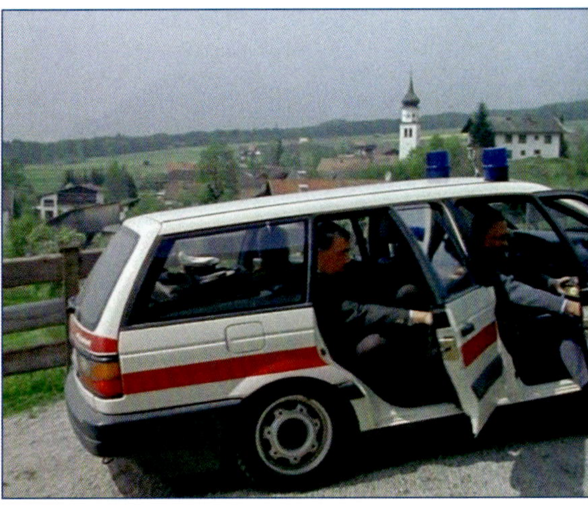

Die Gendarmerie auf dem Kulissenplatz in Wildermieming.

Dass Thomas und Sabina gleiche Ziele verfolgen und ihre Hilfsbereitschaft gegenüber Patienten kein Hindernis in ihrer Beziehung darstellt, zeigt sich anhand des Engagements, das beide der zwölfjährigen Theresa entgegenbringen. Sie leidet an unerklärlichen chronischen Schmerzen und entwickelt eine panische Angst vor ihrem Stiefvater, dem Oberkoch des Gasthofs Angerer, Leo Wallner. Sabina unterstützt das Mädchen im Klinikum Hall unter der Leitung von Dr. Renner, Thomas steht ihr als Hausarzt und regelmäßiger Besucher zur Seite. Erst als Theresa zu ihm flüchtet, wird Dr. Burgner klar, dass Wallner seine Stieftochter systematisch mit Thallium (Rattengift) vergiftet, um an das Erbe ihres 1987 verstorbenen leiblichen Vaters, des Sägewerksbesitzers, zu gelangen. Während Thomas in Innsbruck seine Theorie an dem ebenfalls vergifteten Hund des Mädchens zu bestätigen versucht, hat Leo Wallner, der sogar tätlich gegen den Arzt vorging, bereits eine einstweilige Verfügung erwirkt, Theresa polizeilich aus dem Doktorhaus zu entfernen. Glücklicherweise kehrt Thomas in dem Moment aus Innsbruck zurück, als »Resi« dort einen Kollaps erleidet und ins Krankenhaus nach Hall eingeliefert werden muss, wo Thomas die Gelegenheit ergreift, dem chronischen Leiden ein Ende zu setzen: Er beschuldigt Leo Wallner des versuchten Mordes, schrittweise ausgeführt unter dem Erziehungsmotto »Zuckerbrot und Peitsche«.

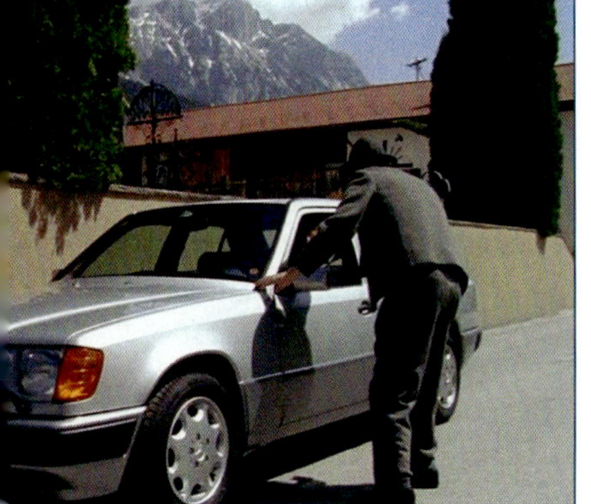

Auch die Kirchhofmauer ist in Folge 15 wieder Kulisse.

Kritik: Das Thema der häuslichen Gewalt passt besser zu einem 90-minütigen Film als dasjenige von Folge 1 – und wurde auch sehr gut umgesetzt. Die nebensächliche Kindergeschichte mit Maxl und Vroni lenkt zwar gern vom dramatischen Thema ab, um nicht zu tief einzusteigen, was aber wiederum ein typisches Genre-Phänomen ist, um die Familienharmonie im Vordergrund zu belassen. Dadurch fehlt aber zum Ende die psychologische Erklärung für den fassadenreichen Leo Wallner mit seiner schizophrenen Art. Insgesamt gut gelungen.

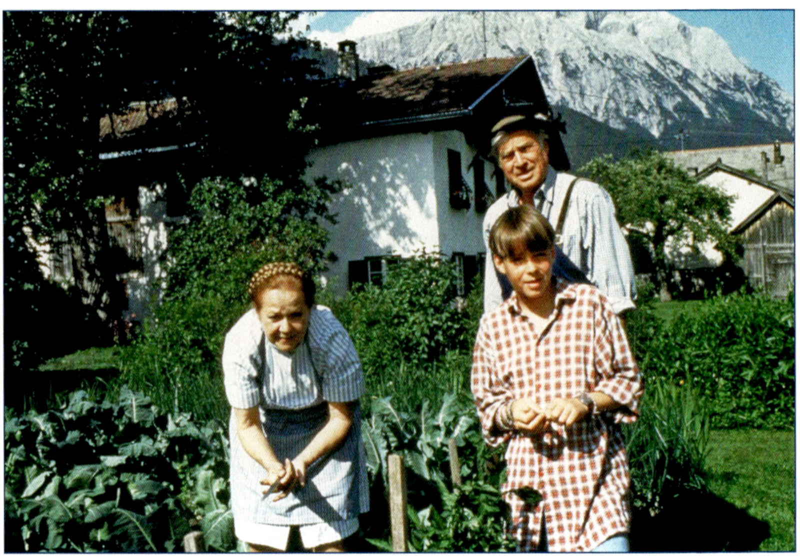

Arbeit im Garten am »Pankrazhaus«: Franzi, Maxl und Pankraz.

16) Qual der Wahl

45 Min. | Gäste u. a.: Gerhard Riedmann, Georg Marischka, Maxl Graf, Werner Asam, Gernot Duda, Franziska Strömme

Als Sabina, Thomas und Maxl eine Bergtour durch frisch abgemähte Heuwiesen unternehmen, beobachten sie zufällig, wie Rufus Staudinger mit einem Bagger ansetzt, den alten Hof der Trude Lechner abzureißen. Im letzten Moment bemerkt Maxl, dass sich Trude noch im Haus befindet, obwohl sie angeblich in einem Altersheim in Hall untergebracht sein soll. Trude erzählt der Doktorfamilie ihre Leidensgeschichte, wie der Bürgermeister Alois Angerer und Sonnensteins reichster Bauer Xaver Zirngiebl von dem Bau einer Straße berichtet und sie dadurch zum Unterschreiben des Kaufvertrags gedrängt hätten. Sowohl die Straße als auch die Pseudo-Pläne sind nur Vorwand gewesen, dem Zirngiebl den Kauf des Hofs zu erleichtern, um dort seinen Alterssitz errichten zu können. Franzi aber nutzt die Gelegenheit, um bei der nächsten Bürgermeisterwahl Pankraz als Nachfolger ins Gespräch zu bringen. Von Maxl lässt sie Werbeplakate mit dem Spruch »Ist Dir das Dörfl lieb und teuer, wählst Du Pankraz Obermayr« drucken und reicht einen Aufstellungsantrag mit gefälschter Unterschrift beim Gemeindeamt (vgl. Nr. 2) ein. Beim Gendarm Toni Gilch will sie später zwar – vom schlechten Gewissen geplagt – eine Selbstanzeige machen, doch ist Pankraz inzwischen selbst von Franzis Idee überzeugt. Erst als Pankraz Rica Althäuser für einen Abend beim Landrat der Franzi vorzieht, ergreift die resolute Haushälterin die Gegeninitiative und reicht beim Gemeindeamt ein, Dr. Obermayr wolle zurücktreten. Da die Unterschrift mit derjenigen vom Aufstellungsantrag identisch ist, hat Toni Gilch keinen Zweifel an der Echtheit des Dokumentes. Alois Angerer bleibt also Bürgermeister, während Trude – durch die Konkurrenz bei der Wahl öffentlich vom Bürgermeister versprochen – auf Lebzeiten auf ihrem Hof bleiben darf. Zusammen mit Sabina unternimmt sie nun manches Mal Ausflüge in Dr. Spretis rotem Käfer.

Kritik: Eine schlechte Folge: unnötig in die Länge gezogen, ohne jede Dramatik und obendrein mit kaum angepasster, liebloser Musik untermalt. Buchstäblich eine »Qual«.

17) Blutsverwandtschaft

45 Min. | Gäste u. a.: Florian Henz, Ingeborg Schöner, Gerhard Riedmann, Hermann Giefer

Die Familie Kofler umfasst insgesamt fünf Mitglieder: die Ehefrau Bärbel, die beiden Töchter, den Sohn Michi sowie Luis, den Mann von der Bergwacht, der hauptberuflich eine Tischlerwerkstatt betreibt. Michi ist derzeit Maxls bester Freund, mit dem er Mathe lernt, Hausaufgaben macht und Fußball spielt. Als Dr. Burgner und Maxl mit einem kaputten Holzstuhl die Tischlerei aufsuchen, bemerkt Maxl sonderbare blaue Flecken an Michis Arm und rät zu einer Untersuchung, die aber vorerst noch nicht stattfindet. Auffallend ist jedoch, dass Michi ungewöhnliche Symptome entwickelt, beispielsweise beim Bruchrechnen mit Maxl nichts essen mag und beim freizeitlichen Fußballspiel unerwartet Nasenbluten bekommt. Dr. Burgner diagnostiziert zum Schrecken aller Beteiligten Leukämie und überweist den Jungen in das Krankenhaus in Hall, wo er von Sabina und Dr. Renner versorgt wird. Für Bärbel Kofler ist das eine schockierende Nachricht, zumal dringend nach einem Knochenmarkspender gesucht werden muss und dafür die Eltern vornehmlich infrage kommen. Doch Luis ist nicht der Vater, und Frau Kofler sieht sich nicht imstande, ihrem Mann die Wahrheit zu offenbaren, geschweige denn den wirklichen Vater zu nennen. Elfriede Angerer erfährt jedoch vom Unglück der Koflers, einerseits in der Kirche, wo Franzi, Maxl und die Kofler-Töchter zum Beten waren, andererseits von den verräterischen Attitüden Bärbels. Frau Angerer erkennt ihren Mann als potenziellen Vater, weiß von dessen Geldzahlungen an Bärbel und kann ihn wohl dazu bringen, eine Blutprobe zu geben und damit die weiteren Untersuchungen zur Gesundung Michis zu forcieren.

Auch Luis, der von dem Betrug ebenso beiläufig erfahren hat, kann auf den Boden der Tatsachen zurückgeholt werden, und zwar bevor er von dem Kirchturm springt, den er reparieren soll. Es war nämlich Maxl, der ohne Erlaubnis des Vaters in die Klinik kam, um seinen Freund mit einem Gameboy etwas aufzumuntern, und schließlich Luis zur Vernunft bringen will, damit dieser seinem Sohn helfen könne. Als Dr. Burgner mit Bärbel und Maxl zur Kirche kommt, um Luis ins Gewissen zu reden, klettert Maxl den Turm hinauf und versucht Luis weinend zu überzeugen, seinem Sohn in dieser schweren Zeit beizustehen. Er lässt sich bekehren und gibt Michi die Kraft, die er braucht.

Kritik: Ein ernstes Thema, ohne Frage, und auch gut umgesetzt. Das dramatische Element der fälschlich angenommenen biologischen Vaterschaft ist typisch für eine Arztserie. Leider wird die Mutter Kofler schlecht gespielt, und dass sich Dr. Burgner nicht traut, den Eltern die Wahrheit zu sagen, entkräftet seinen Ruf, ein vertrauensvoller und souveräner Arzt zu sein.

Beten habe wohl doch etwas genützt, stellt Maxl am Ende der Episode fest und freut sich gleichzeitig darüber, dass Sabinas Arbeitskollege Dr. Engel, der wegen eines Wasserschadens bei ihnen wohnte und Thomas' Eifersucht auf sich zog, wieder auszieht. Er hat Unterschlupf bei der ihm zugetanen Traudl gefunden.

18) Der Patensohn

45 Min. | Gäste u. a.: Fabian Harloff, Theresa Hübcben, Siegfried W. Kernen, Monika Peits

Während Dr. Burgner versucht, Sabinas Auto zu reparieren, erscheint unerwartet sein Patensohn Edi, der vor einigen Jahren mit seinen Eltern in München – im selben Haus wie die Burgners – gewohnt hat und später nach Augsburg gezogen ist. Inzwischen scheint der 16-Jährige einen Großteil seiner damaligen Ausgelassenheit eingebüßt zu haben: Affektiert und introvertiert zugleich sucht er indirekt nach einer helfenden Hand, nistet sich für einige Tage im Doktorhaus ein und behauptet gegenüber seinem Patenonkel, seine Eltern seien verreist. Tatsächlich jedoch verbirgt er hinter seiner Fassade die zahlreichen Probleme, die ihn peinigen: Drogensucht, schlechte schulische Ergebnisse, Liebeskummer und mehr. Vor allem die Drogensucht fordert ihren Tribut, sodass er auch vor Einbrüchen nicht zurückschreckt.

Neben dem fiktiven Dorf Sonnenstein ist Mieming durchaus real!

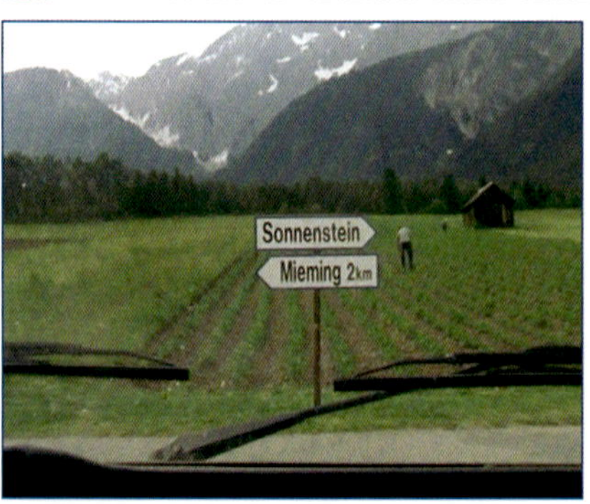

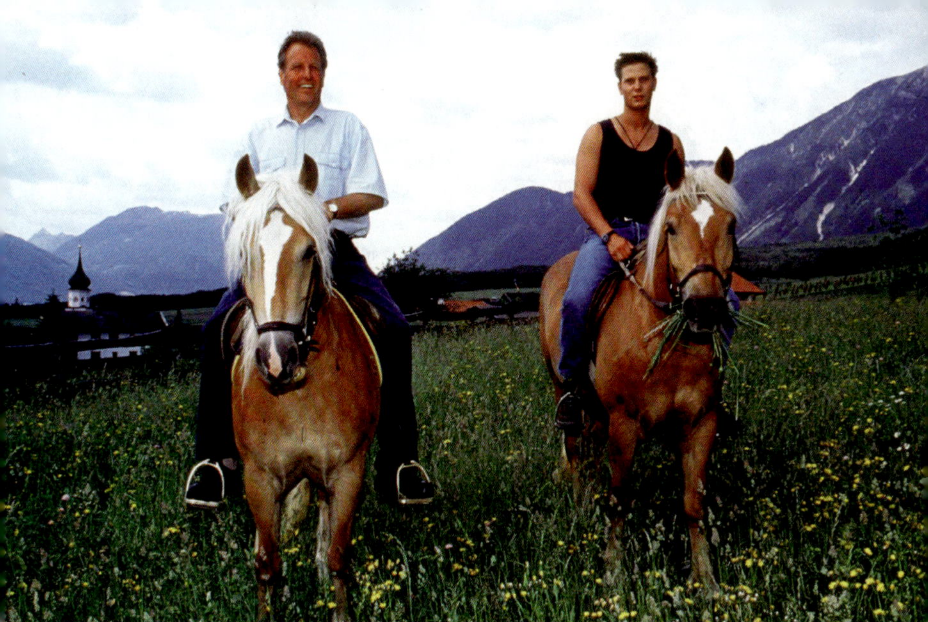

Thomas Burgner reitet mit Edi (Fabian Harloff) auf der Wiese am Doktorhaus.

Des Nachts schleicht er sich im Trainingsanzug in die Praxis, entwendet die benötigten Medikamente aus dem Giftschrank, schmeißt von außen ein Fensterglas ein und klettert an einem Seil wieder in das Gästezimmer zurück. Natürlich bleibt diese Inszenierung nicht unbemerkt, und nur wenige Minuten darauf stellt Thomas Edi zur Rede und erfährt von seiner Sucht. »Kein Grund zu resignieren«, wie Dr. Burgner meint und am darauffolgenden Morgen mit seiner Therapie beginnt. Dazu gehört zunächst, Edi körperlich zu fordern. In den nächsten zwei Tagen steht deshalb ein ausgefülltes Programm auf dem Plan: Wandern, Bergsteigen, mit der Sense Gras mähen (vgl. Nr. 52) und vieles mehr. Der Junge ist begeistert und kommt in dieser Zeit ohne Drogen aus. Auch als seine Freundin Stella, eine notorische Fixerin, ihn herausfordert, lässt er sich nicht von seiner neu gewonnenen Kraft abbringen. Zwar besorgt er ihr Drogenersatzstoffe aus der Praxis, doch nachdem sie in einem Fluss zu ertrinken drohte und nur dank Pankraz gerettet wurde, steht für Edi sein neuer Lebensweg fest. Er freut sich sogar, als seine Eltern kommen, um ihren verlorenen Sohn zurückzuholen.

Franzi befürchtete derweil die Auflösung ihrer kleinen Poststelle, als sich der Oberpostdirektor für einen Ortstermin ankündigte. Schnellstens bat sie einen Großteil der Sonnensteiner Einwohner darum, an dem Inspektionstag eine Postangelegenheit auszuführen, was den hohen Beamten – trotz des Verkaufs von Heilkräutern in der Post – schwer beeindruckte.

Kritik: Fabian Harloff ist ein guter Schauspieler. Und das Thema wichtig und ernst. Zweifellos eine der besten Folgen dieser Staffel. Konzeptionell bildet wiederum ein Beinahunfall die Zuspitzung des Themas und damit das retardierende Moment: die Wendung zum Guten.

19) Der Floh im Ohr

45 Min. | Gäste u. a.: Michaela May, Klaus Wildbolz, Werner Asam

Während Gräfin Alexandra von Brauneck mit ihrem Wagen Vroni und Maxl von der Schule abholt, fährt der Graf Markus von Brauneck mit seinem Mercedes für einige Zeit nach Wien, um Geschäften nachzugehen. Der Schlossverwalter Rufus Staudinger nutzt diese Gelegenheit, um seiner Geliebten Eva das Schloss zu zeigen und sich als Graf Markus auszugeben. Sein theatralischer Leichtsinn verbunden mit der Tatsache, dass er die Liebe Evas nicht erwidert, als diese in den Grafensitz einziehen will, lanciert ein großes Missverständnis, welches einer Ehekrise gleichkommt. Denn Eva berichtet Alexandra von »Markus« als ihrem Geliebten und stürzt damit die Gräfin in einen Abgrund, der für sie noch tiefer erscheint, da sie von Thomas die freudige Nachricht erhält, schwanger zu sein. Doch erst, nachdem sie mit Herrn Konrads Hilfe in die alpine Jagdhütte hat flüchten können, eine Begegnung zwischen Rufus und Eva stattgefunden hat und der Graf aus Wien zurückgekehrt ist, kann sich das Missverständnis aufklären. Rufus gesteht, in die Rolle von Markus geschlüpft zu sein. Und die arme Eva, die auch noch einen Beinahunfall mit Pankraz' Kutsche erlitt, muss ihren Schlossherrin-Traum begraben.

Kritik: Eine trotz des trivialen Grafen-Themas gut gemachte Folge. Vor allem, weil der Doktor ernsthaft mit Herrn Konrad schimpft (was eigentlich erst dem hartgesottenen Dr. Hallstein in Folge 78 gelingt).

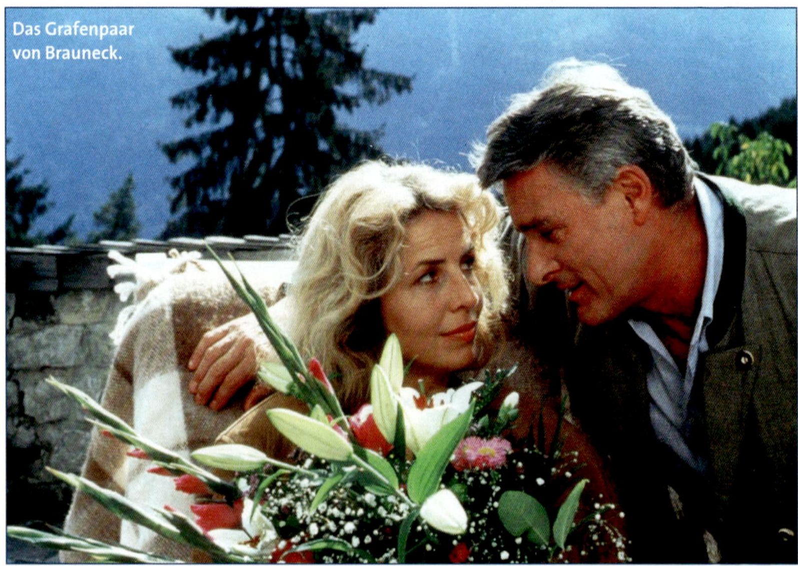
Das Grafenpaar von Brauneck.

20) Gedächtnislücke

45 Min. | Gäste u. a.: Nadja Rieger, Adolf Laimböck, Stefan Reck

In der zweiten Juniwoche steht die Hochzeit des Bauernsohns Thomas Nauner mit der hübschen Sylvia bevor. Der Schwiegervater ist strikt gegen die Vermählung mit der in seinen Augen arbeitsunfähigen Sylvia und missbraucht die Tatsache, dass die junge Dame aus Angst ihre Epilepsie verschwiegen hat, als Grund gegen die Eheschließung. Hinzu kommt, dass Sylvia einem potenziellen Vergewaltiger in die Hände fällt und zunächst verschwunden ist. Dr. Burgner und Maxl finden die verletzte und verwirrte Frau jedoch bei einem Waldspaziergang und versorgen sie umgehend im Doktorhaus. Aufgrund ihres Gedächtnisverlustes vergehen einige Tage und Untersuchungen bei Dr. Renner in Hall, ehe sie sich an den Vorfall im Wald erinnern kann und von Thomas Nauner, der sie in der Zwischenzeit sorgenvoll gesucht hat, gefunden wird. Bei einem alten Schlager von Chris Roberts entsinnt sie sich des Lastwagenfahrers, der sie in Innsbruck als Anhalterin wegen eines verpassten Busses mitgenommen und bedrängt hat. Der junge Bauer entscheidet sich ohne Zögern gegen seinen Vater und für die Ehe mit einer Epileptikerin, was damit belohnt wird, dass sich Vater Nauner wieder beruhigt und sich mit dem Paar versöhnt.

Pankraz feiert derweil ein Wiedersehen mit seiner Jugendliebe Helma, die als Sprechstundenhilfe beim alten Dorfarzt Dr. Hotz tätig war und vor 21 Jahren nach Wien migrierte. Erfüllt von der Erinnerung an die damals geplante Heirat übersieht Dr. Obermayr allerdings das neue Leben der alten Liebe, die nämlich mittlerweile verheiratet ist. Diese Erkenntnis trifft ihn dann völlig unvermittelt zu Helmas Geburtstag, dem 14. Juni, zu dem Franzi und Rica ein kleines Fest mit geladenen Gästen im Angerer-Gasthof organisiert haben.

Für Maxl ist es eine große Freude, am Abend für Thomas und Sabina das Essen zubereiten zu dürfen und damit große Komplimente zu bekommen, nachdem er den Kaiserschmarren bei Mondenschein auf der Terrasse servierte.

Kritik: Schade, dass die Szenen in dieser dramatischen Bauerngeschichte immer zu schnell von dem schwierigen Thema ablassen, anstatt es gründlich zu beleuchten. Und Stefan Reck spricht schlechtes Bayerisch. Trotzdem eine gute Folge.

21) Der Postraub

45 Min. | Gäste u. a.: Rolf Castell, Christine Ostermayer, Maxl Graf

Ilse, die Ehefrau des Bauern Ludwig Breinfalk, leidet unter schweren Schmerzen beim Gehen, die durch eine deformierte Synthetik-

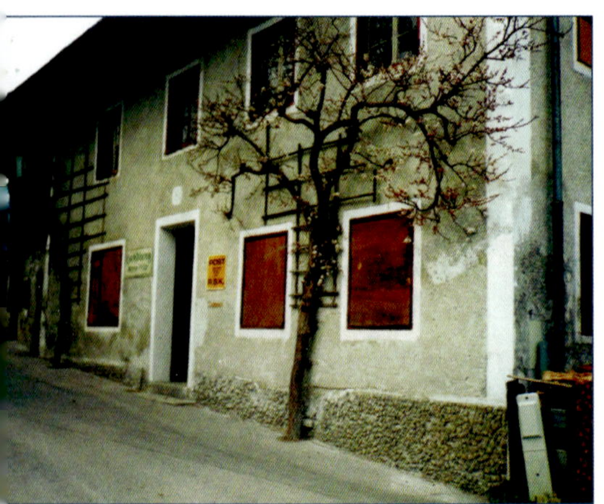

Überfall auf die Post in Folge 21. Außerhalb der Drehzeiten war sie abgesperrt.

hüfte verursacht werden. Für Ludwig, der Angst um Hof und Frau hat, scheint die Operation in einer Schweizer Privatklinik die einzige sinnvolle Lösung zu sein, die entgegen dem Haller Klinikum horrende Preise kosten würde. Er fasst daher den Entschluss, das Geld für diese Operation auf illegalem Wege, nämlich im Zuge eines Postüberfalls, zu beschaffen. Die Zeit nach dem Eintreffen der Rentengelder für die Landwirte hält er hierfür am geeignetsten. Maskiert steht er sodann vor der verschlossenen Postfiliale, bittet Franzi, die darin das Geld zählt, unter einem Vorwand, die Tür zu öffnen, und verschafft sich anschließend gewaltsam Eintritt zum Dienstraum. Franzi, zutiefst erschrocken angesichts des Überfalls, schreit nach Leibeskräften und wehrt sich vehement gegen den Eindringling, der ihr gar nicht wehtun möchte, sie ihm aber umso mehr. Letztlich gelingt es dem Bauern jedoch, Franzi mit Paketklebeband zu fesseln und zu knebeln und ihr den Tresorschlüssel zu entwenden. Er verschwindet spurlos und lässt Franzi allein zurück.

Es ist dem Pfarrer Hauberer zu verdanken, dass er von draußen Franzis Schreie hörte. Er kann sie mithilfe von Pankraz und Thomas befreien, doch der Raub lässt ihm noch lange Zeit keine Ruhe. Wenige Tage später erscheint Bauer Breinfalk in seiner Kirche und beichtet ihm, die Tat begangen zu haben, um seiner Frau zu helfen. Hauberer macht daraufhin gegenüber Pankraz eine Bemerkung – ohne namentliche Nennung – und beschwört damit ungewollt seine fortwährende Beschattung durch den ohnehin höchst erregten Dr. Obermayr. Ludwig Breinfalk wird dadurch immer nervöser und holt seine Frau schließlich eilends aus dem Haller Klinikum, um schnellstmöglich in die Schweiz zu gelangen. Nicht nur Sabina, die Ilse unter anderem behandelt, auch Dr. Burgner sind angesichts der Verlegung der Patientin entsetzt und folgen dem Auto des Bauern mit dem Geländewagen. Ludwig, der schließlich auch von der Gendarmerie in Form von Toni Gilch verfolgt wird, lenkt ein und legt noch an Ort und Stelle ein Geständnis ab.

Kritik: Zumindest partiell ist eine ernsthafte und dramatische Thematisierung gelungen, was den Gewissenskonflikt des Pfarrers, das Beschimpfen des Herrn Konrad und die Verfolgungsjagd betrifft. Aber natürlich war es ein Raub aus guten Motiven ... Christine Ostermayer ist jedenfalls eine tolle Schauspielerin und überzeugt als Frau Breinfalk.

22) Heimkehr

45 Min. | Gäste u. a.: Diana Körner, Ditte Schupp, Georg Marischka

Maxl kann es kaum erwarten, mit seiner Klasse die Fahrt zum Schullandheim anzutreten, doch ist Vater Burgner nicht gerade für seine Pünktlichkeit bekannt. Von Franzi bekommt er am Bus liebgemeinte Abschiedsgrüße zur hören; schließlich fahre er das erste Mal alleine fort. Die letzten Liebkosungen seines Vaters beim Einstieg in den Bus gehen ihm dann aber doch zu weit, sodass er die nicht enden wollenden Ratschläge und die Umarmung genervt abwehrt.

Kaum hat Maxl Sonnenstein verlassen, kehrt jemand anderes heim: Regina, die Tochter des Zirngiebl-Bauern. Anfangs traut sie sich nicht, ihre Eltern aufzusuchen, da sie noch immer den Zorn ihres Vaters Xaver fürchtet, der sie vor vier Jahren aufgrund eines Familienstreits vom Hof jagte. Und noch zwei weitere Faktoren lassen sie an einer Versöhnung zweifeln: Sie ist im achten Monat schwanger und hat Aids. Zunächst kann sie sich nur ihrer Freundin Traudl anvertrauen, die sofort ihre Wohnung als Unterkunft anbietet. Mit der traurigen Nachricht kann sie aber keinesfalls allein fertig werden, ja bricht sogar emotional zusammen, beschimpft Herrn Konrad für seine dauernden polemischen Krankheitsansprüche und kann ihre Tränen nicht mehr zurückhalten. Sie zieht Dr. Burgner zu Rate und führt ihn zu Regina, um dieser wenigstens fachliche Unterstützung zukommen zu lassen. Thomas arrangiert sofort einen Termin mit den Zirngiebels und führt ihnen zu abendlicher Stunde ihre eigene hochschwangere Tochter vor, die dem Alten zunächst Freude, dann tiefste Abscheu und Ekel beschert: HIV-Fälle dürfe es in seiner Familie nicht geben! Waltraut Zirngiebl, die couragierte, selbstbewusste und verantwortungsvolle Mutter, sieht die Leidensgeschichte ihrer Tochter etwas anders. Sie freut sich über die Begegnung, nimmt sie mit nach Hause und versteht die ernste Lage der Krankheit. Erst im Alltag treten in ihr die Angst vor einer Ansteckung, die Verzweiflung und die deprimierende Trauer zu Tage, sodass ihre Liebe zur Tochter auf eine harte Probe gestellt wird. Am Ende beschimpft sie Regina sogar und rennt weinend und von sich enttäuscht in die verregneten Bergwälder, um in trauernder Stille in der Kapelle zu beten. Die 24-Jährige folgt ihr, erleidet jedoch durch die Anstrengung einen Herzmuskelkrampf und bleibt am nassen Boden liegen. Waltraut ersucht sofort um Hilfe, doch können die Ärzte nicht mehr viel ausrichten: Durch den Hagel zog sich Regina eine Lungenentzündung zu und kann ihr nicht mehr standhalten. Nachdem ihr

Kind – ein Junge – vorzeitig entbunden wurde, stirbt sie in den Händen ihrer Mutter.

Es ist hierbei Dr. Burgner zu verdanken, dass sich der alte Zirngiebl noch vor dem Tod mit seiner Tochter versöhnen konnte, da er sich selbst die Schuld an der Krankheit eingestehen musste: 1985 verursachte er in Frankreich einen Autounfall, bei dem Regina schwer verletzt wurde und Blutkonserven erhielt. Dabei dürften die Erreger übertragen worden sein.

Gegen ihre Einsamkeit hat Rica Althäuser indes ein Katzenjunges erhalten, welches sie wegen einer Allergie später gegen einen Hundewelpen eintauschen muss. Die Initiative dazu kam wieder einmal von Franzi, die die Klavierlehrerin durch einen geschickten Kniff davon überzeugen konnte, sich um das Kätzchen zu kümmern.

Kritik: Ein ernstes Thema! Die Folge räumt mit Vorurteilen gegenüber Aidskranken auf. Carin C. Tietze spielt sehr gut. Nur der Doktor könnte etwas mehr professionelle Distanz zu seinen Patienten wahren.

23) Eine Weihnachtsgeschichte aus Tirol

90 Min. | Gäste u. a.: Winnie Markus, Maria Furtwängler, Hansi Kraus, Klaus Wildbolz, Michaela May, Jenny Kreindl, Ludwig Wühr | Buch: Christiane Sadlo

Zwei Tage vor Heiligabend herrscht in Sonnenstein hektisches Treiben bei den Einwohnern – denn schließlich muss alles vorbereitet werden – und winterliche Stille in der Natur. Recht einsam und ohne opulenten Festtagsschmuck liegt das Doktorhaus in der gleißenden Schneelandschaft und verharrt der Dinge, die an Heiligabend kommen mögen. Sabina vermutet, Thomas wünsche sich ein großes Fest mit der gesamten Familie, und versucht deshalb alles, Weihnachten aufwendig zu gestalten, während Thomas seinerseits glaubt, Sabina ein üppiges Familienfest bescheren zu müssen, damit sie sich wie in Italien fühle; in Wirklichkeit möchten beide ihr erstes gemeinsames Weihnachtsfest bevorzugt alleine verbringen: Thomas, Sabina und Maxl unter sich. Aus diesem Vorhaben wird in Anbetracht der bereits ausgesprochenen Einladungen allerdings nichts, da sich vor allem Maxl auf den Besuch seines Opas freut, um alte Zeiten wieder aufleben zu lassen. Sogar das Tannenbaumholen mit dem großväterlichen Ponyschlitten und die Weihnachtsandacht für Maxls Mutter Christl möchte er mit ihm unternehmen, doch Pankraz fürchtet sich davor, ein Weihnachten im Kreise der Familie ohne seine Christl zu verbringen. Franzi vermutet gar, der alte Sturkopf wolle lediglich ein Zusammentreffen mit Rica, die ebenfalls zum Fest eingeladen ist, vermeiden, und Maxl läuft heulend davon, als er erfährt, dass Opa am Heiligabend nicht erscheinen werde.

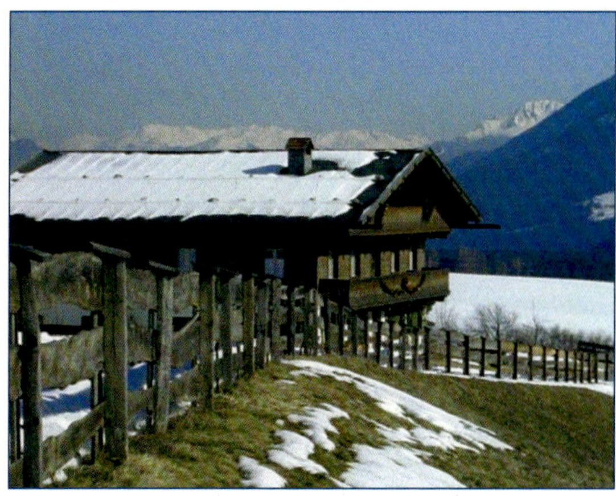

Die Kulisse macht auch im Winter einen guten Eindruck.

Sabina versucht verzweifelt zu backen, und Thomas bedauert, dass Maxl sich nicht mehr für Modelleisenbahnen interessiere. Er selbst habe schließlich noch bis zu seinem 20. Lebensjahr elektrische Eisenbahnen fahren lassen und würde das auch heute noch tun, wenn er eine hätte. Während Sabina die Erfüllung dieses Wunsches bereits sorgsam vorbereitet hat, prahlt Maxl vor Vroni mit seinem über zwei Meter langen Wunschzettel, dessen Bitten ohnehin nicht alle erfüllt werden könnten. An erster Stelle stehe dabei ein Snowboard, da ein Schlitten kindisch sei und nicht mehr den modernen Anforderungen entspreche. Dieses Sportgerät befindet sich für ihn letztlich auch unter dem Tannenbaum, obwohl sein Vater zuvor noch gepredigt hat, dass das Snowboardfahren sehr gefährlich sei.

Für Vroni solle der Graf am besten ihren Bruder Vinzenz als Geschenk verpacken – wie Maxl meint. Vinzenz kam nicht zur Bescherung ins Schloss, und Vroni suchte traurig das Weite, nicht ahnend, dass ihr Bruder bereits auf dem Weg zu den Braunecks war. Maxl wusste aber, wo sich Vroni in der Heiligen Nacht Zuflucht gesucht hatte, und fand sie schließlich – mit einem Suchtrupp im Schlepp – auf dem Friedhof am Grab ihrer Mutter. Damit war der Abend der Braunecks vorläufig gerettet.

Am 24. Dezember konnte es Maxl morgens kaum erwarten, seinen – bereits geleerten – Adventskalender zu öffnen und das geschmückte Haus zu betrachten: Während die blinkenden Lichterketten am Treppengeländer die Internationalität der Burgners symbolisierten, habe das Fasten am Weihnachtstag traditionelle Gründe und daher große Bedeutung. Herr Konrad zweifelte zwar an dem gesundheitlichen Nutzen dieses Rituals, doch musste er die Gepflogenheiten einer Arztfamilie unbedingt nachahmen. Nebenbei prophezeite er die Gefahr und verheerenden Konsequenzen einer Lawinenkatastrophe, die angesichts der Schneelage möglich sei – und sich vier Jahre später tatsächlich real in Galtür ereignete! Eine erschreckende Voraussicht der Drehbuchautorin.

Unverhofft erscheint Pankraz mit seiner Kufenkutsche bei den Burgners, hat sogar eigens für die Weihnachtskrippe einen Josef geschnitzt und schenkt Maxl einen großen Teddybären, Franzi edles Meißener Geschirr und Rica eine Mikrowelle.

Der Heiligabend der Burgners war aber dann doch nicht so geruhsam, wie es anfänglich geplant war, zumal ein Familienstreit bei den Kastlers auch Dr. Burgner – trotz Lesebrille – nicht klarsehen ließ. Großbauer Josef war sich nicht einig darüber, ob er zugunsten seiner Lebenspartnerin, die er am 20. Januar zu heiraten gedenke, den Hof selbst bewirtschaften oder – wie versprochen – seinem Sohn Jakob übergeben wolle. Dabei konvenierte er weder mit der Meinung seiner zukünftigen Gattin noch mit der von Jakob, wobei er dessen Hoffnung auf die Hofübernahme so sehr enttäuschte, dass der Jungbauer samt Frau und Kindern auf den Tannenhof in die Berge zog. Erst als bei Jakobs Angetrauter die Wehen einsetzten, infolge derer ihr drittes Kind zur Welt kommen sollte, musste der stoische Kastler-Junior ins Dorf zurückkehren, um den Doktor um Hilfe zu bitten. Da Jakob annahm, er hätte seinen Vater bei einem Streit-Handgemenge lebensgefährlich verletzt – was keineswegs der Wahrheit entsprach – und letztlich Josef leibhaftig vor ihm stand, lag die Versöhnung nicht mehr fern. Im Gegenteil: Josef zeigte sich gegenüber seiner Lebensgefährtin, die vehement und ohne Rücksicht auf die Kinder Landwirtin werden wollte, geradezu gleichgültig.

Mit dem Krippenspiel, bei dem Maxl und Traudl zur Orgelmusik von Rica einen Hirten und die Maria verkörpern und sich sämtliche Angehörige, Verwandte und Freunde in der Kirche einfinden, erreicht die Weihnachtsgeschichte der Tiroler ihr festliches Ende. Die Messe als Symbol der Offenheit und Wärme bildet dabei einen passenden Rahmen für die vielen emotionalen Versöhnungen: zwischen Jakob und Josef Kastler, zwischen Vroni und den Braunecks, zwischen Vroni und Vinzenz, zwischen Pankraz und Maxl, zwischen Pankraz und Franzi sowie zwischen der gesamten Familie.

Kritik: In diesem Film tummeln sich sämtliche Klischees alter Heimatfilme. Aber die Tiroler Weihnachtsbräuche schaut man sich dennoch gern an. Unterhaltung sowie Dramatik gehen hier Hand in Hand. Es wird nicht langweilig – trotz abermals 90 Minuten.

Anmerkungen zu Folge 23:

Folge 23 ist ein in sich geschlossener und staffelextern angeordneter Film, den Sat.1 für die Weihnachtssaison 1993 produzieren und ausstrahlen ließ. Gedreht wurde die Folge im Winter 1992, als Wildermieming noch verschneit war und die skifahrenden Touristen das Dorf gerade verlassen hatten. Folge 23 besitzt eine eigenständige Vorspann-Einleitung sowie einen zeitlich autonomen Sendeplatz, der entsprechend der Weihnachtszeit 1993 gewählt wurde und in der chronologischen Abfolge eigentlich zwischen den Episoden 14 und 15 anzuordnen wäre. – Arbeitstitel: »Ein Kind der Liebe«.

24) Fluchthilfe

45 Min. | Gäste u. a.: Christian Huber, Maxl Graf, Gernot Duda | Buch: Gabriele Kister | Regie: Peter Vogel

An der Volksschule der Gemeinde Wildermieming haben die Sommerferien begonnen; alle Schüler treten mit gemischten Gefühlen und mehr oder weniger guten Zeugnissen den Nachhauseweg an. Maxls Freund Marco hat schlechtere Noten erlangt und fürchtet nun den Zorn seiner Eltern, die nicht gutheißen, dass Marco seine Nachmittage lieber mit Maxl als mit Lernen verbringt. Er nimmt zwar Maxls Angebot zur Lernunterstützung dankend an, doch wird er den Schulstandard seines besten Freundes so schnell wohl nicht erreichen können: Nur Zweien sowie eine Eins in »Verhalten« zeichnen Maxls Leistungen aus. Dr. Burgner und Sabina sind derweil mit ihrer Abreise beschäftigt: Sie fahren für drei Tage zu den Salzburger Festspielen und lassen Maxl für diese Zeit in Pankraz' und Franzis Obhut.

Anmerkungen: Das Drehbuch zu dieser Folge ist das erste in der Karriere von Gabriele Kister.

Damit bei dem Jungen keine Langeweile aufkommt, haben sich Pankraz bereits eine Wandertour zur Hütte beim St.-Joseph-Marterl und Franzi ihrerseits ein kulinarisches Verwöhnprogramm zurechtgelegt, um die Tage bis zum Schwimmfest in Hall zu überbrücken, an dem Maxl teilnehmen möchte. Zunächst einmal werden mit dem Opa Karten gespielt und die Salzburger Festspiele im Fernsehen verfolgt, doch schon in der darauffolgenden Vollmondnacht bahnen sich Probleme an, als Maxl unerwartet Besuch von Marco erhält. Der Junge klagt sein Leid: Er solle in ein Internat in Innsbruck gebracht werden und plane nun, sich vorerst zu verstecken und vielleicht zu seiner Oma nach Italien zu emigrieren. Damit Marco bis dahin versorgt ist, stattet ihn Maxl mit Proviant und Geld aus und besucht ihn heimlich in der Hütte am St.-Joseph-Marterl. Um die Flucht ins Ausland finanzieren zu können, müsste der Burgnersohn jedoch Geld stehlen und fragt deshalb seinen Opa, wie weit Freundschaft gehe und ob man dafür Lügen auf sich ziehen solle. Pankraz beantwortet diese Gewissensfrage mit philosophischer Note und sagt, dieses Thema sei ein weites Feld.

Doch auch für die Eltern von Marco, die im Nachbarort den Gasthof »Löwen« betreiben, ist das Verschwinden ihres Sohnes ein Problem, bei dem sie den Gendarm Toni Gilch um Hilfe bitten. Sofort sucht dieser Maxl auf, um von ihm einen Hinweis zu Marcos Aufenthalt zu erhalten. Da er sogar stark vermutet, dass Maxl Näheres zu seinem Fall weiß, nimmt er ihn für die Befragung mit auf die Wache, erhält dort jedoch nur ausweichende Antworten.

Maxl hält zu Marco und hebt sogar Geld von seinem Sparbuch in Hall ab, um den Nachbardörfler damit auszustatten. Letztlich, nachdem bereits die Wandertour und ein Angelprogramm ausgefallen sind, weil Pankraz zwanzig importierte Kälber des Zimmerers auf Milzbrand untersuchen und in Quarantäne bringen musste, kommt Maxl mit dem Fahrrad zu Marco, um ihn auf seinem Weg bis zur Grenze Italiens zu begleiten. Da er dafür den Schwimmwettbewerb in Hall schwänzte und sein Schwimmlehrer bei Franzi anrief, wissen Franzi und Pankraz sogleich von der Ausreißaktion und leiten eine Suche ein.

Kritik: Eine Kindergeschichte. Maxl zeigt sich gegenüber Marco einerseits frühreif, andererseits gegenüber seinen Großeltern recht kindlich. Die Folge würde ins Astrid-Lindgren-Ferienprogramm passen. Erneut mit einem Unfall als Wendepunkt.

Maxl erweist sich indes als recht verantwortungsbewusst, als Marco einen Steinabhang hinunterstürzt und ohnmächtig liegenbleibt. Ohne zu zögern verbindet er den Verletzten fachgerecht – wie er es in einem Erste-Hilfe-Kurs gelernt hat. Schließlich werden die beiden von Pankraz und Gilch entdeckt und zur Praxis gebracht, wo Maxl nebenbei seinen Berufswunsch äußert: Bergführer.

25) Die Falle

In Folge 25 wird die Kirche St. Georg in Obermieming gezeigt, die man von weitem leicht mit der Wildermieminger Kirche verwechseln könnte.

45 Min. | Gäste u. a.: Maxl Graf, Gerhard Riedmann

Kriminologische Tragödien beeinträchtigen das harmonische Leben im lieblichen Sonnenstein: Der Bürgermeister beauftragt hinter den Augen des gemeinen Volkes den Holzfäller Blasius Pölz, um eine alte und nach der nächsten Gemeinderatssitzung schließlich denkmalgeschützte Eiche für ein Bauvorhaben zu beseitigen. Bevor Pölz jedoch seiner nächtlichen Arbeit nachgehen kann, wird er mit einer Axt in seiner Hütte erschlagen und seines Geldes beraubt. Welche Geschehnisse sich in der Nacht abgespielt haben mögen, interessiert nicht nur Toni Gilch ganz besonders, auch Thomas, der Blasius in der Hütte fand, nimmt sich der Sache an, zumal er bei einem Ausritt mit einem Pflegepferd den Saisonarbeiter Veit Samel in unmittelbarer Nähe zum Tatort in einer Fuchsfalle entdeckt. Der Schwer-

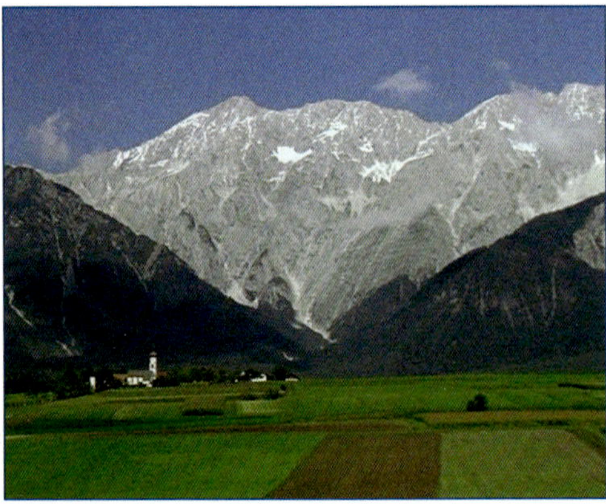

verletzte, noch dazu Traudls neuer Lebenspartner, überlebt seine Wunden zum Schrecken aller Beteiligten nicht, kann vor seinem Tod aber noch die Spur auf die Machenschaften des Bürgermeisters und auf den wahren Mörder lenken: Kali, ebenfalls ein Saisonarbeiter, der den Mord aus Eifersucht beging, da sein Chef ein Verhältnis mit seiner Frau unterhielt. Veit selbst wollte lediglich das Geld stehlen, um damit seine Schulden zu tilgen. Beim Vergraben der Beute geriet er in die Fuchsfalle.

Traudl machte dieser Fall emotional besonders zu schaffen. Sie vermeinte in Veit endlich den Richtigen gefunden zu haben, der mit ihr sogar in einer Grotte schwimmen ging. Sie pflegte Veit eine Zeitlang im Doktorhaus und kam schließlich zu spät, als dieser wegen Verdacht auf Gasbrand ins Krankenhaus gebracht werden musste. Maxl, der vor dem Haus sein Fahrrad reparierte, dirigierte Traudl zum traurigen Finale ins Krankenhaus nach Hall zu Sabina und Thomas.

Kritik: Anfangs denkt man an eine harmlose Kriminalgeschichte – aber weit gefehlt! Grausige Verletzungen und ein tragisches Ende verleihen dieser Folge Pfiff. Auch toll: der Kuss zwischen Franzi und Pankraz.

26) Reich mir die Hand, mein Leben

45 Min. | Gäste u. a.: Winnie Markus, Margot Mahler, Rolf Castell, Klaus Wildbolz, Michaela May, Jenny Kreindl

Sabina hat sich endlich entschieden, und zwar mitten in der Nacht: Sie will Thomas heiraten. Zuerst überrollt von Gefühlen der Freude, nehmen es Thomas und Maxl nur zögerlich hin, dass Sabina mit der Hochzeit eine kleine Feier im Rahmen der engsten Familienangehörigen verbindet, doch sie akzeptieren es und versprechen, keinem im Dorf davon zu erzählen. Doch die Kramerin wird misstrauisch, und auch Traudl bemerkt sehr schnell, welche neuartigen Gemütszustände im Hause Burgner Einzug gehalten haben, zumal Thomas kein Wort über Traudls extremes Zuspätkommen verliert, sondern gelassen ein Liedlein singt. Trotzdem ahnt sie vorerst nicht, welches Ereignis bevorsteht. Erst als Maxl – bedrängt von Franzi, Traudl und Anna Pölz – unabsichtlich verrät, dass der Papa beim Pfarrer gewesen sei und am 16. Juli keine Sprechstunde stattfinden werde, zählen die Frauen zwei und zwei zusammen.

Sofort wird ein angemessenes Fest organisiert und entgegen der gewünschten überschaubaren Familienfeier ein Großereignis auf die Beine gestellt. Pankraz übt mit dem Kinderchor Hochzeitslieder, Rica bestellt für einhundert Gäste einen Saal bei Elfriede Angerer, und Franzi lädt die Gäste ein. Auch Thomas' kurzzeitiger Krankheitszustand mit 40 Grad Fieber, die Geburt des kleinen Jo-

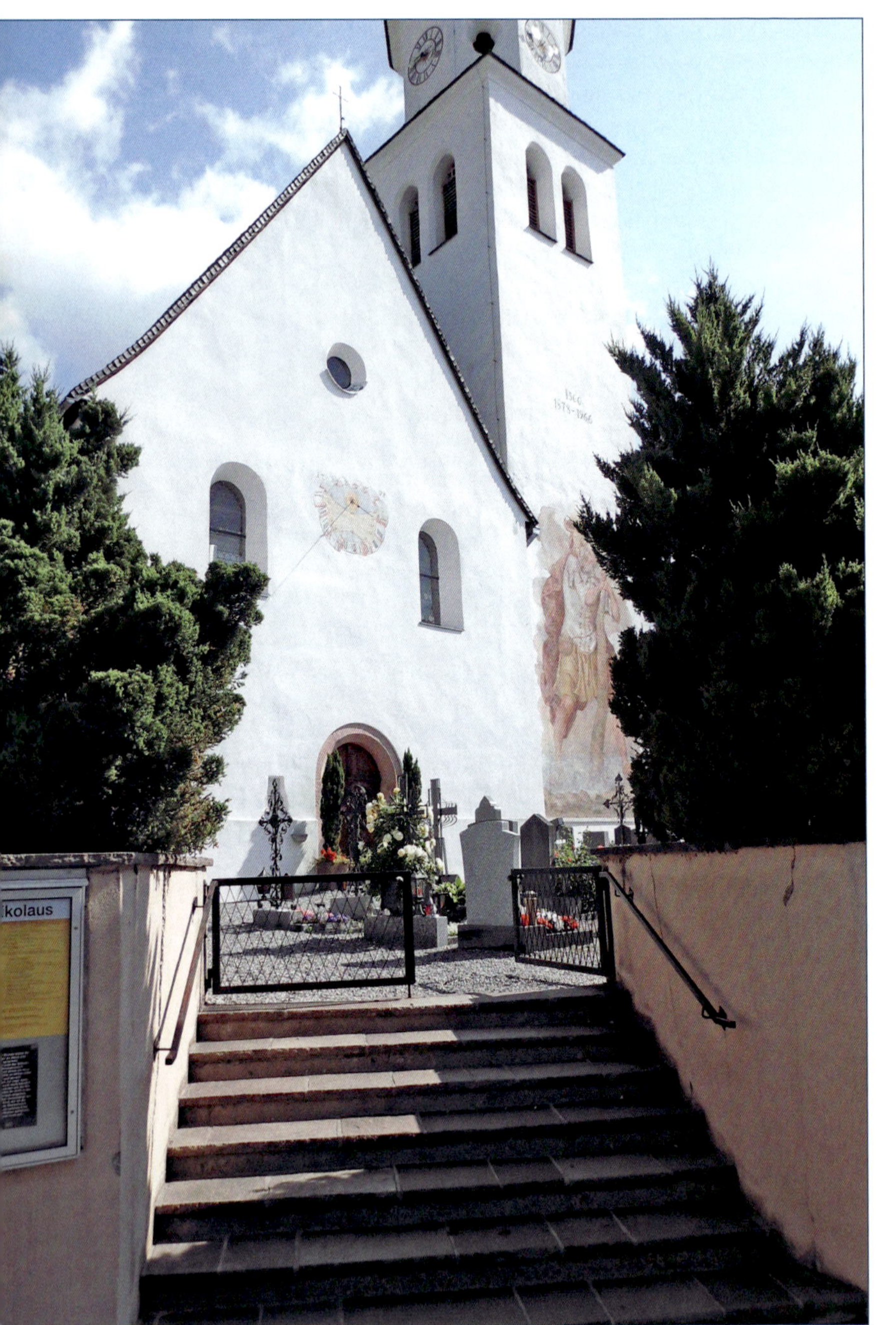

Unzählige Male wird der Treppenaufgang zur Wildermieminger Kirche im Film als Kulisse verwendet. Auch die Hochzeit von Folge 26 findet natürlich hier statt.

hannes des Ehepaars Brauneck und eine Frau, die ihren 1989 alpin verunglückten Mann sucht, können die Hochzeit nicht aufhalten. Wenig später wird am Altar das Ja- und Si-Wort gesprochen, während Maxl und Vroni als Ministranten die Ringe bereithalten.

Zuvor hatte Thomas ein ernstes Wort mit seinem Sohn über die neue familiäre Situation geführt und ihn gefragt, ob er denn mit der Hochzeit einverstanden sei. Von seiner Zustimmung hänge es zwar nicht ab, war sich Maxl längst im Klaren, aber dass er *»die Mama«* nicht vergessen und weiterhin *»Sabina«* zu Sabina sagen werde, ging als Fazit aus dieser Unterredung hervor.

Kritik: Eine unterhaltsame, quirlige Folge, die allerdings oberflächlich bleibt. Immerhin: Pankraz zeigt sich so vernünftig wie sonst erst ab Folge 60, als er als einziger aus Respekt bei den Hochzeitsvorbereitungen nicht mitmachen will. Und Maxl gibt sich recht altklug.

27) Septembergewitter 1 | 28) Septembergewitter 2

zusammen 90 Min. | Gäste u. a.: Karlheinz Lemke, Michaela May, Klaus Wildbolz, Albert Fortell, Katharina Stemberger, Angela Roy

Der September 1993 birgt für die junge Familie Brauneck viele fordernde und eng verkettete Schwierigkeiten, die einem Existenzruin nahekommen. Zunächst erfährt der Graf, dass sein amerikanischer Großabnehmer vom Brauereivertrag abgesprungen ist und der traditionelle Bierbetrieb infolge des dezimierten Absatzmarktes keinen Kreditrückzahlungsaufschub mehr erhält. Dann erscheint aus den USA Markus' Bruder Ludwig, der vor fünfzehn Jahren seinen Erbanteil an der Brauerei verspekulierte, einen großen Schuldenberg zurückgelassen hat und daraufhin von der Familie verstoßen wurde, jetzt jedoch den verloren gegangenen, versöhnlichen Grafensohn mimt. Markus verweist ihn des Hauses, weil er es vorzieht, die Brauerei einem Wiener Interessenten zu verkaufen, und damit eine Versöhnung ausschlägt. Silvia, die Anwältin der Firma und heimliche Geliebte Ludwigs, vermittelt zwischen den vielen Angeboten und versucht, gegenüber Markus loyal zu bleiben und sich nicht von Ludwig benutzen zu lassen, was jedoch nur teilweise gelingt.

Hinzu kommt, dass ein neues Kindermädchen – Elisabeth Wegner, die vor Kurzem Mann und Kind auf tragische Weise verloren hat – den kleinen Johannes entführt, da sich der Graf und die Gräfin so häufig gestritten hätten. Wenig später wird sie von Dr. Burgner in Hall entdeckt und samt Kind zu den Braunecks zurückgebracht. Umso suspekter erscheint es, dass ein männlicher Erpresser trotz der finanziellen Notlage der Familie ein utopisches Lösegeld für Johannes verlangt. Ehe der Grafensohn in seine aristokratische Umgebung zurückkehren kann, hat Markus bereits einen Vertrag unterzeichnet, nach dem er den Betrieb für 30 Millionen Schilling an seinen Bruder verkauft, um das nötige Geld für den Entführer zu erhalten.

Erst mit Johannes' Rückkehr kann die Anwältin Silvia im Telefonat mit Amerika die Hintergründe dieses Dramas, welches von Beginn an ein ausgeklügelter Racheplan Ludwigs war, klären und das Leben von Markus und Alexandra wieder normalisieren: Ludwig besitzt überhaupt nicht die nötigen finanziellen Mittel, um die Brauerei zu erwerben, sodass der Vertrag nichtig ist. Zudem inszenierte er die Erpressung sowie das ominöse Verkaufsangebot aus Wien und kündigte selbst – als Scherge des amerikanischen Großabnehmers – unbefugterweise das Vertragsverhältnis mit der Brauerei, was damit letztlich ebenso unangetastet bleibt wie die Finanzen der Brauerei. Damit ist am Ende nach vielerlei Höhen und Tiefen alles wieder im Lot.

Für Thomas, der nicht unwesentlich zur Verbesserung des Brauneckschen Familienlebens beigetragen hat, blieb für diese Aufgabe genügend Zeit, zumal Sabina nach Italien und Maxl mit Vroni ins Ferienlager verreist waren.

Kritik: Aufgrund der Länge dieser Doppelfolge besteht endlich einmal Gelegenheit, das ernste Grafenthema in aller Tiefe zu beleuchten. Gut gemacht! Auch mal ohne Franzi und Pankraz, Sabina und Maxl.

29) Der Wilddieb

45 Min. | Gäste u. a.: Gerhard Riedmann, Susanne Kubelka

Als Bürgermeister Alois Angerer mit Dr. Burgner das Jagdrevier der Angerers durchwandert, um aus seinem Freund einen guten Jäger zu machen, entdeckt er einen Wilderer, der unbefugt Rehe erlegt, um sie günstig an Gasthäuser zu verkaufen. Was Alois nicht weiß: Der Wilderer Paul Ertl verkauft das Fleisch ausgerechnet an Elfriede Angerer und verwendet das Geld, um seiner designierten Verlobten – der Hochalmbäuerin Leni, die in finanziellen Nöten steckt – aus ihrer Misere zu helfen.

Der Bürgermeister stellt Leni ebenfalls nach und besteht gleichzeitig auf die vehemente Verfolgung des Wilddiebes. Als er ihn ein weiteres Mal zu Gesicht bekommt, erleidet er einen Herzanfall und muss medizinisch versorgt werden. Thomas, der gerade seinen dreiwöchigen Hochzeitstag feiert und dazu eine Ansprache Maxls hören muss, wird von Paul zu Hilfe gerufen und kann diesen somit als heroischen Retter darstellen, mit dem sich Alois Angerer aufs Geratewohl versöhnen muss. Auch sein Interesse an Leni, die er ursprünglich als Zimmermädchen anstellen wollte, muss er nun aufgeben.

Kritik: Eine kitschige Fortsetzung der Story aus Folge 12. Eigentlich ein überflüssiger Film, gleicht aber die Ernsthaftigkeit der vorausgegangenen Episoden aus. Und Herr Konrad ist wirklich einmalig.

30) Das Auge des Gesetzes

45 Min. | Gäste u. a.: Maxl Graf, Alexander Duda, Melanie Rühmann, Winnie Markus, Ingeborg Schöner

Thomas lehrt seinen Sohn in dem neuen, erst im Frühjahr an das Haus angebauten Lagerschuppen die Kunst des Drachenbaus, um für das gleichnamige Schulprojekt ein besonders attraktives Exemplar zur Verfügung zu haben. Sabina und Traudl entwickeln ihrerseits ebenfalls ein derartiges Fluggerät und können damit letztlich überzeugen, da Maxl das von ihm entworfene Objekt beim ersten Probeflug direkt in einen Baum manövriert. Offenkundig haben aber alle Seiten viel Freude am gemeinsamen Drachenwettbewerb in der herbstlichen Landschaft.

Weniger zu lachen hat hingegen Ortsgendarm Toni Gilch, der überraschend Besuch vom gestrengen Inspektor Stecher aus Innsbruck erhält und ihm das heillose Chaos in seinem Sonnensteiner Postenkommando erklären muss. Toni, der wohl seit 1982 keine rechte Ordnung mehr führt und die Papiere, darunter auch Privatrechnungen, wahllos in die Aktenschränke stopft, bekommt deutlich mitgeteilt, dass nunmehr unweigerlich seine Ablösung bevorstehe. Der unbeliebte Inspektor findet in Sonnenstein allerdings keinen Rückhalt, da er sogar Pankraz' Pferdekutsche einen Strafzettel ausgestellt hat. Mit Franzis Hilfe plant Toni, des Nachts in sein Büro einzusteigen und heimlich eine Aufräumaktion in die Wege zu leiten. Als er schließlich im Dunkeln mit der Taschenlampe seinem Arbeitsplatz Ordnung verleihen will, wird er von Inspektor Stecher überrascht, kann aber unerkannt und mit verletzter Hand fliehen. Der Oberbefehlshaber vermutet einen Einbrecher und lässt Gilch den Fall übernehmen, hegt jedoch trotz der eindeutigen Spuren keinen Verdacht gegen den Ortsgendarm. Er lässt sogar die Blutgruppe bestimmen und schickt Gilch zu Dr. Burgner, um eine Liste mit Patienten dieser Blutgruppe anzufordern, die natürlich nicht ausgehändigt wird. Bevor Toni in arge Bedrängnis gerät, sortiert Franzi mit ihm die umherliegenden Papierberge und stellt dabei zur Freude des Wachtmeisters fest, dass der eigentliche Innsbrucker Inspektor erst am darauffolgenden Tag eintreffen soll und Stecher stattdessen den Ort Sonnenstein im Pitztal hätte kontrollieren müssen. Verlegen sucht dieser nun das Weite und lässt Gilch weiterhin Chaos betreiben.

Ernsthafte Probleme hat auch Selma, die Nichte von Elfriede Angerer und eine talentierte Geigerin, die eine große Karriere bei den Wiener Philharmonikern in Aussicht hat. Seit einer Mittelohrentzündung befürchtet sie jedoch – und zwar zu Recht –, das Gehör zu verlieren und den musikalischen Beruf aufgeben zu müssen. Ein Konzert mit Rica Althäuser muss sie absagen und überwindet sich nach starken Schmerzen und Ohrenbluten endlich zu einer Untersuchung. Sie unterzieht sich einer Operation, die erfolgreich verläuft, und Selma weiß nun gewiss, dass sie sich nicht mehr zu sorgen braucht.

Kritik: Die Geschichte um die Gendarmerie ist unterhaltsam und witzig gemacht. Lediglich die Story um die ohrenkranke Musikerin hätte viel mehr in die Tiefe gehen können.

31) Der Kuppelpelz

45 Min. | Gäste u. a.: Gerhard Acktun, Stefan Berger, Maxl Graf

Während Dr. Burgner, Sabina und Maxl gemeinsam die Sonne genießen, kümmert sich Traudl um den sechsjährigen Jakob Wildgruber, der sich das Bein gebrochen hat und vom Vater Franz nicht die nötige Genesungszuwendung erhält. Der kühle Franz Wildgruber, Landwirt und Bergführer, wurde vor zwei Jahren von seiner Frau verlassen und gibt seitdem einen recht ruppigen Charakter ab, den Traudl aber durchaus sympathisch findet. Da die chronisch verspätete Sprechstundenhilfe ohnehin von allen Seiten als einsame, sich vor Kummer in Arbeit stürzende Abstinenzlerin stigmatisiert wird, macht sie dem ungebundenen Bauern Avancen, ohne zu ahnen, dass Franzi sie gleichzeitig mit Georg Freiherr von Malm verkuppeln will. Mit seinem Porsche hätte er Traudl fast über den Haufen gefahren und hat sich dabei spontan in sie verliebt. Mithilfe von Franzi sucht er die ganze Zeit nach der »*Gazelle mit Rehaugen*« und wird dabei von Franzi gemäß ihres Verkupplungsplans unterstützt. Das ist zwar gut gemeint, nachdem aber Traudl und Franz auf einer Bergwanderung bereits zueinander gefunden haben, stellt sich heraus, dass der von Franzi geradezu verehrte Herr von Malm, der im Brunnerhof untergekommen ist, ein polizeilich gesuchter Händler geraubter Kunstgegenstände ist. Nur die Stola, die er Franzi zum Dank schenkte, erweist sich als Erbstück seiner Mutter und darf deshalb von Franzi als »Kuppelpelz« behalten werden.

Kritik: Es ist schön, Traudl einmal im Mittelpunkt einer Episode zu sehen. Diese Folge ist nett, mehr allerdings nicht.

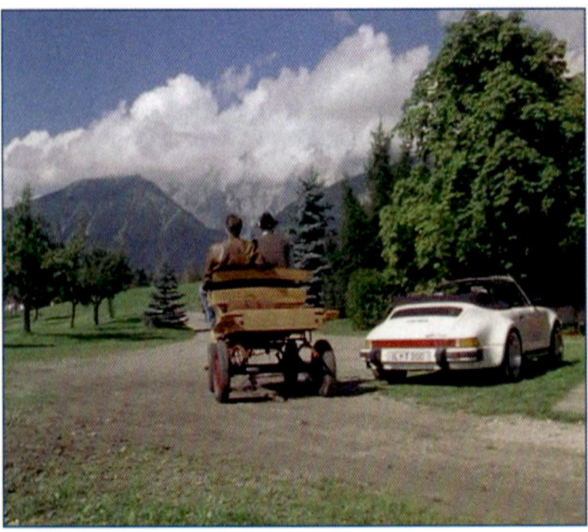

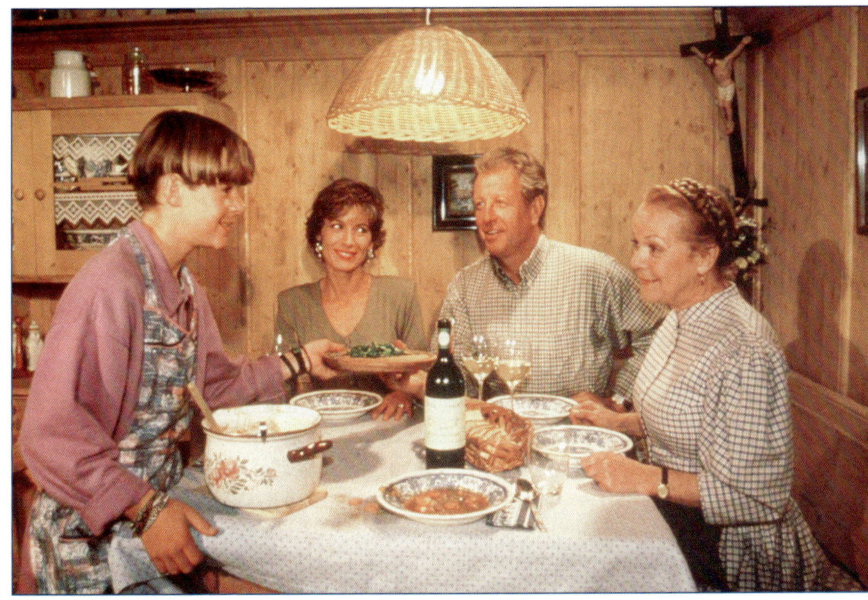

Familienleben in der holzvertäfelten Küche des Doktorhauses mit Maxl, Sabina, Thomas und Franzi.

32) Der Onkel aus Italien

45 Min. | Gäste u. a.: Remo Remotti, Alfons Schuhbeck

Sabinas Onkel Ettore aus Verona meldet seinen Besuch in Sonnenstein an. Der alternde Herr, der nicht mehr gedenkt, bei seinen Verwandten in Italien wohnhaft zu bleiben, lässt seine gesamte Möbelschaft nachkommen und führt im Doktorhaus ein unerwartetes Durcheinander herbei. Sein Hintergrund: Er möchte die letzten Tage seines Lebens, welches durch einen Magenkrebs zeitlich begrenzt ist, in vollen Zügen genießen und kein Wort über seinen gesundheitlichen Zustand verlieren. Zu diesem Zweck ordert er ein opulentes Mittagsmahl in die Küche der Burgners, wobei der prominente Chefkoch Alfons Schuhbeck gern Maxl als Küchenhilfe gesehen hätte. Maxl lässt sich jedoch nicht einspannen.

Anmerkung: Der Italiener Remo Remotti wurde wie Anita Zagaria synchronisiert.

Gedanken an die Resignation des eigenen Lebens sind bei den Ärzten Thomas und Sabina natürlich völlig deplatziert. Onkel Ettore kann nicht einmal mehr Protest erheben, als Dr. Burgner den plötzlich an starken Schmerzen leidenden Italiener notoperieren lässt – mit erfolgreichem Ergebnis: Der Bonvivant hat noch keinen Grund zum Sterben und lebt ohne Magen weiter.

Kritik: Nanu – Dr. Burgner ungehalten und unfreundlich, geradezu zynisch gegenüber dem Onkel Ettore? Das verleiht der Serienfigur Charakter! Auch Maxl gibt dem Gaststar Alfons Schuhbeck ordentlich Kontra. Aber insgesamt wäre auch in dieser Folge mehr Tiefgang möglich gewesen.

33) Entscheidungen

45 Min. | Gäste u. a.: Winnie Markus

Dass Maxl, dessen schulisches Lieblingsfach selbstbekundend Chemie sei, für private Experimente einen Chemiebaukasten haben möchte, toleriert Sabina nicht. Die Gefahr, sich dabei ernsthaft zu verletzen, sei viel zu groß, daher schenkt sie Maxl stattdessen ein Jugendlexikon von Bassermann. Die Freude über das Buchwerk ist ausgesprochen gering, und selbst Dr. Burgner ist der Ansicht, dass seinem Sohn ein vernünftiger Umgang mit einem Chemiebaukasten zuzutrauen sei. Maxl seinerseits fragt lieber den Opa um Rat und erfährt dabei, dass auch seine Mutter bereits einen Chemiebaukasten haben wollte und sich diesen eisern erspart habe. Das ist für Maxl Grund genug, um am darauffolgenden Tag seinen Freunden Hubert und Florian nach Hause zu folgen, um in der Garage von Huberts Eltern experimentell Magnesium zu erhitzen. Sabina erfährt allerdings von dem dilettantischen Labor und eilt aus Sorge um Maxl sogleich dahin, tritt in die Garage ein und erspäht das Magnesium über dem Gaskocher. Unverzüglich reißt sie ihren Stiefsohn, der keine Schutzbrille trägt, zu Boden und versucht, das Reaktionselement aus dem Brennbereich zu schlagen, wobei es sich jedoch entzündet und mit einer Stichflamme ihre Augen verblitzt. Sabina und Maxl werden nach Hall ins Krankenhaus gebracht, wo erste Untersuchungen an Dr. Spretis Augen nichts Definitives ergeben. Thomas kommt hinzu und entdeckt seinen Sohn weinend vor der Krankenzimmertür, beteuernd, dass er keine Schuld am Unfall trage. Sabina jedenfalls müsse erst einmal für mindestens eine Woche im Krankenhaus bleiben und könne, wie Dr. Renner sagt, eventuell für immer blind sein.

Während Thomas seine Frau von nun an regelmäßig besucht, ihr Mut zuspricht und zudem seine Praxis weiterführt, wachsen bei Maxl die Schuldgefühle. Abends weint er sich in den Schlaf und ist der Überzeugung, wenn Sabina nicht gewesen wäre, hätte er tot sein können. Als er schließlich lauschenderweise erfährt, dass unter Umständen eine Hornhauttransplantation möglich sei, fasst er den Entschluss, Sabina zu helfen und sich als Hornhautspender zur Verfügung zu stellen. Völlig aufgelöst trägt er in Hall dem Chefarzt sein Anliegen vor und betont, er müsse ihr helfen. Dieser erklärt ihm jedoch die Unmöglichkeit dieses Vorhabens, würde er dadurch doch selber erblinden – und zudem dürfe Maxl Sabina ohnehin noch nicht besuchen.

Bitter enttäuscht über diese Unterredung will es sich der Junge dennoch nicht nehmen lassen, wenigstens einen Blick auf die Pa-

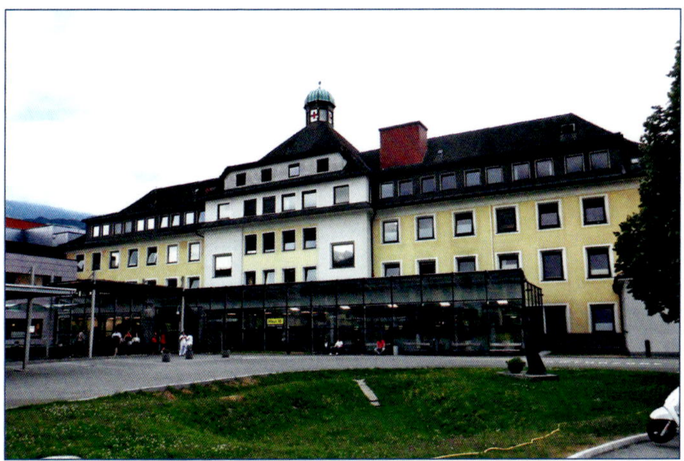

Das Bezirkskrankenhaus in Hall hat sich seit den 1990er-Jahren deutlich verändert. Vor allem der Vorplatz wurde umgestaltet.

tientin zu werfen. Zu diesem Zweck sucht er auf eigene Faust das Krankenzimmer, bleibt aber, nachdem er es gefunden hat, unvermittelt davor stehen, da er Sabinas Stimme im Innern vernimmt: Eine blinde Mutter brauche kein Kind, hört er sie verzweifelt sagen, ja ohne Kind wäre alles sogar viel einfacher! Diese Worte treffen schwer. Weinend rennt Maxl aus dem Krankenhaus, am soeben eingetroffenen Dr. Burgner vorbei und direkt auf einen einfahrenden Rettungswagen zu. Der Fahrer leitet gerade noch rechtzeitig eine Notbremsung ein, doch ist Thomas ebenso wie Maxl zutiefst erschrocken. Sie fallen sich in die Arme und besuchen daraufhin gemeinsam die Patientin im Krankenzimmer.

Dort wird soeben ein neuer Versuch unternommen, die Augenklappen zu entfernen und die Sehfähigkeit Sabinas zu testen. Der Versuch hat dieses Mal Erfolg: Sabina kann wieder sehen. Und ferner kann sie auch Maxls Missverständnis aufklären: Sabina ist schwanger, und bei dem Gespräch war von ihrem Kind die Rede!

Ein anderes Missverständnis führte bei Pankraz und Franzi zu unliebsamen Überraschungen. Während Sabina im Krankenhaus lag, warfen sie sich gegenseitig vor, einander nicht mehr haben zu wollen, da Franzi von ihrer Cousine einen Waldgasthof in Kirchberg geerbt hatte und aus Eifersucht auf Rica mit dem Gedanken spielte, Pankraz zu verlassen. Dr. Obermayr jedoch wollte mit Rica lediglich eine neue Küche zu Franzis 35. Dienstjubiläum kaufen, was diese wiederum als Rauswurf interpretierte. Insofern entlockte erst das Streitgespräch die bedeutende Erkenntnis, die beide so rührend zusammenhält: Sie brauchen einander.

Kritik: Große Emotionalität birgt diese Folge! Dass Manuel Guggenberger als bloßer Laien-Kinderdarsteller derartige Dramatik verkörpern kann, ist allemal bemerkenswert. Der optimale Abschluss für eine Staffel.

Drehsaison 1994

»Die Geburt«

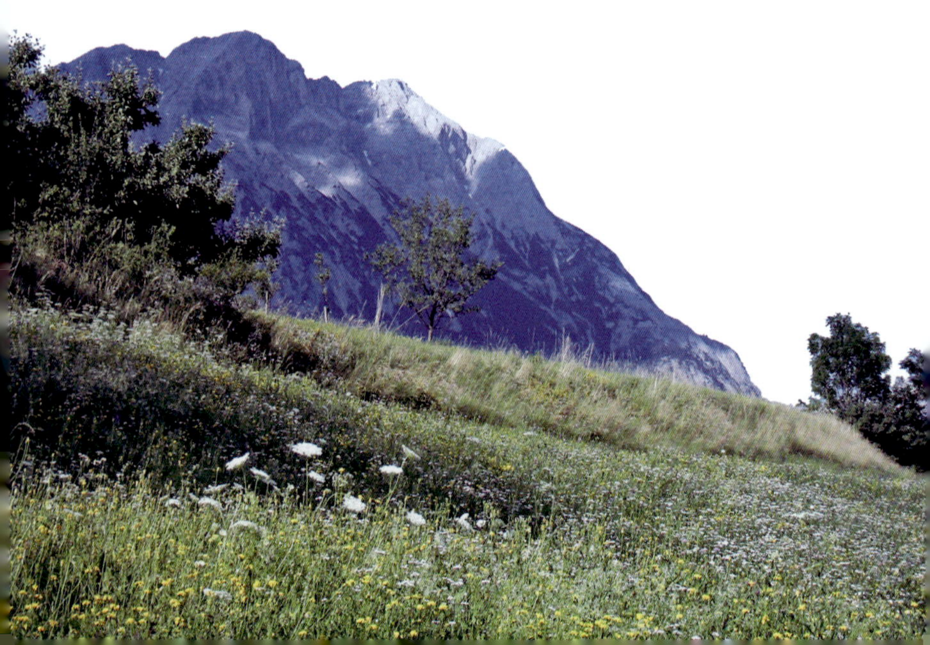

Staffel 3

Aufführung: 15. Feb. 1995 bis 17. Mai 1995 (13 Folgen)
Aufnahme: März 1994 bis Oktober 1994
Ausführung: Thomas Jacob (Nr. 34–39) / Wolfgang Dietrich (Nr. 40–46)

Anmerkungen zur 3. Staffel

Die Folgen 40 und 41 wurden vertauscht: In Folge 40 findet die Zeugnisvergabe statt, und die Ferien stehen bevor, die in Folge 42 auch beginnen, während Maxl in Folge 41 noch Mathehausaufgaben macht, obwohl die Zeugnisse bereits ausgegeben sind.

34) Die Nacht im Schnee

45 Min. | Gäste u. a.: Hermann Giefer, Peter Weiß, Rolf Castell | Buch: Robert Thayenthal

Es ist Frühjahr in Sonnenstein. Nach dem Ende des Winters fegen lediglich in höheren Lagen (ab 1.500 Meter) noch Schneestürme über die weißen Gipfel, der Ort im Tal liegt im warmen Frühlingsgrün. Da Wochenende ist, macht es sich Familie Burgner im holzverkleideten Gebäude gemütlich. Maxl ist redlich bemüht, ein Frühstück auf den Gartentisch zu zaubern, doch zeigt der Kühlschrank nur gähnende Leere. Sogleich stürmt er deshalb in das Schlafzimmer der Eltern, wo Thomas und Sabina noch schläfrig unter den Bettdecken liegen, und beanstandet das unterbliebene Einkaufen des sonst so gewissenhaften Paares. Dr. Burgner entgegnet, Maxl solle sich Geld aus seinem Portemonnaie nehmen und selbst die Einkäufe erledigen, sich dabei aber viel Zeit lassen und den Schlafenden ihre Ruhe gönnen. Maxl protestiert mit dem Wissen, dass die Jugendarbeit bereits seit Joseph dem Zweiten verboten sei, und schüttelt seinen Vater so lange unter der Bettdecke, bis dieser kapituliert und zusichert, sein Sohn brauche dieses Wochenende keinen Finger mehr zu rühren.

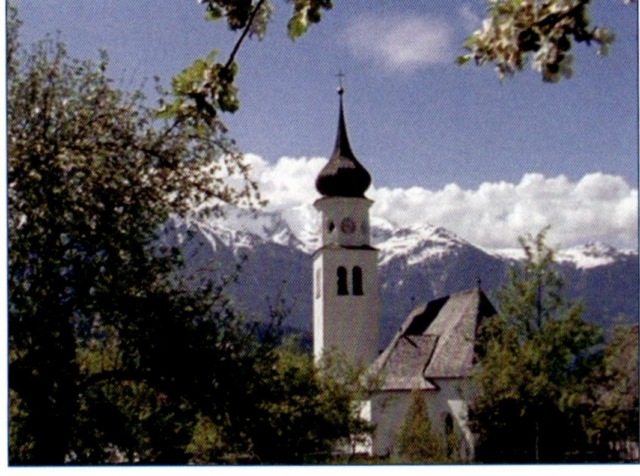

Die Wildermieminger Kirche bei schönstem Frühlingswetter.

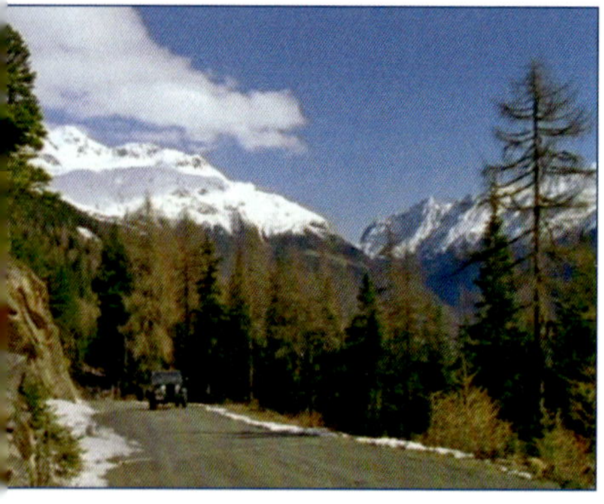

Am selben Morgen kommt der bekannte Archäologe Florian Gasser in die Praxis, um sich ein starkes Mittel gegen sein chronisches Knieleiden verschreiben zu lassen. Er will, trotz der schlechten und gefahrvollen Witterung, in die Berge, um dort nach einer vorgeschichtlichen Kultstätte am Kreislerjoch zu suchen. Das Mittel bekommt er nicht, bricht aber dennoch auf, um seiner Jugendliebe Moni, die er nach vielen Jahren wieder beim Angerer aufsuchte, seinem Freund Luis und zweifelnden Forschern etwas zu beweisen. Als der Doktor davon erfährt, folgt er Florian mit Luis Kofler und der Bergwacht Telfs, um ihn in der Eiswüste aufzustöbern. Durch Rauchzeichen gelingt es, den in Schwierigkeiten geratenen, ehrgeizigen Wissenschaftler zu finden. Da jedoch ein Schneesturm und die hereinbrechende Dunkelheit eine Rückkehr unmöglich machen, müssen sie die Nacht in den Bergen verbringen und schaufeln sich eine Schneehöhle. Thomas' Idee, dadurch die Körpertemperatur konstant zu halten, gelingt: Durch die nächtliche Schneedecke klettern sie am nächsten Morgen wieder ans Tageslicht, und Luis nimmt Kontakt zu den anderen Helfern auf. Die Retter werden im Tal bereits sehnsüchtig erwartet.

Einsame Wege führen in die höhere Bergwelt.

Für Maxl, Franzi, Pankraz und die schwangere Sabina war die Nacht über unklar, wie die Suchaktion verlaufen war. Pfarrer Hauberer führte aus diesem Grund eine abendliche Sondermesse durch, bei der alle Beteiligten zum Wohl der Bergleute beteten.

Trotz jener Schwierigkeiten hatten Franzi und Pankraz an diesem Wochenende nichts anderes zu tun, als über eine Haushälterin für Sabina und das 40-jährige Jubiläum des Tierdoktors zu streiten.

Kritik: Mit dieser Folge kommt vor allem musikalisch größere Professionalität ins Spiel. Auch das Thema ist spannend, gut inszeniert und mit vielen dunklen Bildern ernst transportiert – eine erwachsene Folge.

35) Unfalldoppeltod

Anmerkung: Falscher Pressetitel: »Unfalldoppelmord«

45 Min. | Gäste u. a.: Karin Thaler, Silvan-Pierre Leirich, Hanno Pöschl, Saskia Vester, Maxl Graf

Eine Kuh auf dem Gut der Familie Buchegger beginnt zu kalben. Dr. Pankraz Obermayr macht sich mit seinem Enkel und der Pferdekutsche auf den Weg, um den Bauern – dem alten Sebastian und dessen Schwiegersohn Wolf-Dieter Holm – zu helfen. Während

Maxl für den neugeborenen Stier eine Patenschaft übernimmt und dadurch zur Freude des Hauses beiträgt, herrscht zwischen dem herzkranken Vater und Wolfi dicke Luft: Die angeschafften landwirtschaftlichen Geräte und die zahlreichen Lebensversicherungen für alle Familienmitglieder hält Buchegger für unnütze Geldausgaben, die sein Schwiegersohn allein aus schuldentreibendem Handeln ausgeführt habe. Obwohl dessen Motive tatsächlich eher vorsorglicher Natur sind, nutzt der Knecht Gustl die doppelte Summenauszahlung beim Unfalltod, um seinen Schuldenberg abzubauen. Zu diesem Zweck umgarnt er Frieda, die Magd des Hauses, und verlangt von ihr, dass sie ihn als Begünstigten in der Police erwähnt. Als Frieda jedoch nicht Gustl, sondern ihr ungeborenes Kind – Gustls Kind – als Empfangsberechtigten einsetzt, handelt der Knecht schnell und provoziert einen Unfall, indem er einem Stier Pfeffer verabreicht und gleichzeitig dessen Kette ansägt.

Am darauffolgenden Morgen bereitet sich Frieda vor, die Kälber im Stall zu versorgen. Da es ihr aufgrund der Schwangerschaft nicht immer möglich ist, die schweren Eimer zu tragen und den Geruch einzuatmen, hat Maxl am Tag zuvor versprochen, noch vor der Schule vorbeizukommen und zumindest die Fütterung seines Patentieres zu übernehmen. Halb sieben war im Morgengrauen allerdings keine erquickliche Zeit, sodass der Junge trotz Weckers das Aufstehen verschlief. So muss sich Betty, die Tochter des alten Bauern und Wolfis Ehefrau, bereiterklären, Frieda zur Hand zu gehen und die Tierfütterung zu übernehmen. Plötzlich reißt sich der Stier los und rennt gen Ausgang, die Frau stolpert und verletzt sich am Kopf – gerade in dem Moment, als Dr. Burgner mit Maxl bei den Bucheggers eintrifft, um einen Krankenbesuch beim Bauern zu erledigen und seinen Sohn nach getaner Arbeit zur Schule zu bringen. Daraus wird jedoch nichts: Betty muss in der Praxis versorgt werden, der Stier muss wieder eingefangen sowie Toni Gilch informiert werden.

Zunächst beschuldigt die Gendarmerie Wolfi als potenziellen Saboteur und entspricht damit der Meinung des Schwiegervaters, doch erfährt Thomas von Frieda den anderen Teil der Wahrheit und muss indes vor allem daran denken, was geschehen wäre, wenn Maxl nicht verschlafen hätte. Da aber alles gutgegangen ist, hält sich Dr. Burgners Zorn über Gustl, der letztlich aufgrund von Friedas Aussage gefasst werden kann, in Grenzen, nicht aber der Zorn von Sabina. Derweil die Bucheggers Versöhnung feiern, heult sie bei der Vorstellung, im schwangeren Zustand verlassen zu werden, schlimmer noch: auf einer Mordliste zu stehen. Thomas kann seine Frau aber beruhigen, handelt es sich hierbei – drei Wochen vor der Geburt – lediglich um einen Hormonüberschuss.

Kritik: Naja – das Knecht-Magd-Verhältnis erscheint doch etwas einfallslos und antiquiert. Eine typische, harmlose Heimatfolge eben.

36) Neues Leben

45 Min. | Gäste u. a.: Burkhard Heyl, Georg·Marischka, Diana Körner, Irina Wanka

Gespannte Atmosphäre in der Familie Burgner: Seit über einer Woche warten Thomas, Franzi und Maxl auf die Ankunft des Nachwuchses, richten das Gästezimmer ungeduldig zum Kinderzimmer um und helfen Sabina bei ihrem Bedürfnis nach akribischer Sauberkeit in allen Winkeln des Hauses. Dr. Burgner engagierte speziell für diesen Zweck Frau Dr. Peters als Urlaubsvertretung, versteckt sich letztlich – nach zahlreichen Putzaktionen – aber lieber hinter einem Patientengespräch mit Herrn Konrad, als abermals den Teppich zu schampunieren. Selbst Maxl muss dreimal in zwei Wochen das Auto aussaugen, trägt nebenbei aber auch künstlerisch zur Gestaltung des neuen Kinderzimmers bei: Zusammen mit Luis Kofler baute er eine liebliche Holzwiege, die er mühevoll bemalt und später als Geschenk seiner kleinen Schwester überreichen möchte. Eine ehrenamtliche Hilfeleistung in der Werkstatt soll als Entschädigung für den Tischlermeister erfolgen.

Schließlich kündigt sich auch die allerorts erwartete Geburt des Burgner-Babys an: Sabina wird von Traudl zur Klinik gebracht und erst später vom zu Tränen gerührten Vater umsorgt. Pankraz und Franzi kommen mit Maxl nach und gesellen sich zu einer Familienzusammenkunft im Krankenzimmer, welches Traudl liebevoll auf Foto festhält. Ein gelungenes Ende der wochenlangen Hysterien.

Weniger Grund zur Freude haben derzeit allerdings die Zirngiebls, die mit dem kerngesunden Kind Antonia ihrer am 20. Oktober 1993 verstorbenen Tochter Regina (siehe Nr. 22) ein harmonisches Familienleben eingegangen sind. Gestört wird diese Idylle, die Waltraut Zirngiebl jedoch ohne die Hilfe ihres Mannes aufrechterhalten muss, von dem Ehepaar Hofer aus München, das eine enge Freundschaft mit Regina unterhielt und sich vor allem für das Kind interessiert. Andreas Hofer sei der leibliche Vater des Kindes und halte es für angebracht, die Toni in seiner Familie statt bei den Großeltern aufwachsen zu lassen. Die Zirngiebls müssen diese Tatsache spätestens dann akzeptieren, als Waltraut einen Magendurchbruch erleidet, mit dem Rettungswagen der Ö.R.K. Telfs nach Hall gebracht werden muss und Toni gerade noch davor bewahrt werden kann, vom Trecker überrollt zu werden. Die Sorge um das Kind, die Belastung des Haushalts und der Familie waren für Frau Zirngiebl mehr als zu viel, sodass sie mit ihrem

Kritik: Der Rummel um die Geburt nervt ein bisschen – nicht nur die Serienfiguren, sondern auch den Zuschauer. Dazu trägt auch das häufige Weinen des Zirngiebl-Kindes bei. Eine »echte« Familienfolge.

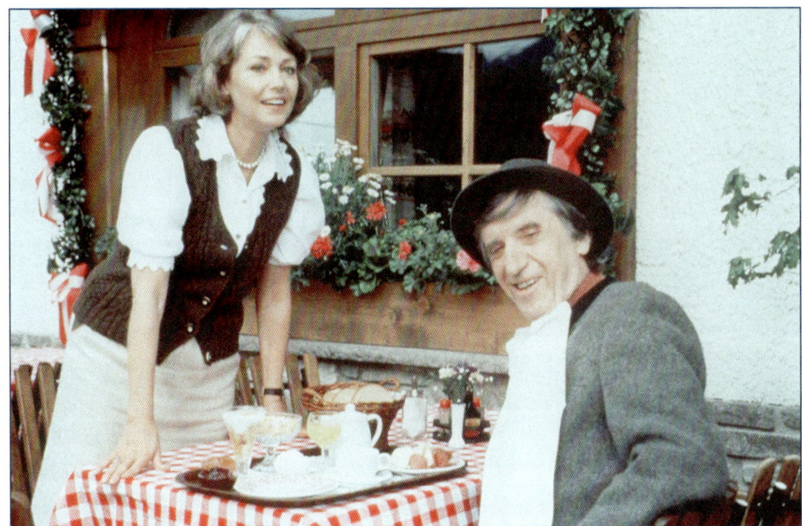

Herr Konrad genießt sein Frühstück bei Elfriede Angerer vor dem Gasthof »Stern«.

vorzeitigen Kollaps noch rechtzeitig den Durchbruch ihres Magengeschwürs verhindern konnte. Nun willigt auch Xaver Zirngiebl unter Tränen ein, der Familie Hofer das Sorgerecht zu überlassen.

37) Schwester Namenlos

45 Min. | Gäste u. a.: Rolf Castell, Erni Singerl, Michael Deffert, Inka Victoria Groetschel | Buch: Christiane Sadlo

»Praxis wegen Familienzuwachs geschlossen« besagt das bunte Schild am Doktorhaus, wo es soeben von Maxl befestigt wurde. Recht nervös und noch in den letzten Zügen der festlichen Ankleide treten Thomas Burgner und Sohn den Weg nach Hall an, um Sabina und die kleine Tochter vom Klinikum abzuholen. Bevor sie dort jedoch eintreffen, wird an einem Geldinstitut am altstädtischen Marktplatz von Hall Zwischenstation gemacht, um die Kaufsumme des neuen Autos zu überweisen, welches Dr. Burgner seiner Frau zuliebe erworben hat: ein rotes VW-Cabriolet. Als Thomas und Maxl die Bank wieder verlassen und erste Diskussionen über die Namensgebung des Neugeborenen führen, bemerken sie zwei dunkle Gestalten auf einem Motorrad, die einer Frau im Vorbeifahren die Handtasche entreißen wollen. Dr. Burgner reagiert sofort und kann die Tasche zu fassen bekommen, die beiden Täter aber können unerkannt entkommen. Für Vater und Sohn ein unangenehmer Zwischenfall, weil sie nicht nur über die Dreistigkeit der Diebe den Kopf schütteln können, sondern zudem noch verspätet

Anmerkung: Inka Victoria Groetschel (geboren 1967) starb bereits 2009, Erni Singerl (geboren 1921) im Jahr 2005.

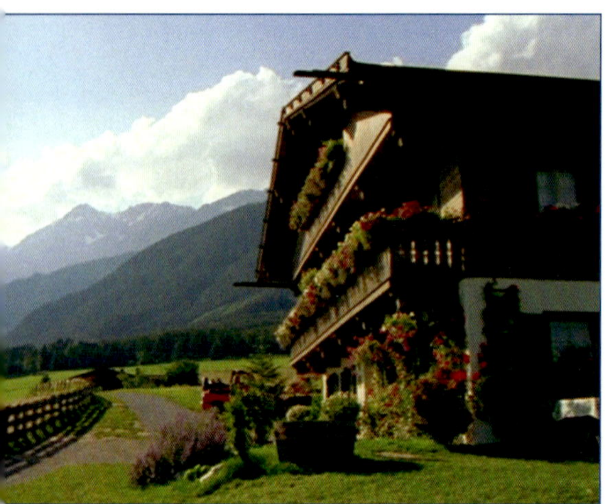

Das Bergdoktorhaus bei schönstem Sommerwetter.

im Krankenhaus eintreffen und die beiden weiblichen Familienmitglieder in wartender Ungewissheit ließen. Zuerst erfreut darüber, dass Dr. Burgner doch noch in angemessenem Zeitrahmen am Klinikum eintrifft, verfinstert sich Sabinas Miene, als sie das neue Auto erblickt, bei dem sie mit keinem Wörtchen mitentscheiden durfte. Bevor jedoch eine handfeste Streiterei begonnen werden kann, nimmt Maxl sein Schwesterchen auf den Arm und versucht, ihm einen englischen Namen zu verleihen, der allerdings unmittelbar durch verstärktes Weinen inbrünstig abgelehnt wird.

Die Namensfindung des Nachwuchses scheint demnach einige Probleme zu bereiten, die auch Pankraz, Franzi und Traudl nicht lösen können, als sie in wartender Stimmung vor dem Doktorhaus das Plakat »Schwester Namenlos« befestigen. Kurz darauf erreicht eben diese »Schwester« mit Familienanhang ihre neue Heimat, wo sie mit viel Unruhe, Rosen, Ballons und aufgeregten Verwandten begrüßt und sogleich ins neue Kinderzimmer geleitet wird. Maxl lässt es sich an dieser Stelle nicht nehmen, sein Schwesterchen als Erster umsichtig in die neue Wiege zu legen, die er gewissermaßen als Geburtstagsgeschenk bastelte und nun mit großem Stolz präsentiert.

Doch die familiäre Harmonie kann natürlich nicht fortdauernd die Stimmung im Haus beherrschen, da jeder seine eigenen Bedürfnisse hier und da zurückstellen muss und Sabina darüber hinaus noch körperlich zwischen Hysterie um die Gesundheit des Babys und Erschöpfung ob der vielen Arbeit schwankt. Aufgrund des vielen Wirbels um das Neugeborene hat Maxl in einer Mathearbeit eine ihn nachdenklich stimmende Fünf erhalten, die er spätabends an seinem Schreibtisch betrachtet. Dem angesichts der Uhrzeit aufgebrachten Dr. Burgner will er seine schulischen Leistungen sogar beichten, setzt mit ernster Miene zum Gespräch an, wird aber jäh durch das Schreien des Babys unterbrochen. Thomas beendet daraufhin die Unterhaltung mit seinem Sohn und verspricht ihm für den darauffolgenden Tag eine Wandertour in die Berge – nur mit ihm allein – und einhergehend eine Inaugenscheinnahme des Baumhauses, das Maxl mit seinen Freunden erbaut hat.

Bei ihrem Marsch durch die Berge erzählt Maxl seinem Vater, dass er, wenn er im Alter von dreißig Jahren von seinen Forschungsreisen zurückkomme, seiner dann 16-jährigen Schwester ein Vorbild sein möchte, weil Mädchen in dem Alter ein Idol brauchten. In einer dicht bewaldeten Vegetation erreichen sie sodann das Baumhaus. Als Dr. Burgner die Leiter emporsteigt und einen Zigarettenstummel entdeckt, wendet sich seine Laune, und er beschuldigt Maxl, heimlich im Wald zu rauchen. Maxl seinerseits beteuert seine Abstinenz in dieser Angelegenheit, er wisse auch nicht, wer den Müll im Baumhaus zurückgelassen habe. Aufgrund eines roten Tuchs, welches Thomas bereits bei einem der Handtaschenräuber in Hall bemerkt hat, sind beide bald überzeugt davon, Spuren der jugendlichen Einbrecher gefunden zu haben, die auch Franzi auszurauben versuchten. Maxl ist sofort entflammt von der Idee, die Täter im Wald ausfindig zu machen, und so setzen sie ihren Marsch zur alten Marei, einer alleinstehenden Hochalmbäuerin in den Bergen, fort.

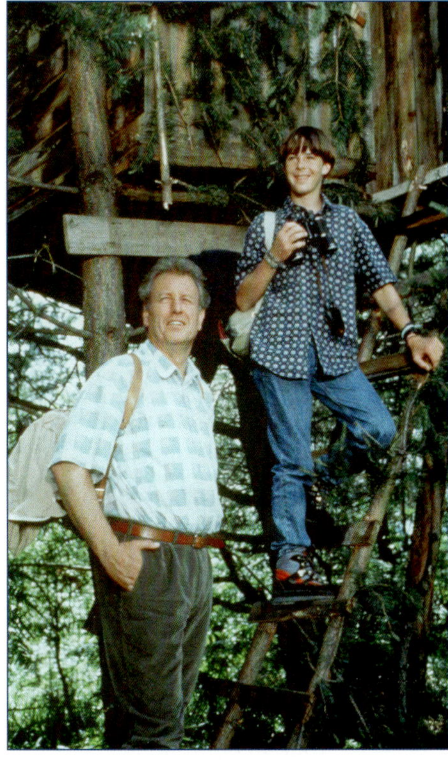

Thomas und Maxl unternehmen eine Wanderung, um Maxls Baumhaus zu besichtigen.

Marei erhält indes Besuch von Moni und Tobias, den beiden Ausreißern, die vor ihren Eltern flüchteten, eine Weile am Sonnenplateau Urlaub machten und sich von einer Emigration nach Italien bessere Arbeitsbedingungen versprechen, und nimmt sie herzlich bei sich auf. Marei weiß jedoch nicht, dass das junge Liebespaar seinen Urlaub lediglich durch Einbrüche finanziert und nur wegen eines Unfalls mit dem Motorrad den beschwerlichen Weg durch die Berge wählen musste. Als sich die Burgners bereits von Weitem ankündigen, wird Moni plötzlich aufmüpfig, nimmt Mareis kleinen Hund als Geisel, bedroht ihn und verlangt, dem Doktor kein Wort ihrer Anwesenheit zu verraten. Marei tut, was ihr befohlen wurde, serviert den Wanderern Milch und Ziegenkäse und behauptet, die beiden anderen Gedecke seien von den Förstern und vom Matthias. Für Maxl ist das keine befriedigende

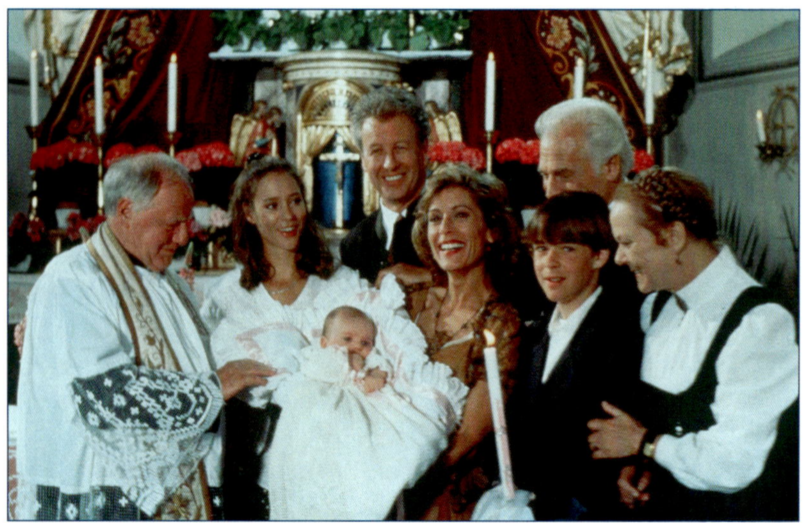

Taufe von Julia Burgner in der Sonnensteiner Kirche mit Pfarrer Hauberer und Traudl.

Aussage, weiß er doch, dass der Matthias selten Milch – die in den Bechern gewesen ist –, vielmehr einen Enzian trinke und insofern wohl auch nicht zu Besuch gewesen sein könne. Nachdem sie das Bauerngehöft wieder verlassen haben, erzählt Maxl seinem Vater von der Entdeckung und bewegt ihn zur Umkehr, schließlich könnten die Einbrecher noch im Haus sein. Und tatsächlich bestätigt sich diese Annahme: Da Marei einen Schwächeanfall vorgetäuscht hat, sind die Ausreißer noch vor Ort und damit beschäftigt, die scheinbar todkranke alte Frau wieder zum Leben zu erwecken, als Thomas und Maxl eintreffen. Über Funk verständigt Maxl daraufhin die Gendarmerie im Tal.

Über diese Ereignisse hinaus ist man mit der Namensfindung natürlich kein Stück weiter gekommen, was allemal die Besorgnis des geistlichen Oberhaupts der Gemeinde hervorrief. Pfarrer Hauberer ließ Sabina unter fürsorglich zusprechenden Worten einige Bücher mit Namensvorschlägen zukommen, die aber allesamt keine fundamentale Idee zutage förderten. Erst Maxl – mit seiner Schwester im Föhnwind auf der Terrasse sitzend – ist entschlossen genug, eine endgültige Entscheidung zu fällen, die alle Beteiligten milde stimmt und dem Problem um die Namenslosigkeit ein Ende setzt. Mit dem Baby philosophierend konstruiert er den Namen Katharina, fügt die Bezeichnung Julia – abgeleitet vom Geburtsmonat Juli – hinzu und setzt schließlich die Taufanmeldung auf. Name der zu Taufenden: Julia-Katharina-Maximiliane, Datum der Taufe: 7. Juli 1994.

Kritik: Für das Spannungspotenzial, das das Thema der jugendlichen Einbrecher birgt, ist diese Folge viel zu harmlos inszeniert: mit Maxl als Detektiv und reumütigen Übeltätern am Ende. Hier steht der Familienaspekt wieder mal im Vordergrund. Doch immerhin vermittelt der Film eine wirklich schöne sommerliche Atmosphäre.

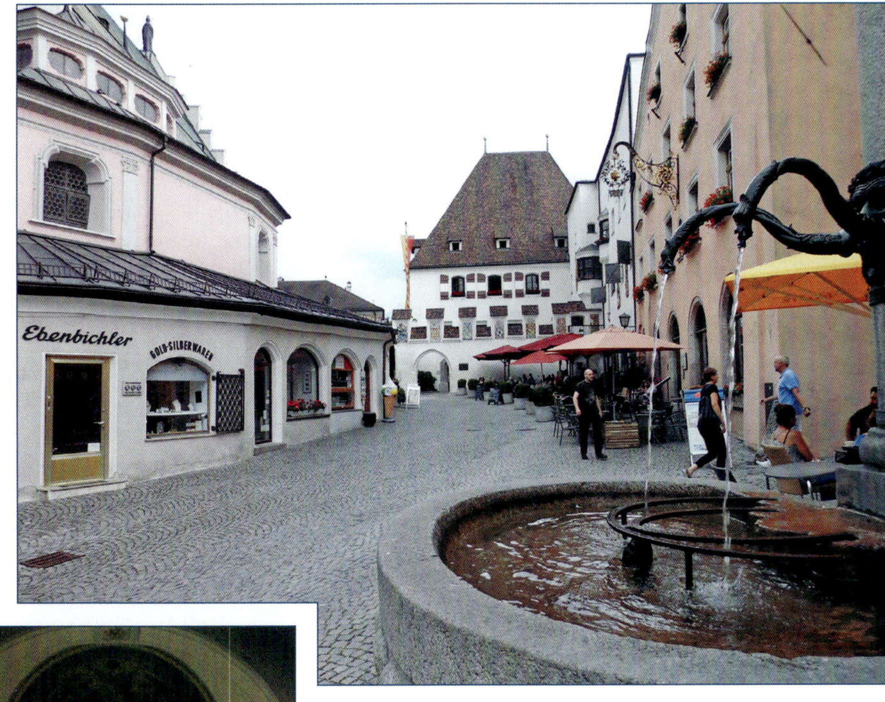

38) Schweigepflicht

45 Min. | Gäste u. a.: Michaela Mazac

Der Obere Stadtplatz von Hall mit dem Stadttor (2019) sowie die Wildermieminger Kirche (links 1997) sind Kulissen in Folge 37.

Hannes und Claudia sind ein glückliches Paar. Nichts spricht dagegen, dass sie sich mit einem großen Fest verloben wollen, um gemeinsam den Hof des Schwiegervaters fortzuführen. Als Dr. Burgner erschrocken diagnostiziert, dass Claudia Gewebekrebs im Knie hat und therapiert werden muss, wandelt sich die Situation dramatisch: Vorsätzlich lässt Claudia – trotz chronischer Beinschmerzen – niemanden etwas von ihrer Krankheit erfahren, bindet Thomas an seine ärztliche Schweigepflicht und inszeniert eine Liaison mit Hannes' bestem Freund, um nicht mit dem Bauernsohn liiert

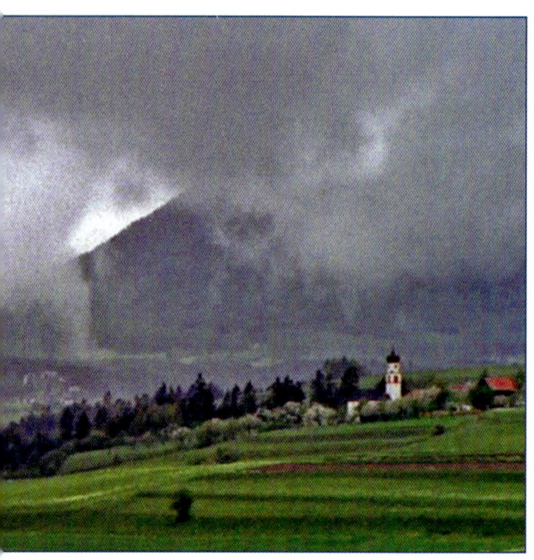

Der Blick täuscht: Auch dies ist die Kirche St. Georg bei wolkenverhangenem Wetter.

zu werden. Sie befürchtet, Hannes ins Unglück zu stürzen, ginge sie mit ihrer Krankheit eine Verlobung mit ihm ein.

Dr. Burgner kennt den Grund für die konfusen Handlungen Claudias und denkt einige Tage lang – selbst beim Mittagessen – an nichts anderes. Mit ernster Miene begibt er sich sodann auf das typisch bayerisch-österreichische Fest, welches mit den Musikern »Trenkwalder« geradezu charakteristische Züge trägt. Alle Teilnehmer geben sich anfangs recht ausgelassen, verfolgen schließlich aber hin- und hergerissen die erschreckenden Szenen mit Hannes, Claudia und dem Freundeskreis. Lediglich Maxl ist in diesem regelrechten Gefühlschaos mit etwas Gleichgültigkeit beschieden, weiß er doch, dass der Papa – wie er sagt – die Sache schon richten werde.

Und tatsächlich: Dr. Burgner kann tags darauf – ohne seine Schweigepflicht zu verletzen – Hannes' Freund von der Ernsthaftigkeit der Lage überzeugen und ihn gleichzeitig überreden, einzugreifen. Aufgrund des Befundes, den Claudia in ihrer Wohnung zurückließ, weiß dieser um die Krankheit und bringt Hannes zur Vernunft. Gemeinsam suchen sie Claudia in den Krankenhäusern und bekräftigen sich schließlich versöhnlich, mit vereinter Kraft das Sarkom im Bein zu besiegen.

Maxl erweist sich in diesen Tagen als besonders schlitzohrig: Erst erschreckte er Franzi hinterrücks in ihrer Küche, obwohl er sie im Grunde nur als Lehrmeisterin für Mehlschwitze gewinnen wollte, dann nahm er ungefragt das Lösungswort eines Kreuzworträtsels, welches Franzi gelöst hatte, und schickte es in ihrem Namen an die Rätselredaktion. Immerhin: In Hauswirtschaftslehre bekam er eine Eins für seinen Salat, und im Kreuzworträtsel erhielt er – bzw. Franzi – den Hauptgewinn: eine Schiffsreise nach Skandinavien für zwei Personen. Doch Pankraz lehnte auf dem Verlobungsfest das Angebot ab, als zweite Person mitzureisen, und ließ Franzi damit bitterlich enttäuschte Tränen weinen, die Maxl zu trocknen versuchte. Aber erst die Idee, Maxl statt Dr. Obermayr als Reisebegleitung einzuladen, stimmte sie wieder fröhlich: Am Ende überrascht sie den Jungen an einem sommerlichen Nachmittag vor dem Doktorhaus mit einem Gutschein.

Kritik: Das heiratende Paar trägt zur Einladung sehr klischeehaft eine Tiroler Tracht – davon abgesehen ist das Thema ernst und spannend in Szene gesetzt. Man fiebert mit.

39) Atemnot

45 Min. | Gäste u. a.: Angelika Milster, Lara Joy Körner, Margot Mahler

Sabina verreist für zwei Tage zu einem Ärztekongress nach Salzburg und lässt die Familie allein in Sonnenstein zurück. Während dieser zwei Tage kommt die berühmte Berliner Sängerin Irmgard (Irmi) Heller mit ihrer 18-jährigen Tochter Nicole zu Besuch, um mit Dr. Burgner alte Zeiten aufleben zu lassen. Sie war die beste Freundin von Dr. Burgners vor sieben Jahren (?) verstorbener Frau Christl und damals ernsthaft in den jungen Chirurgen verliebt. Nunmehr selbst Witwe, versucht sie, den augenscheinlich ledigen Thomas für sich zu gewinnen, und nutzt die Asthmaerkrankung ihrer Tochter, um ihm näherzukommen.

Nicole ihrerseits interessiert sich jedoch noch weitaus mehr für den reiferen Herrn, lädt ihn zu einem Kaminabend mit James-Last-Musik ein und lässt keine Gelegenheit aus, ihren Oberkörper freizumachen. Der Arzt ist davon wenig beeindruckt und akzeptiert auch nicht die Eifersuchtsgedanken seiner plötzlich zurückgekehrten Frau. Als Nicole an ernster Atemnot leidet, klären sich die Missverständnisse auf und wandeln sich schließlich zu einem guten Freundschaftsverhältnis: Während Nicole den jungen Studenten von der »Avanti«-Tankstelle in Affenhausen bevorzugt, unternehmen Thomas, Sabina und Irmi eine Wanderung durch das Gaistal.

Die Tankstelle in Affenhausen ist in den Folgen 2, 39 und 95 eine Kulisse, hier 2014.

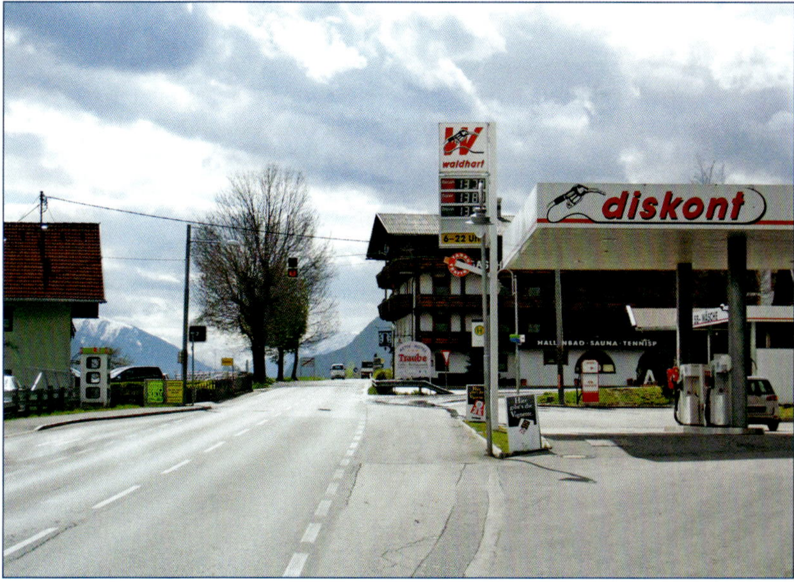

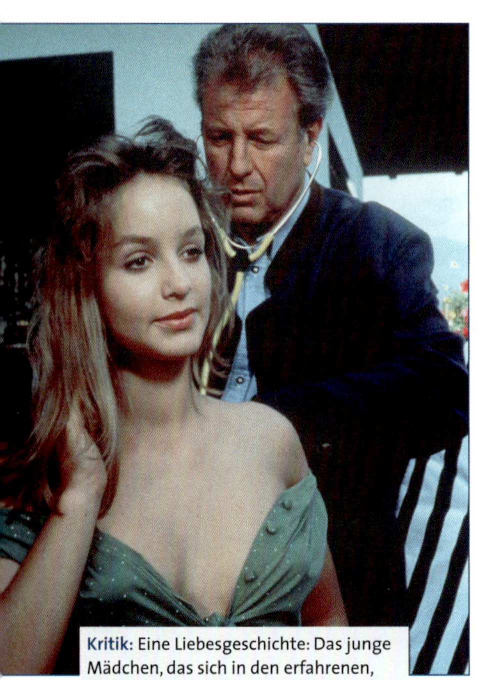

Kritik: Eine Liebesgeschichte: Das junge Mädchen, das sich in den erfahrenen, vertrauensvollen Doktor verliebt, weckt viele feminine Sehnsüchte. Ein Vergleich mit Folge 64: Bei der Untersuchung werden hier noch keine Brüste gezeigt.

An den selbigen zwei Tagen bemühte sich Franzi redlich, um Anna Pölz, deren Mutter kürzlich verstorben war, zu ihrer Jugendliebe zurückzuhelfen. Dazu telefonierte sie zahlreiche Nummern durch und fand den alten Liebhaber – Hans Brenninger – letztlich in Kanada. Mit einem Fax der kanadischen Botschaft und einem nächtlichen Anruf von Hans bescherte sie Anna eine freudige Überraschung.

Ebenfalls redlich um das Schicksal seiner Mitmenschen bemüht war Moritz Konrad, der sich über Dr. Burgners blasses Erscheinungsbild sorgte und in seinen Augen sogar einige Krankheitssymptome feststellte. Auch Traudl bestätigte ihrem Chef, dass er immer recht blass aussehe – aber kein Grund zur Sorge. Ein engagierter Bergausflug durchs felsig-pittoreske Gaistal sorgt gerade am Ende mit Irmi und Sabina für harmonische Abhilfe.

40) Schwarze Engel

45 Min. | Gäste u. a.: Franz Buchrieser, Robin Creswell, Ingeborg Schöner, Georg Marischka | Regie: Wolf Dietrich

Georg, der Sohn des begnadeten Handwerkers Stefan Mayrhofer, droht in der Schule abzusinken, weil sein Vater nach dem Tod von dessen Frau dem Alkohol verfiel und seine gesamten Arbeitsaufträge verlor. Georg muss die Last seines Vaters mittragen, die Rechnungen (unter anderem vom 21. Juli 1994) – sofern das möglich ist – begleichen, Geld für Alkohol zur Verfügung stellen und sogar kochen, sodass seine schulischen Leistungen extrem in den Hintergrund gerückt sind. Eines Sonntags nimmt der Junge Nachhilfe zum Thema Achsensymmetrie bei Maxl, um wenigstens die am Donnerstag anstehende Mathearbeit zu bestehen.

Doch Georg droht dennoch – wie in der Familie an einem gewittrigen Abend in der Küche besprochen wird – aufgrund seiner hohen Fehlzeiten Probleme mit dem Zeugnis zu bekommen. Auch in der Möglichkeit, Georg für die Arbeit einfach krankzuschreiben, sieht Dr. Burgner keine Lösung. Vielmehr sorgt er sich immer mehr um Stefan Mayrhofer, den er stark alkoholisiert beim Angerer abholen und sogar dessen Handgreiflichkeiten widerstehen musste.

Zum Glück erklärt sich Pankraz bereit, dem Schreinermeister Arbeit zu geben und ihn gratis mit Mittagessen zu versorgen. Da Franzi ohnehin mittags ihre Poststelle schließt und zu Hause das Essen für sich und Pankraz zubereitet, könne sie auch die Mayrhofers mitverpflegen. Auch als Stefan einen Kräuterlikör aus der Post entwendet und zu einem Steinbruch flüchtet, bleibt dieses Angebot bestehen, obwohl er die Flasche direkt in Richtung Franzi schleudert. Dr. Burgner kommt hinzu und erklärt Stefan ebenso eindringlich wie rigoros, dass er das Sorgerecht für sein Kind verliere, wenn er sich keiner Therapie unterziehe. So bringt Thomas Georg bei sich im Doktorhaus unter und verschafft Herrn Mayrhofer die Arbeit bei Pankraz. Er überwindet seine Sucht jedoch erst, nachdem er – von schwarzen Engeln begleitet – im Delirium ein Lösungsmittel trank und von Dr. Burgner zum Erbrechen gezwungen werden musste. Der anschließende Krankenhausaufenthalt und die Therapie verhelfen ihm endlich dazu, die ernsten Konsequenzen des Alkoholismus zu verstehen.

Kritik: Keine verdichtete Handlung. Für die Dialoge zwischen dem Alkoholiker und dem Doktor wird viel Zeit und viel Ernsthaftigkeit eingeräumt. Diese Folge geht nicht – wie sonst üblich – aus der Szene, wenn es zu ernst wird, sondern bleibt bei dem Thema und verleiht der Episode viel Substanz.

41) Gelegenheit macht Diebe

45 Min. | Gäste u. a.: Monika Baumgartner, Jenny Kreindl, Margot Mahler, Rolf Castell, Michaela May, Maxl Graf | Buch: Christiane Sadlo

Maria Vuksics, eine bosnische Geflüchtete, ist ausgesprochen dankbar, dass sie von Pfarrer Hauberer und Franzi eine Haushaltsstelle bei Alexandra von Brauneck vermittelt bekommt. So hat sie zumindest die Gelegenheit, für ihren Bruder in der zerstörten Heimat Geld zu verdienen. Doch als sie in den Verdacht gerät, Schmuckstücke gestohlen zu haben, ist sie von der Hilfsbereitschaft und Ehrlichkeit der Leute in den Bergen nicht mehr ganz überzeugt. Immerhin vermisst die Gräfin ihren Ehering und eine goldene Taschenuhr, Sabina einen Ohrring, die Kramerin eine Armbandkette und Dr. Burgner seine Autoschlüssel.

Als Maria von den Verdächtigungen erfährt, flüchtet sie in die nahegelegenen Bergwälder. Vroni von Brauneck, die mit Maxl den Schulweg teilt, ergreift daraufhin sofort die Initiative, reißt Maxl am Nachmittag von seinen Geografie-Hausaufgaben los und zieht mit ihm über die Felder. Da Maxl Poldi als Spürnase mitgenommen hat, entdeckt er schnell das Nest eines Vogels, welchen er als Elster identifiziert und den er erst aufgrund von Poldis unaufhörlichem Bellen sichtet. Der Burgnersohn kann das Diebesgut konfiszieren, indem er den hohen Baum empor zum Nest kraxelt. Der Hintergrund der Diebstähle ist damit geklärt, nicht jedoch der Aufenthaltsort von Maria.

Was dieses Problem betrifft, kommt es recht gelegen, dass sich Franzi bei der Gartenarbeit durch Herrn Konrad eine Schnittwunde zuzog und sich – die Konsequenzen einer Blutvergiftung in Kauf nehmend – auf der Suche nach heilenden Kräutern in die Bergwälder begibt. Dort wird sie schließlich völlig geschwächt von Maria gefunden und ins Tal zurückgebracht, wo sie bereits von Thomas, Pankraz und Herrn Konrad gesucht wurde. Franzi kann durch eine Operation im Krankenhaus gerettet werden, worüber sich alle sehr erleichtert zeigen und sie beim Krankenbesuch mit Gartenblumen und Begrüßungsküsschen entsprechend herzen. Sie will sich verständlicherweise bei Maria bedanken und nutzt die Gelegenheit der sonntäglichen Messe, um dieses Vorhaben zusammen mit den anderen Sonnensteinern in würdigem Rahmen und mit einer Geldsammlung zu vollziehen.

Kritik: Die Christlichkeit der Dorfgemeinschaft im Verhalten gegenüber Ausländern wird infrage gestellt – heute wie damals ein aktuelles Thema. Auch Franzis Wunde ist überraschend, während die Räuber-Detektiv-Verbindung aus Maxl, Vroni, dem Hund und der Elster wiederum an schwedische oder tschechische Kindermärchen erinnert.

42) Der Hecht im Karpfenteich

45 Min. | Gäste u. a.: Ernst Cohen, Rolf Castell, Gerhard Riedmann, Andreas Egginger, Isabel Feifel | Buch: Robert Thayenthal

Die Sommerferien haben begonnen: Sichtlich entspannt liegt Maxl draußen im Liegestuhl, wippt mit einem Fuß den Kinderwagen seiner kleinen Schwester, hört über Kopfhörer »Smells Like Teen Spirit« von Nirvana aus dem CD-Player und studiert die aufklärenden Jugendseiten in der »Bravo«. Nicht einmal die Bitte des Pfarrers, für die Hochzeit der Gemeindehaushälterin zu ministrieren, kann Maxl in seinem Ferienfrieden stören. Lediglich Sabina muss ihn aus der Trance zurückholen, weil er die Schreie Julias schlicht überhört hat. Während seiner Rechtfertigungen kommt Dr. Burgner hinzu und erklärt sich bereit, die nächste Wachschicht bei Julia zu übernehmen, weil sein Sohn ein dringendes Telefonat führen müsse.

Als der Arzt dann ebenfalls in den brisanten »Dr. Sommer«-Seiten der einschlägigen Zeitschrift blättert, betritt Maxls Freund

Michl den Garten und zeigt sich über dieses Verhalten nur wenig erstaunt, hat das Thema, über das er mit Maxl sprechen müsse, doch nur unwesentlich andere Inhalte. Michael beklagt seine Abgeschiedenheit auf der *»Bubenschule«*, die er besuche, und biete Maxl einige CDs sowie ein Skateboard an, wenn er ihm aus seiner Klasse eine Freundin vermittele. Maxl willigt nur ungern ein, doch muss er andernfalls befürchten, wegen eines stinkenden Fisches im Bürgermeisterbüro verraten zu werden.

So beginnt die Partnerschaftsvermittlung zunächst mit der Begutachtung eines Klassenfotos, auf dem Michl Interesse an der jungen Kathi zeigt. Dr. Burgner, der ebenfalls in Maxls Zimmer kommt, hält das für keine gute Idee, weil er – trotz Maxls Widerspruch – weiß, dass auch sein Sohn Gefallen an dem Mädchen finde. Die beiden Kameraden überwinden ihre Zurückhaltung und statten Kathi einen Besuch ab, in der Hoffnung, sie zum Schwimmen einladen zu können. Das Mädchen ist von dieser Idee allerdings wenig begeistert, lässt sich stattdessen von Maxl das Fahrrad reparieren und schenkt Michl überhaupt keine Beachtung. Eher bevorzugen würde sie eine nachmittägliche Radtour in die Berge, bei der sie der Doktorsohn gerne begleiten dürfe und Michl nötigenfalls auch mitfahren könne. Der Spross des Bäckermeisters ist damit keineswegs einverstanden, besitzt er nämlich gar kein Fahrrad, doch willigt Maxl zunächst einmal ein und tröstet seinen Freund, er werde schon ein passables Radl für die Bergtour auftreiben.

Am Nachmittag kommt Maxl schließlich mit einem völlig ungeeigneten Zweirad zur Bäckerei, um seinen Nebenbuhler abzuholen. Bevor die Radtour startet, erhält Michl noch Instruktionen zum geplanten Ablauf – der Form, dass Maxl auf das Stichwort »Alpenglühen« hin verschwinden werde. Doch als sie die ersten Anhöhen erklimmen müssen, zeigt Michl aufgrund seines schlechten Untersatzes bereits eine deutliche Distanz zu den beiden Vorausfahrenden, sodass Kathi vorschlägt, eine Rast einzulegen. Auf einer Bank sitzend und auf den Nachkömmling wartend äußern sie sich etwas negativ über die Gesellschaft des Jungen und nutzen gleichzeitig die Gelegenheit, Nettigkeiten auszutauschen. Als Michl dann eintrifft und Kathi wieder zum Aufbruch animiert, erreicht die Stimmung einen eklatanten Höhepunkt, zumal Michl auf das Stichwort *»Alpenglühen«* nur fragende Blicke und von Maxl provozierendes Achselzucken zur Antwort bekommt. Er beschimpft den Burgnersohn als *»Niete«* und *»falschen Fuffziger«* und ruft ihm bei der Weiterfahrt noch einige Drohungen nach. Da gerät Maxl plötzlich vom Weg ab, stürzt einen Abhang hinunter und bleibt mit einem verletzten Knie liegen. Mit Mühe schleppen

Michl und Kathi ihn zu Dr. Burgner und berichten von dem Unfall, der – wie das Madl mitfühlend bedauert – ausgerechnet in den Ferien geschehen musste. Auf das Augenzwinkern seines Sohnes hin und zudem feststellend, dass die Wunde keinesfalls ernst ist, kommt der Arzt Maxl zu Hilfe und bittet Kathi, sich doch etwas um ihn zu kümmern.

Daraus wird jedoch nichts: Als Maxl nämlich am darauffolgenden Sonntag von Kathi besucht wird, muss er erfahren, dass sie Michl eigentlich ganz nett finde, bereits mit ihm im Kino war und nun die Radtour auf den Berg nachholen wolle. Sie überreicht Maxl einige Zeitschriften sowie ein Skateboard und bedauert, dass er mit dem verletzten Knie nicht mitkommen könne – doch ihr wäre das wohl ohnehin lieber! Fehlen nur noch tröstende Worte von Dr. Burgner, der meint, andere Mütter hätten auch schöne Töchter, und sich mit diesen Worten für den sonntäglichen Kirchgang verabschiedet, an dem der frustrierte Maxl nicht teilnehmen will.

Die Messe Pfarrer Hauberers bildet einen indirekten Abschluss für eine Zeit, die dem Geistlichen wohl gar nicht gefallen haben mag. Aufgrund der Sorge um seine verheiratete Haushälterin fiel er in einen desolaten Krankheitszustand und war auf die Hilfe der liebenswerten Zilli angewiesen, der Mutter von Michl. Das Dekanat sendete als Ersatz den noch recht unerfahrenen Pfarrer Hillinger, der die Situation im Dorf keinesfalls tolerieren konnte: Nicht nur, dass der Bürgermeister jedem Weiberrock nachsteige, die Buben statt Ministrieren nur die Madl im Kopf hätten und der Tierarzt in wilder Unzucht (»*Konkubinat*«) mit Franzi lebe – was diese völlig in Wut geraten ließ. Nein, auch die Zilli lebe in ungeordneten Verhältnissen und habe sich völlig ungerechtfertigt von ihrem ehemaligen Mann, dem Sägewerksbesitzer, getrennt. Dass die junge Frau nun wieder eine Beziehung mit dem Bäckermeister des Dorfes eingehe, sei gar der Gipfel der Unchristlichkeit und entspreche auch nicht den Bedürfnissen ihres Sohnes Michael. Pfarrer Hillinger schritt daraufhin ein, wo er konnte, machte sich bei einem großen Teil der Bevölkerung unbeliebt und zerstörte beinahe die guten Verhältnisse zwischen Zilli, dem Bäckermeister und Michl. Für Pfarrer Hauberer war diese groteske Entwicklung schließlich zu viel, und er versuchte – ungeachtet seiner Krankheit –, die Seelen der Leute wieder auf den rechten Pfad zu führen. Als er sein Ziel dann weitgehend erreicht und Pfarrer Hillinger bewusst vertrieben hatte, hatte er seine Krankheit vergessen und stand den kleinen und großen Beichten seiner Schäfchen wieder zur Verfügung.

Kritik: Erneut eine harmlose Kindergeschichte, zu der auch die Sorgen des Dorfpfarrers passen. Ein bisschen sozialkritische Tendenzen sind zu spüren, ansonsten lassen sich eine weiterführende Dramatik oder ernste Hinterfragungen aber vermissen.

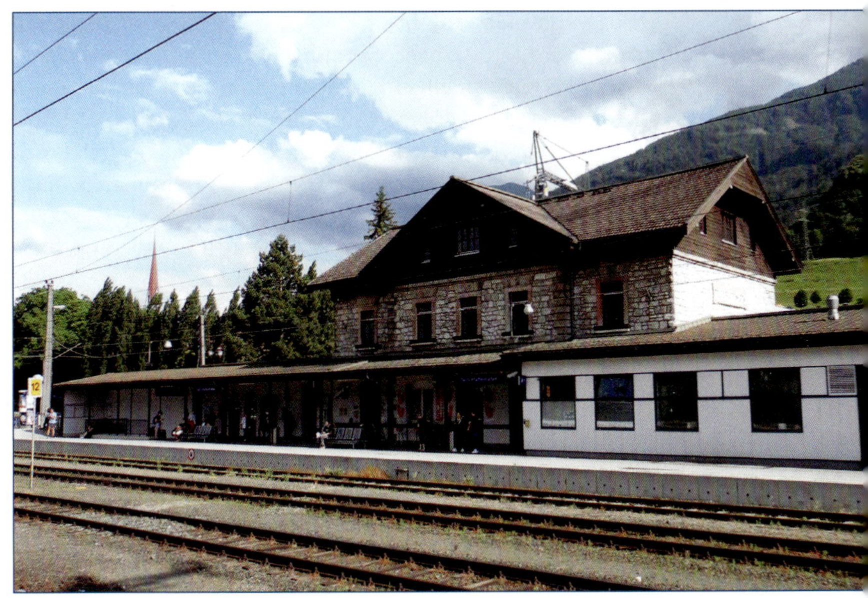

43) Der Investor

Unter anderem in Folge 43 ist der Bahnhofs Telfs-Pfaffenhofen eine Kulisse.

45 Min. | Gäste u. a.: Karl-Heinz Vosgerau, Ingeborg Schöner, Gerhard Riedmann, Georg Marischka | Buch: Gabriele (Gabi) Kister

Richard Weinkopf, ein seriös wirkender und charismatischer Geschäftsmann, plant mithilfe der vorgeblich spanischen Investorengruppe »Solear«, in Sonnenstein eine Klinik mit allen Bereichen der Heilkunde für Privatpatienten zu eröffnen. Zunächst versucht er, Dr. Burgner von diesem Projekt zu überzeugen, doch lehnt dieser von Anfang an energisch ab, weil ihm die Finanzierungsgrundlage in Form von Mitarbeiteranteilen, die auf einem Bankkonto in der Schweiz verwahrt werden sollen, suspekt erscheint. Alois Angerer hingegen, bei dem Weinkopf untergekommen ist, zeigt sich sofort interessiert, unterzeichnet zusammen mit Xaver Zirngiebl Aktienanteile, verspricht, den Investor bei potenziellen Baugenehmigungen zu subvenieren, und überreicht sogar unverzüglich das entsprechende Bargeld, um die in Aussicht gestellte 20-Prozent-Rendite kassieren zu können. Richard Weinkopf ist mit diesem Resultat sehr zufrieden und kann sogar Franzi, Traudl, Sabina und Herrn Konrad auf seine Seite bringen. Von allen Beteiligten lässt er sich die unterzeichneten Anteile auszahlen und direkt an seine stille Komplizin Gabriela in die Schweiz überweisen – ein einträgliches Geschäft. Lediglich Dr. Burgner kann den

Wirbel um die neue Klinik nicht verstehen und gerät sogar mit Sabina, die darin ihre Chance vermutet, wieder mit der Arbeit beginnen zu können, in einen handfesten Streit. Die Diskrepanzen der beiden können zwar bereits bei einer gemütlichen Lesestunde am Abend beigelegt werden, dennoch ist sich Thomas im Klaren darüber, dass er sich fundiert über die Firma informieren muss. Das Resultat: Weinkopfs Firma existiert gar nicht, alle Geschäfte geschahen ohne Legitimation. Zunächst jedoch kann lediglich die Gendarmerie hinzugezogen werden, die Überführung Weinkopfs hat zu diesem Zeitpunkt bereits eine andere Person übernommen:

Mercedes, die hübsche Enkelin eines nach Argentinien emigrierten Schulfreundes Pankraz', ist für wenige Wochen bei den Obermayrs zu Besuch, um ihre Kenntnisse der deutschen Sprache zu verbessern. Thomas und Pankraz hatten sich förmlich darum gerissen, die verwöhnte junge Dame vom Bahnhof Telfs-Pfaffenhofen abzuholen, doch wurden sie dafür nicht gerade mit netter Geselligkeit und Frohsinn belohnt. Stattdessen dominierte der Ärger immer deutlicher, nachdem der weibliche Gast Franzi wie eine Bedienstete behandelt und sogar Maxls Kochspezialität – Marillenknödel – verschmäht hatte. Mit Maxl versöhnte sie sich zwar wieder recht schnell, weil der Junge während der Streitphase von Thomas und Sabina wenigstens mit ihren exotischen Gerichten versorgt wurde, doch wollte Mercedes nunmehr auch Franzis Gunst zurückerobern, indem sie ihren finanziellen Investitionsschaden richtete. Durch ein spanisches Telefonat Weinkopfs wusste sie ob seiner intriganten Geschäfte und lotste ihn schließlich zum geplanten Klinikbauplatz. Relativ dilettantisch verhielt sie sich dort allerdings deshalb, weil sie Weinkopf ihr Wissen direkt ins Gesicht sagte. Der Investor reagierte sofort, sperrte die junge Frau gefesselt in eine Holzscheune und flüchtete mit seinem Citroën gen Deutschland, wo er später in Frankfurt festgenommen werden kann.

Poldi ist es zu verdanken, dass Pankraz und Thomas die Gefesselte entdecken und zu den anderen Beteiligten in den Gasthof Angerer zurückbringen können. Dort findet am Abend ein gemeinsames Essen für alle Geschädigten statt, wobei intensiv über den Kaufmann und seine Pläne diskutiert wird.

Ein besonderes emotionales Kapitel in der Geschichte um den skrupellosen Investor war seine innige Zuneigung zur Gastwirtin Elfriede Angerer, die die zahllosen Schmeicheleien, Geschenke und Komplimente in Hinblick auf ihr recht leidenschaftsloses Leben beim Bürgermeister nur allzu gern erwiderte. Es bereitete ihr sichtlich Freude, sich mit Weinkopf heimlich in einigen Restaurants und sogar im Hotel »Post« in Obermieming zu treffen, konnte sie dadurch ihrem zumeist trostlosen Alltag doch für einige Stunden entfliehen. Lediglich ein wenig Angst plagte Elfi bei dem Gedanken, mit Richard nach Sevilla auszuwandern, weil dadurch ihr gesamtes bisheriges Leben infrage gestellt würde. Letztlich, fest überzeugt, in Weinkopf einen guten Menschen gefunden zu haben, mit dem sie beinahe nach Spanien fortgegangen wäre, konnte sie die abendliche Versammlung im Gasthof nur unter Tränen verlassen.

Kritik: Die Geschichte um Elfi ist tiefgründig und ernst, diejenige um Mercedes nur unterhaltendes Beiwerk. Wie unbedacht sie sich verhält, indem sie allein gegen den Investor vorgeht, der dann auch noch viel zu menschlich mit ihr umgeht, und wie unspektakulär es ist, den Hund nach ihr suchen zu lassen, obwohl keine Spur von ihr zu finden sein dürfte, zeigen hier den harmlosen Charakter der Familienserie. Mehr von Elfi und Richard Weinkopf!

44) Glück und Schatten

45 Min. | Gäste u. a.: Peter von Strombeck, Klaus Wildbolz, Michaela May, Werner Asam

Urlaubsgedanken beherrschen die Sonnensteiner Szene: Maxl ist in die Ferien gefahren, Traudl unternimmt mit Poldi eine mehrtägige Fahrradtour in die Berge, Franzi will mit Pankraz nach Venedig, und Dr. Burgner sowie Markus von Brauneck reiten gemeinsam über die nahen Felder. Doch nicht alles verläuft auf solch harmonischen Pfaden, wie es sich die Beteiligten vielleicht wünschen: Pankraz bekommt eine Erkältung und muss die Reise absagen – was er gar nicht schlimm findet –, und der Graf, der zunächst noch entgegen Thomas' Meinung von seiner perfekten Idealfrau Alexandra geschwärmt hat, muss feststellen, dass die Gräfin doch nicht in allen Dingen seinen Traumvorstellungen entspricht. Immerhin verschwieg sie ihm die Existenz ihres für fünf Jahre inhaftierten Bruders Alfons (Alfi) Meyer, der in diesen Tagen aus der JVA Innsbruck entlassen wird und nach Sonnenstein kommt, um die Gunst seiner ihm gegenüber abweisenden Schwester zurückzugewinnen. Doppelt ärgerlich ist hierbei, dass jenes skandalöse Ereignis gerade dann eintritt, als in einer Zeitschrift über das Glück der Familie Brauneck berichtet wird.

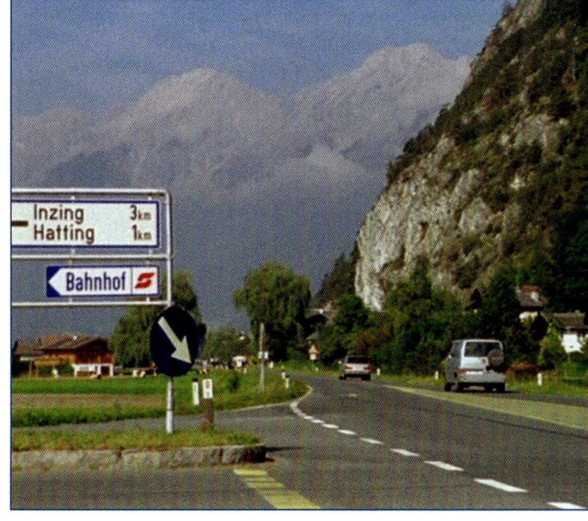

Die Landstraße von Telfs nach Innsbruck dient Alfi Meyer als Kulisse zum Trampen.

Erst einmal übernachtet Alfi, der von Dr. Burgner eine Zeckeninfektion diagnostiziert bekommt, für eine Therapie in Maxls Zimmer, wo er mit dessen Gameboy wenig anzufangen weiß. Stattdessen flüchtet er nachts mit Maxls Kletterseil aus dem Fenster, sucht das Schloss auf und zwingt dort Alexandra am nächsten Tag zu einer überhasteten Fahrt in die Berge. Unter der Annahme, sich dort das Leben nehmen zu wollen, überwindet Alexandra ihre Abneigung gegen das schwarze Familienschaf und entdeckt sogar ihre Liebe zu ihm. Gefunden von der campierenden Traudl, dem besorgten Herrn Konrad sowie Thomas und Markus, muss zunächst eine versehentliche Schussverletzung in Alfis Bein behandelt werden, ehe Alexandra endlich ihre Verwandtschaft mit Alfi eingesteht. Markus reagiert höchst erfreut, dass Alexandra doch nicht so perfekt ist, wie er bislang dachte, ja in ihrer Jugend sogar Drogen genommen habe. So nimmt er seinen Schwager trotz der Verurteilung wegen Drogenhandels ehrenvoll in die Verwandtschaft auf.

Kritik: Die Geschichten um die Grafenfamilie waren bei den Zuschauern stets beliebt, und so musste auch hier das adelige Glück etwas ins rechte Licht gerückt werden.

45) Verbotene Liebe

45 Min. | Gäste u. a.: Evelyn Plank, Franz Tscherne

Mit deprimiertem Gesichtsausdruck kommt Maxl frühzeitig von der Schule heim und betritt das Vorzimmer zur Praxis. Traudl weiß sogleich, worum es sich handelt: Die Englischarbeiten wurden zurückgegeben. Trotz offensichtlich schlechtem Gewissen verrät Maxl zunächst noch nicht, welche Probleme damit in Verbindung stehen, vielmehr weicht er seinem Vater aus, als dieser nach der Sprechstunde mit ihm sprechen möchte. Auch bei der abendlichen Hochzeitsfeier, die für das Ehepaar Gmeinder im Angerer ausgerichtet wurde, zieht er sich in einem unbeobachteten Moment aus dem Saal zurück. Noch am Abend versucht er zwar, seinem Vater die schlechten schulischen Leistungen zu beichten, doch will ihm einfach kein Ansatz gelingen. So erscheint es ihm am Morgen darauf wesentlich einfacher, per Butterbrotpapier die Unterschrift seines Vaters zu kopieren und für ein Schreiben des Englischlehrers zu verwenden.

In dem Moment betritt Traudl den Raum, weckt den sich schnell schlafend Stellenden unsanft aus den »Träumen« und bietet ihre Hilfe an, die zwei Fünfen, die Maxl in Englisch erhalten habe, dem Papa zu beichten. Der Junge jedoch hält es für sinnvoller, den richtigen Moment abzuwarten, weil er noch befürchtet,

Thomas könnte angesichts der schlechten Schulergebnisse nicht mehr stolz auf ihn sein. Am nächsten Tag aber kehrt Maxl nach der Schule nicht heim, sondern verbringt den Nachmittag niedergeschlagen im Dorf und in der Kirche. Nicht nur Sabina und Thomas sorgen sich um ihren Sprössling, auch Traudl zieht ihre Konsequenzen und sucht ihn im ganzen Ort. Schließlich entdeckt sie ihn in einem Hauseingang sitzend und beginnt ein ausführliches Gespräch, in dem Maxl erklärt, dass er die Unterschrift gefälscht und sein Lehrer sich fast *»totgelacht«* habe und dass er nun großen Ärger befürchte. Denn vor Thomas habe er *»Schiss«*, und zwar nicht zu wenig.

Seinem Vater gegenüber gesteht er daraufhin erst einmal nur die beiden Fünfen, dann übermannt ihn die Pein, und er verlässt eilenden Schrittes die Küche. Thomas, der seinen Sohn zunächst nur dafür bestrafen wollte, dass dieser sich ihm nicht anvertraut hatte, stellt sich nun die Frage nach geeigneten erzieherischen Maßnahmen, vor allem, als ihm Traudl auch die gefälschte Unterschrift ans Herz legt. Bevor der Arzt jedoch ernsthaft seine weiteren pädagogischen Fähigkeiten ausloten kann, kommt Maxl zu ihm in die Praxis und beginnt von sich aus mit einem umfassenden Geständnis, wobei er betont, dass der anfängliche *»Trubel ums Baby«* der ausschlaggebende Grund gewesen sei, vorerst nichts von der ersten Fünf zu berichten. Alle weiteren Dummheiten listet er – da sie in dem Augenblick unterbrochen werden – in einem Brief auf und legt diesen am nächsten Morgen auf den Frühstückstisch – noch sehr früh vor der Schule, um Thomas gar nicht erst zu begegnen. Das gelingt jedoch nicht, und Dr. Burgner bekommt das Schreiben direkt in Maxls Beisein zu lesen. Maxls Kommentar zu dieser Angelegenheit lautet nur: *»Ich war so blöd.«* Und Thomas, der ja bereits seitens Traudl von der gefälschten Signatur unterrichtet wurde, reagiert darauf nur mit einer harmlosen Androhung, indem er prüfen wolle, welche Konsequenzen die Familie davontrage, wenn sein Nachkomme Geheimnisse verbirgt. Letztlich aber ist sich die Familie einig, sie könnten sich jeden Tag aufs Neue verzeihen.

Nicht verzeihen kann sich hingegen Sybille, die junge hübsche Frau des Bauern Christian Gmeinder, dass sie schon kurz nach der Hochzeit ein Liebesverhältnis mit dessen Sohn Florian begann. Die beiden lernten sich auf der Hochzeitsfeier, wo Florian als Volksmusiker mit den »Trenkwaldern« auftrat, kennen und konnten einander nicht widerstehen. Tagelang merkte Christian nichts von dieser Liebschaft, doch dann flog das Geheimnis auf, und Sybille hielt es für angemessen, Sonnenstein und die Familie Gmeinder zu verlassen.

Kritik: Obwohl das Thema zunächst oberflächlich erscheint, wirkt die Folge sehr schwermütig, ernst und dramatisch. Meisterhaft und gefühlvoll inszeniert!

Die bedrohliche Stimmung ihrer verdrängten Gefühlslage, die vielen heimlichen Blicke und auch das distanzierte, unehrliche Verhältnis zwischen Vater und Sohn schufen die ganze Zeit über ein deprimiertes, lähmendes Bild.

46) Auf der Flucht

45 Min. | Gäste u. a.: Gisela Trowe, Thomas Fritsch | Buch: Christiane Sadlo

Reichlich Stress im Hause Burgner: Sabina scheint mit ihrer Tochter und dem Verfassen eines medizinischen Artikels mittels Koffercomputer überfordert zu sein. Als schließlich noch Maxl von der Schule kommt und freudig die Nachricht durch das Haus schreit, er habe in Englisch eine Drei geschrieben, macht Sabina ihrem Unmut Luft und schimpft mit Maxl, er solle mehr Rücksicht auf die schlafende Julia nehmen und sich leise verhalten. Da Julia aufgewacht ist, muss sich Maxl entschuldigen, verlässt allerdings wütend den Raum und wirft seinen Schulrucksack durch den Flur. Thomas, der gerade das Haus betritt, bekommt von Maxl patzige Antworten entgegengeschleudert, es interessiere sich niemand für ihn, es gebe kein Mittagessen, und sein Lieblings-T-Shirt werde auch nicht mehr gewaschen. Verständnisvoll fragt Dr. Burgner daraufhin, ob sich sein Sohn vernachlässigt fühle, worauf Sabina sogar mit einer Entschuldigung reagiert.

Dennoch hängt der Haussegen schief, weil die Italienerin die Wiederaufnahme ihrer Arbeit plant und deshalb ein Angebot von Dr. Michael Franke der Privatklinik Franke in Innsbruck, bei einer Operation als Anästhesistin zu assistieren, nicht ausschlagen möchte. Sie wolle wieder arbeiten, weil sie keine Lust mehr verspüre, mit ihren Qualifikationen (bestes Staatsexamen) auf ein Kleinkind und einen 13-jährigen Jungen aufzupassen. Allerdings bleibt es nicht bei der OP-Vertretung, sondern Sabina geht anschließend mit dem charmanten Klinikchef essen und stürzt sich mit ihm ins Nachtleben. Maxl, der davon ebenso wenig wie Dr. Burgner weiß, wartet den ganzen Abend bei der Sat.1-Krimiserie »Kommissar Rex« auf seinen Vater und schläft dabei auf dem Sofa ein. Als Dr. Burgner dann heimkehrt, muss er erfahren, dass Sabina nicht nach Hause gekommen ist. Er macht sich Sorgen.

Erst am darauffolgenden Tag meldet sich seine Frau telefonisch und erhält von Thomas widerstrebend das Einverständnis, auch an diesem Tag noch in der Klinik auszuhelfen. Für Thomas bedeutet

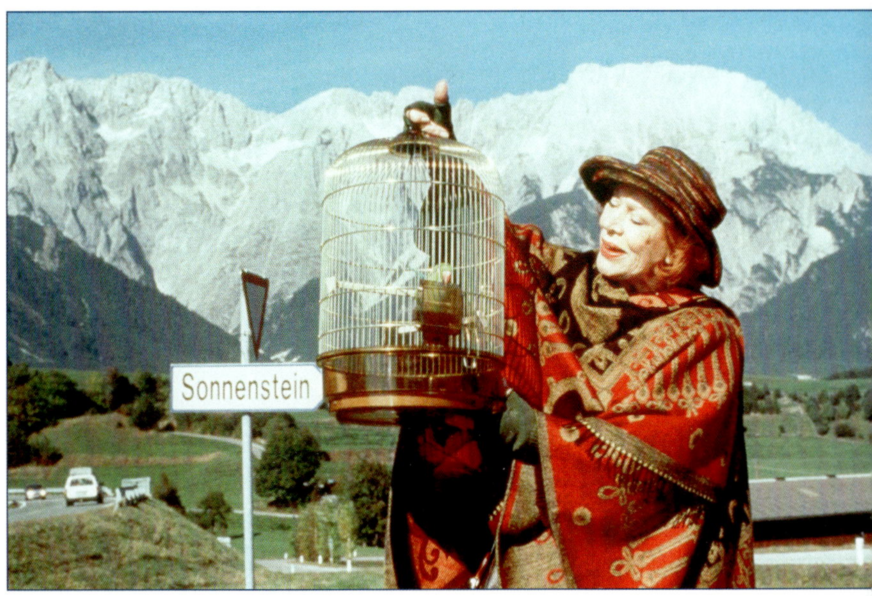

Am Abzweig See an der Mötzer Landesstraße genießt Janna Schultheiss (Gisela Trowe) mit ihrem Papagei die Bergluft.

dies nun einen weiteren Tag ohne seine Gattin, weswegen er gegenüber Maxl Ausreden erfindet, warum Sabina nicht nach Hause komme. Doch Maxl ahnt bereits ein Unheil. Ernsthaft fragt er, ob schon eine Scheidung bevorstehe, was Vater und Sohn angesichts der langen Jahre, die sie allein lebten, allemal sehr traurig stimmt. Doch als Sabina eines Abends zurückkehrt und die Familie überrascht, kehrt auch wieder Frieden ein, da sich Dr. Burgner und Maxl nach einer ausgiebigen Umarmung einverstanden erklären, Sabina für die Zeit ihrer Arbeit zu entbehren und intensiv zu unterstützen.

Unterdessen erscheint eine seltsame alte Dame aus Berlin in Sonnenstein, die die Landschaft malt und unter einer starken Erkältung leidet. Sie will sich nicht von Dr. Burgner behandeln lassen, obwohl die Krankheit bereits ein großes Ausmaß erreicht hat und chronisch geworden ist. Eines Tages bricht sie zusammen und muss zwangsläufig von Dr. Burgner versorgt werden, sodass Traudl gegen ihren Willen David Schultheiss, den Sohn der Frau, benachrichtigt. Dieser trifft umgehend in Tirol ein und erklärt, er habe geplant, seine Mutter in einem Seniorenheim unterzubringen, woraufhin sie jedoch heimlich mit dem Zug nach Österreich (Bahnhof Telfs-Pfaffenhofen) entflohen sei. Den Grund für ihren Besuch möchte die Dame am Krankenbett nur Dr. Burgner selbst sagen: Janna Schultheiss ist die Schwester von Dr. Burgners 1950 verstorbener Mutter und David somit Thomas' Vetter!

Kritik: Gisela Trowe und Thomas Fritsch machen ihre Sache gut. Ein toller Staffelabschluss mit glücklichem Ende. Die typische Seitensprungstory um Sabina mutet recht überflüssig an.

Drehsaison 1995

»Der letzte Sommer«

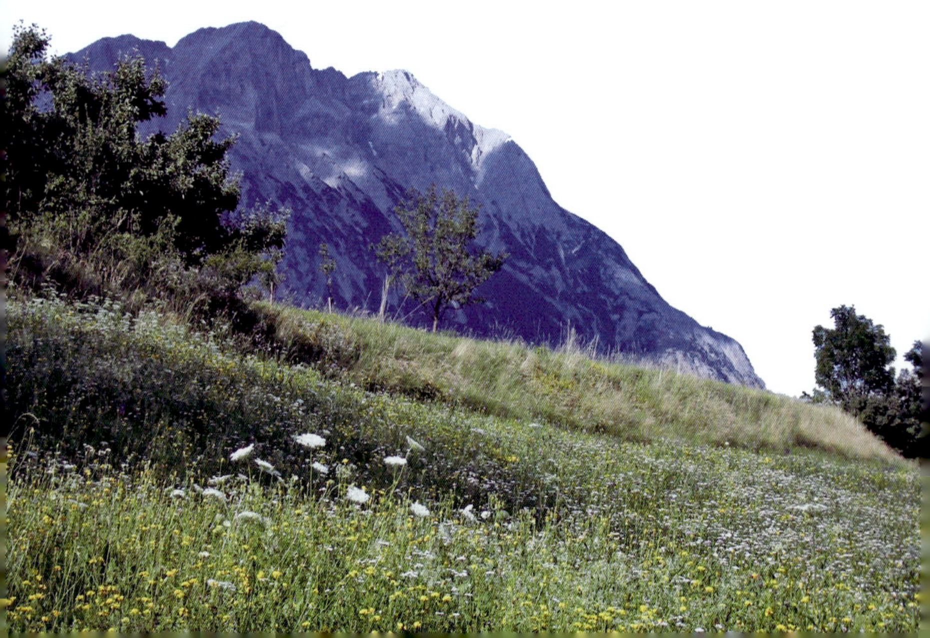

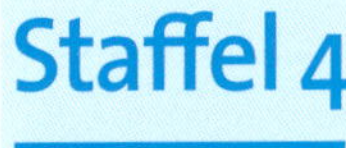

Staffel 4

Aufführung: 4. März 1996 bis 22. April 1996 (13 Folgen)
Aufnahme: März 1995 bis September 1995
Ausführung: Wolfgang Dietrich (Nr. 47–50) / Ulrich König (Nr. 51–59)

Anmerkungen zur 4. Staffel

Wie in den vorangegangenen Saisons sind auch die Folgen der vierten Staffel des Produktionsjahrs 1995 in einen übergeordneten Handlungsrahmen gebettet, darunter vor allem Sabinas sich über mehrere Folgen erstreckende Reise nach Italien. Daraus erschließt sich die konzeptionell angelegte Reihenfolge der Episoden, die allerdings von Sat.1 infolge des senderpolitisch bedingten Ausstrahlungsdesinteresses nicht richtig eingehalten wurde und noch heute falsch durch die Seriendokumentationslandschaft geistert. Episode 51 (»Wildwasser«) gehört konzeptionell zwischen die Folgen 53 und 54 (direkt nach Sabinas Rückkehr aus Italien), während die Episoden 56 (»Ein Lebenstraum«) und 57 (»Quelle der Jugend«) bei der Erstausstrahlung vertauscht wurden: Die Folge 56 knüpft nahtlos an die Folge 55 an (Ankündigung von Tanne Janna) und enthält eine Andeutung, die in Folge 57 wieder aufgegriffen wird (Sabinas Arbeit in der Klinik). Verständlich also, dass sogar die endgültigen Titel der Folgen 57 (manches Mal als 56 benannt) und 58 in der Presse mit den jeweiligen Arbeitstiteln verwechselt wurden (siehe bei Nr. 57 und 58).

Möglicherweise hat auch die organisatorisch notwendige Nachproduktion der Folge 51 zur Verwirrung beigetragen: Sie entstand im Zeitraum August/September 1995 zusammen mit den Episoden 57, 58 und 59 und damit drei Monate später als suggeriert. Dagegen bilden die Frühjahrsfolgen 47, 48 und 49 quasi eine Einheit im Zeitraum März/April, die Folgen 50 und 52 im Mai, der Rest bis zur Episode 55 (bzw. bis zur anschließenden Nr. 56) im Juni/Juli. Folge 53 wurde entsprechend dem Herz-Jesu-Fest im Juni 1995 produziert, und Folge 59 bildete im September 1995 tatsächlich den Abschluss der Saison. Pro Folge können eine bis zwei Wochen für die reine Drehzeit gerechnet werden.

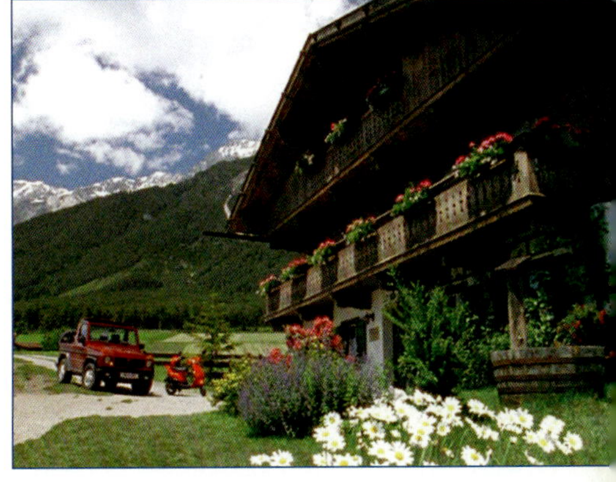

Das Bergdoktorhaus im Jahr 1995. Diese Einstellung wurde oft als Establishing Shot verwendet.

47) Tropenfieber

45 Min. | Gäste u. a.: Karlheinz Böhm, Maxl Graf, Ingeborg Schöner, Gerhard Riedmann | Buch: Gabriele Kister

Anmerkung: Die Gage von Karlheinz Böhm betrug 50.000 D-Mark. Sie wurde gespendet.

Noch liegen die Häuser Sonnensteins und die flankierenden Berge unter einer hohen Schneedecke, als Traudl den schmalen Pfad zum Doktorhaus emporsteigt und mit ihrem Schlüssel die Praxistür öffnet. Als sie das Vorzimmer betritt, erwartet sie eine Überraschung: Thomas, Sabina und Maxl, der in diesem Jahr lange Haare trägt, haben sich zu einem Chor eingefunden, um Traudl singend die Geschenke zu ihrem Geburtstag zu überreichen. Doch bevor ausführliche Pläne über ein Geburtstagsfestessen diskutiert werden können, liefern zwei Möbelpacker Dr. Burgner neue Praxisgeräte, sodass man übereinkommt, die Feier auf den Abend in den Angerer zu verlegen.

Wenig später erwartet Traudl eine zweite Überraschung: Ihre frühere Schulfreundin Christl Wild kommt urlaubshalber von ihrer äthiopischen Mission der Hilfsorganisation »Menschen für Menschen« nach Sonnenstein und bringt ihren karitativen Chef, den Karlheinz Böhm, als Gast mit. Das weckt großes Interesse bei Thomas und Pankraz, wollen sie als medizinische Gelehrte doch nur allzu gern mehr über den ehemaligen Schauspieler und seine aktionsreichen Afrikareisen erfahren. Die Feier beim Angerer bietet hierzu hinreichende Gelegenheiten, weil Herr Böhm gern zu fachspezifischen Erzählungen über seine heikle Arbeit neigt. Traudl und Christl ziehen es jedoch zunächst vor, die letzten vier Jahre, die sie sich seit dem gemeinsamen Besuch der Schwesternschule nicht gesehen haben, Revue passieren zu lassen, zumal Christl viel über ihre jetzige Arbeit zu berichten weiß und das Sonnenplateau zehn Jahre lang nicht mehr zu Gesicht bekommen hat. Bei einem gemütlichen Spaziergang durch die verschneite Landschaft offenbart aber auch Traudl ihre derzeitige Lebensempfindung, die – bedingt durch ihren Geburtstag – relativ gelangweilte und Herausforderungen suchende Züge trägt. Sie fürchtet sich vor einer immer gleichmäßig voranschreitenden Zukunft und möchte lieber anderen Wegen folgen, obwohl sie sich durchaus vorstellen könne, ewig bei Dr. Burgner und seiner netten Familie zu bleiben.

Im März 1995 fehlt noch der Blumenschmuck am Gebäude.

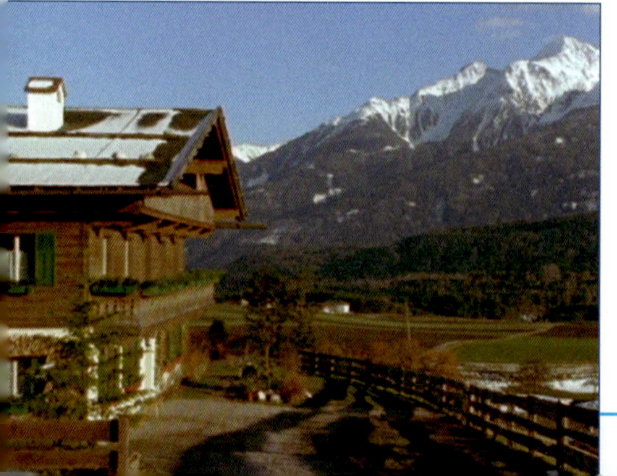

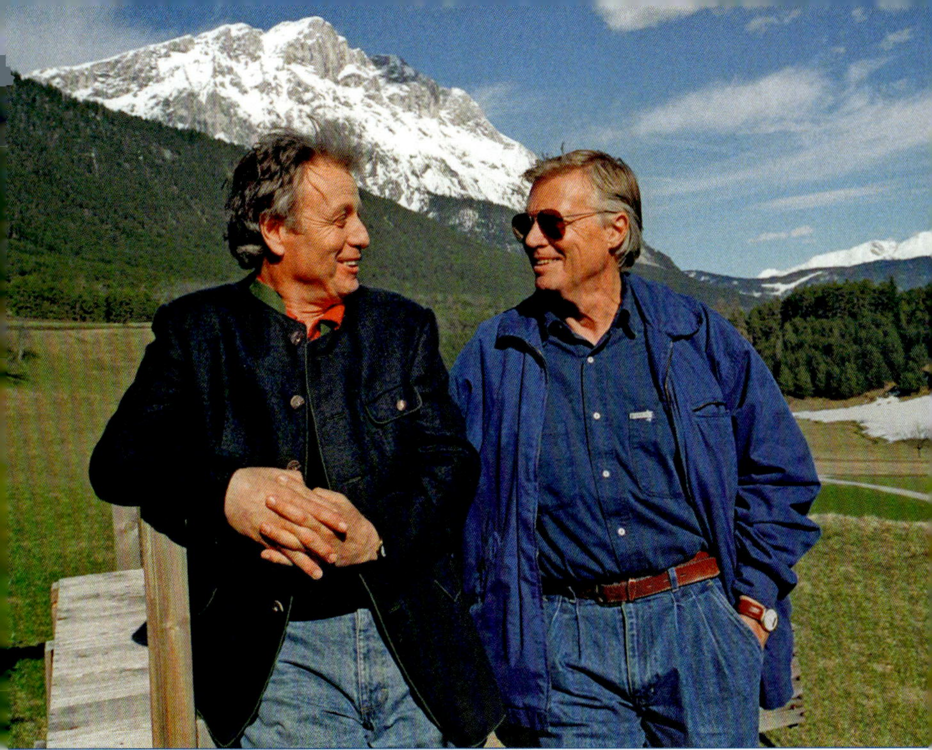

Gerhart Lippert und Karlheinz Böhm freuen sich am 25. März 1995 über ihr Wiedersehen in der Serie. Sie spielten schon bei Sissi zusammen.

Am Abend schließlich sind jene Worte allerdings in den Hintergrund gerückt, als Karlheinz Böhm beim Angerer die Schwierigkeiten der afrikanischen Landbevölkerung vorträgt. Tief beeindruckt von solch exotischen Wirklichkeiten, aber auch ermüdet verabschiedet sich Sabina mit Julia von der Gesellschaft und wird von Maxl, der laut Dr. Burgner noch Mathe lernen müsse, nach Hause begleitet. Nachdem auch die restlichen Gäste den Weg aus dem Lokal angetreten haben, bleibt lediglich ein Ferkel, welches Pankraz als Honorar erhielt und aufgrund eines Vorschlags Maxls, der sich intensiv um das Schwein gekümmert hatte, an Traudl verschenkt wurde, unbeaufsichtigt zurück. In einem kurzen Moment stößt es den Heizstrahler um und verursacht so einen sich rasch ausbreitenden Brand. Christl, die hinzukommt, weil sie ihre Fotosammlung vergessen hat, erleidet einen plötzlichen Kollaps, während Elfi und Alois Angerer sofort und in höchster Aufregung versuchen, das Feuer einzudämmen. Nachdem die Feuerwehr eingetroffen ist, werden Brandwunden und Rauchvergiftungen von Thomas, Sabina, Traudl und hilfsweise von Maxl in der Praxis behandelt, um die Schäden möglichst gering zu halten. Dennoch muss Frau Angerer vorsorglich in die Klinik eingeliefert werden, und auch Christl überwindet den Anfall nicht. Dr. Burgner diagnostiziert bei ihr zunächst Malaria, was grundsätzlich problemlos

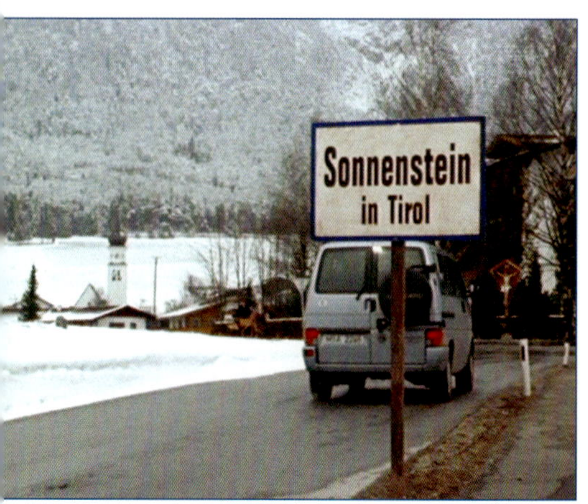

Nur für den Film heißt das Dorf Sonnenstein, hier mit einem Mannschaftsbus der Filmgesellschaft.

heilbar ist, doch ergeben nähere Untersuchungen leider eine ähnliche, aggressivere Form dieser Krankheit: viszerale Leishmaniose. Christl wird alsbald in die Klinik nach München-Großhadern überführt und fällt damit vorerst für die nächste bevorstehende Afrikamission aus.

Dann erkennt Traudl eine Lösung dieses Problems und gleichzeitig eine Lösung ihrer existenziellen Ängste: Sie nimmt ihren Mut zusammen und erklärt sich spontan bereit, an Christls Stelle nach Afrika zu gehen. Da Sabina vorerst zusagt, die Arbeit Traudls zu übernehmen, finden weder Dr. Burgner noch Christl noch Karlheinz Böhm Einwände gegen dieses Vorhaben und verabschieden Traudl bei einer gemeinsamen Sektrunde in der Küche der Burgners. Maxl, der die Sprechstundenhilfe abschließend noch zum Essen einladen möchte, spricht ihr im verschneiten Garten seine eigenen Abschiedsworte zu und betont, er wisse nicht, wie es ohne seine *»große Schwester«* weitergehen solle. Doch allen Prophezeiungen zum Trotz ist es ein lohnenswerter Grund, die Arbeit beim »Bergdoktor« aufzugeben, und Traudl verlässt Sonnenstein endgültig und mit gutem Gewissen.

Dass es zuvor noch einige wenige Missverständnisse um Traudls Abschied gab, begründet sich einerseits in einem Anruf von Sabinas Mutter, bei dem sie ihrer Tochter mitteilte, dass es ihr nicht gutgehe und sie Sabina sofort sehen wolle. Dr. Spreti machte sich unverzüglich auf die Reise, nahm Julia mit und ließ sich zum Abschied von Franzi versprechen, Maxl etwas mit Essen zu versorgen. Maxl selbst solle die Schule nicht vernachlässigen und ferner den übrigen Haushalt übernehmen. Damit war für Vater und Sohn die »Männerwirtschaft« komplett.

Andererseits vermutete Franzi in einer Umarmung von Thomas und Traudl sowie dem plötzlichen Verreisen Sabinas eine Liebesbeziehung zwischen Arzt und Sprechstundenhilfe und gab Maxl zu verstehen, dass er nicht traurig sein solle und immer wissen müsse, wo er hingehöre. Franzi richtete sogar deutlich kritische Worte an Traudl, bis Maxl hinzukam, sich auf Traudls Seite stellte und so das Missverständnis rechtzeitig vor der Abreise aufklären konnte.

Kritik: Karlheinz Böhms Geschichten aus Afrika wurde viel Raum eingeräumt. Das lässt die Folge etwas überdehnt erscheinen. Es fehlt etwas an verdichteter Handlung und Kurzweile. Dafür sind Dramatik beim Brand und Wehmut bei den Abschieden von Traudl und Sabina allemal vorhanden!

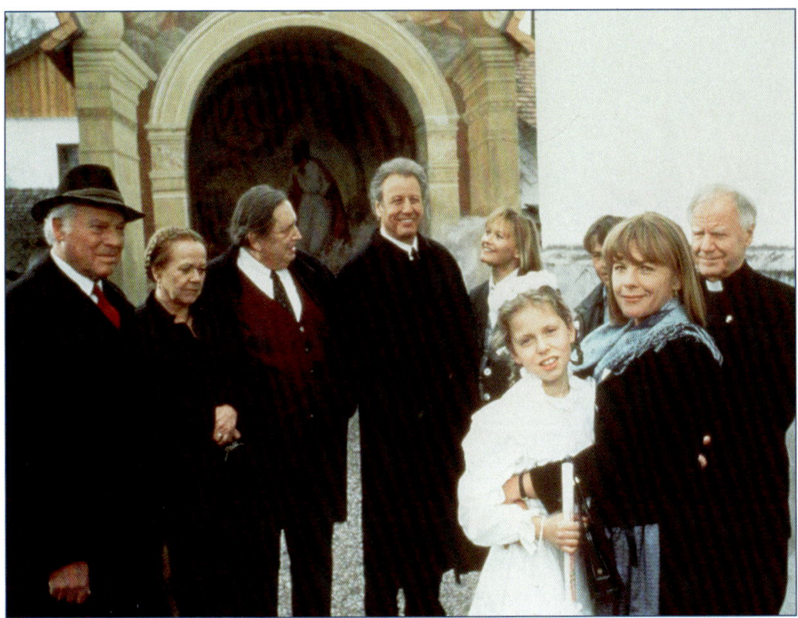

48) Weißer Sonntag

Auf dem Sonnensteiner Kirchhof sind Pankraz, Franzi, Xaver Zirngiebl, Thomas, Christl, Mareile, Maxl, Kathi und Pfarrer Hauberer zur Kommunion versammelt.

45 Min. | Gäste u. a.: Kathi Leitner, Viktoria Fast, Rolf Castell, Georg Marischka

Die Mieminger Bergkette hüllt sich noch immer unter einer zarten Schneedecke in prachtvolles Weiß, wenngleich das frühlingshafte Talgrün weit genug fortgeschritten ist, dass sich die Kinder des Dorfes auf ihre Kommunion vorbereiten können. Die Burgners, Obermayrs und Pirchners können die Aufregung der kleinen Mareile durchaus verstehen; auch Maxl soll bei seiner Kommunion recht nervös gewesen sein, und auch Franzi empfand diesen Tag als etwas ganz Besonderes. Dass jedoch Kathi Schwarzer, die Mutter des Mädchens, extrem gereizt auf jenes Verhalten ihrer Tochter reagiert, bedarf schon etwas mehr Verständnis, wobei aber offensichtlich ist, dass sich die Witwe ihren Lebensunterhalt und die Kommunionsfeier hart erarbeiten muss, unter anderem mit Stallarbeit bei den Zirngiebls. Als Frau Schwarzer mit Mareile wenig später zum Doktor kommt, weil sich das Madl in den Finger geschnitten hat, nutzt Dr. Burgner die Gelegenheit, schickt Mareile in den Praxisvorraum und beginnt ein diagnostisches Gespräch mit der äußerst sensiblen Dame. Er vermutet eine Überfunktion der Schilddrüse und rät Frau Schwarzer, sich alsbald untersuchen zu lassen.

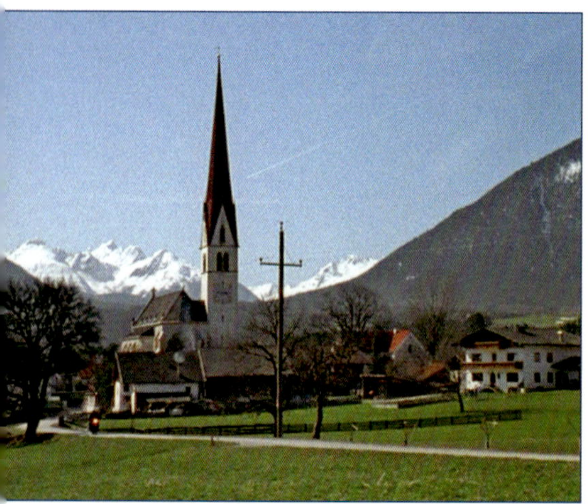

Untermieming bildet den Hintergrund für eine Szene in der Osterfolge 48.

Mareile kann den Kommunionssonntag kaum erwarten. Sofort nachdem sie in der Post ihr Festkleid abgeholt hat, rennt sie über die Wiesen eilends nach Hause und verliert dabei vor dem Zirngiebl-Anwesen das Portemonnaie ihrer Mutter mit über 900 Schilling. Den Verdacht, dass sich das Mädchen mit dem vielen Geld eine Puppe zugelegt haben könnte, erhebt ihre Mutter schon sehr bald, nachdem sie eine solche, die Mareile jedoch vom Hausfreund und Arbeitskollegen der Schwarzer – Peter – geschenkt bekommen hat, in einem Schrank entdeckt. Alle Unschuldsbeteuerungen helfen nicht, da der Übeltäter Peter, der die Geldbörse gefunden und zur Reparatur seines Motorrads verwendet hat, um keine Lüge verlegen ist. Völlig deprimiert sucht Mareile mehrmals das gesamte Dorf ab, bis sie schließlich zu den Obermayrs kommt, wo Maxl gerade sein neues Haustier – das Ferkel Pinky (siehe Nr. 47) – domestiziert. Franzi habe in der Post keine Geldbörse gefunden, aber sie beauftragt Maxl, mit der kleinen Dame abermals den fraglichen Weg abzuschreiten. Doch auch für Maxl bringt die Suche kein befriedigendes Resultat, so gern er Mareile in ihrer misslichen Lage auch helfen möchte.

Am Nachmittag, als Dr. Burgner in Maxls Zimmer kommt, um zu fragen, ob er ihm unten Gesellschaft leisten möge, zählt er am Schreibtisch seine Barschaft mit dem Vorhaben, dem Mädchen das Geld zu ersetzen. Thomas warnt vor den Gefahren einer solchen Lösung, kann man Lügen doch nicht immer mit Lügen vergelten. Dennoch lässt er sich von seinem Plan nicht abbringen: Am nächsten Tag begegnet Maxl Mareile mit dem Fahrrad und übergibt ihr ein neues, mit 900 Schilling gefülltes Portemonnaie, welches er vorgeblich gegen das Alte getauscht habe, das er im Dreck gefunden habe. Das Madl ist froh über diese Geste, doch kauft ihr Kathi Schwarzer die Geschichte nicht ab, zumal Peter zuvor die wirkliche Geldbörse – allerdings ohne Inhalt – zurückgegeben hat. Kathi macht beim Pfarrer die Kommunionsanmeldung rückgängig, und Mareile verschwindet daraufhin von zu Hause.

Erst als Maxl bei einem gemeinsamen Essen beim Angerer seine gutgemeinte Tat gesteht und Thomas einmal ernsthaft mit Frau

Schwarzer redet, klärt sich die Sache auf: Völlig zerschlagen über ihr eigenes Verhalten nimmt Kathi die Suche nach Mareile mit Dr. Burgner auf und findet dabei schließlich ihren Peter, der mit seinem Motorrad einen Unfall hatte und aufgrund der schweren Verletzungen, die er dabei davontrug, alle Schandtaten gesteht. Mareile verweilt derzeit beim Pfarrer in der Kirche.

Die zahlreichen Kontroversen in der Familie Schwarzer berühren Dr. Burgner nur am Rande, hatte er mit seiner eigenen Frau doch genügend Probleme. Sabina kam am Sonntagnachmittag laut hupend heim, begrüßte ihren Gatten, wunderte sich über Maxls wiederhergestellte Kurzhaarfrisur und verkündete am Abend schließlich die negative Nachricht: Ihre Mutter in Verona leide an einem bereits fortgeschrittenen Grünen Star und benötige dringend ihre Hilfe; sie müsse am nächsten Tag abermals, und diesmal für länger, nach Italien reisen. Thomas reagierte auf diese Nachricht zwiegespalten, doch immerhin konnte er zwischenzeitlich Christl Wild – wieder in gesundem Zustand – als neue Sprechstundenhilfe engagieren. Lediglich Maxl beklagte sich bei einer Tasse Kaffee in Franzis Küche, dass er Sabina vermisse und niemanden zum Reden habe. Nebenbei bekam er von Franzi Haushaltstipps und verfärbte sogleich die erste Weißwäsche in ein zartes Rosa. Doch das trage der moderne Arzt eben, wie er sich rechtfertigte.

Kritik: Nicht noch eine Kindergeschichte, sondern durchaus eine mit viel Hintergrund und psychischer Dramatik inszenierte Story. Auch traditionelles Wissen fließt gut mit ein.

49) Eine wahre Liebe

45 Min. | Gäste u. a.: Dietmar Schönherr, Hermann Giefer | Buch: Uta Berlet

Anmerkung: Dietmar Schönherr wurde 1926 in Innsbruck geboren und starb 2014.

Telefonisch kommuniziert Dr. Burgner mit seiner verreisten Gattin und gibt ihr deutlich zu verstehen, dass das Leben ohne sie keineswegs einem Zuckerschlecken gleiche. Im Gegenteil! Maxl stöhne bereits unter der Doppelbelastung von Schule und Haushalt und koche unter dem Einfluss einer englischen Brieffreundin nur noch englische Gerichte. Tatsächlich scheint Maxl mit dem Haushalten noch immer zahlreiche Probleme zu haben, weil einfach nichts richtig gelingen will: Das Lieblingshemd seines Vaters zerreißt an der Leine, und die Fenster werden beim Frühjahrsputz nicht streifenfrei. Stattdessen stolpert er mit einem Fuß in das Laugenwasser und muss Franzi bitten, wenigstens für das Abendessen zu sorgen. Nebenbei pflegt Maxl über das schnurlose Telefon die Brief- oder vielmehr Telefonfreundschaft mit einer Engländerin namens Harriet und wehrt die utopisch hohe Telefonrechnung damit ab, dass er für Englischarbeiten lernen müsse und dadurch im letzten Test sogar eine Zwei erreicht habe. Als Dr. Burgner jedoch vom stationären Telefon aus die Gespräche verfolgen kann und schließlich in Maxls Zimmer nach dem Rechten sieht, ist dieser lediglich damit beschäftigt, der Angelsächsin »Hiatamadl« von Hubert von Goisern auf CD vorzuspielen, ihr mitzuteilen, dass er ihre Gegenwart wünsche, und sie zu fragen, ob sie etwas gegen die zahlreichen Sommersprossen auf seiner Nase habe. Seinen nachfragenden Vater lügt er daraufhin sogar frech an und behauptet, er telefoniere mit *»Sepp«* wegen der Englischarbeit.

So verständnisvoll Thomas auch sonst auf die sogenannten *»Pubertätsschübe«* reagiert, als Maxl schließlich das Essen aus dem Hotel liefern lässt, muss er ihn ernstlich zur Rede stellen, denn früher hätten es Vater und Sohn doch auch alleine ausgehalten. Mit der Erkenntnis, dass Dr. Burgner das meiste damals selbst erledigt habe, sind sie sich einig: Sabina muss wieder her. – In dem Moment allerdings meldet sich Sabina per Telefon und teilt der Familie einfühlsam mit, dass sie aufgrund der verschlechterten gesundheitlichen Situation ihrer Mutter wohl noch länger in Verona bleiben müsse. Laut aufschreiend reagiert Maxl auf diese Meldung, reißt seinem Vater den Hörer aus der Hand und gibt Sabina zu verstehen, dass er im Falle einer unterbleibenden Rückkehr selbst nach Italien reisen müsse ...

Pankraz hält den Kontakt mit lediglich einer Brieffreundin gar nicht für effizient, sondern schlägt seinem Enkel eine reale Partnerin aus Fleisch und Blut und mit Englisch als Muttersprache vor. Bei diesem Gespräch bringt er Maxl morgens mit der Ponykutsche zum Schulbus (»Tyrol-Reisen«) und kehrt danach zum Frühstück zu Franzi zurück, die sich beschwert, dass sie von Maxl und Pankraz inzwischen »Oma« genannt werde. Während Pankraz allerdings mit seinen Wünschen nach einem hübschen amerikanischen Mädchen in Wynona Harrison, die mit ihrem Opa eine Urlaubsreise durch Europa durchführt, am Vormittag ein passendes Wesen entdeckt, erkennt Franzi am Abend in eben jenem Opa ihren damaligen Liebhaber aus Finsterberg wieder: Jack Harrison war in den 1950er-Jahren, als Franzi ihre Patentante bis zum Tode pflegte, als amerikanischer Soldat in Finsterberg stationiert und unterhielt mit der bezaubernden Österreicherin eine Affäre. Der Amerikaner hatte Franzi bereits am Mittag an der Poststelle gesehen und erinnerte sich sogleich an die damalige Liaison, wusste jedoch nicht genau, ob Frau Pirchner wirklich seine alte Liebe war. Um das herauszufinden, stellte er Maxl, der gerade mit dem Bus von der Schule kam, einige Fragen über die Dame und betonte, er suche nach einer Sophie. Maxl konnte daraus nur schließen, dass der schon alternde Amerikaner auf ein »*Anbaggern*« aus sei, und antwortete, es handele sich bei der Postlerin lediglich um die Franziska. Am Abend jedoch, als Mister Harrison und seine gerade vom Paragliding heimgekehrte Wynona Pankraz' Einladung folgen und die Obermayrs zum Speckknödelessen besuchen, finden jene Verwirrungen angemessene Erklärungen: Denn Franzi hat offensichtlich eine Vielzahl an Vornamen. Damit hat Pankraz jedoch nun ein deutliches Problem.

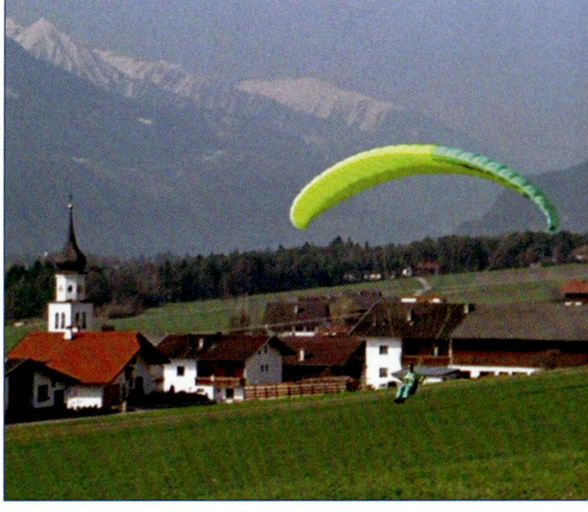

Paraglider über dem Dorf Wildermieming.

Die wieder aufflammende Liebe zwischen Franzi und ihrem Jugendfreund Jack tut der sonst so nüchternen Dame richtig gut, und sie genießt die Ausflüge ins Telfser Heimatmuseum sowie die Eifersucht von Pankraz als kleine Rache für dessen romantische Fantasien bei Wynona. Die Liebe geht so weit, dass Jack Franzi sogar mit nach Pennsylvania nehmen möchte. Extrem eifersüchtig und jähzornig stellt sich nun Pankraz gegen den zuvor von ihm so hochgelobten Jack und lässt ihn allein eine Wanderung in die Berge unternehmen – ohne zu wissen, dass er ein schwerer Diabetiker ist. Was geschehen muss, muss geschehen: Der Amerikaner stürzt und erleidet ein Zuckerkoma, bleibt verletzt liegen und ist auf die Hilfe der Bergrettung angewiesen. Diese wird von Franzi und Dr. Burgner informiert und sucht das Gebiet von Telfs aus mit einem Hubschrauber ab. Luis und Thomas entdecken den Verunglückten unterhalb eines Gletschers und bringen ihn schnellstmöglich per Helikopter in die Klinik. Für Pankraz ist das Grund genug, sich zu entschuldigen, und für Franzi der entscheidende Hinweis, nicht in die USA auszuwandern.

Nach dem Ende ihres Österreichurlaubs soll die Europareise schließlich mit einem Mietwagen aus Telfs Richtung Italien fortgesetzt werden. Für Maxl ist das die Gelegenheit, dem Haushaltsstress zu entfliehen und zunächst einmal über das Wochenende nach Verona zu verreisen. Denn er wäre zuvor noch nie in Italien gewesen und brauche dringend Erholung, und wenn er aufgrund einer Sommergrippe länger dort verweilen müsse, wäre das auch nicht so schlimm ...

Kritik: Hier steckt einiges drin: viel Gefühl und viel Familienstory. Leider musste wieder einmal ein Unfall als Zuspitzung und Wendepunkt fungieren – aber das gehört eben zum Konzept.

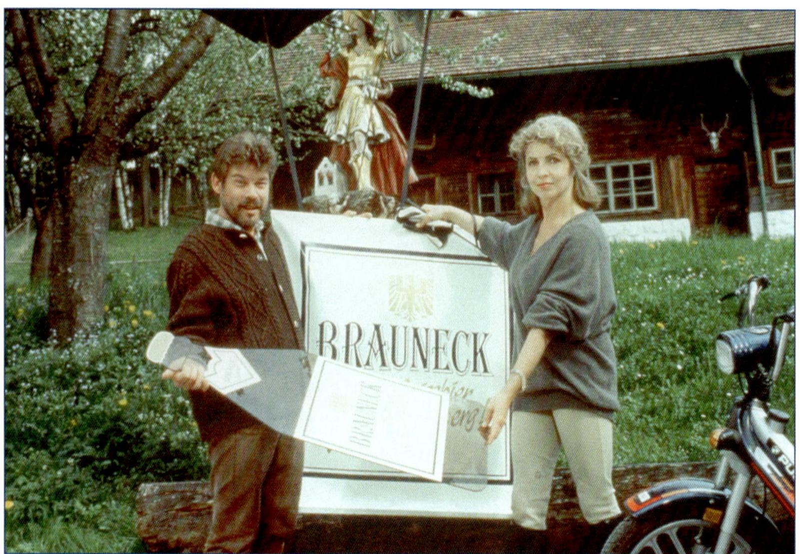

Alexandra von Brauneck und Schlossverwalter Rufus machen Werbung für die Brauerei des Grafen.

50) Der Bierdieb

45 Min. | Gäste u.a.: Michaela May, Werner Asam, Maxl Graf, Hanno Pöschl, Jenny Kreindl

Wegen der angekündigten und laut Sabina nicht fingierten Sommergrippe muss Maxl noch länger mit seiner Stiefmutter in Verona bleiben. Dr. Burgner nutzt indessen seine Abgeschiedenheit, um zu den Mahlzeiten einige gute Bekannte, unter anderem auch Alexandra von Brauneck auf dem gleichnamigen Schloss, zu besuchen. Dort geht es derzeit aufgeregt zu, da Markus von Brauneck auf Geschäftsreise in Japan ist und gerade jetzt der Absatz des Weißbieres der Schlossbrauerei sinkt. Zudem verschwinden unerwartet einige Bierfässer, die von Rufus, dem Brauereiverwalter, heimlich an die Witwe und Geschäftsführerin des Kirchbräu-Bieres, Elfi Perschinger, verkauft wurden. Bei einer dieser illegalen Übergaben wird Rufus allerdings von dem entflohenen Sträfling »Hecker-Gustl«, dem sogenannten Stiermörder aus Folge 35, der sich in den Bergwäldern versteckt hält, beobachtet und daraufhin erpresst.

Dank Pankraz' unfehlbarer Bierkenntnis kann die Gräfin den Schwindel aber schnell durchschauen, weil Dr. Obermayr das Brauneck-Bier trotz der falschen Etikettierung bei einer Wanderrast in der »Moosalm« herausschmeckt. Auch Toni Gilch und sein Helfer Rudi tragen mit ihrem Ehrgeiz zur Lösung des Falles bei, da sie sich zum Ziel setzten, anstatt Bagatelldelikte zu bearbeiten, alles zu versuchen, um den Häftling wieder einzufangen. An der Zufahrtsbrücke zum Schloss Brauneck kann der engagierte Gendarm den Flüchtigen mit dem Fahrrad stellen.

Die Gräfin hat nach dem Durcheinander der letzten Tage keine Probleme, ihrem Brauereiverwalter zu verzeihen, rief er doch mit seinen skandalösen Machenschaften eine Umsatzsteigerung hervor und rettete zudem dem kleinen Johannes, der eine Knopfbatterie verschluckt hatte und von Dr. Burgner und Christl behandelt werden musste, das Leben.

Auch Gustl scheint im Grunde seines Herzens kein schlechter Mensch zu sein: Er rettete Herrn Konrad das Leben, als dieser abends beim Kräutersammeln von einem Gewitter überrascht und von einem Blitz gestreift wurde. Per Schubkarre brachte er ihn zum Doktor und sorgte somit auch dafür, dass Herr Konrad in der Lokalzeitung erschien und sich bei Gustl bedanken konnte.

Kritik: Eine harmlose Episode als Lückenfüller. Ohne Werner Asams hervorragende Schauspielleistungen, die Landschaftsaufnahmen und den gelungenen Soundtrack wäre die Folge eigentlich überflüssig.

51) Wildwasser

45 Min. | Gäste u. a.: Mareike Baldauf, Hermann Giefer | Buch: Robert Thayenthal

Dr. Burgner ist froh, dass seine geliebte Gattin für einige Tage nach Sonnenstein zurückkehren konnte. Umso mehr umsorgt er sie beim morgendlichen Frühstück auf der Gartenterrasse, während sich Sabina im Klaren darüber ist, dass sie sich verstärkt um ein harmonisches Familienleben kümmern muss. Ihr erster Schritt in diese Richtung ist heute, mit Maxl eine Wildwasserfahrt auf dem Inn zu unternehmen, wozu sie den vermeintlich noch Schlafenden mit lauten Rufen von unten bereits wecken will. Für Maxl jedoch kann von Schlafen keine Rede mehr sein: Angeblich sei er morgens bereits zehn Kilometer gejoggt.

Wenig später treffen sie auf dem Rafting-Gelände in Haiming am Inn ein und tragen – mit Helm, Anzug und Schwimmweste sowie unter dem Kommando des Gruppenführers Luis Kofler – das Schlauchboot zum Flussufer. Noch einmal versucht Luis, seine Begleiter auf die Gefahren der Stromfahrt hinzuweisen, doch kann es Maxl gar nicht schnell genug sein. Zunächst geht es gemächlich, dann immer turbulenter die Wassermassen abwärts, entlang waldreicher Natur und einem Kiesreservoir am Rande des Flusses. Plötzlich gerät das Boot in eine Seitenlage und kippt mit der gesamten Mannschaft um. Sabina klammert sich an das treibende

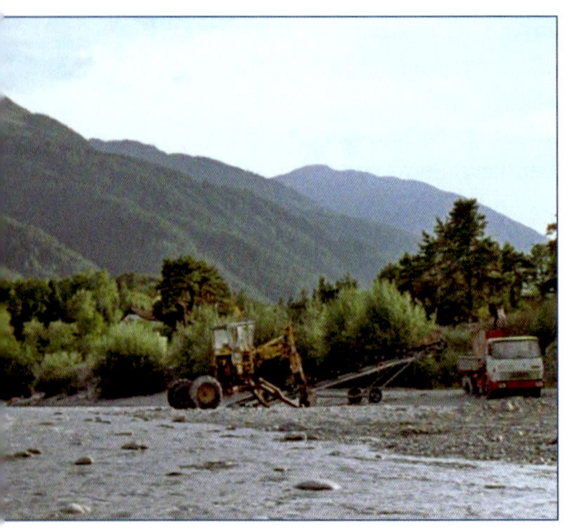

Kajak und ruft angsterfüllt nach Maxl, der aber völlig entspannt auf der anderen Seite wieder auftaucht und einen Sprutz Wasser ausspuckt. Luis schimpft über die schlechte Kondition seiner Truppe, richtet aber fachgerecht das Schlauchboot wieder auf, sodass die Reise weitergehen kann.

Indes hat ein kahlköpfiger Mann namens Ferdinand Brandner aus Wien arge Probleme mit seinem Motorrad. Er schafft es gerade schiebend bis zum Landschaftsweg hinter dem Haus der Burgners und fragt aus der Ferne den noch mit dem Frühstück beschäftigten Arzt nach dem Weg zum Rogler-Hof. Hilfsbereit – dafür ist Thomas schließlich bekannt – bringt er den weit Hergereisten mit seinem Jeep zum Bauernhof von Lena Rogler, die – wie er erfährt – früher ein Verhältnis mit dem Wiener hatte und daraus eine Tochter hervortrug. Was weder Thomas noch Ferdinand wissen, ist, dass die 14-jährige Silvia zusammen mit Franzi den Besuch des Motorradhändlers per Brief veranlasst und für diese Zeit Lena Rogler zu ihrer Schwester geschickt hat. Silvia sollte endlich ihren Vater kennenlernen, doch ist sie bei dieser ersten Begegnung so sehr von seinem Aussehen enttäuscht, dass sie nur patzig auf dessen Fragen reagiert. Kevin Costner hätte sie gern als Vater gehabt und keinen »*Eierkopf*«. Während Herr Brandner vorerst betreten und abwartend im Hause Rogler bleibt, hat Silvia mit ihrer Komplizin im Kräutergarten eine eher niederschmetternde Unterredung und schlendert hernach in sich gekehrt durch das Dorf. Dr. Burgner, der gerade vorbeifährt, um Sabina und Maxl vom Rafting-Camp in Haiming abzuholen, bietet ihr an, mitzukommen, um ihren Frust für kurze Zeit zu vergessen.

Anmerkung: Die Wildwasserszenen entstanden nicht nur auf dem Inn in Haiming, sondern vor allem in der Imster Schlucht (»Memminger Walze«).

Als Silvia im Camp allerdings erfährt, dass ihr eine Wildwasser-Tour nur in Begleitung eines Erwachsenen gestattet werden könne, beginnt sie abermals zu schimpfen. In dem Moment kehren die Extremsportler samt Bootsanhänger von ihrer Fahrt zurück und verstauen die Utensilien wieder in den Garagen. Maxl bemerkt Silvias schlechte Laune und wird von Dr. Burgner gebeten, das Mädchen ein Stück zu begleiten, um deren Problem unter Gleichaltrigen zu besprechen. Das gelingt wohl auch, denn schon am darauffolgenden Tag kehren Maxl und Silvia ein weiteres Mal und ohne das Wissen von Ferdinand oder Thomas mit dem Fahrrad zum Kanulager zurück. Die Fahrten seien zwar ausgebucht, wie sie dort erfahren, doch Silvia packt beim Anblick der Ausrüstung die Lust: Warum nicht ein Boot entwenden und ohne Führer ein wenig umherrudern? Es würde ja niemand bemerken. Maxl begegnet dieser Eingebung der übermütigen Rogler-Tochter recht zögerlich, doch lässt er sich gern mit dem Argument überreden, er sei ihr schließlich ein guter Begleitschutz. Die beiden nehmen daraufhin ein Zweimanngummiboot und treiben den Inn abwärts, bis sie die ersten Stromschnellen erreichen.

Schnell verlieren sie die Kontrolle, und bevor Maxl umkehren kann, geht das Boot quer und wird überspült. Leicht erschrocken und mit einigen Schwimmschwierigkeiten begibt sich Silvia zu einer Kieshalde im Flussbett und klammert sich an einen Abraumbagger, während Maxl versucht, das Schlauchboot am Abtreiben zu hindern. Plötzlich verlagert sich das Gewicht des Baggers nach hinten und klemmt mit dem Förderband Silvias Fuß ein, sodass sie aufschreiend nach Maxl ruft, jedoch unter Wasser gezogen wird. Maxl lässt daraufhin das Boot treiben und schwimmt ihr eilends zu Hilfe. Da es ihm nicht gelingt, das Förderband beiseite zu drücken, kann er lediglich den Körper des Mädchens hochhaltend davor bewahren, immer wieder mit dem Kopf unter Wasser zu geraten. Weinend schreit sie, er solle etwas unternehmen, doch kann er sie vorerst nur beruhigen und nach Hilfe Ausschau halten.

Nach dem Unfall im Kieswerk sind alle wieder glücklich: Maxl, Thomas, Ferdinand, Silvia und Lena.

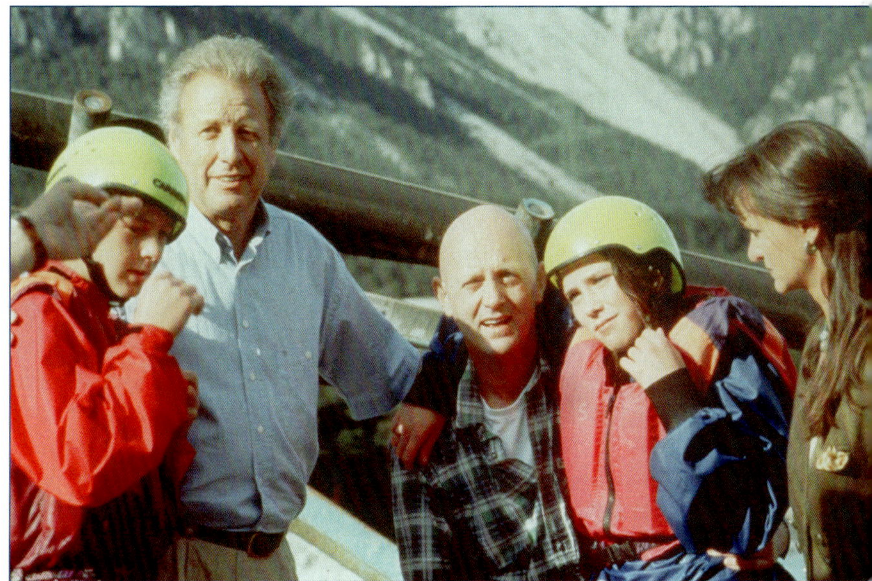

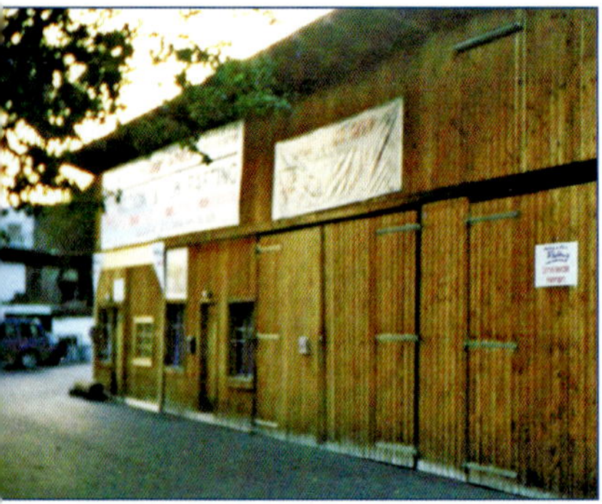

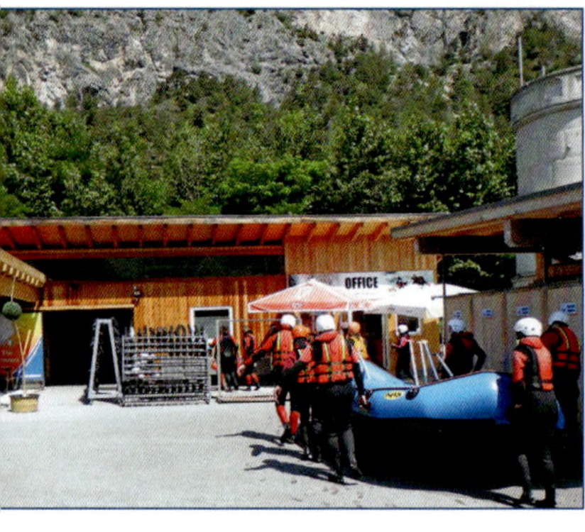

Das Rafting-Camp in Haiming hat sich im Laufe der Jahre verändert: oben am 15. Oktober 1999 noch, wie es im Film erscheint, darunter am 4. Juli 2019.

Plötzlich rudert Luis mit einer Touristengruppe am Kieswerk vorbei, scheint dort aber niemanden zu bemerken. Während sich Silvia an die Maschine klammert, besteigt Maxl das Führerhaus des Baggers und bittet laut rufend und winkend die Vorbeifahrenden um Hilfe. Luis erkennt zwar, dass dort einer Gefahr zu begegnen ist, doch kann er das Boot aufgrund der starken Strömung nicht wenden, und Maxl muss das Winken aufgeben.

Am Ende seiner Fahrt telefoniert Luis per Handy mit Dr. Burgner und teilt ihm mit, er habe Maxl auf einer Maschine im Flussbett turnen sehen und verstehe nicht, warum er nicht ans Ufer schwimme. Außerdem habe er eines der kleineren Boote kieloben am Flussrand gefunden und wisse nicht, wo sich das Mädchen aufhalte. Thomas befindet sich gerade bei Franzi, wo es unerwartet zu einer Begegnung zwischen Ferdinand Brandner und Lena Rogler gekommen ist. Bevor nähere Erklärungen und Gespräche stattfinden können, schlägt der Arzt Alarm und nimmt die beunruhigten Eltern mit zu der Unglücksstelle im Flussbett. Sie finden Maxl und Silvia in einem verzweifelten wie auch erschöpften Zustand vor und erkennen zunächst keine Möglichkeit, den Bagger von Silvias Fuß zu heben. Dr. Burgner hat die rettende Idee und befestigt mit Ferdinand ein Seil zwischen dem Förderband, der Stoßstange eines LKWs und dem Jeep des Doktors. Während Lena und Ferdinand im Wasser nachhelfen, versucht Thomas in seinem Allradfahrzeug, die Maschine wenige Zentimeter von der Stelle zu bewegen, was aber erst nach dem zweiten Anlauf gelingen will. Bevor der Bagger nun wieder ins Wasser zurückgleiten kann, wird Silvia an Land getragen und von ihrer Mutter sowie ihrem Vater liebevoll in den Arm genommen. Auch Dr. Burgner umarmt seinen Sohn und erkundigt sich nach seinem Befinden, doch haben glücklicherweise weder Maxl noch Silvia – außer Unterkühlung – ernstliche Schäden davongetragen.

Als sich die Gesellschaft später bei Franzi trifft, kommt es nicht mehr zur Klärung der offenen Fragen. Stattdessen müssen Maxl und Silvia als Strafe für ihre unerlaubte Bootsfahrt im Lager Säuberungsarbeiten vornehmen.

Auch Herr Konrad hat zwischenzeitlich ein Anliegen: Er beschwert sich bei Dr. Burgner über die inaktuellen Zeitschriften in der Arztpraxis, die ihm zu neuen und verfälschten Krankheiten verholfen haben.

Kritik: Eine der besten Folgen dieser Staffel. Das Thema um den wiedergefundenen Vater ist zwar trivial, aber in dieser Umsetzung doch ganz neu, zudem gefühlvoll und dramatisch inszeniert. Mit toller Musik von Arnold Fritzsch.

52) Am Abgrund

45 Min. | Gäste u. a.: Fritz von Friedl, Toni Böhm, Maxl Graf, Margot Mahler

Nach einer Bergwanderung steigen Dr. Burgner und Pankraz in einen Bus, der von Ferdl, einem am Beginn einer Tablettensucht stehenden Alkoholiker, gelenkt wird. Auf der kurvenreichen Passstraße macht sich plötzlich eine schlingernde Fahrweise bemerkbar: Das Fahrzeug schwankt, rammt Milchkannen und Straßenschilder – und kommt dank Dr. Burgners Eingriff rechtzeitig vor einem Abhang zum Stehen. Der Schreck widerfährt allen Reisenden, hängt der Ausstieg der vorderen Tür doch bereits über dem Bodenlosen. Gendarm Gilch, der ebenfalls als Fahrgast unterwegs ist, überprüft den Zustand des Fahrers daraufhin auf dem Revier, während Thomas eher zufällig den Grund für Ferdls Suchttrieb ermittelt: Seine Stieftochter Jule leidet an chronischer Bronchitis, lässt ihn durch das stetige Husten nachts nicht zur Ruhe kommen und ist zudem gehbehindert. Da der Arzt derzeit noch immer allein zu Hause wohnt, nimmt er sich der verkrachten Familie an, lehrt die kranke Jule bei Pankraz das Reiten und bietet Ferdl eine Privattherapie im Doktorhaus an. Mit entspannendem Fernsehprogramm und aufwendigem Abmähen der großen Wiese neben dem Gebäude per Sense – das wolle Thomas Ferdl sogar als Therapiekosten in Rechnung stellen – gelingt es dem Busfahrer schließlich, seine Sucht zu überwinden. Auch das Verhältnis zu seiner Frau und Stieftochter nimmt anschließend wieder friedliche Formen an, und Gilch – so arbeitsscheu er ist – wirft die zerknüllte Anzeige gegen Ferdl zu den anderen neben dem Papierkorb.

Gleichzeitig hat die Kramerin Anna Pölz ein Problem, nachdem sie sich in den suspekten Kosmetikvertreter Herbert Rosenthal verliebt und seine Salben-Produkte auf einer Verkaufsparty angepriesen hat. Die erfolgversprechenden Cremes weckten bei vielen Sonnensteinern sogleich die Eitelkeit und verliehen deren Gesichtshaut statt schönerer Konturen Hautreizungen und Verpickelungen. Auch der Pfarrer, der laut von der Kanzel gegen die Eitelkeit seiner Schäfchen wetterte, war Opfer dieser Salben, die die

Kritik: Eine rührende Geschichte um die gelähmte Jule und ihren tablettenabhängigen Vater. Ernsthaft, aber auch abgedroschen, weil das Engagement des Doktors – der den Vater sogar bei sich zu Hause aufnimmt, um ihn zu therapieren, und für Jule gleich die richtige Lösung weiß – zu heldenhaft wirkt. Zudem ist es erneut der Doktor, der bei der gut inszenierten Busfahrt als mutiger Retter fungiert.

Kosmetikfirma eigentlich auf der Mülldeponie entsorgen wollte. Herbert, de facto ein LKW-Fahrer, hatte darin seine Chance gesehen, zu Geld zu kommen, muss aber schließlich zusammen mit Frau Pölz gratis Kamillenheilcremes von Franzi verteilen, um den Schaden einigermaßen gering zu halten. Die Einnahmen, die Franzi dadurch erzielt, schenkt sie dem Pfarrer für seine insgesamt 20.000 Schilling teure Kirchturmreparatur.

53) Herz-Jesu-Feuer

45 Min. | Gäste u. a.: Maxl Graf, Karina Thayenthal, Ingeborg Schöner, Gerhard Riedmann | Buch: Robert Thayenthal

Erschrocken erwischt der Gastwirt Alois Angerer seinen Mitarbeiter Ernst beim Entwenden einer halben Million Schilling (ca. 40.000 Euro) aus dem Tresor der Gaststätte. Sofort versuchen Angerer und Toni Gilch, den Dieb noch am Tatort zu stellen, doch findet Ernst im Passat der Biologielehrerin Laura Sterneck schnell ein geeignetes Versteck. Laura Sterneck bemerkt den blinden Passagier allerdings schon kurz darauf während der Fahrt, hält im ersten Schreck unvermittelt an und zwingt den Gauner verbal zum Aussteigen. Der springt auf die Straße und versucht, die Fahrertür aufzureißen, worauf die junge Frau sofort mit Vollgas reagiert. Der Mann schleudert nach vorn auf das harte Straßenpflaster, steht jedoch augenblicklich wieder auf und setzt zu einem Dialog an, den Laura gar nicht erst wahrnimmt. Den Dieb vor ihrem Auto, beschleunigt sie abermals, sodass Ernst über die Motorhaube in ihre Frontscheibe katapultiert wird und seitlich in eine Böschung am Straßenrand abgleitet. Ernst bleibt dort vorerst verletzt liegen, ehe er von Dr. Burgner und Gilch gefunden wird.

Laura Sterneck, die allein mit ihrer Mutter und ihrem Sohn lebt, hat seit der Übernahme einer Bürgschaft ihres Ex-Freundes Bruno (siehe Nr. 4) finanzielle Probleme. Die Hoffnung vor Augen, mit einem Schlag alle Sorgen ausmerzen zu können, nimmt sie ohne Zögern die Beute, die Ernst in ihrem Wagen zurückließ, an sich. Zunächst plant sie, das Geld in einer Höhle in den Bergen zu deponieren und die Angelegenheit abzuwarten, doch stürzt sie bei der Wanderung in die Hochwälder unvorhergesehen in einen Bach. Dr. Burgner und Rufus, die gerade auf dem Weg zur über 1.500 Meter hoch gelegenen Alplhütte sind, um zusammen mit Elfrie-

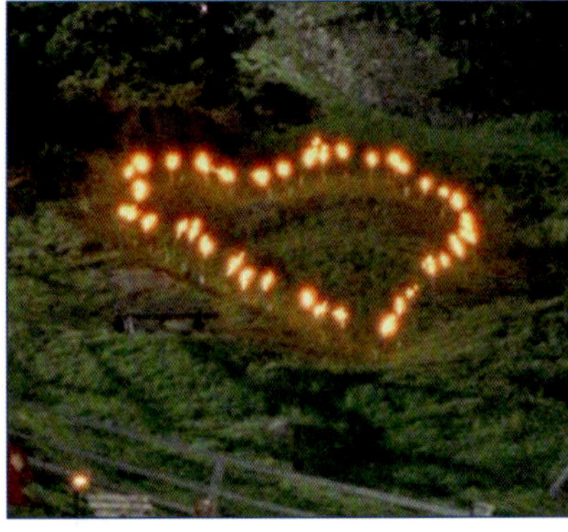

de Angerer das traditionelle Herz-Jesu-Fest auszurichten, kommen ihr eilends zu Hilfe und nehmen sie mit auf das Plateau. Eigentlicher Grundsatz der Herz-Jesu-Feierlichkeiten ist bei den Katholiken die Verehrung des Herzens Jesu zur Zeit der Sonnenwende, wobei mit Fackeln gebildete Figuren weit in die Nacht hinein leuchten sollen, während das gemeine Volk das Fest bei Tanz und Musik verbringt. Noch sind im Bereich der Alplhütte allerdings zahlreiche Vorbereitungen zu erledigen, und indes Herr Konrad schnaufend den Berg hinaufwandert sowie Dr. Burgner Holz für das Feuer sammelt, sucht Frau Sterneck ein geeignetes Versteck für das noch immer heimlich bei ihr befindliche Geld.

Anmerkung: Das Herz-Jesu-Feuer wird in Tirol traditionell am zweiten Wochenende nach Fronleichnam bzw. am dritten Wochenende nach Pfingsten, also zumeist zur Zeit der Sonnenwende am 21. Juni, entzündet. 1995 war dies der 24./25. Juni.

Sie wird dabei jedoch von dem geistig beeinträchtigten Viktor, einer Aushilfe von Elfriede Angerer, beobachtet und anschließend gestellt. Viktor, im Grunde ein naiver und herzensguter Mensch, hat nicht – wie Laura vermutet – für erpresserische Absichten Interesse an ihrer Beute, sondern vielmehr Interesse an der hübschen Lehrerin selbst. Schon seit einiger Zeit stellte er ihr in der Hoffnung nach, ihre Gunst zu gewinnen und ihr Herz zu erobern, doch verfolgt Laura derzeit lediglich geschäftliche Ziele. Mit der Bedingung, nichts von ihren Heimlichkeiten zu verraten, verspricht sie ihm während des Herz-Jesu-Festes eine einmalige Liebesnacht, zu der sie sich später wiedertreffen wollen. Doch als schließlich bei feuchtfröhlicher und anheimelnder Stimmung ein brennendes Herz und ein brennendes Kreuz in die Dunkelheit zu Tal leuchten, spielt sich etwas entfernt im dichten Gehölz eine starke emotionale Spannung ab, die damit endet, dass Viktor einen längst baufälligen, hölzernen Aussichtssteg besteigt und in die Tiefe fällt. Sofort folgen Franzi und Pankraz, die in der Dunkelheit Kräuter sammeln, den verzweifelten Hilferufen und sorgen für die ärztliche Versorgung durch Dr. Burgner, der mit allen Festteilnehmern im Schlepp die Alplhütte verlässt und zum Unfallort eilt. Innerlich gerüttelt von jenen Ereignissen beendet Frau Sterneck das Versteckspiel mit dem Geld und übergibt es gleich am selben Morgen um fünf der Gendarmerie im Tal – in Form von Gilch im Schlafanzug.

Für Thomas hat das Strohwitwerdasein ein Ende, denn ebenfalls zu früher Stunde kehren Sabina und Maxl unerwartet aus Italien heim und wollen den Verlassenen liebevoll überraschen. Jedoch: Als die beiden das Schlafzimmer betreten, liegt Laura Sterneck dort, wo sonst Sabina schläft, während Thomas im Schlafanzug aus

Maxls Zimmer hinzueilt. Große Verwirrung zwischen Thomas, Sabina und der Biologielehrerin kommt auf, geradezu ein Wortspiel mit diffusen Fragen und Namensnennungen und eine beleidigte Frau Doktor – doch so sei das, wenn man erwachsen ist, wie Maxl meint.

Kritik: Eine tolle Geschichte! Neu in der Idee und stark in der Umsetzung. Dramatisch – natürlich wieder wegen eines Unfalls – und tiefgründig um das schlechte Gewissen der Geld stehlenden Lehrerin. Pittoresk sind die Aufnahmen des Herz-Jesu-Feuers in der Dunkelheit am Berghang. Und auch sehr schön ist das witzige Ende.

54) Fluch aus dem Jenseits

45 Min. | Gäste u. a.: Christine Kaysser, Rolf Castell, Gerhard Riedmann, Georg Marischka, Gernot Duda, Ingeborg Schöner, Margot Mahler, Hermann Giefer

Die sogenannte »Zigeunerhexe« Sina, eine frühere Dorfschönheit, liegt im Sterben. Pfarrer Hauberer, der für vier Ortschaften gleichermaßen zuständig ist, und Dr. Burgner eilen zu der drei Kilometer entfernt wohnenden Siebzigjährigen, um ihr das letzte Geleit zu geben. Das Geschehen in diesen letzten Stunden ihres Lebens weckt allerdings ungewöhnlich hohe Aufmerksamkeit bei solchen Dorfbewohnern, die in verschiedener Weise Gewissenskonflikte mit der exzentrischen Greisin haben. Bürgermeister Alois Angerer beispielsweise, der derzeit erneut kandidiert, sorgte in früheren Zeiten dafür, dass Sina aus ihrem Haus vertrieben wurde. Er wie auch viele andere männliche Dorfbewohner pflegten zwar einst ein Liebesverhältnis zu der Dame, aber gerade deshalb wurde sie oftmals von den Leuten geschnitten. Jetzt, bei ihrem Ableben, prophezeit sie ihnen 30 Jahre Unheil; ein Grund für viele ihrer Bekannten, das eigene Gewissen zu reinigen, um den Fluch nicht fürchten zu müssen. Aber dennoch geschehen merkwürdige Dinge: Bei Sinas Tod bricht ein großes Unwetter los und vernichtet weite Ernteteile. Bei der Beerdigung leiden die Gäste an einer Lebensmittelvergiftung, wobei Dr. Burgner Türkenkraut als Ursache ermittelt. Als Franzi und Thomas in Sinas Haus der Sache auf den Grund gehen wollen, treffen sie dort Tobias an, einen früheren Verehrer der Dame, der gesteht, die Beerdigungstorten vergiftet zu haben. Alle weiteren Phänomene bleiben allerdings ungeklärt.

Franzi und Christl nutzen die Gelegenheit und stellen Luis als Bürgermeister-Neukandidat auf. Mit Liebesbriefen, die Angerer in früheren Jahren an Sina verschickte, können die beiden Wähler für Luis gewinnen, der am Tage der Auszählung auch prompt gewinnt und nach 20 Jahren Angerer seines Amtes enthebt.

Kritik: Gute Unterhaltung und effektvolle Umsetzung, aber letztlich doch nur eine harmlose Geschichte mit wenig überraschendem Ende. Den Freund der alten Sina hatte man sofort im Verdacht.

55) Panische Angst

45 Min. | Gäste u. a.: Thomas Fritsch, Diana Körner, Burkhard Heyl, Georg Marischka

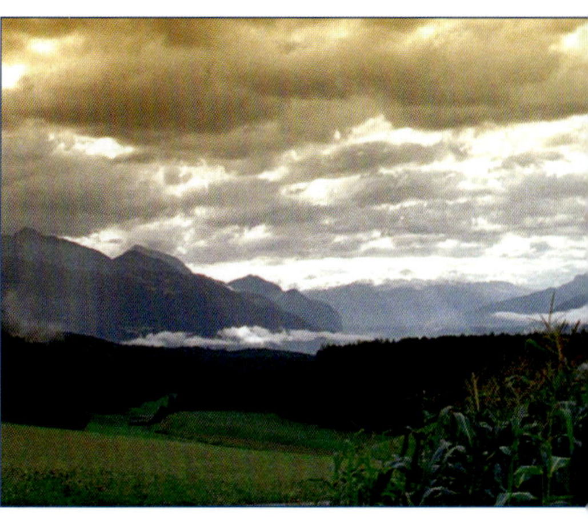

Drohendes Sommergewitter über dem Sonnenplateau.

Thomas' im vergangenen Jahr hinzugewonnener Vetter David Schultheiss (siehe Nr. 46) kommt für einige Tage mit seinem englischen Auto nach Sonnenstein, um seiner hektischen Heimatstadt Berlin für einen kleinen Urlaub zu entrinnen. Bei einem Spaziergang mit Dr. Burgner über die Mieminger Bergwiesen nahe des hiesigen Schützenvereins möchte der durch Stress und Arbeit psychosomatisch etwas angeschlagene Redakteur zur Ruhe kommen, verfällt jedoch in eine kurzzeitige Panikattacke, als auf der weitläufigen Anlage ein Schuss fällt. Thomas führt diese Symptome primär auf Davids starke Rauchgewohnheiten zurück und besucht mit ihm sogleich den Schützenverein, schlägt ihm aber auch vor, später eine genauere medizinische Untersuchung vorzunehmen. Das habe man nun davon, wenn man zum Doktor auf Urlaub fahre, meint Maxl zu diesem Vorschlag, der im Schützenverein gerade zugegen ist und in Sicherheitsmontur für das bevorstehende Königsschießen übt. Denn er wolle unbedingt Schützenkönig werden – und trifft am Schießstand tatsächlich genau ins Schwarze.

David jedenfalls ist recht froh, im familiären Kreise ein wenig Entspannung zu finden, brachte er doch seine Mutter – die Tante Janna Schultheiss – erst kürzlich in ein Altersheim und leide zudem seit einiger Zeit an Alpträumen. So genießt er es redlich, auf der Terrasse der Burgners mit Thomas, Maxl und Sabina Uno-Karten zu spielen, Wein zu trinken und zu lauschen, wie Maxl ständig Sabina um ihren Spieleinsatz korrigieren muss, zumal sie mehrfach der Meinung ist, gerade am Zug zu sein. Herr Schultheiss unterbreitet Maxl sogar das Angebot, ihn einmal in Berlin zu besuchen, damit sie einigen Konzerten beiwohnen könnten – allerdings nicht, wie Maxl es gerne hätte, Rockkonzerten.

Außerdem lernt David bei einer Wanderung die hübsche Marion Höfer, die Stiefmutter von Antonia Zirngiebl, kennen, die aus Eifersucht zu ihrem Gatten Andreas Höfer beschließt, den Redakteur von seinen panischen Ängsten zu befreien. Nach einem Treffen in der Gaststätte »Moosalm« nimmt sie ihn mit zum Schießplatz, wo Maxl gerade wieder einige Übungsschüsse absolviert. Auf den Vorschlag Marions hin soll David versuchen, einen Schuss zu lösen und somit seine Angst zu überwinden, was dieser auch sofort probiert. Doch das führt zu einer Katastrophe: Erschreckt durch die um ihn herum fallenden Schüsse hat er das Gewehr nicht mehr unter Kontrolle – und feuert Frau Höfer in den Hals.

Sofort ist Dr. Burgner vor Ort, um mit einer Intubation erste Hilfe zu leisten, während Maxl betroffen zusieht. Im nächsten Moment muss sich dieser allerdings um David kümmern, der im Hintergrund kollabiert. In der Praxis fantasiert der Redakteur bei der anschließenden Herzinfarktuntersuchung vor Christl und Maxl von einer Treppe und unverständlichen Umständen. Die Ereignisse jedenfalls sind für Maxl Grund genug, der Meinung Sabinas zu folgen und den gefährlichen Sport aufzugeben: Das geliehene Gewehr gibt er noch am selben Tag zurück.

Die Befürchtung, Marion könne nach dem Halsschuss nicht mehr sprechen, bestätigt sich nicht, und niemand ist David wirklich nachtragend in seiner Handlung, hat er doch – wie erst Dr. Burger nach einem Gespräch mit seiner Mutter herausfindet – gute Gründe für die verheerenden Panikattacken: Als Fünfjähriger sei ein guter Freund Davids während eines Cowboyspiels durch Schreckreaktion nach einem gelösten Schuss eine Treppe hinuntergefallen und sofort gestorben. In der Verwirrung habe das Kind gedacht, es habe den Verunglückten erschossen, was nach all den Jahren als Kindheitstrauma wieder zu Tage getreten sei. Für David ist diese Nachricht eine Erklärung für alle Panikzustände, die er innerhalb seines gesamten Lebens erlitten habe, sodass er nun froh sei, die Sache fachgerecht verarbeiten zu können. Zufrieden reist er nach Berlin zurück und verspricht, seine Mutter, die Tante Janna, als Ersatz für Sabina zu schicken, die einem Angebot von Dr. Frank Stein folgen und wieder in Innsbruck arbeiten möchte.

Der eigentliche Grund, weshalb Marion und Andreas Höfer zu Xaver und Waltraut Zirngiebl auf Urlaub kamen, lag darin, dass Andreas Höfer – inzwischen ohne Wissen seiner Frau arbeitslos – in der näheren Umgebung Arbeit suchte. Alle Bewerbungen blieben jedoch erfolglos, und Frau Höfer zeigte sich aufgrund der Zeitknappheit ihres Mannes extrem beleidigt, was Franzi veranlasste, wieder einmal in guter Sache tätig zu werden. Sie konnte den alten Zirngiebl überreden, seiner Enkelin zuliebe für eine Anstellung Höfers zu sorgen, damit die Familie wieder in Frieden leben kann. Waltraut zumindest freute sich *»narrisch«*, das Madl (vgl. Nr. 22, 36) einmal wieder bei sich zu haben.

Kritik: So muss es sein! Die Lösung des Ganzen bleibt bis zuletzt im Verborgenen und war nicht vorauszusehen – gehaltvoll und überraschend. Dass es mit dem Unfall am Schießstand erst wieder zum Äußersten kommen muss, ist angesichts der Ungewöhnlichkeit der Schussverletzung durchaus einmal hinnehmbar.

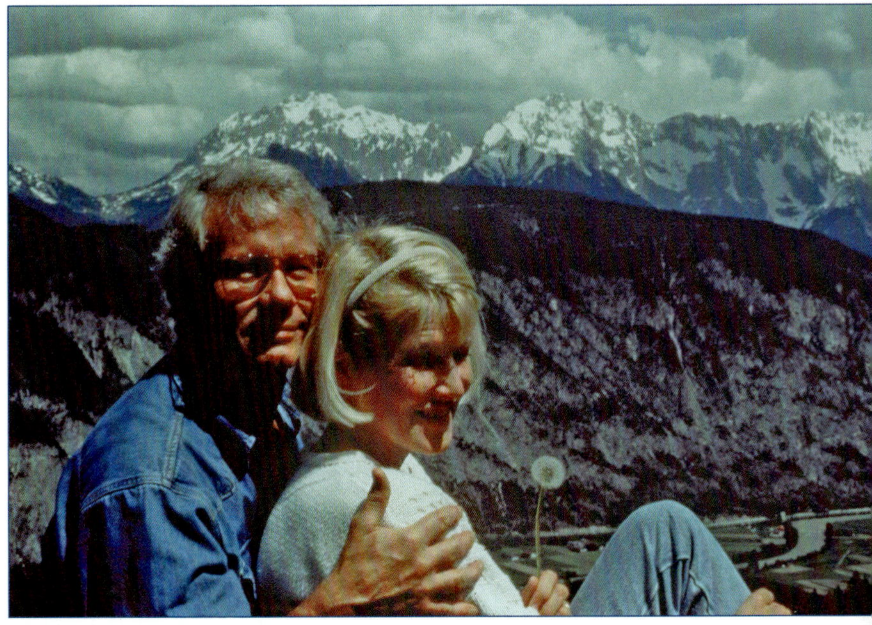

Walter und Gudrun Huber genießen mit Blick auf das Inntal ihr Rentendasein.

56) Ein Lebenstraum

45 Min. | Gäste u. a.: Claus Ringer, Kristina Böhm, Michaela May

Die langen Arbeitszeiten, die Sabinas Aushilfsstelle in der Klinik Dr. Frank Stein in Innsbruck fordert (siehe Nr. 55), führen bei den Daheimbleibenden allmählich zu stetig wachsender Anspannung, die sich zunächst bei Maxl äußert: Wieder einmal zuständig für die Zubereitung des Mittagessens betritt er mit Julia und zugleich schadenfroher Miene den Vorraum zur Praxis, wo er von Dr. Burgner auf die Art des Mittagsmahl angesprochen wird. Tiefkühlpizza – lässt Maxl mit taktvoller Sprechpause verlauten – sei ebenso wie die Menüs für die Julia nicht mehr vorhanden, und ohnehin habe er genug von der ständigen Sorge um die tägliche Verpflegung, für die er sowieso neben der Schule nur wenig Zeit finden könne. Mit Verständnis reagiert Thomas auf diese Beschwerde seines Sohnes, doch appelliert er noch einmal an dessen Solidaritätsempfinden, zumal die Tante Janna, die in der Küche aushelfen sollte, kurzfristig abgesagt habe und Sabina ihren Job schließlich nicht von heute auf morgen aufgeben könne. Maxl erkennt, dass sein Vater in dieser Beziehung durchaus im Recht ist, aber dennoch ist er sauer, sieht sich als Depp für alle sich ergebenen häuslichen Engpässe und überlässt es der hilfsbereiten Christl, für das Essen zu sorgen.

Anfangs steht Thomas noch auf der Seite seiner Frau, doch als er per Telefon von der Rezeption der Privatklinik Dr. Stein erfahren muss, dass Sabina – anstatt zu arbeiten – mit dem Klinikchef zum Essen ausgegangen ist, macht er ihr große Vorwürfe, verlangt nach Erklärungen und bittet sie, zugunsten der Familie beruflich etwas kürzer zu treten. Sabina reagiert darauf mit scharfer Kritik, sie müsse nicht über jede Sekunde ihres Lebens Rechenschaft ablegen und hätte schließlich auch eine Woche in Italien ohne Referenz leben dürfen. Was Sabina dabei vor allem so aggressiv stimmt, ist die Tatsache, dass Dr. Stein tatsächlich ernstes Interesse an der Dottoressa zeigt und sogar verlangt, dass sie sich scheiden lassen und ihn heiraten solle. Damit steht sie vor einer zwieträchtigen Entscheidung, die ihr weiteres Leben umfassend beeinflussen würde: sich von Thomas scheiden lassen? Letztlich wird sie von Alexandra von Brauneck unverblümt vor jene schwierige Frage gestellt, zumal die Haushälterin der Braunecks Sabina und Dr. Stein bei einem gemeinsamen Tanzabend im »Carib« in Innsbruck gesehen hat. Dr. Spreti klagt ihre Leiden, ist sich aber relativ sicher darin, dass sie Frank Steins Heiratsangebot ablehnen wolle – und tatsächlich gibt sie ihm telefonisch einfühlsam zu verstehen, dass sie in Sonnenstein bleiben und beruflich kürzer treten werde.

Da sich Markus Brauneck derzeit in Amerika befindet, kümmert sich Alexandra ein wenig um ihre neu hinzugezogene Freundin Gudrun Huber und deren Mann Walter, der als pensionierter Pilot auf dem Sonnenplateau seinen Ruhestand genießen möchte. Die Gräfin organisiert als Einstandsfeier eine gemütliche Bergwiesen-Kaffeerunde mit der gesamten Verwandtschaft und macht die Burgners mit den Hubers bekannt. Walter, Thomas und Maxl entschließen sich an diesem Tag zu einer gemeinsamen Wandertour in die Berge, um den Frauen bei ihrem »*Ratsch*«-Nachmittag nicht im Wege zu sein. Maxl freut sich bereits auf eine ausgiebige und kräftezehrende Unternehmung und hält es gar nicht für sinnvoll, schon nach einigen Höhenmetern eine Pause einzulegen, doch regt die frische Luft und die atemberaubende Landschaft schnell den Appetit an. Als sie aber zur nächsten Steigung aufbrechen wollen, klagt Herr

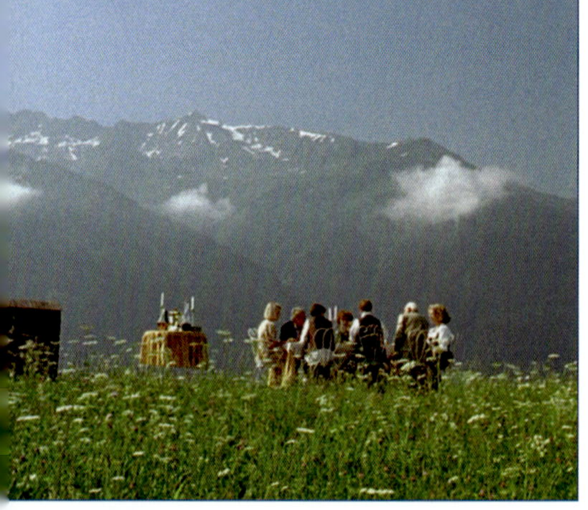

Kaffeetafel des Filmteams auf der Gemeindewiese.

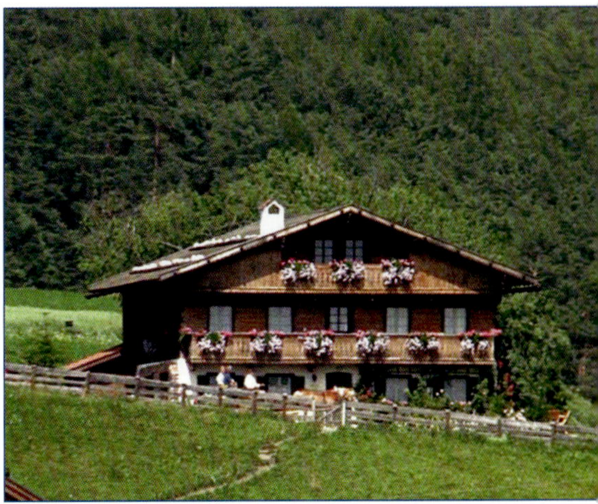

Huber über seine extrem angeschwollenen Füße, die es unmöglich machen, die Wanderung fortzusetzen. Per Handy verständigt Dr. Burgner Pankraz, der die drei mit der Ponykutsche wieder zu Tal befördert.

Zunächst führt man die Krankheitssymptome des Piloten auf dessen schlechte Kondition zurück, doch bestätigt die sofortige ärztliche Untersuchung einen anderen tragischen Verdacht: Walter Huber leidet aufgrund einer verschleppten Angina an einer Entzündung der Nierenfiltrationskörper, wobei die Konsequenz in jedem Fall wöchentliche Dialyse sein wird. Walter Huber ist zutiefst deprimiert, vor allem, weil er befürchtet, zum Pflegefall zu werden und seiner Frau, die erst kürzlich ihre kranke Mutter bis zum Tode pflegte, eine unerträgliche Bürde zu sein. Als Gudrun bei der Übermittlung dieser Schreckensnachricht tatsächlich ernstlich daran zweifelt, ein zweites Mal die Kraft für die Sorge eines kranken Menschen aufzubringen, fasst Walter den Entschluss, seiner Frau durch Freitod die Last von den Schultern zu nehmen. Er verschwindet später aus dem Krankenhaus, fährt mit seinem Wagen in die Berge und schluckt eine extrem hohe Dosis Barbiturate, woraufhin er ohnmächtig wird.

Vom Kirchturm aus kann das Doktorhaus aus dieser Perspektive gesehen werden.

Die Kirche Maria Locherboden ist Motiv in Folge 56.

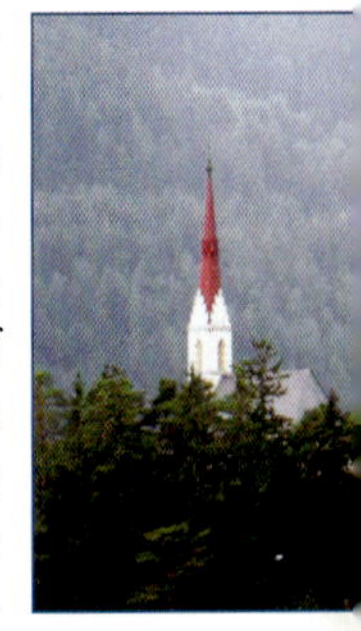

Thomas und Sabina erfahren in der Klinik von dem verschwundenen Patienten, suchen ihn sofort in seinem Haus in Untermieming, wo er häufig einen nachdenklichen Blick auf die Bergkirche »Maria Locherboden« warf, entdecken aber nur einen Abschiedsbrief auf dem Schreibtisch. Mit Gudruns Erlaubnis, die sie per Handy einholen, brechen sie in das Gebäude ein, lesen den Brief und folgen einem Hinweis Gudruns, wo sich ihr Mann aufhalten könnte. Tatsächlich finden sie ihn an jenem Ort, den Frau Huber beschrieben hat, und bringen ihn sofort ins Krankenhaus. Walter kann gerettet werden, und seine Gattin – ihre Fehlreaktion bereuend – hält weiter zu ihm, unabhängig von dem Umstand, ob er gesund ist oder nicht. Dr. Burgner trägt noch einmal das Seinige dazu bei, indem er Herrn Huber umfangreiches Prospektmaterial über die Dialyse zusammenstellt.

Kritik: Einmal pro Staffel muss es eine wirklich ernsthafte Folge geben – und dies ist in diesem Fall die Nummer 56. Leicht depressiv, gut gespielt und dramatisch. Eine tolle Folge!

Anmerkung: Ursprünglicher Arbeits- und Pressetitel: »Die fünf Tibeter«.

57) Quelle der Jugend

45 Min. | Gäste u. a.: Karin Thaler, Silvan-Pierre Leirich, Diana Körner, Margot Mahler, Ingeborg Schöner | Buch: Gabriele Werth

Auf der Terrasse neben dem Doktorhaus lauscht Maxl angeregt Erzählungen aus dem jungen Liebesleben seines Opas und erhält darüber hinaus prinzipielle Ansatztheorien über den Umgang mit Frauen. Leider wird er dabei unvermittelt gleich zweimal unterbrochen: Einerseits lehnt sich Dr. Burgner hinter dem Rücken der sich Unterhaltenden aus dem Fenster, weil er davon ausging, dass von ihm die Rede sei, andererseits knattert ein überdimensioniertes schwarzes Auto die Zufahrt entlang und hält direkt vor der Praxis. Carl Baringer, ein waschechter Texaner, der den kleinen Tirolern um Längen voraus ist, habe Probleme mit seinem Wagen und benötige dringend fachgerechte Hilfe. Maxl erkennt in dem amerikanischen Schlitten sofort eine Corvette – ausgestattet mit 428 PS – und ist alsbald von dem Charisma des vorgeblichen Cowboyhelden fasziniert. Dr. Burgner könne ihm allerdings nicht helfen, da sich sein Jeep in der Inspektion befinde, doch erklärt sich Pankraz bereit, mit seinem »Hafermotor« als Ersatztransportmittel einzuspringen.

Der Charme des Texaners kennt in der Frauenwelt des Dorfes keine Grenzen und treibt Anna Pölz, Elfriede Angerer und Waltraut Zirngiebl sogar in den Schönheitswahn. Zusammen mit Herrn Konrad praktizieren sie auf dem Hauskogl die Verjüngungsriten der Fünf Tibeter, nach denen eine ewige Jugend zumindest theoretisch denkbar ist und somit dem Attraktivitätsanspruch des Amerikaners genügen dürfte. Während Herr Konrad bei diesen Riten allerdings einen kleinen Unfall erleidet, erlebt Maxl mit dem beruflichen Computerspezialisten ein reines Abenteuer, weil er in ihm ein geradezu heroisches Idol entdeckt. Eines Nachmittags lässt er sich mit der großen Corvette vom Schulbus abholen, indes Thomas, der den gleichen Gedanken hat, etwas beleidigt lediglich Maxls Rucksack und Fahrrad im Jeep mitnehmen darf. Die beiden Freunde fahren mit lautem Hupen durchs Dorf und schließlich zum Hof der Obermayrs, wo Franzi erstmalig Gelegenheit bekommt, ihren kritischen Eindruck vom übergroßen Stiefelträger zu revidieren. Sie meint allerdings, Maxl, der stolz seine Begleitung präsentiert, solle statt Umherfahren lieber Englisch lernen, weshalb er auch daheim abgesetzt wird, während Pankraz und Carl den Rest des Tages bei den Pferden auf dem Gestüt Buchegger verbringen wollen. Trotzdem wird für den nächsten Tag ein Ausritt verabredet.

Und so geschieht es am Tag darauf: Wolfi Buchegger führt dem Cowboy Maxls Stammpferd »Tornado« vor, mit dem er einen kleinen Ritt probieren und dabei von Maxl begleitet werden solle. Als der Burgnersohn aber ein weiteres Pferd besteigen will, wird er unvermutet von Thomas zurückgedrängt: Baringers Pferd ist einfach unkontrolliert davongelaufen. Während weder die Bucheggers noch der verdutzte Maxl die Lage erkennen, folgt ihm Dr. Burgner sofort zu Hufe, holt ihn ein, beruhigt das Pferd und bringt es samt Reiter heil wieder zum Hof zurück – eine glanzvolle Hilfsaktion. Baringer erklärt, er sei eben Computerspezialist und habe im Reiten keine Praxis mehr, was ihm nun allemal seine gute Fama seitens der Bevölkerung streitig macht. Maxl – inzwischen desillusioniert – sieht jetzt seinen Vater als »wirklichen Helden« und schwärmt von ihm in den höchsten Tönen. Baringer hingegen hat das Bedürfnis einer Entschuldigung und lädt Maxl als Ausgleich seiner Enttäuschung zu einem Computerkurs nach Dallas ein.

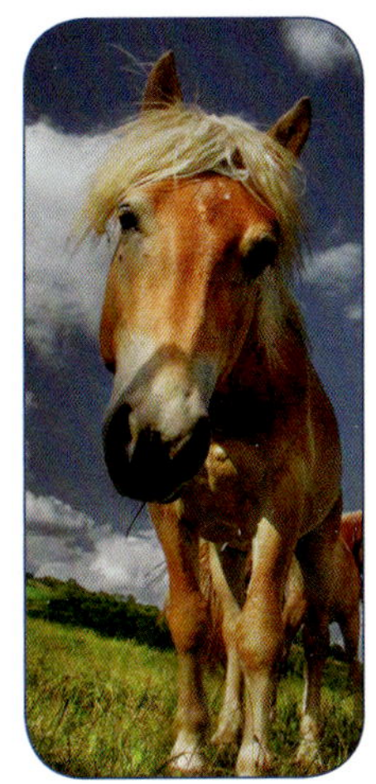

Haflinger sind die traditionelle Pferderasse der Region, wie in Folge 57.

Für Sebastian Buchegger war es nicht leicht, die vielen Gäste auf seinem 70 Hektar großen Hof zu empfangen, verfolgten ihn doch derzeit ganz andere Probleme: Seine schwangere (!) Tochter Betty zeigte die gleichen Krankheitssymptome wie seine vor 30 Jahren an Veitstanz verstorbene Cousine Anna. Besorgt, dass diese Erbkrankheit auch Betty befallen haben könnte, und darüber hinaus selbst von Altersgebrechen gepeinigt, fuhr er mit dem Traktor zur Bergkapelle zum Beten, was Franzi aufgrund seiner abneigenden Haltung zur Kirche besonders beunruhigte. Schließlich entdeckte Christl während der Digitalisierung der alten Patientenkarteikarten von Dr. Hotz am Computer einen potenziellen Grund für das ungewöhnliche Verhalten des alten Bauern, den sie sogleich für Dr. Burgner beiseitelegte. Am Abend fand Thomas die alte Krankheitsgeschichte der Anna Buchegger und erkannte, dass sie nicht, wie Sebastian Buchegger vermutete, erblich ist. Sogleich am Tag darauf überbrachte er ihm diese Mitteilung und ließ bei ihm mit einem Schlag alle bisherigen Sorgen im Nichts verschwinden.

Die Versöhnung der Familie Buchegger geschah direkt im Anschluss an die Rettung Carl Baringers an der Pferdekoppel, sodass sich nun auch Betty über ihre Schwangerschaft freuen konnte. Innerlich beunruhigt von dem Wunsch Sebastians nach einem Nachwuchs war sie wohl nervös geworden und hatte zittrige Tendenzen wie beim Veitstanz gezeigt.

Kritik: Die Story um den Cowboy ist harmlos, aber unterhaltsam. Doch die Leiden des Bauern Bucheggers überzeugen: Sie lassen mitfühlen, sind ungewöhnlich und rührend.

58) Liebeskummer

45 Min. | Gäste: Luisa Stroux, Ingeborg Schöner, Ilse Neubauer | Buch: Gabriele Kister

Anmerkungen: Louisa Stroux (geboren 1976) hatte 1995 ihr Debüt im TV und war zum Drehzeitpunkt 19 Jahre alt.
Der anfängliche Blick von der Kirche zum Gasthof Angerer ist in Wirklichkeit nicht möglich; außerdem ist der Rastplatz an der Landstraße nach Mötz von Wildermieming recht weit entfernt.
Ursprünglicher Pressetitel: »Maxls erste Liebe«.

Viviane Gerster, eine erfolgreiche Sonnenstudio- und Solarienkauffrau aus München, macht mit ihrer 16-jährigen Tochter Marie Verwandtschaftsurlaub bei Elfriede Angerer. Als Thomas, Sabina, Maxl, Pankraz und Franzi gerade von der sonntäglichen Messe aus der Kirche treten und die Friedhofstreppe herunterkommen, fällt die Aufmerksamkeit sogleich auf die hübsche Marie, die mit ihrer Mutter am Gasthof im Ort eintrifft. Auf den ersten Blick stellt die Gemeinschaft fest, dass das Mädchen gut zu Maxl passe, und sie ermuntern ihn, die Münchenerin anzusprechen. Maxl ziert sich aber verlegen, wolle nicht schon wieder verkuppelt werden und zieht sich noch am Vormittag in sein unaufgeräumtes Zimmer zurück.

Stattdessen ist es Viviane Gerster, die mit Elfi die Idee entwirft, ihrer recht stoischen Tochter einen etwa Gleichaltrigen zuzuführen. Sogleich kontaktiert die Wirtin Sabina, um einen Termin für Maxl und Marie festzulegen, bei dem sie gemeinsam etwas unternehmen könnten. Sabina findet Maxl bei ohrenbetäubender Musik in seinem chaotischen Zimmer, als er dort auf dem Bett liegend Comichefte liest und gar nicht recht weiß, was er zu dem nachmittäglichen Termin sagen soll. Sabina aber nimmt ihm die Entscheidung ab, und schon wenig später sind die beiden bei einem gemütlichen Spaziergang durch die Felder oberhalb der Landstraße Mieming–Mötz unterwegs. Angeregt unterhalten sie sich über ihre liebsten Musikgruppen, wobei Maxl vor allem recht unbekannte skandinavische Skatepunk-Bands anführt: Millencolin, Satanic Surfers, Bouncing Souls und andere (die tatsächlich existieren). Marie spricht sich dagegen besonders für Cat Stevens aus, von dem Maxl etwas unsicher zugeben muss, ihn nicht einmal zu kennen.

Für den Film wurde dieser Parkplatz an der Mötzer Landesstraße kurzerhand zur Bushaltestelle.

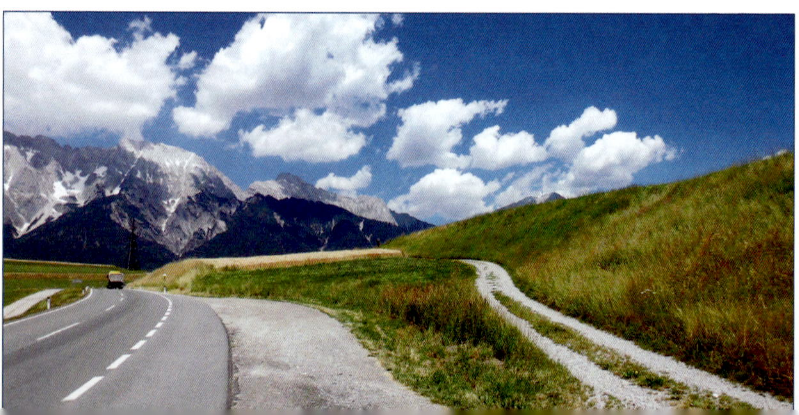

Doch dann lenkt sich ihre Aufmerksamkeit auf eine andere Begebenheit: Weiter unten an der Bushaltestelle entdecken sie einen ausgesetzten kleinen Hund, den sie sogleich an sich nehmen und liebevoll streicheln. Dabei schaut Maxl das Mädchen beglückt an und schlägt vor, den Welpen zum Tierarzt Dr. Obermayr zur Untersuchung zu bringen. Marie möchte den Hund am liebsten behalten, obwohl ihre Mutter dies nie erlauben würde.

Am Ende des Nachmittags scheint Maxl wie verwandelt: Lässig gekleidet und mit Sonnenbrille schreitet er zu seinem Vater in die Praxis und bittet um einen Vorschuss seines Taschengeldes. Dr. Burgner merkt am Gesichtsausdruck seines Sohnes sofort, dass dieser vorhat, seine neue Freundin auszuführen, und gibt ihm zu diesem Zweck – obwohl er den Rasen noch nicht gemäht habe – gern ein wenig Geld. Kurz darauf sitzt Marie in seinem nunmehr aufgeräumten Zimmer und betrachtet das umfangreiche CD-Regal, wobei das Gespräch auf den etwas dicklichen Sänger »Meat Loaf« fällt. Marie möge es überhaupt nicht, wenn Personen das Fett geradezu im Gesicht stehe, und betont ihre schlanke Figur, indem sie sich ihres sittenhaften Hemdes sowie der Jeans entledigt und darunter ein lasziv anliegendes Kleid zum Vorschein bringt. Dem schluckenden Maxl, der ihr fragende Blicke zuwirft und wissen will, warum sie sich in seinem Zimmer entkleide, erklärt sie diese Frage mit den Worten, ihre Mutter sehe sie am liebsten noch im Matrosenanzug. Doch Maxl stimmt zu, dass auch er schwabbelndes Fett am menschlichen Körper ablehne.

Dies dürfte mit ein Grund sein, warum Marie angesichts ihrer fitnessbegeisterten Mutter beim Thema Essen stets zurückhaltend reagiert und täglich ihren Taillenumfang misst. Die Folge dessen zeigt ein kleiner Schwächeanfall Maries in Maxls Zimmer, den sie aber überspielt. Anschließend verlassen die beiden das Burgnerhaus und besuchen einen städtischen Jugendclub zum Billardspielen, wo Maxl seiner Auserwählten ein Eis spendiert – was diese aber ablehnt. Bei einem späteren Ausflug rasten sie auf einer Almwiese und setzen sich zu einem ausgiebigen Gespräch ins Gras, stets mit dem kleinen Hund an ihrer Seite. Marie gesteht, dass sie in Sonnenstein – ohne das Wissen ihrer Mutter – ihren 25-jährigen Freund Florian erwarte, den sie innig liebe, der jedoch von Frau Gerster nicht akzeptiert werde. Maxl zeigt sich bei dem Gedanken an diesen Florian recht eifersüchtig und erkennt, dass er mit einem 25-Jährigen nicht konkurrieren kann, doch sieht er in ihrer zweifelnden Mutter noch eine Chance. Er verspricht ihr, nichts darüber zu verraten.

Die Wiese bei Untermieming ist ebenfalls ein Filmmotiv aus Folge 58.

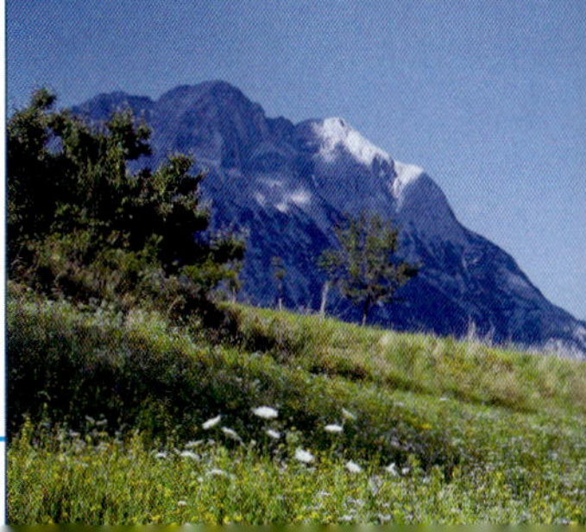

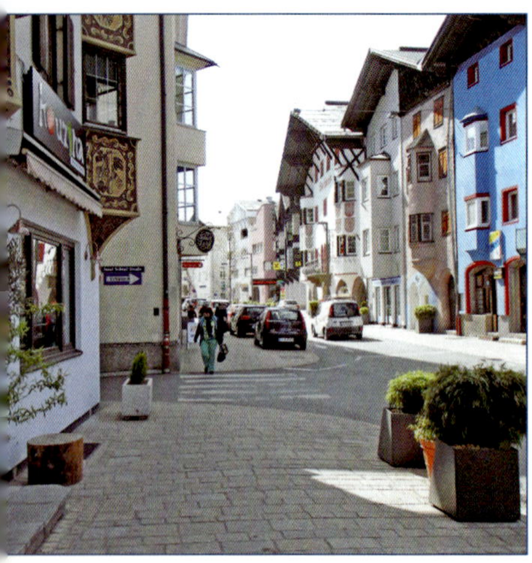

Die Obermarktstraße in Telfs.

So streift Marie nur wenig später mit ihrem Florian durch die Obermarktstraße von Telfs. Maxl, der dort zur selben Zeit mit cooler Sonnenbrille unterwegs ist und gerade mit einer Cat-Stevens-CD aus einem Musikgeschäft kommt, trifft die beiden auf offener Straße, begrüßt den stattlichen Florian mit freundlichem Handschlag, ist aber sofort deprimiert und schenkt die gerade erworbene CD einem erstaunten Straßenmusikanten. Nach dieser Begegnung trainiert Maxl in seinem Zimmer im Muskelshirt seine Arme mit einem Expander, bis Marie zu ihm kommt und vorsichtig fragt, ob er ihr böse sei. Sie brauche ihn, um mit Florian heimlich eine Bergwanderung zu unternehmen, wovon ihre Mutter nichts erfahren dürfe. Doch Maxl lehnt ihre Bitte ab, weil er prinzipiell nicht lüge und auch nicht als Alibi für Maries Rendezvouz herhalten möchte. Ein Wagenkuss des Mädchens und ein zarter Fingerstreich ihrerseits stimmen ihn jedoch schnell in die andere Richtung.

Dennoch lässt er das Liebespaar bei diesem Ausflug nicht aus den Augen und folgt ihnen mit dem Fahrrad bis in die Berge, wo Marie mit Florian auf derselben Almwiese wie mit Maxl eine Pause einlegt. Da der Student jedoch plant, das Treffen mit seiner Freundin mit einem Picknick abzurunden, wird hier zum ersten Mal offensichtlich deutlich, dass Marie an Magersucht leidet und regelmäßig Abführtabletten schluckt. Als sie nur durch einen Bissen vom Ei ohnmächtig wird und Florian laut um Hilfe ruft, reagiert Maxl sofort, rast mit seinem Radl nach Hause, stürmt ungefragt in die Sprechstunde und holt seinen Vater zum Notfalleinsatz. Mit Blaulicht fahren sie durchs Dorf – vorbei an der draußen sitzenden Viviane Gerster – und den Wanderweg empor zum Unglücksort, wo ihnen Florian mit Marie auf dem Arm schon entgegenkommt. Zurück in der Praxis wartet Frau Gerster bereits in höchster Aufregung und ist zugleich tiefst empört, als sie den unsäglichen Freund ihrer Tochter zu Gesicht bekommt. Trotzdem muss sich die entrüstete Mutter von Dr. Burgner eine Moralpredigt anhören, aus der hervorgeht, dass Marie aufgund ihrer Essstörung auf dem besten Weg zu verheerenden gesundheitlichen Schäden ist und eigentlich mehr Aufmerksamkeit seitens ihrer Mutter bedurft hätte. Das ist für sie die ausschlaggebende Erkenntnis, ihrer Marie mehr Ver-

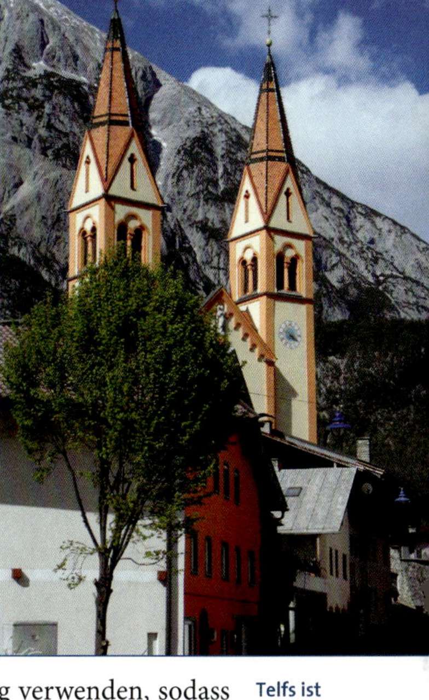

ständnis zukommen zu lassen und ihren Freund zu akzeptieren – ja sogar den Hund dürfe sie behalten.

Glücklich und wieder versöhnt können sich die Gersters nun von Sonnenstein verabschieden. Marie tröstet den mit dem Radl vorbeikommenden Maxl mit einem Dankeschön, einem erneuten Wangenkuss und der Perspektive, im nächsten Jahr vielleicht wiederzukehren. Doch nachdem das BMW-Cabrio abgefahren ist, seufzt Maxl nur ein trauriges »*Jaja, vielleicht …*« in die schöne Sommerszene hinein.

Der kleine Hund war in dieser Zeit nicht nur Gegenstand symbolischer Liebesverbindungen; er war für Franzi auch ausschlaggebender Grund, die Idee einer Tierpension beharrlich zu verfolgen und sogar Frau Gerster um eine finanzielle Investition zu bitten. Letztlich musste die Münchener Geschäftsfrau ihre Erträge jedoch anderweitig verwenden, sodass Franzi ihr Vorhaben mit dem von Pankraz so verhöhnten Werbespruch »Urlaub mal wieder ganz allein – ihr Tier entspannt in Sonnenstein« vorerst auf Eis legte. Das Fax, das am 5. September 1995 in der Poststelle eintraf, verriet ihr bereits, dass die finanziellen Mittel für dieses Geschäft nicht mehr vorhanden waren.

Telfs ist in vielen Folgen ein Thema.

Mithilfe von Dr. Burgners Diktiergerät gelang es Herrn Konrad indes, seinen nächtlichen Schlafstörungen in Form von angeblichem Getier auf die Spur zu kommen, wobei er herausfand, dass eigentlich sein Schnarchen der Auslöser für die mysteriösen Geräusche war.

Kritik: Maxls Liebesgeschichte schaut man sich gern an, wozu auch die Sommerbilder gut passen. Die Geschichte um die Magersucht hätte ernster angegangen werden dürfen, aber dafür fehlte wohl die Zeit. Dafür hätte Franzis Tierpension-Story entfallen können.

59) Schicksalswege

45 Min. | Gäste u. a.: Werner Asam, Till Kretschmar, Eva Hörbiger, Rolf Castell

Es ist Mitte September, ausklingende Erntezeit und Ende der Kräutersaison. Der Pfarrer und Franzi spazieren gemütlich durch die Dorfstraße, als sie die beiden Urlauber Bertholt und Tina Mertens kennenlernen, die gerade von einer zweistündigen Wanderung zur Neuen Alplhütte zurückkommen und ihrem touristischen Charisma entsprechend einige phonetische Schwierigkeiten mit der örtlichen Namensgebung haben. Franzi klärt die Münchener gern auf und findet sogar Interesse an der nahrungstechnischen Einstellung des Urlaubers: Bertholt Mertens betreibe nämlich einen Naturkostladen in seiner Heimatstadt.

Am liebsten wäre Pfarrer Hauberer wohl mit dem Ehepaar ins Angerer-Wirtshaus gegangen, doch hätte er damit bei Franzi einen recht unchristlichen Eindruck erweckt – obwohl er gewiss nicht der Einzige beim Frühschoppen wäre: Nachdem Bertholt Mertens nach dem Frühstück wieder zu einer Tour aufgebrochen ist und dabei Herrn Konrad über gesunde Ernährung aufklärt, bleibt seine Frau allein im Hotel zurück und ringt innerlich mit ihrem Verlangen nach Alkohol: Wodka ja oder nein? Ihrem starken Willen hat sie es zu verdanken, dass sie hierbei den Wodka wieder abbestellt, doch weiß sie nicht, ob sie diesen Umstand während ihres schwierigen Entziehungsverhaltens auch weiterhin durchhalten kann. Indes erleidet Bertholt bei seiner Wanderung eine fatale Fußverstauchung, sodass er den mit dem Mofa vorbeifahrenden Rufus Staudinger, der gerade vom Käsekauf von der Hochalmbäuerin Sophie heimkommt, um Hilfe bitten muss. Die Begegnung zwischen den beiden eskaliert allerdings mehr zu Aggression denn zur Hilfe: Rufus – ein alter Bekannter Bertholts – spannte in früheren Zeiten Bertholts damalige Freundin Tina aus und führte sie aufgrund häufiger Festlichkeiten und Saufgelage an die Alkoholsucht heran. Nun erhebt der Münchener schwere Vorwürfe gegen den Brauereiverwalter und verzichtet auf seine Unterstützung; es kommt zum Kampf, und Bertholt verletzt sich ernstlich am Kopf. Sofort fährt Rufus zu Sophie zurück und lässt über Funk Dr. Burgner verständigen, der eilends den Berg emporrast, den Verunglückten jedoch nicht mehr finden kann. Der Verletzte kraxelte bereits aus eigener Kraft zur Hütte der Bergbäuerin und lässt sich dort nun fachgerecht mit Kamillenbädern und Ziegenkäse versorgen, bis Thomas vorsorglich und aus der Ahnung heraus, Bertholt könne sich dort befinden, hinzustößt. Sogleich verständigt Sophie per Funk die im Tal zurückgebliebene Tina, um ihr mitzuteilen, dass keine wirklich ernsten Verletzungen vorliegen und sie ihren Mann abholen könne.

Nachdem Dr. Burgner wieder gegangen ist, trifft Tina auf der Hütte ein, hat aus Sorge aber bereits wieder etwas getrunken und beschließt, die Nacht dort oben in den Bergwäldern zu verbringen. Zunächst scheint eine friedliche Einigkeit zwischen den beiden zu herrschen, doch als Tina noch am Nachmittag wieder zur Flasche greifen will, kommt es zum Ehestreit, der damit endet, dass Tina fluchtartig das Quartier verlässt, ins Dorf zurückfährt und schließlich im Hotel ihre alkoholischen Gelüste bekämpft. Dabei trifft sie auf Rufus, der mit ihr die alten Zeiten wieder zum Leben erwecken möchte und sie damit blindlings in eine Konfrontation mit der Vergangenheit treibt. Abermals läuft die Frau davon, steigt in ihren Wagen und will wieder das Plateau hinauffahren. Kurz unterhalb der Hütte bleibt der Polo jedoch stehen; sie steigt aus und versucht, den Rest zu Fuß zu bewältigen. Aufgrund ihrer entzugsbedingten Verwirrung findet sie jedoch keine Orientierung. Sophies Hund erschnüffelt sie schließlich wenig unterhalb des Hauses und bringt sie zu ihrem Mann zurück, der ihr tröstende Worte zuspricht und sogar von Rufus eine Entschuldigung bekommt. Da sie es geschafft hat, in dieser brenzligen Situation nicht zur Flasche zu greifen, besteht die Hoffnung, dass sie auch in Zukunft nein sagen wird.

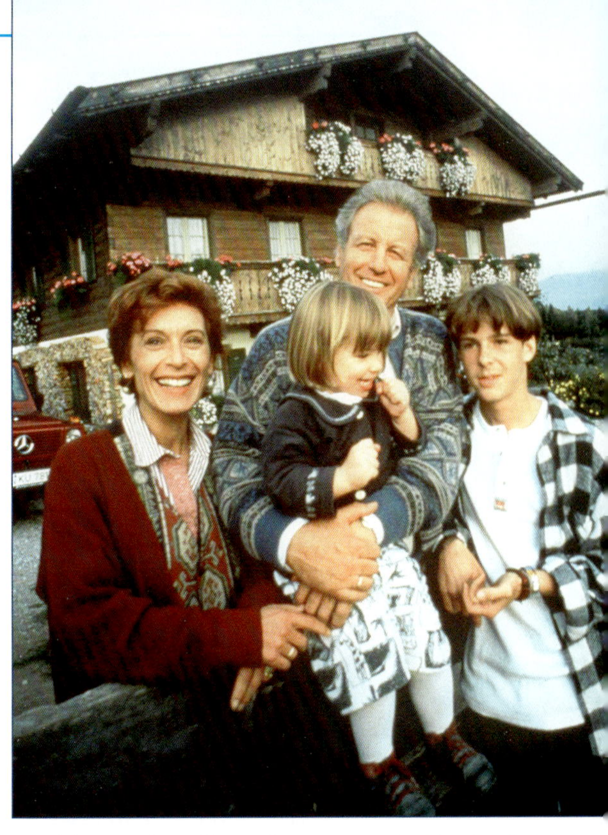

So präsentiert sich die Saison 1995: Sabina, Julia, Thomas und Maxl am Ende der Staffel in Folge 59.

Noch am Morgen, als sich Maxl mit seinem Fahrrad auf den Weg in die Schule begab, musste er von seinem Vater ernste Worte entgegennehmen, die ihm klar verdeutlichten, dass er am Nachmittag, während Dr. Burgner seine Hausbesuche erledige, auf Julia aufpassen müsse. Da der Junge jedoch plante, nachmittags zu seinem Freund Marco (vgl. Nr. 24) zu fahren und Pankraz beim Holzschichten zu helfen, nahm er nach Schulschluss Kontakt zu Christl auf, die heute statt mit ihrer Vespa mit dem Radl gekommen war und einen soliden Gepäckträger mitführte. Da Maxl im Auge hatte, Julia im Kindersitz mitzutransportieren, weil er sich angeblich geniere, mit dem Kinderwagen das Stück zum Pankraz zu Fuß zu laufen – ohne etwas von der Zehn-Kilometer-Tour zu Marco zu erwähnen –, ließ sich Christl erweichen, ihr Fahrrad für diese Unternehmung bereitzustellen.

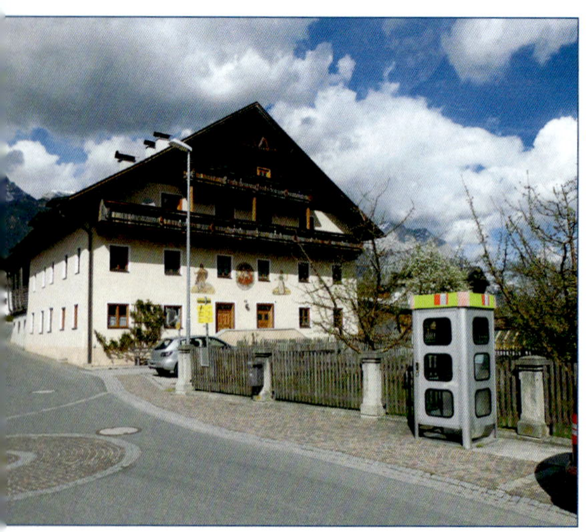

Die Telefonzelle in Untermieming steht noch heute.

Bei Maxls Fahrradtour verliert Julia allerdings ihren Teddybären, und Maxl muss verzweifelt noch einmal den ganzen Weg absuchen. Von einer Telefonzelle in Untermieming aus kontaktiert er Marco, um herauszufinden, ob er den Teddy vielleicht gefunden habe, doch führt das zu keinem positiven Resultat. Bereits am Abend kommt Dr. Burgner in Maxls Zimmer, um mit ihm über den Vorfall zu reden, ahnt er doch bereits an Maxls verschwundenem Fahrrad – das benutzte Christl nämlich als Heimfahr-Ersatz –, dass sein Sohn etwas mit dem Stofftier zu tun hat. Also hat es nun keinen Zweck mehr, die Fahrradtour zu Marco zu verheimlichen, und er hört sich geduldig und verständnisvoll die Argumente seines Vaters über Verantwortung und Gefährlichkeit an, denen er nur entgegnet, dass er schon problemlos auf Julia aufpassen könne. Doch der Teddy fehlt weiterhin.

Erst anderntags wird er von Herrn Konrad zurückgebracht: Er fand ihn in einem Kuhfladen auf dem Zufahrtsweg zum Doktorhaus und gab ihn aus Angst vor Bakterien in die Reinigung. Als Konsequenz davon trägt der Bär nun aber Spuren giftiger Reinigungschemikalien in sich, die bei Julia zu einem Hautausschlag führen. Erschrocken sieht Maxl am nächsten Morgen in der Küche das Gesicht seiner lieben Schwester und bildet sofort einen Kontext zu der verbotenen Radltour, doch kann ihn Dr. Burgner beruhigen: Die Pusteln hätten ganz andere Ursachen. Jedenfalls begeben sich Thomas und Sabina sogleich ins Krankenhaus nach Hall und lernen dort den untersuchenden, aber derzeit stark gestressten Arzt Dr. Justus Hallstein kennen, der Dr. Burgner um seine Landpraxis beneide. Verständnisvoll unterbreitet er Thomas das Angebot, im nächsten Frühjahr als Urlaubsvertretung nach Sonnenstein zu kommen; ein Angebot mit ungeahnten Konsequenzen.

Die Ursache für Julias Kontaktallergie findet schließlich Franzi heraus, die die Chemikalien im Stoffteddy erschnüffelt und stolz darauf hinweist, dass sie sich auf ihre Nase eben verlassen könne.

Kritik: Kein dramatischer Staffelabschluss, dafür eine besonnene und unterhaltsame Geschichte. Viele nette Einlagen um den Berghof und das Kräutersuchen, sonst aber alles recht ereignislos.

Drehsaison 1996

»Der Umbruch«

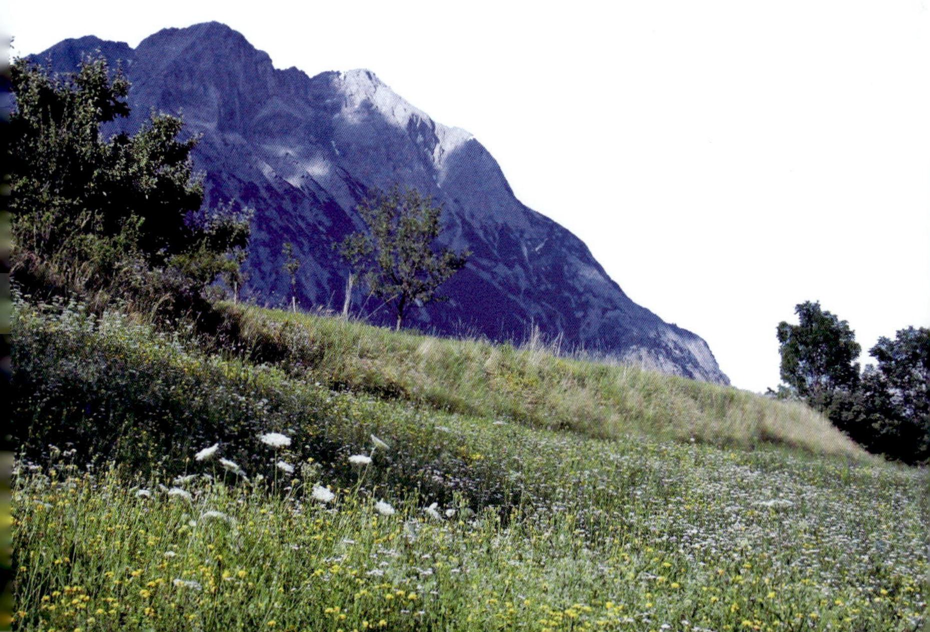

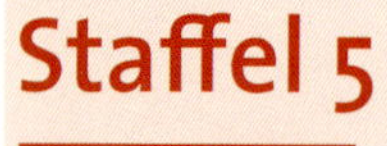

Staffel 5

Aufführung: 27. Jan. 1997 bis 12. Mai 1997 (14 Folgen)
Aufnahme: Februar 1996 bis Oktober 1996
Ausführung: Celino Bleiweiß (Regie bei allen Folgen)

60) Der weiße Tod

90 Min. | Gäste u. a.: Hermann Giefer, Wolfram Berger, Gerhard Riedmann, Gernot Duda, Margot Mahler, Rolf Castell, Richard Beek, Hilde Auer | Buch: Gabriele Kister (Autorin für alle Überleitungsfilme)

Wieder einmal haben die Sonnensteiner die schlimmsten Wintertage überstanden; der 20. Februar 1996 steht vor der Tür: Fastnacht. Ungeduldig wartet Familie Burgner auf den bevorstehenden Skiurlaub, der dank der Urlaubsvertretung von Dr. Justus Hallstein von der Klinik Innsbruck ungehindert stattfinden kann. Unentwegt ist man mit den Vorbereitungen für die einwöchige Fahrt ins nahegelegene Wintersportzentrum Sölden im Ötztal beschäftigt, ehe Dr. Hallstein eintrifft und seinen neuen Arbeitsplatz besieht. Jetzt nach seinem Eintreffen haben Thomas und Sabina etwas Zeit, bei der Sitzgruppe im Flur der ersten Etage eine Unterhaltung zu führen. Dass Julia während der Woche bei Franzi und Pankraz bleiben soll, will Sabina keineswegs gefallen. Sie gesteht nicht nur eine innere Unruhe, sondern zieht auch in Erwägung, ihren Mann und Maxl allein reisen zu lassen, was Thomas jedoch entschieden zurückweist.

Während Justus Hallstein von Dr. Burgner, Herrn Konrad und der von dem jungen Arzt sehr angetanen Christl in das Praxisleben eingewiesen wird, trifft ein Mann namens Karl Bichler in der Gemeinde ein. Er wurde jüngst aus dem Gefängnis entlassen und kommt nun per Bus nach Sonnenstein. Bichler ist als Mörder bei den Dörflern bekannt, zumal er vor einigen Jahren vorsätzlich seinen Freund Toni nach einem Streit umgebracht haben soll. Damals war Bichler Sprengmeister bei der hiesigen Sprengkommission und löste im Gefahrenbereich eine Schneelawine unter dem Rotkogeljoch aus. Nun möchte er reintegriert werden, wird

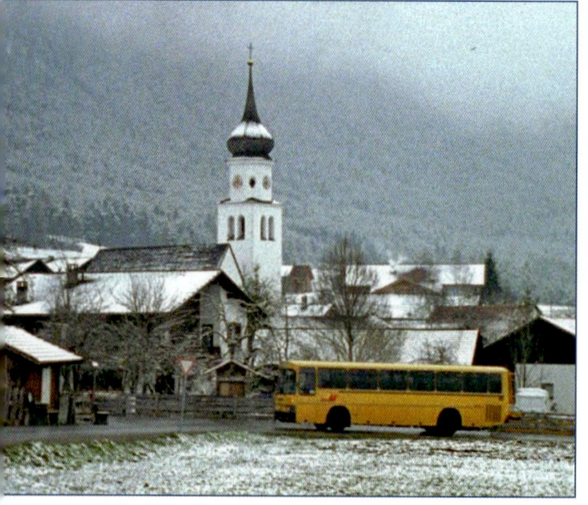

Mit dem Bundesbus kommt Karl Bichler nach Sonnenstein.

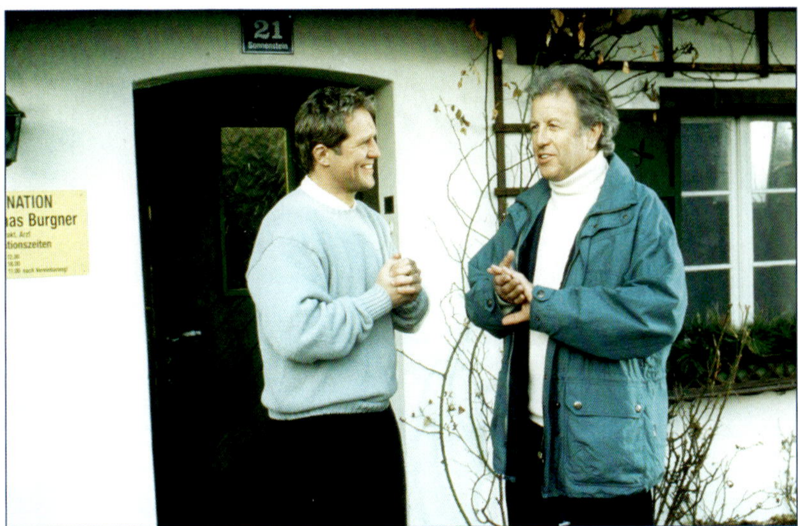

Stabwechsel von Thomas Burgner auf Justus Hallstein.

jedoch nicht nur von Franzi, Pankraz und Anna Pölz, sondern auch von seiner Frau geschnitten. Als er nach seinem Sohn Pascal verlangt, verweist Frau Bichler ihren Mann des Hauses. Ängstlich bittet die schwangere Frau hernach Dr. Burgner, ihren Sohn vorzeitig bei sich aufzunehmen, da Pascal als Maxls Freund ohnehin zusammen mit Rudi – beide von Maxls Schule – mit auf die Skifahrt kommen sollen. Dr. Burgner hat dagegen keine Einwände, und Maxl nutzt die Gelegenheit zu einem Gespräch mit Pascal über dessen Verhältnis zu seinem Vater, doch Pascal blockt verärgert ab.

Die Beziehung zwischen Pascal und seinem Vater ist keineswegs einfach, denn auch Dr. Burgner weiß, dass sich inzwischen bereits ein Anwalt um die Familienverhältnisse der Bichlers bemüht. Als schließlich am Abend Karl Bichler in die Ordination kommt – die letzte Nacht verbrachte er nach einem Rausschmiss beim Angerer im Viehstall des Zimmerers –, leugnet Dr. Burgner Pascals Anwesenheit, was verheerende Konsequenzen hat. Wenig später entdeckt der ehemalige Sprengmeister seinen Sohn in der Küche des Doktorhauses und fasst den Entschluss, Pascal, der acht Jahre alt war, als er seinen Vater das letzte Mal sah, mit einer angedrohten Wiederholung des damaligen Unglücks am Rotkogeljoch herauszuzwingen. Sofort besorgt er sich bei einem alten Sprengkommissionist die nötigen Repressalien – Sprengstoff mit Zeitzündung – und überbringt einen Drohbrief zur Arztpraxis. Er ahnt jedoch nicht, dass Familie Burgner bereits mit dem Jeep, Rudi, Pascal und verschiedenen Schneebretterarten zum Rotkogeljoch unterwegs ist und nur Dr. Hallstein den Brief in Empfang nimmt.

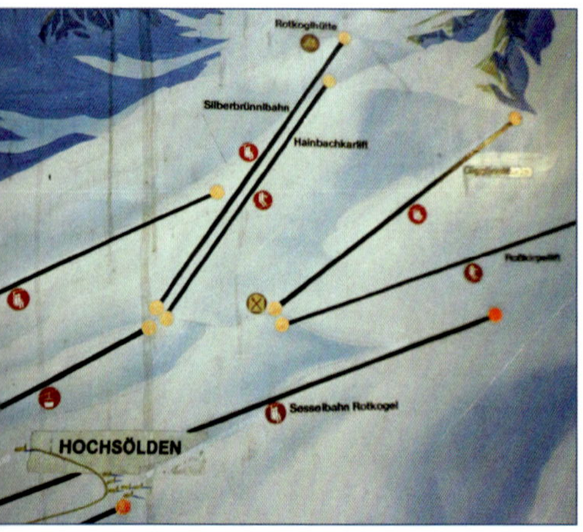

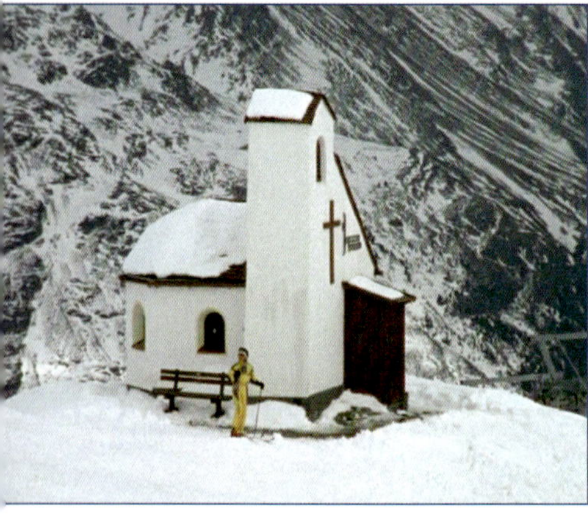

Der alte Seilbahn-Plan zeigt in Hochsölden die Stationen des Films: Silberbrünnl und Rotkogl. Darunter die Bergkapelle am Rotkogl.

In der nahen Region Sölden trifft die Reisegesellschaft noch am selben Abend ein. Dicht verschneite Straßen und Wege führen im Dunkel zu der angezielten Bleibe: eine Ferienhütte in tiefster Abgeschiedenheit. Nur mühsam quält sich der Geländewagen durch die Schneemassen. Vorerst steht eine Partie »Mensch-Ärgere-Dich-Nicht« und Dr. Burgners Kochkunst auf dem Plan, anderntags ist nach einer Schneeballschlacht endlich eine weitläufige Pistenabfahrt angesagt, wobei Dr. Burgner und Sabina die Skier und die Jungen die Snowboards vorziehen. Mit Stirnband, Pudel- und Schirmmützen geht es durch einen Großteil des mit Skiliften durchzogenen Wintersportgebietes. In einer stillen Minute gesteht Maxl seine Freude darüber, dass er und sein Vater endlich Zeit füreinander haben und dass er es im Gegensatz zu Pascal recht gut habe. Dr. Burgner ist auch erfreut, sucht er doch ebenfalls etwas Entspannung. An der Skistation Silberbrünnl fasst Thomas nach dem Genuss einer Currywurst den Entschluss, mit Sabina zur Hütte zurückzufahren und in der Praxis anzurufen. Mit den drei Jungen, die schon vorausfahren sollen, verabredet er sich um 15:30 Uhr an der Bergkapelle unter dem Rotkogeljoch, dem Platz, an dem Karl Bichler indes bereits eine Sprengladung auf akribische 15:30 Uhr vorbereitet. Zudem findet auf der Hochfläche derzeit unter großem Trubel ein Faschingsfest statt, dem Maxl, Rudi und Pascal bei ihrer Ankunft sofort interessiert beiwohnen.

Nach einem Schäferstündchen in der Ferienhütte muss Dr. Burgner beim Telefonat erschreckend von Bichlers Drohbrief in der Praxis erfahren sowie von der Tatsache, dass genau zum Treffzeitpunkt oben an der Kapelle eine Bombe detonieren soll. Sofort leitet Christl von Sonnenstein aus eine Alarmbereitschaft ein, die von Luis von der Bergwacht Telfs noch unterstützt wird. Aufgrund der hohen Lawinengefahr am Rotkogeljoch ordert er einen Hubschrauber, mit dem er sich in das Krisengebiet begibt. Dr. Burgner selbst versucht mit den Skiern, Bichler ausfindig zu machen, und Sabina fährt zu der Kapelle, um die drei Jungen zu warnen. Tatsächlich trifft Thomas Karl Bichler unterhalb des Berges an. Dieser ist sehr aufgebracht, da Pascal nicht zu ihm gekommen sei. Als Konsequenz macht er seine Drohungen wahr und wirft, trotz der Warnungen von Dr. Burgner, auf dem Plateau befänden sich Leute, den in wenigen Minuten selbstzündenden Sprengstoff in den Schnee. Bichler weiß nicht, dass sein Sohn sich nicht in Sonnenstein im Doktorhaus, sondern in dem in höchstem Maße lebensbedrohlichen Gebiet unterhalb des Rotkogeljochs befindet. Hastig eilt Dr. Burgner in Richtung Kapelle, Bichler folgt ihm zu Fuß. Schon von Weitem fordert er Maxl und die Jungen auf, unter die nahegelegene Felsspalte zu kriechen. Die drei rutschen in die schneebedeckte Höhle. Sabina hingegen kann vor der Kapelle sitzend die Rufe ihres Mannes nicht verstehen. Sie trifft genau zu dem Zeitpunkt auf der ungeschützten Fläche bei Dr. Burgner ein, als die Lawine ins Rollen kommt. Beide werfen sich flach auf den Boden, die herannahenden Schneemassen vor Augen. In kurzer Zeit werden Sabina, Thomas und Karl Bichler in den Tod gerissen, zeitgleich mit der Neugeburt des Bichler-Kindes bei Dr. Hallstein in Sonnenstein ...

Pankraz und Franzi waren in dieser Zeit zunächst mit ganz anderen Dingen beschäftigt. Franzi hatte eine Marienfigur auf dem Dachboden gefunden, die Pankraz in seiner Kindheit geschnitzt hatte. Franzi hielt sie für eine kostbare Rarität und ließ sie schätzen, spendete sie aber schließlich Pfarrer Hauberer für die Kirche. Erst jetzt erfahren die beiden von der drohenden Gefahr im Urlaubsgebiet und setzen sich in ängstlicher Ungewissheit mit Julia zusammen, um das Klingeln des neuen schnurlosen Telefons abzuwarten.

Indessen ist Luis mit seiner Truppe bereits vor Ort und beginnt mit der Rettungsaktion. Lawinenhunde sowie Menschen mit Schneestäben suchen das Gebiet ab. Maxl, Rudi und Pascal kommen aus der Felsspalte hervor, die kostümierten Festteilnehmer blicken aus der Ferne auf das Geschehen. Erst jetzt begreift Maxl die Situation. Er stürzt beängstigt und *»Papa«* rufend auf die Eisberge, muss jedoch von dem Bergwachtpersonal gewaltsam zurückgehalten werden. Von Weitem beobachtet er die Situation, Rudi und Pascal legen ihre Hände auf seine Schultern.

Kurz darauf haben die Hunde die Stelle ausfindig gemacht. Luis gräbt und zieht unter Bestürzen einen leblosen Körper empor: Dr. Burgner. Schreiend, verzweifelt und schockiert stolpert Maxl durch die Schneemassen, stürzt zu der Fundstelle und hält mit Tränen in den Augen seinen Vater in den Armen.

Anmerkungen: Als Jugendlicher war Gerhart Lippert tatsächlich von einer Lawine verschüttet worden. Sowohl die Station Silberbrünnl als auch das Rotkogeljoch existieren real in Sölden. Auch Maxls Tränen sollen laut einem Interview von 2008 echt gewesen sein, weil sich Manuel Guggenberger beim Dreh des Abschieds von seinem langjährigen Filmvater bewusst wurde.

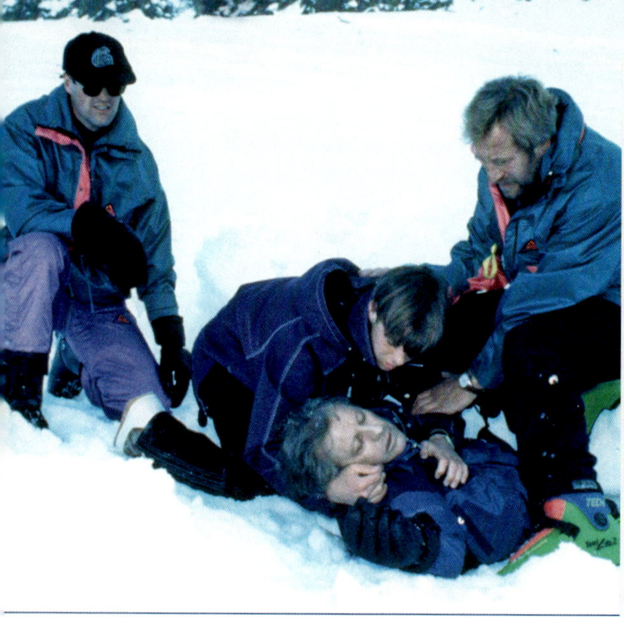

Kritik: Die »Neue Generation« könnte man angesichts des harten Bruchs und der verschwundenen Harmonie mit viel Kritik bedenken. Vor allem aber stören an dieser 90-minütigen Folge die unnötig in die Länge gezogenen Handlungen und die fehlende Auflösung des Storykonflikts. Alles endet mit dem Tod, aber so abrupt, dass viele Fragen offenbleiben. Das Thema um den gefährdeten Pascal hätte mehr Potenzial gehabt, und die vielen Bilder im Dunklen, auch die unnötig lauten E-Gitarren-Klänge nerven. Der Tod des Doktors tritt nicht nur dadurch ein, da Dr. Burgner erstmals lügt, als er Pascal gegenüber Karl Bichler verleugnet. Auch Maxl ist schuld: Hätte er in Folge 59 nicht Julias Teddy verloren, wäre Dr. Hallstein nie in Erscheinung getreten. Und hätte Maxl nicht laut nach Pascal gerufen, hätte Karl Bichler nie erfahren, dass Dr. Burgner gelogen hat ...

Bewegende Abschiedsszene in Folge 60 mit Maxl, Thomas, Luis (rechts) und einem Mitarbeiter des Suchtrupps.

61) Maxls Trauer

45 Min. | Gäste u. a.: Gerhard Riedmann, Georg Marischka, Hermann Giefer, Michaela May, Peter Rühring

Nach der Beerdigung von Sabina (geboren am 11.3.1957) und Thomas (geboren am 23.12.1946) Burgner auf dem Sonnensteiner Friedhof ist man in der Gemeinde bereits damit beschäftigt, die organisatorischen Fragen, die sich durch den Tod der beiden Doktoren ergeben haben, zu klären. Bauer Zirngiebl und Alois Angerer planen, das Doktorhaus als Ferienhotel umzugestalten und Maxl und seine Schwester mit Geld zu unterstützen. Luis Kofler jedoch, der noch vor Kurzem am Grab trauerte, ist von dem Vorhaben nicht überzeugt, da das Ehepaar kaum unter der Erde sei und Maxl seinen schweren Verlust noch nicht überwunden habe. Inzwischen wurde Julia von Franzi und Pankraz aufgenommen. Nach wie vor weiß sie nichts vom Tod ihrer Eltern, obwohl sie öfters nach ihrer Mutter fragt. Man erzählte ihr, Sabina sei verreist, und nebenbei wird sie von Franzi mit zur Poststelle genommen. Ernsthafter betroffen ist Maxl, der, wie Franzi Alexandra Brauneck mitteilt, seit der Beerdigung kaum ein Wort gesprochen habe.

Tatsächlich ist Maxl sehr verzweifelt. Während Pankraz und Franzi sich im Burgnerhaus um Erbschaftsangelegenheiten kümmern, steht er niedergeschlagen, schweigend und mit abgewandtem Blick am Treppengeländer. Erst als er nach einem Testament gefragt wird, schreit er auf, ob das alles sei, woran sie denken könnten, es sei ihm »*scheißegal*«. Pankraz versucht daraufhin, mit Maxl zu reden, dieser hat sich jedoch in seinem Zimmer eingeschlossen und brüllt aufgebracht und verzweifelt durch die Tür, er wolle in Ruhe gelassen werden. Auch als Franzi am Abend vorbeischaut, hat sich an der Situation nichts geändert. Die Eingangstür ist verschlossen, und Maxl gibt Franzi lautstark zu verstehen, dass sie abhauen solle. Er sei kein Kind mehr, denn Kinder hätten Eltern, und dass er nicht im Haus allein bleiben könne, halte er für absurd. Es sei sein Haus, sagt er weinend auf der Treppe sitzend zu sich.

Noch am Abend verharrt er trauernd in der Praxis seines Vaters. Als das Telefon klingelt und sich der Anrufbeantworter mit Dr. Burgners Stimme meldet, schreckt er hoch und zerstört wütend die Instrumente. Er wirft den Anrufbeantworter zu Boden, räumt Akten- und Medikamentenschränke aus und verstreut den Inhalt in den Räumlichkeiten. Erst danach kommt Maxl zur Ruhe, setzt sich in der Küche vor dem Kühlschrank auf den Boden und betrinkt sich mit den dort vorhandenen Flaschen.

Als Christl am nächsten Morgen in die Praxis kommt und zudem Herrn Wegner vom Jugendamt in Hall, der sich davon überzeugen will, dass die Kinder derzeit tatsächlich bei ihren Großeltern verweilen, mit hineinbittet, streift Maxl stark alkoholisiert durch das Haus. Übermütig schimpft er auf Christl ein und verweist die unerwünschten Besucher grob gen Ausgang. Der Beamte ist daraufhin nicht zufrieden, findet er doch Maximilian Burgner und das Haus in einem verwahrlosten Zustand vor. Doch Christl bittet ihn, vorerst zu gehen, da sie sich um Maxl kümmern müsse. Sofort telefoniert sie mit Pankraz und Dr. Hallstein, die unverzüglich eintreffen.

Als Dr. Hallstein an Maxls Bett einen »*ersten Kater*« diagnostiziert, kommt Pankraz hinzu und kann Maxl schließlich überzeugen, dass es nach diesem Ereignis besser sei, wenn er zu ihm ziehe. Am nächsten Tag – in alter Frische – verlädt Maxl seine Zimmereinrichtung auf Pankraz' Ponygefährt. Dabei erhält er Besuch von Alois Angerer, der ihm das Angebot unterbreitet, das Haus abzukaufen, damit sich Maxl und Julia von dem Geld ein schönes Leben machen können. Maxl jedoch reagiert abweisend und beschimpft den Kapitalisten sogar als Verbrecher, der ins Gefängnis gehöre; er bekomme das Haus nicht.

Dagegen schmiedet der Junge andere Pläne, denn nachdem er mit Pankraz sein neues Heim bezogen hat, erinnert er sich an einen Brief, den er von seinen Verwandten Schultheiss aus Berlin (siehe Nr. 46, 55) erhalten hat. David Schultheiss lud Maxl darin zu einem Besuch ein. Die Idee, zu seinem Onkel nach Berlin auszureißen, liegt ihm nun nicht mehr fern, zumal er außerdem, nachdem

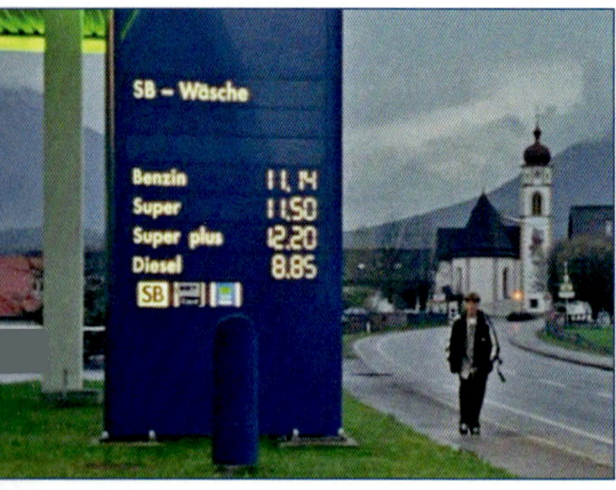

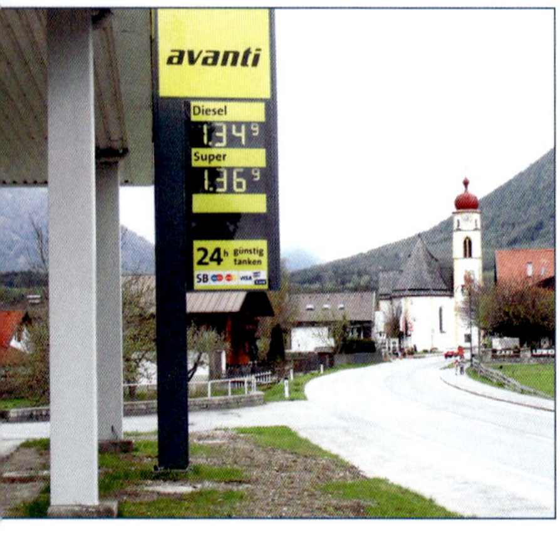

Tankstelle und Kirche in Barwies 1996 und 2014: Die Spritpreise haben sich geändert, sonst aber nur wenig.

er sich zu essen weigerte, von der weinenden Franzi heimlich erfährt, dass das Jugendamt eine Heimeinweisung plane. Am Abend vernagelt er die Praxistür vom Burgnerhaus, hinterlässt einen Brief, in dem er schreibt, dass sie sich nicht sorgen mögen und er sich melde, und begibt sich dann zur nahen Tankstelle in Barwies. Von einem LKW-Fahrer wird Maxl mit seinem Rucksack schließlich nach Deutschland mitgenommen.

Nach einer langen Fahrt in die Metropole trifft er bei der Wohnung Schultheiss ein, findet die Familie jedoch nicht vor. Nach langem Warten bleibt ihm nur die Möglichkeit, einen anderen Platz aufzusuchen. In der Kneipe »Känguruh« lässt er sich nieder, speist etwas und telefoniert mit Pankraz. Er sei gut angekommen, schwindelt er, und die Geräusche im Hintergrund kämen vom Fernseher. Pankraz und Franzi sind daraufhin beruhigt, ahnen jedoch nicht, dass Maxl gelogen hat.

Andere Probleme wurden in der Zwischenzeit von Herrn Wegner hervorgerufen. Er sei weniger um Maxl besorgt, obwohl sich dieser nach dem Alkoholexzess nicht bei ihm gemeldet habe, dafür aber aufgrund seines Alters selbst entscheiden könne, bei wem er leben möchte; vielmehr hege er den Verdacht, dass Julia von ihrem Opa unsittlich berührt wurde. Dieses Missverständnis ist zwar nur in einem von Dr. Hallstein verschenkten Hund namens Pankraz zu begründen, dennoch wurde das Mädchen auf Umwegen in einem Heim untergebracht, sodass Franzi vor Kummer schwer erkrankte. Justus, der gerade mit seiner zur Studienrätin aufgestiegenen Freundin Lisa Brunner, seinem Freund Paul Reuther und dessen Sohn Florian in Paules Restaurant in Innsbruck zu Abend aß, wurde daraufhin nach Sonnenstein geordert, konnte Franzi versorgen und das Jugendamt von Pankraz' Unschuld überzeugen. Schließlich kehrte Julia zurück, und Alexandra Brauneck erklärte sich bereit, in Notsituationen als Pflegeperson einzuspringen.

Kritik: Die Fortsetzung des begonnenen Themas ist durchaus gelungen. Maxls Trauer ist dramatisch und verständlich. Die Autorin Gabriele Kister hat es geschafft, den Übergang zur »Neuen Generation« glaubhaft zu gestalten. Und die dunklen Bilder werden auch wieder weichen.

62) Bange Stunden

45 Min. | Gäste u. a.: Gerhard Riedmann, Georg Marischka, Herrmann Giefer

Seitdem Maxl per Anhalter nach Berlin ausgerissen ist, haben Franzi und Pankraz über David Schultheiss' Redaktion erfahren, dass Maxls Onkel für eine Woche nach Hongkong verreist sei. Da sie nun schließlich wissen, dass Maxl am Telefon gelogen hat, machen sie sich noch mehr Sorgen als zuvor. Pankraz kann nicht länger warten und macht sich auf den Weg nach Berlin, um den 16-jährigen Burgnersohn ausfindig zu machen. Zwar fällt es ihm nicht leicht, sind doch die Städter gegenüber Tirolern recht abweisend, und selbst die Polizei ergreift keine Initiative, doch er gibt nicht auf.

Die Berliner Szenen entstanden größtenteils in München, die Szenen am Imbissstand zum Beispiel am Holzkirchner Bahnhof, Bayerstraße Ecke Paul-Heyse-Unterführung.

Maxl streift derweil leicht müde und abgespannt durch Berlins dreckige Straßen. An einer Straßenecke bemerkt ihn plötzlich eine Bande jugendlicher Straßenräuber. Auf Rollerblades kommen sie auf ihn zu, packen ihn an beiden Armen und schubsen ihn gegen die graffitibeschmierte Mauer. Maxl muss hinnehmen, dass die Jungen sein Bargeld stehlen. Ohne Geld muss Maxl daher in der folgenden Nacht notgedrungen frierend auf einer Bank in der Stadt schlafen. Am nächsten Tag steht er orientierungslos vor einer Currywurstbude. Noch einmal erfolglos seine Taschen durchsehend, antwortet er der Verkäuferin auf die Frage, ob er etwas möchte, er warte noch auf einen Freund. Obwohl Maxl zu bedenken gibt, dass er kein Geld habe, spendiert die Frau ihm kostenlos Pommes Frites und Currywurst, denn sofort sei ihr klar, dass Maxl ausgerissen ist, und sie spricht ihn darauf an. Maxl fragt nur, ob man ihm das ansehe, und will sich dann dankend verabschieden, doch Anna Marotzky lässt ihn nicht gehen, holt ihn in die Bude und fragt ihn nach seinen Problemen. Maxl erzählt, er habe keine Eltern mehr und sei wegen einer drohenden Heimunterbringung ausgerissen. Die Imbissverkäuferin nimmt daraufhin den Jungen mit zu sich, wo er sich erst einmal ausschlafen solle. Maxls Hemd und T-Shirt wolle sie waschen und lässt sich die Kleidung von ihm aushändigen, findet darin allerdings seine Papiere, darunter einen Notfallausweis: Dr. Thomas Burgner oder Dr. Pankraz Obermayr seien zu benachrichtigen. Sofort ruft Frau Marotzky bei Franzi in Sonnenstein an, und am nächsten Tag, als Maxl in der Bude beim Verkauf aushilft, steht Pankraz vor ihm und nimmt seinen Enkel in die Arme.

Gastwirt Angerer hat indes bereits die Gelegenheit genutzt, den morphiumabhängigen Dr. Schreiber als Dorfarzt zu verpflichten und ihm einige Praxisräume in einem anderen Gebäude zur Verfügung zu stellen. Da Luis Kofler schon zuvor Dr. Hallstein nach der Stellenübernahme befragt und dieser, auch mit Rücksichtnahme auf seine Lebensgefährtin Lisa Brunner, abgelehnt hatte, konnte Angerer Dr. Schreiber gewinnen, der auch sofort, um seine Drogensucht zu stillen, den Vertrag unterschrieb. Jetzt möchte Alois den neuen Diagnostiker dem Bürgermeister vorstellen, doch Luis ist erkältet und rief bereits, weil er Dr. Schreiber nicht traute, Justus Hallstein zu Hilfe. Luis ist gerade in der Werkstatt mit einer Bandsäge beschäftigt, als Alois und der Doktor hereinkommen. Plötzlich, erschreckt durch Alois' Begrüßungshandschlag, gerät Kofler an das Sägeblatt und verletzt sich am Arm. Sofort versorgt Dr. Schreiber die Wunde, allerdings schnell und dilettantisch, um erneut seiner Morphiumsucht nachgehen zu können. Luis selbst steht noch unter Schock, da verlässt der Arzt bereits die Werkstatt, setzt sich in sein Auto und rast zur Landstraße, entgeht dabei nur knapp einer Kollision mit Dr. Hallstein, der auf dem Weg nach Sonnenstein ist.

In Sonnenstein kommt der Arzt aus Innsbruck zuerst zur Tierarztpraxis Obermayr. Er wolle mit Maxl darüber sprechen, ob er ihn nicht doch in die Praxis lassen könne. Maxl, gerade aus Berlin zurückgekommen und mit Julia spielend, wolle es sich überlegen. Auf die Frage, wie es in Berlin gewesen sei, antwortet er nur mit einem zweifelhaften »*Naja*«, geht anschließend ins Haus und dreht lautstark Musik auf.

Anschließend macht Justus seinen Krankenbesuch bei Luis, findet ihn jedoch verletzt in einem kritischen Zustand vor. Der Doktor versorgt die Wunde sofort provisorisch und befiehlt Angerer, einen Schlüssel zur Arztpraxis zu besorgen. Nur zögerlich begibt sich Alois zu Obermayrs, um Maxl nach dem Schlüssel zu fragen. Als Maxl dies aber vernimmt, zeigt er sich nach wie vor wütend und aufgebracht, Angerer solle verschwinden, er bekomme das Haus nicht, und wenn er es niederbrennen müsse. Nachdem Alois jedoch die Situation erklärt hat, händigt Maxl ihm den Schlüssel aus. Wenig später, an der Praxis angekommen, entfernt Dr. Hallstein das Brettergerüst vor dem Eingang, behandelt den Bürgermeister und trägt so dazu bei, dass Angerer seine Entscheidung über Dr. Schreiber noch einmal überdenken muss.

Kritik: Es geht grau in grau weiter, aber ebenso ergreifend wie authentisch. Allerdings ist es mit Luis' Armverletzung wieder ein Unfall, der den Wendepunkt einleitet.

63) Schwere Entscheidungen

45 Min. | Gäste u. a.: Ingeborg Schöner, Gerhard Riedmann

Viel Arbeit im Hause Obermayr: Franzi hat mit Julia in der Post zu tun, Opa Pankraz muss bügeln, und Maxl ist erneut schlechter Laune. Die Schule bereitet ihm Ärger. Nachdem am Nachmittag Pankraz Maxl mahnt, er solle seine Tasche im Flur aufhängen und nicht aus der Flasche trinken, berichtet Maxl ärgerlich, er habe im Deutschaufsatz wieder eine Fünf geschrieben, er schaffe die Versetzung nicht und werde aus Mitleid in der Schule behandelt wie ein Kranker. Pankraz ist bestürzt, war Maxl in Deutsch doch sonst immer gut. Aber schließlich habe er auch viel erlebt, viel versäumt und solle seine Matura zu Ende bringen. Maxl jedoch will nicht mehr zur Schule. Er könne sich nicht mehr konzentrieren und wolle eine Lehre in Innsbruck beginnen, denn zwingen könne man ihn nicht. Sofort spricht Pankraz mit Franzi darüber, denn obwohl Maxl völlig durcheinander sei, stehe unter seinem Aufsatz, dass er die Note durch ein Referat verbessern könne. Daraufhin fasst Franzi den Entschluss, Maxl dabei etwas zu unterstützen und Pankraz das Referat verfassen zu lassen. Noch am selben Abend studiert dieser seine Bücher zur Tiermedizin, um eine profunde Hausarbeit zustande zu bringen – und es gelingt ihm.

Am nächsten Morgen kommt Maxl zu Julia, Pankraz und Franzi an den Frühstückstisch. Auf Franzis Frage, was er heute auf seinem Pausenbrot haben wolle, antwortet er nur, es gehe ihm nicht gut und er wolle nicht zur Schule. Da übergibt Pankraz ihm freudig sein Tierreferat, welches er eigentlich heute abgeben solle, denn schließlich habe er sich damit viel Mühe gemacht. Maxl aber ist sauer, sie hätten in seinen Sachen gestöbert, und sie brauchten sich nicht immer um ihn zu kümmern. Unverzüglich will Pankraz die Blätter zerreißen, doch Franzi und Julia hindern ihn daran. Jetzt tut es Maxl leid. Er nimmt das Referat, sieht es sich an und bittet darum, die ersten zwei Stunden frei zu bekommen, um den Text, der ihm tatsächlich gefalle, abzuschreiben.

Dieser Weg wird in Folge 63 als Landstraße von Innsbruck nach Sonnenstein dargestellt, tatsächlich handelt es sich nur um einen Feldweg.

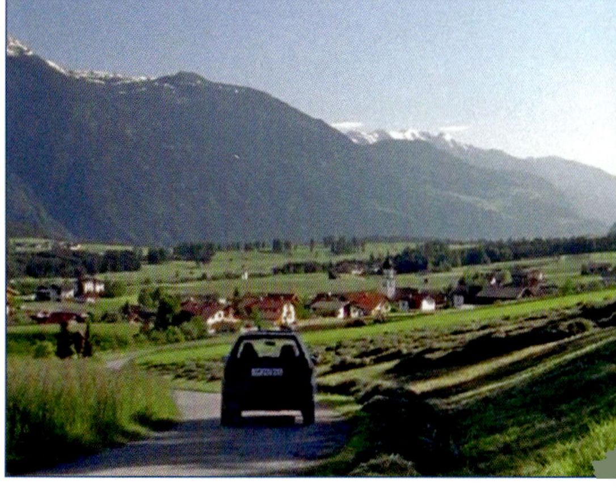

Inzwischen organisierte Elfriede Angerer nach 30 Jahren ein Klassentreffen der Hotelfachschule. Unerwartet erscheint dabei auch Martin Stein aus Italien (Rimini), Elfis einstiger Werber, der ihr nun seine Liebe erneut gesteht. In der nächsten Zeit verbringt Elfi viele Stunden mit Martin, was Alois natürlich überhaupt nicht billigt. Da es ihm ohnehin nicht gutgehe, sagt Angerer am Tag des Ereignisses vorzeitig das Klassentreffen ab. Kurz darauf kommt Elfi zu ihm, um ihm zu beichten, dass sie für immer bei Martin bleiben wolle. Alois ist deprimiert, schließlich hätten sie 30 Jahre zusammengelebt und sogar eine Tochter, die inzwischen verheiratet in Wien lebe (siehe Nr. 2). Als Angerer plötzlich ein Gewehr aus dem Jägerschrank (vgl. Nr. 29) holt und prophezeit, dies sei sein Ende, greift Elfi ein. Sie kann den Schuss zwar umlenken, Alois jedoch fällt mit einer Herzattacke zu Boden. Damit steht Elfi vor einer entscheidenden Frage: Soll sie bei ihrem kranken Mann bleiben oder dennoch die Reise nach Rimini antreten und Sonnenstein für immer verlassen? Sie entscheidet sich für Letzteres ...

Nach der Wanderung mit seinem Freund Paul ist Dr. Hallstein endlich zu dem Entschluss gekommen, seine eigene Praxis in Sonnenstein zu eröffnen. Beim Gemeinderat spricht er mit Luis über sein Vorhaben, denn der Vertrag mit Dr. Schreiber sei ohnehin nichtig. Luis rät, am Nachmittag mit Maxl darüber zu sprechen, ob er die Praxis jetzt vermiete. Dr. Hallstein trifft Maxl später auf der Mühlgasse beim Dorf. Der Arzt fragt nach, wie es ihm denn gehe, worauf Maxl mit einem deutlichen »*Beschissen*« antwortet, und nimmt ihn in seinem Wagen mit. Wenig später hält Justus an, steigt aus und erzählt dem Jungen, auch er habe einmal einen geliebten Menschen verloren, seinen vierjährigen Sohn bei einem Fenstersturz, und ebenso hätte er am liebsten sterben wollen, bis er bemerkt habe, dass das Leben weitergehe, die Gedanken sich letztlich wieder auf Neues richten. Daraufhin steigt auch Maxl aus dem Auto und lehnt sich zu ihm an die Motorhaube. Er sagt, er fühle sich bei Franzi und Pankraz alleingelassen, da er mit ihnen nicht richtig reden könne. Als Dr. Hallstein ihm nun verrät, dass er vorhabe, künftig in Sonnenstein zu praktizieren, ist Maxl sehr erfreut und sofort mit einer Praxis- und Wohnungsübernahme einverstanden, denn einerseits habe er dann öfter die Möglichkeit, mit Justus über seine Probleme zu sprechen, und andererseits sei er ohnehin der Einzige, den er in das Haus hineinließe. Während dieses letzten Satzes verwendet Maxl intuitiv die Bezeichnung »*du*«, wofür er sich sogleich entschuldigt. Der Arzt aber freut sich sehr über das persönliche Wort und stellt sich dem Jungen daraufhin mit einem freundschaftlichen Händedruck als »*Justus Hallstein*« vor.

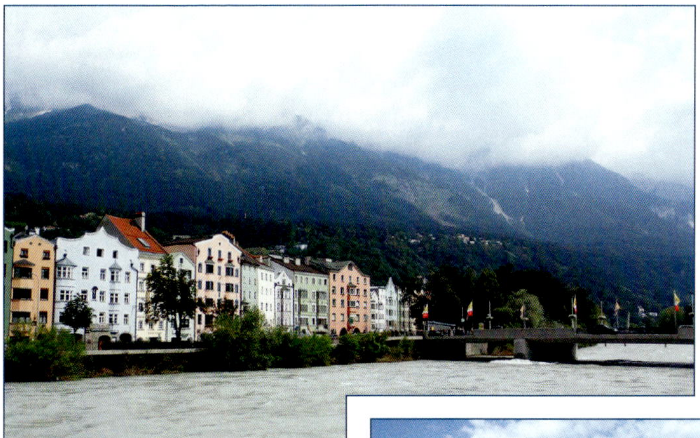

Motive aus Folge 63: Innsbruck (links), wo sich Elfi und Martin amüsieren, und der Mühlenbach in Wildermieming, in dem Herr Konrad die Kneipp-Kur reformieren will.

Wenig später eröffnet Dr. Hallstein seine Praxis. Er unterschreibt Miet- und Übernahmeverträge und lässt von Christl Wild ein neues Ordinationsschild besorgen. Auch Möbel müsse er sich noch beschaffen. Nachdem für den Doktor das Problem mit der Praxis nun geklärt ist, bleibt ihm nur noch, seine Freundin Lisa Brunner davon zu überzeugen, dass dies für alle Beteiligten das Beste sei. Lisa war sehr aufgebracht, als sie hörte, dass Justus seine Stelle im Krankenhaus gekündigt habe. Immerhin habe sie seit dem Tod ihres gemeinsamen Kindes Markus ihr Leben erstmals wieder im Griff und wolle es nun nicht wegen einer Frau-Doktor-Rolle auf dem Land riskieren. Sie gedenke zwar, bei ihm zu bleiben, jedoch nicht jeden Tag pendeln zu wollen. Am Eröffnungstag aber bereut sie ihre abweisende Haltung und begibt sich mit ihrem VW Polo und einer Champagnerflasche über die Autobahn nach Sonnenstein, wo durch den zusammengebrochenen Alois Angerer und eine Kaffeetafel, die Christl für Justus ausgerichtet hat, vorerst keine Ruhe einkehrt. Erst als der Rettungswagen abfährt und Christl sich aus Rücksichtnahme mit ihrer Vespa zurückzieht, können Lisa und Justus allein den von Christl gebackenen Kuchen genießen.

Kritik: Ebenfalls glaubwürdig erscheint es, dass Maxls Trauer noch immer anhält und er sogar den Großeltern gegenüber trotzig und genervt auftritt. Und auch Elfis Abschied von ihrem Mann ist schlüssig, nachdem Alois Angerer in so vielen Folgen (z. B. Nr. 12, 17, 29 etc.) den Bösewicht verkörperte.

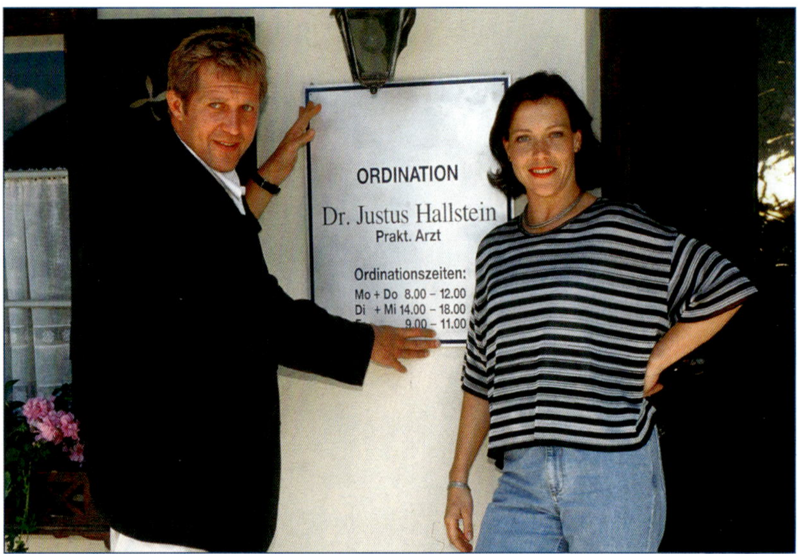

Justus Hallstein bezieht in Folge 64 seine neue Praxis. Lisa Brunner wird erst in Folge 66 nachkommen.

64) Ein Zirkuskind

45 Min. | Gäste u. a.: Birgit Stauber

Bei Dr. Hallsteins Einzug in die Praxis helfen nicht nur sein Freund Paul Reuther, sondern auch Pankraz und Franzi, die zur Einweihung einen Kuchen und einen Apfelbaum übergeben, sowie Maxl, der von Justus als Dankeschön ein Skateboard geschenkt bekommt. Paul berichtet, dass er aufgrund ungeklärter Eigentumsverhältnisse sein Innsbrucker Restaurant aufgeben müsse, woraufhin Justus die Gelegenheit nutzt, um der derzeit leerstehenden Gastwirtschaft Angerer einen neuen Pächter zuzuführen. Schließlich sei Frau Angerer nach Italien ausgewandert und Alois in einer kardiologischen Rehaklinik untergebracht. Sofern er die dazugehörige Wohnung halten dürfe, sei Angerer mit dem Angebot einverstanden, Paul den Gasthof zu überlassen. Weil Paul nun gleich mit in das Doktorhaus einzieht, kann er sich intensiv um das Restaurant – sowie um Christl – kümmern.

Anmerkung: Die Österreicherin Birgit Stauber ist Jahrgang 1974 und hatte 1996 ihr Fernsehdebüt.

Auf seiner Reiseroute muss der Zirkus »Rudolfo« – ein kleines Familienunternehmen – wegen einer Fahrzeugpanne in Sonnenstein kurzfristig ein Gastspiel geben. Da der Bauer Kurt Meisner, der zuvor mit seinem Traktor die Zirkuswagen in die Ortschaft bugsierte, die werkstattlichen Reparaturen erledigt, arrangiert der Direktor eine Sondervorstellung, um die Kosten begleichen zu können. Entgegen Herrn Konrads Bestrebungen, die Festwiese als

Standort gesetzlich verbieten zu lassen, stehen der Bürgermeister und der lokale Gendarm auf der Seite der Einwohner. Mit Franzis Hilfe, die am Tage der Aufführung gemäß ihrem Kindheitstraum unplanmäßig als Harlekin auftritt, werden auch Unannehmlichkeiten überwunden. Franzi ist glücklich, und die Sonnensteiner schauen gern bei dem sommerlichen Spektakel zu.

In der Zeit, in der der kleine Zirkus seine Utensilien aufbaute, kam Maxl häufig mit dem Fahrrad vorbei, schwang sich auf die Tribüne und sah von dort den Arbeiten zu. Dabei lernte er Aurelia, die Tochter des Direktors, und ihren viel Ärger bescherenden Affen Fips kennen. Bereits bei der ersten Begegnung litt das Mädchen unter leichtem Husten. Ein weiteres Mal entwickelte sich daraus ein kleiner Anfall, sodass Maxl mit Aurelia zu Dr. Hallstein ging. Justus diagnostizierte keine Erkältung, sondern vielmehr eine Allergie, welche aber noch klinisch bestätigt werden müsse.

Wenige Tage später, während Maxl auf dem Schulweg den Zirkus besuchte, bekam die Direktorentochter in Gegenwart ihres Affen einen extremen Hustenanfall, der zu Atemstörungen führte. Sofort rannte Maxl hinauf zur Praxis, um Dr. Hallstein Bescheid zu geben. Justus ging nun fest von einer Tierhaarallergie aus und nahm daraufhin Aurelia bei sich auf, um das Mädchen vor weiteren Tierkontakten zu schützen. Aurelia war dort so deprimiert, dass Maxl sie am Tag der Vorstellung besuchte, anstatt zur Aufführung zu gehen. Er überredete sie, von einem Hügel das Treiben aus der Ferne zu beobachten. Doch über Aurelias Zukunft musste nach wie vor eine Entscheidung getroffen werden.

Am Tag der Abreise des Zirkus bleibt Aurelia allein in Sonnenstein zurück. Der Direktor kommt ein letztes Mal zum Doktorhaus, um sich von allen, die Hilfe geleistet haben, zu verabschieden.

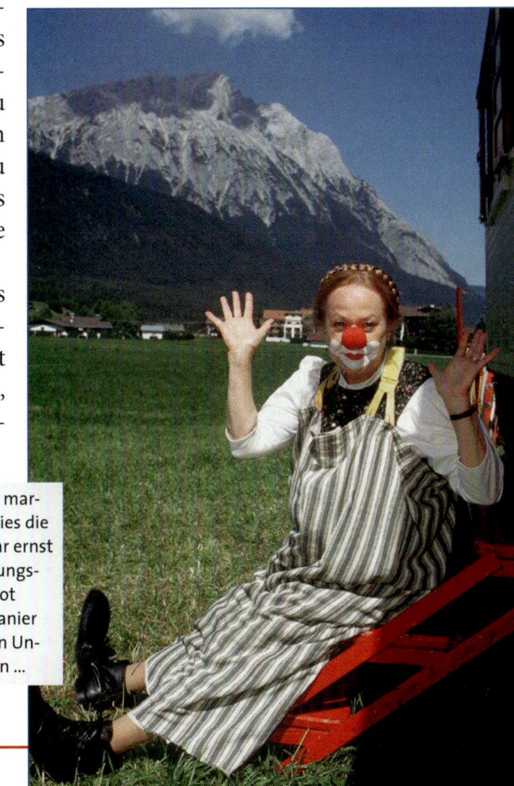

Franzi hat als Clown einen großen Auftritt.

Kritik: Dr. Hallsteins Einzug im Doktorhaus markiert das Ende der Überleitungen, sodass dies die erste reguläre Folge darstellt. Diese ist zwar ernst angesichts des Themas und des durchsetzungsstarken Doktors sowie mit Aurelias Atemnot durchaus dramatisch, aber auch in alter Manier harmlos. Neu ist nur, dass bei der ärztlichen Untersuchung plötzlich Brüste gezeigt werden …

Anmerkung: Mit dieser Folge sind die Überleitungsfilme zur Einführung der »Neuen Generation« abgeschlossen.

65) Um Leben und Tod

45 Min. | Gäste u. a.: Michaela May, Klaus Wildbolz, Carol Seyboth, Christopher Mayer

Veronika von Brauneck, das Mädchen, welches vor vier Jahren von der Grafenfamilie adoptiert wurde (s. Nr. 13), kehrt für einen Kurzbesuch aus dem Internat nach Sonnenstein zurück. Maxl, der gerade an der Durchfahrtsstraße im Ort sein Pferd an den Zügeln führt, begrüßt die mit dem Bus ankommende Vroni zuerst. Sie hat bereits vom Tod Dr. Burgners erfahren und fragt Maxl, wie es ihm gehe. Maxl möchte jedoch nicht darüber reden, begleitet sie aber zum Schloss.

Wenige Tage später trifft Vroni erneut auf Maxl, als dieser vor dem Hause Obermayr mit seinem neuen Skateboard Kunststücke probt. Vroni ist sehr aufgebracht, müsse mit ihm sprechen und erzählt ihm dann unter Tränen von ernsten Schwierigkeiten bei den Braunecks. Maxl hört ihr geduldig zu und lässt das verstörte Mädchen in der nächsten Nacht in seinem Zimmer schlafen, während er selbst auf dem Boden übernachtet. Als Pankraz ihn am nächsten Morgen zum Frühstück wecken will, erläutert Maxl etwas sprachlos die Situation, um falsche Verdächtigungen abzuwenden.

Tatsächlich aber sind auf Schloss Brauneck derzeit viele Probleme zu bewältigen, weil der Graf mit seiner Geliebten aus Amerika zurückgekehrt ist, um sich nach der Auswanderung vor zwei Jahren scheiden zu lassen. Der Geschäftsmann, der sich in Übersee eine neue Existenz geschaffen hat, ist bei diesem Besuch nicht damit einverstanden, dass der an einer krebsartigen Geschwulst in der Magengegend erkrankte vierjährige Johannes in Deutschland behandelt wird. Trotz der Einwände von Alexandra bevorzugt Markus den suspekten New Yorker Heilpraktiker Dr. Stone, obwohl diesem – damals als Dr. Stein – in Österreich seine staatliche Zulassung entzogen wurde. Justus hingegen sei nicht der Arzt seines Vertrauens, sodass der Graf weiter den Gedanken verfolgt, den kleinen Johannes nach Amerika mitzunehmen. Erst Pankraz kann ihn einsichtig stimmen, weil er den verärgerten Justus mit Markus' ehemaligem Freund Dr. Burgner auf eine Stufe stellt. Justus hat das Vertrauen der Familie erobert, und Alexandra kann nun für die Rettung ihres Kindes sorgen.

In den Folgen 65, 67 und 69 wird die Terrasse vom Café Maurer zur Terrasse des Gasthofs Angerer.

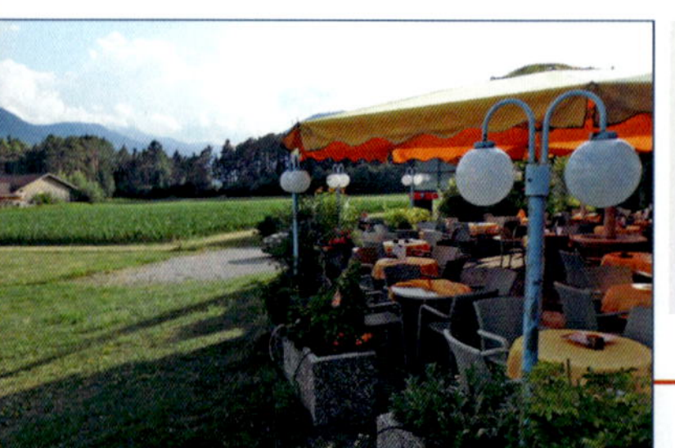

Kritik: Noch eine Neuerung in Sonnenstein: Die Grafenfamilie findet ihr harmonisches Ende. Ab jetzt ist nichts mehr wie früher. Der Streit zwischen Alexandra und Markus kommt allerdings überraschend: Anzeichen hierfür hat es bisher in keiner Folge gegeben. Es ist lediglich konsequent, dem alten, kitschigen Adelsthema endlich ein Ende zu setzen.

66) Schreckliches Geheimnis

45 Min. | Gäste u. a.: Sebastian Mayr

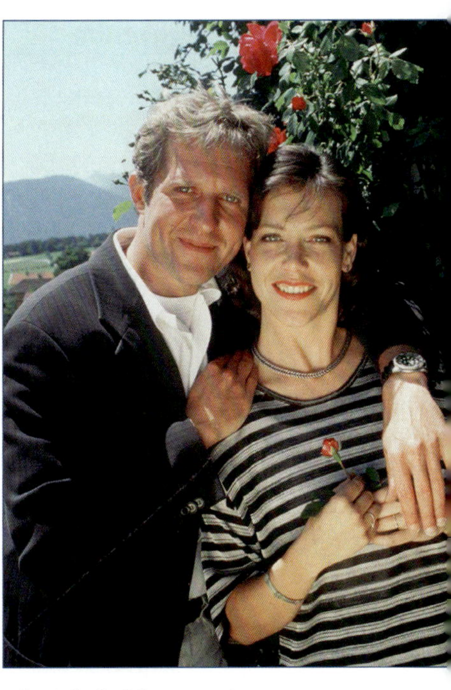

In Folge 66 erlebt Lisa Brunner Schreckliches und erholt sich bei ihrem Doktor.

Schon seit Längerem hat die Studienrätin Lisa Brunner Ärger mit ihrem Schüler Oliver Köhler. Auf einer Wanderung mit ihrer vorwiegend aus 17-Jährigen bestehenden Klasse kommt sie nun in die Gegend ihres Freundes Justus und will eine von Pankraz vorgetragene Demonstration über Tierhaltung in den Bergen besuchen. Auf der Alm benimmt sich Oliver so flegelhaft, dass er von Pankraz geohrfeigt wird. Das Vorhaben muss unterbrochen, ein Mädchen ärztlich versorgt werden; die Bilanz eines Jungen, der – sichtlich aufgebracht über seine Freunde und die Ereignisse – beschließt, die Dinge nicht auf sich beruhen zu lassen.

Wenige Tage später begibt er sich nach Schulschluss in die Sporthalle, in der Lisa gerade Turnübungen mit ihrer Mädchengruppe beendet hat. Gewaltsam zerrt er sie in die Hallengaragen und vergewaltigt sie – ein für Lisa traumatisierendes Erlebnis. Für den Rest des Tages schließt sie sich in ihrer Innsbrucker Wohnung ein, und selbst Justus, der nach sorgenvoller Wartezeit mit seinem grauen Geländewagen (gleiches Fabrikat wie sonst; Kennzeichen vom Saab) in die Landeshauptstadt fährt, kann sie nicht zum Reden bewegen. Eigentlich war er mit ihr am Abend in Sonnenstein verabredet und konnte nicht verstehen, dass sie nicht erschien. Erst am nächsten Tag, als Lisa unter Verdrängung aller Vorkommnisse einen qualvollen Schulvormittag erlebt, begibt sie sich zu Justus nach Sonnenstein, wo sie nach einem Albtraum beruhigt werden kann und beschließt, Oliver anzuzeigen.

Neben Dr. Hallsteins Patienten, die unter anderem übermäßige fünf Stunden über den Simmering gewandert sind, hat auch Christl Probleme. Einerseits plagt sie etwas Liebeskummer und infolgedessen das schwierige Bemühen, sich aus der Beziehung von Justus und Lisa herauszuhalten. Auf der anderen Seite setzte ein Rohrbruch ihre Wohnung unter Wasser, sodass sie zu allem Überfluss die Nächte im Doktorhaus verbringen muss. Paule, der mit seinem Wagen zwischen Gasthof und Praxis pendelt, ist darüber allerdings erfreut.

Kritik: Die Folge thematisiert tatsächlich »nur« dieses schreckliche Geheimnis – nichts anderes. Das ist neu am »Bergdoktor« und völlig außerhalb der Reihe. Aber gut gemacht!

67) Mutprobe

45 Min. | Gäste u. a.: Sebastian Mayr

Eine Postkarte verrät, dass Maximilian noch für zehn Tage in einem Ferienlager zu Gast ist – die Karte zeigt vorn das Sporthotel Interalpen. Julia freut sich besonders darüber, dass ein dicker Kuss in Form eines Herzes an sie gerichtet ist: Symbol zurückgekehrter Friedlichkeit und Urlaubszeit. Selbst Herr Konrad bereitet sich mit moderner Kleidung auf eine vierzehntägige Busfahrt nach Paris zu seiner Brieffreundin vor, die jedoch aufgrund seiner erhöhten Anfälligkeit für Reisekrankheiten nicht erfolgen kann. Stattdessen äußert Franzi den Wunsch, einmal mit ihrem Pankraz allein die Seine-Metropole zu sehen, da sie schon als Kind diesen Traum verfolgte und sogar die französische Sprache beherrsche. Da die Kinder derzeit nicht zu Hause seien, kann Pankraz ihr diesen Wunsch – immerhin für drei Tage – erfüllen.

Christl – im Doktorhaus wohnhaft, seitdem von der Decke herabstürzende Wassermassen ihre Wohnung ruinierten – kommt mit Lisa in ein ausführliches Gespräch und erfährt darin viel über die Studentenzeit von Lisa, Paul und Justus, die sich damals kennengelernt haben. Dass Christl durchaus Gefallen an dem jungen Innsbrucker Arzt findet, war bereits seit Episode 60 deutlich zu erahnen. Allerdings zeigt im Gegensatz zu Justus vor allem Paul Interesse an der Sprechstundenhilfe. Paule war früher selbst Anästhe-

Paul Reuther ist wie Justus Arzt, hat aber den Gasthof übernommen.

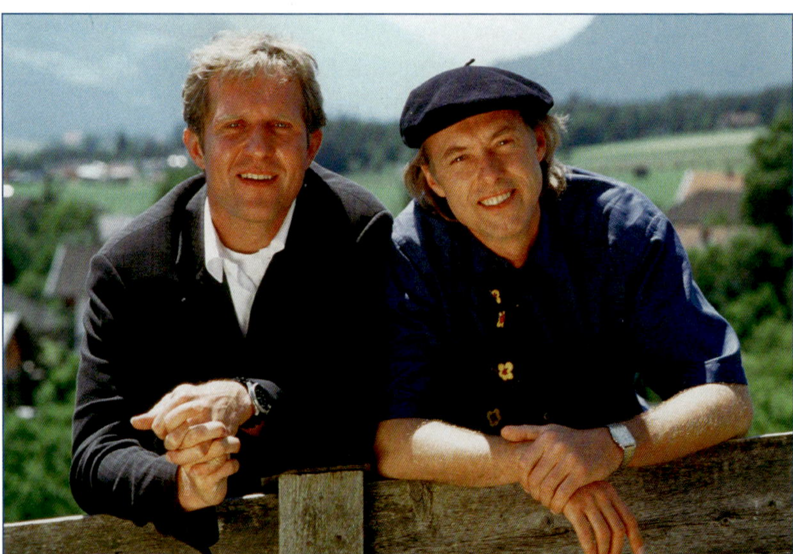

sist, verlor allerdings bei seiner ersten Operation einen Patienten und flüchtete sich nach Frankreich ins Gaststättengewerbe, dem er bis jetzt treu geblieben sei. Die Botschaft, dass Paul eigentlich auch Arzt ist, überrascht Christl sehr, sodass für sie der blonde Ostfriese erst jetzt so richtig interessant wird.

Lisa Brunner hat derweil arge Probleme, zumal sie nach der Anzeige gegen ihren 17-jährigen Schüler Oliver Köhler wegen Vergewaltigung eine wahre Rufmordkampagne erlebt. Die wohlsituierte Familie Köhler ist nicht bereit, die Anschuldigungen hinzunehmen, und inszeniert sogar fiktive Tatsachen, die vor Gericht gegen Lisa sprächen. Dr. Hallstein nimmt die Verzweifelte vorerst mit nach Sonnenstein, um sich dann dem Problem zu widmen. Er will Olli, der zusammen mit seinen beiden Freunden zum Hochplattig unterwegs ist, zur Rede stellen und folgt ihm mit Paul in die Berge. Die beiden finden ihn im Riss am Seebensee in einer heiklen Situation vor, weil er allein eine steile Felswand in Angriff genommen hat und nun in Bedrängnis geraten ist. Er stürzt ab, bricht sich die Rippen und muss nach erster Behandlung und einem fachgerechten Luftröhrenschnitt mit einem Hubschrauber ins Krankenhaus geflogen werden. Nun, mit dem Hintergedanken, sich von seiner Familie loszusagen, schreibt Oliver seiner Lehrerin einen Entschuldigungsbrief und verspricht, sich zu stellen.

Kritik: Der Unfall am Berg bringt wieder die Wendung. Konzeptionell sind die Folgen der »Neuen Generation« allerdings wesentlich stärker mit dem übergeordneten familiären Handlungsrahmen verbunden als früher: Man wartet immer auf die Fortsetzung in der nächsten Folge.

68) Das Findelkind

45 Min. | Gäste u. a.: Ina Bleiweiß, Margot Mahler, Hermann Giefer, Rolf Castell, Peter Rühring, Michaela May, Hilde Auer | Buch: Uta Berlet

Aus Furcht vor den reservierten und extrem konservativen Einwohnern Sonnensteins entschließt sich die junge Holzbildhauerin Carolin Steger, die erst seit Kurzem im Dorf beheimatet ist, ihr farbiges Kind – trotz fachärztlicher Gegenreaktion Dr. Hallsteins – heimlich selbst zu entbinden und vor der Sonnensteiner Kirche als Findelkind auszusetzen. Zunächst erachtet es Pfarrer Hauberer als ein Zeichen, dass dieser sogenannte »Moses« vor dem Haus Gottes abgelegt wurde, und niemand kann sich erklären, wer ein farbiges Kind ausgetragen haben könnte, doch sind boshafte Vorbehalte und Misstrauen angesichts des goldigen Babys schnell ausgeräumt. Vor allem, als sich Franzi bereiterklärt, das Kind in Sorge und Pflege zu nehmen, sind sämtliche Einwohner höchst entzückt: die Dorfkinder, die am Fenster der Poststelle stehen, Anna Pölz mit

Anmerkung: Ina Bleiweiß, Jahrgang 1968, ist die Tochter des Regisseurs Celino Bleiweiß.

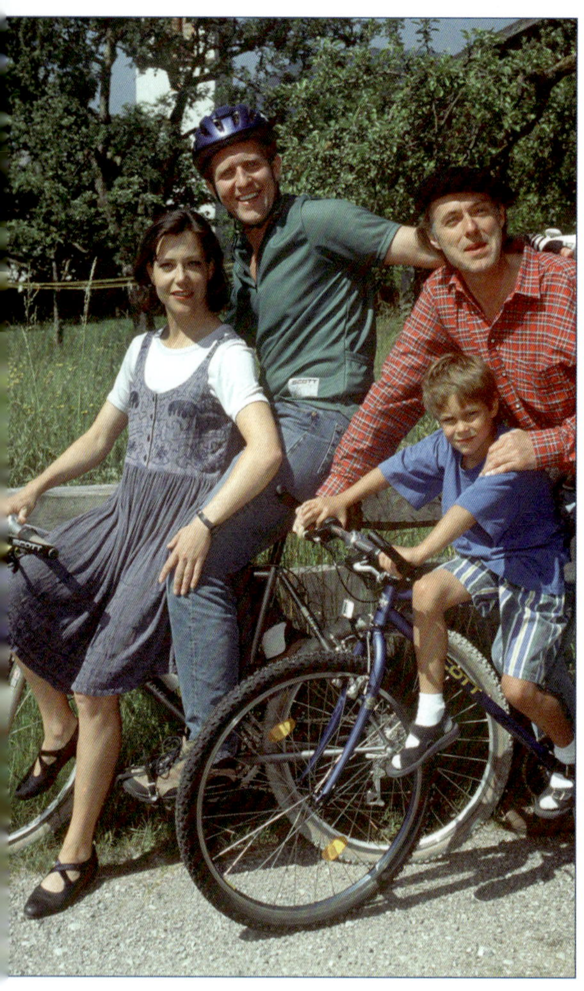

Fahrradtour für die Presse: die »Neue Generation« mit Lisa, Justus, Florian und Paul.

den Kunden ihrer Kolonialwarenhandlung, die Bauern, auch wenn sie es nicht zugeben wollen, und Herr Konrad, der dem prospektiven Tiroler das Skifahren beibringen möchte. Nur Dr. Hallstein, der während des Babyfundes mit seinem Gitarre-spielenden Freund Paul die Berge mit dem Fahrrad erklomm, verhält sich eher zurückhaltend und versucht zu intervenieren.

Später entdeckt er Carolin – von den Nachwirkungen der Entbindung extrem beeinträchtigt – zusammengebrochen in ihrer Wohnung, was ihm allemal Gelegenheit verschafft, die Frau zu untersuchen. Natürlich stellt er sofort fest, dass sie ihr Kind bereits ausgetragen haben muss, und unterbreitet ihr unverblümt massive Vorwürfe, zu einer solchen Tat überhaupt fähig zu sein. Carolin aber sieht in der Häme, die ihr von den Sonnensteinern – und besonders von den Frauen, die um die Gunst ihrer Männer und Söhne fürchten – entgegengebracht wird, sowie in dem Verhalten einiger junger Männer, die ihr mit dem Motorrad nachstellen, genügend Rechtfertigung und kann Dr. Hallstein zumindest ansatzweise überzeugen. Zusammen mit dem Pfarrer beruft er daraufhin eine Gemeindeversammlung ein, auf der Bürgermeister Luis Kofler und Herr Wegner vom Jugendamt zu dem Schluss kommen, Moses Frau Steger zuzusprechen.

Kritik: Das Thema der unehelichen Schwangerschaft ist im Grunde eine Rückkehr zum alten Bergidyll-Klischee. Aber die moderne Aufmachung verleiht dem Ganzen einen tragischen und sozialkritischen Aspekt.

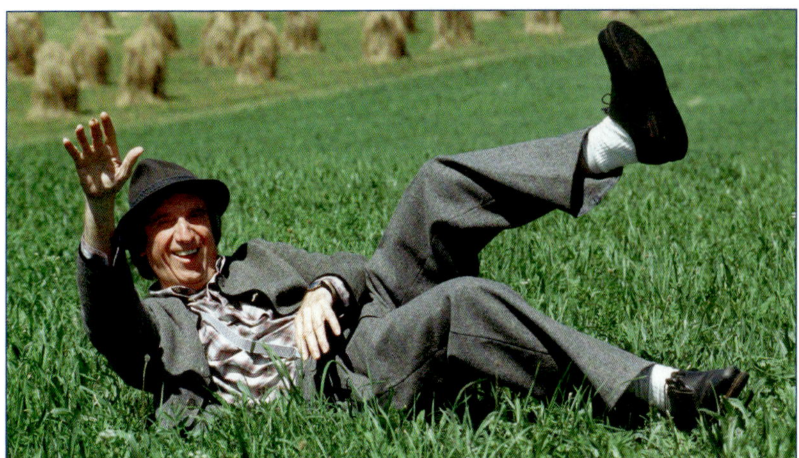

Herr Konrad legt sich beim Fotografieren in Folge 69 ins Gras.

69) Verwirrung der Gefühle

45 Min. | Gäste u. a.: Karin Thaler, Silvan-Pierre Leirich, Maria Surholt | Buch: Gabriele Kister

Eigentlich sollte Herr Konrad trotz seiner zittrigen Hände lediglich besondere Motive auf der Pferdekoppel der Familie Buchegger fotografieren, doch führt seine beschwerliche Aktion letztlich zu zahlreichen Dissonanzen in der Beziehung von Wolfgang und Betty Buchegger, die sich schon seit Längerem anbahnen: Nicht nur, dass Wolfi kontinuierlich um seine Pferdezucht – ebenso wie Betty um das Baby – bemüht ist, jetzt zeigen die Fotos von Herrn Konrad sogar ein Liebesverhältnis zwischen Wolfi und seiner ehemaligen Freundin Silvia, die er zufällig im Dorf wiedertraf. Als Betty die beiden sogar im Heu erwischt, ist es um das Familiengleichgewicht geschehen: Betty nimmt das Kind und verschwindet. Erst Christl, die Betty hernach um Rat bittet, kann zumindest einen Teilfrieden wiederherstellen, indem sie trostvoll auch Bettys Schuld an den Beziehungsproblemen aufzeigt. Schließlich verkauft Wolfi sein Pferd, welches zuvor dank Pankraz' Bemühungen den zweiten Platz auf der Haflingerzucht-Schau errang, entschuldigt sich bei seiner Gattin und kehrt reuevoll zu ihr zurück.

Während derweil Christl und Paul miteinander glückliche Zeiten verleben – sie sind endlich zum Liebespaar avanciert –, zieht sich Lisa immer mehr in ihrer Wohnung zurück. Dr. Hallstein lädt sie daraufhin zu einem Malkurs in die Toskana ein, bei dem sie einfach nur abschalten und entspannen soll. Justus selbst bleibt – jetzt als Strohwitwer – in Sonnenstein zurück; er ist noch unentbehrlich.

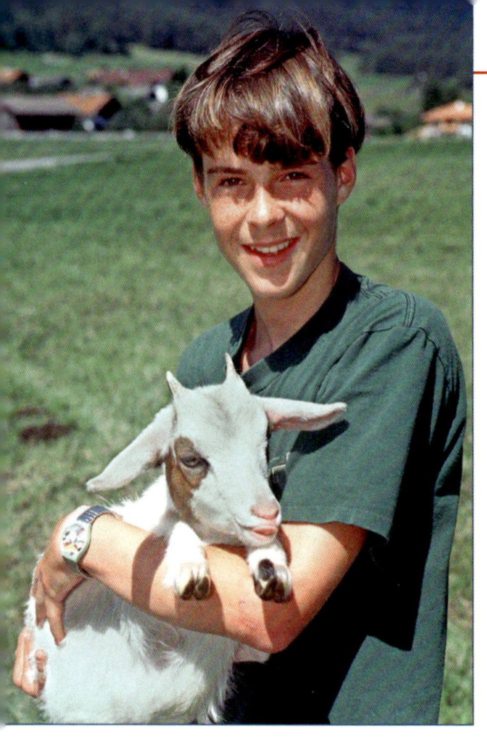

Abschied von Maxl in Folge 69.

Im Mittelpunkt der Gefühlsverwirrung aber steht Maxl, der seit seinem letzten Aufenthalt im Ferienlager (Nr. 67) wesentlich introvertierter geworden ist. Er müsse mit Dr. Hallstein sprechen und verabredet sich mit ihm zum nächsten Tag um 12:15 Uhr vor der Volksschule. Auch mit Pankraz spricht er ernst, ob er denn schon Motorrad fahren dürfe, und besieht sich Familienfotos aus jüngster Zeit: mit Dr. Burgner, Sabina und Julia in fröhlicher Gemeinschaft. Pankraz befürchtet, Maxl wolle ein Motorrad, um Sonnenstein endgültig zu verlassen.

Maxl selbst steht später trauernd am Grab seiner Eltern, den Beschluss fassend, sein Vorhaben umzusetzen. Zielstrebig berichtet er bei dem Treffen mit Dr. Hallstein, bei dem sie mit dem Fahrrad dem landschaftlich reizvollen Feldweg bei Fiecht folgen, er wolle weg, er wolle zu einem Freund, den er im Ferienlager kennengelernt habe, ins Internat Stams. Justus findet den Gedanken gut und unterstützt den Jungen bei seinem Vorhaben. So muss dieser kurz darauf seine Pflegeeltern von der Idee überzeugen, ein Internat zu besuchen, und einfühlsam erklären, dass er bereits am nächsten Wochenende weg müsse, da Montag wieder die Schule beginne. Pankraz kommt schließlich zur Einsicht: Maxl musste früh erwachsen werden, früher als andere. Als Zeichen des Einverständnisses gibt er ihm mit den Worten »*Wir beide gehören zusammen!*« einen freundschaftlichen Klaps auf den Kopf, und Franzi verlangt, dass sie ihn aber auch weiterhin, bevorzugt am Wochenende, sehen dürften.

Zum Abschied packt Franzi Unmengen an Wäsche zusammen, und Julia schenkt ihrem Bruder ein selbstgemaltes Bild von der gesamten Familie. Am nächsten Morgen nimmt Maxl dann Julia ein letztes Mal auf seine Schultern, umarmt Pankraz und die an Einsamkeit denkende Franzi und begibt sich dann in den Jeep von Dr. Hallstein, um sich von ihm nach Stams bringen zu lassen. Das Abschiedswinken beendet nicht nur diese Episode, sondern ebenso symbolisch die einstige Burgner-Generation in Sonnenstein.

Anmerkungen: Das Foto auf Maxls Schreibtisch, das er sich im Film ansieht, ist ein Pressebild aus Nr. 60. Das Internat Stams ist von Wildermieming nicht so weit entfernt, wie es der Film suggeriert.

Kritik: Maxls Abschied ins Internat ist authentisch und konsequent. Anders hätte sein Schicksal kaum gelöst werden können. Die Buchegger-Story wirkt dagegen abgedroschen.

70) Margarete

60 min. | Gäste u. a.: Esther Wolffhardt, Hermann Giefer, Michael Rastl, Verena Wengler | Buch: Gabriele Werth

Justus scheint sein Leben als Landarzt regelrecht zu genießen: Freundlich wie selten lauscht er Herrn Konrads Anmerkungen, Vorschlägen und Diagnosen, geht auf ihn ein und folgt sogar den Wünschen der Patienten, sich doch vor dem Bauchabtasten die Hände etwas anzuwärmen. Dennoch kehrt er zwischenzeitlich in sich und bekennt gegenüber Paul sein schlechtes Gewissen, Lisa in ihrer schwierigen Situation nicht immer beigestanden zu haben. Aber nur wenig später kommt Lisa aus dem Toskana-Urlaub zurück und gibt ihrem Justus indirekt zu verstehen, dass sie nach Sonnenstein umziehen möchte.

Doch noch ein weiterer Gast soll für drei Monate ins Doktorhaus ziehen: Florian (genannt Flo), Paules ungezogener Sohn, wird für die Zeit einer USA-Studienreise von seiner Ex-Frau Susanne abgeliefert und der Obhut von Paul und Christl übergeben. Christl ist von der ironischen Dame nicht sonderlich beeindruckt, doch hält sie sich vorerst dezent im Hintergrund.

Margarete, die 16-jährige Tochter des alleinstehenden Bauern Hans Berger, ist schwanger und fürchtet den Zorn ihres Vaters. Sie setzt alles daran, ihre Schwangerschaft zu verheimlichen und das heranwachsende Baby loszuwerden, doch kann sie damit weder Dr. Hallstein noch Franzi täuschen. Vielmehr versucht Justus intensiv, zwischen Margarete, ihrem Vater und ihrer ungewollten Schwangerschaft zu vermitteln, kann aber nicht verhindern, dass das Mädchen in der Badewanne Rotwein trinkt sowie einen Anti-Baby-Tee ihres Freundes Martin probiert. Martin ist Mitarbeiter bei der Innsbrucker »Nordketten-Bahn« am südlichen Karwendelgebirge und tut viel für seine Freundin. Hans Berger verdächtigt derweil Luis Kofler, den Arbeitgeber der jungen Gemeindehelferin, der Verführung Minderjähriger und sucht ihn mit seinem Traktor auf, um aggressiv gegen ihn vorzugehen. Dr. Hallstein aber kann vermittelnd eingreifen und der Bauer sich schließlich mit seiner Tochter arrangieren.

Radtouren spielen ab 1996 öfter eine Rolle in den Folgen, zum Beispiel zwischen Untermieming und Fiecht.

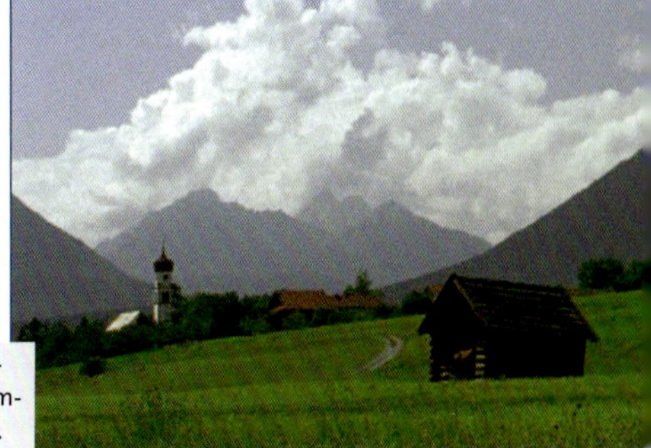

Kritik: Hans Berger verkörpert die neue Bauernfamilie in Sonnenstein. Eine kauzige Figur, deren Umgang mit der Tochter durchaus problematisch ist.

71) Vaterliebe

45 Min. | Gäste u. a.: Carol Seyboth, Michaela May, Verena Wengler

Während Veronika von Brauneck die große Schwimmhoffnung Sonnensteins manifestiert, täglich hart trainiert und sogar in der Presse als unschlagbares Talent gefeiert wird, hat Alexandra mit der bevorstehenden Scheidung alle Hände voll zu tun. Der unnachgiebige Stress, die Sorge um Nachwirkungen der Operation beim kleinen Johannes und die stoische Adoptivtochter, die es einfach nicht akzeptieren will, dass die Liebe zwischen ihren Eltern dahingesiecht ist, setzen der Gräfin extrem zu. Einerseits scheltet sie Johannes, wenn sich dieser ungeschickt verhalten hat, andererseits lässt sie ihn nicht aus den Augen, sobald er über Bauchschmerzen klagt. Die gesamte Reaktionsambivalenz, die sich auch auf Vroni überträgt, wird von dieser wiederum vehement im Schwimmsport verarbeitet, wobei ihr der Trainer in der hiesigen Schwimmhalle auch gern einmal mit Amphetamintabletten aushilft. Die Konsequenzen dieses Aufputschverfahrens sind natürlich unumgänglich: Während der großen Kreiswettkämpfe erleidet Vroni im Becken einen Kollaps und muss vom sofort reagierenden Dr. Hallstein aus dem Wasser gezogen werden. Wiederbelebungsversuche schlagen alsbald an, und Justus lässt es sich im Nachklang zu diesem Ereignis nicht nehmen, den Schwimmlehrer beim Sportverband anzuzeigen.

Da Christl und Paul, die bereits ein gemeinsames und sehr geräumiges Haus gemietet haben, endlich aus dem zunehmend enger werdenden Doktorhaus ausziehen wollen, ist Florian, der Sohn von Paule und Susanne Reuther, eifersüchtig und extrem störrisch. Während der Sprechstunde macht er laute Flugzeuggeräusche bei den Patienten im Warteflur und lässt die frisch Verliebten nicht einmal gemeinsam ausgehen. Erst nachdem er durch unachtsames Spielen die Treppe heruntergefallen ist und Justus seinen Hubschrauber ärztlich versorgen muss – Flo hatte schon Angst, der Doktor würde ernstlich mit ihm schimpfen –, gewinnt er Vertrauen zu Christl und kann den Umzug ins neue Heim akzeptieren.

Der sportliche Arzt: Dr. Justus Hallstein auf einer Bergtour.

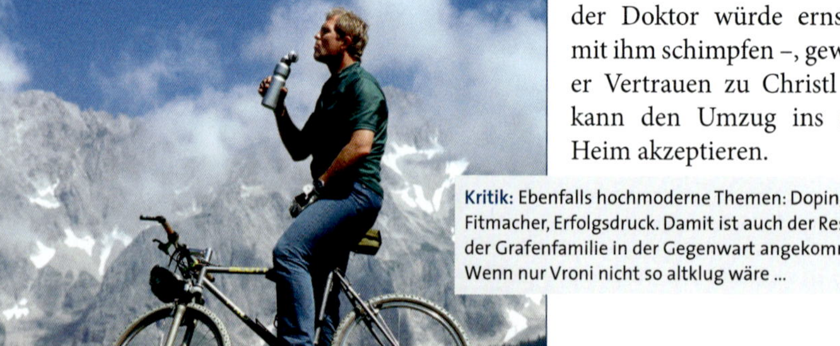

Kritik: Ebenfalls hochmoderne Themen: Doping, Fitmacher, Erfolgsdruck. Damit ist auch der Rest der Grafenfamilie in der Gegenwart angekommen. Wenn nur Vroni nicht so altklug wäre …

72) Der Boykott

45 Min. | Gäste u. a.: Georg Marischka, Gerhard Riedmann, Diana Körner, Günter Schoßböck

Während Lisa feststellen muss, dass sie in näherer Umgebung zu Sonnenstein keine Anstellung an einer Privatschule finden kann, genießen Paul, Christl und Flo ihr gemeinsames Leben in dem neuen Haus, von dem man direkt auf die Wiesen zwischen Obermieming und Fiecht schaut. Besonders viel Zeit verspricht sich Paule dadurch, dass er Berni Zirngiebl, einen angeblich unehelichen Sohn von Xaver Zirngiebls verstorbenem Bruder, als Beikoch eingestellt hat. Aber bereits zu Beginn des ersten Arbeitstages kommt es zum Eklat: Paul erwischt Berni beim Stehlen, feuert ihn fristlos und verärgert damit die gesamte Familie Zirngiebl – bis auf Waltraut, die wieder einmal die zahlreichen Unbilden ihres Mannes kompensieren muss und darüber hinaus gar nicht versteht, weshalb ihr Xaver so sorgenvoll um den von Verruf umwobenen Neffen bemüht ist. Die Folge aber ist dramatisch: Bauer Zirngiebl kontaktiert den in der Rehabilitation befindlichen Alois Angerer, vermittelt ihm einen völlig falschen Eindruck der Situation um Angerers zum Lebenswerk ernannten Gasthof und bringt ihn so dazu, den noch auf Probezeit laufenden Pachtvertrag mit Paul Reuther zu kündigen sowie Berni Zirngiebl zu übergeben.

Paul ist bekümmert: Mit gemeinen Lügen wurde er von einem dahergelaufenen Dieb getäuscht und aus dem eigenen Gasthof geworfen. Für ihn bedeutet das die Existenzaufgabe in Sonnenstein und einen Neuanfang in einem renommierten Restaurant in Graz, doch lässt sich Justus, der täglich mit seinem Mountainbike durch das Dorf fährt, einen solchen Abtritt seines besten Freundes nicht gefallen. Auch Pankraz, der von Berni irrtümlich als Kutschentaxi benutzt wurde und dafür 250 Schilling kassierte, greift vermittelnd ein, redet mit Alois Angerer und droht dem Zirngiebl, jedem Dorfbewohner von seinen Machenschaften zu erzählen. Schließlich rufen eben jene Einwohner zum Boykott auf, bieten zusammen mit Paul in der Holzscheune vom Doktorhaus Kochkurse an und entziehen so dem Dorfgasthof die Klientel. Selbst Waltraut Zirngiebl erscheint zum großen Büffet, und Herr Konrad präsentiert dem Publikum die Kunst der Trennkost: Kartoffeln rechts, Fleisch links. Berni muss seinen Gasthof schließen, Xaver Zirngiebl erleidet aufgrund eines Diabetesvorfalls eine Herzattacke, und Waltraut bietet nunmehr eigenmächtig an, Paul das Restaurant unter einem neuen Pachtvertrag zurückzugeben.

Kritik: Eine neue Figur muss her, um den Gesellschaftsthemen des Dorfes neuen Auftrieb zu verleihen – ein Bösewicht mit finsteren Absichten, quasi als Ersatz für Rufus Staudinger: Zirngiebl-Neffe Bernie.

73) Rasende Eifersucht

45 Min. | Gäste u. a.: Ulrike Schwarz, Norbert Heckner, Hermann Giefer, Verena Wengler

Die krankhafte Eifersucht des Münchener Touristen Hermann Winter fällt Luis Kofler sofort auf, als er aushilfsweise eine Bergtour durch das Wettersteingebirge leitet. Mit einem öffentlichen Streitgespräch macht Herr Winter seiner Gattin Cornelia niederschmetternd und zum wiederholten Male deutlich, dass sie sich nicht mit fremden Männern – und schon gar nicht mit einem Bergführer – abgeben solle. Damit beginnt ein entscheidender Ehekampf zwischen Cornelia und Hermann, der ihrem Urlaub von Beginn an die Note endgültiger Konfliktlösung verleiht. Insofern ist Lisa Brunner sehr besorgt, als sie ihre Schulfreundin Cornelia Winter nach zahlreichen Jahren das erste Mal wieder zu Gesicht bekommt – und darüber hinaus während einiger Aerobic-Kurse feststellt, dass sie von ihrem Mann geschlagen wird.

Das Wellness-Hotel Interalpen existiert wirklich und wurde in diesem Film werbewirksam in Szene gesetzt.

Lisa ist nicht zufällig vertretungshalber Leiterin von Aerobic-Kursen im Sporthotel »Interalpen« zwischen Telfs und Leutasch, zumal Justus eben dort gelegentlich als aushelfender Sportarzt tätig ist. Dass Dr. Hallstein seine Freundin dieses Mal zur Unterstützung mitgenommen hat, wirkt sich sogleich positiv aus, als Lisa unverzüglich als Gymnastiklehrerin beschäftigt werden kann.

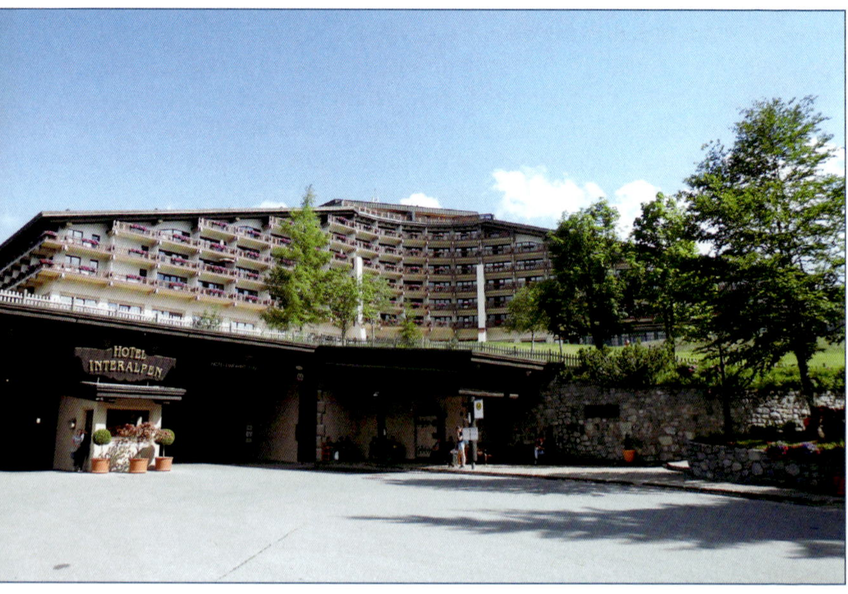

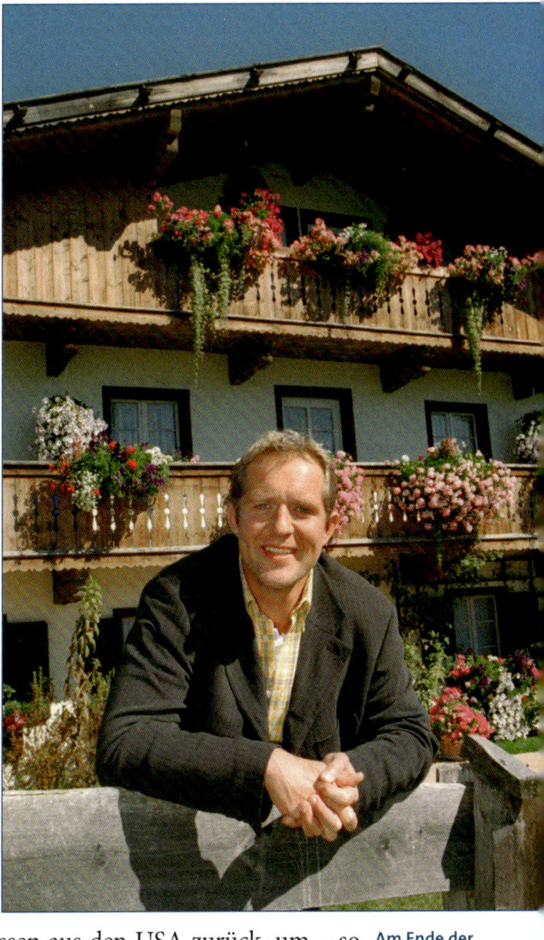

Auch Luis Kofler hat sich dort nachhaltig für sie eingesetzt. Dennoch können Justus und Lisa ihre Vertretungstage nicht nur mit Fitness- und Schwimmprogrammen verplanen, da Cornelia Winter – auch wenn sie es nicht zugeben mag – unerlässliche Hilfe benötigt. Doch erst als ein aufsehenerregender und heftiger Streit zwischen den Ehepartnern zur Folge hat, dass Cornelia in Erwartung eines Schlages einen Lähmungsschock erleidet, kann der unerträglichen Ehe ein Ende gesetzt werden: Justus – von dieser Schockerscheinung nur kurz im Studium gelesen – erweckt mit einem lauten Händeklatscher die erstarrte Frau wieder zum Bewusstsein, und Cornelia widersteht daraufhin jeglicher Entschuldigungsansätze ihres Hermanns. Stattdessen strebt sie nun endlich die Scheidung an.

Am Ende der Staffel hat sich Justus Hallstein in Sonnenstein gut eingelebt.

Susanne Reuther kehrt indessen aus den USA zurück, um – so scheint es – Flo wieder an sich zu nehmen. Tatsächlich aber kann sie aufgrund finanzieller Probleme Paul davon überzeugen, sie für einige Wochen bei sich wohnen zu lassen, was Christl gar nicht gefällt.

Zur Freude Franzis ruft Maxl aus dem Internat in Stams an, um seinen Verwandten mitzuteilen, dass er eine Eins geschrieben habe, aber auch, dass er am Wochenende nicht kommen könne. Franzi beginnt daraufhin zu weinen, wohl aber hauptsächlich deswegen, weil sie einen gesundheitlichen Grund hat. Erst Pankraz kann die völlig aufgelöste Postlerin überzeugen, Dr. Hallstein einen Besuch abzustatten, womit sich das Problem sogleich von selbst erledigt: Die befürchtete Diagnose Franzis, sie könne Krebs haben, bestätigt sich nicht.

Kritik: Eine »echte« Folge der »Neuen Generation«. Der junge Arzt weiß aus seinem Studium mit der in Schockstarre verharrenden Cornelia umzugehen. Und er lässt sich nichts gefallen, geht überlegt und souverän vor. Das überzeugt!

Drehsaison 1997

»Die Neue Generation«

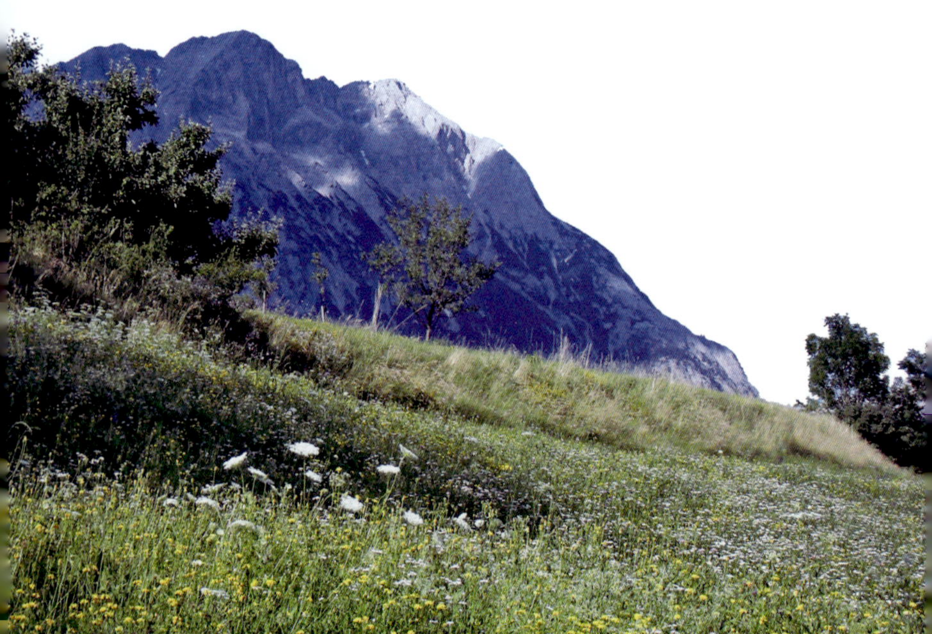

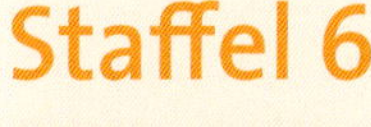

Staffel 6

Aufführung: **3. Jan. 1998 bis 27. Mai 1998 (15 Folgen)**
Aufnahme: **März 1997 bis Oktober 1997**
Ausführung: **Celino Bleiweiß (Regie bei allen Folgen)**

74) Bittere Kälte

45 Min. | Gäste u. a.: Georg Marischka, Günter Schoßböck, Diana Körner, Verena Wengler | Buch: Gabriele Kister

Da der erste Frühling in Sonnenstein bereits Einzug gehalten hat, können die neuen Einwohner aus dem letzten Jahr wieder mit den alten Problemen – wenn auch in neuer Frische und neuem Antlitz – aus den Winterquartieren ans Tageslicht kommen. Für Dr. Hallstein ergibt sich daraus ein nahtloser Ansatz, denn unentwegt muss er die Bergbauern bei ihren »Wehwehchen« unterstützen. Sei es, dass ein Ochse seinen Viehhalter auf das Horn nimmt oder Frau Zirngiebl aufgrund der vielen Arbeit Magenkrämpfe bekommt (vgl. Nr. 36). Waltraut hat außerdem ein ganz spezielles Problem, da der angebliche Neffe ihres Mannes – Bernie Zirngiebl – als Arbeitsloser und potenzieller Übeltäter kostenfrei die Arbeitskraft der Bauersfrau in Anspruch nimmt. Da sie trotz der Verwarnungen von Justus, die Arbeit in Hinblick auf ihr Magengeschwür zu drosseln, weiterhin den Haushalt und den Hof versorgt, kommt es zu Komplikationen, die sie dazu bewegen, ein Sanatorium aufzusuchen und das ausgesiedelte Bauernanwesen sich selbst zu überlassen. Ihre Entscheidung wird jedoch stark von dem folgenden Ereignis unterstützt, welches sie zur Einsicht bringt:

Bernie, der unter dem Vorwand, arbeiten zu wollen, im höhergelegenen Waldstück der Zirngiebls mit zwei ausländischen Arbeitern Holz schlagen lässt, um es dann anderweitig zu verkaufen, muss eines Tages Pankraz um Hilfe bitten, da eines seiner Pferde erkrankt sei. Mit dem Traktor fahren sie ins besagte Waldgebiet, in dem es um diese Jahreszeit noch sehr kalt ist. Während Bernie auf dem Rückweg eine Wagenladung Holz sichern will, beginnt es zu schneien. Urplötzlich rutscht Bernie ab, und unzählige Holzstämme rollen vom Anhänger über seinen Körper, sodass er in bitterer Kälte liegen bleiben muss. Pankraz, der nicht die Kraft besitzt, den Zirngiebl-Neffen aus seiner Lage zu befreien, will mit dem Traktor Hilfe holen, rast jedoch über eine Felserhebung und kippt samt Maschine auf die Seite. Indes nunmehr auch der angeschlagene Veterinär mit einer Kopfwunde in der Kälte verharren muss, wird Franzi im Dorf immer unruhiger, da bereits die Nacht angebrochen und viel Zeit vergangen ist und ihr Gefühl – möglicherweise aufgrund des Unglücks im vergangenen Frühjahr – sie alarmiert. Mit Julia auf dem Arm, die als älteres Mädchen neuerdings dunkle Haare hat, geht sie zum Angerer-Gasthof, um dem neuen Gendarm und Justus ihre Befürchtung mitzuteilen. Sofort brechen sie mit Geländewagen in die Berge auf, um im Schneetreiben nach Pankraz und Bernie zu suchen. Sehr schnell gelingen dem engagierten Arzt und den Helfern die Bergung, sodass wenig später Frau Zirngiebl in der Praxis des Doktorhauses die traurige Gewissheit erfahren muss: Bernie ist ein uneheliches Kind ihres Mannes und nicht, wie bisher behauptet, das Kind ihres Schwagers.

Inzwischen ist es zwischen Christl und Paul zu einem mehr und mehr wachsenden Streit gekommen, da Susanne Reuther einen ernstzunehmenden Platz in Pauls und Christls Haus eingenommen hat. Aufgrund ihrer derzeitigen finanziellen Probleme fällt es schwer, sie zum Ausziehen zu bewegen. Als Christl mit Susanne darüber redet, kommen beiden die Tränen, und sie versöhnen sich.

Kritik: Die »Neue Generation« verlangt auch von Pankraz größeren emotionalen Einsatz. Sein Treckerunfall ist dramatisch, die Story um den bösen Bernie dagegen typisch für eine Bergwelt-Serie.

75) Sturm im Herzen

45 Min. | Gäste u. a.: Enikö Detar, Adam Zadowsky, Verena Wengler

Anlässlich des Geburtstags von Thomas verbrämt Franzi das Grab auf dem Sonnensteiner Friedhof mit Blumen. Mit Christl spricht sie bei dieser Gelegenheit darüber, dass Maxl jetzt Klassenbester sei, dass es die richtige Entscheidung gewesen sei und dass er ihr fehle. Auch Christl muss ähnliches feststellen, da die Burgners für sie wie eine Familie gewesen seien. Insgeheim aber hat sie noch weitere Probleme, die sich aus den Reibereien zwischen Paul und Susanne ergeben.

Während eines Stadtbesuchs bemerkt Pankraz eine ungarische Straßenmusikantin mit ihrem Kind. Da Pankraz früher selbst einen Bezug zu Ungarn hatte, spendiert er ihr einen beachtlichen Schillingschein, und als Tage später die Frau Ilonka mit dem Bus und ihrem Sohn Joschi in Sonnenstein eintrifft, nimmt er sie bei sich und Franzi auf. Ilonka, so erfahren die Obermayrs, Hallsteins & Co., sei vor zwanzig Jahren von ihrer Mutter Marischka an der ungarischen Grenze getrennt worden. Jetzt komme sie, um sie zu suchen, da sie eine Jausenstation in den Bergen betreibe. Dr. Hallstein und Christl machen sich mit Ilonka und Gepäck auf den Weg zum Nächtigungslager in den Bergen – die Seilbahn benutzend –

und erreichen sie schließlich bei Beginn eines kräftigen Gewitters. Ilonka ist so glücklich über ihre gelungene Aktion, dass sie sofort bei ihrer Mutter verbleibt, Justus und Christl jedoch machen sich wieder auf den Heimweg, trotz der anhaltenden Regenfälle. Unterwegs müssen sie den Marsch abbrechen und kommen in einer Holzhütte unter, was nicht ohne Folgen bleibt. Christl, unter heftigen Gefühlsturbulenzen und dem Verlangen nach Liebe, verbringt mit ihrem Chef eine überstürzte Liebesnacht im warmen Heu ...

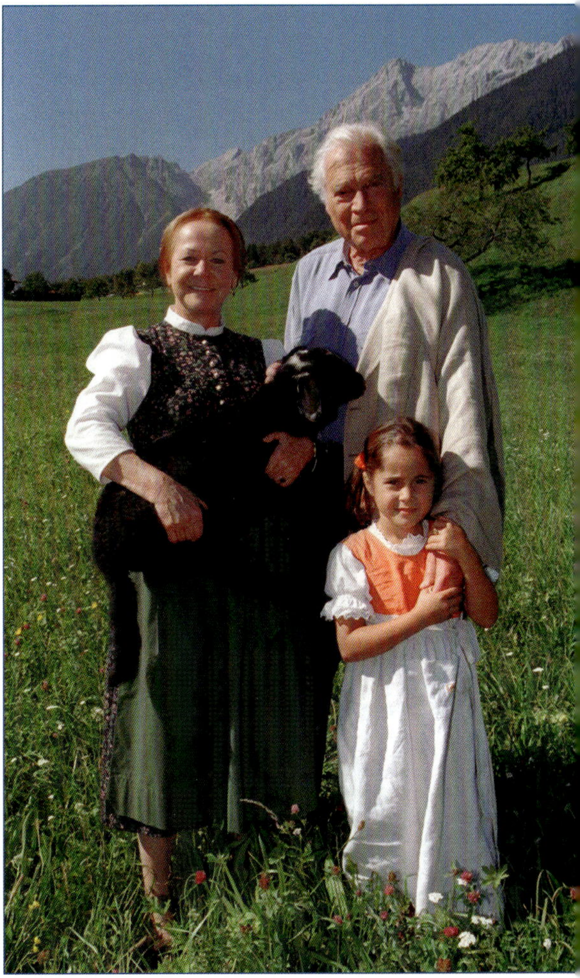

Am nächsten Morgen schließlich hat das romantisch Begonnene ganz neue Aspekte hervorgebracht. Unten im Tal muss Justus zwar der Arbeit nachgehen; Joschi nämlich, der von Pankraz hinauf auf die Marienberg-Alm gebracht werden sollte, muss auf starken Husten behandelt werden. Doch ergeben sich im sonst normalen Alltag ungeahnte Konflikte. Während Christl im Röntgenlabor – dem ehemaligen WC – ihren zurückgekehrten Paule weinend umarmt, äußert Justus in Gegenwart seiner Freundin Schimpfwörter unter dem Vorwand, sein Steuerberater habe ihn gemahnt, und er müsse seine Steuererklärung abgeben. Und auch Paul plagt eine Besorgnis, die seinen Alltag verändert: Da Alois Angerer vor Kurzem verstorben sei, wolle man die Gaststätte im Ort umbauen. Paul solle stattdessen die »Moosalm« übernehmen, die Angerer ebenfalls früher bewirtet hat.

Julia Burgner rückt in der Staffel 1997 stärker in den Fokus.

Kritik: Die Nacht zwischen Justus und Christl war wohl notwendig, um der Dramatik wieder Auftrieb zu geben. Die familiäre Harmonie ist dahin. Gleiches gilt offenbar auch für neue Plotideen!

76) Brennender Ehrgeiz

45 Min. | Gäste u. a.: Michaela May, Carol Seyboth, Michael Rastl

Justus hält dem Druck seines Gewissens nicht mehr stand und offenbart Lisa, dass er mit Christl geschlafen hat. Sie – entsetzt über dieses plötzliche Geständnis – kann vor Erschütterung ihre Gefühle nicht zurückhalten und beginnt, Justus zu schlagen. Nach einem gemeinsamen Gespräch jedoch vertragen sie sich zunächst wieder.

Herr Konrad bekommt inzwischen unerwarteten Besuch von einem Papagei, den er in seiner Wohnung, in der er neben medizinischen Instrumenten auch Trainingsgeräte aufbewahrt, empfängt und gern behalten möchte.

Die Grafentochter Vroni von Brauneck will aufgrund des Gruppenzwangs und einem ihr sehr gefälligen Sportlehrer unter jeden Umständen an einem Radrennen durch das Inntal teilnehmen. Voller Ehrgeiz nimmt sie sogar eine Knieverletzung in Kauf, schluckt Medikamente und trainiert unentwegt, um die »Inntal Trophy« zu gewinnen. Am Tage des Rennens jedoch, von einem Auto der Rennleitung begleitet, verursacht sie auf den 45 Kilometern und 16 Steigungen einen verheerenden Unfall. Sofort muss Dr. Hallstein mehrere Radler und die unter Schock stehende Vroni versorgen. Eine solche spektakuläre Karambolage hat die Grafentochter einmal mehr ihrem »brennenden Ehrgeiz« und zudem der Beschaffenheit des Trainers zu verdanken, wie es bereits in Folge 71 der Fall war.

Anmerkung: »Inntal Trophy« gibt es wirklich, ist allerdings kein Radrennen, sondern ein internationales Kickbox- und Formenturnier.

Inzwischen erwartet Margarete, die Tochter des Bauern Berger, ihr Kind (siehe Nr. 70), weshalb der Hofherr in große Aufregung in Hinblick auf die kaum zu bewältigende Arbeit verfällt und deshalb ein Inserat aufgibt, um eine helfende Hand für den Hof oder sogar fürs Leben zu finden. Tatsächlich meldet sich eine Frau auf die Anzeige – es erwächst daraus jedoch nur eine Freundschaft.

Kritik: Vroni nervt. Warum geht sie nicht ins Internat zurück? Schön aber, auch den hartgesottenen Justus mal ratlos und fehlerhaft zu sehen.

77) In Amt und Würden

45 Min. | Gäste u. a.: Hermann Giefer, Margot Mahler, Georg Marischka, Günter Schoßböck, Hilde Auer | Buch: Christoph Gottwald

Luis Kofler, der mit seiner Tischlerei Paul beim Einzug in die Pension »Moosalm« unterstützt, bekommt eines Tages, als er mit Jeep und Anhänger Holzarbeiten im Gebäude verrichtet, Streit mit dem Zirngiebl-Bauern, der zusammen mit Bernie die Etablierung eines Reiterhofs plant. Nicht nur die perfiden Eigenschaften solcher

Initiatoren, auch die politische Arbeit werden dem Kofler-Luis zu viel, sodass er sein Amt zur Wahl freigibt. Für Franzi und Konsorten bedeutet diese Tatsache wieder einmal einen spektakulären Wahlkampf, wobei zum wiederholten Male ihr Pankraz an der Spitze stehen soll (vgl. Nr. 16, 54). Auf der folgenden Zirngiebl-Wahlkampf-Veranstaltung und einer später einberufenen Sitzung im Gasthof lehnt Dr. Obermayr allerdings dankend ab, sodass Dr. Hallstein den Vorschlag unterbreitet – vor allem, um die Wahl von Xaver Zirngiebl zu verhindern –, dass auch Franzi sich zur Wahl stellen könne. Mit einstimmigen Voten tritt diese sodann ihr neues Amt an, während Anna Pölz die Poststelle übernehmen will.

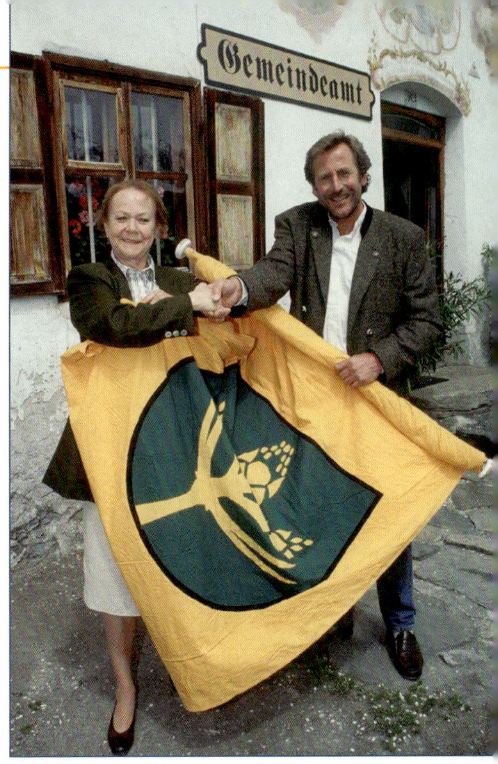

Pressebild bei den Dreharbeiten zur Folge 77 im Mai 1997: Franzi übernimmt das Bürgermeisteramt von Luis.

Für Justus ist das schöne Wetter Anlass für eine Radtour in die Berge. Er entdeckt dabei in der Neuen Alplhütte den niedergeschlagenen »Hütten-Peter«, der vorgibt, beraubt worden zu sein. Sogleich verdächtigt der Gendarm den Dorfarzt der Tat, wobei jedoch eine polizeiliche Vernehmung im Krankenzimmer und Dr. Hallsteins Zweifel am Tathergang schnell das Gegenteil beweisen: nämlich einen geplanten Versicherungsbetrug des Gastwirtes.

Als tatverdächtig galt anfangs auch ein unscheinbarer Pensionsgast, der junge Clemens aus Salzburg, der in der Tat seinem Chef das Geld unterschlagen hatte und deshalb vor der Gendarmerie auf der Flucht war. Als er jedoch Julia aus einer bedrohlichen Situation rettete, zahlte ihm Pankraz zum Dank die inzwischen längst ausgegebene Summe des Raubgeldes – 30.000 Schilling –, damit der junge Flüchtige seine Schuld begleichen konnte.

Julia war auf der Wahlkampffeier in Gefahr geraten, als der noch immer impertinente Florian Reuther mit ihr alleine zu einem Reh gehen wollte. Auf dieser Wanderung verliefen sie sich jedoch in den verwirrenden Baumbeständen der hügeligen Landschaft, und während sich Julia ihrem Ziel schon recht nahe glaubte, rutschte sie einen tiefen Abhang hinunter und blieb verletzt liegen. Hilflos irrte Flo umher und wurde schließlich von der Suchtruppe entdeckt. Lediglich Julia konnte noch nicht ausfindig gemacht werden, und

Kritik: Alle zwei Jahre ist Bürgermeisterwahl in Sonnenstein. Diese gut inszenierte, dramatische Folge nimmt sich dieses Themas angemessen an.

Pankraz musste aufgrund eines Knieleidens die Suche abbrechen. Erst am Abend kam Hilfe von Clemens, der in der Nähe der Leutasch über dem Lerchenwald das Mädchen entdeckte und sie mit aller Fürsorge zum Doktorhaus trug, dessen Zufahrtsweg inzwischen eine altertümliche Straßenbeleuchtung ziert.

78) Um Liebe und Tod

Anmerkung: Alexandra Schiffer, die Tochter von Michaela May, war zum Drehzeitpunkt 15 Jahre alt.

45 Min. | Gäste u. a.: Manuel Guggenberger, Alexandra Schiffer, Margot Mahler, Sarah Camp, Cuco Wallraff, Hilde Auer | Buch: Christoph Gottwald

Maxl kehrt wieder heim! Zur großen Freude von Pankraz, Franzi und Julia kann er aufgrund der Ferien länger in Sonnenstein verweilen, als es für ihn sonst möglich war. Freudig empfängt er seinen Opa und »seine« Franzi mit einer Umarmung – nachdem es qua Kutsche zum Gemeindeamt ging – und wird schließlich von Julia mit einem an Michael Jackson erinnernden Lebkuchenmännchen begrüßt.

Noch am selben Tag ist der aufweckte Junge unterwegs zum Doktorhaus, um mit Justus eine wichtige Sache zu besprechen. Sichtlich erfreut besiegeln die beiden ihr Wiedersehen mit einem obligatorischen Handschlag, doch dann fokussiert Maxl sein Anliegen: Seine Freundin Lara Fleckhaus – und stolz kann Maxl berichten, dass es tatsächlich seine feste Freundin sei – sei auf dem Weg nach Sonnenstein, um mit ihm vier Tage der Ferien zusammen zu genießen. Da es jedoch *»uncool«* sei, das nette Mädchen im Hause Obermayr unterzubringen, bittet er Dr. Hallstein, Lara in dessen Gästezimmer unterbringen zu dürfen, wohl auch, weil sie dort wesentlich ungestörter sind. Justus hat keine Einwände, und bald steht Maxl mit übergeworfenem Pullover ungeduldig am Bahnhof Stams, um seine Freundin zu empfangen.

Das Doktorhaus thront über dem Dorf. Vorn die Kutsche von Pankraz.

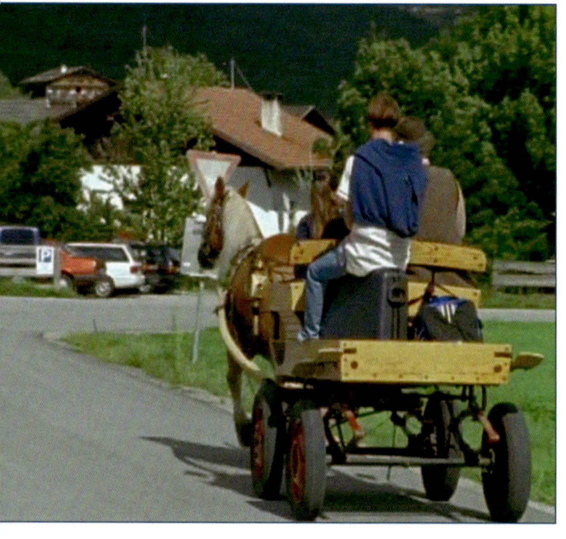

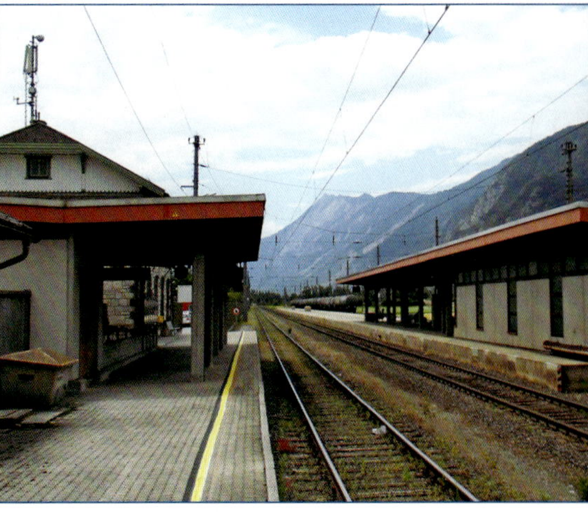

Der Bahnhof Stams hat sich gegenüber den Aufnahmen im Film sehr verändert, weil Bahnsteigdächer hinzugekommen sind.

Lara war zuvor von ihren Eltern in Innsbruck zu einer Skitour mit drei Freundinnen nach Sölden am Ende des Ötztals verabschiedet worden, wurde jedoch heimlich zum Bahnhof gebracht, um ohne Einwilligung der Eltern vier Tage nach Sonnenstein zu fahren. Herzlich begrüßt das Mädchen sodann ihren *»Mäx«*, wie Maxl im englisch eingefärbten Slang genannt wird, und der Burgnersohn ist überglücklich, dass sie zu ihm gekommen ist. Schon bald unternimmt das junge Liebespaar einen Spaziergang ins Gaistal. An einer abgebrochenen Holzbrücke, romantisch über einer tiefe Schlucht, in der die Leutascher Ache rauscht, erwachen in beiden tiefe Gefühle, und sie beginnen sich zu küssen.

In den nächsten Tagen stehen sie erneut am Brückengeländer, als Maxl mit dem Messer ein Herz mit der Inschrift »L+M« in das Holz ritzt und ihr gesteht, sie in der vergangenen Nacht vermisst zu haben. Auch in der Hängematte am Doktorhaus kommt es zur Knutscherei, wobei sie allerdings von der kleinen Julia mit ihrem südländischen Temperament empört beobachtet werden. Am späten Abend dann ist Maxl seinen Gefühlen nicht mehr gewachsen. Er schleicht durch die Dunkelheit zum Doktorhaus, nimmt eine Holzleiter und klettert zu seinem ehemaligen Zimmerfenster empor, hinter dem Lara bereits im Bett liegt. Sie verbringen eine Liebesnacht miteinander und erleben beide ihr »erstes Mal«.

Bei Sonnenaufgang werden die Glücksgefühle allerdings jäh unterbrochen. Plötzlich stehen Dr. Hallstein, Pankraz, Franzi und Laras Eltern in der Zimmertür. Das Ehepaar Fleckhaus hatte nach der Abreise ihrer Tochter ein vergessenes Skischuhpaar entdeckt, woraufhin sie nach Sölden gefahren waren. In der dortigen Skiregion erfuhren sie von Laras potenziellem Freund, und beim Hause Obermayr war es sodann die kleine Julia, die den Aufenthaltsorts des Pärchens petzte. Die sorgevollen Eltern sind empört und wütend, als sie den entkleideten jungen Mann im Bett ihrer Tochter erblicken. Sofort nimmt Maxl die Schuld auf sich, wird jedoch inständig von Lara unterstützt. Trotz aller Rechtfertigung nehmen die Eltern ihre Tochter mit nach Hause.

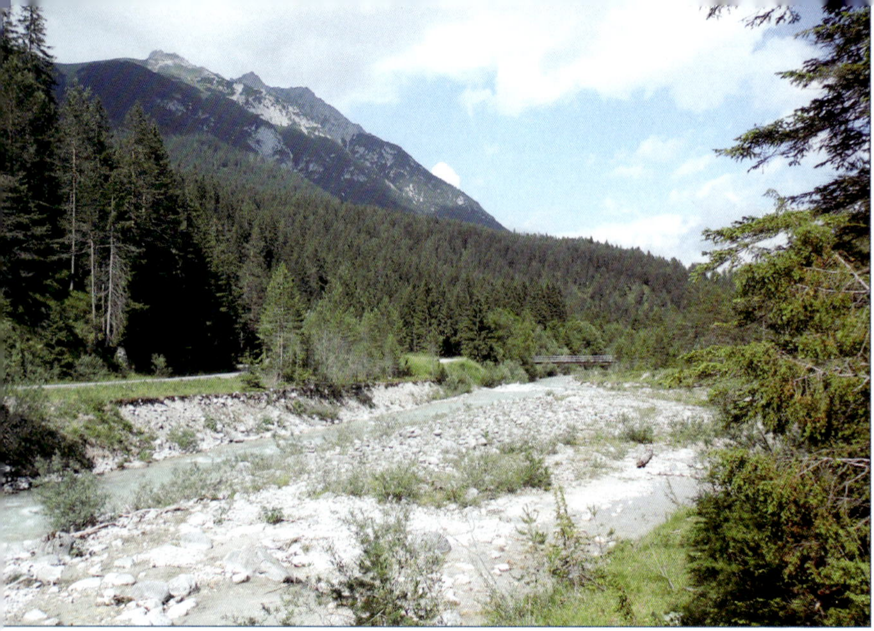

Schöne Landschaft im Gaistal – Kulisse in den Folgen 78 und 79.

Mag diese Liebesgeschichte noch so von Poesie erfüllt sein, die Probleme der anderen Sonnensteiner sind deshalb nicht zu verachten, als da wäre Anna Pölz, die nach schweren Gehörproblemen von Todesgedanken durch einen Tumor erfüllt ist. Selbst Herr Konrad kümmert sich liebevoll um die Postlerin, wird jedoch bei der Behandlung von Justus grob der Praxis verwiesen. Nach einer komplizierten Operation im Krankenhaus schließlich scheinen die gesundheitlichen Schwierigkeiten, die Frau Pölz sehr zusetzten, überstanden zu sein.

Des Weiteren hat Franzi zu beklagen, dass ihr Vorgänger im Bürgermeisteramt beliebter zu sein scheint als sie; außerdem, dass sie kein Auto für die viele Arbeit besitze, weil Pankraz strikt dagegen ist. Lisa hingegen kann ihre Arbeitsstelle als Lehrerin nicht mehr ausüben, zieht nach Sonnenstein ins Doktorhaus und vermietet ihre Wohnung. Dabei lernt sie einen liebevollen, spanischen Tänzer kennen, zu dem sie sich hingezogen fühlt.

In Folge 78 wird Anna Pölz im Uniklinikum Innsbruck operiert.

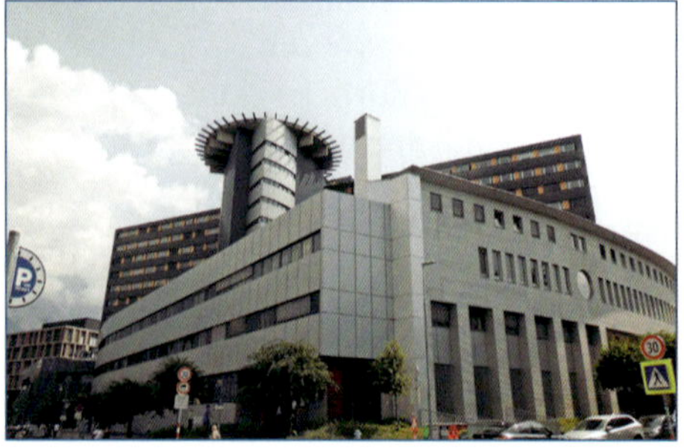

Kritik: Viele Teenies werden Maxls Liebesgeschichte mit Herzschmerz verfolgt haben. In der »Neuen Generation« wird auch Sex thematisiert. Aber die Einstellung von Laras Eltern ist spießig und völlig überzogen – das passt nicht in eine moderne Serie. Dagegen berührt Anna Pölz' Story sehr, denn Darstellerin Margot Mahler war zu dieser Zeit bereits im wahren Leben krebskrank und lieferte trotzdem eine tolle schauspielerische Leistung ab!

79) Zu nah am Feuer

45 Min. | Gäste u. a.: Manuel Guggenberger, Cuco Wallraff, Hermann Giefer, Richard Beek, Margot Mahler, Hilde Auer

Seit dem letzten Eklat ist etwas Zeit verstrichen: Anna Pölz geht wieder ihrer Arbeit nach, Herr Konrad schwadroniert auf dem Gemeindeamt von seinen bisher behandelten 137 Krankheiten, Lisa trifft sich in Innsbruck mit ihrem Mieter und ihrer Freundin Ute, und Franzi ist seit drei Tagen im Besitz eines Kleinwagens, bei dem sie ihren 1955 erworbenen Führerschein seit etlichen Jahren endlich einzusetzen weiß.

Noch immer hat Maxl immense Schwierigkeiten, die Ereignisse mit seiner Freundin zu verarbeiten. Pankraz wirft ihm überdies vor, sich schämen zu müssen und mit einer möglichen Schwangerschaft sein Leben zu ruinieren. Er sei enttäuscht von seinem Enkel und halte die beiden Verliebten eigentlich noch für Kinder. Maxl zeigt zwar Versöhnungswillen, stößt jedoch nur auf eine kalte Wand und verlässt daraufhin deprimiert den Hof. Er läuft hinauf in die Berge, zerschlägt dort wütend das eingeritzte Herz und kehrt erst um halb elf am Abend zum Hause Obermayr zurück. Franzi versucht dort, ihm zu helfen, und ruft sogar bei Lara an, erreicht allerdings niemanden.

Aus ganz anderer Sicht betrachtet Anna Pölz die Situation, wenn Maxl zweimal am Tag mit dem Fahrrad zur Poststelle kommt, um wieder und wieder Liebesbriefe an seine Freundin abzusenden. Sie geht von einem glücklichen Liebesverhältnis aus und zieht Vergleiche zu ihrer eigenen Jugend. Auch Maxl ist froh, dass die Poststelle nach der Krankheit von Frau Pölz wieder besetzt ist, muss jedoch einige Tage später eine Gegensendung in Empfang nehmen, mit der er zunächst freudestrahlend davonfährt. Doch die Enttäuschung ist groß: In dem Umschlag befinden sich alle abgesandten Liebesbriefe – ungeöffnet – und dazu eine Nachricht: *»Hallo Max! Es ist aus, Lara.«*

Anmerkung: Die baufällige Brücke im Gaistal ist von Wildermieming zu weit entfernt, als dass Maxl und die nachlaufende Julia dorthin zu Fuß hätten gelangen können.

Innerhalb von Sekunden bricht für Maxl eine Welt zusammen. Er zerknüllt den Zettel und läuft dann davon, in Abstand gefolgt von Julia. In den oberen Berggebieten watet Maxl durch die Leutascher Ache und klettert sodann erneut die Holzbrücke empor. Von Weitem beobachtet Julia, wie ihr Bruder krampfhaft und konzentriert den gegenüberliegenden Felsen fokussiert, Anlauf nimmt und aus Verzweiflung auf die andere Seite der Schlucht zu springen versucht, jedoch nicht genügend Kraft aufbringen kann, abrutscht und schreiend auf das steinige Flussbett fällt. Er bleibt bewusstlos liegen, ohne auf die Rufe Julias, er solle doch aufstehen, zu reagieren.

Das Mädchen eilt daraufhin höchst erregt zurück ins Dorf, um von dem Geschehnis zu berichten. Sofort alarmiert Pankraz per Handy Dr. Hallstein, der sich gerade in den Bergen befindet, eilends zum besagten Unfallort kommt und von der Brücke zum Fluss hinabklettert, wo er Maxl in einem halbwachen Zustand vorfindet. Er tastet seinen Körper ab und entdeckt schließlich den Abschiedsbrief in seiner zusammengeballten Hand. Er könne ihn verstehen, er werde bald wieder Raum für neue Gefühle finden und lediglich Erinnerungen zurückbehalten. Als dann schließlich Luis mit Pankraz und dem Pinzgauer, einem militärischen Geländefahrzeug, durch das Flussbett am Ort eintrifft, bekommt Maxl eine Spritze gegen die Schmerzen in den Arm und wird mit Verdacht auf einen Bruch des linken Unterschenkels auf die Trage verladen. Bekümmert beschaut Pankraz dabei die Sturzhöhe und seinen verletzten Enkel. Er setzt zur Entschuldigung an, wird von Maxl jedoch unterbrochen. Es sei gut so, teilt ihm dieser, inzwischen etwas aufgemuntert, mit.

Für Justus Hallstein gab es neben diesem Ereignis noch zwei andere Angelegenheiten zu bewältigen: Einerseits musste er den Almschäfer Hans Melzig an seinem Weideplatz am Seebensee gegen Diabetes behandeln, andererseits seine Lisa aus Innsbruck zurückholen. Sie war dem besagten spanischen Choreographen Miguel verfallen und tanzte mit ihm zu »Carmen«. Unterstützt durch ihre Freundin Ute und angesichts Justus' Fehltritts mit Christl wäre ihr ein amouröses Abenteuer vergönnt gewesen, Lisa entschied sich letztlich allerdings doch für Justus und das Bergdorf Sonnenstein.

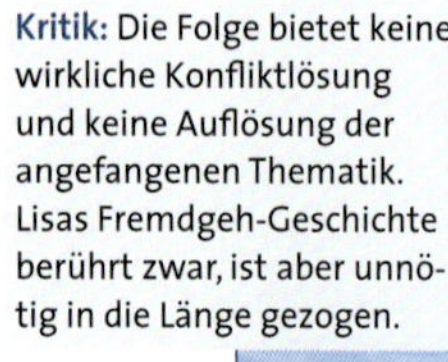

Kritik: Die Folge bietet keine wirkliche Konfliktlösung und keine Auflösung der angefangenen Thematik. Lisas Fremdgeh-Geschichte berührt zwar, ist aber unnötig in die Länge gezogen.

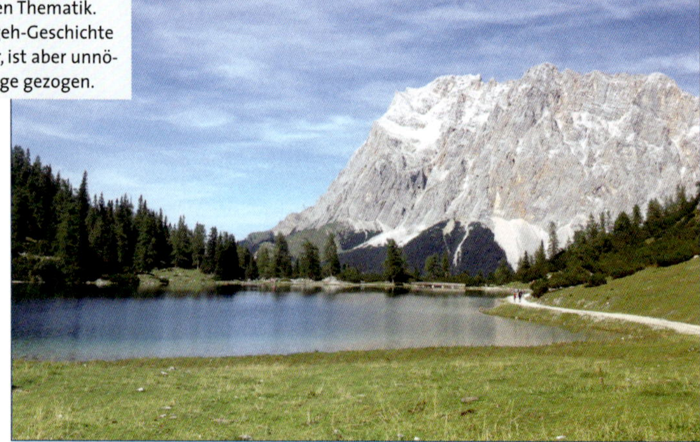

Der Seebensee spielt in den Folgen 79 und 86 eine große Rolle.

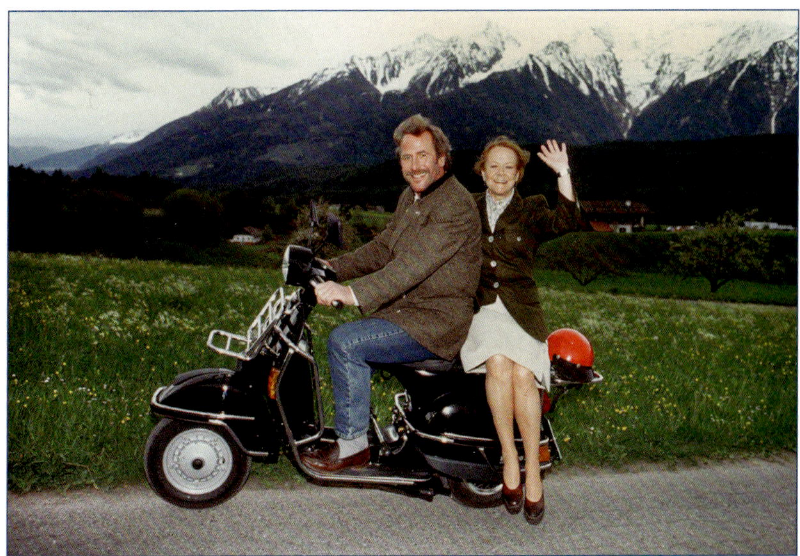

Spaß beim Dreh: Hermann Giefer und Enzi Fuchs.

80) Wettersturz

45 Min. | Gäste u. a.: Hermann Giefer, Margot Mahler

Nachdem gelangweilte Schüler die Volksschule in Sonnenstein lädiert und anschließend mit zweifelhaftem Graffito beschmiert haben, bittet Franzi als Bürgermeisterin Lisa darum, als Sportlehrerin für einen ausgefüllten Stundenplan einzuspringen und so die Frustration der Jugend zu mindern. Da Franzi mit dem Bürgermeisteramt am Rande ihrer Schaffenskapazität angelangt ist, muss Pankraz mit Julia allein den Haushalt führen. Er versucht jedoch, mittels Faxgerät eine Aushilfe zu engagieren, auf die sich letztlich Anna Pölz meldet. In kurzer Zeit gibt diese dem Hause Obermayr ein ganz neues Gesicht, worauf der konservative Pankraz allerdings Gegenmaßnahmen ergreifen und Anna sanft und einfühlsam hinausbefördern muss.

Justus plant währenddessen eine Wandertour bei schönstem Wetter, um dabei mit Paule über die ungewollte Beziehung zwischen Christl und Justus zu reden. Auf einer nahen Route ist Bergführer Luis mit einer Touristengruppe ebenfalls mit von der Partie. Letzterer muss sich allerdings mit einem sauerländischen Möchtegern-»Steilsteiger« auseinandersetzen, sodass die unvergleichliche Schönheit der Gebirgsnatur nur bedingt zum Ausdruck kommt. Als dann urplötzlich eine Wolkenbildung zu einem heftigen Regenguss führt, kehren Paul und Justus noch rechtzeitig auf der

Anmerkung: Der Gasthof »Moosalm« liegt nicht, wie es dieser Film suggeriert, mitten in den Bergen, sondern am Ortsrand von Barwies.

»Moosalm« ein. Luis jedoch, der kurz zuvor noch zum Umkehren drängte, erleidet einen Hexenschuss, sodass seine Gruppe allein die schützende Hütte erreichen muss. Unerwarteterweise ist es nun gerade der Sauerländer, der Herrn Kofler beim Abstieg tatkräftig unterstützt. Wenig später eilen ihnen Justus und Paule zu Hilfe, die im strömenden Regen die »Moosalm« verließen, um die verlorene Touristengruppe ausfindig zu machen. Sodann muss Luis nach der provisorischen Behandlung mit einer Rolltrage durch die Felsgebiete in das Tal transportiert werden.

Kritik: Gemeinsam mit »Gratwanderungen« und »Spiel mit der Gefahr« enthält diese Staffel drei hochalpine Episoden in der felsigen Bergwelt. Sie sind spannend und gut inszeniert, dafür weniger gefühlvoll. Inhaltlich konzentrieren sie sich sehr auf die Kletteraktionen in der Bergwelt.

Im Tal hatten sich Christl und Lisa bereits ernsthafte Sorgen gemacht, als es zu gießen begann, und waren froh, als ihnen die »Moosalm« per Telefon Bescheid gab. Lediglich bei der Gewissensbeichte ist nun kein Ergebnis zu verzeichnen.

81) Eine unmögliche Liebe

45 Min. | Gäste u. a.: Michael Rastl | Buch: Wolfgang Wysocki

Derzeit ist Lisa mit ihrer Aushilfsarbeit an der Volksschule Untermieming voll beschäftigt und zufriedener als zuvor, doch ändert sich dies schnell, als sich häufiges Unwohlsein bei Christl bemerkbar macht. Nach missverständlichen Turbulenzen – entstanden dadurch, dass Christl fälschlicherweise angab, bei Justus in Behandlung zu sein – steht fest, dass Christl schwanger ist. Sie ist bereits im dritten Monat, weshalb ein gewisses Potenzial, dass Justus der Vater sein könnte (siehe Nr. 75), durchaus vorhanden ist.

Als schließlich Paul bei einem gemütlichen Abendessen auf der Terrasse der »Moosalm« die neue Nachricht seinen Freunden verkündet, sehen sich Lisa, Justus und Christl einem großen Problem gegenüber – lediglich Paul ist glücklich. Während er seinen Gasthof in Barwies weiterbetreibt, vollzieht Justus einen Dauerlauf zum Hause Reuther, um seinem Verdruss und Ärger Ausdruck zu verleihen. Leider führt dies zunächst zu keiner Lösung.

Kritik: Es musste ja so kommen: Christl ist schwanger. Da freut man sich über die amüsante Geschichte um den Bauern Berger.

Inzwischen versucht Bauer Hans Berger ein zweites Mal, per Vermittlung zu einer Partnerin für seinen Hof zu gelangen. Als er seitens der Agentur unsanft zurückgewiesen wird, nimmt er ein durch Franzi in die Wege geleitetes Angebot an, nach dem er eine Praktikantin ausbilden soll. Die Studierende, die sogar den Berger-Käse kommerzialisieren will, erweist sich allerdings, wie beim letzten Mal, aufgrund einer Käseallergie als unqualifiziert. – Margarete Berger hat ihr Kind übrigens inzwischen bekommen.

82) Spiel mit der Gefahr

45 Min. | Gäste u. a.: Elmar Drexel, Hermann Giefer, Günter Schoßböck | Buch: Michael Rossié

Anmerkung: Diese Folge wurde bei den Proben im Sommer 1997 zum Anlass genommen, Harald Krassnitzer bei »Vorsicht Kamera« zu foppen.

Bernie Zirngiebl ist durch Spiele mit betrügerischen Sägewerksarbeitern tief verschuldet. Nach einer Auseinandersetzung mit Loisl Holzinger wird dieser durch Bernies Schläge schwer verletzt und benötigt dringend ärztliche Unterstützung. Zwar können Paul, Dr. Hallstein und dessen alter Schulfreund Frank von einer Bergtour ins Tal zurückgerufen werden, um die Armwunde zu behandeln, doch muss Bernie hernach seine Schulden und den Arbeitsausfall wertmäßig kompensieren: Er beginnt zu klauen.

Die nicht stattgefundene Bergwanderung wollen Justus und Frank – Paul hat keine Zeit mehr – noch am selben Tag fortführen und begeben sich deshalb in die Berge, um im sogenannten Klettergarten die Gipfel zu bezwingen. Frank war schon immer als risikofreudiger Draufgänger bekannt. Bei einer Rast auf den zumeist schneebedeckten Plateaus verliert er schließlich einen zum Kraxeln wesentlichen Sicherungsbolzen; dennoch überredet er Justus, den Berggang fortzusetzen. Natürlich sind Unannehmlichkeiten auf diese Weise programmiert, und so rutscht plötzlich Franks Halterung aus dem Felsen. Er rauscht in die Tiefe, und das Seil, welches Justus halten sollte, reißt surrend durch die Hände des Doktors. Er muss sich das Seil um den Arm wickeln, doch lassen ihn die Wunden der Hände sowie der Aufprall an der Felswand zeitweise die Besinnung verlieren. Erst später, als Frank bereits an Atemnot leidet, kann er sich und seinen Freund auf eine Bergnische zerren. Nur unter großen Schwierigkeiten gelingt es ihnen, wieder auf das untere Plateau zurückzukehren.

Lisa verständigte aus Sorge inzwischen die Bergrettung. Zusammen mit Luis und dem Pinzgauer kommen sie in die Bergregion und nehmen die beiden Verletzten in Empfang.

Kritik: Konzeptionell passt diese Folge besser zu den »Bergrettern«, nicht zum »Bergdoktor«. Aber trotzdem ist sie spannend und mal etwas anderes. Die familiären Themen gehen wohl aus …

83) Gefährliches Spiel

45 Min. | Gäste u. a.: Thomas Näßl, Verena Wengler, Hilde Auer

Für die Sonnensteiner kommt es einer Kriegserklärung gleich, und selbst der hiesige Gendarm zieht mit den »begabelten« Landwirten an die Front des Gemeindeamtes: Angeblich haben Einwohner des Nachbardorfes Audorf den Sonnensteiner Maibaum, der sich

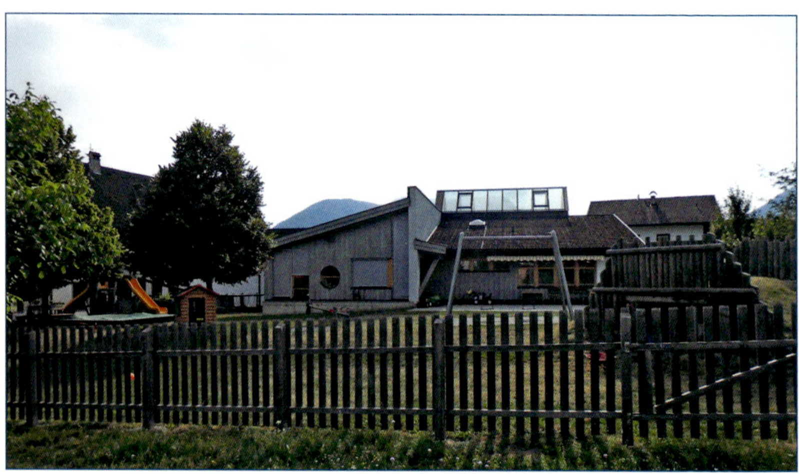

Die Volksschule Untermieming ist in den Folgen 81 und 83 Kulisse.

einst stolz aus dem Ortskern erhob, seiner Spitze beraubt. Da kann nur noch die Bürgermeisterin mit Pankraz, der ihr in diesen Tagen mehr denn je seine Liebe gestand, eingreifen.

Die Konfrontationen beim traditionellen Maifest waren allerdings nur eine Folge ganz anderer Probleme: Peter, ein Junge der Untermieminger Volksschule, an der Lisa gedenkt, auch in Zukunft zu unterrichten, hat Schwierigkeiten, in das bestehende Cliquenleben und die Gesellschaft integriert zu werden. Er greift deshalb zu tätlichen Mitteln, spioniert drei Jungen hinterher, die verbotenerweise an der Sommersprungschanze proben, zerstört quasi als Mutprobe den Maibaum und hofft nun, in den Freundeskreis aufgenommen zu werden. Die brachial veranlagten Jungen, denen er auf dem Schulhof drohte, sie zu verpfeifen, prügeln Peter allerdings erst einmal zusammen und nehmen ihn dann mit zur Sprungschanze, damit er ein weiteres Mal seine Überlegenheit beweisen kann – jedoch mit Folgen. Peter überschlägt sich bei der Abfahrt, bleibt regungslos liegen und muss anschließend von Justus und Lisa bis zum Eintreffen des Notarztes versorgt werden. Für den gewollten Freundschaftsschluss hat sich dieser mörderische Einsatz allerdings gelohnt: Die drei Jungen stehen anschließend für Peters Streiche gerade.

Kritik: Die Story um die Jugendclique hat viel Authentizität, und das Ende, als alle Jugendlichen für den verunglückten Peter einstehen, überrascht und überzeugt zugleich. Wiederum allerdings musste es ein Unfall sein, der den Wendepunkt bringt.

Probleme herrschen auch im Hause Reuther, da Susanne mit ihrem Suzuki ein weiteres Mal zurückkehrt, um die alte Liebe wieder neu zu entfachen und Christl, die Schwierigkeiten mit der Schwangerschaft hat, zu unterstützen. Christl aber kommt mit der Situation nicht mehr zurecht und fordert von Paul eine eindeutige Entscheidung. Paul setzt Susanne schließlich vor die Tür und kümmert sich um seine Geliebte.

84) Zwischen Himmel und Erde

45 Min. | Gäste u. a.: Fritz Egger, Monika Guthmann, Rolf Castell, Hilde Auer | Buch: Ralph Werner

Da Pfarrer Hauberer wieder einmal erkrankt ist, wird er vom jüngeren Markus Gruber vertreten, der alsbald die Herzen der Sonnensteiner erobert. Im Gegensatz zu Hauberer, der mittlerweile 37 Jahre die Gemeinden auf dem Sonnenplateau betreut, hat Pfarrer Markus allerdings ein ultimatives Entscheidungsproblem: Plötzlich kommt seine Geliebte Anna Steiner mit ihrem gemeinsamen achtjährigen Sohn Lukas zu Besuch und quartiert sich im Ferienhaus der Gemeindeangestellten Hilde ein, da das Hotel »Alpenblick« nicht ihren Wohnvorstellungen entspreche. Frau Steiner gastiert anfangs unter dem Vorwand, die Schwester des Pfarrers zu sein, intern verlangt sie jedoch eine Entscheidung, ob sich Markus Gruber der Ehe oder der Kirche verpflichten will. Während Sohn Lukas mit Julia bei den Obermayrs reiten lernt und der Pfarrer durch Gespräche mit seinem Kollegen das Problem immer weiter hinausschiebt, erleidet Anna Steiner aufgrund der emotionalen Anspannung eine Gallenkolik und muss von Justus behandelt werden. Trotz ihres nun kollabierungsgefährdeten Zustandes reist sie früher ab als geplant und verursacht mit Sohn Lukas im Wagen während eines Schmerzanfalles auf offener Straße einen Unfall, wobei der Seat gegen einen Baum prallt und im Motorraum Feuer fängt.

Dr. Hallstein, der von den Problemen des Pfarrers und seiner Geliebten weiß, erfährt von der verfrühten Abreise und folgt mit Markus Gruber im Wagen eilends der Landstraße zur Autobahn bis zum Unfallort, wo ein Zeuge und später ein Notarztwagen die Lebensrettung unterstützen – jedoch vergeblich: Anna Steiner ist tot. Markus Gruber bleibt daraufhin nichts anderes übrig, als sich der Vaterschaft von Lukas zu bekennen.

Der alltägliche Trott der anderen Sonnensteiner war von diesen Vorkommnissen nicht allzu sehr betroffen, zumal sie erst spät von den Problemen des neuen Pfarrers erfuhren. Herr Konrad beispielsweise glaubte, Dr. Hallstein hätte Nachtpraxiszeiten eingerichtet, als Frau Steiner zu später Stunde behandelt wurde, und Justus und Lisa planten ihre nächste Urlaubsreise nach Schottland (Justus) oder Griechenland (Lisa).

Unstimmigkeiten gibt es derweil allerdings auch bei den Obermayrs, als Julia spielerisch mit Franzis Auto durch die Scheibe eines Einkaufszentrums fuhr und Pankraz mit seinem Pferd das Vierrad abschleppen musste.

Kritik: Die Thematik des verliebten Pfarrers ist ernst und sehr auf der Höhe der Zeit. Berührend auch das Ende, das kein Happy End ist – und damit mit den Folgen 25, 60 und 66 äußerst selten für den »Bergdoktor«.

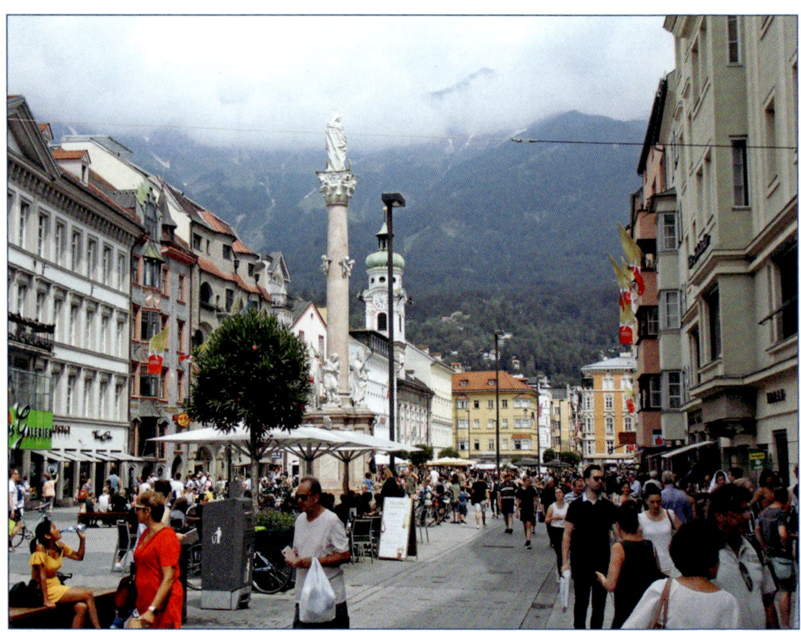

Hans Berger und Waltraut Zirngiebl treffen sich in Folge 85 in der Innsbrucker Fußgängerzone.

85) Gratwanderungen

45 Min. | Gäste u. a.: Carol Seyboth, Fabian Blumhagen, Hermann Giefer, Diana Körner, Michael Rastl

Während der Zeit, da im Dorf die allsommerliche Heuernte begonnen wird, sind die Schneemassen auf den obersten Gipfeln so weit abgetaut, dass man eine Gletscherwanderung wagen kann. Justus und Lisa bereiten sich in einem Übungskurs bei Luis auf die bevorstehenden Strapazen vor, Florian, der derweil wieder einmal beim Doktor seine Zeit verbringt, und Vroni von Brauneck sind jedoch nicht begeistert, an der Gratwanderung nicht teilnehmen zu dürfen. Sie versuchen deshalb, mit einem verfrühten Aufstieg die Erwachsenen zu verblüffen. Für ihre Planung, vor Justus, Lisa und Luis den Gipfel zu erreichen, macht Vroni Paul glaubhaft, sie liefe mit Flo nur zur Griesbachhütte und übernachte dort. Tatsächlich aber läuft die übereifrige Grafentochter mit ihrem bereits bekannten Hochmut mit dem kleinen Reuthersohn noch wesentlich weiter bis in den späten Abend hinein.

Die Gletscherwanderer verbringen indessen eine ruhige und gemütliche Nacht in den oberen Berghütten und laufen am nächsten Tag bei gleichmäßigem Tempo und mit einem Seil miteinander verbunden in die etwas gefährlicheren Eisgebiete. Auf einmal entdecken sie ein Kind auf einem erhöhten Gletscher und identifizieren es erschrocken als Florian, der weinend auf die Ankunft der Truppe gewartet hat. Er berichtet, dass Vroni etwas zugestoßen sei und dringend Hilfe bedürfe. Bei dem Versuch, den erschöpften Flo vor dem Abrutschen in eine Gletscherspalte zu bewahren, stürzte Vroni selbst gut 20 Meter in die Tiefe und schlug auf dem harten Eis auf.

In einer dramatischen Rettungsaktion begibt sich Justus nun in den engen Einschnitt und kann mithilfe der anderen sowie eines Seils die Verletzte bergen. Sie wird mit dem Rettungshubschrauber abtransportiert.

Im Gegensatz zu den gefährlichen Schneeregionen in den Bergen steht der grünende Sommer im Tal. Waltraut Zirngiebl kommt gerade aus dem Sanatorium nach Innsbruck zurück und trifft dabei auf den Bauern Hans Berger. Beide verbringen einen schönen Nachmittag in der Stadt und kommen sich bei der Gelegenheit so nahe, dass selbst Herr Konrad – nachdem Herr Berger und Frau Zirngiebl mit dem Bus nach Sonnenstein zurückkehren – die Anzeichen einer Liebesbeziehung aus eigener Erfahrung erkennt. Hans und Waltraut jedenfalls vereinbaren für später ein Treffen in einer Heuscheune, die sie beide mit dem Trecker erreichen.

Kritik: Wie unreif Vroni von Brauneck doch noch immer ist. Trotz der vergangenen Folgen hat sie nichts dazugelernt! Keine emotionale Geschichte, nur eine Story am Fels.

86) Krumme Geschäfte

45 Min. | Gäste u. a.: Richard Beek, Manuel Guggenberger

Inzwischen ist die Zeit gekommen, in der der Viehbestand von den höheren Almen ins Tal abgetrieben werden muss: Es ist Herbst, und im traditionellen Sonnenstein wird der Viehabtrieb mit einem Fest gefeiert.

Von Maxl erfährt Franzi, dass an seiner Schule eine Stelle für den Biologieunterricht frei geworden sei und dass sie Lisa das Angebot unterbreiten könne. Sofort kontaktiert Lisa den Direktor des »Rupertinum« im Stift Stams, einer Gesamtschule für Unter-, Oberstufe und Realgymnasium, und erhält die Stelle. Als sie nach dem Bewerbungsgespräch jedoch auf den Schulhof kommt, trifft sie auf Maxl, der vor der Schule im Beisein einiger Jungs aus seiner Klasse Skateboard fährt. Anfangs sie freundlich begrüßend, können sich die Mitschüler mit Kommentaren über *»so eine Alte«*, die *»echt geil«* aussehe, nicht zurückhalten. Vom harschen Ton der Jungs abgeschreckt, verlässt Lisa vorerst die Schule in Stams und sucht sich abends bei Justus Rat, wie sie ihre seit der Vergewaltigung be-

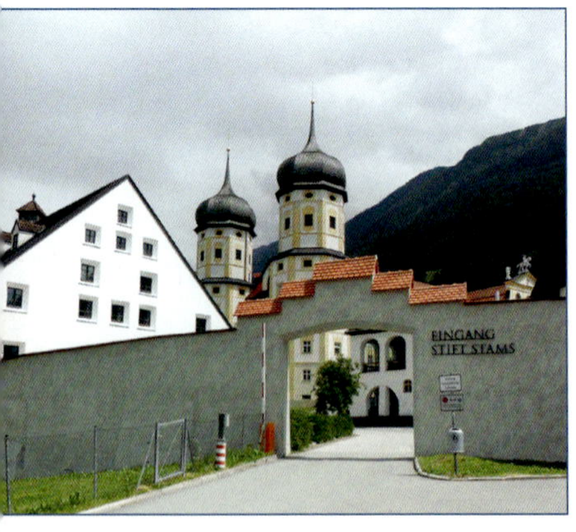

Das Internatsstift Stams ist in Folge 86 Schulhof-Kulisse.

stehende Psychose gegenüber »blöder Anmache« von Schülern überwinden solle. Justus glaubt, sie habe lediglich unsichere, pubertierende Kinder vor sich und müsse lernen, dummen Sprüchen mit ebensolchen zu kontern.

Das Selbstbewusstsein, diesen Situationen Herr und als Respektsperson akzeptiert zu werden, bringt die Studienrätin sogleich in ihrer ersten Biologiestunde hervor, als sie ihren Namen auf den Tageslichtprojektor schreibt. Während ein Schüler wieder versucht, die Lehrerin durch ironische Bemerkungen abzuschrecken, begegnet sie dem Jungen mit eindrucksvoller Schlagfertigkeit und beginnt so einen gelungenen Einstieg in ihren neuen Alltag.

In dieser Zeit des Herbstfestes gibt es noch zwei weitere Probleme: Einerseits stellt Dr. Hallstein bei der fiebrigen Julia eine ernstzunehmende Gelenkentzündung fest, andererseits werden der alte Schäfer Hans Melzig und seine Herde im Tal vermisst. Pankraz und Justus starten sogleich mit dem Auto in die Berge und finden den Alten mit einem verletzten Schultergelenk – gestürzt, als er eines seiner Schafe retten wollte. Für den Schäfer bedeutet es nun, nach 40-jähriger Einsatzzeit ein großes Stück kürzer zu treten. Er weigert sich zwar, seine Herde zu verkleinern, doch er benötigt ständige Hilfe, sodass einmal Justus die Tiere im Stall versorgen muss, die anderen Male Herr Konrad die Arbeiten ausführt; eine langfristige Lösung ist aber unumgänglich. Hans Melzig fällt daraufhin auf die perfiden Geschäfte des alten Holzinger herein, der ihm anbietet, seinen Hof aufzukaufen.

Am Tag darauf kommt der jüngere Bruder, Loisl Holzinger, mit einem Gefährt, um die Schafe abzutransportieren. Mutig verteidigt Herr Konrad das Hab und Gut des Schäfers, zieht sich jedoch nur eine Verletzung zu, ohne etwas ausgerichtet zu haben. Sofort kümmert sich hernach Franzi um die Angelegenheit und kann den Vertrag der Brüder Holzinger rückgängig machen. Der alte Melzig jedoch ist bereits auf dem Weg in die Berge, um seinem Leben ein Ende zu bereiten. Mit einem Stein im Rucksack will er vom Ruderboot aus in den abgelegenen Seebensee in der Nähe seiner Alm springen. Zum Glück erreichen Justus und Pankraz mithilfe des Schäferhundes die Stelle noch rechtzeitig, um den Suizid zu verhindern. Justus springt ins Wasser, taucht nach dem Alten und kann ihn im letzten Moment an Land ziehen.

Kritik: Zur Abwechslung mal wieder eine harmlose Story. Da hätten Lisas Schwierigkeiten am Internat eigentlich noch umfassender thematisiert werden können.

87) Ende einer Freundschaft

45 Minuten

Die Zeit der Pflaumenreife bedeutet für Lisa die Anwendung ihrer Marmeladenkochkünste, wobei sie von Justus unterstützt wird. Lisa, als eine Freundin von Christl, wird allerdings auch von der Sprechstundenhilfe über ein Problem mit Paul ins Vertrauen gezogen: Paul komponiert französische Gesänge an der Gitarre und plant einen Heiratsantrag für seine Geliebte. Christl jedoch hält dem Druck nicht mehr Stand, ein Kind von Justus haben zu können. Um dem Abhilfe zu schaffen, soll der Doktor endlich seinem Freund die Wahrheit beibringen – und er tut es. Paul, sich hintergangen und bloßgestellt fühlend, geht sofort auf die weinende Christl und den lethargischen Justus los, schreit sie an, schlägt sogar zu und flüchtet sodann mit dem Audi. An einer Feldwegbiegung rast er durch einen Heuhaufen in ein Maisfeld, geht zu Fuß weiter und kommt am Inn wieder zur Ruhe. Wenig später trifft Justus ebenfalls ein, um mit Paul über das treulose Ereignis zu sprechen, doch Paule springt in den Inn, frustriert schwimmend, und Dr. Hallstein folgt ihm. Am Ufer ist die Szene, in dem das Tief ihrer Freundschaft zum Ausdruck kommt, vorerst beendet. Paul zieht wortlos von dannen.

Der Mühlenbach in Wildermieming wird in Folge 87 verseucht.

Das Ende einer Freundschaft: im Film am Inn, hier springt Harald Krassnitzer über die Leutasch.

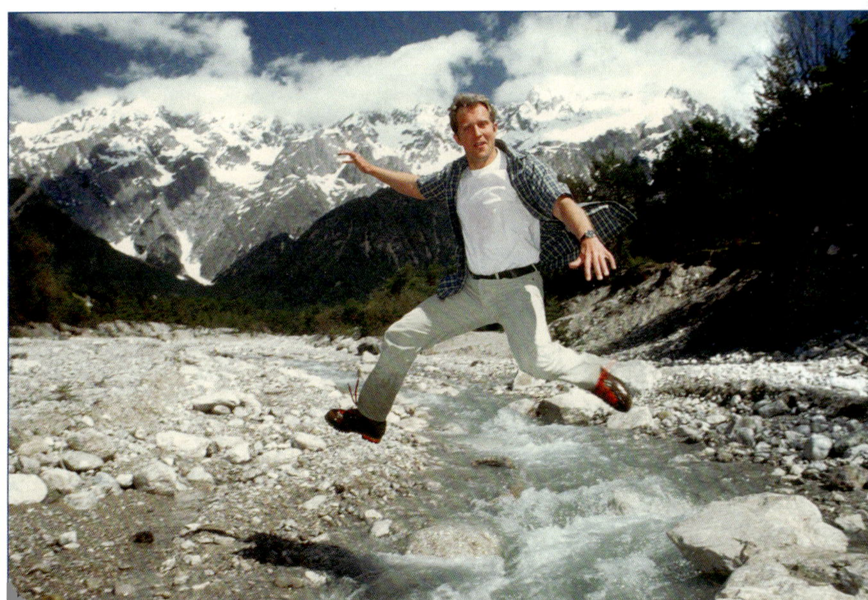

Ein weiteres Problem geht von einem Bauern aus, der – ohne es zu wissen – Unkrautvernichtungsmittel, die er seit Jahren in einem Schuppen lagert, in den nahen Mühlenbach leitet. Als Julia für Franzi im Kramerladen Einkäufe tätigt und dabei einer Forelle das Leben retten will, indem sie sie im besagten Bachlauf aussetzt, erkrankt das Mädchen an einer Allergie. Auch Kühe, die daraus trinken, infizieren sich mit den toxischen Stoffen, sodass Pankraz, Justus und der Bauer der Sache auf den Grund gehen. Sie folgen dem Bachlauf zu Fuß bis zur kritischen Stelle und machen dem Bauern nach der Entdeckung unmissverständlich deutlich, dass hohe Kosten auf ihn zukommen werden.

Kritik: Es musste ja so kommen. Schade, dass mit der »Neuen Generation« sämtliche familiäre Harmonie verloren gegangen ist.

88) Feuerteufel

45 Min. | Gäste u. a.: Herbert Zauner, Margot Mahler, Hermann Giefer, Elmar Drexel, Hilde Auer

Laut inoffiziellen Gerüchten soll Paule, wie es Christl erfahren hat, nach Frankreich ausgewandert sein. Christl selbst ist vorerst davon wenig betroffen, muss sie sich doch auf ihre bevorstehende Aufgabe als Mutter vorbereiten. Sie kündigt ihre Arbeit bei Dr. Hallstein und geht mit Unterstützung von Lisa in den Mutterschaftsurlaub. Als dann schließlich das Kind zur Welt kommt, ist Christl glücklich und kann der vor Rührung weinenden Lisa erklären, dass es nicht darauf ankomme, wer der leibliche Vater ist; das Kind gehöre ihr.

In Folge 88 bekommt die Sonnensteiner Feuerwehr Arbeit.

Für Justus bedeutet der Ausfall Christls allerdings zusätzliche Arbeit. Weil Lisa, die schließlich keine praktischen Fachkenntnisse besitzt, als Sprechstundenhilfe einspringt, geschehen unzählige Pannen und Missgeschicke mit peinlichen Folgen, die Dr. Hallstein professionell überspielen muss. Er fasst den Entschluss, eine fest engagierte Hilfskraft einzustellen. Doch weder Herr Konrad noch die Medizinstudentinnen, die von ihren Verwandten vorgestellt werden, kommen dafür infrage.

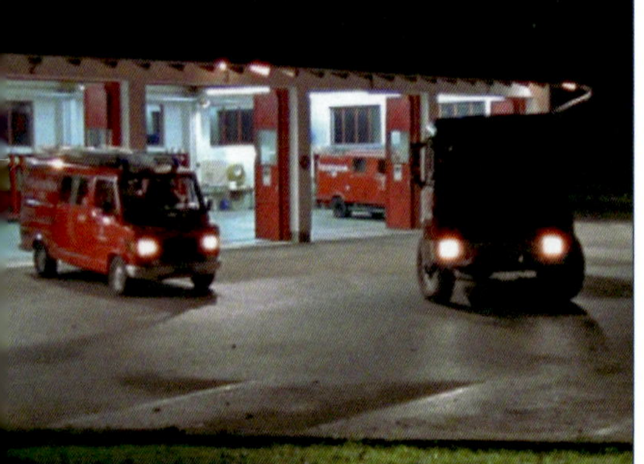

Die Zeit der Apfelernte (Oktober) ist schon wieder näher gerückt, und Luis Kofler feiert bei einer abendlichen Festrunde seinen Geburtstag. Der Trubel wird jedoch jäh unterbrochen, als zum wiederholten Male die

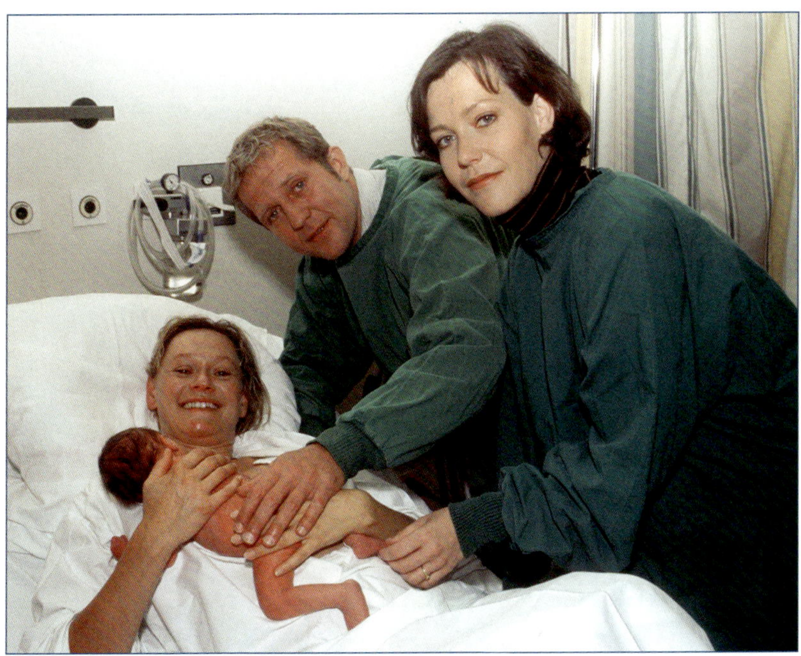

Christl hat ihr Kind bekommen: Niko. Hier bei den Dreharbeiten am 31. Oktober 1997.

Feuersirene auf einen Brand im Dorf aufmerksam macht. Mehrere durch Brandstiftung zerstörte Höfe sorgen in letzter Zeit die Einwohner und die hiesige Feuerwehr. Diesmal ist der Bauer Rudi Seiler das Opfer. Nach einer dramatischen Nacht und den Einsätzen des Doktors, der Feuerwehr sowie der Sanitäter zieht man jegliche weitere Maßnahmen zur Bekämpfung der Brandstiftung in Zweifel. Selbst Franzi macht sich Gedanken, zudem, als Julia ihr Puppenhaus mutwillig entzündet. Bei einer bereits zuvor einberufenen Krisensitzung wurde ein nächtlicher Überwachungsplan aufgestellt. Man spielt mit dem Gedanken, Hilfe aus Innsbruck anzufordern. Doch auch die gegenseitigen Verdächtigungen der Gebrüder Holzinger und eines Dorfbewohners führen zu keinem Ergebnis.

Letztlich hilft nur eine nächtliche Beobachtungsaktion von Pankraz und Justus vor dem örtlichen Sägewerk, in dem beide in Verdacht stehenden Personen, nämlich der junge Holzinger und der Dorfbewohner, beschäftigt sind. Letzterer gibt den entscheidenden Tipp, welches Gebäude nächstmalig entzündet werden soll, womit jener allerdings nicht außer Verdacht ist. Erst als Loisl Holzinger auf frischer Tat ertappt wird und erklärt, sein älterer Bruder habe geplant, im Nachhinein alle Höfe aufzukaufen, ist die Angelegenheit aufgeklärt und das Verbrechen eingedämmt.

Kritik: Und wieder ist ein »böser« Mensch im Spiel. Wird Zeit, dass der Holzinger endlich aus Sonnenstein verschwindet, damit wieder Ruhe einkehrt.

Drehsaison 1998

»Die letzte Chance«

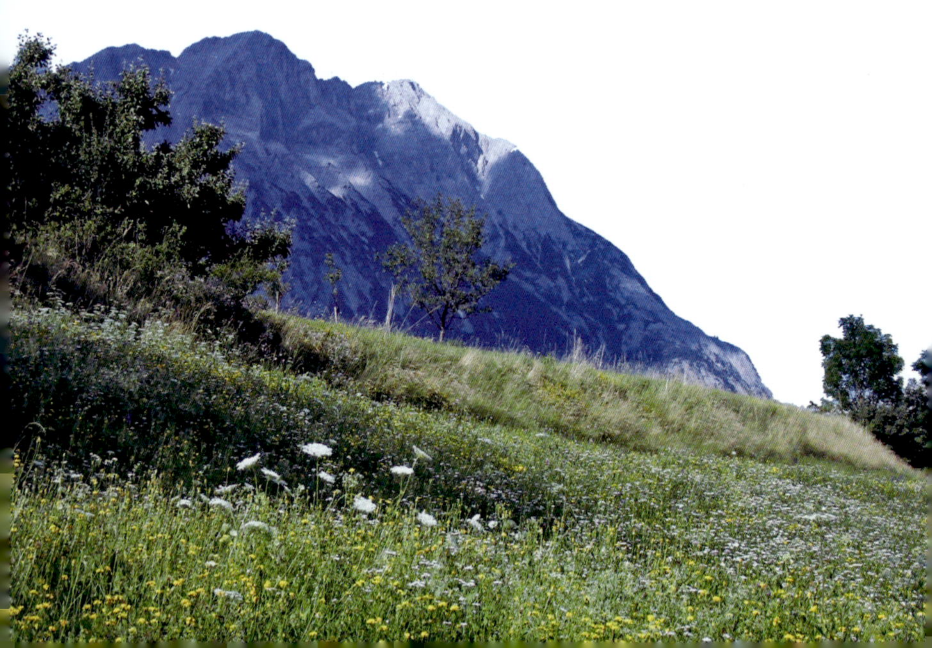

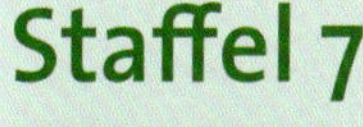

Staffel 7

Aufführung: 5. Nov. 2005 bis 17. Dez 2005 (7 Folgen)
Aufnahme: Feb. 1997 bis Aug. 1997 + März 1999
Ausführung: Hans Liechti (Nr. 89–92) / Andreas Drost (Nr. 93–95)

89) Eine Frage der Ehre

45 Min. | Gäste u. a.: Hermann Giefer, Herbert Trattnigg | Buch: Wolfgang Wysocki

Traditionsgemäß beginnt diese letzte Saison erneut mit einer Winterfolge. Viel hat sich verändert: Der Flur im Doktorhaus, in dem die Patienten warten, weil Christl infolge ihrer Schwangerschaft ausgefallen ist, wartet nun in einem Blauton auf; Lisa trägt eine modische Kurzhaarfrisur; Christl, die mit ihrem neugeborenen Sohn Niko aus dem Schwangerschaftsurlaub in ihr Haus in Untermieming zurückkehrt, möchte keinen Vaterschaftstest machen lassen. Ja, und Justus, dem der Freund Paul entfleucht ist, worüber sich Franzi echauffiert, bekommt einen neuen Kumpel an die Seite gestellt: Tom Jensen, der nach vier Jahren Kontakt zu Justus aufnimmt, um in Sonnenstein Abstand zu seinem Stadtleben mit verlustig gegangenem Job als Skilehrer und verschwundener Freundin zu finden und sich in einer Wasserfallklamm einen Canyoning-Club mit dem Namen »Faszinatour« aufzubauen, zum Leidwesen des Waldhüters Josef.

Die Bürgermeisterin stiftete der Gemeinde im Bereich des Untermieminger Sees eine Naturrodelbahn, die nun zur frühjährlichen Einweihung sogleich vom Österreichischen Rodel-Nationalteam als Übungsstätte genutzt wird. Mit dabei sind auch Luis, der von dem Unternehmen Viessmann gesponsert und von Andi Laske trainiert wird, sein Konkurrent Toni Seewald, der von dessen Schwester Meggy Seewald gemanagt wird, sowie Justus als ärztlicher Berater. Als Toni einen Unfall erleidet, rodelt Justus im Schlitten hinterher und diagnostiziert während der Blessurbehandlung ein Hautmelanom – Krebs. Für den Sportler Toni beginnt ein innerer Kampf, der sich bei einem Suizidversuch an der Burgruine Schrofenstein, an der schon Maxl in Folge 12 saß, entscheidet. Toni will gegen den Krebs kämpfen, und seine Schwester, die ein abgebrochenes Medizinstudium besitzt, wird von Lisa überredet, als Sprechstundenhilfe bei Justus anzufangen. Damit ist Meggy neu im Team!

Beim Abschlussrennen hat schließlich der Nationalrodler Paul Polster die Leitung. Luis, der Chancen hatte, ins Nationalteam auf-

Kritik: Das Thema des Hautkrebses ist ernst und auch gefühlvoll-authentisch umgesetzt. Auch Luis überzeugt dadurch, dass er sich den Kommerz im Rodelteam nicht gefallen lässt. Eine gute Folge.

genommen zu werden, wird nur Zweiter und ärgert sich zudem über seinen ehrgeizigen Trainer, der Tonis Schlitten manipulierte. Waldhüter Josef deckt den Schwindel auf.

90) Gefährlicher Ehrgeiz

45 Min. | Gäste u. a.: Herbert Trattnigg

Mittlerweile ist es bereits Mai geworden, und Meggy erscheint zu ihrer ersten Arbeitsstunde mit Christls alter Vespa. Christl hingegen gebraucht ein neues Auto und bringt Sohn Niko zu Justus, worüber Lisa gar nicht erfreut ist. Überhaupt beklagt sie sich, dass ihr Freund zu wenig Zeit für sie habe. Denn Probleme hat sie genug: Die Schülerin Katrin Egger stürzt im Sportunterricht, als Lisa nicht hinschaut, und verletzt sich am Rücken. Katrins uneinsichtige Eltern geben Lisa die Schuld und erstatten Anzeige, obschon das Kind beteuert, selbst verantwortlich für den Unfall zu sein. Zusammen mit Meggy gelingt es den Frauen schließlich, den zögernden Professor Neureuter, der infolge schlimmer Erfahrungen eine Operation scheut, zu dieser zu bewegen, wodurch Katrin wieder gesundet. Die schlimme Zerreißprobe mit Suspension vom Schuldienst und Rausschmiss aus der Kinderklinik findet damit ein Ende.

Tom Jensen sitzt derweil an der Eröffnung seines Canyoning-Clubs und verletzt sich dabei die Hand. Rechtzeitig erscheint hierauf sein Bruder Jan (Jannes) aus Hamburg – ein Draufgänger, Hippie und unzuverlässiger Frauenheld –, um ihm zu helfen und im Club einzusteigen. Jan verliebt sich in Meggy, obwohl er noch mit der jungen Doris zusammen ist, und leidet an Malaria, die aber gut behandelbar ist. Daraufhin wird Jan von Doris verlassen. Die Einweihungsparty findet statt, wobei sogar der derzeit völlig überforderte Justus tanzt, und Waldhüter Josef ärgert sich, dass in seinem Wald ein solcher Radau stattfinden darf, noch dazu an einem Montag.

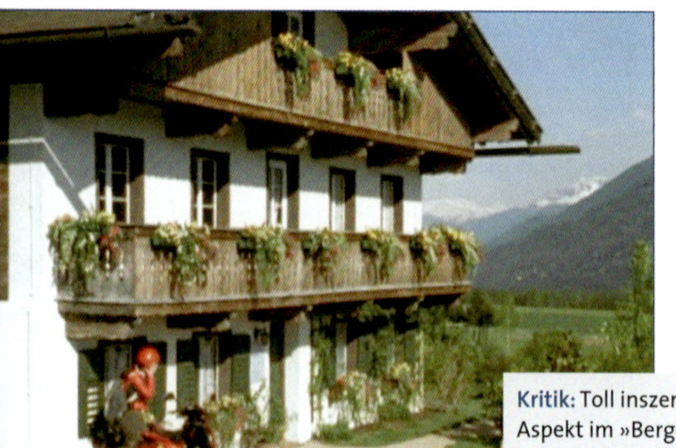

Das Doktorhaus in der letzten Saison.

Kritik: Toll inszeniert! Endlich wieder ein sozialkritischer Aspekt im »Bergdoktor«. Lisa wird derartig schlecht behandelt, dass alle mit ihr Mitleid haben und bewundern, dass sie ihre eigenen Interessen vor dem Leid des Kindes zurücknimmt. Und Janina Hartwig zeigt sich großartig!

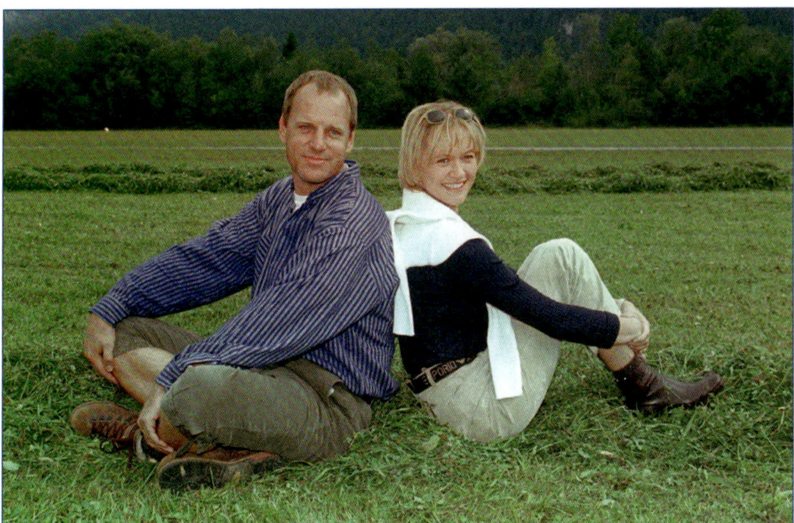

Neu in der Serie: der Waldhüter Josef. Hier mit Christl.

91) Josefs Kampf

45 Min. | Gäste u. a.: Herbert Trattnigg | Buch: Ralph Werner

Jan kümmert sich zu intensiv um den Aufbau des Canyoning-Clubs und führt Toms Idee der unberührten Naturerlebnisse ad absurdum. Mit jungen Partyleuten wirft er Bierdosen in den Wasserfall und lässt laute Musik ertönen. Als er schließlich mit seinem Jeep ein Reh verletzt, nimmt Waldhüter Josef den Kampf gegen die Vandalen auf. In Franzis Bürgermeisterbüro beschwert er sich vehement, bringt das angefahrene Reh zu Pankraz und manipuliert die Halteseile im Canyon, sodass Tom bei einer Tour abstürzt. Justus und Meggy müssen ihn retten und bringen ihn ins Krankenhaus, wo Jan hinzukommt und sich entschuldigt. Auch Josef, von schlechtem Gewissen geplagt, erscheint dort und erkennt, dass er Jan und Tom verwechselt hat und Tom in jeder Beziehung auf seiner Seite steht. Er versöhnt sich und bringt den Club wieder in Ordnung.

Zwischen Lisa und Justus gibt es dagegen keine Versöhnung. Im Streit um Justus' mögliche Vaterschaft von Niko zieht sie sich morgens ins Bad zurück, das neben dem Schlafzimmer installiert ist (früher Ankleideraum), und verschwindet später ganz bei ihrer Freundin Ute. Der dadurch ohnehin gereizte Justus schimpft schließlich einmal kräftig mit der phlegmatischen Meggy, die sich einige medizinische Patzer erlaubt hat.

Kritik: Ein Missverständnis jagt das nächste – das hält ja keiner aus! Auch die unbeständige Meggy nervt ziemlich. Es muss erst wieder ein Unfall passieren, bis alles gut wird.

92) Ein schwieriger Patient

45 Min. | Gäste u. a.: Michael Rastl

Pankraz ist der schwierige Patient. Seit Episode 77 leidet er an Arthrose im Knie und weigert sich, sich operieren zu lassen. Franzi bringt ihn im Auto zu einem Tierpatienten in Obermieming beim Hotel »Post«, streitet sich aber auf dem Rückweg auf der Landstraße mit ihm, sodass er aussteigt, einen Lastwagen anhält und sich nach Innsbruck fahren lässt.

Mit lässiger Hiphop-Kleidung und einem Basecap kommt er daraufhin zurück, liest das Donald-Duck-Sonderheft und trinkt Cola light! Pankraz' Jugendwahn, ausgelöst durch einen schimpfenden Schweizer, der ihn als Tattergreis betitelte, verleitet sogar Julia zum Kopfschütteln, denn sie solle ihn nicht mehr *»Opa«* nennen. Auch die Ordination wolle Pankraz zusperren, doch kommt ihm hierin der Bauer Hans Berger zuvor, der wegen eines Tollwutfalls Hilfe braucht. Pankraz rettet die Tiere und wird ein kleiner Sonnensteiner Held – trotz seines Alters. Und noch etwas hält ihn jung: Franzi kleidet sich in Innsbruck neu ein, küsst Pankraz auf den Mund und verführt ihn zu einer Liebesnacht! Er sei ganz wild auf sie, gesteht er, und überhaupt sei es schon so lange her, dass es gar nicht mehr wahr sei ... Jedenfalls sind Pankraz und Franzi anderntags wie ausgewechselt.

Auch Justus und Lisa versöhnen sich bei leidenschaftlichem Sex. Dabei gesteht Lisa, dass sie seit zwei Monaten schwanger sei! Voller Freude planen sie Maxls altes Zimmer zum Kinderzimmer um und gehen nun auch den Vaterschaftstest mit Christl an: mit dem freudigen Ergebnis, dass Justus nicht der Vater von Niko ist!

Zu guter Letzt schlafen auch Meggy und Jan auf einer Hütte auf der Winkelalm miteinander. Meggy war Jan, der der Kreuzjochspitze entgegenstrebte, gefolgt, um ihm eine Tollwutimpfung zu verpassen. Diese hatte sie bei einer Behandlung vergessen und war deshalb von Justus als *»dumme Kuh«* betitelt worden – ohne deren Beisein freilich.

Kritik: Es ist nicht die erste Folge, in der Pankraz mit dem Alter hadert, aber die schlechteste und zugleich amüsanteste. Immerhin ist die »Neue Generation« mit der Thematisierung von »Seniorensex« (nämlich zwischen Pankraz und Franzi) ihrer Zeit weit voraus.

93) Das blaue Licht

45 Min. | Buch: Claus Königsmark

Heike Schmidt-Wessen, Psychologin aus Norddeutschland, hat sich mit einer Truppe ausgebrannter Manager in der Steinbachhüt-

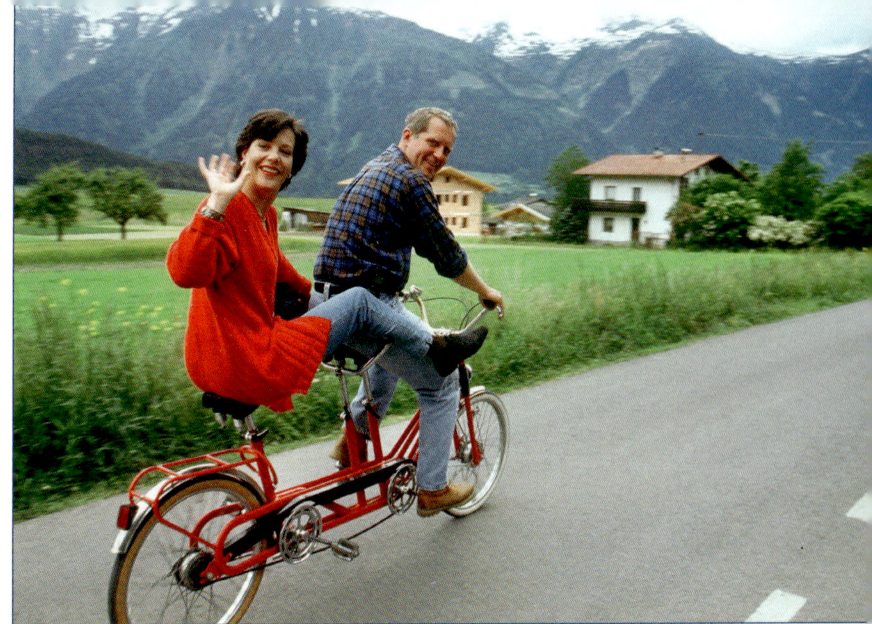

Fahrradtour für die Presse am 29. Mai 1998 mit Janina Hartwig und Harald Krassnitzer.

te bei der Arzbergklamm eingemietet, um okkultistische Sitzungen durchzuführen und vor dem Weltuntergang gerettet zu werden. Mit dabei sind Gunila Gudmundsen, die im neueröffneten Gasthof in der Ortsmitte kellnert und von Jan erfolgreich umworben wird, sowie Bernd Schnattmann mit Frau und Tochter. Justus und Tom lernen die Ärztin der angewandten Psychologie kennen, als sie sich den Knöchel verstaucht und Justus fragt, ob er der »Bergdoktor« sei. Auch Bernd benötigt Betreuung, weil er Diabetiker ist. Er wird ins Krankenhaus eingeliefert und erleidet bereits Wahnvorstellungen, als er zur Séance auf den Berg zurückzukehren versucht und den Tod auf sich zu krabbeln sieht.

Frau Schnattmann ist dagegen kritisch, berichtet Justus, dass Frau Schmidt-Wessen das gesamte Vermögen aller Teilnehmer erhalten hat und den Übergang in eine Welt auf dem Saturn-Mond plant. In einer dramatischen Rettungsaktion mit Hubschrauber kann die Gruppe auf dem Berg vor dem Kollektivsuizid bewahrt werden, wobei auch Jan gefunden wird, der von der Psychologin betäubt worden ist. Blaue Glassteine haben des Nachts auf der Bergspitze für ein blaues Licht gesorgt, das Jan entdeckt hat.

Auf der Rettungsfeier verlieben sich schließlich Christl und Josef ineinander, nachdem Christl mit Lisa Schwangerschaftsübungen machte und für Meggy als Sprechstundenhilfe einsprang. Meggy hatte nach der Nacht mit Jan verschlafen, was Justus gar nicht guthieß. Und auch Franzi und Pankraz, die nun in einem Doppelbett nächtigen, wollten wieder Sex haben, was Julia aber zu verhindern wusste.

Kritik: Das Sektenthema ist aktuell und äußerst dramatisch in Szene gesetzt. Die Schauspieler überzeugen und die Inszenierung geht mit Mystik und Horror ganz neue Wege.

94) Nur nicht die Nerven verlieren

45 Min. | Gäste u. a.: Daniela Ziegler, Manuel Guggenberger, Herbert Trattnigg

16. August 1998. Maxl hat Sommerferien und ist wieder einmal in Sonnenstein zu Gast! Lange Haare trägt er, wie schon 1995 (Nr. 47), dazu eine Halskette mit Holzperlen, wie sie dem modischen Jugendtrend entspricht. An diesem Sonntag passt er Justus und Tom beim Joggen ab und bittet den Arzt darum, bei Franzi ein gutes Wort für ihn einzulegen, denn er wolle den Segelflugschein machen. Schon seit einigen Wochen arbeitet er bei dem 28-jährigen Fluglehrer Andreas Fellner, der den alten Privatflugplatz in Reutte-Höfen reaktivieren will und sich dort mit einer Truppe junger Leute engagiert. Er habe auch schon Theoriestunden genommen und sei einmal in der Luft gewesen. Tom und Justus lernen daraufhin Andreas Fellner kennen und unterstützen ihn, und sogar Jan strebt fasziniert eine Kooperation zwischen Flugplatz und Club an. Franzi und Pankraz allerdings sind zunächst entschieden gegen einen Segelflugschein, weil Maxl zwar fast, aber eben noch nicht ganz 18 Jahre alt sei, außerdem habe Franzi als Bürgermeisterin mit dem Gebiet in Reutte nichts zu tun. Maxl ist daraufhin enttäuscht und schimpft, sie seien altmodisch.

Trotzdem wirkt er bei den jungen Leuten, die ihn alle wieder »Maxl« nennen, weiterhin auf dem Flugplatz mit und bekommt mit, dass Andreas Fellners Mutter Anna zu Besuch kommt, um ihren Sohn zu unterstützen. Das lehnt dieser zwar ab, weil er seiner Mutter die Trennung vom Vater vorwirft, doch die Hilfe kommt gerade rechtzeitig, da Justus bei Andreas eine Herzschwäche diagnostiziert: Er müsse zukünftig bei jeder Aufregung ein Nitrospray verwenden. Allerdings geht ihm das Spray zu Bruch, und Andreas startet am nächsten Morgen ohne Vorsorge mit Maxl zu Flugstunden ... Maxl hatte die Unterschrift zur Flugerlaubnis gefälscht und war jauchzend aufgesprungen, als Andreas darauf hereinfiel.

Der Flugplatz Reutte-Höfen bildete das Motiv der Folge 94.

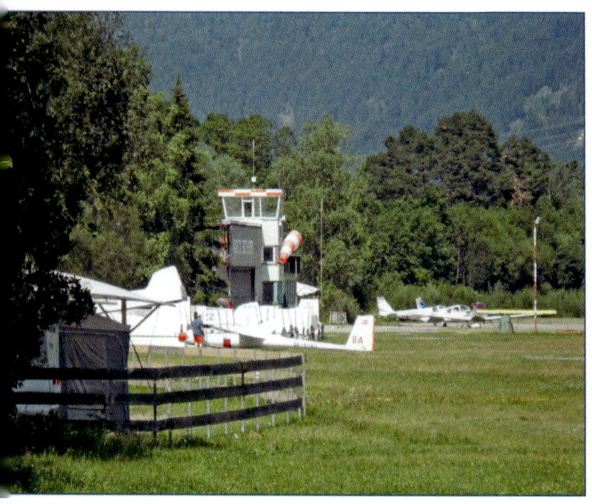

Doch die Freude vergeht ihm schnell. In der Luft wird Andreas ohnmächtig, und Maxl ist auf sich allein gestellt. Per Funk versucht er, Hilfe zu organisieren: »*Mayday, hier ist Maxl Burgner, ich kann doch nicht alleine fliegen!*« Erst beim zweiten Versuch wird er von Anna Fellner gehört, die die Leute auf dem Flugplatz in Alarmbereitschaft versetzt und auf Maxls Wunsch hin Justus alarmiert. Dieser rast zum Flugfeld und startet mit Mutter Fellner in einer Cessna, um das Segelflugzeug zu begleiten. Gleichzeitig trifft ein Rettungswagen aus Reutte ein und wird von Meggy eingewiesen. Maxl fliegt derweil hilflos entlang dem Lech über schönste Naturlandschaften hinweg, für die er keinerlei Muße hat, und hält mit Justus Funkkontakt. Fliegen sei zwar das schönste Gefühl, das er jemals hatte, doch im Moment spüre er jeden Nerv seines Körpers. Anna dirigiert ihn schließlich nach unten, wo Maxl vorsichtig auf einer Wiese landet und laut »*Scheiße*« ruft, ehe er in einem Heuhaufen zum Stehen kommt. Maxl selbst ist unversehrt, und Andreas kann von den Rettungskräften versorgt werden. Anna Fellner äußert sich so stolz über Maxl, dass sie die Flugschule »Max Burgner« nennen will, und auch gegenüber Franzi legt sie ein gutes Wort ein, als diese zu einem Bridge-Abend kommt, um sich den Flugplatz einmal anzusehen. Erleichtert, dass niemand verletzt wurde, trinken erst einmal alle Champagner und stoßen sowohl auf Maxl als auch auf Anna Fellner und ihren Mann an, die den Flugplatz anstelle des erkrankten Andreas weiterführen wollen.

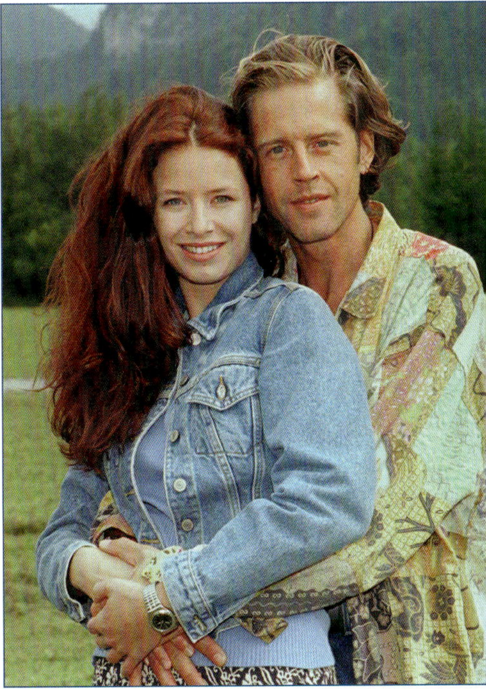

Ebenfalls neu in der Serie: die Sprechstundenhilfe Meggy und ihr Freund Jan, hier in Reutte am 29. August 1998.

Bleibt noch zu erwähnen, dass Christl und Josef zueinander finden und damit auch Niko einen neuen Vater hat. Für Josef, der vor einigen Jahren Frau und Kind bei einem Autounfall verlor, endet insoweit eine Odyssee.

Anmerkung: Gedreht wurde im August 1998 auf dem Flugplatz Reutte-Höfen am Lech, was keinesfalls eine »Nachbargemeinde« ist, wie im Film dargestellt.

Kritik: Auch dies ist eher eine Actionfolge. Der Mutter-Sohn-Konflikt spielt eher eine nebensächliche Rolle, sondern fungiert vielmehr als Aufhänger für die Segelflugzeuge. Manuel Guggenberger hat allerdings schon mal besser gespielt.

SONNENSTEIN GRÜSST WILDERMIEMING

95) Die letzte Chance

90 Min. | Gäste u. a.: Hermann Giefer, Rolf Castell, Herbert Trattnigg, Peter Rühring, Manuel Guggenberger

Eine dramatische, zweistündige Geschichte zum Serienfinale, und zwar erneut als Winterfolge! Zeitweise liegt so viel Schnee, dass der Jeep von Justus mit Schneeketten zum Doktorhaus fahren muss. Zudem findet auf einer vereisten Wiese ein Eishockey-Turnier zwischen Sonnenstein und der Ortschaft Wildermieming (!) statt, während dessen ein Transparent mit der Aufschrift »Sonnenstein grüßt Wildermieming« für Vertraulichkeiten sorgt. Mit ihrem Eishockey-Team – bestehend aus Justus, Josef, Luis, Tom und anderen – sind die Sonnensteiner freilich unterlegen, auch wenn Pankraz, Franzi und Julia noch so sehr anfeuern. Außerdem wird der elfjährige Julian ins Team geholt, der mit seinem Vater Adrian Schindler in der Pension »Enzian« in Untermieming auf Urlaub gastiert. Julians Mutter starb vor einigen Jahren, und der Vater möchte mit ihm zur Hütte hinaufsteigen, in der er einst die Mutter kennenlernte. Auf dem Gletscher unterhalb der Wildspitze passiert es jedoch: Adrian Schindler, der sich über ein Sicherheitsseil mit seinem Sohn verbunden hat, stürzt in eine Spalte. Julian kann ihn freilich am Seil nicht halten und droht ebenfalls abzustürzen. Um das Überleben seines Kindes zu sichern, schneidet Adrian Schindler das Halteseil durch und stirbt.

Justus und Tom, die sich gerade auf einer Skiwanderung befinden, eilen zur Unfallstelle und rufen Luis, der mit dem Hubschrauber kommt, können ansonsten aber nicht mehr helfen. Julian, nunmehr ein Waisenkind, durchlebt schlimme Stunden im Krankenhaus und unternimmt sogar nach nächtlichen Albträumen einen Selbstmordversuch, ehe er sich in Justus' Jeep flüchtet und von diesem unbemerkt mitgenommen wird. Justus, der großen Anteil an Julians Schicksal nimmt, versteckt den Jungen im Doktorhaus und nimmt sogar Kontakt zu Herrn Wegner vom Jugendamt auf (derselbe wie in Nr. 61 und Nr. 68), um sich über eine mögliche Adoption zu informieren. Schließlich kann er auch Lisa, die mithin im achten Monat schwanger ist und damit verdeutlicht, wie viel Zeit seit Folge 92 vergangen ist, von einer Adoption überzeugen. Letzte Sicherheit gibt es jedoch erst, als die Gendarmerie nach Julian sucht, dieser in die Berge flieht und von Justus per Hubschrauber vom Gletscher geholt werden muss, indes Lisa im Krankenhaus ihr Kind bekommt: einen Jungen namens Adrian. Damit besteht die neue Doktorfamilie nunmehr aus vier Personen!

Anmerkungen: Nach dem überraschenden Serienschluss im August 1998 wurde diese Spezialfolge als Serienende im März 1999 nachgeschoben. Wegen der geringen Episodenanzahl der siebten Staffel werden die Folgen offiziell zur sechsten Staffel gerechnet, die damit 22 Folgen umfasst.
Die Eishockeyszenen waren Gegenstand einer ARD-Reportage über Joelle Ludwig von 1999.

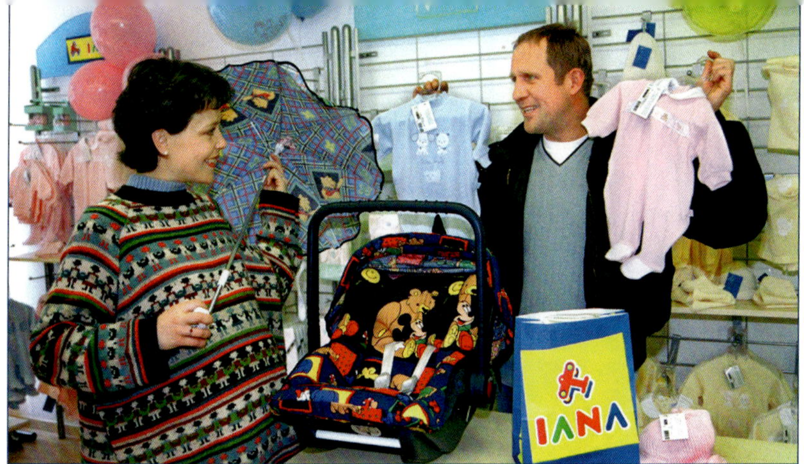

Am 3. März 1998 wird Babykleidung gekauft, denn Lisa wird bald ihr Kind bekommen.

Als wäre dies nicht schon genug, stehen noch weitere Veränderungen ins Haus, die sämtliche Nebenhandlungen der Serie zum Abschluss bringen. Pankraz entschließt sich, Franzi einen Heiratsantrag zu unterbreiten, und stellt sich mit der gesamten Dorfbevölkerung vor die Tierpraxis. Natürlich ist Franzi einverstanden, auch Julia höchst erfreut, und während Justus mit der schwangeren Lisa zum Krankenhaus rast – vorbei an der Avanti-Tankstelle und dem Gasthof Traube in Affenhausen –, entschließt auch er sich zu einer festen Bindung im Rahmen des Sakraments!

Bleibt noch die Sache mit Tom und Meggy zu klären. Jan steigt mit Gunila aus Folge 93 ins Bett, die bei der neuen Wirtin der »Moosalm« kellnert, und beschwört Tom, ihn nicht zu verraten, da er ansonsten den »Bergdoktor« buchen könne. Meggy jedoch durchschaut Jans Doppelleben, als sie von Tom in dessen Landrover chauffiert wird und zusehen muss, wie Jan und Gunila wegen zu lauter Sexgeräusche aus der gemieteten Wohnung geworfen werden. Meggy erleidet dadurch schlimmen Liebeskummer, lässt sich von Christl in der Praxis vertreten und trennt sich von Jan. Das ist die Chance für Tom, Meggy seine Zuneigung zu gestehen und sie für sich zu gewinnen, was jedoch erst nach einer Prügelei mit Jan zur effektvollen Umsetzung kommt. Jan verlässt daraufhin Sonnenstein und kehrt nach Hamburg zurück.

Die letzte Sonnensteiner Geschichte endet mit einer Doppelhochzeit in der schönen Wildermieminger Kirche, in der Pfarrer Hauberer seine letzte filmische Amtshandlung vollzieht und das ganze Dorf applaudiert. Vor den Toren stehen außerdem Luis und Maxl für ein Foto mit den beiden Brautpaaren und den neuen Sonnensteiner Kindern bereit.

Kritik: Der finale Film scheint der beste und ernsthafteste aller 90-minütigen »Bergdoktor«-Folgen zu sein. Er ist schließlich auch der krönende Abschluss und an Dramatik kaum zu überbieten! Das Motiv des neuen Lebens (Geburt des »Bergdoktor«-Sohns Nico) ist zwar ein gewaltiges Klischee und hätte entfallen können, führt aber schließlich zum glücklichen Ende dieser Serie. Alle offene Fragen – bis auf die um Paul – wurden beantwortet, alle Handlungen zum Ende geführt.

Figuren-beschreibung

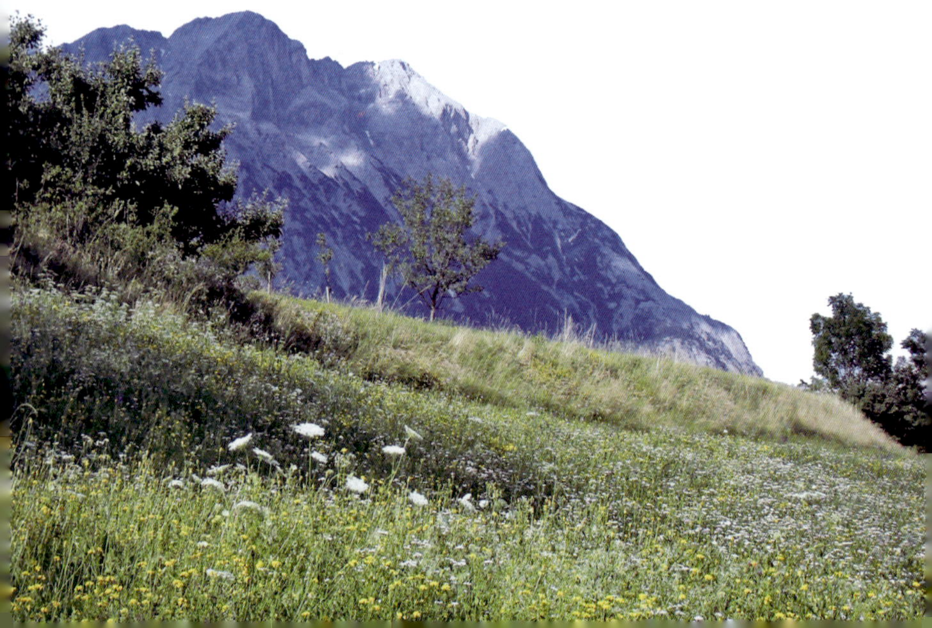

Hauptfigurenpsychogramme

Die Figuren von fiktiven Umgebungen und Handlungen müssen prinzipiell von der Redaktion vorgezeichnet und anschließend von den Autoren profiliert und personifiziert werden. Die Schriftsteller sind also primär für die »Psyche« und das Erscheinungsbild der Personen verantwortlich. Von dieser theoretischen Vorarbeit abgesehen spielen aber natürlich vor allem die Schauspieler selbst eine entscheidende Rolle bei der Darstellung und Verkörperung der konzipierten Figuren. Es lässt sich hierbei auch nicht vermeiden, dass markante Attitüden und Phrasen der Schauspieler selbst mit eingebracht werden. In der Regel stellen sich die Drehbuchverfasser auf die persönlichen Eigenheiten der Darsteller ein, und schließlich entstehen Figuren, die aus Charakteren der Autoren und der Akteure zusammengesetzt sind. Um von diesen Persönlichkeiten einen zumindest oberflächlichen Eindruck zu gewinnen, der jedoch eigene Eindrücke nicht ersetzen soll, sind im Folgenden ausgewählte Psychogramme der Hauptfiguren aufgeführt, die sich an nachweislichen Handlungen und Zitaten sowie an den Interpretationshilfen »Berufliche Tätigkeiten«, »Soziale Verbindungen«, »Hobbys und Interessen«, »Erscheinungsbild« und »Charaktermerkmale« der jeweiligen Figur orientieren. Ferner sollen hierbei bestimmte Ereignisse noch einmal ausführlicher aufgegriffen werden.

Dr. Thomas Burgner ...

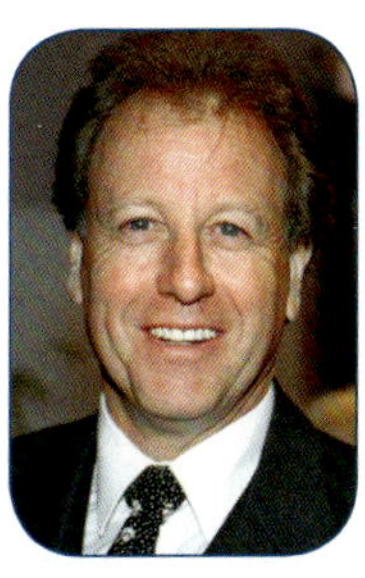

Thomas 1998.

... ist laut Grabstein am 23. Dezember 1946 geboren (Nr. 61, 62); er stirbt im Februar 1996 im Alter von neunundvierzig Jahren in einer Lawine und wird auf dem Friedhof Sonnenstein beigesetzt (Nr. 60). Mit seiner ersten Frau Christl Burgner, geborene Obermayr, hat er einen Sohn, Maxl. 1993 heiratet er die italienische Ärztin Sabina Spreti (Nr. 26) und bekommt 1994 eine Tochter, Julia (Nr. 36).

Erscheinungsbild: Unter Dr. Burgers ab 1993 (Nr. 15) angegrauten Haaren, die den Schnitt der damaligen Zeit repräsentieren und bis 1993 braun gefärbt sind, lachen freundliche Augen und weiße Zähne hervor. Äußerlich gibt er sich vielfach kokett, aber einfach gekleidet. Die noch etwas jugendlich anmutende Phase mit hochgekrempelten Ärmeln (Nr. 6) ist nach 1992 endgültig vorbei. In der Regel trägt er Hemden mit einer hellen Stoffhose und einem Jackett (z. B. Nr. 33, 34, 38, 39, 52), manchmal eine Weste (Nr. 37, 52) oder Jeanshemden (Nr. 32), an Sonn- und Feiertagen wie Ostern

(Nr. 15, 23, 48, 52) einen Anzug bzw. eine Trachtenjacke. Seltener erscheint er in echter Tiroler Tracht (Nr. 23, 30). Im Gesicht sei er stets etwas blass, wie Traudl meint (Nr. 39). Laut Sabina hat er fünf Kilo zu viel Körpergewicht (Nr. 25) und schnarcht (Nr. 17), doch ist ihm eine gewisse Sportlichkeit nicht abzusprechen, wenn man seine Reitkunst (siehe weiter unten), seine Skikunst (Nr. 60), seine Bergrettungsaktionen (z. B. Nr. 3, 6) und seinen Spurt in Folge 4 in Betracht zieht. In Episode 6 äußert sich Sabina wiederum dahingehend, dass Dr. Burgner gutaussehend und vermögend sei. Im Ehebett schläft er übrigens meistens links (Nr. 15, 17, 18, 19, 26, 34, 37, 44), nur selten rechts (Nr. 11, 48, 54).

Charaktermerkmale: Sein Charakter kann in erster Linie als hilfsbereit und vernünftig bezeichnet werden. Rica Althäuser beschreibt ihn als *»solide, nicht so aufregend, aber seriös«* (Nr. 9). Für die Hilfsbereitschaft gegenüber seinen Landsleuten existieren unzählige Beispiele. Er scheut zum Beispiel keineswegs davor zurück, fremde Personen in seinem Haus unterzubringen, um sie so besser pflegen zu können (Nr. 10, 13, 15, 18, 20, 40, 44, 52), oder sogar Patienten im Krankenhaus zu besuchen (Nr. 9, 15, 38, 56). Man kann ein solches Verhalten als Neugier und Einmischung interpretieren (insbesondere wenn er den Brief der Gmeinder-Gattin in Folge 45 liest oder in Folge 12 nach dem Grund der Aufregung beim Jackl fragt). Er sagt selbst von sich, eher ironisch: *»Mich einmischen ist meine Lieblingsbeschäftigung.«* (Nr. 2) Meistens aber wird diese Einmischung in der Weise suggeriert, dass die Landsleute seine Hilfe erbitten bzw. auf seine Hilfsbereitschaft zählen. Er ist bei vielen Leuten anerkannt, und das innerhalb weniger Jahre. Selbst Waltraut Zirngiebl (Nr. 36), Pfarrer Hauberer (Nr. 42), Elfriede Angerer (Nr. 58) und andere fragen ihn um seinen Rat. Im Fall des Busfahrers in Folge 52 erklärt er seine praktizierte Nächstenliebe so: *»Reiner Eigennutz, ich kann einfach nicht allein sein.«* Das klingt durchaus einleuchtend, denn schon in Folge 48 kommt er zu seinem Sohn mit den Worten: *»Ich wollt dich fragen, ob du mir unten a bissel Gesellschaft leistet.«* Das menschliche Miteinander steht bei ihm also an erster Stelle.

Des Weiteren besitzt er eine ausgeprägte Rhetorik, die sehr häufig zum Ausdruck kommt. Zum Beispiel kann er den vom Dekanat bemühten Pfarrer Hillinger von dessen falscher Handlungsweise überzeugen (Nr. 42). Hillinger müsse mit den Leuten über die großen und kleinen Sorgen sprechen können, selbst mal einen Schnaps trinken und wissen, wann man sich diskret zurückzieht. Daraufhin ergänzt Dr. Burgner augenzwinkernd: *»Meine Predigt war rezeptfrei.«*

Seine Redekunst hat oft eine beruhigende Wirkung auf besorgte Personen wie beispielsweise Sabina (Nr. 37, 60). Seine Worte wirken souverän und überzeugend, diplomatisch und sachlich – und auch entspannend, wenn er zum Beispiel sagt: *»Ich glaub, jetzt haben wir ein Problem weniger.«* (Nr. 37) Die meisten Probleme kann er bei einem klärenden Gespräch mit Patienten oder Hilfsbedürftigen aus dem Weg räumen (etwa Nr. 18, 22, 36, 57, 58 etc.). Und zumeist gelingt ihm dies durch seine menschlich-verständnisvolle, gleichsam unbeirrte Art. *»Der Papa wird's schon richten«*, fasst Maxl in Folge 38 treffend zusammen.

Nur als Chef gibt Dr. Burgner der Konsequenz, weniger dem Verständnis den Vorzug: Mit verschränkten Armen und quasi ununterbrochen auf die Uhr schauend erwartet er in Episode 5 Traudls uneingeschränkte Pünktlichkeit. Auch rhetorisch stößt der seriöse Arzt manchmal an seine Grenzen: *»Ich fühl mich so hilflos«*, sagt er in Folge 22 verzweifelt. In Folge 17 möchte er den Eltern von Michi Kofler nicht sagen, dass ihr Sohn an Blutkrebs erkrankt ist, was Sabina als Feigheit deutet. Auch in Folge 38 steigert er sich über Gebühr in das Patientenschicksal hinein und mag der krebserkrankten Claudia nicht die Wahrheit über ihre Diagnose sagen. Traudl attestiert ihm gar »schwache Nerven«, wenn es um die Liebe geht (Nr. 8), denn auch in Folge 11 gelingt es Dr. Burgner erst sehr spät, mit seinem Sohn über Papas neue Liebe zu sprechen. In den Episoden 17, 32 und 56 zeigt er sich zudem ungehalten gegenüber Sabinas sozialem Umgang mit Dr. Engel, Onkel Ettore und Dr. Stein: *»Ich find das überhaupt nicht komisch! Du hättest vorher mit mir reden können.«* (Nr. 17) Soviel Geduld er auch sonst aufbringt – wenn Eifersucht ins Spiel kommt, zeigt er sich mal von einer anderen Seite, schimpft und verhält sich ungerecht. Und das, obwohl er von sich selbst behauptet, nie eifersüchtig zu sein (Nr. 57), und ein recht antiquiertes Rollenverständnis von Mann und Frau an den Tag legt (Nr. 46). Das weiß er aber auch, sodass er trotz recht zielgenauer und beharrlicher Argumente (wie in Nr. 56) in der Regel schon wenig später wieder sehr verständnisvoll und entgegenkommend ist (Nr. 46, 56). Sogar entschuldigen kann er sich: bei Maxl in Folge 37, bei Sabina in Folge 56 sowie bei Patienten (z. B. Nr. 34).

Bei privaten Angriffen wie bei denen von Alois Angerer in Folge 2 lässt er sich aber keinesfalls die »Butter vom Brot« nehmen, bleibt standhaft und selbstbewusst sogar vor allen Leuten im Wirtshaus: *»Ich möcht nie mehr erleben, nie mehr, dass mein Sohn sich anhören muss, ich wär aufgrund von medizinischem Versagen Schuld am Tod seiner Mutter.«* In ernsten Angelegenheiten kann er sogar Herrn Konrad in seine Schranken verweisen (Nr. 19, 21) und als seriöser

Arzt die Privatsphäre der Patienten wahren, wie zu erkennen ist, als er Sonja Stelzers Freund vor der Untersuchung unsanft hinausschickt: »*Deshalb haben Sie hier trotzdem nichts verloren.*« (Nr. 5) Herr Konrad ist es allerdings, der den Doktor in Folge 34 sprachlos werden lässt, als er auf die Frage, welches denn die schönen Dinge im Leben seien, keine Antwort weiß.

Direkt und ernst werden Thomas Burgners Gespräche und Handlungen vor allem in Patientenangelegenheiten. »*Man darf sich nicht willenlos seinem Schicksal ergeben. Man muss kämpfen*«, verkündet er in Folge 11 seine Erfahrung. Sogar über das Hausfriedensgebot setzt er sich in den Episoden 11 und 13 hinweg, allein um Menschen zu helfen. Auch dem Piloten Walter Huber (Nr. 56) erklärt er sachlich und vorsichtig, dass er an einer unheilbaren Nierenkrankheit leide. Erst als dieser die Nachricht nicht akzeptieren will, sagt er direkt: »*Die Alternative wäre: Tod durch Nierenversagen*« – was ihn später natürlich nicht davon abhält, dem Kranken Prospektmaterial zusammenzustellen und freundlich von Selbsthilfegruppen zu berichten.

Im gleichen Kontext ist er ferner verantwortungsbewusst genug, meist geflissentlich heimlich, weil gegen den Willen der Betroffenen (Nr. 38), oder aber respektvoll Order abwartend (Nr. 56), Unheil mit allem Nachdruck zu verhindern bzw. aufopfernd zu lindern. Er versucht, selbst unter Gefahren (Nr. 34) andere Menschen aus der Not zu retten, und bleibt manchmal die ganze Nacht bei einem Patienten sitzen, obschon dieser im Krankenhaus versorgt wird (Nr. 7). Ein wahrhaft tugendvolles wie oft auch verständliches Verhalten, welches ihn als entscheidungsbereiten und tatkräftigen Mann darstellt, wenngleich sein Nachfolger in dieser Beziehung weitaus dynamischer erscheint. Geradezu heldenhaft wirkt es, wenn er in Folge 3 allein einen Abgestürzten aus der Bergwand zieht. Als Lokalarzt ist er aber meistens bei Rettungseinsätzen am Berg dabei, wobei sein steter Begleiter in solchen Fällen Luis Kofler ist (Nr. 5, 34, 49).

Dr. Burgners Hilfsbereitschaft kann manchmal allerdings auch negative Folgen haben. In Folge 4 wird es sogleich missverstanden, als er die Lehrerin Laura Sterneck in seinem Haus übernachten lässt, nur um sie zu schützen. Und als der Arzt in Folge 53 eben diese Lehrerin erneut bei sich unterbringt, indes er selbst in Maxls Zimmer übernachtet, kommen dieser sowie Sabina vom Urlaub nach Hause zurück und öffnen die Tür zur Schlafkammer:

Maxl (überrascht): »Frau Lehrerin!«
Frau Sterneck (ebenfalls überrascht): »Maxl!«
Sabina (ebenfalls überrascht): »Frau Sterneck!«

Frau Sterneck: »Frau Doktor!«
Dr. Burgner (kommt hinzu): »Sabina!«
Sabina: »Thomas!«
Maxl: »Papa!«
Sabina: »Was ist denn das?«
Dr. Burgner und Maxl (unisono): »Die Biolehrerin!« …

Somit trug die Hilfsbereitschaft zu einem Streit zwischen Dr. Burgner und seiner Frau bei. In Folge 60 bringt sie ihm sogar den Tod, weil der junge Pascal, den er mit in den Urlaub nimmt, von dessen Vater – dem Mörder – verfolgt und von Dr. Burgner angelogen wird. Es ist nicht das erste Mal, dass der Arzt schwindelt (etwa Nr. 36), aber das erste Mal keine reine Notlüge.

Welche schwierigen Gespräche mit Dr. Burgner und seinen Familienmitgliedern noch zustande kommen können, noch dazu mit Grammatikfehlern, zeigt der folgende Dialog, der sich im Zusammenhang mit Sabina als fehlender Haushaltskraft ereignet; sie nahm nämlich zuvor die Arbeit in einer Privatklinik an (Nr. 56):

Maxl: »Übrigens geht es mir auf die Nerven, dass ich jeden Mittag muss ich schauen, was wir zu essen haben!«
Dr. Burgner: »Ich kann doch nichts dafür, dass uns die Tante Jana so kurzfristig abgesagt hat.«
Maxl: »Ja, i auch net.«
Dr. Burgner (seufzend): »Muss ich halt doch wieder die Franzi bitten.«
Maxl: »Ja, die hat gesagt, sie kann net.«
Dr. Burgner: »Maxl, es ist doch nur noch für kurze Zeit. Das musst du verstehen, die Sabina kann einfach nicht immer nur Hausfrau sein!«
Maxl: »Ja, i auch net. Und das Ganze noch mit der Schule – eins von den zweien müssen wir streichen.«
Dr. Burgner: »Geh, sei halt einmal a bissel solidarisch!«
Maxl (lachend): »Solidarisch!«
Dr. Burgner: »Ja, die Sabina hat schließlich der Klinik die Vertretung zugesagt gehabt. Ja, da kann man nicht einfach zwei Tage vorher anrufen und sagen, man kommt nicht!«
Maxl: »Ja, Recht hast.«
Dr. Burgner: »Na, siehst du!«
Maxl: »Ja, und der Depp bin i!«

Gelegentlich ist Dr. Burgners Rhetorik auch mit entsprechendem Witz ausgestattet. Das zeigt sich zum Beispiel beim Abwasch in Folge 5, wo er Maxls Frage, ob sein Papa Probleme mit der Ausbeutung von Minderjährigen habe, so beantwortet: *»Überhaupt keine …«* Ebenfalls in Folge 5 versucht er, seinem Sohn mit einer witzigen Parade und der Stimme von Bill Ramsey Müsli schmackhaft zu machen. Und in Folge 23 kontert er auf die Frage Maxls, ob der Geschenkeberg für ihn sei, mit: »*Nein, ich hol gleich noch 'ne Fuhre …*« In Folge 56 kommentiert er schließlich scherzhaft Herrn Konrads Bemerkung, dass die Memoiren erst nach dessen Tod veröffentlicht werden, mit dem Satz: »*So schnell schon …*«

Die Arzttätigkeit lässt Dr. Burgner wenig Freizeit und Raum für gemeinsame Familienaktivitäten (Nr. 59). Dennoch ist ihm seine Familie wichtig, sodass er zumindest – selbst sagend – »*immer*« Zeit für seinen Sohn habe (Nr. 58) – was nur in den Episoden 11, 37 und 45 nicht richtig funktioniert, vor allem deshalb, weil das Baby für kurze Zeit Dr. Burgners volle Konzentration in Anspruch nimmt. Daraus resultiert in Folge 45 Maxls Betrugs mit der gefälschten Unterschrift, weil Maxl vor seinem Vater »*Schiss*« habe, und zwar »*nicht zu wenig*«! Zwar lässt der Arzt eine richtige Schelte missen, doch seine Aussage, nach dem Essen wolle er überlegen, was es »*für uns als Familie heißt, wenn du* [Maxl] *Geheimnisse vor uns hast*«, klingt auch nur bedingt pädagogisch sinnvoll. Denn Zeit bringt der Doktor angesichts zahlreicher Patientenprobleme auch danach nur wenig für seinen Sohn auf.

Teilweise kann Dr. Burgner familieninterne Aktionen mit seinen Hausbesuchen vereinbaren (Nr. 37). Dissonanzen gibt es allerdings, wenn seine Frau nicht den Haushalt führt und sein Sohn einspringen muss. Viele Sequenzen beweisen, dass in solchen Situationen das Alltagsgleichgewicht stark beeinträchtigt ist (Nr. 49, 56). Wenn sich Dr. Burgner dann fragt, warum denn früher alles geklappt habe, als er unter gleichen Voraussetzungen mit Maxl in München allein lebte, dann bemerkt dieser: »*Früher hast ja alles du gemacht.*« (Nr. 49) Tatsächlich zeigt die Folge 3, wie gut Thomas und Maxl zu zweit ihren Haushalt führen können, während Maxl noch in Folge 1 zum Frühstück eine Dose Cola trinken und Chips essen muss. In Folge 5 brennt wegen dringender Patientenangelegenheiten das Mittagessen an, sodass Maxl wiederum nur Müsli essen und obendrein den Abwasch erledigen muss. In selbiger Episode aber achtet der Arzt vor dem Schulbesuch darauf, dass sein Sohn auch ein anständiges Pausenbrot dabei hat, was er unter dem Titel »*Gesundheitspolizei*« kontrolliert. Auch in Folge 41 sorgt der Arzt für eine entsprechende Schutzimpfung bei Maxl.

Insgesamt pflegt der Arzt ein sehr inniges Verhältnis zu seinem Sohn und kommt sogar zu dem Jungen, wenn er nicht schlafen kann (Nr. 9). Er lässt sich von ihm vieles gefallen, wie Kissenschlachten (Nr. 12, 34) und Sprüche wie: »*Wahrscheinlich wirst du alt.*« (Nr. 5) Aber er behält dabei immer die pädagogische Oberhand.

Aus seiner langen Tätigkeit als Chirurg besitzt Dr. Burgner noch immer weitreichende Referenzen und Kontakte zu Professoren und Kliniken in Hall und Innsbruck (Nr. 15, 38, 47 etc.). Seine Tätigkeit macht ihn somit zu einem modernen, kaum konservativen Menschen, der Computer (Nr. 11), Autotelefone (Nr. 3, 11), später Handys (Nr. 56), Diktiergeräte (Nr. 58) und Anrufbeantworter (Nr. 61) besitzt. Er fährt einen dunkelroten Mercedes G-Klasse 300 GL, nachdem er in München einen schwarzen BMW besaß (Nr. 1). Sein Fahrstil, im Normalfall defensiv, kann in außergewöhnlichen Fällen auch rasant (Nr. 4, 21) und unsanft (Nr. 37) sein.

Soziale Verbindungen: Zu Dr. Burgners sozialem Kapital gehören nicht nur die genannten Kontakte, sondern auch einige Verwandte. Seine Mutter starb bereits 1950 (Nr. 46); er hat jedoch noch eine Tante namens Janna Schultheiss, die Schwester seiner Mutter, und deren Sohn, seinen Cousin David. Ebenso pflegt er Kontakte zur Verwandtschaft seiner jetzigen Frau (Nr. 19) sowie zu Irmgard Hiller, der Freundin seiner verstorbenen Frau (Nr. 39). Ein langjähriger Freund von ihm ist Graf Markus von Brauneck (Nr. 1, 6, 44, 50), der mit Dr. Burgner sowie Benno Eisner in den 1970er-Jahren eine Studentenclique in München bildete (Nr. 11). Mit Alois Angerer kann sich Thomas allerdings erst nach der Rettung von dessen Tochter anfreunden (Nr. 2), dann aber sogar mit ihm auf die Jagd gehen (Nr. 29). Nicht zuletzt verbindet den Doktor mit dem Bergretter Luis Kofler eine Art Freundschaftsbeziehung (Nr. 17).

Darüber hinaus ist Dr. Burgner ein »echter Frauenschwarm«, der schon früh *»angefangen«* habe, wie Markus von Brauneck sagt (Nr. 1). Früher war er in Alexandra von Brauneck verliebt (Nr. 1, 44), und nach dem Tod von Christl Burgner hat er mit Rosi relativ bald wieder eine Freundin gefunden (Nr. 1, 3). Nach deren Trennung spricht er allerdings bereits in Folge 6 davon, er fühle sich als *»ewiger Single«*. Zudem war früher Irmi, Christls Freundin, in den Arzt verliebt, was sich in Folge 39 auf deren Tochter »überträgt«. Die weibliche Gunst geht so weit, dass der Pfarrer ihm nahelegt, allein aus beruflichen Gründen bald zu heiraten, was Dr. Burgner aber mit den Worten ablehnt, seine Frau suche er sich schon selbst aus (Nr. 4). Das tut er schließlich bei Sabina, bei der er mit solcher Selbstsicherheit vorgeht, dass er sie trotz ständiger Wortspitzen völlig unvermittelt und mit absoluter Siegessicherheit küsst (Nr. 6). Er sei eben nicht nur ein guter Arzt, sondern auch ein guter Psychologe, wie Alexandra von Brauneck sagt (Nr. 6).

Berufliche Tätigkeiten: Dr. Burgner praktiziert bis 1992 im Klinikum München-Großhadern (Nr. 1). Seine Tätigkeit als Mediziner und Chirurg macht den Großteil seines ökonomischen Kapitals aus. Während anderen bei schwierigen Operationen schlecht wird, ist er längst abgehärtet (Nr. 1). Den Unfalltod seiner Frau Christl im Jahr 1990 (Nr. 1; in Nr. 39 ist von 1987 die Rede) kann er nicht verhindern, ihr lediglich den Tod erleichtern (Nr. 2), wodurch er sich die Abneigung des Schwiegervaters, Dr. Pankraz Obermayr, und des ehemals in Christl verliebten Bürgermeisters Alois Angerer (Nr. 2) zuzieht. Dennoch übernimmt er im April 1992 die Landpraxis des verstorbenen Dr. Hotz im Tiroler Sonnenstein und verzichtet auf die Klinikleitung in Göttingen (Nr. 1).

Hobbys und Interessen: Als Hobby könnte das Lesen genannt werden, welches sich Dr. Burgner vorwiegend abends im Wohnzimmer oder aber mit Fachzeitschriften in der Praxis vornimmt – und zwar jeweils mit Lesebrille, wie in den Episoden 15, 20, 35, 38, 43, 45, 50 und 57. In Folge 42 liegt er beispielsweise bei seiner Tochter Julia auf der Terrasse im Liegestuhl und studiert intimgehende Seiten von Jugendzeitschriften. Auf die Frage vom Bäckersohn Michael, ob er solches häufiger lese, antwortet er: »*Gelegentlich. Man muss ja mitreden können.*« Seine belesene Bildung geht so weit, dass er in Italien aus dem Kopf Shakespeare zitieren kann (Nr. 9).

Ein anderes Interesse ist das Kochen, welches er unter anderem in den Folgen 5, 45, 49 und 60 mit großem Können durchführt, wie auch Franzi bestätigt (Nr. 5). Wie erwähnt, versorgt er vor der Heirat mit Sabina auf diese Weise sich und seinen Sohn. Ferner ist er ein seltener – wie der Pfarrer in Folge 5 anmerkt –, aber dennoch gelegentlicher Kirchgänger (Nr. 15, 16, 23, 26, 34, 41, 42, 45, 48, 52, 58) und pflegt sogar den Fastenbrauch der Region (Nr. 23). Als Kind sei er als Ministrant in einer Münchener Kirche tätig gewesen (Nr. 26). Gelegentlich frönt er dem Reiten (Nr. 25, 26, 43, 44, 52, 57) und sei immer gern geritten, wie Pankraz sagt (Nr. 69). Er hat ein Talent fürs Skifahren (Nr. 39, 60), Singen (Nr. 24, 39, 47) und sogar für das Schachspielen (Nr. 5). Und nicht zuletzt trinkt er manchmal Alkoholisches: einen Klaren (»*a Schnapserl*«) sowie »*a Bier*«, Sekt und Wein, wie in den Episoden 11, 18, 34, 37, 43, 45, 47, 53, 54, 55, 57 und 60.

Generell kann Thomas Burgner als eine kompetente und verantwortungsbewusste sowie lebensfrohe und naturliebende (Nr. 51) Person bezeichnet werden.

Dr. Sabina Spreti …

… ist eine italienische Ärztin und Anästhesistin (Nr. 1), die anfangs im Krankenhaus Hall, später aushilfsweise in der Privatklinik Dr. Stein in Innsbruck (Nr. 46, 56) tätig ist. Von Traudl wird sie stets augenzwinkernd als *»Dottoressa«* bezeichnet. Geboren ist sie am 11. März 1957 (Nr. 61, 62), gestorben durch eine Lawine im Februar 1996 und begraben auf dem Sonnensteiner Friedhof (Nr. 60, 61). Die gebürtige Italienerin besitzt ein kluges, oft gestresstes und stets geschminktes Gesicht. Im Einfluss der Urbanität der italienischen Stadt Verona aufgewachsen (Nr. 9, 49), habe sie von ihrem deutschen Vater die Disziplin geerbt und sei gegen den Willen ihrer Eltern Ärztin geworden (Nr. 6). Ihre Mutter Maria betreibt in Verona ein Modegeschäft (Nr. 9), ihre Schwester heiße Ephigenie (Nr. 26).

1992 lernt sie Dr. Burgner im Krankenhaus Hall kennen (Nr. 1) und begegnet ihm auf Pankraz' Geburtstag ein zweites Mal (Nr. 4), ehe beide in Folge 8 nach vielen Anläufen endlich zusammenkommen, in Folge 11 zusammenziehen und ein Jahr später heiraten (Nr. 26). Sabina behält allerdings ihren Mädchennamen, was ihre Unabhängigkeit unterstreicht (Nr. 46, 61), nennt sich lediglich in den Episoden 39 und 43 *»Frau Burgner«*. Sie hält Liebe für eine rein chemische Reaktion und ist von einer Beziehung zu einem Arzt grundsätzlich nicht überzeugt (Nr. 6), muss sich aber ihren Empfindungen für den »Bergdoktor« beugen, denn sie möge Männer mit Fantasie (Nr. 8). Während sie in Folge 6 noch ihre Gefühlen verleugnet und von Thomas als stur, fies und bezaubernd beschrieben wird, gelingt es ihr es erst mit der Zeit, von ihrer abwertenden Haltung gegenüber dominanten Männern abzurücken. In ihrer wehrhaften Art beweist sie in den Episoden 4, 6 und 8 eine kräftige Schlagfertigkeit gegen das maskuline Geschlecht. Sogar eine Ohrfeige verteilt sie an ihre Sandkastenliebe Lino mit der Rechtfertigung, dass dies eigentlich nicht ihre Art sei (Nr. 9).

Erscheinungsbild: Sabinas Frisur ändert sich von Jahr zu Jahr leicht, ist anfangs hell-brünett mit einem Rechtsscheitel und einem Stich ins Rötliche, wird 1993 kürzer und lockiger und geht ab 1994 eher langhaarig ins Blonde, ehe es 1995 kurz, rötlich und hochtoupiert daherkommt. Die Karrieristin präsentiert sich in Sommerkleidern, adretter Ausgehkleidung und natürlich dem Arztkittel, wenn sie im Krankenhaus arbeitet (u. a. Nr. 1, 6, 13, 15, 36, 46, 56) oder Dr. Burgner zur Hand geht (Nr. 11, 25, 35, 44, 47). Grundsätzlich sei sie eher der schlichte Typ (Nr. 26). In Folge 32 versucht sie, ihren Mann mit einem neuen, gewagten Kleid in der Praxis zu verführen. Sogar ihr blanker Hintern ist in einer Einstellung der Folge 11 zu sehen.

Charaktermerkmale: Die Ordnung im Äußeren spiegelt sich auch in ihrer Kindererziehung wider, bei der sie großen Wert auf Ordnung (Nr. 12) und Vorsicht (Nr. 33, 55) legt. Lange weigert sie sich, Maxl einen Chemiebaukasten zuzugestehen, bis sie selbst durch Unbedachtheit bei einem Chemieexperiment an den Augen verletzt wird (Nr. 33). Auch das Schießen im Schützenverein lehnt sie rigoros ab (Nr. 55). In Folge 60 geht ihre Vorsicht so weit, dass sie den Skiurlaub absagen möchte, damit sie ihre Tochter Julia nicht für eine Woche bei Franzi lassen müsse. Aufbrausendes Temperament und doch Fürsorge und weitreichendes Engagement für das Wohl der Patienten liegen bei Sabina eben nah beieinander.

Diese ehrgeizige, urbane Figur passt nur bedingt in die Welt der heimatverbundenen, harmonischen Familie. Eher verkörpert Dr. Spreti bereits den modernen, selbstverwirklichten Karrieremenschen, der die Familie parallel bewerkstelligen muss, was der Serie ein Plus an Aktualität einräumt.

Ihr Temperament ist geradezu sprichwörtlich. Sie wisse immer genau, was sie sage (Nr. 26), und lässt sich nichts gefallen, nicht einmal vom Chefarzt (Nr. 15). Sie nennt Thomas einen Feigling (Nr. 17), will sich nicht kontrollieren lassen (Nr. 56) und setzt ihren Willen auch gegenüber Patienten durch (*»Dem kratz ich die Augen aus!«*, Nr. 15). Beziehungsstreit gibt es schon am Anfang in Folge 11, und auch bei der Geburt ihrer Tochter zeigt sich Sabina recht gereizt. Dagegen trifft sie ihre Entscheidungen immer mit langer Bedenkzeit (Nr. 9) und braucht klare Tatsachen, um sich keinen Rückweg offen zu lassen (Nr. 11). Die Entscheidung, möglicherweise Ärztin in einer Reha-Klinik zu werden, sieht sie als ihre alleinige an und lehnt Dr. Burgners Einwand, dass man solche Dinge immer noch gemeinsam bespreche, mit den Worten ab, sie habe keine Lust, den ganzen Tag auf ihren Gatten zu warten, da sie sich nur drei Minuten am Tag sähen (Nr. 43).

Soziale Verbindungen: Während Dr. Spreti vielmehr auf die Arbeit denn auf ihre Familie fokussiert ist, gibt sie in Folge 46 zu, die Familie zu brauchen, gleichwohl auf die Arbeit nicht verzichten zu können. Sie pflegt engen Kontakt zur ihrer Verwandtschaft in Verona, so etwa zu ihrer dort wohnenden Mutter, die sie jeden Tag anruft (Nr. 47), zu ihrem Onkel Ettore, der am Gardasee zu Hause ist (Nr. 32), sowie zu ihrer Tante Rica Althäuser (Nr. 4). Ihre häufige Abwesenheit 1995, als sie sich in Italien um ihre kranke Mutter kümmern muss, versucht Sabina damit auszugleichen, sich bei ihrer Anwesenheit verstärkt freizeitlich um die Familie zu kümmern

(Nr. 51). Dr. Burgner sagt in diesem Kontext zu ihrer Fürsorge, wer von solchen Händen gepflegt werde, dem könne es nur gutgehen (Nr. 51). Sabinas Mutter ist eine einnehmende Person, die ihre Tochter am liebsten mit allen Mitteln zurück nach Italien holen möchte (Nr. 9, 47), was sich Sabina nur bedingt gefallen lässt. Böse ist sie ihr deswegen aber nicht (Nr. 9).

Zu ihren sozialen Verbindungen gehören ferner Liebeleien mit mehreren Männern, die sie umgarnen: dem Italiener Lino Nicolini (Nr. 9), dem Klinikchef Dr. Michael Franke aus der Privatklinik Dr. Franke (Nr. 46) sowie dem Klinikchef Dr. Stein aus der Privatklinik Dr. Stein (Nr. 56). In Folge 17 pflegt sie außerdem mit ihrem Kollegen Dr. Engel aus Hall freundschaftliche Kontakte. Obgleich sie mehrfach mit dem Gedanken spielt, ihre Beziehung zu Dr. Burgner zu beenden – etwa, als sie das Heiratsgesuch von Dr. Stein erhält (Nr. 56) –, lehnt sie diese Möglichkeiten jedoch letztlich ab und bleibt bei ihrem Thomas.

Für Sabina und ihre Tochter beschafft Dr. Burgner ein rotes VW Cabriolet, welches er ihr in Folge 37 vorführt. Es ersetzt damit einen roten VW Käfer, der sie mehrfach im Stich gelassen hat (Nr. 5, 18).

Berufliche Tätigkeiten: Hegt Sabina anfänglich noch selbst Pläne, die Praxis in Sonnenstein zu übernehmen (Nr. 1), hilft sie später als Vertretung oder Assistentin in der Praxis mit (ab Nr. 11: 25, 35, 44, 47) und wird mit ihrem Namen schließlich Teil des Ordinationsschildes (Nr. 12). In den ersten beiden Staffeln leistet sie fünf Tage im Monat Nachtdienst im Krankenhaus (Nr. 17). Durch die Geburt ihrer Tochter Julia im Juni 1994 (Nr. 36) muss sie beruflich allerdings eine »Babypause« einlegen, die sie als ehrgeizige Karrierefrau dazu zwingt, mittels Laptop Artikel für Fachmagazine zu schreiben, um ihre Fähigkeiten weiterhin der Medizin zur Verfügung zu stellen. Immerhin habe sie zur damaligen Zeit das beste Staatsexamen errungen (Nr. 46) und habe sich gleichwohl seit ihrer Studienzeit nicht mehr mit solch anspruchsvollen Texten der Heilkunde auseinandergesetzt (Nr. 42). Zudem besucht sie gelegentlich wichtige Ärztekongresse (Nr. 7, 39). Diese Qualifikationen dürften auch ein Grund dafür sein, dass sie sich von Dr. Burgner keine Vorschriften machen lassen möchte, wie sie ihre Patienten zu behandeln habe (Nr. 11), obschon sie auch vor Fehlmedikamentierungen nicht gefeit ist (Nr. 6).

Bevor sie aus ihrer mütterlichen Rolle emanzipiert und gegen den Willen – zu Anfang sogar ohne die Kenntnis – der Familie (Nr. 46) Dienste als Operationsassistentin annimmt, erweist sie sich jedoch als sorgenvolle Mutter, die dem Neugeborenen unkonventionell die Brust abhorcht (Nr. 37) und die Familie dazu beordert, »nestbauartig«, wie Dr. Burgner meint, das Haus, das Auto und viele andere Haushaltsgegenstände zu reinigen (N. 36). Sie erwidert: »*Es ist nicht damit getan, ein Kind in die Welt zu setzen, wenn man eine gute Mutter und gute Ehefrau sein will. Bitte habt etwas Geduld mit mir!*« (Nr. 46) Dass ihre Familie unter dem Berufsstress offenbar nicht zu leiden habe, behauptet sie deutlich ihrem Gatten gegenüber: »*Aber als ich die Woche in Italien war, hatte ich ehrlich gesagt nicht den Eindruck, als ob dich das sonderlich stören würde. Ich will nicht nur eure Haushälterin sein!*« (Nr. 56) Nur »*Kinder, Küche und Kirche*« sei ihr eben zu wenig, wie Dr. Burgner weiß (Nr. 42). Sie werde verrückt, wenn sie nicht arbeite (Nr. 43), und darüber hinaus sei sie noch nie geduldig gewesen (Nr. 46) – nicht einmal beim Plätzchenbacken (Nr. 23).

Hobbys und Interessen: Auf kultureller Ebene ist unter der Doktrin der Arbeit wenig festzustellen; das Kochen gehört jedenfalls nicht dazu. Das einzige Gericht, das sie anfänglich zustande bringt und dann gleich 14 Tage hintereinander serviert, sind Spaghetti (Nr. 12, 20, 22). Damit sind die Männer im Hause Burgner freilich nur zeitweise zufrieden (Nr. 12), obwohl selbst 1994 gleich zweimal in einer Folge wiederum Spaghetti aufgetischt werden (Nr. 38). Da Sabina aber den Ehrgeiz habe, alles zu können, wie Thomas meint, wolle sie bei Franzi einen Schnellkochkurs belegen (Nr. 12). Danach gibt es schließlich auch Braten (Nr. 22), Bratkartoffeln und Frittatensuppe (Nr. 26), Gemüsesuppe (Nr. 33), Lasagne sowie Tomate-Mozzarella (Nr. 40) aus ihrer Hand.

Zu Weihnachten versucht sie verzweifelt, Plätzchen zu backen, um der Familie etwas Gutes zu tun, kommt mit dieser Absicht jedoch nicht sehr weit (Nr. 23). In Folge 46 kocht ihr das ganze Essen über und verteilt sich auf dem Herd. Süßes möge sie grundsätzlich nicht, verzehre dagegen gern Oliven zum Frühstück (Nr. 11).

Als eine Art Hobby können möglicherweise italienische Opern angesehen werden, die sie lautstark in Folge 11 konsumiert. Mit Thomas besucht sie in Folge 24 die Festspiele in Salzburg sowie in Folge 44 ein Mozart-Konzert.

Maxl 1996.

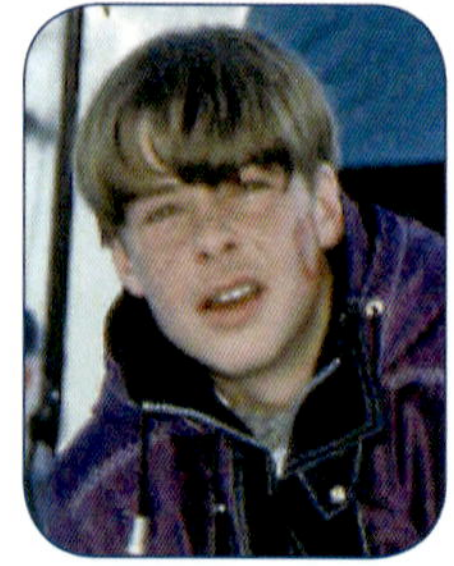

Maximilian Burgner (Maxl, Max) …

… ist der Sohn von Dr. Burgner und dessen Frau Christl (Nr. 1). Das Alter von Maxl ist nicht exakt bestimmbar: Im Juli 1994 spricht er selbst von 14 Jahren (Nr. 37), obgleich in selbiger Saison – im Oktober 1994 – Sabina von 13 Jahren redet (Nr. 46). Des Weiteren wird im März 1996 (Nr. 61) nach einem 16-jährigen Jungen gefahndet, während es in Folge 94 aus dem Jahr 1998 heißt, er sei erst 17 Jahre alt. Bis zur Folge 60 wird er verniedlichend Maxl genannt, anschließend Max und in Folge 94 in der Gesellschaft dreißigjähriger Personen wiederum Maxl.

Erscheinungsbild: Maxl ist von kleiner, aber sportlicher Statur. Sein halblanges, die Stirn bedeckendes Haar ist von brauner, manchmal blond wirkender Farbe. Zwischen 1994 (Nr. 45, 46) und 1995 (Nr. 47) sowie dann wieder 1998 (Nr. 94, 95) trägt er es halblang. Seine Nase wird von zahlreichen Sommersprossen geziert, die er in Folge 49 auch selbst thematisiert. Insgesamt sei er seiner Mutter Christl wie aus dem Gesicht geschnitten (Nr. 1, 5).

Anhand der externen Symbole lässt sich ein Teil seiner Mentalität interpretieren. Dabei fällt auf, dass Maxls äußere Symbolik zwischen Tradition und moderner österreichischer Jugend schwankt und dabei vor allem auf Sportattribute setzt, wie auch seine Bettwäsche in Folge 12 zeigt. Die Tiroler Trachtenjacke und -hose sind noch in den älteren Folgen präsent (Nr. 3, 4, 23, 30), ebenso wie eine Strickjacke (Nr. 1, 2, 12, 14, 15, 26, 33, 35). Danach folgen stets recht lange Hemden und T-Shirts, zeitweise auffällig weite Sweatshirts (Nr. 46, 47, 48, 49), eine Jeans- bzw. eine Seidenweste (Nr. 24, 29, 56, 57, 58), außerdem regelmäßig weiße Turnschuhe (Nr. 5, 9, 11, 12, 17, 20, 35, 36, 37, 42, 48, 49, 51, 53, 57 – dann erst wieder in Nr. 94). Hemden, T-Shirts und Jeans bilden seine Standardbekleidung.

Symbolischen Charakter besitzen ferner einige Dekoartikel in seinem Zimmer: diverse Poster, das Regal mit der Englandflagge zum Beispiel (Nr. 61) oder das Skelett, welches er als Ständer für seine Eishockey-Utensilien verwendet. Nur zweimal wird erwähnt, dass er Lieblingsplätze in den Bergen habe, nämlich den Platz bei einer Burgruine am Hochjoch (Nr. 12) sowie die Bachbrücke im Gaistal (Nr. 78).

Maxl ist katholisch, wurde kommuniziert (Nr. 48), kann auch ministrieren (Nr. 26, 42) und ist des Öfteren in der Kirche zu sehen (Nr. 15, 16, 17, 23, 26, 30, 34, 37, 41, 45, 48, 58), auch zum alleinigen Beten (Nr. 45). Von Krankheiten wird er äußerst selten heimgesucht, leidet lediglich als kleines Kind an Scharlach (Nr. 11), später an einem Schlangenbiss (Nr. 12), einem verletzten Knie (Nr. 42), einer Sommergrippe (Nr. 50), an Halsweh (Nr. 63) sowie an einem gebrochenen Bein (Nr. 79). Seine Ernährung ist mit Schweinsbraten (Nr. 4, 8), Rostbraten (Nr. 48), Fleischpflanzerln (Nr. 59), Currywurst (Nr. 60, 62) und Wurstbroten (Nr. 47) recht durchschnittlich, wenn man von seinen gelegentlichen selbstgekochten Gerichten absieht. Salat sei ihm viel zu gesund (Nr. 59) und Spaghetti könne er auch irgendwann nicht mehr sehen, insbesondere nicht mit Knoblauch (Nr. 12). Dr. Burgner achtet jedoch auf seine Gesundheit, empfiehlt ihm Müsli (Nr. 1, 5), packt ihm sein Pausenbrot ein (Nr. 5), impft ihn (Nr. 41) und bittet ihn eindringlich, nicht mit dem Rauchen anzufangen (Nr. 37).

Charaktermerkmale: Maximilian wächst als Einzelkind zunächst in Sonnenstein sowie später in München auf, ehe er 1992 mit Dr. Burgner nach Tirol zurückkehrt. Er sei an die Großstadt gewöhnt (Nr. 61) und deshalb schon sehr selbstständig, wie Franzi sagt (Nr. 4). Überhaupt sei er schon immer ein sehr vorsichtiges Kind gewesen (Nr. 33). Maxls natürliche Eigenschaften lassen sich mit Klugheit, Ideenreichtum, Witzigkeit und Hilfsbereitschaft beschreiben. Gescheit und selbstständig handelt er zum Beispiel bei der Organisation der Taufe seiner kleinen Schwester Julia in Folge 37, wo er ohne Wissen der Eltern sämtliche Formalitäten in Eigenregie durchführt. In gleicher Weise organisiert er später völlig eigenständig seine Internatsaufnahme in Stams (Nr. 69) und begleitet sogar seinen Freund Marco mit nächtlichen Versorgungsaktionen über die Grenze nach Italien (Nr. 24).

Schon nach dem Tod seiner Mutter gewinnt er an haushaltlicher Selbstständigkeit, bereitet morgens vor der Schule sein Frühstück (Nr. 1) und lernt früh das Kochen, das er in den Episoden 20, 31 und 43 bereits mit großem Geschick ausführt und von Franzi in Folge 38 zusätzlich gelehrt bekommt. Obgleich er sich mit fortschreitendem Alter im Beisein Erwachsener zumeist zurückhaltend verhält (Nr. 47, 48, 55), geht seine Selbstständigkeit deutlich mit einer gewissen Form von Selbstsicherheit einher. Dem Gendarmerieaufgebot in Folge 15 begegnet er mit einem klaren Misstrauen, lässt sich in Folge 24 vom Gendarm Gilch nichts gefallen und verhehlt auch dem Starkoch Alfons Schuhbeck gegenüber in Folge 32 sein Misstrauen nicht. Ihm und dem Schlossverwalter Rufus zeigt er sogar heimlich den Stinkefinger (Nr. 10, 24). In Folge 58 sagt er mit erwachsenem Ernst: *»I lüg prinzipiell net.«* Auch gegenüber Alois Angerer emanzipiert sich der Heranwachsende (Nr. 61, 62), etwa laut schimpfend: *»Hauen Sie ab, aber sofort!«* Selbst innerhalb der Familie kann er in die Offensive gehen, wie bei Sabina in Folge 12: *»Das geht dich gar nichts an. [...] Du hast gar nicht über mich zu bestimmen.«* Die Ausdrucks- und Verhaltensweisen sind natürlich situationsabhängig und verschärfen sich insbesondere nach dem Tod seiner Eltern, vor allem gegenüber Franzi und Pankraz: *»Habt ihr in meinen Sachen rumgestöbert, oder was!«* (Nr. 63), *»Zwingen kannst du mich nicht!«* (zu Pankraz; Nr. 63). In Folge 94 verdeutlicht er Franzi recht aggressiv, für wie altmodisch er sie hält. Auch das Wort »Scheiße« fällt in dieser Zeit, mit Beginn der »Neuen Generation«, des Öfteren (Nr. 61, 64, 69, 94).

Schon in Folge 12 äußert Sabina sich über Maxl: »*Er ist sehr frech, unordentlich, widerborstig und er kann mich nicht leiden.*« Maxl schneidet Grimassen über Menschen, die er nicht mag (Nr. 15, 17), und fälscht Unterschriften, um schlechte Noten zu verbergen (Nr. 45) oder den Segelflugschein machen zu dürfen (Nr. 94). Schlagfertig, gleichsam ironisch, kommentiert er das noch nicht fertiggestellte Mittagessen in Folge 5 mit einem: »*Ist das ein schlechter Service hier*«, wirft seinem Vater für die Übertragung der Abwaschaufgabe die »*Ausbeutung Minderjähriger*« vor (Nr. 5) und rechtfertigt das von ihm falsch gewaschene und dadurch rosa gefärbte Hemd von Thomas mit: »*Das trägt der moderne Arzt jetzt.*«

In ähnlicher Art um Ausreden nicht verlegen ist er beispielsweise in Folge 49 bei der Essensorganisation. Nicht nur lässt er das Essen aus dem Hotel bringen, sondern kommt nach dem Fensterputzen zudem auf die Idee, Franzi fingierte Geschichten zu erzählen – »*Es ist etwas Furchtbares passiert!*« –, sodass Franzi die Burgners gleich zum Essen einlädt. In der gleichen Folge begründet er seine Telefongespräche nach London mit einem ernsten: »*Wir haben morgen Englischschularbeit und da sind wir a bissel fleißig*«, obwohl er sich lediglich mit seiner Brieffreundin über Musik unterhält. Eine glatte Lüge, die sogar noch weitergeht, als er behauptet, die hohe Telefonrechnung liege an Dr. Burgners Gesprächen mit Sabina in Italien.

Natürlich sind dies alles durchaus harmlose und unterhaltsame Begebenheiten, die seinem Beliebtheitsgrad in keiner Weise Abbruch tun. So ungezwungen, wie er Thomas (Nr. 1, 2, 12), Sabina (Nr. 46) und auch Franzi umarmt (Nr. 24, 38), Wangenküsschen verteilt (Nr. 38), sogar bei Opa Pankraz im Bett übernachtet (Nr. 8, 9, 10, 19, 24) und mit Julia herumalbert (Nr. 62, 69), kann ihm keiner ernsthaft böse sein. Kindlich-harmlos erscheint sein detektivischer Spürsinn, den er in Folge 37 beim Fassen der jugendlichen Einbrecher sowie in Folge 41 beim Aufspüren der diebischen Elster beweist. Auch die abenteuerliche Schatzsuche in Folge 10, die Maxl mit professioneller Ausrüstung in Angriff nimmt, geht in diese Richtung. Einzig die Unordnung, die in den Episoden 1, 12 und 58 in seinem Zimmer herrscht und auch von Sabina missbilligt wird (Nr. 12, 58), zeigt eine negative Eigenschaft ...

Zwischen den Kategorien Unverschämtheit, Witzigkeit und Einfallsreichtum lässt sich wohl nicht genau differenzieren. Zum Beispiel soll Maxl auch unter Mitwissen seiner Freunde dem Bürgermeister Angerer einen stinkenden Fisch ins Büro gelegt haben (Nr. 42), was er als »*Greenpeace-Aktion*« bezeichnet. Ebenso wählt er das Jugendarbeitsschutzgesetz als Grund, am Wochenende nicht einkaufen zu müssen (Nr. 34), wenngleich das Einkaufen – im Rahmen der Haushaltsführung – schon in den Folgen 2, 6 (für Frau Althäuser) und 15 zu seinen gelegentlichen Aufgaben zählt. Wiederum schlagfertig reagiert er, als sein Vater unter dem Küchentisch auf Knien nach dem Autoschlüssel sucht, und kommentiert: *»Und? Neue Perspektiven?«* (Nr. 41) Des Weiteren antwortet er auf die Frage, ob er schon einmal geflogen sei, mit: *»Ja, vom Radl.«* (Nr. 56)

Maxl ist überdies – wie bereits bemerkt – sehr hilfsbereit. Dass er die Flucht seines Freundes Marco ernst nimmt, obwohl er sich selbst dadurch in Schwierigkeiten bringt und gegenüber seinen Großeltern lügen muss, ist bedeutend, weil es zeigt, dass ihm der Freundschaftsschwur über alles geht (Nr. 24). In Folge 13 tut er alles, um die traurige Vroni aus seiner Klasse zu trösten, liest ihr sogar abends im Bett Geschichten vor. Auch in Folge 17 ist es ihm wichtig, dem an Blutkrebs erkrankten Michi Kofler zu helfen und Luis in einem emotionalen, tränenreichen Gespräch zu überzeugen, sich um seinen angenommenen Sohn zu kümmern, denn: *»Der Michi ist doch mein Freund.«* In Folge 40 hilft er aufopfernd seinem Schulkameraden Georg am Sonntag beim Mathelernen und verzichtet deswegen sogar auf eine Bergkraxeltour. Auch die Frage: *»Kann ich helfen?«* beim Umzug von Dr. Hallstein (Nr. 64) und das Tragen der Koffer für Vroni von Brauneck (Nr. 65) belegen Maxls Hilfsbereitschaft. Als er Vroni aufgrund ihrer familiären Probleme sogar bei sich übernachten lässt, wählt er kavaliermäßig den Fußboden und überlässt ihr das Bett. Selbst in der Praxis ist Maxl ein guter Assistent (Nr. 47, 55). Und nicht zuletzt: Dass er der kleinen Mareile aus Mitleid 900 Schilling von seinem Ersparten schenkt, obwohl er dafür lügen muss, ist allemal selbstlos.

Als Kind erscheint Maxl pfiffig, ideenreich und lebendig. Doch aus dem frechen, schlagfertigen und lebensfrohen Jungen (1992–1994) wird zunächst ab Folge 45 ein ruhiger und unsicherer, wenn auch neugierig-freudiger (1995), dann aufbrausender und durchsetzungsstarker (1996) sowie verantwortungsbewusster Jugendlicher (1997), sodass der Tod seiner Eltern schließlich zum Erwachsensein führt. Geweint hat er in allen 64 Folgen, an denen er beteiligt war, übrigens nur in den Episoden 2, 10, 12, 17, 33, 60 und 61. Lügen hörte man von ihm in den Nummern 24, 33, 37, 42, 45, 48, 49, 51, 59, 61, 62, 78 und 94.

Soziale Verbindungen: Ein großes Thema bei Maxl sind seine zwischenmenschlichen Beziehungen, welche Freunde, Romanzen, Referenzen und andere soziale Dinge umfassen. Seine Beziehungen zu Familienmitgliedern sind sehr ausdrucksvoll. Zum Beispiel freut er sich sehr über seine Schwester (Nr. 36, 37), der er ins Ohr flüstert: *»Jetzt hast du einen Bruder, der auf dich auf-*

passt.« Zwei Jahre zuvor, in Folge 6, versichert er zwar noch, dass er keine Schwester vermisse, doch jetzt, da er eine hat, liebt er sie sehr, trägt sie auf seinem Rücken (Nr. 69), führt sie an der Hand (Nr. 56), transportiert sie auf dem Fahrrad (Nr. 59) und spielt mit ihr (Nr. 62). Er vermisse seine leibliche Mutter (Nr. 1) und hat anfangs Schwierigkeiten, Sabina zu akzeptieren (Nr. 9, 11, 12): *»Aber Mama sag i net zu ihr.«* Doch das Verhältnis bessert sich schlagartig, als ihn Sabina von einem Schlangenbiss errettet: *»Du bist zwar nicht meine Mama, aber dafür bist du jetzt meine beste Freundin.«* (Nr. 12) Damit ist ihm der neue Familienzusammenhalt sehr wichtig geworden. Als Sabina in Folge 46 aufgrund eines Streits eines Abends nicht nach Hause kommt, beruft sich Dr. Burgner am Mittagstisch seinem Sohn gegenüber auf Lügen, die die Situation relativieren sollen. Maxl aber sagt sofort in aller Bedrücktheit: *»Sie will sich scheiden lassen, stimmt's?«* Als sie dann aber doch nach Hause zurückkehrt, umarmt er sie stürmisch mit den erleichterten Worten: *»Da bist du ja!«*

Man merkt, dass Maxl das Bedürfnis nach einem stabilen familiären Zusammenhalt hat. In Folge 48 sagt er im Anschluss an Sabinas Reise nach Italien: *»Die Sabina ist weg, die Traudl ist auch weg. [...] Sie gehen mir schon ab. Ich hab ja niemanden zum Reden. Der Papa ist kaum da.«* Gerade das Verhältnis zu Traudl ist für ihn wie zu einer *»großen Schwester«* (Nr. 47). Sie kümmert sich um ihn (Nr. 10, 45) und albert mit ihm herum (Nr. 5). Er zieht sie einerseits wegen ihrer Unpünktlichkeit auf: *»Für Kinder ist die Prügelstrafe abgeschafft, für Arzthelferinnen aber nicht ...«* (Nr. 5), und andererseits wegen ihres Alters: *»Gehörst ja auch schon langsam zum alten Eisen.«* (Nr. 47)

Auch zu Pankraz und Franzi pflegt Maxl ein inniges Verhältnis. Er übernachtet nicht nur beim Opa, sondern geht mit diesem auch zum Mineraliensammeln (Nr. 10) und Angeln (Nr. 24). Franzi hilft er in den Episoden 2, 15, 16, 26 und 38 nach der Schule in der Post und schaue quasi jeden Tag nach der Schule bei ihr vorbei (Nr. 26, 49). Wenn es daheim Ärger gibt, isst er lieber bei der Franzi (Nr. 12, 43). In Folge 41 besorgt er der erkrankten Haushälterin einen selbst geschnittenen Blumenstrauß und nennt sie bisweilen auch *»Oma«* (Nr. 49). Maxl hat aber ebenso Freude daran, Pankraz und Franzi zu erschrecken, was er in den Folgen 16 und 38 durch gekonntes Anschleichen prima bewerkstelligt.

Unter Maxls primären Freunden werden genannt: Michael Kofler (Nr. 17), Marco Luca (Nr. 24, 59), Georg Mayerhofer (Nr. 40), Pascal Bichler (Nr. 60), außerdem Rudi (Nr. 60), Michael (Nr. 42), Hubert und Flori (Nr. 33) sowie Luki und Mike (Nr. 37). Darüber hinaus pflegt er mit Vroni von Brauneck eine gute Freundschaft (Nr. 13, 23, 26, 41, 65 etc.), weil sie in seine Klasse geht (Nr. 13, 45). Mit zunehmendem Alter treibt sich Maxl manchmal bis nach dem Mittagessen herum (Nr. 48) und ist, wie Franzi zu Julia sagt: »*Ein vielbeschäftigter junger Mann, dein Bruder, gelt?*« (Nr. 59) Schon in Folge 26, als Maxl vom Englischlernen bei der Vroni heimkommt, schimpft Dr. Burgner: »*Kannst du nicht einmal pünktlich sein?*« Der Zeitvertreib mit Gleichaltrigen außerhalb des elterlichen Einflusses ist ihm also wichtig. So kommen auch weitere Ferienlageraufenthalte vor (Nr. 44, 67), bis Maxl selbst sagt, dass er dort freier sei, seine Sorgen vergesse und nicht wegen jedem »*Scheiß*« ausgeschimpft werde (Nr. 69). Er schreibt Postkarten (Nr. 67), ruft an (Nr. 73) und unternimmt auch die Reise zu Sabina an den Gardasee mit fremden Menschen.

Maxl ist unter den Jugendlichen anerkannt, aber mit allen ebenbürtig, obgleich er beim Fußballspiel in Folge 17 der Anführer ist. Er hat den Gleichaltrigen gewisse Initiationserlebnisse voraus, wie den Tod seiner Mutter. Maxl kennt sogar den Umgang mit verletzten Menschen. Voller Neugier betrachtet er Lena Angerers Suizidverletzungen in Folge 2 und reagiert besonnen auf die überfallene Sylvia Nauner (Nr. 20) sowie auf David Schultheiss' Schockzustände (Nr. 55). Er ist dabei, wenn Vroni die Todesnachricht ihrer Mutter überbracht wird (Nr. 13) und Kälber auf die Welt kommen (Nr. 11, 35). Sogar einen Überfall (Nr. 62) und eine Bruchlandung mit dem Flugzeug (Nr. 94) steht er durch. Trotz allem ist er vor erzieherischen Maßnahmen und Einschränkungen nicht gefeit, sondern ihnen wie jeder andere Jugendliche ausgeliefert. »*Das geht daneben, das weiß ich genau*«, sagt er in Folge 59, weil er wegen der Radltour mit Julia »*Theater*« fürchtet. Vor Dr. Burgner habe er »*Schiss, und vor dem net zu wenig*« (Nr. 45). Viviane Gerster ist enttäuscht von ihm, weil er sie angelogen habe, worauf er erwidert: »*Ja, ich weiß. I auch …*« (Nr. 58)

Maxl durchlebt die typischen Stufen der jugendlichen Sozialentwicklung. Etwas Besonderes aber sind seine frühreifen Beziehungen zu Mädchen, die in zahlreichen (mehr oder weniger ernsten) Sequenzen Erwähnung finden. Es beginnt mit der kleinen Elisabeth in Folge 1, die Dr. Burgner zu dem Kommentar veranlasst, dass sein Sohn früh anfange. In Folge 8 kommt Sabina zu der gleichen Erkenntnis, als sie sagt, dass Maxl früh beginne, den Mädchen hinterherzulaufen. In Folge 4 gesteht Maxl gegenüber seiner Biologielehrerin, nur etwas von »*Weibchen und Vögeln*« zu verstehen – dessen Zweideutigkeit ihm aber nicht ganz klar zu sein scheint. An seinem Vater bemerkt er sofort, dass dieser verliebt ist und »*die Spreti*« nicht im Gästezimmer, sondern im Bett des Doktors genächtigt hat (Nr. 9). Das ist mit ein Grund, warum er ungeniert im Buch »Mein Mann ist nicht zum Schlafen da« (Nr. 11) liest und sich auf einen Fernsehabend mit den Filmen »Mädchen, jung und lüstern« sowie »Heiße Schenkel Teil 2« (Nr. 8) freut. Er benutzt ferner den Begriff »anbaggern« sowohl in Folge 8 als auch in Folge 49.

Maxl ist bei den Mädchen beliebt, wenn auch am Ende zumeist wenig erfolgreich. Nachdem er sich getraut hat, auf Vronis Geburtstag trotz ausgebliebener Einladung zu erscheinen und dort mit ihren Freundinnen zu tanzen, sind es mindestens drei Mädchen aus seiner Klasse, die ihn zu Hause besuchen wollen (Nr. 15). Sabina meint dazu, er habe allen den Kopf verdreht und diese Eigenschaft von seinem Vater geerbt. Seine Liebe zu Vroni aber bleibt über alle Episoden hinweg nur eine einfache, lockere Freundschaft, da er in ihren Augen *»immer so kindisch«* sei (Nr. 15).

In folgenden Episoden ist Maxl in Mädchenplots involviert:

1. Elisabeth: Nr. 1, 4, 8 sowie eine kurze Erwähnung in Nr. 42,
2. Annemarie: Nr. 12 (dieser Name wird nur kurz erwähnt),
3. Vroni von Brauneck: Nr. 13, 15, 23, 65,
4. Selma Angerer: Nr. 30,
5. Kathi: Nr. 42,
6. Harriet: Nr. 49,
7. Silvia: Nr. 51,
8. Marie Gerster: Nr. 58,
9. Aurelia: Nr. 64,
10. Lara Fleckhaus: Nr. 78, 79.

Zum Schluss der sozialen Verbindungen sei noch die herzliche Beziehung zum Hund Poldi erwähnt, der in vielen Folgen eine Nebenrolle spielt und dabei gern von Maxl betreut wird (Nr. 5, 9, 14, 15, 41, 57). In Folge 41 beweist Maxl sogar, dass er bei Bedarf streng mit ihm umzugehen weiß.

Berufliche Tätigkeiten: Unter der beruflichen Tätigkeit kann man hier in erster Linie die Schule verstehen. In München noch sackt Maxl aufgrund der großstädtischen Verhältnisse in der Schule ab (Nr. 1), während es ihm peinlich ist, in Sonnenstein so viel mehr als seine Mitschüler zu wissen (Nr. 3). Er besucht zunächst die Volksschule (Nr. 8) und habe das beste Zeugnis der Nichtstreber (Nr. 18), lauter Zweier und eine Eins in »Verhalten« (Nr. 24). Später geht er auf das »Öffentliche Gymnasium der Franziskaner« in Hall (Nr. 37), welches bis zur Matura ausbildet (Nr. 63). Ab Folge 69 besucht er das Internatsgymnasium Stams (Nr. 86). Sein Verhältnis zur Schule verdeutlicht sich in diesem Satz: *»Die Busfahrt ist ein gesellschaftliches Ereignis und ist wichtiger wie Schule«* (Nr.

37), weshalb er sich auch in Folge 57 nicht gern vom Vater abholen lässt. Überhaupt entspricht es erneut seiner Selbstständigkeit, dass er bevorzugt ohne Eltern die Schule aufsucht und auch bei der Reise ins Schullandheim die gut gemeinten Ratschläge, sich regelmäßig zu duschen, zu kämmen und die Wäsche zu wechseln, genervt abwehrt (Nr. 22). Kindlich wirkt es nur noch, wenn es in Folge 17 heißt, er kipple in der Schule immer mit dem Stuhl.

Dass Maxl zur Mathematik keine besondere Beziehung hat, zeigen diverse Gespräche in den Episoden 37, 40 und 47, in denen er einerseits aufgrund der Neugeburt Julias zu wenig Lernfreiheit hat (Nr. 37), andererseits über das Lernen verärgert ist (Nr. 40) und teils dialogisch davon ablenkt (Nr. 47). Schon in Folge 17 hadert er sehr mit der Bruchrechnung und ist in Folge 41 intensiv mit Geometrie beschäftigt.

Dank Franzis Nachhilfestunden (Nr. 38) habe Maxl im Kochen einen *»Einser«*. Sein Lieblingsfach sei Chemie (Nr. 33). In Deutsch sei er immer gut gewesen (Nr. 63), auch wenn er in Folge 12 noch über die Schreibweise des Wortes »Lokomotive« diskutiert. Eine Fünf in Biologie darf infolge mangelnder Lernbereitschaft wohl als Ausnahme betrachtet werden (Nr. 4). Des Weiteren ist Englisch ein großes Thema. Nicht nur, dass er seine Schwester auf den Namen Wynona taufen möchte und fragt: *»How are you?«* (Nr. 37) Er lernt morgens vor der Schule Vokabeln (Nr. 26), auch einmal mit Dr. Burgner zusammen (Nr. 21), schreibt in den Englischarbeiten zunächst *»zwei Fünfer«* (Nr. 45), freut sich dann in Folge 46 sehr über eine Drei und schließlich sogar über einen *»Zweier«* (Nr. 49). Dennoch müsse er weiterhin ernsthaft Englisch lernen, was aus den Episoden 49 und 57 hervorgeht.

Die Drei aus Folge 46 wird von seinen Eltern übrigens nicht wahrgenommen. Resigniert stellt Maxl fest: *»Mein Dreier in Englisch interessiert sowieso kein Schwein.«* Und Dr. Burgners Frage, ob er sich vernachlässigt fühle, beantwortet er mit: *»Was glaubst denn du sonst, für was man gute Noten schreibt, wenn es überhaupt keinen kümmert!«*

Mit dem Tod seiner Eltern, ab Folge 63, verändert sich sein schulisches Verhalten schlagartig. Er sitze in der Bank und habe nichts im Kopf, könne sich nicht mehr konzentrieren, schaffe die Versetzung nicht und werde von den Mitschülern behandelt wie ein Kranker. Ein deutlicher Leistungsabfall, der sich erst auf dem Internat Stams (Nr. 69) bessert, wo er wieder einen *»Einser«* bekommt (Nr. 73).

Zur weiteren Berufswahl sind fünf Sequenzen zu nennen: In Folge 24 erwähnt er den Beruf des Bergführers als Option für seine

Zukunft. In Folge 37 sagt er mit einer gewissen Portion Selbstironie, er komme im Alter von 30 Jahren von Forschungsreisen zurück. In Folge 63 fasst er ins Auge, eine Lehre in Innsbruck zu beginnen. In Folge 64 wiederum heißt es, er werde eventuell Automechaniker. Grundlegend sei jedoch weiterhin der Wunsch, Tierarzt zu werden (Nr. 64).

Hobbys und Interessen: Bei Maxls Vorlieben, Hobbys und Interessen können hierbei seine bevorzugten körperlichen Aktivitäten deutlich vorangestellt werden:

- Eishockeyspielen (in seinem Zimmer steht eine Eishockey-Ausrüstung; Nr. 58),
- Snowboardfahren (Nr. 60; außerdem ist ein Snowboard sein Weihnachtsgeschenk in Nr. 23),
- Skateboardfahren (von seinem Freund Michael sowie von Dr. Hallstein bekommt er ein solches geschenkt und beweist schon 1992, dass er damit umgehen kann; Nr. 2, 42, 64, 65, 86),
- Bergsteigen (er besitzt Seile und Kletterausrüstung und führt beides mehrfach gekonnt vor; Nr. 12, 40, 44),
- Baumklettern (Nr. 1, 37, 41),
- Reiten (er erlernt es beim Grafen in Nr. 13; sein späteres Pferd heißt Tornado und ist bei den Bucheggers zu Hause; Nr. 57),
- Rafting (die Wellen des reißenden Stroms bezeichnet er verniedlichend als »*Fußbad*«; Nr. 51),
- Schwimmen (zumeist im Hallenbad; es findet Erwähnung in Nr. 24, 41, 42, 51, 60),
- Joggen (Nr. 51, 94),
- Schießen (mit einem geliehenen Gewehr im hiesigen Schützenverein – er will Schützenkönig werden; Nr. 55),
- Segelfliegen (er möchte den Segelflugschein erwerben und hat Flugstunden genommen; Nr. 94),
- Fußballspielen (als Anführer in Nr. 17; für sich in Nr. 42),
- Gesellschaftsspiele (Schach: Nr. 5, 64; Mensch-Ärgere-Dich-Nicht: Nr. 8, 13, 60; Uno: Nr. 55; Domino: Nr. 57; ein unbekanntes Kartenspiel in Nr. 24),
- Billardspielen (in einem städtischen Jugendclub; Nr. 58)
- und Muskeltraining mit einem Expander (Nr. 58).

Außerdem erwähnt er in Folge 5 das Konsumieren der »Sportschau« sowie in Folge 46, dass er am morgigen Tag in der Schule Turnfest habe.

Dass Maxl zudem besonders gern mit seinem BMX-Radl, welches er als »*saustark*« bezeichnet (Nr. 59), unterwegs ist, beweisen aufwendige Bremsaktionen vor der Post in den Folgen 15 und 34 sowie seine Kenntnisse in der Fahrradpflege in den Folgen 25,

42, 57 und 62. Sein handwerkliches Geschick zeigt sich in einem selbstgebauten Drachen (Nr. 30), einer selbstgebauten Wiege (Nr. 36), seinem Interesse für Chemiebaukästen (Nr. 33) sowie seiner Hilfe bei der Restaurierung des Segelflugplatzes in Folge 94.

Ferner ist das Kochen eine unverkennbare Leidenschaft Maxls, wie es in den Episoden 3 (Buttermilchsuppe), 20 (Kaiserschmarrn), 31 (Würschtlsuppe), 43 (Marillenknödel) und 49 (Fish and Chips) gezeigt oder erwähnt wird. In Folge 56 ist es allerdings nur Tiefkühlpizza, und in Folge 5 brennen ihm sogar die Spiegeleier an, worauf er auf Müsli – sein reguläres Frühstück (Nr. 1) – umsteigen muss. Daneben ist er oftmals für den Haushalt verantwortlich, wäscht ab (Nr. 5, 6), saugt das Auto aus (Nr. 36), macht die Wäsche (Nr. 48, 49), putzt Fenster (Nr. 49) und mäht den Rasen (Nr. 58).

Maxl hat aber durchaus noch mehr Hobbys: Er interessiert sich beispielsweise für Computerspiele (Nr. 59), wird sogar zu einem Computerkurs nach Dallas/USA eingeladen (Nr. 57) und kann Franzi sowie Christl den Umgang damit erklären (Nr. 11, 48). Hat er bereits in Folge 13 einen eigenen Fernseher auf dem Zimmer, wird dieser später durch einen Computer ersetzt (Nr. 48, 59). Auch einen Gameboy nennt er sein Eigen (Nr. 17, 44). Maxl liest Comics wie »Micky Maus«, »Don Martin« und »Asterix« (Nr. 12, 20, 58), auch die »Bravo« (Nr. 42), und hat in seinem Zimmer das Buch »Das Gesicht der deutschen Industrie« stehen. Mit seiner als Kind benutzten Carrera-Bahn (Nr. 12), der als kindisch empfundenen Modellbahn (Nr. 23) und seinen späteren Überlegungen zu Motorrädern (Nr. 69) vertritt er zudem stereotypische Jungeninteressen, die auch die Poster an seinen Zimmerwänden verdeutlichen. Dort hängen: »Super Bikes« und »Schäferhunde« (Nr. 10, 12, 13, 26, 37, 45), später auch weibliche Stars (Nr. 65, 69) sowie die Musikbands »Iron«, »Die Ärzte« (Nr. 58) und Hubert von Goisern (Nr. 58, 61). Seine liebsten Musikgruppen, die genannt werden, sind jedoch »Nirvana« (in Nr. 42 erklingt »Smells like Teen Spirit«), »Ace of Base« (Nr. 42), unbekannte Bands aus Skandinavien wie »Millencollin« und »Satanic Surfers« (Nr. 58) sowie »Meat Loaf« (Nr. 58). In Folge 55 trägt Maxl ein T-Shirt mit dem Namen der Punkrock-Band »Pennywise«. In Folge 49 erklingt aber auch tatsächlich »Hiatamadl« von Hubert von Goisern, während sich Maxl in Folge 55 bei David Schultheiss nach Rockkonzerten in Berlin erkundigt. Maxl besitzt eine fernbediente, oft lautstark aufgedrehte Stereoanlage (Nr. 58, 62), einen CD-Player mit Kopfhörern (Nr. 42) sowie ein Keyboard (Nr. 9, 10, 12 u. v. m.). In Folge 15 besorgt er sich Platten von Michael Jackson und Roxette und erkundigt sich, ob Franzi zu »Genesis« tanzen könne.

Dr. Pankraz Obermayr ...

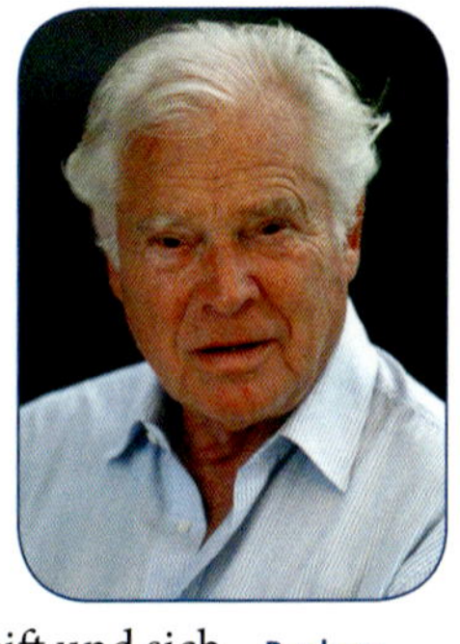

Pankraz 1997.

... besitzt seit 40 Jahren eine Tierarztpraxis in Sonnenstein (Nr. 34) und ist seit über 30 Jahren in Sonnenstein zu Hause (Nr. 4). Pankraz, der ergraute, aber vitale Rentner, gehört ganz offensichtlich zu den örtlichen Honoratioren und ist aus diesem Grund, wenn auch weitaus vernünftiger, gleicher Gesinnung mit den Dorfvätern Alois Angerer, Xaver Zirngiebl und anderen. Vorteilhaft ist es daher, wenn der Arzt vermittelnd in die Sphären der Dorfangelegenheiten eingreift und sich für andere einsetzt (Nr. 5, 24, 72, 79, 83), bevorzugt mit einem Bier am Stammtisch beim Angerer (Nr. 49, 58, 59, 79). Dann schimpft er mächtig und sagt frei heraus, was er denkt (Nr. 5, 24). Über viele Jahre ist der Veterinär deshalb auch als Mediziner für Menschen gefragt (Nr. 1, 5), stößt lediglich manchmal, vor allem bei Franzis und seinem Hexenschuss (Nr. 3, 49), an ärztliche Grenzen. Die Behandlung von Zweibeinern ist schließlich auch vorüber, als wieder ein Arzt ins Doktorhaus zieht – von Herrn Konrad in Folge 38 einmal abgesehen, mit dem sich Pankraz ohnehin manchmal den einen oder anderen medizinischen Spaß erlaubt (Nr. 24, 61 und 68).

Der alteingesessene und überall bekannte Doktor (Nr. 47) lässt es sich nicht nehmen, auch in heutiger Zeit stilistisch-konservativ eine Ponykutsche als einziges Verkehrsmittel zu gebrauchen. Wenn ihn darin jemand für einen Gepäckkutscher hält, lässt er sich das teuer bezahlen (Nr. 72). Autos bezeichnet er als *»stinkende Blechkisten«* (Nr. 19, 78, 79) und würde niemals ein Schiff besteigen (Nr. 38). Trecker kann er hingegen führen (Nr. 74). Auf einen Fernseher verzichtet er lange Jahre (Nr. 8), wenngleich er in Folge 24 schließlich doch die Liveübertragung der Wagner-Festspiele verfolgt. Zu alt fühlt er sich aber längst nicht und hadert gleich zweimal mit seinem fortgeschrittenen Alter (Nr. 24, 93). Auch Herzprobleme machen ihm anfangs zuweilen zu schaffen (Nr. 8, 14).

Das Doktorhaus gehört übrigens ursprünglich Pankraz, ehe er es infolge einer List des Grafen an Thomas Burgner verkauft (Nr. 1). Sein ursprüngliches Vorhaben, das Haus seiner einzigen Tochter Christl Burgner zu schenken, kann er nach ihrem Tod nicht mehr realisieren, wofür er seinen Schwiegersohn Thomas anfänglich hasst (Nr. 1). Das Geld aus dem Verkauf rettet seinen Vermögensstand, da Dr. Obermayr angesichts seines drohenden Todes alles Geld der Kirche vermacht hat (Nr. 1).

Pankraz Obermayr wohnt auf einem von Pferden, Hunden und anderen Tieren geprägten Hof, den man als bäuerlich beschreiben kann. Er ist inständig interessiert an allem, was mit Tieren zusammenhängt (Nr. 4), Bücher im Speziellen ebenso (Nr. 60, 63, 66).

Zu seinen sozialen Verbindungen gehört neben seiner Tochter Christl und seinem Enkel Maximilian vor allem die Beziehung zu seiner Haushälterin Franziska, die seit 35 Jahren bei ihm arbeitet (Nr. 15) und nunmehr seine Geliebte ist, wie ein Kuss in Folge 25 sowie der Begriff »*Konkubinat*« in Folge 42 belegen. Pankraz kann sich allerdings erst nach langer Zeit und in Anschluss an eine gemeinsame Liebesnacht mit Franzi (Nr. 93) dazu entscheiden, sie zu heiraten, was ihn sichtlich verlegen macht (Nr. 95). 20 Jahre habe er sich die Liebe zu ihr nicht eingestanden (Nr. 79), sagt aber bereits in Folge 4, dass Franzi »*zum Abbutzeln*« sei, wenn sie sich aufrege, und gesteht ihr in den Folgen 33 und 49, dass er sie brauche. In den Episoden 39 und 49 ist er sogar eifersüchtig auf ihre Männerbekanntschaften. Beide schlafen in all den Jahren in getrennten Zimmern und teilen sich erst ab der Folge 94 ein Doppelbett. Pankraz' erste Frau starb vor vielen Jahren, worüber aber nichts Genaues bekannt ist. Pankraz ist schon früh der Meinung, dass Franzi zu viel arbeitet, und möchte sie entlasten (Nr. 21).

Dr. Obermayr hängt sehr an seinem Enkel Maximilian, weil dieser seiner Tochter Christl wie aus dem Gesicht geschnitten sei (Nr. 1, 5). So nimmt er ihn mit zum Mineraliensammeln ins Gebirge (Nr. 1, 10), lässt ihn bei sich übernachten (Nr. 8, 9, 10, 24), lässt mit ihm Drachen steigen (Nr. 14) und führt mit ihm Gespräche über »*Geschichten vom Leben*« (Nr. 57). In Folge 13 wird erwähnt, dass er alles für seinen Enkel tue. Aber auch Fremden gegenüber ist der Tierarzt aufgeschlossen, zeigt ihnen auf Wunsch gern die Gegend (Nr. 3, 31, 57) und habe sogar Studienfreunde in Argentinien (Nr. 43) und Venedig (Nr. 44). Dem Neuling Dr. Hallstein überreicht er einen Apfelbaum als Geschenk zum Einzug (Nr. 64). Er sagt: »*Wer was braucht, stört mich nicht.*« (Nr. 68) Er ist eben nicht nur ein »grantiger Sturkopf« (Nr. 23, 24, 33, 34, 49, 60), sondern gegenüber Franzi auch der Ruhepol und manchmal der Vernünftigere (Nr. 47, 64), insbesondere nach dem Tod seines Schwiegersohnes der Fürsorglichere.

Nur wenn es um Frauen geht, lässt Dr. Obermayrs Vernunft stets nach, da er ein regelrechter Schürzenjäger ist. Früher sei er in Hulda Mooslechner verliebt gewesen, musste sie jedoch an seinen besten Freund Vinzenz »abgeben« (Nr. 10). Einem anderen früheren Freund namens Thomas habe er die Freundin direkt ausgespannt (Nr. 57). Auch für seinen Enkel wünscht er sich eine »*Freundin aus Fleisch und Blut*« (Nr. 49). 1972 habe er beinahe Helma Zischka geheiratet, sei aber kurz vor der Hochzeit geflohen (Nr. 20). Er interessiert sich ferner flirtend für Rosi (Nr. 3), Laura Sterneck (Nr. 4), Eva

Mühlfelder (Nr. 19), Irmgard Hiller (Nr. 39), Mercedes (Nr. 43) und die junge Wynona Harrison (Nr. 49). Die freundschaftliche Beziehung zu seiner Klavierlehrerin Rica Althäuser befriedigt zudem seinen kulturellen Bedarf (Nr. 6), wenngleich die 50 Etüden, die er von Rica zu seinem sommerlichen Geburtstag geschenkt bekommt (Nr. 4), nicht gerade seiner Freude zuträglich sind. Dennoch verfügt der Tierarzt sogar selbst über ein Pianino (Nr. 15) und kann seit seiner Kindheit Holzfiguren schnitzen (Nr. 23, 60).

Dr. Obermayr ist *»nicht blöd«* (Nr. 5), auch wenn er beim Schach (Nr. 5, 64) und Monopoly (Nr. 94) nur selten gewinnt und lediglich wenige Kochfertigkeiten besitzt (Nr. 13, 18, 49). Aber er ist so stark, dass er sogar Türen eintreten kann (Nr. 13). Wenn er nicht gerade dem Jugendwahn verfällt (Nr. 93), trägt er in der Regel seriöse und antiquierte Bekleidung wie Strickjacken und Cordhosen, feiertags ein Jackett mit Tiroler Trachtenhose (Nr. 14, 15, 48, 69). Vor allem ist er durchgehend ein Träger des berühmten Tiroler Hutes (Nr. 4, 14, 62, 69, 93, 95) sowie eines Strohhutes (Nr. 41, 43). Nur einmal, in Folge 5, ist er außerdem als Pfeifenraucher dargestellt, was damals noch dem Zeitgeist entspricht und ihn nachdenklich erscheinen lässt. Sein Vorname hat übrigens einen interessanten Nachruf: Während eine Berlinerin meint: *»Pankraz ... komischer Name«* (Nr. 62), deklamiert Franzi gleich zweimal ihre Ansicht, zwei Subjekte mit diesem Namen seien einfach zu viel (Nr. 37/61).

Franziska Sophie Pirchner (Franzi) ...

... ist die Haushälterin und Lebensgefährtin des Tierarztes Dr. Pankraz Obermayr (Nr. 1), Leiterin der lokalen Poststelle und gute Freundin der Familie Burgner.

Erscheinungsbild: Häufig ist Franzi mit einer altmodischen Haushaltsrobe mit Puffärmeln und einem zugeknöpften Kragen bekleidet. Ihre Frisur lässt auf Traditionsbewusstsein schließen, besteht nämlich aus einem zum Haarkranz um den Kopf gewickelten Zopf, einem sogenannten »Milchmädchenzopf« (Nr. 13, 49, 63, 78). Manchmal trägt sie zum Ausgehen einen Hut (Nr. 1, 43, 46) und benötigt beim Lesen von Anfang an eine Brille (Nr. 2, 15, 30, 41, 48, 58, 60, 61, 63).

Charaktermerkmale: Charakterlich ist Franzi gleichwohl neugierig und hilfsbereit wie souverän-autoritär. Gerne mischt sie sich in die Angelegenheiten anderer, verpfeift, verkuppelt und vermittelt (Nr. 1, 4, 13, 16, 19, 31, 40, 41, 51, 54, 55, 81, 83, 91, 94). Ihre erstgenannte Eigenschaft reicht so weit, dass sie sich in verfahrenen Situationen fragt: *»Ich weiß gar nicht, warum ich mir das alles*

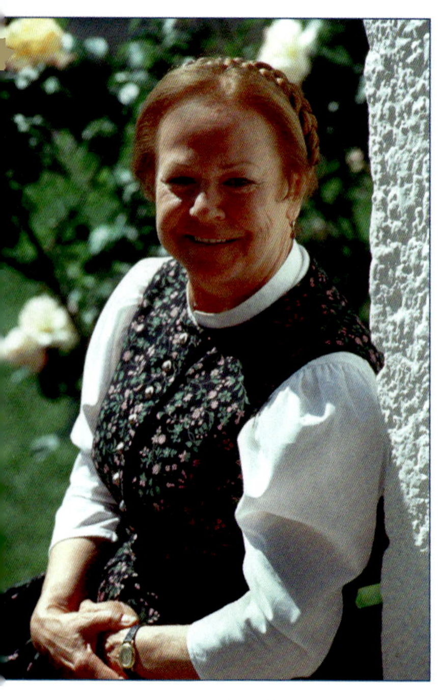
Franzi 1996.

überhaupt antue!« (Nr. 51) Sie hilft oft anderen und wähnt sich dabei ganz schlau, während sie selbst keine Hilfe annehmen kann und sich auch mal überschätzt (Nr. 41). Strafen oder Gegenstimmen folgen zumeist trotzdem nicht, da es sich im Grunde um gutgemeinte Ideen handelt, die den Leuten von Nutzen sein sollen. Gerade das Verkuppeln ist eine Lieblingsbeschäftigung von ihr (Nr. 8, 31), weil sie auch selbst sagt, dass dadurch so mancher sein Glück gefunden habe (Nr. 58). Bei Thomas und Traudl liegt sie allerdings daneben und hätte beide beinahe mit den falschen Partnern zusammengebracht (Nr. 4, 31), behauptet auch, dass Sabina *»sowieso nicht zu unserem Bergdoktor gepasst«* hätte (Nr. 11). In Folge 8 hält sie ihm aber sogar das Haus »sturmfrei«, damit der Doktor sich gezielt seiner neuen Liebe hingeben kann.

Dr. Burgner meint anerkennend, insbesondere in Hinblick auf ihr karitatives Engagement: *»Franzi, du bist unbezahlbar«* (Nr. 52), dem diese selbstbewusst zustimmt. Sie selbst sieht sich als *»blitzgescheite Person«* (Nr. 8) und beweist auch bei zwei Bürgermeisterwahlen, dass sie viel Geschick zur Manipulation besitzt (Nr. 16, 22, 54). Auch den Grafen kann sie trickreich davon überzeugen, die kleine Vroni zu adoptieren (Nr. 13), Rica ihr Klavier zurückbringen (Nr. 15), Pankraz von seiner Liebe zu Helma kurieren (Nr. 20) und den Alkoholiker Mayerhofer überlisten (Nr. 40). Sie besitzt eine unbändige Energie, hilft sogar in der Praxis aus (Nr. 11) und war auch ihr *»Lebtag nicht krank«* (Nr. 13) – von einem Hexenschuss (Nr. 18), Magenschmerzen (Nr. 20), einer Blutvergiftung (Nr. 41), Migräne (Nr. 43), einem Nervenzusammenbruch (Nr. 61) und einem Geschwulst (Nr. 73) einmal abgesehen. Das Postgeheimnis nimmt sie in der Regel nicht so genau, wie die Episoden 6, 15, 31, 38 und 55 belegen: *»Ich bin doch die Post, also ist es mein Geheimnis.«* (Nr. 15)

Souveränität bzw. Autorität sind oftmals ihrem Tonfall zu entnehmen, wenn sie in bestimmter, womöglich verärgerter Weise mit ihrem Pankraz (Nr. 1, 3, 4, 6, 15, 32, 33, 34, 39, 49, 58, 93), dem Bürgermeister (Nr. 2, 12, 54) oder anderen Sonnensteinern spricht, denen sie ins Gewissen redet (Nr. 5, 12, 40, 52). Beim Überfall der

Poststelle erweist sie sich außerdem als sehr wehrhafte, resolute Person (Nr. 21). Zu Maxl, der sie entgegen ihrer Gesinnung selten als »*Oma*« bezeichnet (Nr. 49), spricht sie oft erzieherische und wohl auch besorgte Worte: »*Sie* [Sabina] *ist bestimmt sehr nett, weil sonst tät sie dein Papa ja nicht liebhaben. Deine Mama brauchst du deswegen ganz bestimmt nicht vergessen, Maxl.*« (Nr. 11), »*Aber komm fei net wieder zu spät zum Essen, Maxl, gelt!*« (Nr. 48), »*Jetzt siehst du mal, wie viel Arbeit an so einem Haushalt hängt, gelt!*« (Nr. 48), »*Du warst heut lang genug unterwegs.*« (Nr. 57), »*Komm nicht zu spät nach Hause!*« (Nr. 64), »*Maxl! Du kannst doch nicht einfach die Sachen von dem Herrn Doktor auspacken!*« (Nr. 64)

Soziale Verbindungen: Neben den alteingesessenen Damen im Dorf wie Anna Pölz, Waltraut Zirngiebl, Elfi Angerer, die Frau vom Zimmerer (Nr. 5) und immerhin eine Großtante in Kirchberg (Nr. 33) bildet Pankraz die wichtigste soziale Verbindung in ihrem Leben. In Folge 25 macht der Kuss zwischen beiden deutlich, dass es sich bei der Haushaltstätigkeit längst nicht mehr um ein Beschäftigungsverhältnis handelt. Konkret erwähnt Franzi die Liebe zu Pankraz in Folge 79, verführt ihn mit einem gewagten Kleid in Folge 93 zu einer Liebesnacht und heiratet ihn schließlich in Folge 95. Bis es dazu kommt, ist Franzis Eifersucht gegenüber Pankraz' Damenbekanntschaften ein immerwährendes und selten langweiliges Thema: in den Episoden 3 (Rosi), 4 (Laura Sterneck), 6 (Rica), 15 (Rica), 16 (Rica), 19 (Eva), 20 (Helma), 32 (Rica), 33 (Rica), 34 (Haushälterin), 39 (Irmi), 43 (Mercedes), 49 (Wynona). Ständig hat Franzi Angst, ihren Pankraz zu verlieren, was sich sogar in Magenschmerzen ausdrückt (Nr. 20) und in der Regel zu witzigen Schlagabtauschen führt, die Franzi mit viel Ironie gelingen: »*Wenn der Doktor sagt, du sollst aus dem Bett, dann heißt das nicht, dass du in ein anderes wieder rein sollst!*« (Nr. 3), »*Blond, gelt? Und den Opa, den laden wir anstandshalber auch noch mit ein – als Knochenbeilage sozusagen!*« (Nr. 49), »*Pass fei ja auf, dass dir die Augen net rausfallen, gelt!*« (Nr. 58) Nur einmal kommt es mit ihrer über zwei Staffeln relevanten Konkurrentin Rica Althäuser zu einer Aussprache (Nr. 6), die damit endet, dass sich die beiden Damen den attraktiven Senior teilen möchten. Dass »ihr Pankraz« übrigens besser ausschaut als manch anderer Mann, behauptet Franzi mit allem Selbstbewusstsein: »*Ich hab eben den richtigen Geschmack!*« (Nr. 57)

Partnerschaftliche Liebe ist in Franzis Vergangenheit nur gegenüber dem ehemaligen amerikanischen Soldaten Jack Harrison bekannt, der 1958 in Finsterberg um sie warb, dann aber ins Ausland beordert wurde (Nr. 49). Franzis Mutter habe schon 1930 in Rosenheim geheiratet (Nr. 26), und sie selbst habe ebenfalls genügend Gelegenheiten zum Heiraten gehabt (Nr. 39). Deshalb bedaure sie es ein wenig, dass es in ihrem Leben nicht zu einer Eheschließung und auch nicht zu Kindern gekommen sei (Nr. 26, 37). Damit bleibt sie die »Oma«, Geliebte und gute Seele in allen menschlichen Angelegenheiten Sonnensteins!

Berufliche Tätigkeiten: Ihre Berufstätigkeit bezieht sich nicht nur auf die Poststelle, die sich im selben Gebäude direkt neben dem Lebensmittelladen der Kramerin befindet und in der sie mit Briefen, Paketen, Faxgeräten (Nr. 3, 18, 39, 43, 52, 58, 60) und Passbildern (Nr. 58) zu tun hat, sondern vor allem auf den Haushalt des Tierarztes, in dem sie Fenster putzt (Nr. 49), Wäsche aufhängt (Nr. 69), ihre eigenwilligen Kochkünste auf vegetarischer wie vorzugsweise fleischhaltiger Ebene (Nr. 59) zur Verfügung stellt und ihrem persönlichen Interesse nachgeht: ihrem Kräutergarten, dessen Repertoire über Blumen (Nr. 15, 37) bis hin zu Heilpflanzen (Nr. 41, 51) und Salaten (Nr. 59) reicht und großen Einfluss auf ihre Freizeit, Gesundheit und Mahlzeiten hat. Sie selbst bezeichnet sich als »*Kräuterhex*« mit einer ausgezeichneten Nase (Nr. 59). 1995 züchtet sie ihre Kräuter im Bienenhaus (Nr. 51, 54, 57), vertreibt sie aber von Beginn an über die Poststelle (Nr. 2). Dort ist sie Anlaufpunkt für Patienten (Nr. 2, 3, 4, 18, 41) und kann sogar den Postinspektor überzeugen (Nr. 18). Auch Pankraz lässt sich anfangs von ihr medizinisch betreuen (Nr. 8) und hilft ihr sogar beim Kräutersammeln im Gebirge (Nr. 18, 41, 53, 54). Franzis Heilkunde geht so weit, dass sie mit bloßem Auge erkennen kann, ob eine Frau schwanger ist (Nr. 2, 4, 19, 35). Doch sie stößt mit ihren Pflanzen zweimal auch an ihre Grenzen (Nr. 3, 41).

Wie sie seit 35 Jahren (Nr. 33) die Arbeit im Haushalt Obermayr verrichtet, erklärt sie ihrer Kollegin und Freundin (Nr. 39) Anna Pölz in Folge 16, als sie befürchtet, wegen der Manipulation der Bürgermeisterwahl ins Gefängnis zu müssen. Dass sie sogar Gehalt bekommt (Nr. 1), im Prinzip Urlaubsansprüche und wochenends einen freien Tag hat (Nr. 34), was sie in der Regel aber nicht wahrnimmt, weil ihr Lebensmittelpunkt das Haus Obermayr ist (Nr. 6, 16, 33, 43), kommt gelegentlich zur Sprache. Pankraz ist zwar nicht damit einverstanden, dass sie sich mit dem Haushalt und der Poststelle einer doppelten Belastung aussetzt, wie er angesichts des Postraubes in Folge 21 betont. Franzi selbst aber fühlt sich eher unterfordert (Nr. 58) und ist sogar bereit, den Haushalt der Burgners mit zu betreuen (Nr. 6, 34). Die Mittagspause verbringt sie stets bei Pankraz und schließt derweil die Post zu (Nr. 18, 26, 40, 49). Schließlich übernimmt sie in Nummer 77 den Posten des Bürgermeisters von Luis Kofler und gibt ihre Posttätigkeit an Anna Pölz ab.

Hobbys und Interessen: Franzis Kochkünste sind legendär (Nr. 6). Sie sei eine erstklassige Köchin (Nr. 15) und mache das beste Gulasch zwischen Tirol und dem Plattensee (Nr. 15). Ihre Spezialität sind allerdings Speckknödel, die sie bereits 1958 bei ihrer Tante in Finsterberg zubereitet hat (Nr. 49), und Apfelstrudel (Nr. 51). Manchmal spielt sie mit sich selbst Karten (Nr. 6) oder mit anderen Bridge (Nr. 94). Mit Computern könne sie nicht umgehen, die seien ihr zu »*neumodisch*« (Nr. 11). Aber seit 1955 besitzt sie einen Führerschein und kann sogar Pankraz überreden, ein Auto auf seinem Hof zuzulassen (Nr. 79). Grundsätzlich hält sie sich für modern, etwa als sie in Folge 15 zu Rockmusik tanzt und sagt: »*Ich geh halt mit der Zeit.*« Doch sie vertritt veraltete Rollenansichten und wendet sich gegen Sabinas Wunsch, berufstätig zu sein (Nr. 46, 56). Auch der Segelflugplatz und Maxls Wunsch zum Erwerb des Segelflugscheins passen nicht in ihr Weltbild (Nr. 94). Sie sagt in Folge 83, dass früher mehr Ordnung geherrscht habe und Partnerschaften nicht so leicht auseinandergegangen seien – und ausgerechnet Pankraz ist es hierbei, der anderer Meinung ist und ihr erklärt, dass früher nur mehr der äußere Schein gewahrt wurde.

Dr. Justus Hallstein ...

... ist der junge, blonde Arzt, der im Frühjahr 1996 die Dorfpraxis von Dr. Thomas Burgner übernimmt (Nr. 63). Ursprünglich ist er am Universitätsklinikum Innsbruck beschäftigt (Nr. 59), verlagert sich dann jedoch mehr und mehr auf Urlaubsvertretungen auf dem Land, um aufgrund der Menschlichkeit die Ursachen wiederzufinden, die ihn einst Arzt werden ließen. Darüber hinaus bietet ihm das Landleben persönliche Perspektiven: »*Hier bin ich Mensch, hier darf ich's sein*«, wie er gegenüber seinem Freund Paul Goethe zitiert (Nr. 63). Mit Maxl hat er einen Mietvertrag (Nr. 63).

Erscheinungsbild: Noch im September 1995 trägt er die Haare länger (Nr. 59), hat ab Beginn 1996 jedoch eine Kurzhaarfrisur und ab 1997 einen noch kürzeren, sportlichen Haarschnitt. Er hat eine sportliche, trainierte Statur, ein kerniges Gesicht und trägt außerhalb sportlicher Aktivität meistens Hemden, oftmals mit Jackett.

Soziale Verbindungen und Charakter: Privat verhält sich Dr. Hallstein in der Regel konsequent, rational und ernst. Seine Geliebte Lisa Brunner fragt er – nachdem sie eine Affäre mit einem Tänzer begann (Nr. 78) – mit deutlichen Worten, ob sie zu ihm zurückkehren wolle; er habe allerdings kaum Zeit, mit ihr zu tanzen (Nr. 79). Ideologisch gesehen ist er überzeugt davon, dass jeder ein Recht darauf habe, glücklich zu sein, was von einer freiheit-

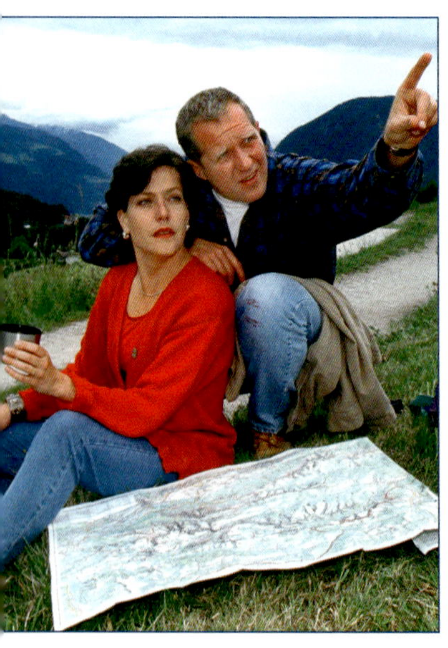

Justus und Lisa 1998.

bezogenen Anschauung zeugt (Nr. 84). Bei Diskrepanzen bzw. Gewissensbissen greift der Doktor auch mal auf einen ordinären Wortschatz zurück (Nr. 75). Das Wort »Scheiße« ist für ihn nicht ungewöhnlich. Seine Belehrungen und Hilfsgespräche enden übrigens mehrfach mit dem Nachsatz: »*Glaub mir, das ist so.*« (Nr. 63, 79)

Sein soziales Umfeld beschränkt sich zunächst auf seine Freunde: Paul Reuther, Lisa Brunner, Franzi, Pankraz, Maxl, Christl, Florian und andere Personen derselben Kategorie. Hinzu kommen seine alten Schulfreunde Franz (Nr. 82), der ihn aber nur selten besucht, sowie Tom Jensen (Nr. 89–95). In seiner unterstützenden Tätigkeit als Arzt kümmert er sich fernerhin um viele in Not geratene Patienten, bei denen er sich allerdings nicht direkt einmischt, sondern abwartet, bis er Gelegenheit dazu bekommt oder um Hilfe gebeten wird.

Einst hatte er zusammen mit Lisa einen Sohn namens Markus, der jedoch mit vier Jahren aus einem Fenster fiel und starb (Nr. 63), worauf Dr. Hallstein ebenfalls nicht mehr leben wollte. In jüngster Zeit geht er einmalig mit Christl fremd (Nr. 75), worauf er seinen Freund Paul verliert (Nr. 87). Mit Lisa bekommt er schließlich noch einen weiteren Sohn namens Adrian, der für ihn Anlass ist, Lisa zu heiraten (Nr. 95). Gleichzeitig nimmt er sich aufopfernd des Waisenjungen Julian an und adoptiert ihn, womit er auf einen Schlag zwei Söhne zur Familie zählt (Nr. 95). Sex mit Lisa hat er übrigens explizit in den Episoden 82 und 92.

Berufliche Tätigkeiten: Seine berufliche Tätigkeit entspricht seiner Wesensart: Früher am Gymnasium sei er oft nachdenklich, introvertiert, geradezu vernünftig gewesen (Nr. 82). Daraus resultiert wohl seine umfassende Rationalität bei der Arbeit, wobei er sich – wenn es in Zeitnot um die Gesundheit anderer Menschen geht – selbst gegenüber den Angehörigen abweisend und bestimmt, konsequent und souverän verhält. Beispielsweise komplimentiert er den besorgten, aber nervenraubenden Herrn Konrad mit einem entschiedenen »*Raus, bitte!*« hinaus (Nr. 78), gleichwohl den Ehegatten der Cornelia Winter aus dem Hotelzimmer (Nr. 73). Beim letzteren Fall überblickt er die Situation, in der Cornelia Winter regungslos am Boden liegt, mit kühlem Gemüt, erinnert sich an einen Bericht, den er in seiner Studentenzeit gelesen habe, und holt die Frau mit einem Handklatscher kurzerhand aus dem Delirium zurück. Er nimmt seine Profession so ernst, dass er entschlossen ist, die näheren Lebensumstände seiner Patienten zu kennen, um sie besser zu heilen (Nr. 59, 63, 68).

Hobbys und Interessen: Hinsichtlich seiner persönlichen Interessen sind neben dem bereits erwähnten Goethe-Zitat vor allem folgende Dinge zu nennen: Im Radfahren, häufig mit Helm und meist auf sehr steilen und langen Strecken (Nr. 68, 69, 74, 77) – mit Paul oder Lisa in Begleitung –, im Wandern (Nr. 63, 80), Joggen (Nr. 81, 94), Schwimmen (Nr. 73), Klettern (Nr. 80, 82, 85) und im Verzehren von Kuchen und Tee am Nachmittag (Nr. 60, 83) findet er seine Passion. Außerdem ist das Motorradfahren als eine seiner Leidenschaften begründbar, da es in Folge 82 heißt, er sei in seiner Schulzeit mit Freunden heimlich auf Feldwegen gefahren. Und noch etwas: Er kann mit dem Computer umgehen (Nr. 83).

Sein bis 1996 gefahrenes silbernes Saab-Cabriolet wechselt er in Folge 64 gegen einen gleichfarbigen Mercedes-Geländewagen. Nicht nur beim Wandern in einsamen Berggegenden führt er ein Handy mit (Nr. 79, 82); bereits 1995, als er der Urlaubsvertretung in Sonnenstein zustimmt, kommt es zu Verwechslungen zwischen dem Klingelton seines Mobiltelefons und dem Thomas Burgners (Nr. 59).

Justus' Wohnumfeld ist modern eingerichtet: Glasmöbel, Chemielabor, vor das Schlafzimmerfenster vorschiebbarer Sichtschutz und andere zeitgemäße Gegenstände sind Zeugen seiner offensichtlichen Fortschrittlichkeit. Das drückt auch ein seine Sportleidenschaft untermauerndes Bild des Künstlers Keith Haring aus, welches ihm Lisa zum Einzug schenkt (Nr. 64). Seinen Kaffee trinkt er selbstverständlich stark, ohne alles (Nr. 84).

Lisa Brunner ...

... ist die Freundin des Doktors, eine Studienrätin und Lehrerin für Sport und Biologie an der Oberstufe Innsbruck (Nr. 61), später an der Volksschule in Sonnenstein (Nr. 81) sowie im Internat Stams (Nr. 86).

Charaktermerkmale: Primär lässt Lisa sich als eine stadtbezogene und moderne Persönlichkeit beschreiben. Erst spät kann sie überredet werden, die Stadt und ihre dortige Mansardenwohnung zu verlassen und auf das Land zu ziehen (Nr. 78). Entsprechend ist sie anfangs recht abweisend, als sie von den Plänen Dr. Hallsteins erfährt, seine Klinikarbeit aufzugeben (Nr. 62, 63). Ihr Stadtbezug äußert sich ebenfalls in ihrer modernen Wohnung: hell und karg eingerichtet, mit Überblick über die Stadt durch große Fenster und einer Schlafecke auf einer Art Zwischenetage.

Berufliche Tätigkeiten: Im Umgang mit ihren Schülern zeichnet sie sich als hervorragende Pädagogin aus. Mit ihrem Schüler Oliver hat sie zwar bereits in Folge 62 Probleme, doch wird sie von ihren Schülerinnen sogar nach dem Unterricht in ein Café eingeladen (Nr. 66). Die Schwierigkeiten mit der sehr jungen Sportschülerin Katrin Eggers, durch deren Unfall Lisa wegen Verletzung der Aufsichtspflicht angezeigt wird (Nr. 90), meistert sie aufopfernd und souverän sowie stets mit Blick auf das Wohl der Schülerin unter Zurückstellung ihres eigenes Leids und widerfahrenen Unrechts.

Hobbys und Interessen: Zu ihrer Leidenschaft gehören unter anderem das Einkaufen mit ihrer Freundin Ute (Nr. 78, 79), das Malen von Bildern (Nr. 69) sowie Gymnastik und Aerobic (Nr. 66, 73). Weniger begeistern kann sie sich für ausdauerndes Radfahren, weil ihre Kondition dafür nicht immer ausreicht (Nr. 77). Aber auch beim Bergwandern ist sie mehrfach dabei (Nr. 85, 86).

In früheren Jahren begann sie eine Tanzkarriere (Nr. 78), wechselte später jedoch in den Lehrerberuf. Nach dem Tod ihres Sohnes Markus musste sie dazu überredet werden, ihren Bildungsweg zur Studienrätin fortzusetzen (Nr. 61, 62); nebenbei lässt sie jedoch nicht von ihrem Sportengagement und leitet sogar zeitweise eine Aerobicgruppe im Sporthotel Interalpen (Nr. 73).

Sie besitzt einen blauen Volkswagen Polo. Nach einer Vergewaltigung durch ihren Schüler Oliver Köhler (Nr. 66) lebt sie eine Zeit lang zurückgezogen (Nr. 67, 69), nimmt Ende 1996 aber Kontakt zu ihrer ehemaligen Schulfreundin Cornelia Winter auf (Nr. 73). Etwas zögernd beginnt sie ein Liebesverhältnis mit dem spanischen Tänzer Miguel de Santoz (Nr. 78, 79), nimmt Justus allerdings seine weniger zögerlich angenommene Liebesnacht mit Christl so übel, dass sie ihn tätlich angreift (Nr. 76). Später allerdings verzeiht sie ihm und kann sogar damit umgehen, dass Christls Kind möglicherweise von Justus ist. Nachdem sie von ihrem Lebensgefährten allerdings die Klärung der Vaterschaft verlangt, erweist sich dies als Irrtum (Nr. 92). Stattdessen bekommt Lisa selbst ein Kind, und zwar einen Jungen namens Adrian (Nr. 95).

Traudl.

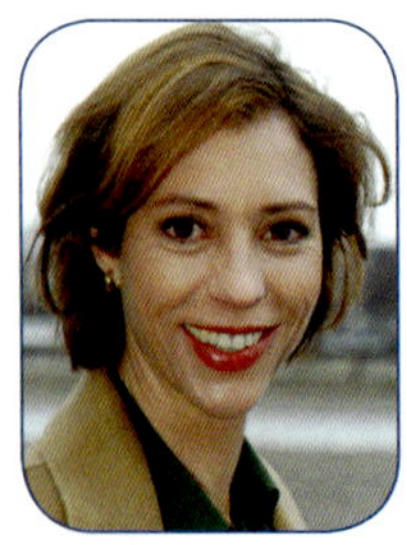

Traudl Meinrad …

… ist die charmante, hilfsbereite und freundliche Sprechstundenhilfe Dr. Burgners. Traudl fährt einen schwarzen Suzuki-Kleinwagen, lebt allein in einer Sonnensteiner Wohnung, die in den Nummern 13, 22, 31 und 47 gezeigt wird, und arbeitet lieber oben in den Bergen als »unten« im Krankenhaus (Nr. 2).

Erscheinungsbild: Große braune Augen (Nr. 31) und lange, oft zu einem Zopf geflochtene braune Haare sind ihre unverkennbaren körperlichen Merkmale.

Charaktermerkmale: Einige ihrer Eigenschaften beschreibt sie selbst: »*Nicht gut katholisch, dafür eine Grüne.*« (Nr. 2) »*Wenn ich erst anfange, darüber nachzudenken, treffe ich nie eine Entscheidung. Aber wenn ich etwas wirklich will, aus tiefstem Herzen, dann weiß ich das immer sofort.*« (Nr. 47) Und: Sie verliere nur die Nerven, wenn sie verliebt sei, dann aber gründlich (Nr. 3). Auch ihren Job bei Dr. Burgner bekommt sie nur durch ehrgeizigen Einsatz und persönliches Engagement. Lediglich ihre Angewohnheit, auf den »letzten Drücker« oder gar zu spät am Arbeitsplatz zu erscheinen, gefällt Dr. Burgner nicht (Nr. 5, 26, 31). Dabei kommt es mehrfach zu einem Wettrennen zwischen ihr und Maxl, der morgens zur Schule geht, wenn sie um acht Uhr ihren Dienst antritt (Nr. 5). Auch sonst pflegt sie ein herzliches Verhältnis zu Maxl und kümmert sich um ihn (Nr. 10, 45), sodass er sie als »*große Schwester*« ansieht (Nr. 47). In der Küche der Burgners geht sie wie selbstverständlich ein und aus (Nr. 11, 13, 17, 45), isst auch manchmal mittags mit (Nr. 31, 40). Sie geht locker, sogar neckisch mit ihrem Chef um (Nr. 8, 36, 39) und schenkt ihm ein Foto von Sabina (Nr. 7), das bis zuletzt auf dem Arztschreibtisch steht (Nr. 60). Mit Herrn Konrad kann sie ebenfalls äußerst geschickt und ironisch umgehen (Nr. 8, 14, 35, 45). Sie schimpft ihn aber sogar einmal aus (Nr. 22) und kümmert sich ernsthaft um seine Befindlichkeiten (Nr. 9). In Folge 17 schlägt sie aus Wut über Herrn Konrads Anmaßungen ein Blutdruckmessgerät kaputt.

In Folge 13 meldet sie sich zum ersten Mal krank und leidet in Folge 11 außerdem an Scharlach. Wenn sie sich für andere einsetzt, dann oft entgegen so manchem Widerstand, wie bei ihrer Freundin Lena gegen Alois Angerer (Nr. 2), bei Jakob Wildgruber gegen dessen Vater (Nr. 31) und bei Vinzenz, bei dem sie sogar die Anweisungen ihres Chefs ignoriert (Nr. 13).

Berufliche Tätigkeiten: Während ihrer Ausbildung jobbt sie bei ihrem Vater Ferdinand Meinrad, der eine Tankstelle mit Kfz-Werkstatt betreibt (Nr. 2). Dabei nimmt sie auch Kontakt zu Dr. Burgner auf, dem sie einen Computer in der Praxis installiert und ihn mit ihrer Arbeitsweise überzeugt, sodass dieser urteilt: »*Es gibt offenbar Anfängerinnen, die so gut sind, wie andere nie werden.*« (Nr. 2) Die studierte Frau, die mit ihrer Freundin Christl Wild bis zum Frühjahr 1992 eine Schwesternschule besucht (Nr. 2, 47), könne nach eigenen Aussagen bei den Burgners ewig bleiben (Nr. 47). Doch dafür ist sie zu ehrgeizig: »*Wieder ein Jahr älter, und nichts hat sich geändert.*« (Nr. 47) 1995 zieht es sie deshalb in den Afrikaeinsatz nach Äthiopien.

Soziale Verbindungen: Traudls soziales Netz ist neben den Freundschaften zu Lena und Vinzenz sehr vielfältig: Traudls Mutter ist eine geborene Mooslechner, ihr Onkel heißt Robert Mooslechner (Nr. 3). Sie hat eine Cousine (Nr. 36) sowie zahlreiche wechselnde Lebenspartner, die am Ende zumeist von der Polizei abgeholt werden (Nr. 31) oder sogar sterben (Nr. 25): Es beginnt in Folge 10 mit einem Gespräch über einen Kurt, mit dem es aber schon wieder vorbei sei, sowie einem Christoph, der zu seiner Frau zurückgehe. In Folge 17 ist es dann ein Dr. Engel, den sie bei sich wohnen lässt. Anschließend ist sie in Folge 25 mit dem Holzfäller Veit liiert, ehe sie in Folge 31 den Bauern und Bergführer Wildgruber von sich überzeugen kann, obwohl sie mit Georg Freiherr von Malm verkuppelt werden soll. Interessanterweise macht Traudl in Folge 44 wieder ganz allein Urlaub in den Bergen.

Christl Wild …

… ist durch ihre Freundin Traudl Meinrad von der ärztlichen Assistentin beim Hilfseinsatz in Äthiopien zur Sprechstundenhilfe und Laborantin in der Sonnensteiner Praxis gradiert (Nr. 47, 48). Hier besitzt sie eine Wohnung (Nr. 66) und eine Vespa als Fortbewegungsmittel (Nr. 51, 52, 56, 61, 62, 63, 64), zieht später jedoch ins Haus ihres Geliebten Paul und findet im Falle von Unannehmlichkeiten im Doktorhaus eine Notunterkunft (Nr. 66). Außerdem fährt sie ab Folge 90 ein Auto.

Erscheinungsbild: Ihr freundliches rundes, mütterliches Gesicht wird von halblangen, glatten Haaren umrahmt, die blond mit einem Stich ins Rötliche erscheinen.

Soziale Verbindungen: Ihr Drang zu einer grundlegenden familiären Existenz führt dazu, dass sie sich anfangs bei den Burgners heimisch fühlt, sich dann jedoch in Justus Hallstein verliebt (Nr. 60) und schließlich eine flüchtige Beziehung mit ihm beginnt (Nr. 75). Gleichzeitig bandelt sie jedoch mit Justus' Freund Paul an (Nr. 69), nachdem sie von Lisa erfahren hat, dass auch Paul früher als Arzt praktizierte (Nr. 67). Sämtliche eindringliche Werbungsversuche Pauls, die schon in Folge 64 beginnen, schlägt sie bis dahin aus, kommt ihm erst in Folge 69 ernsthaft nahe und hilft ihm in der Gaststätte. Seine Ex-Frau Susanne Reuther bleibt allerdings bis zuletzt ein Dorn in der Beziehung und kann Christl – im Gegensatz zum Sohn Florian – nicht akzeptieren (Nr. 74). Aus dem Verhältnis zu Paul geht in Folge 81 ein Kind hervor, das in Folge 88 zur Welt kommt. Die Erziehung ihres Sohnes Niko muss Christl selbst in die Hand nehmen, da Paul nach dem Streit um das Fremdgehen mit Justus nach Frankreich verschwindet (Nr. 87). Doch Christl schafft es, weiterhin im Haus von Paul wohnend (Nr. 90), Justus zur Unterstützung bei der Betreuung ihres Kind zu bewegen (Nr. 90) und alsdann mit dem Waldhüter und Exzentriker Josef eine neue Beziehung zu beginnen (Nr. 93, 94). Ihre Eltern sollen bei einem Brand ums Leben gekommen sein (Nr. 47).

Berufliche Tätigkeiten: 1992 die Ausbildung an der Schwesternschule beendend, studiert sie anschließend Tropenmedizin, ehe sie nach einer Malaria-Infektion nach Sonnenstein zurückkehrt, das sie zehn Jahre zuvor verlassen hat (Nr. 47).

Christl kann hervorragend Apfelstrudel backen (Nr. 63). Ihr Lieblingsspruch in der Saison 1995 ist: *»Na, sauber!«* (Nr. 48, 51, 52, 54, 55, 57)

Moritz Konrad ...

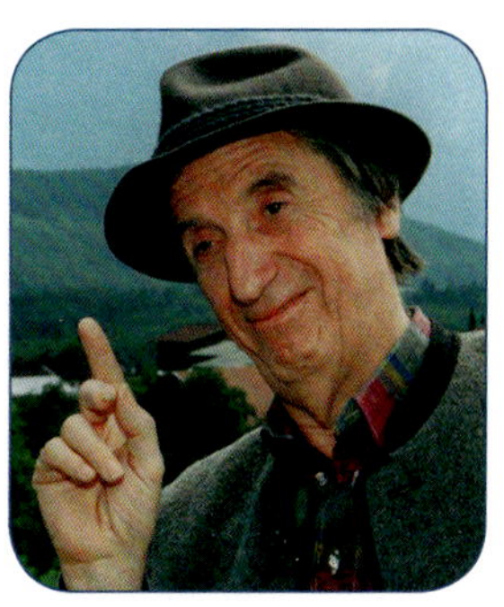

Herr Konrad 1996.

... wird von den meisten neutralen Beobachtern oft übersehen.

Erscheinungsbild: Der exzentrische, alleinstehende (Nr. 59), hagere Mann, häufig in schwarzer Kleidung mit Hosenträgern und mit Hut unterwegs, ist als nervender Hypochonder nicht nur bei Dr. Burgner bekannt. Herr Konrad trägt immer einen Kamm bei sich (Nr. 63, 84).

Charaktermerkmale: Er ist kritisch, aufdringlich und hasst Mittelmaß (Nr. 55). Aufgrund seiner lästigen Art verbal angefahren wird er aber nur in den Episoden 19, 21, 22, 61 und 78 – ansonsten gehen alle sehr geduldig mit ihm um.

Mit seinen interessanten, oft gut durchdachten Absonderlichkeiten auf medizinischer wie kultureller Ebene sorgt er für eine Auflockerung des Programms. Er durchlebte, nach eigenem Bekunden, unzählige Krankheiten, sei im Kontrast dazu jedoch kerngesund (Nr. 62), und die Ärzte hängten ihm lediglich Beschwerden an (Nr. 51). Beim Arzt sitze er nur, um Zeitschriften zu lesen (Nr. 9, 51), gegebenenfalls aber, um neuen Medizinern (Dr. Hallstein) Krankheiten vorzutäuschen, die diese erraten müssten (Nr. 63): *»Ich kenne natürlich alle Symptome. Wenn er sie errät, dann lob ich ihn, und wenn nicht, dann sag ich ihm, was er falsch gemacht hat.«* Und überhaupt gehe er nur sehr selten zum Arzt (Nr. 59) und müsse aufpassen, dass er nicht zum Hypochonder werde (Nr. 37). Zur Praxiseröffnung schenkt er Dr. Burgner ein Gesundheitslexikon, damit er *»weiß, wie krank ich wirklich bin«* (Nr. 9). Er fährt für eine Diagnose bis nach Wien und schimpft: *»Wie dreckig muss es einem gehen, damit man mich endlich* *ernst nimmt!«* (Nr. 9) Offensichtlich hat er also eine gestörte Selbstwahrnehmung und ist aus Langeweile zu sehr mit sich und seiner Umwelt beschäftigt, dass er sich an immer neuen Bagatellen stört, und sei es der Affe eines Zirkus (Nr. 64). Trotzdem kann er als sehr intelligent bezeichnet werden, weil er sämtliche Krankheiten im Gesundheitslexikon durchgelesen habe (Nr. 9, 34), komplexe Verstecke für seine Wertgegenstände finde (Nr. 34) und jedes Jahr einen Intelligenztest in einer Illustrierten mache (Nr. 55). Er beherrscht sogar die Augendiagnose, wie er in den Episoden 29, 39, 43 und 60 unter Beweis stellt. Sämtliche seiner Krankheiten aufzuzählen, würde den Rahmen dieses Psychogramms sprengen. Interessanter ist es wohl eher, sein soziales Umfeld zu beleuchten.

Soziale Verbindungen: Alle Mitglieder der Familie Konrad seien als Zwillinge auf die Welt gekommen (Nr. 56). Frauen gegenüber verstelle er sich nicht mehr, wie er Hans Berger in Folge 85 mitteilt, indem er sagt: *»Und wenn mi eine haben will, bitteschön, muss sie mich nehmen, wie ich bin.«* Die Beziehung zu einer interessierten Frau in Folge 29 lehnt er am Ende sogar erschöpft ab. Auch der Kontakt zu einer Brieffreundin in Paris ist ihm am Ende eher lästig (Nr. 67), und er sei dankbar, keine Frau zu haben (Nr. 68). In Folge 45 betont er, dass er für die Emanzipation der Männer sei und den Frauen gleichgestellt sein möchte. Immerhin kümmert er sich um seine Mitmenschen, so neben der erwähnten Frau auch um die Gräfin von Brauneck (Nr. 19, 44), um Franzi (Nr. 41) und um den Schäfer Melzig (Nr. 86). Die Flirtversuche von Georg Freiherr von Malm, er habe Herzschmerzen und müsse von Traudl behandelt werden, kommentiert er mit einem ironischen: *»So a Blödsinn! Sonst fällt dir nix ein, hä?«* (Nr. 31)

Hobbys und Interessen: Zu seinen Hobbys zählen das Bienenzüchten (Nr. 41), manchmal das Fotografieren (Nr. 67, 69) und sogar moderne Kunst (Nr. 32, 46). Dreimal ist sein hölzernes, antiquiertes Haus zu sehen, das jedoch jedes Mal ein anderes ist und jedes Mal einen anderen Stil verkörpert: in den Folgen 9 und 41 sowie einmal in Nummer 74. In Folge 9 wird gesagt, dass Herr Konrad in Sonnenstein-Unterhaus wohne. Kochen kann er übrigens nicht (Nr. 59), sondern bevorzugt den Besuch von Gaststätten (Nr. 16, 37, 59, 67).

Interessant ist noch, dass Herr Konrad längst nicht immer mit seiner Behandlung bei Dr. Burgner zufrieden ist, sodass er mehrfach andere Ärzte aufsucht und sich auch abfällig über dessen Umgang mit den Patienten äußert (Nr. 9, 14, 38, 40, 51). Aber glücklich ist er in Folge 9 erst, als er im Krankenhaus von Dr. Burgner die volle Aufmerksamkeit erhält.

Interpretationen

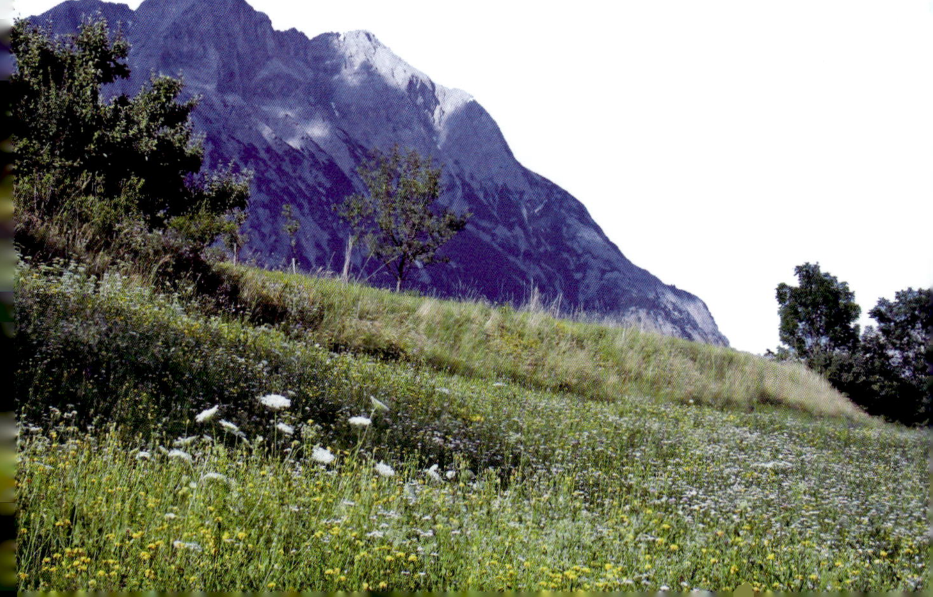

Intersaisonaler Vergleich

Sieben Jahre »Der Bergdoktor« sind ein langer, von Höhen und Tiefen durchzogener und wechselhafter Zeitraum, der eine kleine, in sich geschlossene Welt verkörpert und viele Stunden, ja fast 6.000 Minuten (= ca. 100 Std.) Szenenbilder in sich trägt. Technisch betrachtet entspricht dieser Zeitraum bei einer üblichen 50-Hertz-Frequenz (50 Bilder/sec.) 18.000.000 Fotos, wobei jedes einzelne Foto aus rund 500.000 Bildpunkten besteht. Ergo: Allein zahlenmäßig ist offensichtlich, dass sieben Jahre »Der Bergdoktor« recht umfangreiches und unübersichtliches Material liefern. Jede Produktion und jede einzelne Episode tragen ihren Teil zum subjektiven und emotionalen Gesamteindruck bei und sind darüber hinaus selbst eine kleine, abgegrenzte Welt für sich, die zahlreiche, jeweils unterschiedliche Themen behandelt und unterschiedliche Gefühlsinhalte besitzt. Vor diesem Hintergrund sowie im Vorfeld der folgenden Jahresinterpretationen erscheint es sinnvoll, ein Generationsresümee zu ziehen, welches die Welt des »Bergdoktors« noch einmal kompakt behandelt.

Es ist das Jahr 1992, als dem Zuschauer Einblicke in die Altbauwohnung der Arztfamilie Burgner in München-Großhadern gewährt werden. Seitdem verändert sich sehr viel: Der Blick des Publikums folgt dem weiteren Schicksal der Burgners im Tiroler Ort Sonnenstein, wo er auch in Zukunft – selbst nach dem Tod des wichtigsten Familienteils – verharrt. Irgendwann steht das Geschehen im Dorf näher am Zentrum als die Geschichte rund um den Doktor und seine Angehörigen. 1996 heißt die Frage nicht mehr, wie geht es mit den Burgners weiter, sondern vielmehr, welche Zukunftsaussichten hat Sonnenstein noch zu erwarten? Im Jahr des Beginns sowie in der darauffolgenden Saison ist das Grafenpaar von Brauneck ein fester Bestandteil der Hauptbesetzung und im Vorspann erwähnt, obwohl es nicht kontinuierlich am Filmgeschehen teilnimmt. Dennoch bietet es den Autoren ein breites Themenspektrum und sorgt für zahlreiche dramatische Einspielungen, die sich auch 1993 noch fortsetzen, 1994 aber schließlich aufgrund des sinkenden Einsatzes Klaus Wildbolz' weitgehend zurückgegangen sind. Hernach bleibt den Braunecks lediglich eine jährliche Gastrollensequenz, wie sie bei den Zirngiebls und Bucheggers praktiziert wird.

Robert Thayenthal als Innsbrucker und anfänglicher Hauptautor entwarf die Figuren und gab den Episoden 1992 mit Vorliebe eine dramaturgische Nuance, die mit allemal mehr Elan, größerem Eifer, emotionsreicher Tragik und herausfordernden Rollen gestaltet und produziert wurde als in späteren Staffeln. Das liegt zum einen in dem noch nicht eingefahrenen Rhythmus des Seriengesetzes, zum anderen im anfänglich angelegten Qualitätsanspruch, der sich bis 1995 zumindest oberflächlich abschleift. Auch in der Konstellation der gastierenden Schauspieler bezüglich ihres Beliebtheitsgrades ist eine solche Entwicklung nachweisbar (siehe Überblick im Kapitel *Einleitung*).

Bei näherer Betrachtung lassen sich immer mehr Parallelen zwischen 1992 und der »Neuen Generation« feststellen, weil auch dort wieder mit neuem Engagement gehandelt und die Dramaturgie jeweils auf die Spitzen einer Familienserie getrieben wird. So geschehen brisante Unfälle in den Bergen (vergleiche Nr. 5 mit den Folgen 67, 82 und 85), Häuser werden in Brand gesetzt (vergleiche Nr. 7 mit Nr. 88), Brandbomben (Nr. 4) und die »Mafia« (Nr. 9) auf den Arzt aus der Stadt angesetzt, und selbst Opa Pankraz wird noch gegen seinen Schwiegersohn handgreiflich (Nr. 1), bevor er in der jüngeren Ära eher den ehrenhaften, weisen, verantwortungsbewussten und fortschrittlich denkenden Patriot als den stereotypen alternden Griesgram charakterisiert. Das Alterungsthema bleibt an ihm allerdings bis zuletzt (Nr. 92) haften. Nicht nur kriminologisch angehauchte Geschichten wie die Episoden 25 und 30 kommen in der »Neuen Generation« wieder zum Tragen, auch der Tod junger Menschen ist dort des Öfteren Gegenstand, wie zum Beispiel in den Episoden 84 und 93. Von reiner Schicksalstragik der Hauptdarsteller während den gesamten Saisons 1996 und 1997 ist in der »Alten Generation« wenig zu spüren, obwohl vor allem 1993 mit den Folgen 22 und 25 nahestehende Personen den Schauspieltod erleiden. Abermals Krimigeschichten wie die Folge 21 offenbaren sich nach beginnender Dramatik aber schließlich als Herzensangelegenheiten, die ohnehin grundsätzlich jede Episode prägen – die »Alte Generation« jedoch intensiver und harmloser als die Jahre danach. Strebt man an dieser Stelle ein Fazit an, wird eines klar: Beiden Generationen ist viel gemein, und trotzdem bilden die Jahre 1992/93, 1994/95 und 1996/97 drei verschiedene Einheiten für sich, das Jahr 1998 noch einmal eine völlig eigenständige Kategorie.

1992 und teilweise auch in den anderen Staffeln der »Alten Generation« betreffen Fortsetzungsgeschichten bis auf wenige Ausnahmen (Nr. 9, Nr. 26, Nr. 37) nur die Rahmenhandlungen, also die Erzählungen über den Familienstatus, über Reisen und Arbeitssituationen; erst 1996 treten sie teilweise auch in die Haupthandlung ein. Ein gewisser Rhythmus und Routinealltag beginnt in beiden Generationen erst nach dem Überleitungsende, also nach dem Ende der Einleitungsepisoden (»Alte Generation«: nach Nr. 14 – »Neue Generation«: bereits nach Nr. 65) und äußert sich dann konkret im darauffolgenden Jahr mit umfangreichem Produktionsnachschub und großer Themenvielfalt auf Basis der vergangenen Saison. Teilweise erkennt man 1993 diesen Rhythmus auch an dem plötzlichen Auswechseln der Fahrzeuge bzw. deren Nummernschilder:

Jahr	Mercedes-Jeep	VW-Käfer
1992	IM 1 LPP	IM 1 SES
1993–1995	IM 1 YHI	IM 2 DOP

Diese Maßnahme hatte auch andere Hintergründe, da das »LPP« im Nummernschild des Mercedes' nicht länger mit »Lippert« assoziiert werden sollte. Der Austausch des Käfers in Folge 37 zu einem neuen Fahrzeug mit dem Kennzeichen IM 1 VWR sorgte darüber hinaus für einen zeitgemäßeren Auftritt von Sabina, deren etwas antiquiert anmutender Käfer vielleicht nur noch bedingt zur Karrierefrau passen mochte. Nebenbei bemerkt man auch die Tatsache, dass das Kennzeichen M-XV 8530 vom alten Doktor-BMW der ersten Folge in Episode 56 wieder präsent ist und das Kennzeichen IM 2 DOP später dem Fahrzeug der Laura Sterneck angehört.

Ebenfalls als rhythmisch kann die exzellente Mischung aus amüsanten und brisanten Themen jeder Saison der »Alten Generation« angesehen werden, die zwar auch innerhalb jeder Folge abwechselnd platziert werden, jedoch ebenso die generelle Themenvielfalt widerspiegeln. Anspruchsvolle Rollen wie für Martin Semmelrogge oder Diana Körner, welche in jedem Jahr mindestens einmal in der Serie aktiv wurde, sind dabei ein Sahnehäubchen in den ansonsten eher durchschnittlichen Schauspielanforderungen. Die Unterbrechung von dramatischen Handlungen durch plötzlichen Wechsel auf Szenen mit »leichtem« Inhalt gilt als Kritik an Heimatserien generell, dem sich auch der »Bergdoktor« nicht erwehren kann. Dennoch: Bürgermeister Angerer weiß bereits in der zweiten Folge der ersten Staffel zu prophezeien: »*Wir werden Sonnenstein berühmt machen!*«, was allemal eine parafilmische Interpretation darstellt. In den Folgen 18 und 95 sind die Namen »Mieming« bzw. »Wildermieming« sogar direkt im Film zu lesen.

Herr Konrad – in der ersten Ausstrahlung ein einziges Mal mit Vornamen (Moritz) genannt und eigentlich eine starre Figur ohne Charakterentwicklung – genießt von 1992 bis 1997 zumindest augenscheinlich durch seinen Wohnsitzwandel eine leichte Veränderung im Auftreten, besitzt er doch in der Folge 9 ein heruntergekommenes, eher seinem Charakter entsprechendes Heim als später in den Folgen 41 (noch akzeptabel) und 74 (viel zu modern). Parataktisch äußert er in Folge 23 einen interessanten Kommentar, der auf die Gefahr von Lawinen hinweist und Befürchtungen anspricht, die 1999 mit der Katastrophe von Galtür tatsächlich Realität wurden. Leider ist Herr Konrad in der letzten Staffel nicht mehr dabei, obgleich der Vorspann (aus Sparsamkeitsgründen) nicht mehr angepasst wurde und ihn weiterhin zeigt. Es gibt sogar Fans, die den Erfolg der Serie allein Herbert Fux zuschreiben – durchaus möglich! An Herrn Konrad ist übrigens auch ein Vergleich der Hauptdarsteller der »Alten« und der »Neuen Generation« möglich, der sich wie folgt manifestiert:

Situation: Herr Konrad wirkt auf seine bekannte Art in der Ordination behindernd für eine ernste medizinische Behandlung. Reaktion Dr. Burgners (Nr. 15): geduldiges Zuhören, Dankeschön für die Diagnose. Reaktion Dr. Hallsteins: »*Raus!, bitte!*«, aggressiver Angriff (Nr. 78). Zwar kann auch Dr. Burgner in Folge 21 einmal ein »Raus« formulieren, es klingt bei ihm allerdings wesentlich freundlicher als in der späteren Generation. Ernsthaften Übergriffen ist er eigentlich nur in der ersten Saison ausgesetzt (Nr. 1, 4, 11), später deutlich weniger (Nr. 52).

Auch äußerlich ist der Unterschied in den Wesensarten beider Titelakteure auffällig: Dr. Burgner wirkt mit dem regelmäßigen Tragen von Anzügen und Krawatten seriös und verantwortungsbewusst (vgl. gerade Nr. 9), Dr. Hallstein mit schlichter Kleidung hingegen sportlich und freizeitgeprägt, wobei er neben den recht schimpffreudigen Attitüden auch mal freundlich und witzig sein kann. Was der »Neuen Generation« aber vor allem fehlt, ist ein harmonisches Familiendasein, wie es mit Sabina und Maxl 1992 angestrebt wurde. Weder eine gefestigte Liebesbeziehung noch Kinder zeichnen das Leben des neuen »Bergdoktors« aus, womit er sich besonders modern und alte Normen ablehnend präsentiert – offensichtlich gegenläufig und abwegig für eine konservative und altehrwürdige Region wie Sonnenstein. Sein Verhältnis zu Lisa beruht eher auf Gegensätzlichkeiten als, wie bei Thomas und Sabina, auf Gemeinsamkeiten. Das Ärztepaar, welches bis 1993 sogar laut Ordinationsschild eine Gemeinschaftspraxis betrieb, ist ein ergänzendes Gespann beim Behandeln von persönlichen Patientenleiden und zieht daraus keine Dissonanzen für ihre eigenen Beziehungsbelange. Lisa und Justus hingegen ziehen selten an einem Strang, führen beide sehr unterschiedliche Leben und heiraten erst in der allerletzten Folge. Die Schwangerschaftsthematik von Lisa kommt ebenfalls erst dann zum Tragen, nämlich analog zur »Alten Generation« in der dritten Staffel nach Einführung. Entworfen

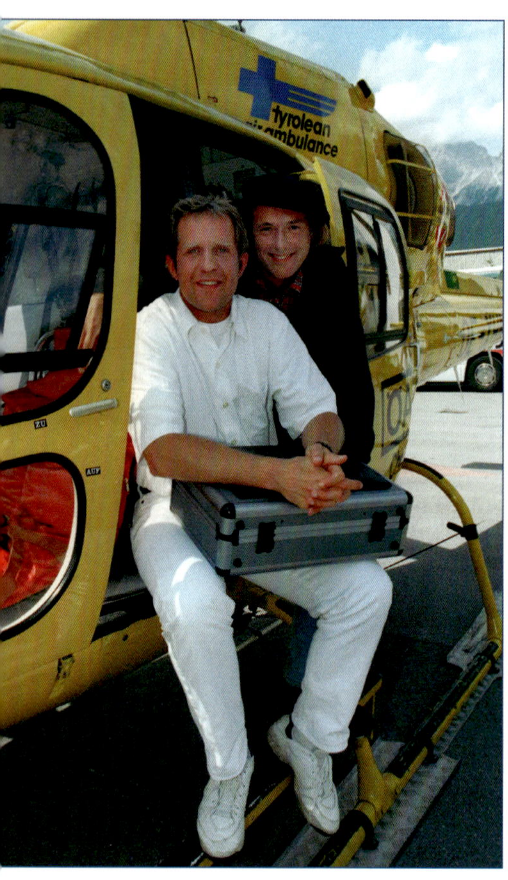

Ab 1996 wird die »Neue Generation« aktiv: Justus und Paul am 21. August 1996.

wurden die Figuren der »Neuen Generation« diesmal von einer Frau: Gabriele Kister (Jahrgang 1947), die 1993 mit der Folge 24 das erste Drehbuch ihrer Karriere abgeliefert hatte und auch 1994 und 1995 viele Folgen schrieb.

Pankraz und Franzi werden infolge des Umbruchs zu einer Art Hauptfiguren; vielleicht bilden sie sogar von Anfang an die inoffizielle Hauptbesetzung, da sie die ersten Figuren sind, die der Zuschauer in Folge 1 zu Gesicht bekommt und rein zahlenmäßig in sieben Jahren mehr Szenen ausfüllen als Dr. Burgner oder Dr. Hallstein. Die Wandlung geht von schmückendem, heiterem Beiwerk zu ernster Verantwortlichkeit und Modernität, schließlich sogar zur Heirat in Folge 95, nachdem die Liebesgeschichte zwischen den beiden über sieben Staffeln hinweg immer wieder angeklungen ist, aber nur selten offen zugegeben wurde. Erst in Folge 94 haben sie sogar ein gemeinsames Schlafzimmer – ein radikaler Wandel, der sicherlich nicht jedem Zuschauer zusagte.

Entwicklungsbezogen offenbaren sich dem aufmerksamen Beobachter einige kontroverse Irritationen, filmbedingte Vorausdeutungen und Kontexte, die zufällig oder bewusst gewählt sein mögen, jedenfalls die subjektive Meinungsfindung zur Serie beeinflussen können. Einige Beispiele für Irritationen: Der Nachwuchs der Regina Zirngiebel wird in Folge 22 als *»Bub«*, also maskulin, bezeichnet, während bereits in Folge 36 die »Toni«, also »Antonia«, eindeutig ein Mädchen ist, was sich auch in Folge 55 fortsetzt. Der Name »Obermayr« wird in Folge 16 noch »Obermayer« geschrieben, obgleich das Praxisschild zu dem Zeitpunkt längst die Schreibung »Obermayr« vorgab. Der Geburtstag von Dr. Burgner wird auf dem Grabstein in Folge 61 mit Dezember angegeben, obgleich in der Frühlingsfolge Nr. 75 Geburtstagsblumen zum Grab gebracht werden. Und zu guter Letzt wohnt Herr Konrad, wie bereits erwähnt, in drei verschiedenen Folgen in drei völlig unterschiedlichen Behausungen ... Vorausdeutungen finden sich vor allem 1995 hinsichtlich der zu diesem Zeitpunkt möglicherweise bereits geplanten »Neuen Generation«: In den Episoden 50 und 55 kehren die Protagonisten bereits zu einem Bier in die »Moosalm« ein, jenem Gasthof, der ab 1997 zum neuen Stammsitz der Einwohner wird, und ebenfalls in Folge 55 fragt David Schultheiss Maxl, ob er ihn nicht einmal in Berlin besuchen wolle, was in Folge 61 umgesetzt wird (übrigens stammt die Autorin Gabriele Kister aus Berlin; gedreht wurde indes in München). In Folge 58 antwortet Christl auf die Frage, ob sie Kinder habe, mit: *»Nein, bis jetzt noch nicht«*, wobei zu jener Zeit womöglich bereits klar war, dass sie in der Saison 1997 schwanger wird und in Folge 75 mit Justus schläft, da sie von Beginn an (Nr. 60) deutlich macht, dass sie in Justus verliebt ist. Justus hat übrigens in Folge 59 einen einleitenden Gastauftritt und präsentiert sich dabei mit langen Haaren noch ungewohnt leger.

Zumindest ungewöhnlich erscheint die Orientierung der Filmhandlungen der »Alten Generation« zur Bezirkshauptstadt Hall, obwohl diese weiter entfernt ist als die große Landeshauptstadt Innsbruck, die erst mit der »Neuen Generation« mehr in den Vordergrund rückt. Die Nummernschilder hingegen orientieren sich mit »IM« an der näher am Sonnenplateau liegenden Stadt Imst, und erst dann, wenn Kleinstadtatmosphäre gewünscht ist, kommt die sehr nahe und tatsächlich beschauliche Stadt Telfs zum Zuge. Hall jedoch wird am häufigsten erwähnt und bildet mit dem dortigen Krankenhaus eine wiederkehrende Kulisse in der Serie.

Interessant ist ebenfalls die Beobachtung, dass die Serie ab 1996 einen neuen, dauerhaften Gastakteur hat, der aufgrund fehlender schauspielerischer Ausbildung allerdings keinen Satz sagen darf: Pepi, eine damals 89-jährige Einwohnerin Wildermiemings, hat immer dann einen Auftritt, wenn wieder einmal ein klischeehaftes Dorfbild mit greisen Bäuerinnen und tratschfreudigen Damen dargestellt wird. Die neu eingeführte Hilde übrigens, in Folge 60 noch Patientin und später Gemeindeamtsmitarbeiterin, ist bereits in Folge 58 im Hintergrund zu sehen.

Personell bleibt noch zu erwähnen, dass weder Sabinas Mutter (Nr. 9) noch Rica Althäuser nach 1993 noch auftreten, sondern – hinsichtlich Sabinas Mutter – physisch und – bezüglich Rica Althäuser – spurlos aus der Serie verschwunden sind. Dagegen wurde die Rolle der Vroni von Brauneck bewusst gewandelt, weshalb sich die Erstakteurin dieser Figur – Jenny Kreindl – 1995 aus der Serie verabschieden musste. Sie wurde 1996 und 1997 durch Carol

Seyboth ersetzt, wodurch dem »Bergdoktor« ein neuer, junger, schwieriger und sportlicher Charakter zugeführt wurde.

Weil auch Musiker und Regisseure, die oftmals gern im gleichen Team zusammenarbeiten, nicht dauerhaft für ein Projekt eingesetzt werden können, kommt es in den Jahren 1993, 1994 und 1995 vor, dass Aushilfsvertretungen wie Peter Vogel mit Musiker Bernd Wefelmeyer (Nr. 24, 27, 28 und 31) hinzugezogen werden und die Produktion unterstützen. 1994 teilen sich Thomas Jacob und Wolf Dietrich die Regieaufgabe, 1995 sind es Wolf Dietrich und Ulrich König. Immerhin bleibt der Musiker Arnold Fritzsch in den Jahren 1994 und 1995 fester Serienkomponist, indes 1993 Michael Gajare, Arnold Fritzsch und Bernd Wefelmeyer abwechselnd tätig sind. 1996 und 1997 bilden die Polen Celino Bleiweiß und Andrzej Korynski ein festes Gespann, das 1998 gegen Hans Liechti bzw. Andreas Drost (zuvor jahrelang Regieassistent) und die Musiker Lorenzo Westphal bzw. Wolfgang Timpe komplett ausgewechselt wird.

Musikalische Aspekte jener Entwicklung im Vergleich zur »Neuen Generation« sind in der folgenden Interpretation hinreichend kommentiert. Erwähnt werden soll an dieser Stelle lediglich die vielfache Verwendung der Grundmelodie von Michael Gajare in zahlreichen Variationen im Score von 1992 und – von Arnold Fritzsch bzw. Bernd Wefelmeyer – 1993, danach aber endgültig nicht mehr. Das mag in der Erschöpfung dieser Melodiewirkung begründet sein, möglicherweise aber auch darin, dass Arnold Fritzsch seinen anspruchsvolleren, orchestralen Stil zunächst dem 1992 von Gajare vorgegebenen Rahmen anpassen muss, dann aber 1994 und 1995 ein eigenes Grundthema entwickelt, weil er ab 1994 alleiniger Musiker der Serie ist. Andrzej Korzyński produziert anschließend mit einer Reihe von generell situationsadäquaten Hauptmelodien einen umfassenden Grundstock für zwei Saisons im Voraus und muss auf diese Weise nur noch wenige individuell angepasste Melodien hinzufügen. Allerdings stehen sie von ihrer Lautstärke und ihrer Präsenz her – ähnlich wie bei Gajare 1992 – viel mehr im Vordergrund als beim zurückhaltenden Fritzsch. 1998 wird diese Zurückhaltung ebenfalls wieder aufgegriffen und jeweils nur eingängige, sehr dezente Melodien im Hintergrund verwendet, die schlicht und genial zugleich sind. Die Simplizität der meisten Melodien ist allerdings nicht das, was die drei Hauptmusiker des »Bergdoktors« auszeichnet; im Gegenteil: Jeder der Musiker hat mit seinem individuellen und für sich exzellenten Stil die ihn betreffenden Saisons positiv beeinflusst und die Atmosphäre nachhaltig geprägt.

Entwicklungsinterpretation

I) Musikalische Interpretation

Wie bereits mehrfach erwähnt wurde, trägt das musikalische Ambiente enorm zur emotionalen Stimulation, ja ganz allgemein zur Stimmung schlechthin bei. Daher kann man aus den verwendeten Melodien sehr viel über die vom Autor oder Regisseur vorgesehenen Situationen, über die Atmosphäre und vor allem über die Orientierung der Serie aussagen.

Maßgebend für viele weitere Melodien war die von Michael Gajare komponierte Titelmusik, auf der viele Arrangements des Scores basieren. Charakteristisch für diese Stücke sind Oboe, Flöte, Horn, Akustikgitarre und besonders Streicher. Sie erzeugen zumeist eine optimistische, träumerisch-idyllische, an die jeweilige Situation und – durch Oboe und Flöte – an die Bergwelt angelehnte Stimmung. Gajare griff dabei das Thema vieler älterer Heimatfilme auf, die vor allem in den 1950er-Jahren das dröhnende Fagott in den Wäldern erklingen ließen. Gajares Spezialität ist die Atonalität: Halbtonmelodien, die weiter gefasste Stimmungen erzeugen können als klare Moll- und Dur-Akkorde. Auf diese Weise ist der Zuhörer in manchen Szenen aufgrund der engen Tonlagen zum Teil überfordert, weil sie in einem starken Kontrast zu den äußerst schönen tonalen Liedern stehen, die an die Titelmelodie angelehnt sind und entspannend sowie aufhellend wirken. Mit diversen Nonenakkorden, Augmentationen und Diminutionen versucht Gajare 1992 ein komplettes Aufgebot seines Könnens, während er 1993 eher beruhigter daherkommt, mehr auf Gitarre setzt und sich mit aufregenden Experimenten entsprechend zurücknimmt.

Fritzsch konnte die zurückgenommenen, gefühlsbetonten Melodien noch stärker intensivieren: Anders als Gajare hatte er wohl das Budget für ein richtiges Orchester, bediente sich grundsätzlich tonaler Wohlklänge und präsentierte seine Melodien stets handlungsbezogen und sogar an Jahreszeiten orientiert. Als klar war, dass er ab 1994 der alleinige Musiker der Serie sein würde, gestaltete er den Einstieg (Nr. 34) besonders virtuos, vielleicht noch mehr als in den anderen Folgen. Er sagt: *»Die Musik ist aus der Lust gekommen.«* Viele Instrumente spielte er selbst (Piano, Trompete, Mundharmonika, Akkordeon und Gitarre), die Streicher wurden im Ernst-Bergner-Studio in Buchholz aufgenommen, entstanden sind die Aufnahmen in seinem Privatstudio in Berlin. Sein Merkmal ist der Entwurf eines einfachen Melodiethemas für alle harmonischen Familienszenen 1994 und 1995, das vielfache Variationen erlaubt, sowie eines zusätzlichen Melodiethemas für den jeweiligen Folgeninhalt, wobei stets eine Moll- und eine Durvariante zur Verfügung stehen – je nach Stimmung oder Dramaturgie. Dieses Konzept leitet den Zuhörer wie ein roter Faden durch das Geschehen und war sehr erfolgreich. Dabei war das Grund-Thema Tonika–Subdominante–Subdominantparallele–Dominante vermutlich aus dem Gajare-Thema heraus abgeleitet, das die gleiche Akkordfolge beinhaltet. Im Gegensatz zu Gajare bevorzugt Fritzsch allerdings die klare Reinheit der Akkorde und überzeugt vor allem durch ein orchestrales Arrangement (vgl. »Die Arbeit der Musiker« im Kapitel *Informationen*). Grundsätzlich ist es ein Werkzeug Fritzschs, jeder Episode ein eigenes Thema zu verleihen, das je nach Stimmungslage in einer Dur- und einer Mollversion variiert wird. Ferner ist er stets bemüht, durch Rhythmusangleichungen und individuelle Tempiwechsel eine Szenengenauigkeit zu erlangen, die seinesgleichen sucht.

Das änderte sich dann radikal mit der Umbruchphase 1996, als Andrzej Korzyński die Musik übernahm. Der neue Stil offenbart sich mit einer Zunahme an E-Gitarre und Schlagzeug, der Einführung und Standardisierung von Saxophon und einer rigorosen Frequentierung von Mollakkorden. Ein geradezu depressiver Stil schleicht sich ein. Oboe und Flöte kommen nur noch sporadisch zum Einsatz, viele digitale Klänge treten hinzu. Schlagzeug ist von Gajare zuvor gar nicht verwendet worden, von Fritzsch immerhin in den Folgen 15, 19, 39 und 51.

Aus dieser Erkenntnis ist die generelle Wandlung der Serienatmosphäre zur pessimistischen Seite unbezweifelbar, wobei es sich allerdings zu differenzieren lohnt in die Zeit des Umbruchs, in der der Reigen von der anfänglichen depressiven Trauer über einen emotionalen Kampf hinweg zurück zum Profan-Konventionellen führt (1996), sowie in die Zeit der danach weiterproduzierten Geschichten, die sozusagen zum Alltag zurückgekehrt sind (1997). In diesem Metier spielen dann heimatbezogene Mundharmonika, herbstliche Streicherklänge, manchmal selbst wieder Blasinstrumente wie Oboe und Flöte eine kleine Rolle.

Allerdings bilden die pauschalierten Melodien eine weitere Differenz zwischen der »Neuen Generation« und den Vorjahren, denn dort wurde vielfach auf die angesprochene Situationsbezogenheit geachtet: zum Beispiel die Kindermelodie in Folge 37, kleinste Detailtonfolgen bei witzigen Einlagen oder Spannungsszenen, bayerische Musik im Heimatmuseum (Nr. 49) und ähnliches mehr. Konkret komponierte Melodien findet man bei Korzyński zum Beispiel in der Zirkusfolge (Nr. 64) oder für die Untermalung des spanischen Liebhabers (Nr. 79). Neu ist ab 1996, dass die Titelmelodie nicht zum Abspann zurückkehrt, sondern durch die jeweils in der Episode dominierende Filmmusik ersetzt wird, die dann entsprechend an Lautstärke zunimmt.

Auch einige Fremdmelodien finden unter Gajare und Fritzsch sowie später in der Saison 1998 Verwendung: Wiener Walzer in Folge 15, Chris Roberts in Folge 20, Weihnachtsmusik in Folge 23, James Last in Folge 39, Nirvana in Folge 42, »Hiatamadl« von Hubert Goisern in Folge 49, klassische Musik in Folge 56, »Morning has broken« von Cat Stevens in Folge 58 und dann erst wieder Liebespopsongs in Folge 92. Virtuos mutet es allerdings an, wenn bekannte Melodien als Zitate eingebaut und von den Komponisten den Szenen entsprechend angepasst werden, wie es vor allem Fritzsch mehrfach hervorragend umgesetzt hat. Dieser verzichtet auch weitgehend darauf, einmal eingespielte Melodien zu wiederholen (dann aber doch 1995 in den Episoden 51, 55 und 59).

Nicht vergessen werden soll außerdem die Band »Die Trenkwalder«, die 1994 in den Episoden 38 und 45 auftritt und sogar ein Album mit dem Titel »Komm nach Sonnenstein« aufgelegt hat.

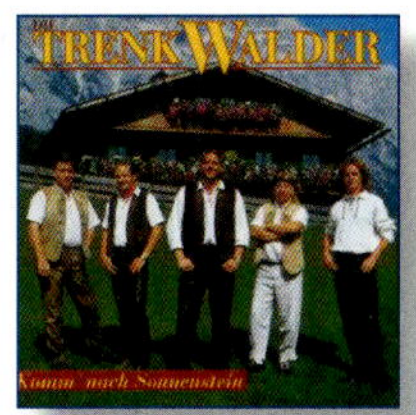

II) Interpretation am familiären Kontext

Im Anschluss an die Filmmusik soll in diesem Abschnitt die Interpretation durch Kritikbeispiele, Jahresresümees und anhand der Hauptfiguren erfolgen. Der Entwicklungsverlauf bezieht sich dabei vorwiegend auf den familiären Kontext, womit in diesem Fall die Darstellung der Familie an sich und die Quintessenz der Familienserie überhaupt zu verstehen ist. Hierbei soll chronologisch vorgegangen werden.

1992: Die einleitende Episode der ersten Staffel, der sogenannte Pilotfilm (Nr. 1), beinhaltet als Beginn eine Osterimpression. Das ist insofern interessant, als die Staffeln 1994 bis 1998 stets mit einer Schneefolge begonnen werden. Mit der Dramaturgie des Frühlings lässt sich ein Neuanfang assoziieren – das Aufblühen des Familienlebens.

Der gelungene Einstieg zu einer charakteristischen, eigentlich profanen Familienserie ist unter anderem in Höhepunkten in der Besetzung begründet, die viele prominente Künstler, denen ein hoher Beliebtheitsgrad zugeschrieben wird, aufweist. Veronica Ferres ist ein Beispiel, aber auch die beiden Münchener Freundinnen Michaela May und Jutta Speidel, außerdem Klaus Wildbolz und Robert Atzorn. May und Wildbolz spielten 1992 bereits auf dem »Traumschiff« zusammen und bildeten anfänglich eine feste Stammbesetzung.

Mit relativ großem Aufwand wird eine neue Ära »von Stadt zu Land« eingeleitet, wobei diese Ära als repräsentatives Ideal ein wesentlicher Punkt des Familiensinnes ist. Mag das Einstiegsthema auch trivial erscheinen, ist es für die Folgezeit wegweisend für eine gute und umfassende Präsentation von Landschaftsaufnahmen in einer traumhaft schönen Gegend.

Jeder folgende Schritt, von der Renovierung und Eröffnung der Praxis über die Integration in die Dorfgemeinschaft bis hin zu ersten familiären Ansätzen mit Sabina, die sich von Folge 1 bis Folge 9 hinziehen und letztlich in Folge 12 in der Überzeugung von Maxl gipfeln, sind als Rahmenhandlungen neben den eigentlichen Folgeninhalten verfasst und grundsätzlich geplant worden. Selbst die Folge 6, die den Namen »Sabina« trägt, hat mit ihr weniger zu tun, als es auf den ersten Blick scheint. Als Haupthandlung ist neben der Folge 1 lediglich die Folge 9 konzipiert.

Neben innerfamiliären Diskrepanzen existieren auch davon völlig losgelöste Anlässe, wie beispielsweise die abenteuerliche Schatzsuche (Nr. 10) oder die anfänglich noch recht ernsten Leiden von Herrn Konrad. In dieser Kennenlernphase sind bedeutende Aspekte bereits programmiert, die bis 1995 Bestand haben: die Einstellung von Traudl als Sprechstundenhilfe, ihr Hang zum Zuspätkommen, die Gespräche über den ärztlichen Vorgänger Dr. Hotz (Nr. 1, 57), Sabinas Spaghetti-Kochkünste, Pankraz' Probleme mit dem Älterwerden, Franzis gutgemeinte Intrigen, die Unaufrichtigkeit von Alois Angerer und Xaver Zirngiebl. Auch die Figur des Zimmerers entsteht in Folge 1 und bleibt bis in die »Neue Generation« konstant, diejenige von Luis Kofler gar bis zur allerletzten Folge! Luis übernimmt dabei je nach Bedarf so manche handwerkliche Rolle: vom Bergretter, Bergführer, Tischler und Bürgermeister bis zum Ortswehrführer (Nr. 88), Sportrodler (Nr. 89) und Wildwasserfahrer (Nr. 51). Sogar die Figuren des Rufus als Schlossverwalter, der Vroni von Brauneck (Nr. 13) und der Resi als Haushaltshilfe bei den Grafen werden in der ersten Staffel eingeführt, wobei Resi nur einmal (in Nr. 27) ihren Nachnamen am Telefon nennt, der leider nicht zu verstehen ist. Außerdem ist der Graf von Beginn an als Schürzenjäger angelegt und bleibt es über alle Staffeln hinweg bis zur Folge 65.

Auffällig ist, dass eigentlich sympathische Figuren wie Elfriede Angerer und Anna Pölz in der ersten Staffel durchaus noch unsympathisch erscheinen, rauchend zusammensitzen und lästern, was sich später weitgehend ändert. Alois Angerer wird sogar fast ein Freund des Doktors (Nr. 2, 29), aber gerät mit ihm auch immer wieder aneinander. Dagegen ist Pfarrer Hauberer in seiner Position absolut keiner Änderung ausgesetzt und bleibt von Folge 1 bis Folge 95 dabei.

1993: Man kann dieses Jahr als die Klimax der Serienkarriere betrachten, als den Erfolgshöhepunkt. Denn hier tritt erstmalig die planmäßige Themenreife ein, und das mit einer Fülle von Kreativität, wie sie in den sieben Jahren mehr oder weniger einzigartig ist. Zwei »überlange Zweistünder« und ein Zweiteiler sorgen für ein volles Pensum, wobei im Jahr wetterbedingte Einlagen (wieder eine Osterfolge zum Beginn, dann Weihnachten und Septembergewitter sowie eine kalte Herbstfolge mit Drachenfliegen in Nr. 30) und auf gleicher Ebene die interfamiliären Verhältnisse mit der Heirat als Höhepunkt involviert sind. Fortschreibungen des Familienlebens zum Staffelabschluss (Augenverletzung und Schwangerschaft, Nr. 33) treten als spannende Einlage zutage, gemäß der Sendezeit wird zu Weihnachten ein passendes Spektakel integriert, das eigentlich 1992 gedreht wurde, und das »Septembergewitter« ist sowohl inhaltlich als auch formal hinsichtlich des Produktionsteams vom Rest des Jahres unabhängig hinzugekommen und wurde je nach passender Sendezeit in die ausufernde Staffel eingefügt. Leider erhält die Staffel dadurch eine unzusammenhängende Qualität, weil sowohl Regisseure als auch Autoren und Musiker mehrfach wechseln, die Themen zum Teil abgedroschen sind und die Kontinuität der Rahmenhandlungen durcheinander gerät. Die besten Folgen sind wohl die Episoden 18 mit Dr. Burgners Patensohn, 22 mit der Einführung des neuen Themenkomplexes bei den Zirngiebls, der sich in den Episoden 35 und 55 fortsetzt, sowie Folge 33. Die Episoden 20, 21 und 25 dürften in ihrer Dramaturgie ebenfalls einen besonderen Stellenwert in der Staffel besitzen, die restlichen Folgen wirken vielmehr wie Lückenfüller.

Nur zwei Folgen widmen sich in ihrem Hauptplot der Familie, nämlich die Heirat (Nr. 26) und die Schwangerschaft (Nr. 33), sodass hierbei andere Nebenthemen komplett in den Hintergrund treten. Der Klinikarzt Dr. Renner bleibt übrigens die gesamte Staffel hindurch präsent. Höhepunkte in der Besetzung sind wohl Christine Ostermeyer (Nr. 21), Hansi Kraus und Maria Furtwängler (Nr. 23) sowie Alfons Schubeck (Nr. 20).

1994: Hier wird erstmalig der »Alltagsrhythmus« im Serienprogramm, das heißt das für die Zukunft mustergültige Pensum (13

Folgen), praktiziert. Der hier erstmals als Auftakt gewählte Winter ist Gegenstand für eine spannende »Schneefolge«, die nebenbei eine für die Bergferienorte typische Atmosphäre wiedergibt. Auch sonst ist die natürliche Umgebung, also ebenso das Wetter, in dieser Staffel sehr präsent: Frühling in Folge 35, Gewitterstimmung in Folge 40, Sommerreize in den entsprechenden Monaten, herbstliches Ambiente zum Ende – der Zuschauer hat wieder das Gefühl, die Doktorfamilie durch das gesamte Jahr zu begleiten. Dabei sind die Folgen dieses Mal zumindest augenscheinlich auch tatsächlich chronologisch.

Die Einleitung (Nr. 34) verbindet gleich zu Beginn die harmonische Familienatmosphäre mit dem eigentlichen Höhepunkt der Saison 1994, der Geburt von Julia Burgner (Nr. 36). Ab dort beginnt eine einschneidende Veränderung der Familienstruktur, zwar verbunden mit einem Aufgaben- (Sabina) und einem Rangwechsel (Maxl), aber auch mit einer auffrischenden Reflexion über die vergangenen Umstände in Form der Vater-Sohn-Beziehung. Das Babythema der Familie sowie das Schulthema von Maxl (Nr. 37, 40, 41, 45, 46) ziehen sich durch die gesamte Staffel und münden als Saisonfinale sogar in einer neuen Verwandtschaftsbeziehung von Thomas, die in Folge 55 wieder aufgegriffen wird. Ferner werden die Bucheggers 1994 neu eingeführt und bleiben bis 1996, und das Zirngiebl-Thema von Folge 22 findet in Folge 36 seine Fortsetzung, wobei der perfide Bauer am Ende wesentlich liebenswürdiger reagiert als ab 1996 beim Auftauchen seines unehelichen Sohnes Bernie.

Gastierende Stardarsteller sind 1994 weniger geworden, wobei Angelika Milster wohl zur Spitze jener zu rechnen ist. Ihre Filmtochter Lara Joy Körner, die reale Tochter von Waltraut Zirngiebel alias Diana Körner, ist übrigens bereits in Folge 11 mit von der Partie. Die gräflichen von Braunecks gehören ab 1994 nicht mehr zum festen Ensemble und haben auch ein entsprechend geringeres Einsatzpensum (vor allem Nr. 44). Angenehm hervorzuheben ist, dass die Folgen von 1994 trotz kurzzeitigem Regiewechsel in ihrer Qualität gleichbleibend daherkommen und durchweg das Niveau halten, wenngleich die ungeduldige Frau Doktor mit ihrem Arbeitsbeginn in Folge 46 etwas nervt. Als Hauptplot für die Familienentwicklung kommt daneben eigentlich nur die Folge 37 in Betracht.

Robert Thayenthal war übrigens auch in dieser Saison als Drehbuchautor tätig, und zwar für die Folgen 34 und 42, was der Grund dafür sein dürfte, dass erstmals seit 1992 wieder von Maxls Freundin Elisabeth (»*Lissi*«) die Rede ist, die er seinerzeit entwickelt hatte. Insgesamt schrieb Thayenthal 20 Folgen für den »Bergdoktor«.

1995: Auf einem stetig gewachsenen Niveau schließt diese Staffel an das Vorjahr an. Der einleitende Restschnee zu Beginn ist diesmal Kulisse für einen ersten Stammbesetzungsabschied (Traudl; Nr. 47), der symbolisch als Signal für den »letzten Sommer« interpretiert werden kann. Immerhin kommt in diesem Jahr zum letzten Mal die klassische Zusammensetzung zum Zuge, wird ein letztes Mal die harmlose Familienidylle präsentiert. Mit dieser Orientierung erkennt man bald die wahrscheinlich geflissentlich misstönende Inszenierung zwischen »alt« und »neu«; das heißt, 1995 ist hin- und hergerissen zwischen dem bisherigen Schema und der neuen Moderne. Die Staffel ist damit die modernste innerhalb der »Alten Generation« und auch die reifste: Die verträumten Idyllen im alten Stil mit reizvollen Einlagen werden von zunehmend ernsteren Themen umrahmt als noch 1994, auch die Magd im Dirndl und den Knecht im Jankerl findet man in diesem Jahr nicht mehr. Es scheint, als sei bereits ein Schritt in die Zukunft getan, was auf der anderen Seite aber auch mit erschöpfter Themenvielfalt und dem Ausbleiben familiärer oder dramatischer Höhepunkte einhergeht. Nach Heirat (1993) und Geburt (1994) gibt es 1995 keine einzige Folge mit der Familie als Hauptplot, hingegen sind Sabina und Maxl in vier Folgen abwesend. Der erneute Flirt Sabinas mit einem Klinikarzt (Nr. 56) wirkt hilflos. Graf von Brauneck tritt kein einziges Mal auf, die Gräfin ist immerhin in den Folgen 50 und 56 mit von der Partie, wobei Vroni nur in einer Szene kurz zum Einsatz kommt. Höhepunkt bei den Gastakteuren ist sicherlich Karlheinz Böhm in der Folge 47, über den viel geschrieben wurde, einschließlich seiner Gage in Höhe von 50.000 D-Mark.

Die wieder von Robert Thayenthal verfassten Episoden 51, 53 und 54 vermitteln ein interessantes Ambiente, da die Darstellung beliebter Sportarten (»Wildwasser«) in Verbindung mit einer erneut trivialen, aber gut inszenierten Familiengeschichte (unbekannter Vater) ebenso kreativ ist wie der Gebrauch eines traditionellen Bergfestes oder einer Spukgeschichte. Die Wiederkehr von Sabina und den Kindern aus dem Urlaub als kurze Sequenz am Ende von Folge 53 wirkt wie die Wiederherstellung der alten familiären Situation und der damit einhergehenden Friedlichkeit. Außerdem lässt Thayenthal seine Frau Karina als Lehrerin Laura Sterneck wieder aufleben und schließt damit direkt an Folge 4 von 1992 an.

Auch die Bucheggers und Thomas' »neuer« Cousin David treten in Anknüpfung an das Vorjahr erneut auf. Amerikanische Beziehungen spielen in den Episoden 49 und 57 eine Rolle. In Folge 49 stellt die zunehmende Verantwortung Maxls in einem Vergleich der Situation mit seinem Vater 1992 einen Rückbezug innerhalb der eigenen Seriengeschichte dar. Auch die Erwähnung seines Freundes Marco in Folge 59 kann als eine solche Anspielung verstanden werden, nämlich zur Folge 24. Maxl hat außerdem wieder einen Liebes-Hauptplot wie bereits in den Staffeln davor: Episoden 15, 42 und 58. Die Folge 58 soll übrigens laut Datum auf einem im Film zu sehenden Fax Anfang September 1995 entstanden sein – also wieder ein chronologischer Jahresablauf, wenngleich wir aus den Anmerkungen zur vierten Staffel im Kapitel 1995 bereits wissen, dass viele Folgen vertauscht wurden und die Aufnahmen den Präsenzzeiten der Schauspieler angepasst werden mussten. Dennoch ist die Folge 59 eine typische Herbstfolge und sodann die letzte »richtige« Geschichte der alten Generation, die zwar völlig klassisch ist, jedoch mit dem Auftreten Harald Krassnitzers eine Überleitung enthält.

Ulrich König führt als Letztes die Regie und erweist sich mit seiner ungewöhnlichen Kameraführung und der Inszenierung vieler neuer Details (funktionierender Brunnen vor dem Haus, Tiere im Vordergrund statt eigentlicher Handlungen, Betrachtungen im Spiegel) in Verbindung mit der Autorin Gabriele Kister als Stimmungsbringer, der die »Alte Generation« in der Saison 1995 zur Reife geführt hat.

1996: Dem dieses Mal wieder gänzlich am Winter orientierten Einleitungs- bzw. Überleitungsfilm ist trotz Vorhandensein der meisten bisherigen Darsteller von Beginn an eine neue Stimmung inhärent. Das Abschiedsthema der Folge 60 ist darüber hinaus etwas unnötig in die Länge gezogen, während dem eigentlich rührend anmutenden Abschied nur eine kurze Szene gewidmet ist, was die Spannung auf die nächste Folge zwar erhöht, dann jedoch desillusioniert: Nach zwei Stunden Hinauszögerung der Klimax, möglicherweise des »Genießens« wegen oder zur Steigerung der Dramaturgie, lässt das Ende noch viele Fragen offen (ganz nach dem System der »Neuen Generation«), die auch in Folge 61 nicht beantwortet werden (z. B. was mit Pascal samt Vater geschehen ist). Im klarsten Sinne heißt das, dass erläuternde Szenen zwischen den Episoden 60 und 61 fehlen, die zum einen interessant wären, zum anderen aber möglicherweise zu Komplikationen seitens der Autorin geführt hätten. Insgesamt fehlt eine Zeitspanne von ein bis zwei Wochen, was wiederum – auch nach dem alten Schema – der Kalkulationszeit des Drehs pro Folge und der fiktiven Differenzzeit zwischen zwei Buchgeschichten entspricht. Immerhin wurde seitens Sat.1 die Werbung im Abspann von Folge 60 wohl aus »Pietätsgründen« nicht eingespielt.

Es liegt nahe, dass sich der Gesamteindruck zunächst ausprägen muss, bis auch die spezifischen Eigenschaften der Schauspieler in ihren Rollen eine gewisse Routine entwickeln. Beispielsweise mimt Harald Krassnitzer anfänglich einen durch und durch vernünftigen, ehrgeizigen und ernsten Menschentyp, der das harmonische Familienleben der Vorjahre nicht über Gebühr hervorhebt – was sich später durchaus relativieren wird. Dr. Hallstein ahmt in Folge 61 witzelnd berühmte Leute nach und lacht anmaßend schauspielernd, Lisa jubelt noch recht unecht in ihrer Rolle als angehende Studienrätin – beides Szenarien, die in ihrem Erscheinungsbild gar nicht zum Charakter der späteren Figuren passen wollen. Nur allmählich treten diese ins Rampenlicht und kommen aus ihrer Innsbrucker Welt aufs Land. Es dauert eine ganze Weile, bis Lisa und vor allem Paul mit seinem französischen Gehabe Sympathien wecken.

So steht in den Übergangsepisoden, die einerseits Fragen offen lassen, aber trotzdem aufgrund von guter Schauspielleistung positiv zu würdigen sind, vorerst Maxl im Zentrum, weil der Zuschauer mit Spannung die Fortführung der Familiengeschichte erwartet. An ihm lässt sich besonders gut ein Wandel beobachten, da er ohnehin hineingewachsen ist: 1994 das für ihn damals charakteristische Merkmal von Aufgewecktheit und heiterer Unverschämtheit noch deutlich betonend, präsentiert er sich 1995 eher als ruhiger, verantwortungsbewusster Typ (vgl. Psychogramme), während 1996 nachlassender Frohsinn, eine pessimistische Stimmung sowie zunehmende Wut und Durchsetzungsvermögen festzustellen sind. Sicherlich stimmt dies mit den gestiegenen schauspielerischen Ansprüchen und der härteren Themenwahl der »Neuen Generation« überein, die eine Umgestaltung der Rolle bzw. eine Anpassung an die neue Situation erfordert, passt aber ebenso zu dem Wandel, den die Folge 60 fiktiv und real mit sich brachte: Der Tod des Vaters war gleichzeitig der Abschied aus der Serie und ein letztes gemeinsames Auftreten vor der Kamera, also das Ende des guten Vater-Sohn-Verhältnisses, im Film sowie in Wirklichkeit, wie Gerhart Lippert 2008 in einem Interview erklärt (vgl. Abschnitt »Interview mit Gerhart Lippert 2008« im Kapitel *Informationen*). Indirekt wurde dies auch vom Sat.1-Sprecher bei der Ausstrahlung der Wiederholung von Folge 61 gewürdigt.

Die laute E-Gitarre als musikalisches Signal des Umbruchs wirkt zuweilen deutlich übertrieben. Und schließlich ragt aus der depressiven Atmosphäre der Überleitungsfolgen die Zirkusgeschichte in Folge 64 wie ein erster Sonnenstrahl nach dem Gewitter hervor, wieder etwas heiterer und sommerlich geprägt. Die Folge stellt im

Rahmen der Überleitungen immerhin noch Dr. Hallsteins Umzug nach Sonnenstein sowie die Ansiedelung des neuen Gastwirts Paul dar, nachdem die Angerers in der Folge davor ausgeschieden sind. Die Herzattacke Alois Angerers bildet dabei übrigens einen schönen Rückbezug auf die Folge 29, in der er ebenfalls bereits mit Herzproblemen zu kämpfen hat. In Folge 65 wird dann auch unter dem Grafenpaar ein Strich gezogen und die bisher liebenswerte, ruhige Vroni durch eine unverfrorene und ehrgeizige Persönlichkeit ersetzt. So bleibt keine vorbildliche Ehe, wie sie war, und wird einer nach dem anderen aussortiert. Die Ehe der Zirngiebls hält zumindest noch bis in die nächste Saison. Dr. Hallstein gewinnt in seiner rigorosen Art das Vertrauen der Leute und bildet mit Pankraz – bisher eigentlich konservativ, nun mit gewandeltem Sozialbild und auf Justus' Seite – sowie Paul eine Art neue Allianz. Damit können die »harten« Themen beginnen:

Diese beginnen in Folge 66 mit Lisas Vergewaltigung und gehen mit dem Luftröhrenschnitt in Folge 67 weiter. Rahmenhandlungen sind in der »Neuen Generation« stärker mit der nächsten Folge verknüpft als bisher, und in den Episoden 66 und 67 ist es sogar die Haupthandlung. Nur allmählich tritt die Vorgeschichte zutage, die Justus, Paul und Lisa verbindet: Sie lernten sich in einer Studentenwohngemeinschaft kennen. Lisa erzählt in Folge 67, als sie Christl die Vorzüge ihres Freundes nahelegen will, Paul sei bei seiner ersten Operation ein junges Mädchen verstorben. Er habe hernach in Frankreich eine Ausbildung als Koch abgeschlossen und sei trotz der »Sprücheklopferei« sehr sensibel.

Über das aktuelle Gesellschaftsthema von Folge 68 hinweg wähnt der Zuschauer in Folge 69 bereits den nächsten dauerhaften Abschied, nämlich von Maxl. Für insgesamt fünf Folgen kehrt er in den nächsten Staffeln zwar noch einmal zurück, die neue Zusammensetzung der Dorfgemeinschaft bietet aber sicherlich keinen passenden Rahmen mehr für seine Präsenz. Der Ausstieg über das Internat ist gut gewählt und klug inszeniert: Der einzige Ausweg ist derjenige ins Erwachsenenleben, was die logische Folge der Initiation in Folge 60 darstellt.

Die letzten Themenhandlungen sind prosaisch abgefasste, beinahe schon Routine-Episoden, die entwicklungsbezogen lediglich die »Scheune« des Doktorhauses (eigentlich das gesamte Interieur des Gebäudes), die neue Figur des Hans Berger (Nr. 70), das Auftauchen des Zirngiebel-Neffen (Nr. 72) sowie die sportlichen Aktivitäten der Hauptdarsteller im real existierenden Hotel Interalpen (Nr. 73) als Höhepunkt bieten. Prominente Gastakteure hat diese Saison dagegen nicht im Repertoire.

1997: Es ist sicherlich angemessen, diese Saison als das ultimative »Hauptjahr« der neuen Generation zu betrachten. Nicht nur allein aufgrund der neuen quantitativen Klimax nach 1993, auch im inhaltlichen Kontext ist eine Standardisierung der Handlungen und Abläufe gegeben. Man bemerkt ohne Weiteres eine erfolgte »Teameinspielung« und die neu gewonnene Routine. Doch Höhepunkte bleiben nicht aus angesichts der neuen Konzeptionierung, dass sich der Arzt selbst wandeln und Fehler zugeben muss, kein statischer Held mehr ist, sondern mit dem Thema des Fremdgehens von Folge 75 eine neue Rahmenhandlung begründet, die erst in Folge 93 endet. Der Abschied von Paul in Folge 87 ist neu in der Entwicklung einer heilen Hauptfigur und passt bereits zu den Themen, die der neue ZDF-»Bergdoktor« ab 2008 zu bieten hat. Die neuen Figuren Hans Berger, Bernie Zirngiebl und Hans Melzig haben weitere Auftritte. Der Schäfer Hans Melzig wird in Folge 79 eingeführt und ist auch in Folge 86 wieder dabei, verkörpert in Folge 60 aber bereits den Schwiegervater des Mörders Hans Bichler. In diesem Kontext wird ein weiteres Mal deutlich, welche neue Rolle Herr Konrad neben der des Hypochonders übernommen hat: Gerne hilft er auf Pankraz' Rat hin dem alten Schäfer Melzig in Folge 86 bei seiner Arbeit und verteidigt sogar Haus und Hof.

Leider ist der Rest der Staffel trotz Themen- und größter Autorenvielfalt in seiner Ausprägung zum Bergsport hin recht redundant. Gleich zweimal wird die 1996 wieder zurückgekehrte Veronika von Brauneck als selbstsüchtige, verantwortungslose Sportlerin präsentiert, gleich dreimal geschehen Unfälle in den Bergen innerhalb reiner »Kletterfolgen«. Darüber hinaus stört Pauls Ex-Frau das schöne Liebesglück von Paul und Christl auf nervende Weise. Aber auch der Sohn Florian entspricht nicht dem bisherigen harmonischen Familienbild, was der Figur allerdings eine gewisse Professionalität abverlangt. Waltraud Zirngiebl muss infolge eines gelungenen Rückbezugs auf ihre Magenprobleme von Folge 36 in Folge 74 ins Sanatorium und geht später mit Hans Berger fremd. Lisa flirtet mit Miguel de Santoz. Und Maxl schläft mit Lara, deren Darstellerin die Tochter von Michaela May ist – übrigens wieder ein in der Art der »Neuen Generation« episodenübergreifender Themenkomplex, nämlich erstreckt über zwei Folgen, wobei dennoch erneut viele Fragen offenbleiben (Warum sind Laras Eltern und Pankraz so spießig? Warum macht Lara Schluss und ist telefonisch nicht mehr zu erreichen? Wie geht es Maxl nach dem Sturz?). Bei dieser Art Problematisierung rücken geistreiche Schlagabtausche mit Franzi oder Herrn Konrad freilich in den Hintergrund.

In diesem »Jahr der neuen Generation« tritt letztmalig die Figur Anna Pölz auf, wobei der in Folge 78 eingebrachte potenzielle Krebstod einen leicht makabren Einschlag genießt, da die Schauspielerin Margot Mahler tatsächlich kurz darauf dieser Krankheit erlag.

1998: »Alles auf Anfang« ist wohl das Motto dieses Staffelkonzepts. Dr. Hallstein wird mit Tom ein neuer Freund an die Seite gestellt, Meggy wird die neue Sprechstundenhilfe, und plötzlich taucht ein naturverbundener Wildhüter auf, der Christls neuer Partner wird. Diverse Fragen der vergangenen Saison bleiben offen, zum Beispiel wo Paules Familie, Susanne und Florian, verblieben sind und warum Christl weiterhin in dem großen Haus wohnen bleibt. Die neuen Regisseure bemühen sich merklich darum, die Themen und Figuren noch jünger erscheinen zu lassen – und schaffen es auch, eine spannende Atmosphäre zu erzeugen. Da krabbelt auch schon mal ein Totenskelett auf den fantasierenden Patienten zu (Nr. 93) – so etwas gab es in der Serie zuvor nicht. Das ständige Rauchen, auch von dem Naturburschen und Doktorfreund Tom, sowie die zahlreichen sexuellen Anspielungen wirken allerdings übertrieben. Dr. Hallstein zeigt sich wenigstens vermehrt von seiner humorvollen und fehlerhaften Seite, was ihn sympathischer erscheinen lässt, und die Musik macht trotz vorgefertigter Melodien eine ganz gute Figur. Lisas Schwangerschaft kommt einer logischen Serienkonsequenz gleich, und nach einem dramatischen Finale klingt der »Bergdoktor« mit einer Doppelhochzeit durchaus stimmig aus.

III) Räumliche Interpretation

»Zeige mir, wie Du wohnst, und ich sage Dir, wer Du bist!« Eine kühne Behauptung, aber wir wollen sie uns im Folgenden zunutze machen. Denn die bildliche Ausdruckskraft eines Raumes, Gebäudes oder einer Einrichtung steht heute im ästhetischen wie im psychologischen Bereich kaum mehr in Frage; an ihr lässt sich ebenso eine Aussage über die Entwicklung der Generationen treffen wie etwa bei der Musik oder den Geschichten. Im Folgenden soll dieses nicht individuell – wie bei den Psychogrammen –, sondern generell geschehen.

Zu nennen ist hierbei an erster Stelle das Haus des Bergdoktors, welches stets einen – durch das Holz, die tiefen Balkone und die Blumen erzeugten – gemütlichen Eindruck erweckt. Mit der Übernahme des Hauses durch die neuen »Bewohner« wird die Holzverkleidung der ersten Etage und der obersten Balkon-Fensterwand entfernt und stattdessen mit einem Außenputz versehen.

Auch bleibt die hölzerne Gartenterrasse seitdem unbenutzt, während ein gepflasterter Bereich am Hauseingang für solche Zwecke hinzukommt – Symbol verlorener Behäbigkeit, an dessen Stelle immerhin neue Gartenpflanzen getreten sind.

Die requisitär bedingte Einrichtung ist aus architektonischer Sicht realitätsnah aufgeteilt, wobei der untere Bereich links vom Flur mit dem Schild »Privat« an der Küchentür vom restlichen Praxisgebäude getrennt ist. Das einstige WC für im Flur wartende Patienten weicht schließlich in der »Neuen Generation« einem Labor. Die hintere Wand des Flurs wechselt in allen Drehjahren und ist mal eine Tür, mal ein Fenster und mal eine Bretterwand.

Einen wesentlichen Unterschied zwischen der »Alten« und der »Neuen Generation« stellt wohl der bereits erwähnte Wandel vom Gemütlichen zur modernen Schlichtheit dar, was sich ebenso im Mobiliar ausdrückt: Glas und Stahl statt Holz und Polster, ein Keith-Haring-Kunstwerk in der Praxis (Nr. 64) statt Familienfotos auf dem Schreibtisch (Nr. 8 etc.). Aber nicht jedes Bild mag sich in diese pauschale Aussage einfügen: Die Holzverkleidung der Küche ist weitestgehend geblieben, doch ist das frühere, mit Bücherschrank, Fernseher und Sitzecke ausgestattete Wohnzimmer ab Folge 60 nicht mehr im Drehplan enthalten. Dafür rückt die im oberen Flur befindliche Sitzgruppe in den Fokus. Die ehemaligen zwei Kinderzimmer werden zum Gästezimmer. Das stets im selben Raum befindliche Schlafzimmer bildet mit dem bisherigen Holzdoppelbett einen deutlichen Kontrast zu moderner Kunst in Form eines Gipsbären und zu einem vor das Fenster schiebbaren, lichtdurchlässigen Sichtschutz. In den Episoden 48 und 91 wird einmalig ein Nebenraum (Ankleide) in die Szene integriert, der darüber hinaus nie wieder in Erscheinung tritt. Das oberste Stockwerk – den »Dachboden« – zeigen sowohl die »Alte« als auch die »Neue Generation« nicht.

Grundsätzlich ist die Einrichtung überaus durchschnittlich, was aber wohl gerade das Ziel der Verantwortlichen war, um den Zuschauern die Identifikation zu erleichtern. Schon deshalb werden beinahe jedes Jahr die Tapeten gewechselt – und das nicht etwa sprichwörtlich – und entsprechende zeitgemäße Veränderungen und Modernisierungen vorgenommen. Die Requisiten aber bleiben über viele Jahre dieselben, vor allem im Hause Obermayr, wo das Sofa, der Schreibtisch und die antiquierten Deckenleuchten immer wieder zu sehen sind. Auch die Requisiten in Maxls Zimmer bleiben in vielen Staffeln unverändert: von den weißen Bücherregalen mit Kartonschubern über das Keyboard, die Sportutensilien, die Stereoanlage, den Fernseher, die bemalten hölzernen Kleiderhaken an der Tür und das Skelett aus der Praxis bis zu den Postkarten und Postern an der Wand (wechselnd Schäferhunde, Motorräder und Bands) und sogar dem Gameboy (Nr. 17, 44). Auch die beiden Becher auf Dr. Burgners Schreibtisch bleiben bis zuletzt im Einsatz. Die Arbeit der Requisiteure ist äußerst detailreich und gekonnt – beachtlich ist etwa, dass sogar alltägliche Gebrauchsspuren mit eingebaut wurden.

Im Verlauf der Serie rücken andere Kulissen mehr und mehr in den Vordergrund, doch stellen sie mit übertriebener Modernität (Lisas Wohnung) und ebensolcher Konservativität (Haus Obermayr) einen wohl sinnvollen Kontrast dar. Wurden in den früheren Staffeln eher typische Tiroler Fachwerkhäuser als Kulisse ausgewählt (z. B. in Nr. 56), sind es später moderne Ferienhäuser, wie sie vielfach am Sonnenplateau gebaut werden (z. B. das neue Haus von Christl und Paul in Nr. 71).

Dass die Kulissenaufteilung nur ein Provisorium mit zahlreichen Widersprüchen im Vergleich der Außen- zur Innenansicht ist, wurde an anderer Stelle bereits erwähnt. Vor allem fällt irritierend ins Gewicht, dass das Wohnzimmer nach der relativen Gebäudeeinteilung nur ein Seitenfenster haben dürfte, in Folge 49 aber zum Beispiel zwei aufweist. Und es dürfte einigen Aufwand gekostet haben, die stets nur selten gebrauchte Polizeiwache immer wieder einzurichten.

Dennoch weisen die Kulissenbauten eine gewisse Kontinuität und Logik allein dadurch auf, dass die Räumlichkeiten seit Beginn der Dreharbeiten immer gleich bleiben und dem aufmerksamen Zuschauer nur durch charakteristische Detailansichten mitteilen, in welchem Raum die Szene gerade spielt. Sogar Zimmerdecken (mit Holzbalken) sind regelmäßig sichtbar, da in einem realen Haus gedreht wurde. Lediglich der Gasthof Angerer sowie der spätere Gasthof Reuther bilden eine Ausnahme, weil diese häufig wechseln: vom »Hotel zur Post« in der ersten Staffel (Nr. 2, 12) zum Gasthof »Stern« ab 1993 (Nr. 15) bis zur »Moosalm« ab Folge 75 und einem ganz anderen Gasthof in Folge 93. Die dargestellten Terrassen des Gasthofs »Stern« entsprechen in Folge 16 noch der Realität, in den Folgen 65 und 67 wird hierfür jedoch die Terrasse des Cafés »Maurer« in Mieming verwendet. Auch das Telefon im Haus der Obermayrs wandert von 1993 auf 1994 von Pankraz' Arbeitszimmer in den Hausflur und wird 1996 schließlich durch das schnurlose Telefon aus dem Doktorhaus ersetzt. Aber zum Beispiel die altmodische Küche im Hause Burgner, die dortigen Wandbilder, die Treppe nach oben und das Wohnzimmer mit dem Kamin ziehen sich durch alle Folgen, in denen diese Kulissen vorkommen. Selbst die Kleidungsstücke in Maxls Holzschrank (Nr. 24), die im Wechsel der Staffeln 1993/94 ausgetauscht wurden, trägt er auch tatsächlich in diversen Bildeinstellungen.

Bewertung der Serie

I) Allgemeine Kritik

Alle Unkenrufe der Kritiker beim Thema »Heimatserie«, sie sei ein reiner Schnulzen-Kitsch mit romantischem Herzschmerz und ohne Bezug zur Realität, finden in Ansätzen durchaus auch beim »Bergdoktor« ihre Berechtigung: Gerade in den Anfängen und sogar noch bis zur Staffel 1994 wurden Liebesgeschichten zwischen Knechten und Mägden serviert, wurden selbst im Alltag von modernen Schauspielern Tiroler Trachten getragen und Feindseligkeiten zwischen Vorurteilen und Eifersucht mit entsprechend trivialer Musikuntermalung thematisiert. Nur zwischendurch wurden diese Seifenoperninhalte von ernsten und realistischen Folgen abgelöst, auch von mehr städtischer und weltlicher Verbundenheit, und 1995 schließlich gab man sich in der Übergangszeit zur »Neuen Generation« bereits modern und weniger heimatverbunden. Dieses Produktionsjahr hat damit die am realistischsten gelungene Staffel hervorgebracht, ehe es ab 1996 künstlich übersteigert und »en vogue« zuging, oft mit übermäßig bedrückter Gesamtstimmung belastet.

Unterhaltsam und dem Anspruch einer Familienserie entsprechend war es dagegen immer, wenn die Autoren nette Witzeleien einfließen ließen, die die Stimmung insgesamt hoben. »*Um deine Sünden reinzuwaschen, bräuchte ich die Hilfe der Freiwilligen Feuerwehr*«, wettert Pfarrer Hauberer in Folge 42 und entgegnet damit dem boshaften Ex-Gatten der Tochter des Sägewerksbesitzers, der die Partnerschaft zwischen ihr und dem Ortsbäcker gefährdet. Mit solchen und ähnlichen Sprüchen glänzt die »Alte Generation« in puncto Harmlosigkeit und befreiender Komik als Ausgleich zu den ernsten Alltagsthemen. Wenn die Dorfhonoratioren ihren dicken Kopf durchsetzen, die alte Bergbäuerin Einbrecher verscheucht, der Pfarrer zum Angerer zum Frühschoppen geht, die Touristen die Ortsnamen falsch aussprechen, die Buben nur die Mädels im Kopf haben, Franzi einen Obstler braucht, weil sie sich wieder irgendwo eingemischt hat, ein Verhältnis zwischen Traudl und Dr. Burgner vermutet, einem Vegetarier Gulasch vorsetzt, oder wenn Herr Konrad eine seiner 137 Krankheiten vorträgt, beim Angerer frühstückt, weil er kein Hypochonder werden möchte, oder von einem Pudel die Tollwut befürchtet, schmunzelt nicht nur der Zuschauer, sondern auch der Drehbuchautor, der nunmehr damit signalisiert, dass ihm seine Arbeit Freude bereitet.

Der Freiraum der Autoren prägte vielfach das Bild der Serie. »*Gehns auf den Berg. Es gibt nichts Besseres zum Auftanken*«, war eines von Dr. Burgners »Rezepten«. Doch dürfen gesundheitswissenschaftliche Begriffe in einer Arztserie natürlich keinesfalls fehlen, um die medizinische Authentizität glaubhaft zu machen. So bleiben Ausdrücke wie viszerale Leishmaniose, Veitstanz, Angina, embryonale Gewebeverkapselungen usw. nicht aus, und dabei hilft auch kein »*Alkaselzer*« mehr. In einem solchen Doktorhaushalt könnten sich sogar die Hausmädchen von Schloss Brauneck zieren zu arbeiten; so hält es zumindest die Schlossherrin in Folge 56 für möglich.

Der Themenbezug der Autoren ist oftmals aktuell gehalten und passend zu jeweiligen Pressethemen der damaligen Zeit (z. B. Magersucht, vegetarische Ernährung, Gewalt an Schulen, Arbeitslosigkeit, alltägliche Schwierigkeiten, wie sie in jeder Serie mehrmals behandelt werden). Gemischt mit Schmunzelszenen der klassischen Art und charakteristischem Dorftratsch, der Tiroler Sturheit der Dorfältesten, Naivität der Landbevölkerung sowie Verkuppelungsaktionen von Franzi und Krankheitsgeschichten von Herrn Konrad tritt das Ernsthafte noch stärker in den Vordergrund und wird vom Zuschauer kritisch bis zur abschließenden Katharsis wahrgenommen, woraus ein jeweils rundum kompakter Film resultiert, der – wie wir bereits wissen – ab 1996 eine Wandlung erfährt und zumeist eine offene Frage lässt, die dann – so verspricht es der Cliffhanger – in der darauffolgenden Episode beantwortet wird.

Der weitgehend einzigartige Einbezug der Landschaft in den Serienalltag ist eine Kunst, die die Stellung des »Bergdoktors« in der Seriengeschichte durchaus berechtigt. Auch das besondere, aber nicht einzigartige Können, eine gesamte Lebensära im Umfang von sieben Jahren auf nur knapp hundert Stunden derart reduziert zu haben, dass weder eine Kontinuität in der Handlung noch wesentliche Elemente fehlen, zeichnet die Serie aus. Den Beteiligten ist es gelungen, das Publikum nicht merken zu lassen, dass sich gut 61.000 Stunden aus dem Leben der dargestellten Personen jenseits der Leinwand »abspielen« – im Gegenteil: dass man sogar das Gefühl hat, selbst an den banalsten Alltagsgeschehnissen zumindest teilweise teilzuhaben.

Die gleichen Empfindungen stellen jedoch gleichzeitig die Kritikpunkte einiger Filmwissenschaftler dar: Das Privatleben der Figuren bleibt sehr oberflächlich. Die Filmmusik trägt ganz bewusst zur suggerierten »heilen Welt« der Serie bei. Die Persönlichkeitsmerkmale der Figuren sind geflissentlich eindimensional und rudimentär, damit eine Identifikation mit ihnen leichter fällt. Die Figuren sind auf einen minimalen, kompakten, unrealistischen Durchschnitt getrimmt, der die Identifikationsbereitschaft der Zuschauer förmlich anzieht. – Ja, vielleicht. Aber es hat offenbar funktioniert!

II) Inhaltliche Fehler

Ganz so glaubhaft, wie die Autoren die Geschichten verfassen oder die Regisseure diese umsetzen wollten, ist es wohl nicht gelungen, oder es fällt unter die Kategorie »künstlerische Freiheit«. Da ist einerseits das fiktive Todesdatum der Mutter von Dr. Thomas Burgner, welches mit 1942 datiert ist (Nr. 46). Andererseits spricht der Grabstein desselben – wohl zur Verjüngung des damals 59-jährigen Darstellers Gerhart Lippert im Zuge des Alterskonflikts mit der Werbewirtschaft – vom Geburtsjahr 1946 (Nr. 62)! Auf mangelhafte Recherche zurückzuführen ist wohl in Folge 75 der Geburtstag von Thomas Burgner, der in Folge 61 mit dem 23. Dezember datiert wird, was jedoch nicht mit dem Frühlingswetter in Nr. 75 zu vereinbaren ist. Auch der Grafensohn Johannes (Christopher Mayer), der in der Saison 1993 geboren wurde (Nr. 19), wird in Folge 65 (1996) auf das Alter von vier Jahren datiert, was nicht so ganz stimmen kann.

In der 1995 produzierten Folge 51 wird dem Publikum beim Nennen des Geburtsjahrs der 14-jährigen Silvia fälschlicherweise vermittelt, es handele sich um das Jahr 1996 – wohl bereits in dem Wissen, dass die Folge erst 1996 ausgestrahlt würde.

Ebenso verfälscht und darüber hinaus irreführend sind die Dateneinspielungen mittels des Poststellenwandkalenders in den Episoden 8 und 9. Obwohl sie aufeinanderfolgend einen lückenlosen Ansatz suggerieren, zeigt das Kalenderblatt in Folge 8 den 28., in Folge 9 jedoch den 19. eines unbekannten Monats. Sehr paradox!

In Folge 59 ist Justus Hallstein noch am Bezirkskrankenhaus Hall beschäftigt, während er in Folge 60 der »Arzt aus Innsbruck« ist und in Folge 63 seine Kündigung beim Klinikum Innsbruck einreicht.

Merkwürdig ist auch die Schreibweise des Namens »Obermayr«, der manchmal noch »Obermayer« geschrieben wurde, jedoch schnell in den uns bekannten Namen »Obermayr« geändert wurde.

Trotz zeitnaher Drehortwechsel blieben auch Anschlussfehler nicht aus. In Folge 64 zum Beispiel trägt Maxl beim Betreten des Doktorhauses ein graues Hemd, während er im Innern plötzlich mit einem blauen Hemd erscheint … naja, sei's drum.

Ein schlimmer Kontinuitätsfehler ist allerdings, dass der in Folge 22 geborene Sohn von Regina Zirngiebl in Folge 36 plötzlich Antonia heißt und ein Mädchen ist.

Dass eine Filmproduktion nicht nur auf realen Schauplätzen basieren kann, ist offensichtlich. So fällt dem genauen Betrachter gleich ins Auge, dass die bereits genannte Kulisseneinteilung nicht der Realität entsprechen kann und einige Landschaften, die beispielsweise aus einem Fenster aus zu sehen sein sollten, von einem Bildschirm abstrahlen. Das Interieur des Doktorhauses wurde stets den Bedürfnissen einer Folge angeglichen. Die Entfernungen der Kulissen zueinander entsprechen oftmals ebenfalls nicht der Realität, wie im Kapitel *Informationen* unter »Kulissen« zu lesen ist. Dass es sich um Realkulissen handelt, ist allerdings unbezweifelbar! Auch hierzu folgt später mehr.

Rollenanalyse am Entwicklungsbogen

Ein sogenannter Entwicklungsbogen ist eine Art Handlungsübersicht, die rein formal die Veränderungen und Stationen einer Figur in der fiktionalen biografischen Zeit darstellt, ähnlich wie sie am Beginn jeder Drehsaison auf der Redaktionssitzung entworfen und festgelegt wird. Vordergründig werden hier die Protagonisten Thomas, Sabina und Maxl behandelt, es soll aber auch auf andere Charaktere eingegangen werden. Zur Orientierung empfiehlt es sich, die Tabellen im Eingangsbereich dieses Buches zu konsultieren.

Bei der Betrachtung der Stationen Dr. Burgners fällt auf, wie wenig er sich nach Beendigung der ersten Saison verändert – mit Ausnahme der auffälligen Tatsache, dass seine Haare nicht mehr hellbraun gefärbt sind, sondern ab 1993 im natürlichen Dunkelgrau erscheinen. Während 1992 noch die Herstellung der Familienharmonie (Streit mit Pankraz), die Eingewöhnung im Dorf und der Gewinn der Liebe Sabinas über mehrere Folgen beschrieben wird, folgt 1993 auf das inzwischen gefestigte Familienleben eine lange Spanne der ärztlichen Hilfestellungen. Dr. Burgner erfährt keine Persönlichkeitsentwicklung mehr: Er ist zu einem statischen Charakter geworden und stellt seine Fähigkeiten in den Dienst anderer, die seiner Hilfe bedürfen und sich durch ihn entwickeln können. Eine solche Figur kann auf Dauer nicht existieren, weil Heirat, Nachwuchs und Ehekrise zu wenig an interessanter persönlicher Veränderung sind.

Bei Sabina sieht das ähnlich aus. Ihre charakterliche Starrheit wird allerdings dadurch kompensiert, dass sie aufgrund der in Italien lebenden Verwandtschaft einen Grund hat, pro Saison für einige Folgen zu verreisen (z. B. Nr. 27/28) und auf diese Weise die Distanz zu wahren. Einem stagnierenden Charakter lassen sich jedoch nur wenige Geschichten zuschreiben, und die ständige Abwesenheit in der Saison 1995 kann enervierend wirken. 1994 übernimmt sie dagegen für einige Zeit die Mutterrolle und kehrt ungewöhnlich früh in den Beruf zurück, sodass sie erneut für Episodenlängen in Anspruch genommen wird. Die Arbeit in der Privatklinik Dr. Franke in Folge 46 endet schließlich mit einem Liebesverhältnis zu Dr. Stein in Folge 56, obgleich sie in den Saisons davor stets im Klinikum Hall beschäftigt ist und dabei 1993 insbesondere unter Dr. Renner arbeitet (Nr. 15, 17, 20, 21, 25, 33).

Gerade bei Sabina ist die bewusste zeitliche Verteilung ihrer Stationen mit einem realistischen Abstand offensichtlich, sodass der Zuschauer, der der Familie Burgner über mehrere Episoden hinweg folgt, meinen könnte, die Figuren existierten tatsächlich. Und doch fallen gewisse Strukturen auf, die regelmäßig pro Drehjahr zur Anwendung kommen und ein gewisses Grundspannungsverhältnis sichern. Bei Maxl zum Beispiel gibt es in jedem Jahr einen Hauptplot, einen Liebesplot (außer 1992, dafür aber Initiationshinweise), einen Gefahrenplot (1996 etwa in Nr. 62) und eine Zeit des Nichteinsatzes (Auszeit).

Der Liebesplot ist besonders interessant, weil er uns verdeutlicht, warum der Arzt-Hauptfigur ein Sohn an die Seite gestellt wurde, der am Beginn der Pubertät steht. In der Themenwahl konnte auf diese Weise jährlich das Erzählfeld »Teenage Love« entsprechend bedient werden, obwohl 1992 zunächst mit derartigen Initiationshinweisen (Nr. 1, 4, 8, 11) eine Überleitung stattfinden musste, weil Maxl ganz des anfänglichen Konzepts nach als altkluges, frühreifes und freches Kind (eher Stadtkind) dargestellt werden sollte und nicht als Jugendlicher. Im Grunde wurde Maxl 1992 jünger dargestellt, als Manuel Guggenberger in Wirklichkeit war, während bei der Überleitung zur »Neuen Generation« hin (Nr. 62) das Alter zunächst angehoben (vergleiche Abschnitt »Schauspieler« im Kapitel *Informationen*) und später (Nr. 94) wieder aufs reale Alter zurückgestuft wurde. Prinzipiell stellen ihn seine Entwicklungsstationen jedoch genau mit jenen Positionen dar, mit denen alle Jungakteure in modernen Serien beschrieben werden. Dazu gehören nicht nur die kecken und vorlauten Sprüche, die Maxl noch bis 1994 begleiten, sondern auch eine frühreife Lebenseinstellung, wie es sich für einen richtigen Arztsohn geziemt. Die Entwicklungsstufen Haushaltsmithilfe (Nr. 5, 20, 31, 34, 43, 49, 56), Freundschaftshilfe (Nr. 17, 24), Jugendreisen (Nr. 22, 27, 28, 44, 60, 66, 67), Schulprobleme (Nr. 37, 45, 49, 63), Betrunkenheit (Nr. 61), Verliebtheit (Nr. 15, 42, 58), das erste Mal (Nr. 78) und Liebeskummer (Nr. 58, 79) sowie die Interessen Musik (Nr. 15, 42, 58), Sport (Nr. 5, 23, 40, 44, 51, 64, 65) und Computerspiele (Nr. 59) sind äußerst altersgemäße Darstellungen, die somit ein hohes Identifikationspotenzial bieten. Im Jahr 1994 kommt schließlich Julia für die »kindlicheren« Themen hinzu, und Maxl geht aus dieser Phase mit einem gefestigten Jugendleben hervor.

Im Vergleich zu anderen Serien aber sind die Themen für Maxl eher zurückhaltend: keine Entführung, keine Krankheit (außer Nr. 12), kein Abrutschen in die Kriminalität, nur ein reines, familienharmonisches und heimatverbundenes Bild, wenn auch diverse Lügen bzw. Betrugsversuche (Nr. 24, 33, 37, 42, 45, 48, 49, 51, 59, 61, 62, 78, 94) sowie sportliche Stunts (Nr. 2, 12, 15, 34, 40, 42, 51, 60, 65, 79, 86) ein wenig davon abweichen.

Zu Beginn wird mit Sabina ein modernes, gleichsam klares, durchschaubares und harmonisches Familiendiagramm entworfen, das angesichts der Karrierefreudigkeit und Patchwork-Eigenschaft für die 1990er-Jahre fortschrittlich wirkt. Die anschließende Wandlung setzt dann noch einmal ganz neue Maßstäbe. Selbst Pankraz und Franzi, ja sogar die Zirngiebls, die Braunecks, die Angerers und die Bucheggers erfahren im Handlungsbogen eine gewisse Verjüngungskur.

Nur Herr Konrad scheint in seiner Funktion als auflockerndes, nicht ernstzunehmendes Beiprogramm über sechs Jahre hinweg konstant geblieben zu sein. Während sich an seinem Leben und seinem Familienstand rein gar nichts verändert, kehrt er hinsichtlich seines Wirkungsgrades eher zur Aktivität der ersten Saison zurück, wo flexible Handlungen und ernste Krankheiten einen ähnlich anspruchsvollen Stellenwert haben wie in der »Neuen Generation«. Dazwischen gilt er durch und durch als Witzfigur. Er genoss bis 1997 einen festen Serienplatz, wobei es durchaus als ungewöhnlich zu bewerten ist, dass die Rolle des nervenden Patienten in einer Arztserie fest in den Vorspann integriert wurde. Denn normalerweise erfüllt er als Patient gar keine ernsthafte Funktion und ist auch nicht mit der Arztfamilie verwandt! So ist die Relevanz der Figur auf jeden Fall höher zu bewerten als die der Sonnensteiner Familien Angerer, Zirngiebl, von Brauneck, Buchegger und Berger.

Bleibt noch die gute Traudl zu erwähnen, die ein fester Bestandteil der »Alten Generation« war. In charakterlicher Sicht ist ihr ein vertraut-freundliches, herzliches, realistisches, gutmütiges und menschlich-sympathisches Bild zugeschrieben, das auch deshalb identifizierbar wird, weil der Darstellerin Carin C. Tietze selbst eine derartige Persönlichkeit nachgesagt wird. Daraus lassen sich beidseitige Interpretationsschienen ableiten, die zum Beispiel das Beziehungsbild Traudl–Maxl in ein neues Licht rücken: Einerseits besteht fiktional zwischen dem Sohn und der Angestellten des Doktors von Beginn an ein enges und vertrautes Verhältnis, das von morgendlichen Wettrennen, dem Anvertrauen von Geheimnissen (Nr. 10, 45) und gegenseitigen Hilfestellungen bis zum Abschied der *»großen Schwester«* dreieinhalb

Jahre später reicht. Wie herzlich die Beziehung schon 1992 ist, beweist die Szene in Folge 5, in der die zu spät kommende und um ihren Job bangende Traudl von dem ebenfalls eilenden Maxl am Eintritt in die Praxis gehindert wird – wohl in der Annahme, sein Vater werde die Sprechstundenhilfe schon nicht entlassen. Carin C. Tietze und Manuel Guggenberger waren die jüngsten Akteure am Set. Traudls Ausstieg aus der Serie in Folge 47 war der erste Schritt zum Übergang auf die »Neue Generation«. Ihr Merkmal, zu spät zur Arbeit zu erscheinen, blieb 1992 und 1993 ein stets wiederkehrendes Element.

Die »Alte Generation« war noch durch und durch familienfreundlich und harmlos ausgerichtet. So ist es nicht verwunderlich, dass zahlreiche Figuren 1996 ausgetauscht werden mussten. Mit dem Extremsportler Harald Krassnitzer hielt eine neue Dramaturgie Einzug.

Warum musste Dr. Burgner überhaupt sterben? Für diese elementare Frage kann es in dramaturgischer Hinsicht nur eine Antwort geben, und die Analytiker sind sich diesbezüglich einig: Dr. Burgner hat zum ersten Mal seit 60 Folgen gelogen. Ganz unsicher steht er in der Praxis Karl Bichler gegenüber und beteuert zögernd, er wisse nicht, wo sein Sohn Pascal sei, obschon sich eben jener gerade in seinem Haus aufhält. Prompt beim Fortgehen entlarvt Karl Bichler diese Aussage als eine Lüge, und damit nimmt das Drama seinen Lauf.

Durch den Umbruch haben sich die verschiedenen Sonnensteiner Familien, denen mindestens einmal jährlich ein Hauptplot gewidmet ist, durchaus verändert und entwickelt. Hierbei ist es vor allem der Familienstand, der dem Wandel unterliegt und bei Elfriede Angerer und Waltraut Zirngiebl gleichermaßen zum Verlassen der Ehemänner führt. Schließlich verabschieden sich auch Alois Angerer und Markus von Brauneck vollständig aus der Serie und räumen der jungen Vroni sowie dem großen Schwankungen unterliegenden Ehepaar Reuther einen adäquaten Platz ein. Mit der ungestümen Carol Seyboth, der Ehekrise von Paul und Christl und der jungen Familie Buchegger lassen sich wesentlich modernere Themen behandeln als mit den grimmigen, alteingesessenen Persönlichkeiten des einstigen Heimatfilms. So haben die ursprünglichen »Bergdoktor«-Figuren in der »Neuen Generation« keinen Platz mehr. Vroni von Brauneck, die in Folge 50 noch eine ganz liebe, kindliche Figur ist, tritt in Folge 65 plötzlich als neuer Mensch auf, charakterlich verändert und äußerlich durch eine andere Schauspielerin verkörpert – ein redaktionell gewollter Wandel zum Themenausbau der »Neuen Generation«.

Doch nicht alle Figuren sind mit dem Umbruch 1996 plötzlich verschwunden. Die Familie Zirngiebl zum Beispiel bleibt erhalten. Langfristig betrachtet unterliegt sie allerdings diversen Änderungen und Widersprüchen, wenn man berücksichtigt, dass mit der kleinen Antonia eine gute Geschichtsentwicklung vorgegeben war, die mit einem weinenden und versöhnlichen Zirngiebl-Bauern in Folge 36 abgeschlossen und 1996/97 (Nr. 72/74) urplötzlich neu aufgegriffen und ins Negative gekehrt wird. Xaver Zirngiebl behält seine Stellung als stoischer Intrigant, beweist sich 1994 zwar noch als starrköpfiges Weichherz, wird aber in Folge 74 doch als gewissenloser Betrüger entlarvt. Wie dem auch sei, seine Frau Waltraut (Diana Körner) gehört ebenfalls wie er zum Rollenkontinuum und hat mit ihrer Schauspielkraft gute Leistungen vollbracht, die das kitschige Niveau einer einfachen Serie anhoben. Sie verkörperte als die fleißige, gutmütige, duldende, zusammenhaltende, stets unter der Familie leidende, stressgeplagte und trotz Magengeschwüren und Traurigkeit unermüdlich schaffende Hausfrau einen Charakter, der nicht einmal in Diana Körners Spielfilmen so kristallisiert war. Da sieht es der Zuschauer nur allzu gern, wenn nach den Versöhnungsakten in den Anfangsjahren der Wandel im Jahr 1997 (Nr. 85) Einzug hält und sie sich von ihrem Mann trennt. Ein Grund dafür ist natürlich der neuzeitliche Wandel in der Umbruchzeit, denn der unerträgliche Hinzukömmling Neffe Berni (Nr. 72) malträtiert die Familie gleich noch mehr und bringt damit mehrere neue Themenbereiche und Funktionen mit.

Als verbrüderter Übeltäter zu Zirngiebl tritt zumindest noch Alois Angerer nach Folge 63 einmal auf und ist somit nicht komplett der Rollenflucht verfallen. Ebenso Rollenkontinuität genießen bis 1996 die Bucheggers, die jährlich eine Geschichte füllten. Sogar der Buchegger-Nachwuchs aus Folge 57 ist 1996 nicht vergessen worden.

Spätestens in der Saison 1998 ist auch damit Schluss: Sowohl Herr Konrad als auch die Reuthers, die Zirngiebls, die Bucheggers, die Angerers und die Braunecks sind vollständig neuen Figuren gewichen, die wiederum jünger und sportlicher sind, Sexualität thematisieren und die Serie vollends in den Abgrund steuern. Auch Dr. Hallstein demonstriert ab hier einen anderen Charakter, ist fröhlicher, fehlerhafter, jovialer.

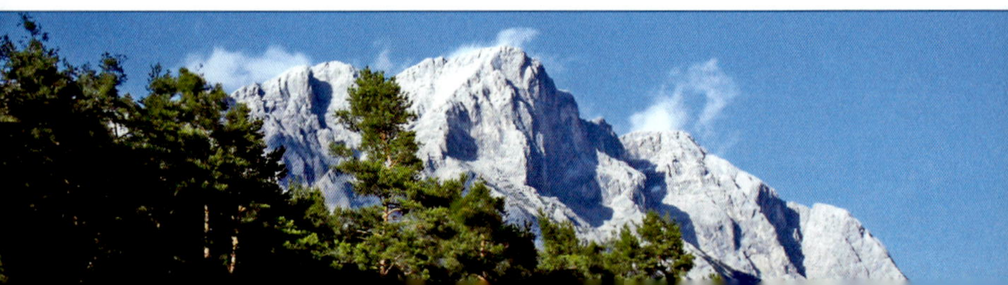

Informations-kapitel

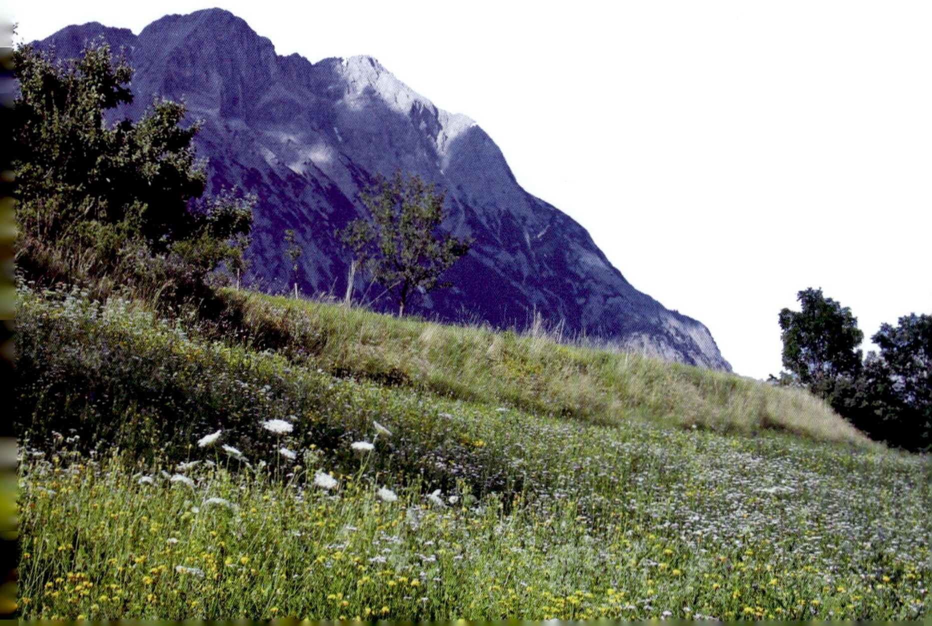

Seriengeschichte

Der Anfang

Die zugrunde liegende Idee der Serie ist so alt wie das Farbfernsehen, wenn nicht älter. Unter Verwendung von extensiven Landschaftsaufnahmen wurde nämlich bereits 1958 in Oberbayern ein Arztfilm produziert, der ganz ähnliche Grundzüge enthält wie vierunddreißig Jahre später der »Bergdoktor« in Tirol. Im Mittelpunkt stehen dabei die Skepsis der Leute in den Bergen, das stoische, misstrauische, aber auch herzliche und traditionell verwurzelte Verhalten der Landbevölkerung, die Brauchtumspflege, die eingeschworene Gemeinschaft sowie die üblichen Alltagskonflikte der Seifenoper, Kopfschmerzen und Ischias bei Wetterumschwung, die Bürgermeistertochter, die kurz vor der Wahl unehelich schwanger wird, der »fensterlnde« Casanova, die kranke Mutter und ihr niedliches Kind, das einschneidende Umkehrereignis sowie ein glückliches Familienende – alles dramaturgische Aspekte, die auf die »Alte Generation« zutreffen und den Produzenten offensichtlich zu langweilig wurden. Immerhin ist dieses Serienformat schon über sechzig Jahre alt!

Die ndF: produzierte ab 1989 die ZDF-Serie »Forsthaus Falkenau«, die zum Teil als Muster für die »Bergdoktor«-Serie diente. Zwar lag die Produktionsrate beim »Bergdoktor« etwas über dem Durchschnitt (13 Folgen pro Jahr) und verlief zudem auf anderen Erzählebenen, doch genoss die Serie einen ähnlich hohen Bekanntheitsgrad wie »Forsthaus Falkenau«. Noch offensichtlicher erscheint der Zusammenhang zwischen der Serie »Der Landarzt« und »Der Bergdoktor«, vor allem in der Betonung der jeweiligen regional geprägten Atmosphäre hinsichtlich Landschaft und Brauchtum, aber auch der Darstellung einer exemplarischen Familienära mit harmonierenden Geschichtchen sowie der Qualitätssicherung der Serie durch prominente Gastauftritte. Allein bei der Betrachtung der Seriennamen fällt der Zusammenhang zwischen Nennung der Region (»Land« bzw. »Berg«) und Bezeichnung der medizinischen Funktion im zweiten Namensbestandteil (»Arzt« bzw. »Doktor«) auf. Selbst Gerhart Lippert hat als Österreicher bei Heinz Reincke im »Landarzt« mitgespielt, und Klaus Gendries, der »Pionier«-Regisseur des »Bergdoktors«, hat in den letzten Jahren die Leitung beim ZDF-»Landarzt« übernommen. Insofern lässt sich »Der Bergdoktor« ohne Weiteres als »Alpen-Landarzt« bezeichnen, weil er der idyllischen, familiären Intention und dem anspruchslosen Unterhaltungswert (bis 1996) gemäß der Alpenwelt gerecht wird, während der nordische Filmkollege seinerseits ebenso diese Vergleichskriterien erfüllt. Einen anderen Weg beschritt Letzterer allerdings bei den öffentlich-rechtlichen Fernsehanstalten, sodass er sich dort sehr lange halten konnte. Das ZDF hatte hier offenbar keine Bedingungen bezüglich der Zuschauerzielgruppe, was sich positiv auf die Serie auswirkte; der 1992 als Konkurrenz zum »Landarzt« geschaffene »Bergdoktor« konnte dagegen mit dem gleichen erreichten Publikumsalter nicht befriedigen, was als Nachteil den »Privaten« zuzuschreiben ist.

Doch es gibt noch eine weitere Vorläuferversion des »Bergdoktors«, zumindest von der Produktionsweise und den Darstellern her: Die ZDF-Serie »Zwei Münchener in Hamburg« entstand 1989 bis 1993 und damit direkt vor dem »Bergdoktor« ebenfalls durch die ndF:. Mit dabei waren alte Bekannte: Enzi Fuchs (alias Fanny), Winnie Markus und sogar Anita Zagaria – sowie ein 12-jähriger Sohn namens Maxl!

Ganz so privat ist der »Bergdoktor« aber ja bekanntlich nicht entstanden. Neben dem staatlichen ORF war auch die bereits erwähnte Filmgesellschaft Reteitalia beteiligt, eine italienische Firma mit Sitz in Mailand. Sie war vor allem dann, wenn Szenen in Italien gedreht wurden, an der Produktion beteiligt. Reteitalia gehört zum italienischen Mediaset-Konzern und bestand auf die Verpflichtung von Anita Zagaria in ihrer Eigenschaft als beliebte italienische Schauspielerin. Unter dem Titel »Un dottore tra le nuvole« (etwa: »Ein Doktor über den Wolken«) war »Der Bergdoktor« schließlich auch in Italien zu sehen – und natürlich auch im Österreichischen Heimatkanal. Anita Zagaria ist übrigens Jahrgang 1954 und damit mit 38 Jahren beim »Bergdoktor« eingestiegen – gerade noch rechtzeitig, um die Mutterrolle ab Nummer 33 glaubwürdig darzustellen. Zudem musste die Stimme des italienischen Dramaturgietalents synchronisiert werden, weil ihr Akzent trotz einiger Deutschkenntnisse zu stark war. Joseline Gassen war die zweite von drei Synchronstimmen für Sabina. Sie lieh Anita Zagaria von 1993 bis 1995 ihre Stimme.

Die Konzepte

Das Vorbild der Serie findet sich – wie der geneigte Leser bereits erfahren konnte – in einer heimatlichen Heftromanreihe des Bastei-Verlags, Köln, in der der »Berg« primärer Gegenstand ist. »Der Bergdoktor«, »Bergzauber«, »Bergkristall« oder einfach »Berg-Roman« lauten die Serientitel der wöchentlich erscheinenden unterhaltsamen Geschichten um Liebe, Intrigen und Lebensharmonien der Hauptfiguren. Alle Autoren dieser Titelreihen schreiben unter demselben Pseudonym: Andreas Kufsteiner. In einem Vergleich

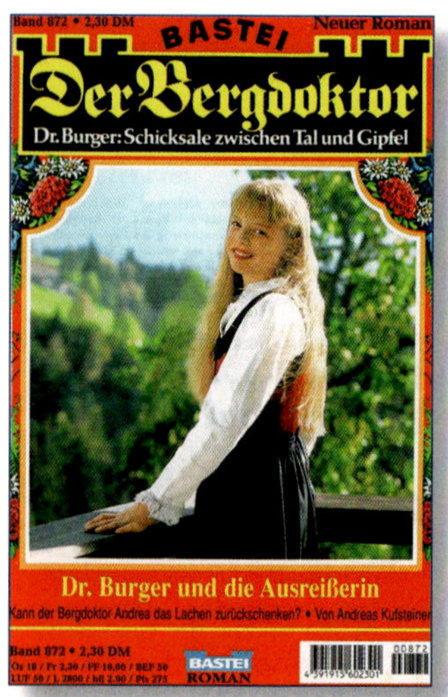

beider Erzählformen wird sofort deutlich, dass die Buch- und Filmwelten ganz eigene Wege gehen, wobei die Romanreihe schon lange vor der Sat. 1-Serie existierte und sicherlich noch lange existieren wird: Dr. Burger lebt! Und es hat sich nicht etwa ein Rechtschreibfehler in seinen Namen eingeschlichen. Dr. Martin Burger ist das Roman-Vorbild von Dr. Thomas Burgner, verkörpert von Gerhart Lippert, dessen literarisches Idol eine recht genaue Beschreibung liefert:

»Dr. Martin Burger, der Landarzt [sic!] der Gemeinde St. Christoph im oberen Zillertal, war eine eindrucksvolle Erscheinung, und wer ihm einmal begegnet war, der vergaß ihn so rasch nicht wieder. Das lag nicht nur an seiner Größe von fast einsneunzig oder der schlanken, sportgestählten Figur. Und sicher auch nicht nur an seinem guten Aussehen, den dichten, braunen Haaren mit den ersten Silberfäden an den Schläfen … nein, es war noch etwas anderes. Es war die Ausstrahlung, die ihn umgab und die ihn bei allen, die ihn kannten, zu einer Person gemacht hatte, der man höchsten Respekt und größte Achtung entgegenbrachte. Weil er nämlich nicht nur als Arzt herausragte, sondern ebenso als Mensch. […]« (aus: »Der Bergdoktor – Schicksale zwischen Tal und Gipfel«, »Vergiss den anderen und küss mich!«, Band 870, Bastei-Verlag 1998, Seite 6)

Dr. Burgner ist nicht mehr, aber Dr. Burger durchaus, und er scheint keineswegs älter zu werden: 51 Jahre alt (das stimmt weitgehend mit dem in Folge 62 am Grabstein zu lesenden Geburtsdatum von Dr. Burgner überein), Gatte einer 16 Jahre jüngeren Frau (im Film sind es elf Jahre; siehe Nr. 61) sowie Vater von drei kleinen Kindern: Tessa (8), Phillip (5) und Laura (3) – in der Fernsehserie sind es lediglich zwei Kinder: Maxl und Julia. Während Dr. Martin Burger ebenso wie seine Kinder kaum an Alter zunimmt, stellt sich im Film eine ganz andere Situation dar: Die Schauspieler werden älter; mit ihren persönlichen Veränderungen erfährt auch die Fernsehfamilie einen Wandel, ja sogar Fortsetzungsgeschichten bzw. sich über mehrere Episoden erstreckende Entwicklungen sind vorhanden. Während die Buchautoren jedem Roman eine kurze Einleitung der Figuren voranstellen, können sich die Filmproduzenten keiner Erklärungstexte zur Situation bedienen; sie müssen die Dialoge so aufbauen, dass aus ihnen der inhaltliche Kontext hervorgeht. Die Struktur der Geschichten ist dann aber wiederum sehr ähnlich (in Bezug auf die »Alte Generation«), auch wenn die Hauptfiguren andere sind: Pankraz ist im Roman der Vater von Dr. Burger, Franzi heißt dort Zenzi, Sabina ist die Sabine und Angerer noch 1998 der Bürgermeister, der seine Tochter Regina nicht nach Wien verloren hat. Der Roman-Ort St. Christoph im Zillertal ist wie der Ort Sonnenstein fiktiv, hat aber ebenso ein Vorbild und wird mit den realen Kulissengegebenheiten der Umgebung in Verbindung gebracht, wie es auch mit dem Sonnenplateau der Fall ist. Geblieben sind außerdem Markus Brauneck als Figur, Innsbruck als Geschäftsrelation sowie ein Geländewagen als Verkehrsmittel für den Doktor, wobei es sich im Roman allerdings um einen gelben Landrover handelt. Fazit: Der Bastei-»Bergdoktor«, der vor allem Frauen zur Zielgruppe hat, diente 1991/92 lediglich als Grundlage der Geschichten bzw. als Ideenvorgabe. Er steht von Beginn der Sat.1-Serie an in keinem Zusammenhang zum filmischen Arzt und verliert sogar mit Eintreten der »Neuen Generation« vollständig die Vorbildfunktion. Die Rechte an der Marke »Bergdoktor« liegen übrigens nach wie vor beim Bastei-Verlag, der mit seiner Groschenroman-Reihe auch sämtliche Drucknebenrechte vertritt.

Prof. Dr. Bernhard Gleim, Redakteur beim NDR, hat mit der Analyse von acht Drehbüchern der ARD-Serie »Praxis Bülowbogen«, die er ab 1995 konzeptionell betreute, die grundlegenden Strukturen einer Arztserie systematisch erforscht und in einem Aufsatz dargelegt. Seine erste Schlussfolgerung wirft bereits eine neue Perspektive auf die Kittelgeschichten des Fernsehens: Sie alle folgen psychoanalytischen Grundsätzen und schließen damit indirekt an Sigmund Freud an. Das Initialereignis der Hauptgeschichte ist stets ein krankhafter Zusammenbruch, der zum Kontakt mit dem Arzt führt. Der Arzt, in seiner Funktion ein »Revertierer«, erkennt in dem körperlichen Leiden sofort eine seelische Verdrängung, die zu einem krankhaften Symptom geworden ist – gemäß Freuds Ausführungen über die Hysterie bei Frauen. Das im Grunde rein mentale Leiden ist als Krankheitssymptom verschlüsselt und dient der filmischen Dramaturgie als Hürde auf dem Weg zur Läuterung. In der Finalszene ist es der Arzt, der, vor allem durch Gespräche, dem Patienten bzw. – was die begründete Regel ist – der Patientin hilft.

Auf der ersten Erzählebene, der Handlungsebene, trifft der Arzt mittels narrativer Tricks, zum Beispiel durch Zufall, durch Verwandte, Freunde oder dörfliche Gemeinschaft, auf den Patienten. Diese Initialszene dient dem Aufbau der ersten Grundspannung, die während des Films durch immer neue, wenn auch vergleichbare Konfrontationssituationen aufrechterhalten wird. Allmählich gelangt man dadurch zur zweiten Erzählebene, der Gesprächsebene zwischen Arzt und Patient. Hier führt ein kompaktes Frage- und Antwort-Spiel zur Aufdeckung der Probleme, wobei der Arzt zusätzlich in seiner statischen, fast unbeteiligten Rolle bestätigt wird. Er trägt nicht viel zur Entwicklung der Geschichte bei, sondern ist nur ein Interpret, ein Vermittler, der körperliche und emotionale Sicherheit verkörpert, ein Deutungsbegehren hat und notfalls mit dem Tode drohen kann. Oft rettet er den Patient in letzter Minute und zeigt dadurch, auch in seiner Funktion als väterliche Instanz, dass jeder Mensch eine zweite Chance bekommt.

Die Themen, die eine Arztserie aufgreift, entsprechen häufig dem aktuellen Inhalt der Regenbogenpresse, der mit unglaublicher Geschwindigkeit vom Fernsehen verarbeitet wird. Dabei ist die Arztserie thematisch weitgehend unbeschränkt und flexibler als andere Serienformate. Dennoch gibt es zwischen diesen Themen Gemeinsamkeiten, wie zum Beispiel die Tatsache, dass sich eine Krankheit auch auf die Partnerschaft zweier Menschen auswirkt. Die Unfähigkeit des Patienten ist immer auch die Unfähigkeit zur Liebe und damit der Beginn der Krux, der der Auslöser zur Änderung dieses Zustandes ist.

Schwierigkeiten bei der Drehbuchbesprechung treten bei diesen Themen immer dort auf, wo der Arzt ganz unauffällig in den Fall involviert werden soll und wo seine private, heile Welt zur Kommentierung der Patientensituation dient. Die häusliche Nebenhandlung hat in Hinblick auf die schlechte Welt draußen eine abmildernde und eine steigernde Wirkung. Mehr dazu folgt im Kapitel *Produktion*.

Die konkrete Umsetzung

Die Produktionsfirma unterhielt vor Ort eine feste Basis, von der aus die Dreh- und Kulissenarbeiten täglich durchgeführt werden konnten. Die Volksschule in Wildermieming war von Beginn an der Einrichtungsmittelpunkt aller Filmvorgänge am Sonnenplateau. In einem Verwaltungsbüro im Obergeschoss beschäftigte sich das Team täglich mit der entsprechenden Organisation und Koordination der Arbeiten, zudem gab es eine Masken- und Kostümabteilung im Keller. Zu Beginn jedes Drehtages versammelte sich der benötigte Teil der Mannschaft entweder an der Volksschule, um alles Wesentliche zu besprechen, oder direkt an den geplanten Drehorten. Nach Angaben der Gemeinde räumte die Filmgesellschaft erst im März 1999, nach dem endgültigen Aus, die Räumlichkeiten in der Volksschule Wildermieming.

Das Doktorhaus war natürlich für viele Außendrehs Ausgangs- und Angelpunkt für das Team vor Ort. »*Früher war hier nur eine Wiese*«, erinnert sich ein Mitarbeiter des Gasthofs »Jäger«. »*Die haben das Haus extra für den ›Bergdoktor‹ gebaut und einige leerstehende Häuser im Ort mit angemietet.*« Im Frühjahr 1992 gab es mit Gerhart Lippert, Carin C. Tietze, Manuel Guggenberger und den örtlichen Trachten- und Gesangsvereinen eine kurze Vorstellungsfeier auf dem Erdsockel, auf dem bei der Gelegenheit durch die Schauspieler der erste Grundstein gelegt wurde. Viele Innenarbeiten waren dabei nicht nötig. Nur an den Stellen, an denen ab und zu auch ein Blick in das Gebäude fallen sollte, mussten Dekorationen vorgenommen werden (so zum Beispiel gegenüber dem südlichen Praxisfenster, an dem Dr. Burgner manches Mal einen Blick nach draußen warf und dabei von außen aufgenommen wurde). Die Innenaufnahmen entstanden ansonsten in einem ähnlichen und entsprechend umgebauten Haus in Untermieming. »*Die haben damals fast jeden Tag gedreht*«, erzählt der gute Mann. »*Aber das hat uns nicht gestört. Die waren unter sich, und schließlich hat das ganze Dorf mal mitgespielt.*«

Gerhart Lippert äußerte sich in einem Fernsehinterview 2008 sehr positiv über die Drehzeit in seiner Heimat Tirol. Mit dem normalen Pendlerzug sei er täglich – von März bis November – von seinem Wohnort Kufstein nach Telfs gefahren, von wo er abgeholt worden sei. Lippert habe sich zur Vorbereitung auf die Serie viel mit der Medizin auseinandergesetzt, dabei sogar Freunde im Krankenhaus Innsbruck gefunden. Er selbst habe seinen Ausstieg gewünscht, um nicht nur Stichwortgeber für die vielen populären Gastdarsteller zu sein, sondern auch selbst in anspruchsvollen Szenen brillieren zu dürfen und mehr Zeit fürs Theaterschauspiel zu haben. Die Darsteller würden zu selten in die Regie-Entscheidungen einbezogen, und viele gute Szenen, die aus Zeit- oder dramaturgischen Gründen in schneller Folge abgedreht werden müssten, bekämen nicht den Raum, den sie eigentlich bräuchten. Aus Kostenersparnis könnten ebenso Kulissenbauten nicht mehr angefertigt werden, stattdessen greife man zunehmend auf reale Kulissen zurück, wobei die Eigentümer angemieteter Häuser angesichts der anrollenden Filmtrupps nicht selten schockiert seien.

Gerhart Lippert erzählte auch sehr angetan von seinem Filmsohn Manuel Guggenberger alias Maxl: »*Wir hatten ein unheimlich schönes Vater-Sohn-Verhältnis, das war ganz süß.*« Entsprechend privat betroffen soll Manuel Guggenberger bei den Dreharbeiten zur Schlussszene in Folge 60 gewesen sein, sodass er »*in seiner Szene*« ehrlich »*Rotz und Wasser*« geheult habe.

Auf dem Grabstein von Dr. Burgner wurde in Episode 60 das Geburtsdatum 23.12.1946 angegeben – kein Zufall, denn zum Zeitpunkt der Ausstrahlung am 27. Januar 1997 war er damit gerade fünfzig Jahre alt geworden und mithin zu alt für die werberelevante Zielgruppe der 14- bis 49-Jährigen. Er starb in der Serie also aufgrund von Überalterung – ein symbolisches Datum!

Für Gerhart Lippert war »Der Bergdoktor« die erfolgreichste Rolle seines Lebens – keine andere machte ihn so bekannt wie diese. Für Walther Reyer hingegen sei die Rolle des Pankraz nicht gerade ein Glanzpunkt in seiner Karriere gewesen – er fühlte sich *»unterfordert«*. Wenn man seine Erinnerungen in der Biografie »Es fügte sich so …« liest, gewinnt man den Eindruck, dass der Schauspieler um vieles moderner war als sein Alter Ego im Film. Bei den Dreharbeiten soll er *»Sauerei«* geschimpft haben und froh darüber gewesen sein, dass Celino Bleiweiß die Staffeln der »Neuen Generation« komplett umgestaltete und ihm mehr »gewichtige« Szenen zugestand. Anfänglich habe er die Rolle wegen ihrer »Belanglosigkeit« gar nicht annehmen wollen, habe es dann aber doch getan, um im fortgeschrittenen Alter nur noch zwanzig Minuten zum Drehort fahren zu müssen. In Hall in Tirol wurde er 1922 geboren, und ein Leben lang blieb Tirol seine geliebte Heimat. »Der Bergdoktor« gewährleistete ihm mit Drehpausen und freien Tagen viel Freizeit, und mit Harald Krassnitzer alias Dr. Justus Hallstein verstand er sich ebenfalls gut.

Trotz zunehmender Müdigkeit ob der anspruchslosen Rolle habe es ihn *»hart getroffen«*, als das Team 1998 erfahren habe, dass die Serie eingestellt werde – mitten während der Dreharbeiten zur siebten Staffel, ohne nähere Erklärungen! Die Produktion sei daraufhin einfach unterbrochen worden, und niemand habe gewusst, wie es weitergehen solle. Das Team habe – wie das Publikum – erst später erfahren, dass die millionenfachen Zuschauer leider zu alt für die Werbeindustrie waren – das verletzte auch Walther Reyer sehr. 1999 erlitt er einen Schwächeanfall auf der Bühne und verstarb daraufhin mit 77 Jahren.

Die Serienentwicklung

Manch einer sah den »Bergdoktor« mit Beginn seiner »Neuen Generation« 1997 bereits in die untersten Spalten der Unterhaltungstipps absinken. Die letzte Staffel der »Alten Generation« war 1996 »in aller Eile« ausgestrahlt worden: je in einer Doppelfolge innerhalb von nur sieben Wochen und noch dazu in falscher Reihenfolge. Die ersten Folgen der »Neuen Generation« endeten im Mai 1997 völlig sang-

und klanglos, außerdem startete Produzent Siegfried B. Glökler im Winter 1995/96 und 1996/97 mit Enzi Fuchs bereits eine neue Serie mit dem Titel »Sophie«. Zu der unsicheren Zukunft der »Neuen Generation« sagte Harald Krassnitzer 1997: *»[...] Natürlich habe ich inzwischen wieder für den ›Bergdoktor‹ vor der Kamera gestanden ...«* In einem seiner vielen Fernsehinterviews im September 1997 heißt es, er sei bis einschließlich 1998 vertraglich verpflichtet und habe bereits die 24. Folge (Nr. 84) fertiggestellt.

So war im Januar 1998 zum Auftakt der sechsten Staffel zunächst nur Positives zu hören: *»Eine hundertprozentige Erfolgsmischung«*, glaubte Sat.1-Sprecherin Ulrike Seiler in »ihrem« Sender zu haben. Woraus diese Mischung bestand, wusste die Nordsee-Zeitung zu berichten: *»›Bergdoktor‹ Harald Krassnitzer vereint alles, was Doktoren in anderen Serien nur ganz eindimensional verkörpern. Er ist jung, aber nicht arrogant. Er ist eigentlich Städter, doktert aber auf dem Land. Er ist Chirurg, spielt aber zwischen Gletscher und Schluchten nicht nur den charmanten Weißkittel, sondern gibt auch noch den Seelentröster.«*

Jede potenzielle Spekulation über die eingeschränkte Attraktivität der Serie erwies sich somit als unbegründet, denn entgegen vieler Erwartungen offenbarte Ulrike Seiler: *»Die Resonanz ist durchweg positiv. Die eingeschworene Seriengemeinde hat den jüngeren Arzt akzeptiert.«* Belege hierfür seien, dass 1997 bis zu sieben Millionen Zuschauer (19 Prozent Marktanteil) erreicht wurden und dass zur Freude der Einwohner täglich bis zu 30 Busse (!) Touristen auf das Sonnenplateau transportierten. Ab März 1998 sollten 13 neue Folgen entstehen, die – nach Ablauf des Vertrags mit Harald Krassnitzer – nicht das Ende bedeuten sollten. Angeblich sei kein Ende der »Alpen-Saga« in Sicht, da das Quotenhoch den Sender regelrecht in einen Höhenrausch versetzt habe.

Der »Höhenrausch« dauerte aber nur bis zum März 1998 an. Es war auffällig, dass »Der Bergdoktor« mal als die beste Serie überhaupt gelobt, mal mit völligem Desinteresse erwähnt wurde und wiederholt den Ambivalenzen der Presse sowie Andeutungen aus der Sendeabwicklung ausgesetzt war. Immer wieder zeigte sich ein Kontrast zwischen den negativen Anzeichen aus der Produktion und dem Einschaltquoten-Höhenflug. Schließlich brach Sat.1 das kontroverse Schweigen: Aus einem Modernisierungskonzept des zweitgrößten Privatsenders ging hervor, dass sämtliche Sendungen, die eine Zielgruppe von 14 bis 49 Jahren nicht erreichten und dementsprechend nicht die gewünschten Werbekunden zuließen, zu reformieren oder aus dem Programm zu nehmen seien. Mit zwei weiteren Sendungen gehörte »Der Bergdoktor« ohne

Zweifel in diese Kategorie, da das Durchschnittsalter der Zuschauer über diese Zielgruppe hinausreichte (Marktforschungsresultat). Die wirtschaftlichen Beweggründe bestanden darin, dem werbetauglichen Publikum Personen zu präsentieren, mit denen es sich identifizieren konnte. Dazu war es nötig, das Durchschnittsalter der Schauspieler zu senken. Prinzipiell wurde dies mit dem Ausstieg Lipperts vollzogen, doch auch mit der Fortführung als »Neue Generation« blieb die Anzahl der älteren Zuschauer konstant. Es sei daher an der Zeit, so die Meinung der Sendeverantwortlichen, den »Bergdoktor« gänzlich aus dem Programm zu entfernen.

In der RTL-Unterhaltungssendung »7 Tage – 7 Köpfe« wurde Anfang April 1998 ironisch über dieses Thema diskutiert, wobei unter anderem die Meinung vertreten wurde, dass man sich angesichts des dargestellten Alterungspathos, vor allem in den Werbepausen, tatsächlich an das Jung- und Gesundsein erinnert fühle. Der Tribut der Vermarktung einer Serie wie »Der Bergdoktor« war eben immer der wirtschaftliche Aspekt im Einklang mit Gesundheitsthemen. Die IP Deutschland nimmt für die meisten deutschen Sender die Werbebuchungen vor. Nach den Bedürfnissen der Werbewirtschaft – so Sat.1-Chef Fred Kogel – seien ältere Zuschauer für das Lockmittel Werbung zu unattraktiv. Jede TV-Produktion unterliege gewissen Sachzwängen, wobei auch Einschaltquoten-»Höhenflüge« keinen Einfluss hätten. Immerhin sei die Anzahl der Zuschauer von einst neun Millionen auf etwas mehr als fünf Millionen gesunken.

Zu seiner »Zwangspensionierung«, die ihm viel Freizeit verschafft habe, sagte Harald Krassnitzer: *»Die Werbewirtschaft will nun einmal möglichst viele junge Zuschauer. Allerdings bezweifle ich, dass eine solch radikale Veränderung beim ›Bergdoktor‹ innerhalb kurzer Zeit machbar oder gar sinnvoll ist. Ich finde es schade, dass diese Entscheidung getroffen wurde.«*

Man trennte sich also nicht im Streit. Es hieß sogar, Krassnitzer, der zwischenzeitlich auch für die ARD gearbeitet hatte, werde zukünftig bei Sat.1 verbleiben – was sich allerdings nicht bewahrheitete. Für die Serie wurde daraus ein gut durchorganisiertes Ende: Von den einst 13 geplanten Neuverfilmungen wurden noch sechs zuzüglich eines abschließenden Spezialfilms abgedreht; hernach hatte der Sonnensteiner »Bergdoktor« endgültig ausgedient. Als mitten im Drehjahr 1998 die Produktion in Wildermieming gestoppt wurde, gab es viel Unverständnis im Team. Die komplette Neuorientierung der Serienfiguren (Tom, Meggy etc.) war schließlich gerade erst beschlossen worden. Dank guter Nachverhandlungen war es zumindest möglich, die doppelstündige Abschlussfolge für den Winter 1998/99 nachzuschieben, die alle begonnenen Nebenhandlungen zu Ende führte. Traurigkeit war dennoch im gesamten Team zu spüren, das sich stets gut verstanden hatte.

Die Gegenstimmen zur wirtschaftlichen Entscheidung des Senders waren zahlreich, da gerade ältere Menschen in unserer Volkswirtschaft immer mehr zunähmen und sogar »zahlungswilliger« seien. Zu den Maßnahmen von Programmchef Fred Kogel (damals 37 Jahre alt) äußerten sich unter anderem der Senioren-Schutzbund, der Zentralverband der Werbewirtschaft, der Chefredakteur einer Fernsehillustrierten und der Medienexperte Lutz Bachmeister mit negativem Schwerpunkt. Vor dem Hintergrund des guten Rufs von Sat.1, schon seit Jahren eigene Filme zu produzieren und damit Maßstäbe für die Industrie zu setzen, sei der innovativ klingende »Jugendwahn« de facto streitbar. Elli H. aus Neuss schrieb in einem Leserbrief: *»Herr Kogel will den ›Bergdoktor‹ absetzen, weil ihm die Zuschauer zu alt sind. Gut, dass auch bei ihm die Jahre vergehen und er sich dann so dumme Sprüche anhören kann.«* Manuela W. aus Königsmoos: *»Ich (28!) habe noch keine Folge verpasst. Schade, dass die letzte, noch realitätsnahe Serie zu Ende geht.«*

Harald Schmidt sagte hingegen zotig gestimmt: *»Jeder vierte Deutsche schnarcht – bei Sat.1 sogar jeder zweite.«* Dieses niederschmetternde Bildnis wollte der Sender mit Sicherheit ändern. Auch von anderer Seite kam plötzlich Kritik an der Serie: *»Dass es der Doktor mit jeder Angelegenheit zu tun bekommt und sich überall einmischt, ist unrealistisch«*, sagte Oliver K. aus Bremerhaven. *»Der Janker wird gegen Jeans und Flanellhemd eingetauscht [...]«*, betitelte die Nordsee-Zeitung zum Generationswechsel am 27. Januar 1997 ironisch. *»Zwei Tässchen Tee vom Edelweiß – und verschwunden ist der Scheiß!«*, so verbalisierte Dieter Hallervorden seine Meinung zum »Bergdoktor«. Mag das noch so gegen die profanen Arztpraktiken des Fernsehens sprechen, das Bekenntnis einiger Autoren der erfolgreichsten Serie im ARD-Vorabendprogramm – »Nicht von schlechten Eltern« von Radio Bremen –, ihnen seien nach drei Jahren Laufzeit die Ideen ausgegangen, sprach eindeutig für die »Bergdoktor«-Autoren, deren Geschichten bis dahin nur bedingt auf Gegenmeinungen gestoßen waren.

Drei Jahre umfasste der Vertrag mit Harald Krassnitzer, und der Schauspieler war dem Sender mit seinem plötzlichen Entschluss zur Absetzung der Serie hinsichtlich der damit hinfälligen Verlängerung nicht böse, da er ohnehin geplant habe, nach drei Jahren »Arztklischee« etwas anderes zu versuchen. Zwar kamen diese Töne aus dem Munde des Hauptdarstellers ebenso unerwartet wie die Absetzung, doch nahm Krassnitzer bereits im Winter 1997/98 eine Rolle in einem Münchener Spielfilm, der zum Teil von Christiane Sadlo geschrieben wurde, an und war nach dem Ende des »Bergdoktors« im Juni 1998 außerdem für das ZDF in Kanada aktiv. In München wurde 1998 ferner ein Spielfilm zum Thema Lehrervergewaltigung durch Schüler produziert, in dem vereinzelt junge Schauspieler aus Folge 67/68 für vergleichbare Rollen eingesetzt wurden.

Im Mai 1999 herrschte in der Fachwelt allgemeines Erstaunen darüber, dass die 1998 letztmalig gedrehte Produktion im Frühjahr noch nicht angelaufen war. Es wurde gemunkelt, die Programmdirektoren hätten aus Angst, damit entgegen der offiziell deklarierten Verjüngungskur und der sofortigen Absetzung der Serie zu handeln, die Ausstrahlung unterbunden. Sat.1 wäre wohl von den Zuschauern despektierlich angesprochen worden. Auf Nachfrage beim Sender bestätigte sich die spekulierte »Unter-den-Tisch-kehr-Aktion« allerdings nicht, wie untenstehend abgedruckt ist. Die Antwort erscheint auf den ersten Blick recht positiv, wenn es heißt: *»Eine Wiederholung […] ist […] zu einem späteren Zeitpunkt nicht ausgeschlossen«*, oder: *»Der Sendetermin […] steht derzeit noch nicht fest.«* Das klang fast so, als wolle man sich gut auf das Finale vorbereiten. Doch das stimmte nicht, denn die Programmaufstellungen finden sechs bis acht Monate im Voraus statt, und in dieser Zeit waren bereits keine Sendetermine mehr geplant! Das Interesse daran war verloren, das Ende quasi auf die sechste Staffel vorgezogen worden.

Mainz, 11. Mai 1999

Der Bergdoktor

Sehr geehrte Herr

vielen Dank für Ihr Schreiben und Ihr Interesse an der o.g. Serie.

Eine Wiederholung aller Folgen ist in absehbarer Zeit nicht vorgesehen, jedoch zu einem späteren Zeitpunkt nicht ausgeschlossen.

Der Sendetermin für die noch zuletzt gedrehten 6 neuen Folgen steht derzeit noch nicht fest. Die Produktion wurde zu Ende geführt.

Weiterhin gute Unterhaltung mit SAT.1 wünscht Ihnen

mit freundlichen Grüßen

SAT.1 Zuschauerservice

Der Zuschauerservice ist täglich von 08.00 Uhr - 23.00 Uhr unter der Servicenummer zu erreichen.

1999 bot der Privatsender dem ZDF das gesamte Serienkonzept zum Kauf an – ein einmaliges Vorgehen in der Geschichte des Privatfernsehens. Der Mythos »Bergdoktor« konnte auf diese Weise erhalten bleiben und gelangte in ein Metier, welches ohnehin seinem von Beginn an geplanten Naturell entsprach und langjährige Referenzen und Gemeinsamkeiten mit dem ZDF nutzte. Zu der Zeit stand Harald Krassnitzer bereits für den »Tatort« unter Vertrag und sagte zu Spekulationen darüber, ob er beim ZDF wieder als »Bergdoktor« einsteigen wolle: *»Über eventuelle Angebote werde ich erst zu gegebener Zeit nachdenken!«*

Es war kein Geheimnis, dass die Serie stets ein opulentes, aufwandsintensives und daher teures Produkt war, dessen Kostendarf nicht immer in einem positiven Verhältnis zu den Werbeeinnahmen stand. So war es wichtig, das teure Produkt in liquide Mittel umzuwandeln, um kein totes Kapital im Archiv liegen zu haben bzw. letzte Finanzmöglichkeiten aus dem Geschäft zu schöpfen. Das ZDF stimmte zu, und am 10. Januar 2000 begann dort die Wiederholung aller Folgen, womit laut AGF und GfK durchschnittlich 16 Prozent des morgendlichen Marktes erobert wurden (das sind ca. 700.000 Zuschauer; am 16. Februar wurden sogar 900.000 Zuschauer erreicht).

Damit war der Grundstein für eine mögliche Zukunft der Serie gelegt. Es war das erste Mal, dass ein öffentlich-rechtlicher Sender die Eigenproduktion eines Privatsenders wiederholte – wenn auch ohne die letzten Finalfolgen. Im April 2000 trafen sich diverse Altgediente aus dem früheren »Bergdoktor«-Team zu einem Wiedersehen im Café Maurer in Mieming, darunter Harald Krassnitzer, Enzi Fuchs, Herbert Fux und Michaela Heigenhauser. Das gemeinsame Erinnern an die »gute alte Zeit« ließ immerhin eine Autogrammkartensammlung im Café Maurer zurück.

Für Harald Krassnitzer war das Ende der Serie gleichzeitig ein Neuanfang: Sogleich hagelte es Angebote für diverse Projekte seitens des ZDF, hinsichtlich einer kanadischen Serie, seitens Pro 7 und seitens des ORF. Letztlich entstand bei Pro 7 ein Spielfilm sowie beim ORF ein neues »Tatort-Team« mit Harald Krassnitzer in der Hauptrolle: *»Es gab einen Findungsprozess beim Sender. Die haben sich gesagt: Hoppla, der hat ja beim ›Bergdoktor‹ aufgehört, der ist ja frei, eine kurze Diskussion mit dem ORF – dann haben die mich genommen.«* Trotzdem blieb Krassnitzer noch in seiner neuen Heimat Mieming wohnen und stieg 1999 zum touristischen Botschafter Tirols auf.

»Einmal ›Bergdoktor‹, immer ›Bergdoktor‹«, sagte Harald Krassnitzer anlässlich einer Gesprächsrunde im Fernsehen, zu der er in seiner Funktion als neuer »Tatort-Kommissar« und karitativer Helfer eingeladen war. Und dann kam der »Tatort« selbst: Als Felix Mitterer (Drehbuch) und Peter Sämann (Regie) im Jahr 2000 den ARD-»Tatort« Wien drehten, wählten sie gleich als Erstes das Sonnenplateau für die Kulisse, und Harald Krassnitzer war ein »Bergdoktor« wie in alten Zeiten: Da gab es viele Landschaftsszenen, die Wildermieminger Kirche, das Dorf Untermieming, die Berghütte der alten Marei sowie die Avanti-Tankstelle in Affenhausen. Auch Evelyn Plank (Nr. 45) und Wolfram Berger (Nr. 60) waren mit von der Partie. Doch irgendetwas passte nicht ins Bild! War es, dass »Dr. Hallstein« mit der Gendarmerie Innsbruck zusammenarbeitete?

Oder bei einer Hausdurchsuchung kopfschüttelnd in einem »Bergdoktor«-Heft blätterte?

Auch in den Jahren 2001 und 2002 war der Kommissar wieder auf dem Mieminger Plateau zu Gast. Erneut konnte man Untermieming und den Klettergarten Obsteig bestaunen. 2003 stattete Krassnitzer schließlich Bremerhaven einen Besuch ab, um eine Weihnachtsgeschichte zu drehen.

Im Oktober 2005 überraschte Sat.1 sein Publikum: Samstagmorgens um 9.30 Uhr kehrte die »Neue Generation« ab der Nummer 60 auf den Bildschirm des Berliner Senders zurück und wurde auch komplett bis zum Abschluss der Serie gezeigt! Dies geschah infolge einer weiteren Wiederholungskampagne vom März 2005 auf dem Premiere-Heimatkanal, dem Tochterunternehmen der ProSiebenSat.1 Media AG, und damit waren erstmalig auch die 1998/99 gedrehten Folgen im Fernsehen zu sehen. Offensichtlich hatte das ZDF die Ausstrahlungsrechte für diese Staffel im Jahr 2000 nicht miterworben.

Beim ZDF aber ging es 2008 erst richtig los: Große Ankündigungs- und Werbetiraden in der Presse gaben bekannt: »Der Bergdoktor« ist zurück! Allerdings in einer völlig anderen Version. Ganz der Bastei-Romanvorlage verschrieben, entwickelte das ZDF eine Neuauflage der beliebten Serie um den Frauenversteher-Arzt Martin Gruber (wie er im Film und im Roman heißt). Die neue Produktion hat außer dem Titel nichts mit der Sat.1-Serie gemein und besitzt mit der Region des »Wilden Kaisers« sogar einen völlig anderen Drehort. Keine einzige Übereinstimmung an Schauspielern oder gar an Geschichten … Lediglich ein Teil des alten Filmteams durfte wieder von der Alpenwelt profitieren und seine Erfahrungen in die neue Mannschaft einbringen, denn Produktionsfirma war wiederum die ndF:. Auch viele der früheren Schauspieler waren mittlerweile dabei (Monika Baumgartner, Carin C. Tietze und 2020 sogar Harald Krassnitzer).

2016 blickte Harald Krassnitzer auf sein 20-jähriges Bühnenjubiläum im Fernsehen zurück. Seine TV-Karriere begann als »Bergdoktor«, wie er 2018 der Presse in einem Interview verriet, weil dies die meisten Zuschauer längst vergessen hatten: *»Ich war damals ein unbekannter Schauspieler, der nur Theatererfahrung hatte. Doch das Team hat an mich geglaubt, mich gegen alle Bedenken durchgeboxt. Die Rolle war sicherlich Voraussetzung dafür, dass ich weitere TV-Engagements bekam.«* Warum gerade er ausgewählt wurde, und ob die Entscheidung angesichts des Endes der Serie tatsächlich richtig gewesen war, dazu äußerte sich Krassnitzer nicht. Doch die Kernaussage bleibt: Das Team stand hinter der kompletten Neuausrichtung der Serie!

Vom Juli bis zum Dezember 2016 wurden die ersten drei Staffeln samstags um 20.15 Uhr auf Rundfunk Berlin-Brandenburg (RBB) wiederholt – ein renommierter Sendeplatz! Die laufenden Ausstrahlungen dürften dazu beigetragen haben, dass Harald Krassnitzer als Dr. Justus Hallstein auf Platz 7 sowie Gerhart Lippert als Dr. Thomas Burgner auf Platz 11 der beliebtesten TV-Ärzte aller Zeiten gewählt wurden – und das 20 Jahre nach dem Generationswechsel in der Serie! Der neue ZDF-»Bergdoktor« schaffte es aber auch nur auf Platz 3, indes die erste Position der altgediente Professor Brinkmann von 1985 innehatte. Immerhin waren in dieser Zuschauerbefragung gleich drei »Bergdoktoren« vertreten.

Die Folgen 1 bis 14 erschienen als einzige auf VHS-Kassetten und wurden für den Privatgebrauch kommerzialisiert. Offenbar sah man in ihnen die höchste Qualität. Es dauerte lange, bis dann die komplette »Alte Generation« digitalisiert und auf DVD zu erwerben war. Seit 2017 ist schließlich die Komplettbox mit allen Folgen im Handel erhältlich.

Ausstrahlung

»Der Bergdoktor« hatte als eine der frühen Eigenproduktionen von Sat.1 dem Sender den ersten großen Erfolg beschert. Die bis zu zehn Millionen Zuschauer, die montags um 20.15 Uhr einschalteten, wurden in der Sendergeschichte lediglich durch die Serie »Anna Maria – Eine Frau geht ihren Weg« zahlenmäßig übertroffen. Mit dem selbstgewählten Ausstieg Gerhart Lipperts sanken diese Werte ab 1996 allerdings unaufhaltsam, und der Versuch, mit jüngeren Darstellern auch das Zielpublikum zu verjüngen, scheiterte. Erst das ZDF gab dem Format einen dauerhaften Platz im Fernsehen.

Seit Beginn der Serie waren Sendetermine jeweils zur Hauptsendezeit (ab 20 bzw. 20.15 Uhr) an Montagen festgelegt. Sie waren jeweils nach Abschluss einer Drehsaison und mit Berücksichtigung des laufenden Programms in der Regel zwischen Oktober und Mai integriert. Nach zwei Saisons war ab Sommer/Herbst eine Wiederholung (i.d.R. dienstags oder mittwochs im Abendprogramm) der letzten zwei Jahre vorgesehen, an die die Ausstrahlung der dritten Saison anschloss.

Zur Bewerbung der Serie wurden häufig extra aufgenommene Monologe der Schauspieler bzw. eine Zusammenstellung von Trick- und Archivaufnahmen gezeigt. Jährlich wurde sogar mit einem Tiroler Reiseangebot und einem Gewinnspiel geworben, und zu Beginn der neuen Saison 1996 war Harald Krassnitzer Gegenstand vieler Fernsehmagazine.

»*Wo ist ›Der Bergdoktor‹?*«, lautete bei den ausgestrahlten Wiederholungen der Jahre 1994 und 1995 im Jahr 1996 der Werbespruch eines in Zeichentrick dargestellten Chinesen in einer Gletscherspalte, der auf seine gestellte Frage selbst antwortete: »*Da, wenn Du ihn brauchst.*« Als Überleitung bei an manchen Abenden gesendeten Doppelfolgen (zwei Episoden nacheinander) im Herbst 1996 sprach Gerhart Lippert vor einer fingierten Bergkulisse die Worte: »*Halt, halt! Bitte bleiben Sie dran. Denn gleich kommt noch eine spannende Geschichte aus Sonnenstein.*« Ein weitaus attraktiverer Werbespot wurde im März 1996 für den Beginn der 95er-Folgen ausgestrahlt und zeigt die Familie Burgner vor ihrem Haus mit Sabina, Julia, Maxl und Thomas, der seinem Sohn die Haare streichelt. Diese Szene entstammt keinem Film, sondern war anlässlich eines Pressetermins beim Abschluss der Dreharbeiten im September 1995 gestellt worden.

Für den »neuen Bergdoktor« schließlich, der im Januar 1997 anlief, lautete das Werbekonzept: »*So haben Sie den Bergdoktor noch nie gesehen – a bissel jünger, a bissel frecher!*« Die Serie sei »*rezeptfrei*«, und Harald Krassnitzer versprach gar »*einen Hausbesuch*«. Auch die Werbepausen profitierten sehr von der Popularität der Serie, sodass es manches Mal zum Beispiel bei der Bewerbung von Volksmusik hieß: »*Der Bergdoktor empfiehlt …*«

1998 wurde die Serie bei Sat.1 unter der skurrilen Rubrik »Herzklopfen« angekündigt. In dieser sechsten Ausstrahlungssaison bot der Sender neben der alljährlichen Österreichreise außerdem ein Gewinnspiel an, bei dem man einen Besuch bei Dreharbeiten gewinnen konnte.

Das nachstehende Diagramm zeigt recht übersichtlich die Gemeinsamkeiten und Unterschiede im Episodenplan des »Bergdoktors« zwischen 1992 und 1998. Lässt man die 90-minütigen Sonder-Spielfilme (im Folgenden Pilotfilme genannt) außer Acht (rote Linie), trifft auf vier von sechs regulären Saisons das normale Serienkonzept von 13 Folgen pro Jahr zu. Die anderen beiden (1993 und 1997), die jeweils das zweite Jahr nach einem Neubeginn (1992 und 1996) darstellen, enthalten zwei Folgen zusätzlich, was ebenfalls wieder eine Regelmäßigkeit darstellt. Erst wenn man die Pilotfilme (in Grün) hinzurechnet (blaue Linie), wird deutlich, dass 1993 das aktivste Jahr und 1998 der Ausklang war. Bis 1997 ist die rote Linie (reguläre Episoden) diejenige, die am ruhigsten und gleichmäßigsten verläuft. Nur in den Jahren 1994 und 1995, wo alle drei Kurven parallel zueinander verlaufen bzw. zusammenfallen, ist eine Art Stabilisierung oder auch Routine festzustellen, die vielleicht auch deshalb danach ein Ende findet. Dieser Statistik

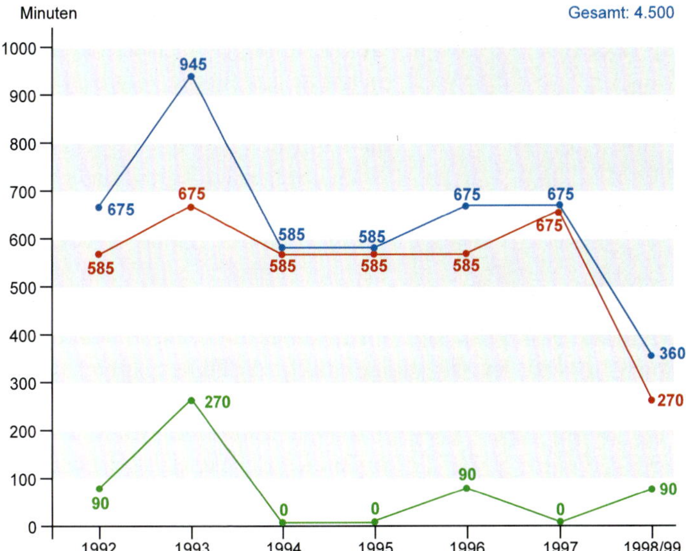

zugrunde gelegt sind die tatsächlichen Filmlängen (45 Minuten bei einer Einzelfolge) ohne Berücksichtigung der tatsächlichen Sendezeit (mit Werbung in der Regel 55 Minuten).

Geschehen am Ort

Zumeist am Beginn und dem Ende einer Drehsaison fand sich das Schauspielteam vor einer Schar Journalisten ein, um der Welt mitzuteilen, welche Serienneuheiten den Zuschauer in der folgenden Zeit erwarten. Mit dabei war auch immer der Pressefotograf von Sat.1, der auch während der Dreharbeiten von interessanten Szenen Pressebilder anfertigte. Die Bilder zeigen in der Regel Blickwinkel und Einstellungen, die im tatsächlichen Endprodukt nicht enthalten sind; teilweise enthalten sie gar Szenen, die später entfallen sind. Für den Pressetermin wurden zum Teil Requisiten aufgestellt, wie das markante Sofa aus dem Haus Obermayr oder ein gedeckter Tisch auf einer Wiese. Auf einem Foto horcht Harald Krassnitzer mit einem Stethoskop einen Stein ab – wie man es von einem »Bergdoktor« erwartet.

Am 25. September 1997 war für das Team eine Fahrt mit dem Heißluftballon geplant, als es zu einem kleinen Zwischenfall kam. Die Schauspieler waren bereits in den Korb geklettert, als eine Windböe den Ballon erfasste, den Korb umkippte und alle Insassen durcheinander purzeln ließ. Diese trugen aber nur blaue Flecken davon. *(Bild siehe folgende Seite)*

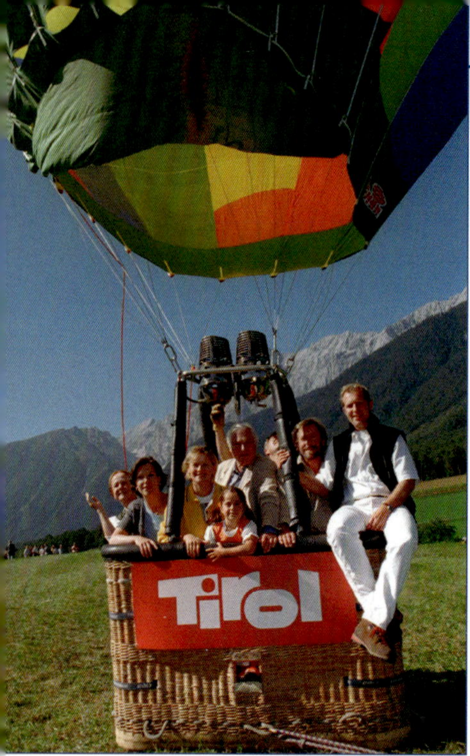

Das Ensemble bei einer Heißluftballon-Fahrt für die Presse am 25. September 1997.

Als das Filmteam im Sommer 1997 zu Dreharbeiten einen Klettergarten aufsuchte, um für die Bergszenen der Folge 80 zu proben, hatte der Verantwortliche Thomas Bretschneider ein Seil vergessen, woraufhin er noch einmal zum Ausgangspunkt zurückkehrten musste. Harald Krassnitzer, der mit Funkgerät und Helm ausgestattet über einer Schlucht am Seil hing, musste über eine Stunde so verharren, ehe die Filmexperten zurückkehrten und den sichtlich verärgerten »Harry« erlösten. Der Grund für diese Farce: Fritz Egners »Vorsicht Kamera«. Bei der Gelegenheit bekannte Krassnitzer nebenbei, er kenne Gott sei Dank keinen Arzt, der so sei, wie er ihn darstelle.

Für den Juni 1992 ist ein Erlebnisbericht zu den Dreharbeiten der Folge 5 erhalten: »*Alexandra und Markus von Brauneck beginnen mit ihrem Sportwagen auf einer engen Passstraße ein riskantes Wendemanöver. Plötzlich drehen die Hinterräder durch und rutschen über die Randbefestigung, das Auto rollt den Abhang hinunter. Die Dramaturgie des Augenblicks verharrt noch in der Luft, als unbedeutende Worte die Stille jäh unterbrechen: ›Alles im Kasten‹, ruft Regisseur Klaus Gendries, der die Dreharbeiten durchführt. Während Michaela May und Klaus Wildbolz lachend die Puppen, die ihnen die realistische Darstellung dieser Szene abnahmen, aus dem Autowrack ziehen, können die Vorbereitungen für den nächsten Part an diesem Set schon beginnen: die Ankunft von Sabina, die dem Grafenpaar zur Hilfe eilt.*« Diese Zeit ist natürlich schon lange vorbei.

Personelles

Die Orientierung der Produktion nach München und Österreich spiegelt sich auch im Leben des Drehbuchautors Robert Thayenthal (Foto) wider, der den Pilotfilm sowie zwanzig Folgen für den »Bergdoktor« schrieb. Der Schweizer studierte in Graz und arbeitete an Theaterbühnen in Deutschland und Österreich. Seit 1985 ist er mit Karina Thayenthal verheiratet und lebte zur Zeit des »Bergdoktors« in München, heute in Innsbruck. Zweimal war

Karina Thayenthal in der Serie zu Gast, schauspielerte aber auch im hohen Norden beim »Landarzt«.

Christiane Sadlo ist eine deutsche Drehbuchautorin, die zudem Romane für den Bastei-Lübbe-Verlag verfasst und Drehbücher für Rosamunde-Pilcher-Filme schreibt. Wolfgang Wysocki, der einige Drehbücher der »Neuen Generation« schrieb, arbeitet eigentlich als Dramaturg fürs Fernsehen. Christoph Gottwald ist eigentlich Autor von Kriminalromanen (»Die Spur führt nach Palma«) und versieht seine Geschichten gern mit spanischem Flair (Nr. 78/79). Gabriele Kister, die vor allem Folgen der Saison 1995 und die Einführung der Neuen Generation 1996 verfasste, wurde 1947 geboren und starb bereits 2016 in Berlin. Die Autorin Gabriele Werth hingegen ist noch im Filmmetier aktiv und zeichnet sich dadurch aus, dass ihre Handlungsfolgen zeitlich nah und schlüssig sind (morgens/mittags/abends) sowie etwas mehr Leerlauf aufweisen, während bei Kister und Thayenthal gern diverse Tageszeiten oder gar mehrere Tage übersprungen werden (Stichwort »verdichtete Handlung«), was weniger realistisch wirkt, aber als Qualitätsmerkmal in der Produktion gilt.

Wolf Dietrich und Ulrich König sind die Regisseure der Saison 1995 und stammen natürlich ndF:-nah aus der Region: Wolf Dietrich, Jahrgang 1931, aus Österreich und Ulrich König, Jahrgang 1949, aus München. Ulrich König ist noch aktiv im Filmgeschäft.

Über Celino Bleiweiß, den Regisseur der »Neuen Generation«, ist recht viel bekannt. Er hat diesen Namen aufgrund seiner jüdischen Herkunft 1943 als Pseudonym gewählt, wurde 1937 geboren und lebte in der DDR. Wie Regisseur Thomas Jacob gern mit Arnold Fritzsch zusammenarbeitete, beharrte Bleiweiß zwei Jahre lang auf seinem polnischen Musikerkollegen Andrzej Korzyński. 1994 bearbeitete das erfolgreiche Duo bereits die Sat.1-Eigenproduktion »Anna Maria – Eine Frau geht ihren Weg« mit unvergleichlicher Resonanz. Die in der Serie geschaffene Atmosphäre, der Musikstil und das Ambiente trugen unverwechselbare Züge der »Neuen Generation« beim »Bergdoktor«.

Andreas Drost war seit der Saison 1993 schon als Regieassistent tätig; 1998 durfte er schließlich für die gesamte Staffel als Regisseur sein Können unter Beweis stellen.

Mit Unternehmensstandorten in Hamburg, Köln und Berlin hat die »Neue deutsche Fernsehproduktionsgesellschaft mbH« (ndF:) ihren Stammsitz in München-Unterföhring. Als 77-prozentige Tochtergesellschaft der Iduna-Film GmbH ist sie für verschiedene Fernsehsender tätig. Sie wurde bereits 1947 gegründet, und bedeutende Produzenten wie Jan S. Kaiser und Siegfried B. Glökler stehen nach wie vor in ihrem Dienst.

Produktionsinfos

Redaktionelle Arbeit

Ausgangspunkt der redaktionellen Arbeit ist die jährlich stattfindende, einwöchige Sitzung des Produktions- und Autorenteams. Pro Sitzung stellt ein ausgewählter Autor seinen Entwurf eines Handlungsbogens für die Serie vor. Auf etwa zwanzig Seiten wird oberflächlich dargestellt, welche Entwicklungen eine Hauptfigur in der folgenden Drehsaison durchlaufen soll und wie der Spannungsbogen über das Jahr verteilt wird. Die familiäre Spannung, die sich zumeist durch die ganze Staffel zieht, ist dramaturgisch zwar die niedrigste (im Gegensatz zum spannenden Hauptplot einer Folge, nämlich der Patientengeschichte), doch ist gerade dieses serielle Erzählen ein bedeutender Faktor für die Beliebtheit einer Serie. Für jede Hauptfigur gibt es einen eigenen Handlungsbogen, der in derart gleichmäßigem Abstand Entwicklungen vorsieht, dass der Zuschauer meinen könnte, die Figur lebte tatsächlich. Bei der chronologischen Darstellung im Film ist zumeist von etwa ein bis zwei Wochen Abstand zur letzten Folge die Rede, einmal sogar explizit von zehn Tagen (Nr. 12), was dem im Drehplan vorgesehenen Kontingent entspricht: für eine Folge je nach Aufwand zwischen vier und 9,5 Drehtagen für 50 Minuten (das sind 88 bis 123 Drehtage im Jahr). In vier Jahren kann ein Serienhauptdarsteller durchaus zu ca. 500 Drehtagen gelangen; das ist bei der Tatsache, dass manche Sequenzen mehrere Stunden andauern, obwohl nur wenige Sekunden gesendet werden, nicht für jeden nachvollziehbar. Je professioneller aber geprobt und gearbeitet wird, desto schneller ist die Fertigstellung garantiert.

Eine Hauptfigur darf im Profil aber nicht zu sehr durch die Entwicklungen verändert werden, da sie sonst ihrer Funktion in der Serie nicht mehr gerecht wird. Sie definiert sich über die Beziehungen zu anderen Figuren und wird durch deren Dialoge charakterisiert. Zum Beispiel haben Fernsehärzte oftmals vornehme Frauen an ihrer Seite, um dem stilvollen Anspruch ihres Lebens Ausdruck zu verleihen. Aus diesen Gründen erhalten Drehbuchautoren gelegentlich die Aufgabe, die von ihnen erfundenen und neu eingeführten Figuren, sofern sie eine wichtige Handlungsfunktion erfüllen, nach exakten Vorstellungen zu charakterisieren, um bei den Besetzungsgesprächen für Schauspieler und Castingpersonal klare Vorgaben zu haben. In der Regel aber werden die Figuren in der gemeinsamen Sitzung entworfen und von den Besetzungsbüros unter verschiedenen Gesichtspunkten ausgewählt.

Eine Familienserie lebt von Dialogen und benutzt Szenen, in denen nicht gesprochen wird, in der Regel nur zur Auflockerung als zum interpretativen und emotionalen Vortrieb der Handlung. Der Erfolg einer Serie hängt daher letztlich immer von den Schauspielern ab, deren Popularität in empirischen Untersuchungen genauestens geprüft wird. Umfragen und Untersuchungsgruppen, denen Fragebögen vorgelegt werden, zeigen den Redakteuren, Produzenten und »Storyeditoren« die Projektion der Schauspieler auf die Zuschauer und deren Einschätzung. Erst wenn der Zuschauer in der Figurenkonstellation ein klares familiäres Verhältnis erkennt, sich daran orientieren kann und zudem gewisse »Lieblinge« herausgefiltert hat, ist die Zusammensetzung akzeptabel. Die Resultate dieser Untersuchungen liefern wichtige Vorgaben für die Redaktionssitzung, zu der die Beurteilung der Schauspieler (vor diesen übrigens geheim gehalten) und die Kenntnis über die Sehmotive vorliegen müssen. Die Sehmotive beim »Bergdoktor« waren beispielsweise die Landschaft, die vertrauten Gesichter und die realistische Darstellung.

Die Redaktionssitzung entscheidet über die Einsätze der Figuren, über deren Fortbestand und Modifizierung. Sie legt für das anstehende Jahr die sogenannten »Futures« fest, in denen für jede Rolle ein kurzer biografischer Abriss enthalten ist, der sowohl die Auszeitwünsche der Darsteller als auch deren Lebenswandel in der Serie berücksichtigt. Zusammen mit dem kritisierenden Redakteur, der für die Bedürfnisse des Senders verantwortlich ist, entwerfen der Produzent, die Chefautoren und die Editoren die »Maske« des Serienkonzepts, eine komplette Geschichtenabfolge in bildgenauen Treatments, die ohne Dialoge die Handlungsstränge vorgeben. Dabei ist darauf zu achten, dass die melodramatischen Geschichten einer Episode weit genug von einem Humorstrang (in der Dramaturgie »Comic-Relief« genannt) entlastet werden und über alles hinweg der Familienstrang nicht zu kurz kommt. Zudem ist jährlich immer auch eine Nebenhandlung unter dem Thema »Teenage Love« vorgesehen, um auch jüngere Zuschauer anzusprechen. Im Klausurgespräch wird mittels eines »Kurztellings« jedes Konstrukt durchgesprochen und auf die Wirkung hin überprüft, ehe jede einzelne Episode bis ins Detail festgelegt wird. Erst danach beginnen die geworbenen Dialogautoren in ihren Privatwohnungen damit, die Szenen mit einer Vielzahl mimischer Variationen und einem reichhaltigen Stereotypen-Vokabular wechselnder Gefühlsausdrücke auszustatten. Sie sind neben dem Regisseur, den Schnitttechnikern und den Musikern die Kreativsten im Entstehungsprozess einer Serie.

Beim »Bergdoktor« sah das so aus: Die »Maske« der Serie war indirekt der deutsche Heimatfilm, der Vorläufer der Familienserie. Jede Episode bestand aus einer dramaturgischen Haupthandlung, dem »Cliffstrang«, der etwas über ein Drittel der Gesamtszenen in Anspruch nahm. Gefolgt wurde er von einer ersten Nebenhandlung, dem »penultimate Strang«, sowie einer zweiten und zumeist lustigen Geschichte, die das Gesamtkonzept auflockern sollte. Mit dem »Washup«, der die Handlungsstränge der vorangegangenen Folge weiterführend beendete, der Exposition, in der der Zuschauer in alle wichtigen Handlungselemente eingeführt wurde, und landschaftlich-filmischen Übergängen gelangte man zu einer Gesamtszenenanzahl von ungefähr 50 pro Folge und etwa 650 im Jahr (bei der üblichen Folgenzahl von 13 Stück ohne jeweilige Pilotfilme). Die Ausstrahlung der fertigen Folgen begann zumeist drei Monate nach Beendigung der Drehsaison.

Die Drehbücher wurden den Schauspielern jeweils zum Jahresende – vor Beginn der neuen Drehsaison im darauffolgenden Jahr – zugesandt. Wichtig war dabei, das Drehbuch bis zum Zeitpunkt der Ausstrahlung vertraulich zu behandeln; auch die Episodentitel wurden erst im letzten Moment festgelegt. Diese wurden beim »Bergdoktor« so gewählt, dass sie mit kurzen, unbestimmten Schlagworten lakonisch mehrere Handlungen im Film tangieren, also häufig nicht nur die Haupthandlung, sondern auch die Nebenhandlungen. »Der weiße Tod« könnte als eine Ausnahme gesehen werden. Er ist eine umgangssprachliche Bezeichnung für den Lawinentod und, ebenso wie der Titel »EINE wahre Liebe«, spezifisch angewandt. Titel wie »Liebeskummer« oder »Um Leben und Tod« sind hingegen allgemeiner Natur.

Die Erfolgsgarantie einer Heimatserie begründet sich immer in dem oft verharmlosend wirkenden Balanceakt zwischen Spannung und Humor sowie den trivialen Lebensthemen, die scheinbar realistisch den ganzen Alltag in schonender und lebensfreudiger Weise präsentieren. Bei all dieser konzeptionellen Praxis, dem Versuch, den Interessen des Senders, der Produktionsfirma, der Agenturen und der Künstler zu entsprechen, mag vieles unberücksichtigt bleiben, was sich der Zuschauer von der Serie wünscht. Die Geschichten aber sind so von unnötigem Ballast befreit, übersichtlich und klar, und der Zuschauer wird so zeitdicht in seiner Aufmerksamkeit gesteuert, dass Kompaktheit und völlige Inanspruchnahme zumindest für 45 Minuten die Realität ersetzen. Erst wenn am Ende jedes Films die Familie wieder vereint ist, hat sich die Katharsis vollzogen – nur sehr wenige der 95 Folgen haben kein Happy End.

Die Arbeit der Autoren

Was ist das »A und O« für einen guten Film? Regisseur Jürgen Roland (ARD-»Großstadtrevier«) weiß es: *»Die Bedingung für einen guten Film ist ein gutes Buch, ein gutes Buch, ein gutes Buch!«*

Der Beginn eines guten Drehbuchs ist eine gedanklich gereifte Grundidee, die Stück für Stück durch Bildsequenzen ausgeschmückt und gestaltet wird. Bei diesem Schritt ist es bereits ratsam, die Ideen schriftlich festzuhalten, um sie dann auf dem Papier mit weiteren Gedanken anzureichern. Diese können aus dem eigenen Leben, aus der Presse oder aus dem Mund des Regisseurs stammen und sind maßgebend für einen detaillierten und gut recherchierten Aufbau des Drehbuchs. Dieser beginnt nach Vollendung der Gedankenskizzen in akribischer Genauigkeit und führt letztlich zu einem fertigen Dialogwerk mit Stimmungs- und Drehortangaben bzw. -vorschlägen. Bedeutend ist, dass der Autor die meisten Episoden der Serie gut kennt, den Stil übernehmen und vorgegebene Situationen aus den bisherigen Folgen fortführen kann. Übrigens liegt es auch am Regisseur, inwieweit ein stetiger Stil beibehalten wird. Die Schauspieler sind da vielfach nur Marionetten.

Die ausgewählten Dialogautoren können unter Umständen vom fest skizzierten Handlungsbogen abweichen, wenn sie bessere Ideen haben oder plausible Gründe für eine Figurenveränderung vorweisen können. Fixiert ist vor allem, welche Veränderungen stattfinden sollen, nicht aber, wie diese im Einzelnen vollzogen werden. Darüber hinaus liegt der eigentliche Plot, die Patientengeschichte, die etwa sechzig Prozent einer Folge in Anspruch nimmt, in der Hand der Autoren. Sie schlagen mittels eines Exposés ihre Idee zur Hauptgeschichte vor und erarbeiten dann im redaktionellen Gespräch die Einzelheiten für die Szenenabfolge, dem Treatment. Im Treatment sind auch der Drehplan, der Wechsel von Tages- und Nachtmotiven, von Außen- und Innenaufnahmen und das Budget der einzelnen Szenen (Ausstattung, Requisite etc.) berücksichtigt. Zu diesem Zweck bekommt nicht nur der Regisseur, sondern auch der Produzent, der Ausstattungsleiter und die Maske ein Exemplar des Drehbuchs zur Überprüfung. Um zu verhindern, dass Motive falsch interpretiert werden und unwichtige Szenen aufwendiger und intensiver der Vorbereitung unterliegen als wichtige, sind genaue Regieanweisungen seitens des Autors (auch Hintergrundgedanken und Gefühle der Akteure) empfehlenswert, aber dennoch lediglich als Vorschläge aufzufassen. Sowohl Regisseure als auch Schauspieler durchschauen die Stimmung einer

Szene, so sie klar dargelegt ist, relativ schnell und wollen in der Umsetzung kreative Freiheit haben.

Etwa 40 Prozent einer Episode werden von fortlaufenden Handlungssträngen ausgefüllt. Ein Anteil der Folgen ist dementsprechend flexibel und bietet den Autoren Gelegenheit für eigene Ideen. Erfahrungsgemäß werden die Drehbücher nach einem ersten Bearbeitungslauf – zum Ärger der Autoren – jedoch gekürzt, modifiziert und umgeschrieben. Die Realzeit wird im Vorlauf von den Regieassistenten gestoppt und dann unter Berücksichtigung der knappen Drehtage und der Kosten für die Kulissen (Motivmiete, Anfahrzeiten, Komparsen etc.) entsprechend verringert. Sollte jedoch – was selten der Fall ist – ein Drehbuch zu kurz sein, werden vom Autor Zusatzszenen eingeflochten, die sogar, wenn sie bereits vorab gedreht worden sind, gegenüber ungedrehten Szenen den Vorrang genießen. Das kann den Erzählrhythmus stark beeinträchtigen und erneut zu einer Fehlinterpretation führen. Schwierig zu schreibende Szenen werden kurzerhand umgangen, und die archetypischen Märchenmotive, wie das wiederhergestellte, zeitlich unbegrenzte Glück der Plotfiguren am Ende jeder Folge, ergeben sich aus der Serienstruktur beinahe von selbst.

Zum Zwecke abwechslungsreicher Geschichten werden in regelmäßigen Abständen neue Autoren mit unterschiedlichen Schreibstilen engagiert, doch muss hierbei das Serienmuster stets beibehalten werden. Dies kann zu Problemen führen, wenn sich neue Autoren in das feste Autorenteam einfügen müssen und trotz intensiver Vorarbeit Schwierigkeiten mit dem Wesen der Figuren haben. Die Autoren können ihre eigenen Charaktere am besten bedienen, und nicht alle vorgegebenen Rollen werden von neuen Autoren gleich gut aufgenommen und richtig verstanden. Vielmehr ist zu beobachten, dass sich Figuren den verschiedenen Schreibstilen »anpassen« und sich infolgedessen verändern, da die Psychogramme und die Vorgeschichten der Figuren oft nicht exakt genug festgelegt sind. In diesem Fall muss bei der Filmabnahme der ganze Stab gemeinsam das Ergebnis diskutieren und über das Konzept nachdenken.

Vom Entwurf des Exposés über eine erste Gesprächszusammenkunft, dem Entwurf des Treatments und weiteren Gesprächen dauert die Fertigstellung eines Rohdrehbuchs ungefähr sechs Wochen. Erst dann wird es für Drehbuchlesungen und Pressekonferenzen freigegeben, aber noch immer mit einem vorläufigen Arbeitstitel und unbekannten Örtlichkeiten versehen. Erst wenn etwa ein halbes Jahr später der Dreh stattfindet, werden der endgültige Titel und die vom Personal ausgewählten Drehorte im Drehplan festgelegt.

Serienromane werden häufig von mehreren Autoren geschrieben, die sich dem vorgegebenen Stil anpassen müssen und dabei pro Seite (und meist schlecht) bezahlt werden. In der Fernsehindustrie verhält es sich ähnlich, bis auf die Tatsache, dass Drehbücher angeboten werden und die Preise weitaus höher liegen. Unterstützt und subventioniert werden die Autoren durch den Verband Deutscher Drehbuchautoren, der sich auch mit den verschiedenen Vertragstypen befasst. Demnach können die Urheberrechte an einem Schriftwerk durch eine einmalige Zahlung an das Fernsehen verkauft oder bei jeder Wiederholung neu ausgezahlt werden. Vor allem bei Privatsendern ist der erste Vertragstyp gängig, weil die Autorengage neben den üblichen fünf Prozent der Gesamtproduktionskosten (damals bis zu 50.000 D-Mark; also gesamte Filmkosten bis zu 1.000.000 D-Mark) weiterhin nur den »buy-out«-Anteil in gleicher Höhe enthält, während beim letzteren Zahlungsangebot bei jeder Wiederholung weitere fünf Prozent hinzukommen. Das ZDF wiederholt einen Film in fünf Jahren häufig dreimal, was für den Autor durchaus wie eine Altersversorgung wirken kann.

Die deutschen Autoren sind nach den Schauspielern beim Film am besten bezahlt, und die Nachfrage nach Drehbüchern hat sich in den letzten zehn Jahren mehr als verdoppelt. Um als Drehbuchautor für den »Bergdoktor« tätig zu werden, bedurfte es stets einiger Vorbereitungszeit, bis man im Team integriert war. Um sich als Autor zu qualifizieren, müssen in der Regel zehn zugeschickte Drehbücher gelesen und als Fortsetzung eine elfte Geschichte geschrieben werden. Diese wird vom Leiter des Autorenteams begutachtet und bewertet, sofern es sich um unbekannte Neuanfänger handelt. In der Regel aber (vor allem in der »Alten Generation«) genossen Autoren, die in der Szene bereits einen Namen hatten (Christiane Sadlo, Barbara Engelke) den Vorrang. Diese bekamen von der Produktionsleitung, die die Serie im Voraus planen musste, bestimmte Vorgaben, die in die Geschichte involviert werden sollten, und machten sich sodann an die Arbeit.

Jedes Plotthema einer Serienfolge, sowohl ein Haupt- als auch ein Subplot, unterliegt einem in sich geschlossenen Erzählmuster, das aus der Exposition, dem Höhepunkt und dem Finale besteht. Die Aufteilung der Szenen erfolgt in akribischer Kleinarbeit nach motivischen Kriterien, die dafür sorgen, dass pro Drehbuch durchschnittlich 50 bis 60 Szenen (»Bilder«) entstehen, wenn jeder Motivwechsel, wie es in der Praxis üblich ist, für sich gewertet wird und eine eigene Ordnungsnummer erhält. Dagegen sind die Drehbuchdialoge weniger bindend, vielfach nur Vorlagen, die der Schauspieler in Nuancen seinem eigenen Sprachstil angleicht.

Ein Drehbuchautor bedient sich bei der Konstruktion seiner Geschichten oft allgemeiner Muster und Regeln, die ihm bei der Erarbeitung Erfolg versprechender Figuren und Handlungen behilflich sein können. Immerhin gilt es, für einen 45-minütigen Film ein durchschnittlich 70-seitiges Drehbuch zu verfassen, das dann meist in nur einer Woche abgedreht wird. Viele Hilfsmaßnahmen sind nötig, um die gewünschte Atmosphäre auch wirklich zu transportieren. Wie an anderer Stelle weiter ausgeführt wird, muss beispielsweise die Filmmusik nicht einfach nur der stimmungsvollen Untermalung dienen. Sie kann auch als festes Element im Drehbuch vorkommen und interpretatorisch angelegt sein. Die Musik erfüllt in diesem Fall den Zweck, dem Zuschauer etwas zu offenbaren, das nicht ersichtlich ist, etwa weil es sich in der Psyche der handelnden Figuren abspielt.

Ein Drehbuchautor ist immer der Schwierigkeit ausgesetzt, seine Geschichten so anzulegen, dass sie in sich schlüssig, unkompliziert und Erfolg versprechend sind. Oftmals bedient er sich dazu eines Bauplans, den der Medienwissenschaftler Christopher Vogler in seinem Buch »Die Odyssee des Drehbuchschreibers« aufgezeigt hat. Voglers Ausführungen über Beschaffenheit von Figuren und Muster zu Handlungsabläufen lassen sich weitgehend auch auf den »Bergdoktor« übertragen. Wer sich mit der Analyse der Serie vor diesem Hintergrund befasst, erkennt, dass die Geschichten häufig den gleichen Verlauf nehmen und die eigentliche Hauptfigur, der Bergdoktor, nur als »Katalysatorheld« oder »Mentor« fungiert, weil nicht er sich entwickelt, sondern als Folge einer »Berufung« anderen, bedürftigen Personen hilft, sich zu entwickeln. Diese Personen sind dann die eigentlichen »Helden«.

Der Drehbuchautor ist aber auch zu einer guten Recherche verpflichtet. Vor allem in Hinblick auf die medizinischen Elemente der Serie müssen die Autoren gelegentlich professionelle Ärzte zu Rate ziehen, um inhaltlichen Mängeln vorzubeugen. Bei Arztserien ist der Bedarf an Fachberatern besonders hoch, um insbesondere Krankheitsbilder und Behandlungsmethoden authentisch darzustellen. Es ist daher nicht abwegig, dass Schauspieler bei den Proben mitunter von einem Chirurgen angeleitet oder sogar angelernt werden. Teilweise hospitieren die Drehbuchautoren auch in Krankenhäusern oder ähnlichen Institutionen, um von dem ärztlichen Berufsalltag inspiriert zu werden, wie es auch Gerhart Lippert in der Innsbrucker Kinderklinik getan hat.

Manchmal stecken die Drehbücher voller Witz, ironischer Anspielungen, frecher Bemerkungen und Slapstick-Einlagen, die aber oftmals nicht sofort erkennbar sind. Die Umsetzung der Vorlagen gelang bisweilen nur halbherzig und ungenau, oftmals weil das über einer Dialogszene manuell gehaltene Aufnahmemikrofon (das in den Nummern 59 und 65 sogar einmal kurz ins Bild ragt ...) manche »genuschelte« Passagen nur leise wiedergibt. Eine mehrfache Durchsicht jeder Episode lohnt sich daher, um alles zu verstehen, und auch der Blick ins Drehbuch offenbart so manchen versteckten Witz, der im Film leider keine Umsetzung fand.

Schade ist auch, wenn Motive und Informationen völlig unzusammenhängend auftreten, weil sie gerade in die jeweilige Folge passten, ansonsten aber keine Vorgeschichte haben, wie das Baumhaus in Folge 37, von dem zuvor nie die Rede war, oder Marei, die angeblich dem Doktor »immer« seine Brotzeit herrichtet, ganz abgesehen von dem in Folge 37 erwähnten Matthias, der nie zuvor Thema war. Ebenso bedauerlich ist es, wenn Handlungsabläufe nicht konsequent chronologisch stattfinden, sondern in beliebiger Reihenfolge, bei der nicht klar ist, welcher Tag gerade ist oder wie viel Zeit seit der letzten Szene vergangen ist.

Die Drehbuchautoren beim »Bergdoktor« waren: Robert Thayenthal, Gabriele Kister, Christiane Sadlo, Uta Berlet, Barbara Engelke, Gabriele Werth, Wolfgang Wysocki, Ralph Werner, Christoph Gottwald, Michael Rossié und Claus Königsmark.

Technik/Internes

Was ein 30- bis 50-köpfiges Team in einer Drehsaison auf den Weg bringen kann, folgt in den meisten Fällen einem akribisch ausgearbeiteten und festgelegten Konzept. Gerade Wetter und Licht erfordern am Set stets eine zeitintensive Installation, um den Ansprüchen echter Filmrollenkameras (im Gegensatz zur digitalen Aufnahme) gerecht zu werden. Nicht selten kümmert sich in dieser Zeit die Aufnahmeleiterin um die wartenden Schauspieler, mit denen sie vielleicht schon seit der ersten teaminternen »Warm-up-Party« ein freundschaftliches Verhältnis pflegt. Doch auch die Redaktionskompetenz hat ihre Grenze: Bei der Frisur zum Beispiel wurde Anita Zagaria nicht vorgeschrieben, dass sie in einem Jahr langes, im nächsten Jahr kurzes Haar tragen sollte – das war dem persönlichen Stil der Schauspielerin überlassen. Bei Harald Krassnitzer hingegen wurde die Kürzung seiner Langhaarfrisur als essenziell für die Rolle angesehen. In Extremfällen werden derlei Persönlichkeitsveränderungen in der Redaktion diskutiert, ob sie mit der Rolle vereinbar sind.

Ähnlich verhält es sich beim Wetter. Natürlich wurde bei Außendrehs die entsprechende Wetterlage abgewartet, um nicht im strömenden Regen zu arbeiten, aber grundsätzlich sahen das Drehbuch oder der Regisseur nur in Ausnahmefällen ein bestimmtes Wetter vor (zum Beispiel Gewitter in Nr. 40). Der Rest wurde dem Zufall überlassen. Auch Versprecher und unerwartete Situationen, die trotz umfassender Szenenproben nicht ausblieben, wurden manches Mal im Film belassen, wenn sie gut improvisiert waren und einen positiven Eindruck erzeugten (z. B. Nr. 56, 57). Da konnte es auch vorkommen, wie in der Tankstellensequenz in Folge 39, dass ein Vogel in derart lauten Tönen zwitscherte, dass die gesprochenen Worte des Dialogs beinahe zu Hintergrundgeräuschen wurden. Dabei war der Vogelgesang schon von Beginn an ein essenzieller Bestandteil des natürlichen Settings, das die Serie so ungewöhnlich landschaftsorientiert machte.

Für Außenaufnahmen verwendet die Filmtechnik 16-Millimeter-Kamera- und Filmformate. Dabei beträgt die Bildfrequenz, also die Aneinanderreihung von »Fotos« in einer Zeiteinheit, 25 oder – wie beim Fernsehapparat – 50 pro Sekunde. Charakteristisch für die Kameraführung sind die spezifizierten Aufnahmearten in Dialogsituationen. Pro Szene wird meistens aus zwei Blickwinkeln (ergo zwei Kameras) gefilmt: einerseits über die Schulter eines Dialogbeteiligten auf das weitere Geschehen, andererseits als »Close-up« ganz nah herangezoomt. Während bei der ersteren Art der Oberkörper den Mittelpunkt des Bildes darstellt, nimmt die letztere das Gesicht in den Fokus. Für die vielfältigen Außenaufnahmen hingegen wurde die »Halbtotale« verwendet, die die Figuren von Kopf bis Fuß zeigt.

Weitwinkelobjektive und das dimensionierte Raumverhältnis zweier Kameras sorgte in vielen Fällen dafür, dass die eigentlich ungewöhnlich kleinen Drehplätze am Sonnenplateau – und auch die Schauspieler – größer erschienen, als sie in Wirklichkeit waren. Ein Zwei-Meter-Mensch beispielsweise kann die Eingangstür zum Doktorhaus nicht ohne Kopfeinziehen durchschreiten, was hinsichtlich der eher kleinen Tiroler Landsleute aber keineswegs »unnormal« ist. Insofern ist es nicht verwunderlich, dass bevorzugt kleine Akteure eingesetzt wurden, deren Größe dann kameratechnisch ebenso kompensiert wurde wie die Größe des Doktorhaus-Grundstücks, das eine Totalaufnahme des Gebäudes ohne Weitwinkel gar nicht erst ermöglicht. Es befand sich vor allem am Nachmittag und Abend im besten Sonnenlicht, während morgendliche Aufnahmen schwierig waren.

Wenn es eine Person gibt, auf die alle Schauspieler am Set uneingeschränkt hören, dann ist es nicht nur die Vertrauensperson, sondern vor allem der Regisseur. Er hat die »Befehlsgewalt« beim

Dreh, das letzte Wort und die dramaturgische Verantwortung. Er entscheidet über ergänzende Drehbuchszenen, falls die Sendezeit zu kurz gerät, und über die bevorzugte Aufnahme. Sowohl die Darsteller als auch der Regisseur müssen sich aufeinander einlassen, um effektiv zusammenzuarbeiten und sich nicht in Konflikten zu verlieren. Deshalb war es gerade beim »Bergdoktor« schwierig, dem Regisseur Genüge zu tun, weil seine Person so oft wechselte, denn die ndF: setzte sie zwischen ihren Serien variabel ein.

Nach der Fertigstellung des Drehbuchs ist es übrigens ebenfalls der Regisseur, der mit der Detailarbeit beginnt: Zunächst gehört dazu die Unterteilung der Szenen in einzelne Bildsequenzen und Kameraeinstellungen seiner Vorstellung, sodass daraus der Bildwechsel entsteht. Im anschließend zeichnerisch skizzierten »Storyboard« werden zudem die Kameraplatzierungen, die Lichtverhältnisse und der Lichtwechsel einschließlich Einstrahlungswinkel detailliert festgelegt, ehe mit der Produktion begonnen werden kann. Beim »Bergdoktor« waren für die technische Verarbeitung ausschließlich gelernte Fachkräfte am Werk. Der am Set verwendete Kamerakran in den Episoden 53, 58 und 79 zum Beispiel, die stets gut gewählte Kameraperspektive mit Vor- und Hintergrund, das Licht der engagierten Firma aus München – Gerbl & Klein –, der Schnitt zum Beispiel mit »Intercut« (Überblendung) in der Folge 58 und nicht zuletzt die Ausdrucksstärke der Schauspieler verdeutlichen dies.

Die Einstellungen vor dem Dreh benötigten also oftmals viel Zeit: Das Licht musste gemessen und nötigenfalls künstlich verbessert werden, indem Blenden und Scheinwerfer zum Einsatz gelangten. Nachdem das Stativ und je nach Drehplan das sogenannte Situationsmikrofon aufgestellt waren, wurden der Ton geprüft und die Kameraführung getestet. In dieser Zeit mussten die Schauspieler warten. Geprobt wurde die Szene in der Regel nur einmal, anschließend unverzüglich abgedreht.

Pausen im Tagesablauf der Produktion konnten in manchen Fällen sinnvoll in den Drehplan integriert werden. Brötchen zum Frühstück, Frikadellen mit Kartoffelstampf zum Mittag, Apfelstrudel zum Kaffee und eine Brotplatte zum Abendessen – immer wieder beherrschten Esssequenzen im Garten oder in der Küche die Szene, in denen in den meisten Fällen echte Speisen auf den Tisch kamen – eine nutzreiche Verbindung.

Der Zeitplan des Drehs – anglistisch »Timing« genannt – war so ausgerichtet, dass er organisatorische wie sinnvolle Bedingungen berücksichtigte. Die einzelnen Szenen entsprachen selten der zeitlichen Abfolge des Drehbuchs; oft wurden nicht nur innerhalb jeder Episode, sondern vielmehr innerhalb mehrerer Folgen, je nach Thema und Zeitplan, die Szenen an einem Tag abgearbeitet. Gern wurden dabei Schlussszenen zusammen mit den Anfangsszenen einer Episode aufgenommen. Der Produktionsleiter ist mitverantwortlich, dass der Tagesablauf so gut wie möglich eingehalten wird. Schon im Vorfeld steht fest, wer für die Bewachung und Setabsperrung verantwortlich ist, wer die Schauspieler abholt und zum Set bringt, wo sich Parkmöglichkeiten befinden, wo Mittag gegessen wird und was bei schlechtem Wetter geschieht. Zum Drehabschluss wird ein Tagesbericht verfasst, aus dem die entstandenen Szenen nachvollzogen werden können, wie viel Filmmeter verbraucht wurden und wie gemischt werden soll. Bild-, Ton- und Musikspur bilden erst im Endprodukt eine Einheit, werden ansonsten aber unabhängig voneinander aufgezeichnet und erst im Nachhinein vermischt. Lediglich ein Tag steht für diese Arbeit pro Folge zur Verfügung, und so manche Tricks müssen die Tontechniker »im Ärmel« haben, um zum Beispiel »vernuschelte« Dialoge nicht komplett neu produzieren zu müssen. Oft genug geht es nur so, dass die Schauspieler zur Postproduktion hergebeten werden, um unverständliche Sätze neu einzusprechen und damit die Bildspur zu überdecken. Beim »Bergdoktor« war dies mit der stets synchronisierten Italienerin Anita Zagaria ohnehin gängige Praxis. Daneben musste auch Gerhart Lippert zum Beispiel in Folge 34 seine im Bergwind verwehten Worte nachträglich aufsprechen, wie ebenso Manuel Guggenberger in Folge 35 nachträglich seinen eigenen Tirol-Dialekt zu dolmetschen hatte.

Apropos Dialektik: Die gesprochenen Worte sind im Film in vielen Fällen schon sehr nah an den Sprachduktus der Region angelehnt, allerdings nicht immer. Würde wirklich nur Umgangssprache gesprochen, verstünden die meisten Zuschauer kein Wort. Teilweise wurde das Gesagte ins Hochdeutsche abgemildert und zum Teil künstlich vermischt (Nr. 42, 69), um die Serie insgesamt verständlicher zu halten, aber der verbliebene Dialekt orientierte sich durchaus an der echten Tiroler oder Münchener Mundart, welche auf dem gesamten Sonnenplateau zu hören ist. Dazu gehören Begrüßungsworte (z. B. »Grüeß di«, »Füet di«, »Grüß Gott«, »Füet di Gott« etc.) und Idiome (etwa »steckren« anstelle von »stecken« sowie »dankre«, »Bärg«). Die fehlende Reinheit der Sprache, die Vermischung mit dem Hochdeutschen entstand unvermeidlicherweise daraus, dass die Schauspieler aus unterschiedlichen Regionen kamen, teils aus Tirol, teils aus Salzburg und teils aus Bayern.

Nach dem Dreh ist es die Aufgabe der »Cutter«, die mit mehreren Kameras auf den Film gebannten Szenen in einzelne Bildsequenzen zu zerteilen und sinnvoll zusammenzuschneiden. Ein Beispiel für einen besonders kreativen, den sogenannten »goldenen Schnitt«: In Folge 56 zeigt das Fernsehbild eine Katze auf einem Brunnen, während sich Dr. Burgner und Herr Konrad – zumindest tonal – im Haus unterhalten. So sparte man sich gleich die Innenaufnahmen ...

Die Laufzeit einer Episode konnte von den Schnittexperten nicht immer exakt auf 45 oder 47 Minuten abgestimmt werden; dazu war die Vielzahl der zu verwendenden Szenen zu komplex. Vielmehr tendieren die Filme zu verschiedenen Längen zwischen den genannten Minutenzahlen und werden von den Sendern manchmal mit Werbung entsprechend verlängert. Die Konsequenz: Man erhält einen verfälschten Eindruck von der einheitlichen Laufzeit jeder Folge. Für die »Neue Generation« wurde die Gesamtlänge von etwa 47 Minuten durch die Verkürzung des Vorspanns auf 45 Minuten reduziert, um mehr Zeit für Werbung zu haben.

Wie viele Szenen aufgenommen, verworfen, wiederholt und letztlich doch herausgeschnitten wurden, weil die Episodenlänge nicht passte oder die Schauspielleistung nicht überzeugte, weiß nur das Produktionsarchiv des »Bergdoktors«, das zwischen 1992 und 1998 aus der Schweißarbeit der Cutter heraus entstand. Wer weiß, wie viele Schätze dort ihrer Entdeckung harren.

Ein weiteres wichtiges Feld der Produktion findet sich im Fundus, in der Kleidung für die Schauspieler. Sie charakterisiert die Figuren, setzt modische Akzente und dient dem Zuschauer als Vorbild. Für jede nur erdenkliche Szene müssen die adäquaten Stoffe vorhanden sein, denn nichts wirkt irrealer als eine Bergwanderung im Anzug oder ein sportliches Ereignis im Winterpullover. Mit diesen Problemen beschäftigten sich die Verwalter des Kleidungsfundus, die nicht nur ständig einen Großvorrat an Kleidung parat hatten, sondern auch für aktuelle Neukäufe sorgten und die Schauspieler jede Staffel und teilweise sogar jede Folge neu einkleideten – ob mit Jankerl, Anzug oder Kittelschurz.

Dr. Burgners typisches dunkelblaues Sakko mit dem mintgrünen Kragen tritt sogar saisonal übergreifend in vielen Folgen auf, da es quasi ein Markenzeichen von ihm verkörpert. Später wurde es durch ein gleiches Kleidungsstück in Grün ergänzt. Maxls Kleidung war ihm in der Regel ein paar Nummern zu groß und musste an den Ärmeln aufgekrempelt werden – man könnte hier von einem HipHop-Style sprechen. Es ist der Continuity verschuldet, dass die Kleidung szenen- und tagesgenau wiederverwendet wurde und diverse Kleidungsstücke realistischerweise auch mehrfach getragen wurden.

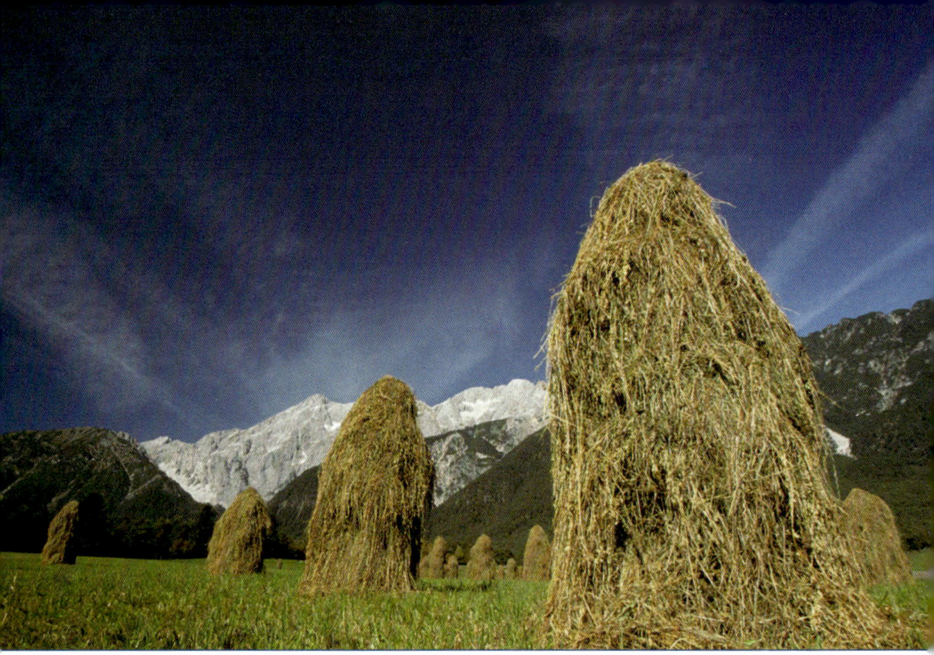

Das Mieminger Plateau ist landschaftlich äußerst reizvoll.

Filmszenen bedürfen stets einer grundlegenden Vorbereitung: Aufwendige Szenen werden etwa ein bis zwei Wochen, einfache Dialoge am selben Vormittag vor den tatsächlichen Aufnahmen geprobt. Einstellungen werden überprüft, Kamerastandorte und requisitäre Vorgaben getestet. Auch die ausgewählte Kleidung der Schauspieler wird für diese Abschlussproben bereits verwendet. Die genauen Vorbereitungen sind von großer Bedeutung, um am entsprechenden Drehtag mehrere Szenen hintereinander fertigstellen zu können, denn nur so ist gewährleistet, dass sich die Frisuren oder andere äußere Merkmale der Akteure zwischenzeitlich nicht verändern. Dies ist auch der Grund dafür, dass von Filmszenen oftmals Pressefotos existieren, die in Aufmachung und Blickrichtung von der letztgültigen und veröffentlichten Fassung abweichen.

Die Maske kommt in der Generalprobe ebenfalls zum Einsatz. Mit Puder und Schminke werden Hautschweiß und -unreinheiten überdeckt. Der Aufnahmeleiter koordiniert die Abläufe am Set und sorgt dafür, dass alles bereitsteht. Der Regisseur schließlich achtet auf die Einstellungen und die inhaltliche Schlüssigkeit der Handlungsabläufe. Er hält sich deshalb auch selten mit kritisierenden Bemerkungen gegenüber allen Schauspielern zurück. Trotz allem aber ist klar, dass die gute Stimmung am Set Vorrang hat, um die Lust am Spiel zu erhalten. In der Regel ist der Umgang im Team entsprechend freundlich: Man duzt sich und sorgt für das Wohl der Akteure. Gerade beim »Bergdoktor« war die Herzlichkeit des Teams bereits sprichwörtlich: »Wie eine Familie!«

Interview mit Thomas Bretschneider

Der Berliner Thomas Bretschneider ist Gesamtherstellungsleiter und Geschäftsführer einer Tochterfirma der ndF:. 1992 war er bereits als Aufnahmeleiter beim ersten zweiwöchigen Dreh in München (Folge 1) dabei und übernahm später von Siegfried B. Glökler die Aufgabe des Produktionsleiters. Seine Erfahrungen beim Dreh in den Bergen bringt er auch heute noch beim ZDF-»Bergdoktor« mit ein. Im Interview erinnert er sich an die damalige Zeit.

Wissen Sie noch, wer die Region Sonnenplateau als Drehort ausgewählt hat?

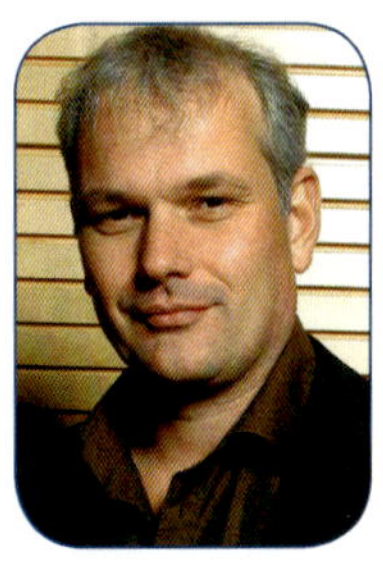

Thomas Bretschneider.

Wir suchten nach einem Gebiet, das touristisch nicht sehr überlaufen ist. Es war uns wichtig, vom ursprünglichen Leben zu erzählen und die Urigkeit darzustellen, ähnlich wie bei »Heidi«. Ortsnamen wie Affenhausen oder Wildermieming waren dabei für die geplante Serie nicht besonders glücklich, weshalb wir sie umbenannt haben. Die Lage war zum Filmen allerdings optimal, weil das Sonnenplateau – wie der Name schon sagt – sonnenverwöhnt ist, da die Sonne von Süden direkt auf das Plateau scheint und im Norden die Mieminger Kette vor schlechtem Wetter schützt. Trotzdem ist der Dreh im Gebirge immer etwas Besonderes, weil es im Tal noch dunkel sein kann, während auf dem Gipfel schon die Sonne scheint. Ausgewählt wurde die Region von Siegfried B. Glökler.

Die Orte wurden zwar umbenannt, aber war Ihnen die örtliche Glaubwürdigkeit trotzdem wichtig?

Die Glaubwürdigkeit war uns sehr wichtig. Zum Beispiel wurden die Autokennzeichen regionaltypisch ausgewählt. Selbst bei den Wegbeschreibungen, die in der Serie bei der Erwähnung von Fahrstrecken genannt werden, haben wir uns oftmals an den örtlichen Gegebenheiten orientiert. Natürlich war das nicht immer möglich, und mehrfach haben uns die Einheimischen darauf hingewiesen, dass die eine oder andere Strecke in Wirklichkeit anders verläuft. Aber im Film spielen andere Erfordernisse eine Rolle, sodass wir einen Kompromiss zwischen Realität und Film finden mussten. Im Laufe der Zeit erforderten die Inhalte auch immer weiter entfernt liegende Motive. Wir sind ganz bis nach Landeck, Schwaz, Kufstein und sogar Verona gegangen.

Die Büros waren in der Volksschule untergebracht. Blieben sie dort das ganze Jahr, und hat das nicht beim Unterricht gestört?

Damals war Herr Trenkwalder der Schuldirektor. Er hat uns die alte Direktorenwohnung im Obergeschoss zur Verfügung gestellt. Kostüm und Maske befanden sich im Kellergeschoss. Dort konnten wir das ganze Jahr bleiben und haben überhaupt nicht gestört. Auch bei den Kulissen blieben die Räume das ganze Jahr eingerichtet. Wir haben für das Bergdoktorhaus ein leerstehendes Haus in Untermieming gepachtet, das wir entsprechend umbauen konnten. Die örtliche Entfernung war zwar etwas umständlich, aber es wirkt im Film besser. Da wir Jahresverträge hatten, konnten die Innenräume jeweils unverändert stehen bleiben. Auch für die Innenaufnahmen vom »Pankrazhaus« haben wir ein leerstehendes Gebäude in Affenhausen angemietet. Und nur, wenn das Wetter mal nicht stimmte, haben wir bei der Sicht aus den Fenstern etwas nachgeholfen.

1997 wurde Harald Krassnitzer Opfer der Versteckten Kamera, wobei er an einem Seil an einer Kletterwand hing und allein gelassen wurde. Er rief immer den Namen »Thomas« ... waren Sie das?

Ja, das war ich. Für Harald Krassnitzer als Prominenter war es irgendwann unausweichlich, Opfer der »Versteckten Kamera« zu werden. Alle waren eingeweiht, und ich war der Lockvogel. Ich denke aber, »Harry« hat es sehr schnell durchschaut.

Robert Thayenthal hat die ersten Drehbücher geschrieben. Gab es eine interne Charakterliste mit den Merkmalen der Figuren, sodass andere Autoren die Serie fortschreiben konnten?

Es gab eine Grundcharakteristik und eine Art »Serienbibel«, auch Ziele, wohin sich eine Figur entwickeln soll. Allerdings ist es so, dass mit steigender Episodenzahl davon auch mal abgewichen wird und sich andere Autoren prima hineinfinden können, indem sie sich die bereits abgedrehten Folgen anschauen.

Wie bewerten Sie die Zeit in Österreich?

Es war eine extrem anstrengende, aber auch spannende Zeit. Man lernt viele Leute kennen und bekommt viele Einblicke, ist aber als Produktionsleiter natürlich zur Neutralität verpflichtet, vor allem gegenüber politischen Angelegenheiten in der Gemeinde. Es kam durchaus vor, dass ich abends noch im Wirtshaus saß und mit Einheimischen ins Gespräch kam. Manchmal war es für mich als Berliner schwer, alles zu verstehen. Ich war damals wie heute Pendler, sodass meine Frau zeitweise auch mit in Tirol war. Meine Tochter hat quasi ihr erstes Lebensjahr auf dem Sonnenplateau verbracht und sagt noch heute, wenn sie über den Brenner fährt und sich das Inntal auftut, es sei wie nach Hause kommen.

Woran erinnern Sie sich besonders?

Als spannend empfand ich die schnell wechselnden Wetterlagen. Ich hatte ständigen Kontakt zum meteorologischen Dienst in Innsbruck, wo man mir minutiös das örtliche Wetter vorhersagen konnte. Das war wichtig, um festzulegen, wo zuerst und wo zuletzt gedreht wird und wo die Mittagspause stattfindet. Für die Drachenfliegerszene in Folge 5 setzte ich den Drehbeginn auf dem Berggipfel für zehn Uhr fest, und als die Beteiligten schon um neun Uhr da waren, herrschte der dichteste Nebel, sodass mich viele kritisierten. Aber ich blieb hart und wies darauf hin, dass tatsächlich erst um zehn Uhr gedreht werden sollte und zuvor die Proben stattzufinden hatten. Und als dann tatsächlich ab halb zehn der schönste Sonnenschein kam, dachten alle, ich hätte hellseherische Fähigkeiten. Dabei hatte mir nur der meteorologische Dienst geholfen ...

Danke für das Gespräch!

Die Volksschule Wildermieming war Ausgangspunkt vieler filmischer Aktionen.

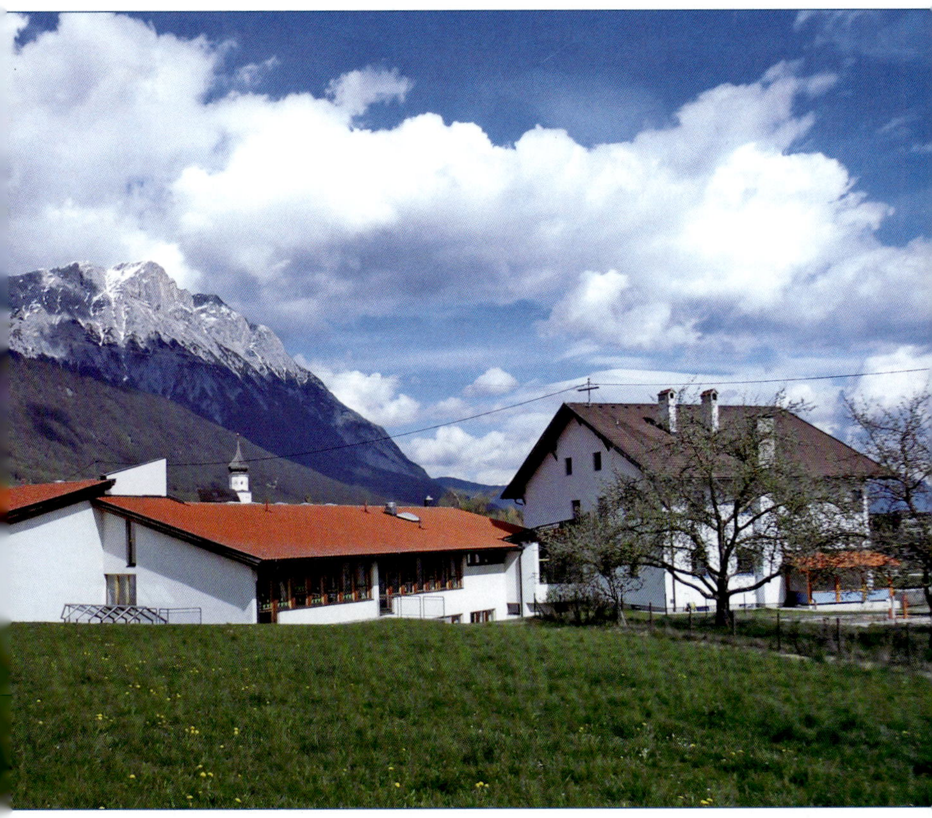

Schauspieler

Schauspielpraxis

Berühmte Persönlichkeiten haben mit gewichtigen Worten ihre Theorie geschildert, welche Charaktere sich wirklich hinter Schauspielern verbergen können und welche Beweggründe sie dazu veranlassen, sich in der Öffentlichkeit zu präsentieren. Dabei gibt es folgende Thesen:

1. Es ist möglich, dass der Schauspieler eine sehr ausgeprägte Persönlichkeit hat, sich und seine Fähigkeiten sehr gut kennt und einzusetzen weiß, aber dennoch ausreichend flexibel ist, um sich auf jedwede Rolle einzustellen.
2. Es kann weiterhin sein, dass ein Schauspieler keinen festgelegten Charakter hat, sich daher jeder Rolle anpassen kann und diese selbst als einen Teil seiner Persönlichkeit annimmt, sozusagen durch die Rolle existiert.
3. Ebenso gibt es die Annahme, dass Schauspieler mit Minderwertigkeitsgefühlen zu kämpfen haben und sich von ihrem Erfolg die Bestätigung erhoffen. Spinnt man diesen keineswegs abwegigen Gedanken weiter, kommen wir zu …
4. Hat ein Schauspieler ein zu geringes Selbstwertgefühl, ist es möglich, dass er kein klares Identitätsempfinden hat und sich in fremden Rollen womöglich wohler fühlt als in der »eigenen«.

Mögen diese psychologischen Gesichtspunkte auch ein wenig abstrakt klingen, so ist es offensichtlich, dass die meisten Akteure gerade die Rollen bevorzugen und am besten spielen können, mit denen sie sich identifizieren.

Am Set ist der Schauspieler die alleinige Verbindung zwischen dem potenziellen Publikum eines Films und der Welt der Emotionen, die aus einem Drehbuch hervorgeht und die der Regisseur den Zuschauern vermitteln möchte. »*Es liegt ausschließlich in der Hand des Schauspielers, ob Gefühle vor dem Fernsehbildschirm verstanden werden oder nicht*«, meinen namhafte Filmemacher. Wir wissen zwar inzwischen, dass in einer Serienproduktion die Leistungen der Schauspieler mithilfe des Soundtracks verstärkt werden, doch muss ein Regisseur dennoch aufmerksam verfolgen, ob die Ausdruckskraft des Darstellers überzeugend wirkt, dem Drehbuch entspricht oder eben generell eine gute Atmosphäre inhäriert.

Die Karriere eines Filmprotagonisten beginnt zumeist an einem Theater mit dilettantischer oder bereits professioneller Praxis. Tritt man sodann in die Welt der Fernsehindustrie ein, bedarf es freilich unterstützender Hilfestellungen und Tipps von erfahrenen Schauspielern bzw. konkreter Anweisungen und Erläuterungen des Regisseurs. Erst im Laufe der Zeit erlangt man eine gewisse Routine und ein Gefühl für die korrekte Inszenierung. Und ist man erst durch eine Rolle bekannt geworden, begleitet sie den Schauspieler oftmals auch außerhalb des Drehplatzes, im Kreis von Freunden, Bekannten oder Unbekannten, denen man auf der Straße begegnet. Sie bewundern den Akteur für die überzeugende Spielkraft im Film und sprechen ihm gleichzeitig seine eigenständige Persönlichkeit ab.

Beim »Bergdoktor« waren vielfach nicht nur die Jungschauspieler Laien aus der Region, sondern genauso zahlreiche ältere Akteure. Es wurden zum Beispiel diverse Volksschauspieler von Hobbybühnen aus Telfs und Imst engagiert, so etwa Hilde Auer, die auch im Film Hilde hieß und 1995 das erste Mal im Hintergrund auftaucht (Nr. 58), die damals 89-jährige Pepi aus Wildermieming oder auch ein Hüttenwirt von der weitläufigen Bergwanderstrecke Garmisch–Wetterstein–Mittenwald–Innsbruck – ein echter »Tirol-Experte«.

Jungschauspieler

Beim sogenannten »Casting«, besonders bei der Auswahl der Hauptdarsteller, haben Regisseure und Autoren eine verantwortungsvolle Aufgabe. Besonders hinsichtlich der Rollen von Kindern oder Jugendlichen ist es dringend notwendig, die Figur akribisch zu studieren und kennenzulernen, um einen adäquaten Akteur zu finden. Da bei minderjährigen Darstellern die psychische Tiefe und das emotionale Spektrum nur begrenzt zugänglich sind, liegt es nahe, einen Charakter auszuwählen, der der betreffenden Rolle weitgehend entspricht, was also bedeutet, dass ein Kind im Film meistens sich selbst spielt. Damit die Nachwuchsdarsteller ihre Rolle ernsthaft erfüllen, müssen sie sich am Set wohlfühlen, Spaß haben und die Requisiten spielerisch erobern. Um zu gewährleisten, dass die jungen Künstler so natürlich wie möglich vor der Kamera auftreten, werden beim Casting jene Bewerber bevorzugt, die schlau, neugierig, beobachtend, aber auch temperamentvoll wirken.

Wenn dann der eigentliche Dreh beginnt, kommen neben der Darstellungsarbeit auch Presseinterviews hinzu, die jeden Jungschauspieler stolz machen, wenn er oder sie sich in Zeitungen und Zeitschriften sieht. Natürlich können unberufliche Akteure nicht allzu häufig in den Drehplan eingespannt werden, da gerade bei Jugendlichen zu viel Schulunterricht versäumt werden müsste. Wenn auch der Dreh Spaß macht und für einen gewissen Zeitraum die Schule entfallen muss, so ist es kaum abwendbar, dass die Kinder nach Drehschluss Schwierigkeiten haben, sich wieder an den Alltagsrhythmus zu gewöhnen. Bei Serien trifft dieser Aspekt natürlich nur bedingt zu, weil man sich immerhin auf die nächste Drehsaison freuen kann; zudem ist man nach einem Film bei Besetzungsbüros registriert und bekommt vielleicht sogar neue Angebote.

Beim »Bergdoktor« sind als jüngste Hauptdarsteller Manuel Guggenberger (1992), Fabian Blumhagen (1996) und Joelle Ludwig (1997) zu nennen. Interessanterweise sind ihre Filmnamen stets ähnlich zu den realen Vornamen gewählt: Manuel wurde zu Maxl bzw. Maximilian, Fabian zu Florian, Joelle zu Julia. Das Schweizer Fernsehen (SFB) beauftragte seinen Reporter und Autor Enrico Demurray 1999 für eine »ARD-exklusiv«-Reportage mit dem Thema »Kinder vor der Kamera«. Der »Bergdoktor« hatte in dieser Reportage (Ausstrahlungsdatum: 9. Juli 1999) eine einmalige Position: Joelle Ludwig, unscheinbare Darstellerin einer »halben« Hauptrolle, war eine bereits im Voraus gefeierte Nachwuchsschauspielerin, die nicht von ungefähr in die Serie stolperte.

Alles begann in der Münchener Kinder-Casting-Agentur »Creativ-Kids« von Verena Pauli, die mit 6.000 Registrationen das wohl größte Kinderbesetzungsbüro in Europa besitzt und sich oftmals selbst mit Fotoapparat auf Talentsuche begibt. Die meisten Registrierungen entstanden allerdings aus der Initiative stolzer Eltern, die ihr Kind für potenzielle Filmrollen zum Casting anmeldeten. Viele der Nachwuchsakteure seien jedoch wenig geeignet für die anspruchsvollen Rollen, wozu Verena Pauli selbst erklärt, welche Merkmale wichtig sind: Charisma, die Fähigkeit, etwas »rüberzubringen«, offene und freudige Lust am Spielen und eine gute Aussprache. Viele Faktoren seien für die Wahl entscheidend, und erst wenn diese Faktoren in einem Menschen vereint seien, sei derjenige der Richtige für die Rolle.

Das Auswahlverfahren ist aufgrund dieser vielen Voraussetzungen eine langwierige Prozedur, bei der es nicht ausreicht, die Aktenfotos durchzusehen. Wird ein Jungschauspieler für eine Rolle gesucht, findet das Casting zumeist am Nachmittag in Form von Probeaufnahmen statt, die bei einer Serie bis zu vier Stunden dauern. Begonnen wird nun mit dem Vorsprechen, der Vorstellung der eigenen Person, besonders der Hobbys und der personellen Daten. Die Kamera läuft von Beginn an mit, sodass das Vorsprechen einer späteren In-Szene-Setzung gleicht, bei der der Nachwuchsakteur gerade in die Kamera schauen soll. Im Seitenprofil wird das Kindchenschema des Gesichts nachgeprüft und hernach die Fähigkeiten untersucht: Selbstbewusstsein und Fantasie stehen dabei im Vordergrund, denn bei den anschließenden Aufnahmen geht es darum, eine speziell anspruchsvolle Szene aus dem Drehbuch darzustellen, die Emotionen der Situation auf Basis von nüchternen Schilderungen des Aufnahmeleiters zu begreifen und mit Fantasie in Hinblick auf die unpassende Kulisse in die Tat umzusetzen. Bei dieser Vorführung soll die jeweilige Stimmung auf Anhieb präsent sein und eine zeitliche Präzision beim Sprecheinsatz erfolgen, zumal in der Praxis oftmals mehrere Schauspieler eine Konversation spielen und der Sprecheinsatz inmitten des genau getakteten Hin und Hers ohne Verzögerung gelingen sollte. Nach den Probeaufnahmen überprüft der Kameramann die Bilder, ehe sie an den Regisseur geschickt werden, damit dieser endgültig entscheiden kann, welcher Bewerber für die Rolle geeignet ist.

Genommen würden zwar bevorzugt Kinder, die bereits Erfahrung aus Werbeauftritten oder Gastrollen vorweisen können, aber noch häufiger jene, die sich – meistens von den Eltern gefördert – intensiv um einen Vertrag bemühten, lieber zum Casting als in die Schule gingen, Spaß dabei empfänden und hoch hinaus wollten. Nicht selten jedoch seien es gerade nicht diese jungen Karrieristen, die das beste Schauspieltalent besäßen, obwohl sie mit dem nötigen Selbstbewusstsein zu Verena Pauli kämen, sondern solche, die von der Agentin »auf der Straße« entdeckt würden.

Wenn junge Laiendarsteller regional ausgesucht und nicht agenturisch bezogen werden, verhält sich diese Darstellung womöglich etwas anders. Für jede Produktion hat die regionale Verwurzelung den Vorteil, dass der Nachwuchsakteur inhaltlich realistisch wirkt, mit der Umgebung vertraut ist und keine weiten Anreisen in Kauf nehmen muss, somit regelmäßig zur Schule gehen kann. Von Nachteil ist jedoch, dass er nur in genau jene Figurenrolle passt, die ihm zugedacht wird, und keinerlei schauspielerische Vorerfahrungen vorzuweisen hat. Deshalb bleiben nach dem ersten Filmengagement weitere Angebote zumeist aus. Für das Casting organisiert das Produktionsteam einen groß angelegten Aktionstag an Stätten der Jugendbegegnung: in Schulen oder in Freizeitzentren. Dort, wo Cliquen zusammentreffen und vielleicht sogar gemeinsam das Castingangebot wahrnehmen, herrschen beste Voraussetzungen für die passende Wahl. Jeder Bewerber schauspielert eine kurze Sequenz, die auf Video aufgezeichnet und später ausgewertet wird. Wer Talent zeigt und den Vorstellungen entspricht, erhält daraufhin das Rollenangebot.

Sie liefen aber Gefahr, so Verena Pauli, ein ungesundes Geltungsbedürfnis zu entwickeln, was sich darin äußere, dass sie fortan jeden Monat zum Casting kämen, um sich darzustellen. Die Filmemacher sähen es daher gern, wenn die Kinder auch nach langjähriger Praxis noch natürlich bleiben, obwohl sie womöglich von Freunden um den Fernsehauftritt beneidet werden oder nur noch wenig Freizeit haben. Die Regisseure und Filmkollegen erweisen sich aufgrund dessen bevorzugt als »nette Kumpels«, die eine freundschaftliche Beziehung zu den jungen Talenten pflegen. Nach ständigem Wiederholen jeder einzelnen Szene sei es jedoch unvermeidbar: Die Kinder würden frecher, routinierter, durch zu viel Aufmerksamkeit »verdorben«; sie nähmen die Rolle des Umjubelten an und verlören ihre Natürlichkeit. Sobald eine Kamera laufe, verstellten sie sich für die Rolle, spielten ein »filmreifes« Programm ab und seien dabei nicht mehr sie selbst.

Ähnliches lässt sich auch auf Joelle Ludwig übertragen, die in ihrer ganz natürlichen Kindlichkeit als Tochter des Bergdoktors auserkoren wurde, nunmehr für ihre Leistungen und Fähigkeiten bekannt ist, als *»Geheimtipp«* unter Regisseuren gilt, bereits ein kleiner *»Star«* ist und weiß, was sie will. Über die Annahme oder Ablehnung von Angeboten entscheide sie inzwischen selbst. An Filmangeboten, vor allem auch für Synchronisationsarbeiten, mangele es ihr nicht. Dass für die Synchronisation jedoch kein bayerischer Dialekt vorhanden sein sollte, ist im Grunde ein Manko für die Serie; dort spricht sie nämlich als einzige Hauptdarstellerin Preußendeutsch.

Als Joelle 1996 zum »Bergdoktor« kam und damit erstmals eine feste Stammbesetzung der Figur Julia begründete, war sie wesentlich älter als die Figur selbst. Mit fünf Jahren habe sie sich die Drehbuchtexte noch von der Mutter vorlesen lassen. 1998 sei das mit einem Alter von sieben Jahren nicht mehr nötig gewesen, denn nun sei sie trotz kleinster Auftritte zu einem *»alten Hasen«* geworden, der anerkannt und gefeiert werde. Sie schien somit als »Kinderstar« ihre berufliche Leidenschaft gefunden zu haben, wenn man Walther Reyer im Interview Glauben schenkt: *»Wir haben viele Kinder gehabt, aber von allen ist sie am begabtesten.«* Sie sei perfekt, präzise, frech, klug und schnell, zudem verkörpere sie bereits Attitüden, wie man sie nur bei Hollywoodschauspielern finde.

Ihre Allüren sind aber für die Produzenten nur Nebensache: Auf Zuverlässigkeit komme es an, insbesondere wenn eine Szene 15 Mal durchgespielt werden muss. Immer wieder die gleichen Emotionen zu zeigen und sie bei jedem Mal frisch wirken zu lassen, erfordert große Zuverlässigkeit und Geduld. Müssten dagegen Drehtage wiederholt werden, beliefen sich die Kosten schnell auf mehr als 100.000 D-Mark. Da sei es wichtig, die Kinder durch eine erwachsene Bezugsperson bei Laune zu halten, damit diese bei Umbaupausen am Set keine Langeweile bekämen.

Die Arbeit wird in jedem Fall gut belohnt: 500 bis 1.000 D-Mark verdiene Joelle pro Drehtag, zu dem sie bei sich daheim die Texte studieren muss. Das Geld werde von den Eltern verwaltet, die es häufig in Aktien anlegten und mit ihrem Kind nicht über das Vermögen sprächen. Generell hätten die Eltern darauf zu achten, dass der Filmstress nicht zu viel und das Kind nicht hochmütig werde – die Eltern als bodenständiges Gegengewicht in der ambivalenten Filmwelt.

Über einen jahrelangen Zeitraum hinweg erweist es sich allerdings als schwierig, die kontinuierliche Rolleneinflechtung aufrecht zu erhalten, da irgendwann wichtige schulische Abschlüsse anstehen oder andere Interessen des Nachwuchses hinzukommen. Für jeden Drehtag sei eine Befreiung von der Schule notwendig, potenzielle Arbeiten oder Klausuren müssten nachgeschrieben werden, und gesetzlich dürften Kinder lediglich zwei Stunden pro Tag arbeiten; bei Jugendlichen sind es bis zu acht Stunden täglich. Versucht werde bei den meisten Produktionsfirmen deshalb, innerhalb einer Woche alle Szenen mit dem Jungakteur abzudrehen.

Beim »Bergdoktor« allerdings wurde jede Woche nur ein Drehtag eingelegt, zu dem die Jungschauspieler anreisen mussten. Spielte an diesem Tag das Wetter nicht mit, musste ein zweiter arrangiert werden. Ebenfalls möglich sei es, dass die Schule für die betroffenen Schüler Privatunterricht fordere, sodass dann nach jedem Drehtag zwei Stunden lang gelernt werden müsste. Diese Regelung sei jedoch nur bei langzeitlicher Befreiung üblich und deshalb ineffizient, weil die Kinder dabei völlig unkonzentriert und abgespannt seien.

Für seine Reportage begleitete Enrico Demurray die kleine Joelle Ludwig bei einem Drehtag zur Folge 95, als die Szene des Eishockeyturniers gedreht wurde. Den Anfang bildete das Büro in der Volksschule in Wildermieming: Joelle kommt die hölzerne Treppe empor und verschwindet in der Tür mit der Aufschrift »Tür schließen/Danke/ndF/›Der Bergdoktor‹«. Hier befindet sich die Maske, in der eine freundliche Frau Joelle ein Stirnband aufsetzt und ihre Wangen mit etwas Rouge versieht; heute stehen Außenaufnahmen auf dem Programm. Der Kinderstar verrät dem Journalisten, dass sie am liebsten sich selbst spiele und von der Maskenbildnerin bevorzugt mit *»gnädiges Fräulein«* angesprochen werden möchte. Alsdann beginnt der Drehplan, und zwar endlich, wie man an dieser Stelle sagen muss, denn den ganzen Vormittag hat es geregnet; dichte Wolken hängen wie Nebel an den Bergketten, und das Licht wird stetig schwächer. Seit dem Morgen warten die Schauspieler auf eine Besserung des Wetters und auf ihren Einsatz, wobei noch hinzukommt, dass Joelle ausschließlich für fünf Wörter aus München angereist ist und nun auch zum Einsatz kommen will.

Das Set besteht aus vielen umherstehenden Leuten, Kamerawagen, Requisiten, einem Imbissstand, Schaulustigen, Kamerakränen, Lichtblenden, einem Regisseur mit Megafon sowie Schauspielern mit heißen Getränken. Alles ist verschneit. Stangenmikrofone – angebracht an langen Tragstielen – hängen über der Szene und nehmen die gesprochenen Worte auf. Es ist drei Uhr nachmittags, und Joelle ist noch immer nicht an der Reihe, langweilt sich, friert, hat nasse Füße und steht den Kameraleuten nur im Weg. Ihr sei *»arschkalt«*, und ihre Mutter, die ebenfalls mit angereist ist, habe genauso seit sechs Stunden nur herumgesessen und könne sich auch etwas anderes vorstellen, als ihrem Kind bei der Arbeit zuzusehen. Sie habe allerdings unterschrieben und könne nun auch nicht mehr aussteigen. Doch dann um fünf Uhr steht Joelle endlich vor der Kamera, bei schwachem Licht und ohne lange Pausen; jetzt heißt es »alles geben«. Alles? *»Opa, ich will auch mitspielen«* ist alles, was sie sagen muss, und das achtmal, weil die Szene der Folge 6/22 (6. Staffel, Nr. 22) immer wiederholt werden muss: Walther Reyer und Enzi Fuchs kommen zu häufig ins Stottern, lediglich Joelle macht keinen einzigen Fehler. Am Ende dieses erfolglosen Tages erfolgt dann die niederschmetternde Nachricht: Joelle müsse auch morgen noch drehen, das Wetter sei einfach zu schlecht gewesen. Joelle – sehr traurig darüber, wolle sie doch nicht noch einmal die Schule versäumen – muss von Enzi Fuchs aufgeheitert werden.

Die Filmindustrie bietet oft eine Fülle an Illusionen, von fehlender Sympathie zwischen Kollegen bis zu einem ungeahnten Aufwand an Drehprogrammen und Drehmöglichkeiten. Für Praxisferne ist diese Welt gewiss schwer nachvollziehbar, doch kann gesagt werden: Überall existieren Sonnen- und Schattenseiten. Mit der Zeit sind Filmmannschaft und Schauspieler enge Verbündete, die sich nur schwer trennen können. Der Schweizer Journalist Demurray weiß nach zweimonatiger Recherche jedenfalls: *»Die Film- und Fernsehwelt ist einfach nicht kindgerecht.«*

Reale Infos zu Schauspielern

Wie wir bereits erfahren haben, wird die kleine Julia, deren Darstellerin mehrmals gewechselt hat, von den Autoren um einige Jahre älter dargestellt, als sie nach einer realen Zeitrechnung (im Film 1994 geboren) sein dürfte. Joelle Ludwig jedenfalls wurde am 28. März 1991 in München geboren; ihre Karriere beim »Bergdoktor« begann sie mit nur fünf Jahren.

Über Manuel Guggenberger ist aus Interviews einiges bekannt, zum Beispiel aus einem Fragebogen, der unter www.kinderimfilm.de einsehbar war und Angaben zu Hobbys, Lieblingsmusik etc. enthielt, sowie aus einem Interview mit GoldStarTV im Jahr 2005. Nach dem Studium in Innsbruck arbeitet er heute als Architekt in der Tiroler Landeshauptstadt und habe der Schauspielerei schon lange den Rücken gekehrt. Außer 50 Autogrammkarten sei ihm nichts aus der Zeit geblieben. Über seine vielen Kontakte zu Prominenten sagt er: »*Als Kind hat mir das alles nix gesagt. Man hat mich zwar ständig aufgeklärt: Schau, das ist der Karlheinz Böhm, ein ganz bekannter Mann. Da hab ich immer gesagt: Ja. War für mich auch kein anderer Mensch als irgendjemand anderer. Aber im Nachhinein bin ich erstaunt und sage: Aha. Der hat da und da mitgespielt. Der macht die und die Aktion und setzt sich für die und die Leute ein. Als Kind ist es ein bisschen schwierig, das alles wahrzunehmen.*« Interessant ist, dass 2008 im damaligen Social-Media-Portal »StudiVZ« eine Gruppe mit dem Titel »Ich war verliebt in Maxl von Bergdoktor« existierte, in der Manuel Guggenberger sogar einen Gastbeitrag für die dortigen weiblichen Fans schrieb. So ist der 1,73 Meter große Freizeitfußballer und Bergkletterer noch immer unvergessen.

Viele andere sind dagegen längst verstorben: Maxl Graf (alias Gendarm Gilch) starb 1996 an seinem Wohnort München an Krebs. Im September 1997 erlag Margot Mahler (alias Anna Pölz) einem Krebsleiden, wie sie es in Folge 78 verkörperte. Im August 1999 starb Walther Reyer (alias Dr. Pankraz Obermayr) kurz nach seinem 77. Geburtstag in Tirol.

Georg Marischka (alias Xaver Zirngiebel) lebte wie Walther Reyer ebenfalls von 1922 bis 1999. Nicht etwa mit Diana Körner (alias Waltraut Zirngiebl) war er im wirklichen Leben verheiratet, sondern mit Ingeborg Schöner (alias Elfriede Angerer). Die aus Wiesbaden stammende Ingeborg Schöner war in vielen Serien Hauptdarstellerin und verkörperte im »Bergdoktor« – mit Ausnahme der ersten Staffel – die »gute Seele« respektive die »schlichtende Wirtin« des Ortes. Interessant ist, dass sie, geboren am 2. Juli 1935, in der Realität keine zwei Jahre älter ist als die im Film als »Oma« eingesetzte Enzi Fuchs (alias Franzi Pirchner). So werden Klischeebilder der Zuschauer ausgenutzt, um Schauspieler effizienter darzustellen und allein durch die Optik die gewünschten Wirkungen zu erzielen. Der reale Kontext ist für das Publikum undurchschaubar und unerheblich. So ist auch Enzi Fuchs mit dem Geburtsjahr 1936 nur gerade ein Jahr älter als der Bergdoktor Gerhart Lippert. Dass Franzis Haarkranz übrigens synthetisch und rein requisitärer

Natur ist, fällt dem Betrachter spätestens dann auf, wenn er Enzi Fuchs en natura und ohne vorherige Maske begutachtet.

Als Rica Althäuser war Winnie Markus 1992 und 1993 fast so etwas wie ein fester Charakterbestandteil. Verwandtschaftlich als Sabinas Tante, ökonomisch als Klavierlehrerin und funktionell als Pankraz' Mentorin spezifiziert, bediente sie immer die Rolle einer warmherzigen, würdevollen Dame und stand in Konkurrenz zu Franzi. Ende 2001 verstarb Winnie Markus.

2007 schied Herbert Fux (alias Herr Konrad) aus Krankheitsgründen freiwillig aus dem Leben, was mehr als schade ist, da er von vielen Fans als die eigentliche Hauptfigur der Serie gesehen wurde.

Rolf Castell (alias Pfarrer Hauberer) wurde 1921 geboren und starb 2012. In einigen Filmtheorien fungiert der Pfarrer der Ortschaft einer Heimatserie als Mann des Zusammenhalts, der sich um das seelische Heil seiner Gemeinde kümmert und um Frieden bemüht. Damit erfüllt Pfarrer Hauberer eine ganz ähnliche Aufgabe in der Serie wie der Doktor selbst.

Im Januar 2017 verstarb schließlich Klaus Wildbolz (alias Graf Brauneck) im Alter von 79 Jahren und schlug damit eine weitere Lücke in die ehemalige »Bergdoktor«-Besetzung. Immerhin wurde sein Mitwirken in der Serie bundesweit anlässlich seines Todes in der Presse erwähnt!

Vergessen wollen wir nicht den Hund Kuno: Bekannt unter dem Namen Poldi als Kurzform für Leopold, ist Kuno der reale Name des Berner Sennenhundes. Die Schweizer Hunderasse ist in Tirol noch heute vertreten, nicht aber Kuno alias »Poldi«: Er verstarb zur Trauer seines Besitzers in den Jahren der »Neuen Generation«.

Natürlich gibt es ein Leben nach dem »Bergdoktor«, vor dem »Bergdoktor« und dazwischen: Siemen Rühaak (alias Paul Reuther) zum Beispiel trat seit 1994 mehrmals im ZDF-»Traumschiff« auf und blieb auch dabei, nachdem er die Rolle im »Bergdoktor« übernommen hatte. So stand er unter anderem 1991, 1996 und 1997 für das ZDF vor der Kamera, verließ dann aber vorzeitig den »Bergdoktor« (1997) und stieg erneut in eine Arztserienproduktion (»Dr. Stefan Frank«, RTL 1997/98) ein.

Die ZDF-Heimatserie »Weißblaue Geschichten« war darüber hinaus eine wahre Begegnungsstätte aller populären Volksschauspieler Österreichs und Bayerns. Sozusagen als »Freizeitbeschäftigung« traten dort immer wieder bekannte Gesichter auf, die aus Spaß an der Schauspielerei die Kurzgeschichten professionell vortrugen. Neben Filmplätzen im Stubaital oder im Karwendelgebirge waren auch gewisse Konstellationen der Akteure interessant, wenn man sich zum Beispiel die folgende »weißblaue« Geschichte vor Augen führt: Im

Winter 1994/95, also inmitten der »Bergdoktor«-Drehpause, stand Gerhart Lippert als Schönheitschirurg für das ZDF vor der Kamera und schauspielerte zusammen mit dem Nachwuchstalent, das 1996 den Sohn seines Mörders darstellte: Pascal Bichler, im ZDF noch mit langen Haaren, so wie es ein Kindheitsbild des Akteurs in Folge 60 zeigt. Welch Paradoxie, dass dieser junge Mann, der 1994 um die elf und 1996 um die 13 Jahre alt gewesen sein mochte, ausgerechnet den Sohn des Schönheitschirurgen spielte. Auch Gerd Fitz (alias Sebastian Buchegger) war in dieser Episode mit von der Partie. Im Jahr 2002 gaben Gerhart Lippert und Harald Krassnitzer übrigens zusammen ein Gastspiel auf dem ZDF-»Traumschiff«, wo sie sich jedoch nur wenige Blicke schenkten.

Carin C. Tietze (alias Traudl), die in München Theaterwissenschaften studierte, trug nicht nur zum Komödiantischen bei, indem sie sich als Traudl immer in die falschen Männer verliebte; sie verkörperte auch mit ihrer Leidenschaft zum Klettern, die sie in der Serie ausleben durfte, einen touristischen Bezug: *»Die Arbeit in der idyllischen Landschaft hat mir riesigen Spaß gemacht. Auch die Rolle der patenten Traudl hat mir sehr gefallen, obwohl ich selbst längst nicht so bodenständig bin wie sie.«* Etwas mehr Freizeit und die Lust auf die Spielfilmbranche, das waren ihre Motive, den »Bergdoktor« zum Ausbau ihrer Karriere zu verlassen. Im Jahr 1995 sagte sie: *»Es war eine sehr schöne Zeit. Nicht zuletzt deshalb, weil das Team wie eine Familie für mich war. So ist mir der Ausstieg aus der Serie schon schwergefallen.«* Drei Jahre und einige Spielfilmrollen danach war ihr Karriereplan offensichtlich nicht mehr ganz so ausgeprägt, denn 1998 war sie wieder als Sprechstundenhilfe bzw. Ärztin in der Veterinärspraxis »Dr. Engel« im ZDF beschäftigt.

Tietzes Nachfolgerin Michaela Heigenhauser drückte die Rollensituation beim »Bergdoktor« im Jahr 1996 so aus: *»Meine Rolle beim ›Bergdoktor‹ macht mir ungeheuer viel Spaß. Das ganze Team, die Kollegen, die traumhafte Tiroler Landschaft und die gute Stimmung am Set – es ist einfach toll.«* Seit sie in der Serie mitwirke, häuften sich die Autogrammwünsche und Anfragen von den Besetzungsbüros. Sie erzählte: *»Seit dem ›Bergdoktor‹ hat sich mein Leben verändert. Früher stand ich sehr viel auf der Theaterbühne, heute eher vor der Kamera. Das Positive an diesem Wechsel ist, dass ich heute viel mehr Freizeit habe und am Wochenende daheim sein kann – und das ist ein ganz neues Lebensgefühl!«*

Nicht nur im Film kommt Hermann Giefer (alias Luis Kofler) einem urwüchsigen Bergmann gleich; auch privat betätigt er sich gern als Naturliebhaber in den Alpen und genießt mit seinem Wohnort Mittenwald hierzu beste Voraussetzungen.

Janina Hartwig (alias Lisa Brunner) hingegen ist eher urban orientiert, wurde sie doch am 8. Juni 1961 in Ostberlin geboren. 1977 von Celino Bleiweiss entdeckt, kam sie für zehn Jahre zum Staatsschauspiel Dresden und hernach in die westdeutsche Serienwelt, wo sie in München von einer Agentur vertreten wird.

Was über die eigentlichen Hauptpersonen Gerhart Lippert und Harald Krassnitzer zu sagen wäre, ist der Öffentlichkeit sicherlich hinlänglich bekannt. Durchaus interessant ist, dass Gerhart Lippert bereits 1953 die Rolle des Winnetou bei den Karl-May-Festspielen bekam und mit seinen Tätigkeiten beim Wiener Burgtheater sowie bei den Salzburger Festspielen allerbeste Referenzen vorzuweisen hat. 1994 war Lippert mit seinem Image nicht mehr zufrieden und klagte: »*Ich bin soetwas wie ein Markenartikel geworden.*« So stieg er aus und widmete sich vielen anderen Projekten. Nach einem Treppensturz im Februar 2012 zog er sich spürbar aus der Öffentlichkeit zurück.

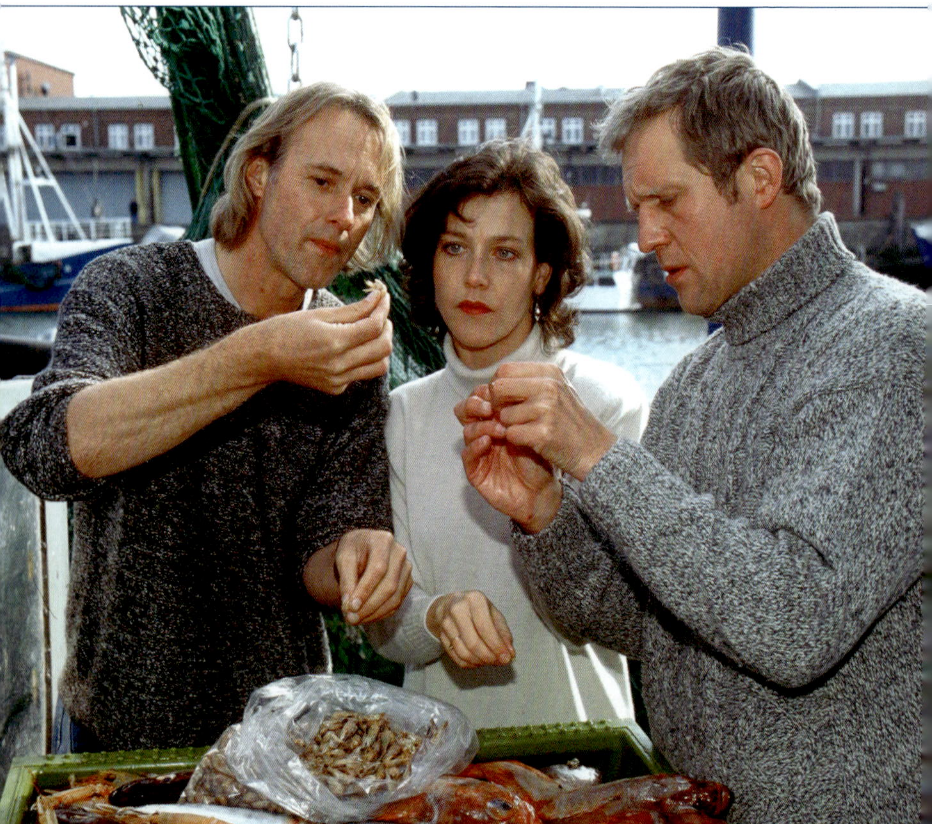

Erholungsurlaub in Cuxhaven: Siemen Rühaak, Janina Hartwig und Harald Krassnitzer im Oktober 1996.

Harald Krassnitzer machte zunächst eine Ausbildung zum Speditionskaufmann, ehe er in Salzburg zum Schauspielmetier wechselte und auf verschiedenen österreichischen Theaterbühnen zu sehen war. Mit dem »Bergdoktor« begann seine Fernsehzeit, die er 1995 noch zunächst mit langen Haaren begann, ehe er beim Staffelbeginn ein Jahr darauf mit neuem Äußeren seine Karriere antrat. Nicht ganz leicht war es für Krassnitzer wohl, sich in Lipperts Fußstapfen zu begeben: *»Als beim Abschiedsfest von Gerhart Lippert überall die Tränen flossen, war klar, dass ich nicht nur einen Kollegen, sondern einen liebgewordenen Freund ersetzen musste. Da war mir schon etwas mulmig zumute. Doch schon nach kurzer Zeit hatten mich die anderen Kollegen akzeptiert.«* Allerdings sagt er auch: *»Es war wohl eine meiner schlimmsten Erfahrungen, als ich feststellen musste, wie viele meiner Freunde mir plötzlich den Rücken kehrten.«*

Die neuen Filmkollegen Harald Krassnitzer, Janina Hartwig und Siemen Rühaak gönnten sich übrigens trotz ihrer wegen der Dreharbeiten knapp bemessenen Freizeit zum Staffelabschluss im Oktober 1996 einen gemeinsamen Erholungsurlaub am Strand von Cuxhaven. Harald Krassnitzer sagte zu seinem Kollegenverhältnis: *»Janina, Siemen und ich haben die gleiche Wellenlänge und verstehen uns blendend.«*

Ausgewählte Schauspielerdaten

- Gerhart Lippert: geboren am 14. März 1937 in Pietzing
- Anita Zagaria: geboren am 27. Juni 1954 in Neapel, Italien
- Manuel Guggenberger: geboren am 22. Oktober 1980 in Innsbruck
- Enzi Fuchs: geboren am 28. Januar 1937 in Regensburg
- Walther Reyer: geboren am 4. September 1922 in Hall in Tirol, gestorben 6. September 1999
- Herbert Fux: geboren am 25. März 1927 in Hallein, gestorben am 13. März 2007
- Klaus Wildbolz: geboren am 25. August 1937 in Einigen, Schweiz, gestorben am 4. Januar 2017
- Michaela May: geboren am 18. März 1952 in München
- Harald Krassnitzer: geboren am 10. September 1960 in Salzburg
- Janina Hartwig: geboren am 8. Juni 1961 in Ostberlin
- Siemen Rühaak: geboren am 16. Mai 1950 in Osteel, Ostfriesland
- Ingeborg Schöner: geboren am 2. Juli 1935 in Wiesbaden
- Hermann Giefer: geboren am 1. März 1947 in Koblenz

Musik

Die Arbeit der Musiker

Die akustische Planung einer Folge steht heute intensiver im Mittelpunkt als noch vor einigen Jahrzehnten, da es inzwischen gang und gäbe ist, mithilfe des Soundtracks bestimmte Motive zu vermitteln. Die musikalische Gestaltung sowie die Vertonung mit einem selbst zusammengestellten Ensemble oder dem Computer wird zumeist den Filmkomponisten überlassen. Über Hintergrundmelodien, zum Beispiel aus einem Radio, entscheiden die Cutter oder der Regisseur. Dabei fungieren die Musikstücke, besonders die Titelmelodien, zu einem gewissen Grad auch als Erkennungsmotive und Anknüpfungspunkte, die dem Zuschauer ein Gefühl der Vertrautheit vermitteln. Das bedeutet einerseits, dass Titelmelodien nur behutsam verändert, maximal nur neu instrumentiert werden dürfen, und andererseits, dass zum Beispiel – wie es beim »Bergdoktor« der Fall war – musikalische Motive aus Heimatfilmen für die Konstruktion einer Heimatserie übernommen werden, um Wiedererkennungswerte zu erzeugen. Mit der Verwendung einer neuen Titelmelodie – wie ebenfalls beim »Bergdoktor« 1996 – werden die Vergangenheit und das einstige Publikum bewusst abgestoßen.

Für die musikalische Nachvertonung bedient sich die ndF: der Angebote des freien Marktes und stellt freischaffende Musiker für einzelne Episoden unter Vertrag, jedoch meistens jene, die schon länger mit bestimmten Regisseuren zusammenarbeiten und von diesen bevorzugt werden. Nach der vollständigen Beendigung der Dreharbeiten widmen sich die Musiker den geschnittenen Bändern, entwerfen hierfür jeweils individuell einen adäquaten Musikrahmen und übergeben jenen sodann den Toningenieuren. Für den Rahmen selbst wird oftmals zunächst ein Musikthema gesucht, das es erfordert, die Stilrichtungen der vorangegangenen Komponisten zu analysieren und fortzusetzen oder im Film vorgegebene Themen zu verwenden. Die gesamte Prozedur dauert allerdings nur einige Wochen und ermöglicht den Musikern insofern auch die Ausführung anderer Projekte im Jahr.

Wenn bereits im Vorfeld Drehgenehmigungen eingeholt und die Drehbücher an die Darsteller verschickt werden, finden zwischen dem Regisseur und dem Komponisten erste Gespräche statt. Eine minutiöse Aufstellung der zu schreibenden Musik sowie Kompositionswünsche werden festgelegt. Zumeist sind es um die 20 Minuten pro Film, wofür das ZDF 1994 immerhin 250 D-Mark pro Musikminute Entgelt zahlte. Dafür entstehen dann im Rohschnitt Musikdemos, die der Komponist und der Regisseur gemeinsam besprechen, ehe mit Studiomusikern zum ablaufenden Film sekundengenaue Originale hergestellt werden. Sie werden auf der sogenannten Music-Cue-List (mit Themenbeschreibungen) erfasst und anschließend im Schneidbüro eingefügt, wobei sowohl der Regisseur als auch der Komponist anwesend sind und letzte Mischkriterien besprechen. Heute übernimmt diese Arbeit zumeist eine Firma für Sounddesign, sodass individuell aufgenommene Musik immer seltener wird. Beim »Bergdoktor« wurde deren Einsatz ab der »Neuen Generation« ebenfalls nicht mehr so punktgenau komponiert wie in den Jahren davor, sondern mit vorgefertigten Melodien untermalt. Radio- bzw. CD-Musik unterlegte man in den Folgen 31 und 62 mit Musik des Filmkomponisten. Die Klavierspielszenen mit Rica Althäuser 1992 und 1993 wirkten unecht, in Folge 56 dagegen nicht, weil die Schauspielerin offenbar aus dem Drehbuch wusste, welches Lied gespielt werden sollte.

Informationen zu den Musikern

Michael Gajare, der erste und richtungsweisende Musiker des »Bergdoktors«, ist entgegen seiner antiquiert anmutenden Stilgebung im Film vergleichsweise jung, wurde im Jahr 1959 in Neumünster (Schleswig-Holstein) geboren, studierte Musikwissenschaft an der Universität Hamburg und hat sich mit seinem orchestralen wie atonalen Können früh verselbstständigt. Ab 1988 arbeitete er für das ZDF im Produktionsteam zur Kinderserie »Löwenzahn« und übernahm 1992 – als sein erstes freiberufliches Engagement – den »Bergdoktor«. Während er die Staffel 1992 musikalisch allein bearbeitete, war er in der Saison darauf einer von drei Komponisten, die an den Filmen mitwirkten – wie auch drei Regisseure tätig waren. Gajare ist bis heute im Filmgeschäft als Musiker tätig und hat viele Filme, vor allem im Bereich Kinderfernsehen, vertont.

Der dauerhafteste Musiker beim »Bergdoktor« war ohne Zweifel Arnold Fritzsch, der die Staffeln 1993 bis 1995 vertonte. Er wurde 1951 in Schlettau in der DDR geboren und studierte von 1971 bis 1973 an der Hochschule für Musik in Berlin. Bis 1982 betätigte er sich als Sänger und Songschreiber und etablierte sich anschließend als Pop- und Filmkomponist. 1993/94 übernahm er den »Bergdoktor« als erstes westdeutsches Filmprojekt, auf das zahlreiche andere folgen sollten. Zu Beginn des Jahres 1996 vertonte er die Serie letztmalig, blieb jedoch in der Sparte bestehen und komponierte neben

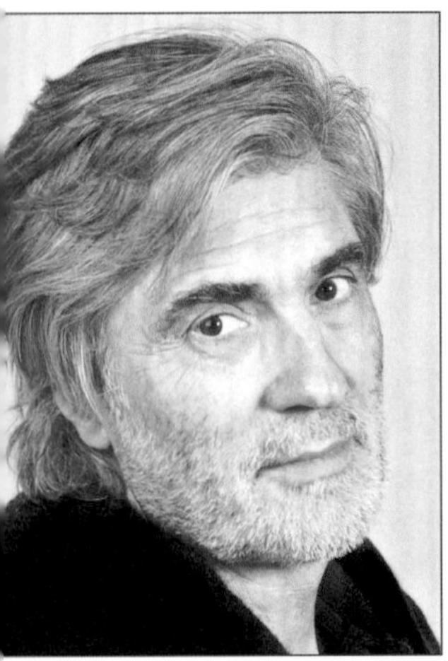

Arnold Fritzsch.

dem »Bergdoktor« von 1995 bis 1999 insgesamt zehn weitere Serien und Spielfilme. Es ist gewiss kein Zufall, dass er genau in dem Jahr die musikalische Vertonung der Serie übernahm, als Thomas Jacob in den Regiestand trat. Denn Arnold Fritzsch wurde 1979, damals noch als Bandleader in der DDR, von Jacob entdeckt und mit zum Film genommen.

Auf seiner CD mit Filmmusik von 1995 sowie in einer E-Mail-Korrespondenz beantwortet der Musiker diverse Fragen zu seiner Arbeit. Grundsätzlich verwendete er »echte« Musiker und »natürliche« Instrumente, als er Mitte der 1990er-Jahre in seinem Privatstudio in Berlin die Filmmusik einspielte. Im klassischen orchestralen Sinne bediente er sich dazu der Flöte, der Oboe, der Klarinette, eines Horns und einer Mandoline, während er selbst Piano, Gitarre, Trompete, Mundharmonika und Akkordeon spielte, also auf Digitalinstrumente weitgehend verzichtete. Hinzu kam eine Streichergruppe, die separat im Ernst-Bergner-Studio in Buchholz aufgenommen wurde. Wie damals üblich wurden für das Mastern Magnetbänder in Form von DAT-Kassetten verwendet, deren Originale noch sämtlich im Archiv des Musikers lagern. Er komponierte die Melodien stets relativ unabhängig von redaktionellen Vorgaben, agierte zunächst vielmehr mit weitgehend freier Hand. Erst bei der Umsetzung seitens der Tontechniker wurden die Kompositionen je nach Wirkung oder Bedarf zum Teil anders gemischt, und bei manchen zuvor abgesprochenen und beauftragten Stücken fiel später doch eine Entscheidung gegen die Verwendung in der Szene. Zum Beispiel ist in dem Lied zur Hubschrauberrettung in der Folge 49 auf der CD eine Trompete zu hören, die im endgültigen Film offenbar weggefallen ist. Übrigens hat Arnold Fritzsch jedes Lied nach dem jeweiligen Szenentitel im Drehbuch benannt, um dem Tontechniker die spätere Zuordnung und Einspielung zu erleichtern. Zusätzlich sind aber auch die jeweiligen Filmsequenzzeiten für den geplanten Anfang und das vorgesehene Ende des Lieds in der Szene gekennzeichnet.

Der Komponist Andrzej Korzyński wurde am 2. März 1940 in Polen geboren, wo er nach wie vor lebt und arbeitet. Filmmusik komponiert er vor allem in Zusammenarbeit mit dem Regisseur Celino Bleiweiß, der ebenfalls aus Osteuropa stammt. Zwei Jahre lang, 1996 und 1997, prägte seine oft recht depressive Musik den »Bergdoktor«. 1994 bearbeiteten beide bereits die Sat.1-Serie »Anna Maria – eine Frau geht ihren Weg«.

Kulissen

Die Arbeit auf dem Sonnenplateau

Wildermieming ist durch den »Bergdoktor« zu einem Wallfahrtsort aufgestiegen. Die idyllische Abgeschiedenheit auf dem Plateau, die nur wenigen Eingeweihten bekannt war, wurde in alle Welt getragen und lockte Serienfans, Alpenliebhaber und als Konsequenz davon noch mehr Urlauber in das Ferienbergdorf: gute Aussichten für die Fremdenverkehrswerbung und für den Bekanntheitsgrad des Films, aber wohl weniger für die seinerzeit Produzierenden. Wie idyllisch kann ein Regisseur einen Ort aussehen lassen, der von Urlaubern belagert wird wie ein »bunter Hund«? Wie zeitraubend kann die Arbeit für die Schauspieler werden, wenn immer wieder ein mit Requisiten ausgeschmückter Pressetermin den Drehplan unterbricht? Doch den Beteiligten blieb aufgrund der nachsichtigen Produktionsplanung noch genügend Freiraum, um mit dem Öffentlichkeitskampf keine Magengeschwüre zu bekommen. Nur etwa die Hälfte aller Feriengäste nahm sich die Zeit, den Dreharbeiten im Ort beizuwohnen, um an einer weiträumigen Absperrung zu stehen oder gesagt zu bekommen, dass man möglichst leise sein möge. Davon abgesehen waren Schaulustige billige Statisten, die nicht erst beim Arbeitsamt angefordert werden mussten, sondern sogleich in ihrer Eigenschaft verfügbar waren (siehe Nr. 54, 64, 95 etc.). Beim Doktorhaus stand während des Drehs ohnehin der Hinweis »Privatgrundstück, betreten verboten«. Das »Private« bei dieser Angelegenheit entsprach allerdings nur bedingt den Tatsachen: Die Filmgesellschaft kann nicht für jede Produktion ein neues Grundstück erwerben, um dieses dann hinterher durch einen Immobilienmakler mit Provisionsverlust zu veräußern. Daher pachtete man meist im Auftrage von Sat.1; und das Fernsehen zahlte gut.

Es kommt wohl nicht von ungefähr, dass die Landschaft und das Klima des Sonnenplateaus für kinematografische Aktivitäten prädestiniert sind. Jeder Reiseführer lobt das Sonnenplateau für sein gutes Wetter. Selbst Goethe kam bereits Ende des 18. Jahrhunderts zu diesem Ergebnis. Er schrieb bei seiner Reise durch Tirol: »*Vom lieblichen Zauber der zartgrünen Lärchenwälder und dem leuchtenden Weiß der bizarren Felsen bin ich überwältigt.*« Auch im »Bergdoktor« ist von dem Dichter die Rede, als der Österreicher Karlheinz Böhm in Nummer 47 den Zufahrtsweg zum Dorf entlangkommt und vorträgt: »*Ich freue mich schon, auf Goethes Spuren zu wandeln.*«

Dass nicht nur Goethe, sondern jeder Freund des Sonnenplateaus mit der klimatischen Sonderstellung des Ferienreiches Recht hat, beweist die Tatsache, dass die Gemeinde Mieming in 850 Metern Höhe bereits im März *»zauberhaftes«* Frühlingswetter genießt, während die anderen Regionen, die Utztaler Alpen und die Gebiete weiter nördlich des Inn, noch unter einer Schneedecke begraben liegen. Dies resultiert aus dem Relief und der Topografie, da das Kalkmassiv der Mieminger Kette das kalte Nordwetter abhält, unterdessen sich das Plateau nach Süden hin öffnet und die Wärme der Sonne einströmen lässt. Von den 2.000 Sonnenstunden im Jahr profitieren am meisten die Monate April bis Juni (Hauptfilmzeit). Kein *»Schmuddelwetter«* also bietet der Frühling auf dem Sonnenplateau, sondern das Gefühl dafür, *»wie das Leben aufblüht«* (so ist in einem Reiseführer zu lesen), mit leichten Radwanderwegen sowie gemütlichen Hotels und Gaststätten als Attraktivitätszulage.

Selbst einige Jahre nach dem Ende des »Bergdoktors« hat der Beliebtheitsgrad der Serie bei Weitem noch keinen Nullwert erreicht. *»Wohnt hier der Dr. Burgner?«*, fragen zwei Wanderer, die eine kurze Rast am Haus einlegen und sich lieber Gerhart Lipperts als Harald Krassnitzers erinnern. Gerade ist ein Mitarbeiter des Gasthofs »Jäger« vor Ort, um die Blumen auf dem Balkon zu gießen und die Gardinen zurechtzurücken. *»Ja, ganz recht. Der wohnt hier.«* Gleichzeitig erzählt er von seiner Aufgabe, auch die anderen Kulissen im Ort, vor dem Abriss insbesondere das »Pankrazhaus«, zu pflegen und für den Tourismus bereitzuhalten. Immer wieder treffen von der Gemeinde organisierte »Bergdoktorgruppen« mit Reisebussen ein, um an den alten Filmplätzen zu verweilen. Sogar der »Bergdoktor-Radwanderweg« und ein neu angelegter Parkplatz im Ort existieren noch zugunsten der Reisenden. Schließlich tut die Gemeinde einiges, um die Popularität nicht schwinden sehen zu müssen: Harald Krassnitzer durfte weitere »Tatort«-Fälle am Sonnenplateau übernehmen (neben »Passion« auch »Böses Blut« und »Elvis lebt«). Der Sänger der Musikgruppe »Trenkwalder«, der mit seiner Band bereits 1994 in den Episoden 38 und 45 zugegen war, produzierte als gebürtiger Wildermieminger eine musikalische Reise durch das Sonnenplateau und eine ausführliche Vorstellung seines Geburtsortes. Die Band selbst nahm ihre Auftritte zum Anlass, ein Lied bzw. ein Album mit dem Titel »Komm' nach Sonnenstein« aufzunehmen (vgl. Seite 253). Damit positionierte sich die Musikgruppe direkt an der Seite der Sat.1-Serie. Der Kulissenpfleger ist sich sicher, dass den Gemeinden damit nicht abzuschätzende Geldsummen zuflossen.

Tatsächlich hat das kleine Dorf kaum etwas von seiner Ursprünglichkeit und seiner ausgesprochenen Ruhe eingebüßt: Viele Bauern bearbeiten ihre Felder noch mit Methoden der letzten fünfzig Jahre. Andere dagegen haben bereits neumodische Maschinen. Einige Häuser sind alt und verfallen, zahlreiche jedoch erst vor einem Jahrzehnt neu errichtet worden. Die meisten Feldwege sind teuer betoniert, doch auf dem Friedhof hat noch kein Bagger die Arbeit der Totengräber ersetzt. Die Gegend ist arm und reich zugleich, modern und doch wieder traditionell. Sporttouristen und Landwirte wechseln einander ab. Und betritt man den Gasthof »Traube« und sieht einige ganz privat-leger entgegenlächelnde Gesichter von berühmten Persönlichkeiten – Anita Zagaria, Harald Krassnitzer, Enzi Fuchs und Walther Reyer Arm in Arm – ahnt man, wie offen die Serie der Bevölkerung gegenüber war und wie sie dadurch die Herzlichkeit der Region in sich aufnehmen konnte.

Harald Krassnitzer, der nach dem Ende der Serie noch lange in Mieming wohnhaft war, stand weiterhin als Werbebotschafter für das Sonnenplateau zur Verfügung und stimmte selbst illustrierten Szenen für Werbeprospekte sowie für das Kulissenhaus zu – gegen Geld natürlich. Und was sich das ORF, der Regisseur Peter Sämann, der österreichische Drehbuchautor Felix Mitterer und Harald Krassnitzer alias Kommissar Moritz Eisner Ende im Jahr 2000 für die ARD ausgedacht hatten, grenzte bei der Ausstrahlung Ende 2001 fast an eine Renaissance des »Bergdoktors«: Drei Jahre nach dem Drehschluss in Wildermieming erschien die »Bergdoktor«-Kulisse wieder im Fernsehen, und zwar samt Dorf, Landschaft und Bergdoktorhaus. Für den »Tatort« Wien war Harald Krassnitzer zur Gendarmerie Innsbruck und damit für eine Ermittlung in die Region Innsbruck-Land zurückgekehrt. Das Bergdoktorhaus, das das ORF noch in ihrem Kulissenarchiv aufstöbern konnte, wurde für den Krimi als Gaststätte zweckentfremdet und wartete mit einer Reihe innengestalterischer Veränderungen auf: Der Flur, der früher als Wartezimmer diente, endete an einer Glastür (anstelle eines Fensters) und bildete den Zugang zum Kneipenraum, der im hinteren Holzanbau des Hauses errichtet und spärlich ausgestattet war. Draußen am Balkon prangten ein Gaststättenschild und reicher Blumenschmuck, während der Pflasterplatz am Eingang zeitweise als Einsatz- und Besprechungsort für die Suchtruppen der Gendarmerie fungierte. Gesucht wurden die kriminellen Wilderer vor allem in den Berghütten, an der Alplhütte und namentlich im Leutaschtal an der Leutascher Ache. Sogar der Kirchenfriedhof Wildermiemings kam für die Beerdigung der Ermordeten zum Zuge.

Der »Tatort« bekam gute Kritiken, die von lobenden Äußerungen wie »schöne Landschaftsaufnahmen« bis zu Prädikaten wie »moderner Heimatfilm« alles enthielten.

Kulissensuche

Bei durchschnittlich 13 Folgen pro Jahr benötigt die Produktion neben vielen eher unwichtigen Bildmotiven 13 unterschiedliche Hauptfilmplätze, an denen 13 unterschiedliche Geschichten gespielt werden können. Diese Zahl minimiert sich jährlich dadurch, dass feste Schauspielerkonstellationen (zum Beispiel die Familien Zirngiebl, Angerer, Buchegger ...) vorhanden waren und somit auch deren erstmalige Drehplätze beibehalten werden konnten. Da ohnehin nur Bruchteile einer Episode mit Aufnahmen an diesen Kulissen gefüllt wurden und Außenaufnahmen weniger aufwendig und kostenintensiv sind, natürlicher wirken und daher recht häufig verwendet werden sollen, beschränkt sich die Kulissenauswahl auf wenige Teilplätze eines Gebäudes. Und tatsächlich: Die mit einem gewissen Grad an Stetigkeit ausgewählten Filmgebäude waren nicht etwa – wie man vermuten könnte – Ferienhäuser oder ähnliches, sondern meistens real bewirtschaftete Bauernhöfe einfacher Bürger. Der Hof der Familie Buchegger (Michelerhof) befindet sich in Fiecht und ist auch in Wirklichkeit ein Ponygestüt, das Anwesen der Zirngiebels prangt am oberen Rand des Dorfes Wildermierning an der Straßenecke zur Holzgasse mit dem Kramerladen von Anna Pölz. Diese Häuser werden tatsächlich bewohnt, sodass bei den Aufnahmen besondere Rücksichtnahme geboten war, zumal neben den häufigeren Außendrehs auch teilweise die Innenräume verwendet wurden. Meistens war es die Küche, deren bäuerliche Alltagsgegenstände und die entsprechenden, durch die Fenster sichtbaren Hintergründe gern involviert wurden, aber teilweise auch Korridore, Treppenaufgänge und Wohnzimmer.

Bezüglich des Doktorhauses sah das anders aus, da das Gebäude ohnehin zu Filmzwecken geschaffen und entsprechend dienlich gestaltet wurde. Dennoch waren auch die Innenräume des Doktorhauses »echte« Räume vor Ort, wie an den filigranen Zimmerdecken im Film zu erkennen ist. Es ist recht verwunderlich, dass das Filmteam trotz der umfangreichen technischen Ausstattung sowie der großen Anzahl an Mitarbeitern auf engstem Raume genügend Platz fand.

Ebenfalls echte Kulissen in der Serie waren die Apfelbäume, die am Fuße des Berghanges mit dem Doktorhaus stehen, einem benachbarten Bauern gehören und in der »Neuen Generation« stets im Herbst die Erntezeit symbolisierten, und natürlich die Tankstellen, die an der Fernstraße 189 Nassereith–Telfs liegen und für kurze Sequenzen verwendet wurden. In den Folgen 2, 39 und 95 kam beispielsweise die Firma »Avanti« mit einer Tankstellen-Filiale in Affenhausen zu Filmehren, in Folge 61 die OMV-Vertretung mit der Filiale in Barwies. Bei dem in der letzten Kulisse eingespielten Lastwagenfahrer handelte es sich übrigens um einen realen Lastkraftwagenfahrer, der keine Ahnung vom Schauspielern hatte. Ebenso können wir feststellen, dass das Interieur der Burg Klamm alias Schloss Sonnenstein eine Realkulisse bildete, da es nicht nur ausreichend Platz bot und der Illusion entsprechend ausstaffiert war, sondern zudem episodisch leer stand: Die eigentlichen Besitzer – die Familie Hünnebeck – hielten sich damals oft in Deutschland auf. Darüber hinaus war auch der Burgstall als Unterkunft für die gräflichen Pferde übernommen worden.

Kirchen sind häufig Anreize für Realkulissen, weil sie im Innern unvergleichlich schön die klerikale Atmosphäre verkörpern und sich pittoresk in die Landschaft fügen. Für Innenaufnahmen wurde jedoch ausschließlich die Wildermieminger Kirche verwendet, während die Untermieminger und Obermieminger Kirchen nur jeweils im Hintergrund zu sehen sind. Nicht zu verwechseln ist die Wildermieminger Kirche mit der ähnlich aussehenden Kirche St. Georg in Obermieming, die in diversen Landschaftsmotiven im Hintergrund der Serie auftaucht.

Dass der Zusammenhang zwischen einzelnen Kulissen oder die Verbindung individueller Kulissenteile zum Gesamtobjekt im Film keineswegs stimmen muss, wird angesichts weiter Entfernungen, die zwischen manchen Drehorten liegen, sofort deutlich. Die Burg Schrofenstein in der Folge 12 jedenfalls ist keinesfalls zu Fuß von Wildermieming aus zu erreichen, und auch das Gaistal mit dem Seebensee liegt viel zu weit entfernt. Der Seebensee ist darüber hinaus nur von Ehrwald aus zu erreichen, also nur von der anderen Seite der Mieminger Kette. Überhaupt fällt auf, dass in der ersten Staffel 1992 noch diverse Kulissen in der Region Landeck/Imst ausgewählt wurden (Kaunertal in der Nr. 13, Burg Schrofenstein), während dieses Einzugsgebiet später weitaus seltener vorkommt. Übrigens ist auch die vermeintliche Gartenterrasse des Gasthofes Angerer (Stern) in Episode 65 eine ganz andere ist als beispielsweise in Episode 16, nämlich diejenige vom Café Maurer in Mieming. In der Regel können unterschiedliche Drehplätze problemlos derart zusammengeschnitten werden, dass dem unbedarften Zuschauer ein räumlicher Kontext suggeriert wird, auch wenn dabei eine Art Realitätsverlust eintritt. Voraussetzung für diese dreheffi-

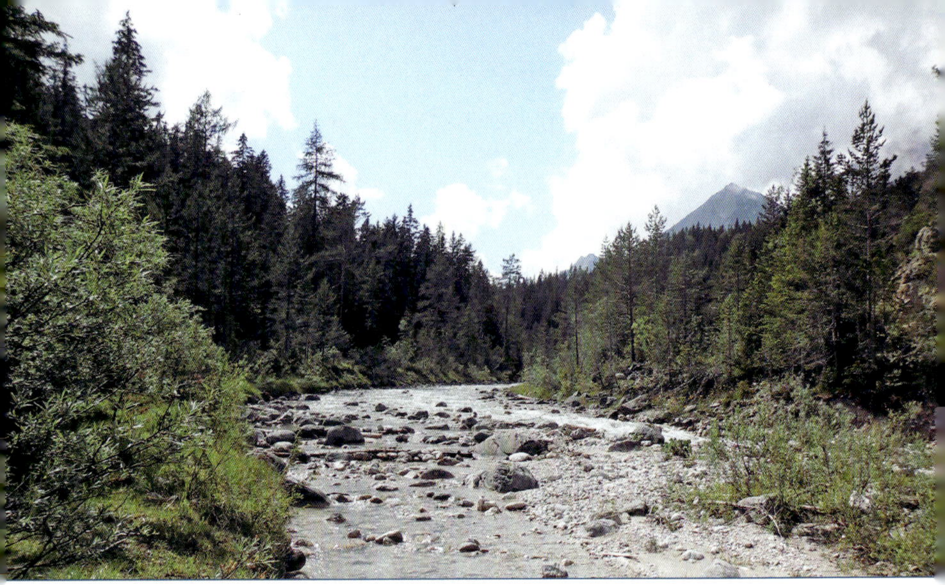

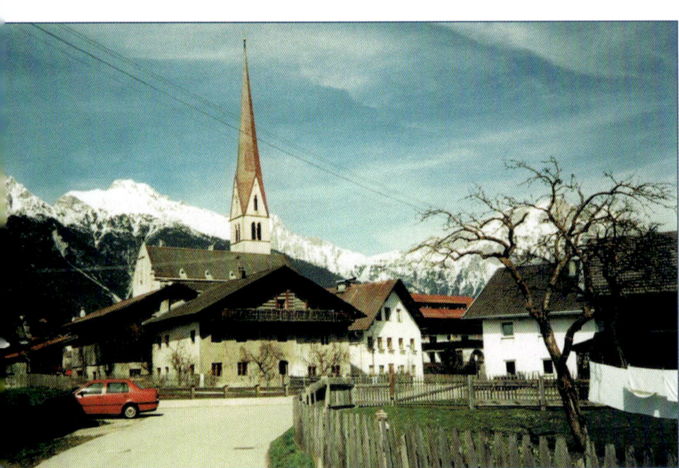

Oben: Erst spät wurde das Gaistal in seiner Schönheit für Filmaufnahmen entdeckt.

Links: Das Dorf Untermieming war neben Wildermieming am zweithäufigsten im Film zu sehen, hier im April 2001.

Unten: Nach dem Ende der Filmarbeiten zierte noch immer reicher Blumenschmuck das Kulissengebäude, hier am 12. Oktober 1999.

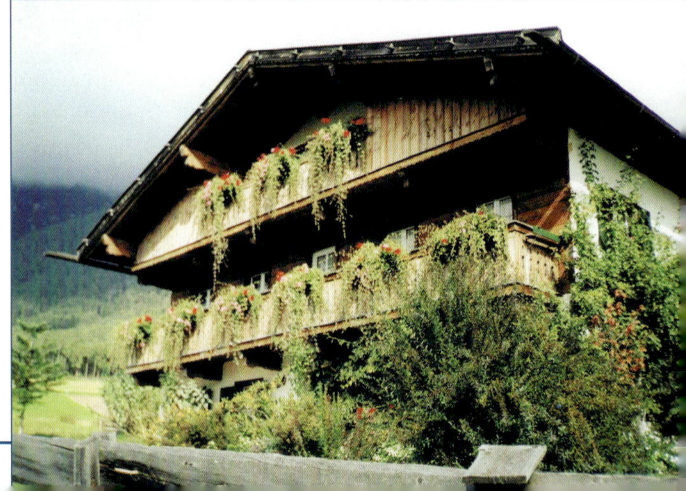

ziente Arbeitsweise ist eine gute Kenntnis zahlreicher Plätze und Gebäude am Plateau und in den Bergen.

Bei der Auswahl der Kulisse spielte in vielen Fällen die Konzeptionalität eine größere Rolle als die lokale Nähe. Aus diesem Grund wurden Bahnhofsszenen nicht etwa in der nächstgelegenen ÖBB-Station Mötz gedreht, denn bei dieser handelt es sich um eine »moderne« Nahverkehrsstation, sondern in den altertümlichen Bahnhöfen Telfs (Nr. 43) und Stams (Nr. 78). Auch das »Öffentliche Gymnasium der Franziskaner«, das eine Kulisse in Folge 37 darstellt, befindet sich in Hall und ist damit von Wildermieming weit entfernt.

Wenn aber der Pfarrer Hillinger in Folge 42 die kirchlichen Werbezettel im Informationsregal der Sonnensteiner Kirche zurechtrückt, in derselben Episode die kleine Kathi zur Roßkoglhütte fahren will oder in Folge 59 die Wanderer von der neuen Alplhütte kommen, kann der Zuschauer sichergehen, dass es sich hierbei um echte Requisiten und reale Kulissen handelt; denn so wie tatsächlich ein Werberegal in der Wildermieminger Kirche steht, sind auch die Namen »Roßkogl-« und »Alplhütte« faktisch. Das machte die Serie so realitätsnah. Auch das in Episode 49 so eifrig beworbene Heimatmuseum Telfs existierte mit genau den dort gezeigten Ausstellungsstücken in eben jenem Gebäude – inzwischen ist es allerdings umgezogen.

Vielleicht gründet es sich auf Ideenmangel, dass 1995 in erhöhtem Maße nach ungewöhnlichen Kulissen gesucht wurde, die sodann in die Geschichten Eingang fanden und dort einen Hauch von nationaler Tradition und Klischeeverstärkung der Tiroler Lebensgewohnheiten verbreiteten. So wie 1996 das Hotel Interalpen ultimativer Schauplatz war, bemühten sich die Autoren bereits ein Jahr zuvor redlich um regionale Sehenswürdigkeiten und aktuelle Attraktionen, die aufgesucht und für die Filmzwecke verwendet wurden. Neben der Integrierung bedeutender Institutionen wie Post, Jägerschaft, Gaststätten, Bergwacht, Schwimmhallen, Bauern- und Reiterhöfen, Berghütten und Gemeindeeinrichtungen (Rathaus, Kirche) schien es unumgänglich, Innsbrucker Restaurants, touristische Anlaufpunkte, Heimatmuseen, Sportvereine (Rafting, Schützenverein), Volksfeste, spezielle Clubs (Billardhallen, Bars mit Roboterbedienung) und ähnliches hinzuzunehmen, ergänzt durch Kräutergärten, Kaffeetafeln auf Bergwiesen, herbstliche Apfelernten und andere Dinge, die zum Charisma der Serie beitrugen.

Vielleicht noch ein Wort zur Kulisse des Flusses Inn: Mehrfach bietet der reißende Strom den Filmszenen dramatische Perspektiven, etwa als Dr. Hallstein in Folge 87 seinem Freund Paul in die Fluten hinterherspringt. Ebenso unvergesslich sind natürlich die Rafting-Aufnahmen der Folge 51, die vor allem in der Imster Schlucht entstanden. An der dem Sonnenplateau am nächsten gelegenen »Rafting«-Station in Haiming am Inn fand das Team den geeigneten Standort. Das sogenannte »Action & Fun Outdoorcamp« (heute »Outdoorplanet«) bietet mit staatlich geprüften Wildwasserführern, allen nötigen Einrichtungen im Gebäude, zahlreichen Booten sowie umfangreichen Ausrüstungsgegenständen gute Bedingungen für die Produktion. Rücktransfers der Boote sowie der Wildwasserfahrer konnten natürlich, wie es auch sonst vom Sportverband angeboten wird, mit vereinseigenen Bussen erfolgen. Voraussetzungen für die Teilnahme an den Rafting-Programmen sind neben einem Mindestalter von 14 Jahren übrigens Mut, Trittsicherheit, sicheres Schwimmen und eine gesunde körperliche Verfassung; alles Eigenschaften, die auch den Schauspielern nicht fehlen durften. Bis auf Badebekleidung, T-Shirt und Socken wurden alle anderen notwendigen Ausrüstungen vom »Rafting-Camp« gestellt.

Wissenswertes über die Region

Wer einmal die Dörfer Tirols und deren Einwohner mit anderen außergebirgigen Regionen der deutschsprachigen Länder vergleicht, wird feststellen, dass sich die Bergorte in der Regel um Nuancen kleiner präsentieren als vergleichbare Siedlungen im Flachland. Diese Feststellung zielt nicht nur auf den Umfang der Siedlungsflächen und Ackerfelder ab, sondern meint auch die Größe der Gärten, Gebäude und Straßen. Das einengende Tal hat den Einwohnern seit jeher wenig Platz für Bebauungs- und Bewirtschaftungsflächen gelassen. Für die Filmindustrie bietet diese Tatsache nur Vorteile, zeigen die Kameralinsen die Realität ohnehin doch etwas größer, als sie in Wirklichkeit ist. Zudem hat das Kulissenhaus in Wildermieming damit eine vom Format her für die Region entsprechende relativ große Präsenz.

Hieraus ergibt sich auch die unausweichliche Notwendigkeit der Bergbevölkerung, ihr gesamtes Dasein geruhsamer zu gestalten als im Flachland. Die vielen katholischen Heiligenstätten, Kruzifixe und Kapellen laden nicht nur zum Beten ein, sondern auch zu einem Augenblick der Ruhe und Besinnung. Die Tiroler Gemütlichkeit ist sprichwörtlich und sehr angenehm für Hinzugereiste.

Die moderne Tiroler Jugend mag das etwas anders sehen: Die meisten Heranwachsenden des Sonnenplateaus sind athletische

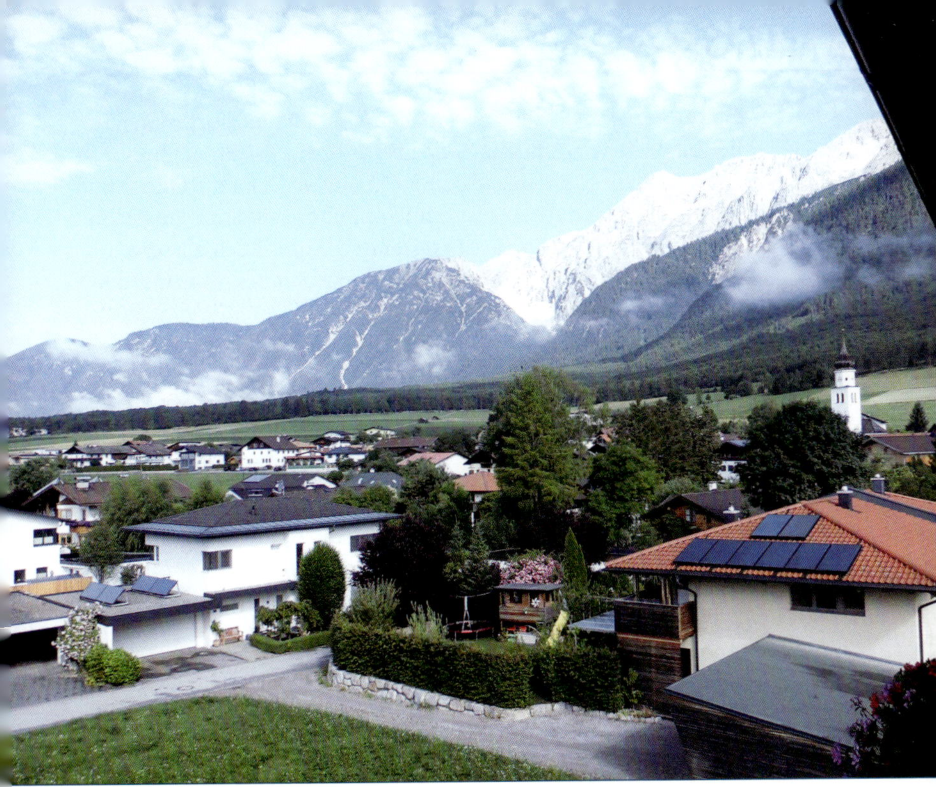

Wildermieming am 2. Juli 2019.

Energiebündel mit einem weit verbreiteten Hang zu Wintersportaktivitäten wie dem Snowboardfahren. Die sportlichen Möglichkeiten Tirols – von Mountainbikefahren über Paragliding und Schluchtenklettern bis zu Wildwassertouren – navigieren eine junge »Action«-orientierte Natur schnell in die von Medienforschern erdachte Sparte »Junge Wilde«. Für eine junge Familie am Sonnenplateau ist es Usus, in den Wintermonaten die Skigebiete in Sölden und Obergurgl am Ende des Stubai- und Ötztales anzulaufen und jenen Angeboten zu folgen, die den Schneesportlern unterbreitet werden. Hier ist man unter sich. Die Jugend um Mieming kennt die Region Sölden genau und trifft sich dort zum Snowboarden und zum gemeinsamen Feiern in den Diskotheken. *»Schon vormittags wimmelt's von jungen Leuten. Flirt und Spaß. Vielleicht hilft der Kurvengeist ein bisschen bei der Anmache. Alles wippt zu den wummernden Bässen und fetzigen Scheiben, die aus den Schirmbars schallen.«* (Ursula Wiegand, Nordsee-Zeitung)

Auch über die Grenzen Österreichs hinaus ist Sölden als Ski- und Urlaubsgebiet der Superlative bekannt, sodass es nur ein kurzer Schritt war, die Region in Episode 60 als Kulisse für den »weißen Tod« zu wählen. Als Dr. Burgner mit Familie ein Ferienhaus für seinen Urlaub ansteuerte und später in den Bergen dem weißen

Tod zum Opfer fiel, befand er sich beidmalig in Hochsölden, einer Siedlung von Sölden, in der vorwiegend Skifahrer ihren Urlaub verbringen. Die in Folge 60 genannten Namen Rotkogl und Silberbrünnlbahn (dieser ist am Sessellift-Gebäude zu lesen) sind unverkennbare Merkmale des Ortes und damit Realkulissen.

Auch sehr viele Touristen schätzen das Sonnenplateau für seine ausgiebigen Sportmöglichkeiten und kommen sommers mit Fahrrädern im Gepäck in die Region. Anziehungspunkt für die Urlauber ist unter anderem – wie sollte es anders sein – der »Bergdoktor-Radwanderweg«, ein 25 Kilometer langer Rundlauf von Untermieming über Fiecht, Telfs, Gerhardhof, Wildermieming, Obermieming und Barwies zurück zum Ausgangspunkt. »Bis Telfs wechseln einander Anstiege und Gefälle ab. Das nächste Teilstück – bis zum Stöttlbach hinter Wildermieming – steigt stetig an. Abwärts geht es – zuerst leicht, dann steil – bis See. Von hier ist bis zum Badesee Untermieming wieder ein kurzes, ansteigendes Wegstück zu bewältigen.« (Stefanie Holzer; Tirol Werbung, Innsbruck) Die Rundreisestrecke ist größtenteils asphaltiert, in Waldgebieten jedoch geschottert, und schwankt zwischen 803 und 875 Höhenmetern. Oft wird auch die Stadt Hall (in Tirol) als Kulisse assoziiert. Sie besitzt 12.600 Einwohner und mit 277 Häusern die größte Altstadt Tirols. Am Inn gelegen, ist sie seit 1875 Kurort.

Wenn Harald Krassnitzer auf zu viel Lob mit »Das klingt so, als wäre ich zum Andreas Hofer mutiert« reagiert, spricht er damit den Tiroler Freiheitskämpfer an, der im April 1809 vergeblich versuchte, Tirol in die Unabhängigkeit zu führen, und vor allem die Bayern, die seit dem Ende des sechsten Jahrhunderts vordrangen und 1805 Tirol ihrem Regimegebiet unterordneten, vertreiben wollte. De facto genießt Tirol unter der Doktrin romanischer und bayerischer Hegemonien gewisse historische Merkmale in Architektur und Sprache, doch gehört es seit 1814 nun einmal gänzlich zu Österreich bzw. seit 1919 mit Nord- und Osttirol zum österreichischen Bundesland Tirol und hat damit eine Selbstständigkeit erlangt, die es bis Mitte der 1980er-Jahre für die deutsche Seite nicht gerade erleichterte, das Land zu bereisen. Da wurde schon einmal Grenzgängern, die zu viel Fotoausrüstung mitschleppten, die Einreise verwehrt. Auch hatten die Schillinge lange Zeit einen siebenfach niedrigeren Wert als die D-Mark. Dennoch fiel es der ndF: in Zusammenarbeit mit dem ORF – wie schon so vielen anderen Produktionsgesellschaften zuvor – recht leicht, die trennende Grenze als unumgängliches Hindernis zu betrachten, par excellence, als Österreich 1995 der Europäischen Union beitrat und 1998 die letzten Wachposten endgültig verschwanden.

Die Burg Klamm ist ein beredtes Zeugnis der Geschichtsepoche Tirols. Sie wurde ab 1220 auf dem Gemeindegebiet von Obsteig errichtet und liegt zwischen drei steilen Abhängen idyllisch am Rande des Gurgltals. Charakteristisch für die alte Burg ist der völlig freistehende, viergeschossige runde Bergfried, der mit seinen fast zehn Metern Durchmesser, teils zwei Meter dicken Mauern und 2,5 Meter hohen Zinnen prächtig am Fuße des Simmerings thront. Der Palas (Wohngebäude) ist gleichzeitig mit dem Turm, aber baulich von ihm getrennt erbaut worden und ragt über der steilen Felswand auf. Das Kellergeschoss wird auf denselben Zeitraum wie der Bergfried datiert und zeigt die gleiche Bauweise. Im Gegensatz dazu sind die anderen Geschosse nachträglich angebaut oder nicht erhalten, wofür die unterschiedlichen Bauweisen sprechen. Die Kriegsanlage wurde durch die Jahrhunderte hinweg von Königen, Grafen und Herzogen bewohnt, vererbt und weiterverkauft, bis das Anwesen nach 1848 nicht weiter gepflegt und ein Großteil des Inventars verkauft wurde. 55 Jahre später kaufte sie schließlich der Berliner Geschäftsmann Franz Sallentien, der umfangreiche Umbauarbeiten vornehmen ließ. 1957 ging die Burg an den rheinischen Industriellen E.M. Hünnebeck, dem die stilvolle Restaurierung zu verdanken ist und dessen Familie die Anlage noch heute gehört. 2020 feierte die Burg ihr 800-jähriges Jubiläum.

Wie geeignet das Sonnenplateau für die Präsentation zünftiger Volksmusik ist und wie touristenfreundlich, traditionell und volksnah es sich dabei gibt, zeigte im Sommer 2002 der Moderator Michael Harles in seiner Sendung »Melodien der Berge« des Bayerischen Rundfunks. Zahlreiche markante Örtlichkeiten, Institutionen und Ereignisse wurden in diesem Zusammenhang erwähnt: das Ludwig-Ganghofer-Haus, die Wirkungsstätte des berühmten Schriftstellers (1855–1920), die einige Male als Heimstatt verschiedener Bergbauern filmisch genutzt worden war; das hinter der Mieminger Kette gelegene Gaistal, dem als Wildtal mit einem populären Wanderweg die meisten Landschafts- und Bergaufnahmen der Serie zu verdanken sind; das »Bergdoktorhaus«, das einmal monatlich von der Freiwilligen Feuerwehr Wildermieming als Übungsstätte zweckentfremdet wird; und nicht zuletzt die Musikkapelle Wildermieming, die entsprechende Auftritte in den Folgen 1 und 14 – und eben auch beim Bayerischen Rundfunk – für sich beanspruchen durfte. Das Bild am Doktorhaus zeigt die Volkssängerinnen Birgit und Bianca in Präsentationspose, das andere Bild den Moderator der Sendung, Michael Harles.

Quellenverzeichnis

Literatur

- Auf einen Blick, Jahrgänge ab 1992, Heinrich-Bauer-Verlag, Hamburg
- Bastei-Verlag, Bergisch-Gladbach
- Diverse Zeitschriften des Heinrich-Bauer-Verlags, Hamburg
- Egghardt, Hanne: Es fügte sich so, Deuticke-Verlag 2000
- Evermann, Jovan: Der Serien-Guide, Lexikon aller deutschen Serien ab 1978, Band 1, Schwarzkopf & Schwarzkopf Verlag 1999
- Gleim, Prof. Dr. Bernhard: Vorlesungsmanuskripte, Drehbücher, NDR, Hamburg 2002
- Götz von Olenhusen, Albrecht: Film und Fernsehen, Arbeitsrecht, Tarifrecht, Vertragsrecht, Nomos-Verlagsgesellschaft 2001
- Lokale Programmzeitungen der zentralen Redaktion, Hamburg
- Nordsee-Zeitung, diverse Ausgaben, Ditzen-Druck, Bremerhaven
- Rad- und Mountainbike-Führer Westtirol der Ferienregion Telfs, Kompass 2002
- Ravenstein Verlag, Kartenmaterial
- Sonntags-Journal, diverse Ausgaben, Ditzen-Druck, Bremerhaven
- Ski-Atlas 79/80, Deutscher Skiverband, Mairs Geographischer Verlag, Stuttgart, Ulm 1979
- Tirol Werbung, Innsbruck 1996, 2000
- Vogler, Christoph: Die Odyssee des Drehbuchschreibers, Zweitausendeins 1997
- Wehmeier, Rolf: Handbuch Musik im Fernsehen, ConBrio 1994

Internetquellen

- www.arnold-fritzsch.de
- www.four-piano.de
- www.gajare.de
- www.GoldStarTV.de
- www.kinderimfilm.de
- www.mieming.at
- www.ndf.de
- www.robert-thayenthal.de
- www.studivz.net
- www.tvsi.de/arzt/bergdoktor.htm
- www.wikipedia.org

Sonstiges

- Action & Fun Tours, Tirol
- Fremdenverkehrsverband Wildermieming
- Gasthof »Jäger«, Wildermieming
- Beta Film GmbH
- Sat.1, Mainz und Berlin
- Tourismusverband Mieminger Plateau & Fernpaß-Seen
- eigene Aufzeichnungen des Autors